Kaisenbergs Tabellen

der bei Notariatsgeschäften anfallenden

Staats-, Gemeinde- und Notariats-Gebühren.

Zweite durch eine große **Wand-Tabelle** vermehrte Ausgabe.

München 1907.

J. Schweitzer Verlag (Arthur Sellier).

II. Theil.

Tabellen

der

Staats- und Notariatsgebühren.

Gegen-stands-Summa	Staatsgebühren						Besitz-veränderungs-abgabe		Staatsgebühren									
	1		1 ½		2				1		2		2 ½		3		5	
	Prozent								pro mille									
ℳ	ℳ	₰	ℳ	₰	ℳ	₰	ℳ	₰	ℳ	₰	ℳ	₰	ℳ	₰	ℳ	₰	ℳ	₰
1	—	10	—	10	—	10	—	10	—	10	—	10	—	10	—	10	—	10
2	—	10	—	10	—	10	—	10	—	10	—	10	—	10	—	10	—	10
3	—	10	—	10	—	10	—	10	—	10	—	10	—	10	—	10	—	10
4	—	10	—	10	—	10	—	10	—	10	—	10	—	10	—	10	—	10
5	—	10	—	10	—	10	—	10	—	10	—	10	—	10	—	10	—	10
6	—	10	—	10	—	20	—	10	—	10	—	10	—	10	—	10	—	10
7	—	10	—	20	—	20	—	10	—	10	—	10	—	10	—	10	—	10
8	—	10	—	20	—	20	—	10	—	10	—	10	—	10	—	10	—	10
9	—	10	—	20	—	20	—	10	—	10	—	10	—	10	—	10	—	10
10	—	10	—	20	—	20	—	10	—	10	—	10	—	10	—	10	—	10
11	—	20	—	20	—	30	—	10	—	10	—	10	—	10	—	10	—	10
12	—	20	—	20	—	30	—	10	—	10	—	10	—	10	—	10	—	10
13	—	20	—	20	—	30	—	10	—	10	—	10	—	10	—	10	—	10
14	—	20	—	30	—	30	—	10	—	10	—	10	—	10	—	10	—	10
15	—	20	—	30	—	30	—	10	—	10	—	10	—	10	—	10	—	10
16	—	20	—	30	—	40	—	10	—	10	—	10	—	10	—	10	—	10
17	—	20	—	30	—	40	—	10	—	10	—	10	—	10	—	10	—	10
18	—	20	—	30	—	40	—	10	—	10	—	10	—	10	—	10	—	10
19	—	20	—	30	—	40	—	10	—	10	—	10	—	10	—	10	—	10
20	—	20	—	30	—	40	—	10	—	10	—	10	—	10	—	10	—	10
21	—	30	—	40	—	50	—	10	—	10	—	10	—	10	—	10	—	20
22	—	30	—	40	—	50	—	10	—	10	—	10	—	10	—	10	—	20
23	—	30	—	40	—	50	—	10	—	10	—	10	—	10	—	10	—	20
24	—	30	—	40	—	50	—	10	—	10	—	10	—	10	—	10	—	20
25	—	30	—	40	—	50	—	10	—	10	—	10	—	10	—	10	—	20
26	—	30	—	40	—	60	—	10	—	10	—	10	—	10	—	10	—	20
27	—	30	—	50	—	60	—	10	—	10	—	10	—	10	—	10	—	20
28	—	30	—	50	—	60	—	10	—	10	—	10	—	10	—	10	—	20
29	—	30	—	50	—	60	—	10	—	10	—	10	—	10	—	10	—	20
30	—	30	—	50	—	60	—	10	—	10	—	10	—	10	—	10	—	20
31	—	40	—	50	—	70	—	10	—	10	—	10	—	10	—	10	—	20
32	—	40	—	50	—	70	—	10	—	10	—	10	—	10	—	10	—	20
33	—	40	—	50	—	70	—	10	—	10	—	10	—	10	—	10	—	20
34	—	40	—	60	—	70	—	10	—	10	—	10	—	10	—	20	—	20
35	—	40	—	60	—	70	—	10	—	10	—	10	—	10	—	20	—	20
36	—	40	—	60	—	80	—	10	—	10	—	10	—	10	—	20	—	20
37	—	40	—	60	—	80	—	10	—	10	—	10	—	10	—	20	—	20
38	—	40	—	60	—	80	—	10	—	10	—	10	—	10	—	20	—	20
39	—	40	—	60	—	80	—	10	—	10	—	10	—	10	—	20	—	20
40	—	40	—	60	—	80	—	10	—	10	—	10	—	10	—	20	—	20

Gegenstands-Summa	Werthgebühr: Volle (Art. 22. 40. 41. 50)		Werthgebühr: $1/2$ (Art. 25. 27. 29. 30. 38 Abs. 2)		Werthgebühr: $1/2$ bis 2200 ℳ, darüber $2/3$ (Art. 24)		Werthgebühr: $1\,1/2$ (Art. 23)		$4/10$ aus der vollen Werthgebühr (Art. 45 Abs. 3)		$4/10$ aus $2/3$ Werthgebühr (Art. 45 Abs. 3)		Hinterlegungsgebühr: Art. 100		Hinterlegungsgebühr: Art. 101 a		Hinterlegungsgebühr: Art. 101 b		Auseinandersetzungsgebühr: $5/10$ der Sätze des § 8 des Reichsgerichts-Kosten-Gesetzes		Auseinandersetzungsgebühr: $2/10$ der Sätze des § 8 des Reichsgerichts-Kosten-Gesetzes	
ℳ	ℳ	₰	ℳ	₰	ℳ	₰	ℳ	₰	ℳ	₰	ℳ	₰	ℳ	₰	ℳ	₰	ℳ	₰	ℳ	₰	ℳ	₰
1	1	—	—	50	—	50	1	50	1	—	1	—	—	—	—	—	—	—	—	50	—	20
2	1	—	—	50	—	50	1	50	1	—	1	—	—	—	—	—	—	—	—	50	—	20
3	1	—	—	50	—	50	1	50	1	—	1	—	—	—	—	—	—	—	—	50	—	20
4	1	—	—	50	—	50	1	50	1	—	1	—	—	—	—	—	—	—	—	50	—	20
5	1	—	—	50	—	50	1	50	1	—	1	—	—	—	—	—	—	—	—	50	—	20
6	1	—	—	50	—	50	1	50	1	—	1	—	—	—	—	—	—	—	—	50	—	20
7	1	—	—	50	—	50	1	50	1	—	1	—	—	—	—	—	—	—	—	50	—	20
8	1	—	—	50	—	50	1	50	1	—	1	—	—	—	—	—	—	—	—	50	—	20
9	1	—	—	50	—	50	1	50	1	—	1	—	—	—	—	—	—	—	—	50	—	20
10	1	—	—	50	—	50	1	50	1	—	1	—	—	—	—	—	—	—	—	50	—	20
11	1	—	—	50	—	50	1	50	1	—	1	—	—	—	—	—	—	—	—	50	—	20
12	1	—	—	50	—	50	1	50	1	—	1	—	—	—	—	—	—	—	—	50	—	20
13	1	—	—	50	—	50	1	50	1	—	1	—	—	—	—	—	—	—	—	50	—	20
14	1	—	—	50	—	50	1	50	1	—	1	—	—	—	—	—	—	—	—	50	—	20
15	1	—	—	50	—	50	1	50	1	—	1	—	—	—	—	—	—	—	—	50	—	20
16	1	—	—	50	—	50	1	50	1	—	1	—	—	—	—	—	—	—	—	50	—	20
17	1	—	—	50	—	50	1	50	1	—	1	—	—	—	—	—	—	—	—	50	—	20
18	1	—	—	50	—	50	1	50	1	—	1	—	—	—	—	—	—	—	—	50	—	20
19	1	—	—	50	—	50	1	50	1	—	1	—	—	—	—	—	—	—	—	50	—	20
20	1	—	—	50	—	50	1	50	1	—	1	—	—	—	—	—	—	—	—	50	—	20
21	1	—	—	50	—	50	1	50	1	—	1	—	—	10	—	30	—	50	1	20	—	50
22	1	—	—	50	—	50	1	50	1	—	1	—	—	10	—	30	—	50	1	20	—	50
23	1	—	—	50	—	50	1	50	1	—	1	—	—	10	—	30	—	50	1	20	—	50
24	1	—	—	50	—	50	1	50	1	—	1	—	—	10	—	30	—	50	1	20	—	50
25	1	—	—	50	—	50	1	50	1	—	1	—	—	10	—	30	—	50	1	20	—	50
26	1	—	—	50	—	50	1	50	1	—	1	—	—	10	—	30	—	60	1	20	—	50
27	1	—	—	50	—	50	1	50	1	—	1	—	—	10	—	30	—	60	1	20	—	50
28	1	—	—	50	—	50	1	50	1	—	1	—	—	10	—	30	—	60	1	20	—	50
29	1	—	—	50	—	50	1	50	1	—	1	—	—	10	—	30	—	60	1	20	—	50
30	1	—	—	50	—	50	1	50	1	—	1	—	—	10	—	30	—	60	1	20	—	50
31	1	—	—	50	—	50	1	50	1	—	1	—	—	10	—	40	—	70	1	20	—	50
32	1	—	—	50	—	50	1	50	1	—	1	—	—	10	—	40	—	70	1	20	—	50
33	1	—	—	50	—	50	1	50	1	—	1	—	—	10	—	40	—	70	1	20	—	50
34	1	—	—	50	—	50	1	50	1	—	1	—	—	10	—	40	—	70	1	20	—	50
35	1	—	—	50	—	50	1	50	1	—	1	—	—	10	—	40	—	70	1	20	—	50
36	1	—	—	50	—	50	1	50	1	—	1	—	—	10	—	40	—	80	1	20	—	50
37	1	—	—	50	—	50	1	50	1	—	1	—	—	10	—	40	—	80	1	20	—	50
38	1	—	—	50	—	50	1	50	1	—	1	—	—	10	—	40	—	80	1	20	—	50
39	1	—	—	50	—	50	1	50	1	—	1	—	—	10	—	40	—	80	1	20	—	50
40	1	—	—	50	—	50	1	50	1	—	1	—	—	10	—	40	—	80	1	20	—	50

Gegenstands-Summa	Staatsgebühren 1 Prozent		Staatsgebühren 1½ Prozent		Staatsgebühren 2 Prozent		Besitzveränderungsabgabe		Staatsgebühren 1 pro mille		Staatsgebühren 2 pro mille		Staatsgebühren 2½ pro mille		Staatsgebühren 3 pro mille		Staatsgebühren 5 pro mille	
ℳ	ℳ	₰	ℳ	₰	ℳ	₰	ℳ	₰	ℳ	₰	ℳ	₰	ℳ	₰	ℳ	₰	ℳ	₰
41	—	50	—	70	—	90	—	20	—	10	—	10	—	20	—	20	—	30
42	—	50	—	70	—	90	—	20	—	10	—	10	—	20	—	20	—	30
43	—	50	—	70	—	90	—	20	—	10	—	10	—	20	—	20	—	30
44	—	50	—	70	—	90	—	20	—	10	—	10	—	20	—	20	—	30
45	—	50	—	70	—	90	—	20	—	10	—	10	—	20	—	20	—	30
46	—	50	—	70	1	—	—	20	—	10	—	10	—	20	—	20	—	30
47	—	50	—	80	1	—	—	20	—	10	—	10	—	20	—	20	—	30
48	—	50	—	80	1	—	—	20	—	10	—	10	—	20	—	20	—	30
49	—	50	—	80	1	—	—	20	—	10	—	10	—	20	—	20	—	30
50	—	50	—	80	1	—	—	20	—	10	—	10	—	20	—	20	—	30
51	—	60	—	80	1	10	—	20	—	10	—	20	—	20	—	20	—	30
52	—	60	—	80	1	10	—	20	—	10	—	20	—	20	—	20	—	30
53	—	60	—	80	1	10	—	20	—	10	—	20	—	20	—	20	—	30
54	—	60	—	90	1	10	—	20	—	10	—	20	—	20	—	20	—	30
55	—	60	—	90	1	10	—	20	—	10	—	20	—	20	—	20	—	30
56	—	60	—	90	1	20	—	20	—	10	—	20	—	20	—	20	—	30
57	—	60	—	90	1	20	—	20	—	10	—	20	—	20	—	20	—	30
58	—	60	—	90	1	20	—	20	—	10	—	20	—	20	—	20	—	30
59	—	60	—	90	1	20	—	20	—	10	—	20	—	20	—	20	—	30
60	—	60	—	90	1	20	—	20	—	10	—	20	—	20	—	20	—	30
61	—	70	1	—	1	30	—	20	—	10	—	20	—	20	—	20	—	40
62	—	70	1	—	1	30	—	20	—	10	—	20	—	20	—	20	—	40
63	—	70	1	—	1	30	—	20	—	10	—	20	—	20	—	20	—	40
64	—	70	1	—	1	30	—	20	—	10	—	20	—	20	—	20	—	40
65	—	70	1	—	1	30	—	20	—	10	—	20	—	20	—	20	—	40
66	—	70	1	—	1	40	—	20	—	10	—	20	—	20	—	20	—	40
67	—	70	1	10	1	40	—	20	—	10	—	20	—	20	—	30	—	40
68	—	70	1	10	1	40	—	20	—	10	—	20	—	20	—	30	—	40
69	—	70	1	10	1	40	—	20	—	10	—	20	—	20	—	30	—	40
70	—	70	1	10	1	40	—	20	—	10	—	20	—	20	—	30	—	40
71	—	80	1	10	1	50	—	20	—	10	—	20	—	20	—	30	—	40
72	—	80	1	10	1	50	—	20	—	10	—	20	—	20	—	30	—	40
73	—	80	1	10	1	50	—	20	—	10	—	20	—	20	—	30	—	40
74	—	80	1	20	1	50	—	20	—	10	—	20	—	20	—	30	—	40
75	—	80	1	20	1	50	—	20	—	10	—	20	—	20	—	30	—	40
76	—	80	1	20	1	60	—	20	—	10	—	20	—	20	—	30	—	40
77	—	80	1	20	1	60	—	20	—	10	—	20	—	20	—	30	—	40
78	—	80	1	20	1	60	—	20	—	10	—	20	—	20	—	30	—	40
79	—	80	1	20	1	60	—	20	—	10	—	20	—	20	—	30	—	40
80	—	80	1	20	1	60	—	20	—	10	—	20	—	20	—	30	—	40

Gegenstands-Summa	Werthgebühr: Volle (Art. 22. 40. 41. 50)		Werthgebühr: 1/2 (Art. 25. 27. 29. 30. 38 Abs. 2)		Werthgebühr: 1/2 bis 2200 M., darüber 2/3 (Art. 24)		Werthgebühr: 1 1/2 (Art. 23)		4/10 aus der vollen Werthgebühr (Art. 45 Abs. 3)		4/10 aus 2/3 Werthgebühr (Art. 45 Abs. 3)		Hinterlegungsgebühr (Art. 100)		Hinterlegungsgebühr (Art. 101 a)		Hinterlegungsgebühr (Art. 101 b)		Auseinandersetzungsgebühr 5/10 der Sätze des § 8 des Reichsgerichts-Kosten-Gesetzes		Auseinandersetzungsgebühr 2/10 der Sätze des § 8 des Reichsgerichts-Kosten-Gesetzes	
M	M	Pf	M	Pf	M	Pf	M	Pf	M	Pf	M	Pf	M	Pf	M	Pf	M	Pf	M	Pf	M	Pf
41	1	—	—	50	—	50	1	50	1	—	1	—	—	20	—	50	—	90	1	20	—	50
42	1	—	—	50	—	50	1	50	1	—	1	—	—	20	—	50	—	90	1	20	—	50
43	1	—	—	50	—	50	1	50	1	—	1	—	—	20	—	50	—	90	1	20	—	50
44	1	—	—	50	—	50	1	50	1	—	1	—	—	20	—	50	—	90	1	20	—	50
45	1	—	—	50	—	50	1	50	1	—	1	—	—	20	—	50	—	90	1	20	—	50
46	1	—	—	50	—	50	1	50	1	—	1	—	—	20	—	50	1	—	1	20	—	50
47	1	—	—	50	—	50	1	50	1	—	1	—	—	20	—	50	1	—	1	20	—	50
48	1	—	—	50	—	50	1	50	1	—	1	—	—	20	—	50	1	—	1	20	—	50
49	1	—	—	50	—	50	1	50	1	—	1	—	—	20	—	50	1	—	1	20	—	50
50	1	—	—	50	—	50	1	50	1	—	1	—	—	20	—	50	1	—	1	20	—	50
51	1	—	—	50	—	50	1	50	1	—	1	—	—	20	—	60	1	10	1	20	—	50
52	1	—	—	50	—	50	1	50	1	—	1	—	—	20	—	60	1	10	1	20	—	50
53	1	—	—	50	—	50	1	50	1	—	1	—	—	20	—	60	1	10	1	20	—	50
54	1	—	—	50	—	50	1	50	1	—	1	—	—	20	—	60	1	10	1	20	—	50
55	1	—	—	50	—	50	1	50	1	—	1	—	—	20	—	60	1	10	1	20	—	50
56	1	—	—	50	—	50	1	50	1	—	1	—	—	20	—	60	1	20	1	20	—	50
57	1	—	—	50	—	50	1	50	1	—	1	—	—	20	—	60	1	20	1	20	—	50
58	1	—	—	50	—	50	1	50	1	—	1	—	—	20	—	60	1	20	1	20	—	50
59	1	—	—	50	—	50	1	50	1	—	1	—	—	20	—	60	1	20	1	20	—	50
60	1	—	—	50	—	50	1	50	1	—	1	—	—	20	—	60	1	20	1	20	—	50
61	1	—	—	50	—	50	1	50	1	—	1	—	—	20	—	70	1	30	2	30	1	—
62	1	—	—	50	—	50	1	50	1	—	1	—	—	20	—	70	1	30	2	30	1	—
63	1	—	—	50	—	50	1	50	1	—	1	—	—	20	—	70	1	30	2	30	1	—
64	1	—	—	50	—	50	1	50	1	—	1	—	—	20	—	70	1	30	2	30	1	—
65	1	—	—	50	—	50	1	50	1	—	1	—	—	20	—	70	1	30	2	30	1	—
66	1	—	—	50	—	50	1	50	1	—	1	—	—	20	—	70	1	40	2	30	1	—
67	1	—	—	50	—	50	1	50	1	—	1	—	—	20	—	70	1	40	2	30	1	—
68	1	—	—	50	—	50	1	50	1	—	1	—	—	20	—	70	1	40	2	30	1	—
69	1	—	—	50	—	50	1	50	1	—	1	—	—	20	—	70	1	40	2	30	1	—
70	1	—	—	50	—	50	1	50	1	—	1	—	—	20	—	70	1	40	2	30	1	—
71	1	—	—	50	—	50	1	50	1	—	1	—	—	20	—	80	1	50	2	30	1	—
72	1	—	—	50	—	50	1	50	1	—	1	—	—	20	—	80	1	50	2	30	1	—
73	1	—	—	50	—	50	1	50	1	—	1	—	—	20	—	80	1	50	2	30	1	—
74	1	—	—	50	—	50	1	50	1	—	1	—	—	20	—	80	1	50	2	30	1	—
75	1	—	—	50	—	50	1	50	1	—	1	—	—	20	—	80	1	50	2	30	1	—
76	1	—	—	50	—	50	1	50	1	—	1	—	—	20	—	80	1	60	2	30	1	—
77	1	—	—	50	—	50	1	50	1	—	1	—	—	20	—	80	1	60	2	30	1	—
78	1	—	—	50	—	50	1	50	1	—	1	—	—	20	—	80	1	60	2	30	1	—
79	1	—	—	50	—	50	1	50	1	—	1	—	—	20	—	80	1	60	2	30	1	—
80	1	—	—	50	—	50	1	50	1	—	1	—	—	20	—	80	1	60	2	30	1	—

Gegenstands-Summa	Staatsgebühren 1 Prozent		Staatsgebühren 1½ Prozent		Staatsgebühren 2 Prozent		Besitzveränderungsabgabe		Staatsgebühren 1 pro mille		Staatsgebühren 2 pro mille		Staatsgebühren 2½ pro mille		Staatsgebühren 3 pro mille		Staatsgebühren 5 pro mille	
ℳ	ℳ	₰	ℳ	₰	ℳ	₰	ℳ	₰	ℳ	₰	ℳ	₰	ℳ	₰	ℳ	₰	ℳ	₰
81	—	90	1	30	1	70	—	30	—	10	—	20	—	30	—	30	—	50
82	—	90	1	30	1	70	—	30	—	10	—	20	—	30	—	30	—	50
83	—	90	1	30	1	70	—	30	—	10	—	20	—	30	—	30	—	50
84	—	90	1	30	1	70	—	30	—	10	—	20	—	30	—	30	—	50
85	—	90	1	30	1	70	—	30	—	10	—	20	—	30	—	30	—	50
86	—	90	1	30	1	80	—	30	—	10	—	20	—	30	—	30	—	50
87	—	90	1	40	1	80	—	30	—	10	—	20	—	30	—	30	—	50
88	—	90	1	40	1	80	—	30	—	10	—	20	—	30	—	30	—	50
89	—	90	1	40	1	80	—	30	—	10	—	20	—	30	—	30	—	50
90	—	90	1	40	1	80	—	30	—	10	—	20	—	30	—	30	—	50
91	1	—	1	40	1	90	—	30	—	10	—	20	—	30	—	30	—	50
92	1	—	1	40	1	90	—	30	—	10	—	20	—	30	—	30	—	50
93	1	—	1	40	1	90	—	30	—	10	—	20	—	30	—	30	—	50
94	1	—	1	50	1	90	—	30	—	10	—	20	—	30	—	30	—	50
95	1	—	1	50	1	90	—	30	—	10	—	20	—	30	—	30	—	50
96	1	—	1	50	2	—	—	30	—	10	—	20	—	30	—	30	—	50
97	1	—	1	50	2	—	—	30	—	10	—	20	—	30	—	30	—	50
98	1	—	1	50	2	—	—	30	—	10	—	20	—	30	—	30	—	50
99	1	—	1	50	2	—	—	30	—	10	—	20	—	30	—	30	—	50
100	1	—	1	50	2	—	—	30	—	10	—	20	—	30	—	30	—	50
101	1	10	1	60	2	10	—	30	—	20	—	30	—	30	—	40	—	60
102	1	10	1	60	2	10	—	30	—	20	—	30	—	30	—	40	—	60
103	1	10	1	60	2	10	—	30	—	20	—	30	—	30	—	40	—	60
104	1	10	1	60	2	10	—	30	—	20	—	30	—	30	—	40	—	60
105	1	10	1	60	2	10	—	30	—	20	—	30	—	30	—	40	—	60
106	1	10	1	60	2	20	—	30	—	20	—	30	—	30	—	40	—	60
107	1	10	1	70	2	20	—	30	—	20	—	30	—	30	—	40	—	60
108	1	10	1	70	2	20	—	30	—	20	—	30	—	30	—	40	—	60
109	1	10	1	70	2	20	—	30	—	20	—	30	—	30	—	40	—	60
110	1	10	1	70	2	20	—	30	—	20	—	30	—	30	—	40	—	60
111	1	20	1	70	2	30	—	30	—	20	—	30	—	30	—	40	—	60
112	1	20	1	70	2	30	—	30	—	20	—	30	—	30	—	40	—	60
113	1	20	1	70	2	30	—	30	—	20	—	30	—	30	—	40	—	60
114	1	20	1	80	2	30	—	30	—	20	—	30	—	30	—	40	—	60
115	1	20	1	80	2	30	—	30	—	20	—	30	—	30	—	40	—	60
116	1	20	1	80	2	40	—	30	—	20	—	30	—	30	—	40	—	60
117	1	20	1	80	2	40	—	30	—	20	—	30	—	30	—	40	—	60
118	1	20	1	80	2	40	—	30	—	20	—	30	—	30	—	40	—	60
119	1	20	1	80	2	40	—	30	—	20	—	30	—	30	—	40	—	60
120	1	20	1	80	2	40	—	30	—	20	—	30	—	30	—	40	—	60

Gegenstands-Summa	Werthgebühr								4/10 aus der vollen Werthgebühr		4/10 aus 2/3 Werthgebühr		Hinterlegungsgebühr						Auseinandersetzungsgebühr			
	Volle		1/2		1/2 bis 2200 M darüber 2/3		1 1/2												5/10		2/10	
	Art. 22. 40. 41. 50		Art. 25. 27. 29. 30. 38 Abs. 2		Art. 24		Art. 23		Art. 45 Abs. 3				Art. 100		Art. 101 a		Art. 101 b		der Sätze des § 8 des Reichsgerichts-Kosten-Gesetzes			
M	M	Pf	M	Pf	M	Pf	M	Pf	M	Pf	M	Pf	M	Pf	M	Pf	M	Pf	M	Pf	M	Pf
81	1	—	—	50	—	50	1	50	1	—	1	—	—	30	—	90	1	70	2	30	1	—
82	1	—	—	50	—	50	1	50	1	—	1	—	—	30	—	90	1	70	2	30	1	—
83	1	—	—	50	—	50	1	50	1	—	1	—	—	30	—	90	1	70	2	30	1	—
84	1	—	—	50	—	50	1	50	1	—	1	—	—	30	—	90	1	70	2	30	1	—
85	1	—	—	50	—	50	1	50	1	—	1	—	—	30	—	90	1	70	2	30	1	—
86	1	—	—	50	—	50	1	50	1	—	1	—	—	30	—	90	1	80	2	30	1	—
87	1	—	—	50	—	50	1	50	1	—	1	—	—	30	—	90	1	80	2	30	1	—
88	1	—	—	50	—	50	1	50	1	—	1	—	—	30	—	90	1	80	2	30	1	—
89	1	—	—	50	—	50	1	50	1	—	1	—	—	30	—	90	1	80	2	30	1	—
90	1	—	—	50	—	50	1	50	1	—	1	—	—	30	—	90	1	80	2	30	1	—
91	1	—	—	50	—	50	1	50	1	—	1	—	—	30	1	—	1	90	2	30	1	—
92	1	—	—	50	—	50	1	50	1	—	1	—	—	30	1	—	1	90	2	30	1	—
93	1	—	—	50	—	50	1	50	1	—	1	—	—	30	1	—	1	90	2	30	1	—
94	1	—	—	50	—	50	1	50	1	—	1	—	—	30	1	—	1	90	2	30	1	—
95	1	—	—	50	—	50	1	50	1	—	1	—	—	30	1	—	1	90	2	30	1	—
96	1	—	—	50	—	50	1	50	1	—	1	—	—	30	1	—	2	—	2	30	1	—
97	1	—	—	50	—	50	1	50	1	—	1	—	—	30	1	—	2	—	2	30	1	—
98	1	—	—	50	—	50	1	50	1	—	1	—	—	30	1	—	2	—	2	30	1	—
99	1	—	—	50	—	50	1	50	1	—	1	—	—	30	1	—	2	—	2	30	1	—
100	1	—	—	50	—	50	1	50	1	—	1	—	—	30	1	—	2	—	2	30	1	—
101	1	80	—	90	—	90	2	70	1	—	1	—	—	30	1	10	2	10	2	30	1	—
102	1	80	—	90	—	90	2	70	1	—	1	—	—	30	1	10	2	10	2	30	1	—
103	1	80	—	90	—	90	2	70	1	—	1	—	—	30	1	10	2	10	2	30	1	—
104	1	80	—	90	—	90	2	70	1	—	1	—	—	30	1	10	2	10	2	30	1	—
105	1	80	—	90	—	90	2	70	1	—	1	—	—	30	1	10	2	10	2	30	1	—
106	1	80	—	90	—	90	2	70	1	—	1	—	—	30	1	10	2	20	2	30	1	—
107	1	80	—	90	—	90	2	70	1	—	1	—	—	30	1	10	2	20	2	30	1	—
108	1	80	—	90	—	90	2	70	1	—	1	—	—	30	1	10	2	20	2	30	1	—
109	1	80	—	90	—	90	2	70	1	—	1	—	—	30	1	10	2	20	2	30	1	—
110	1	80	—	90	—	90	2	70	1	—	1	—	—	30	1	10	2	20	2	30	1	—
111	1	80	—	90	—	90	2	70	1	—	1	—	—	30	1	20	2	30	2	30	1	—
112	1	80	—	90	—	90	2	70	1	—	1	—	—	30	1	20	2	30	2	30	1	—
113	1	80	—	90	—	90	2	70	1	—	1	—	—	30	1	20	2	30	2	30	1	—
114	1	80	—	90	—	90	2	70	1	—	1	—	—	30	1	20	2	30	2	30	1	—
115	1	80	—	90	—	90	2	70	1	—	1	—	—	30	1	20	2	30	2	30	1	—
116	1	80	—	90	—	90	2	70	1	—	1	—	—	30	1	20	2	40	2	30	1	—
117	1	80	—	90	—	90	2	70	1	—	1	—	—	30	1	20	2	40	2	30	1	—
118	1	80	—	90	—	90	2	70	1	—	1	—	—	30	1	20	2	40	2	30	1	—
119	1	80	—	90	—	90	2	70	1	—	1	—	—	30	1	20	2	40	2	30	1	—
120	1	80	—	90	—	90	2	70	1	—	1	—	—	30	1	20	2	40	2	30	1	—

Gegen-standssumma	Staatsgebühren 1 Prozent		Staatsgebühren 1½ Prozent		Staatsgebühren 2 Prozent		Besitz-veränderungs-abgabe		Staatsgebühren 1 pro mille		Staatsgebühren 2 pro mille		Staatsgebühren 2½ pro mille		Staatsgebühren 3 pro mille		Staatsgebühren 5 pro mille	
ℳ	ℳ	₰	ℳ	₰	ℳ	₰	ℳ	₰	ℳ	₰	ℳ	₰	ℳ	₰	ℳ	₰	ℳ	₰
121	1	30	1	90	2	50	—	40	—	20	—	30	—	40	—	40	—	70
122	1	30	1	90	2	50	—	40	—	20	—	30	—	40	—	40	—	70
123	1	30	1	90	2	50	—	40	—	20	—	30	—	40	—	40	—	70
124	1	30	1	90	2	50	—	40	—	20	—	30	—	40	—	40	—	70
125	1	30	1	90	2	50	—	40	—	20	—	30	—	40	—	40	—	70
126	1	30	1	90	2	60	—	40	—	20	—	30	—	40	—	40	—	70
127	1	30	2	—	2	60	—	40	—	20	—	30	—	40	—	40	—	70
128	1	30	2	—	2	60	—	40	—	20	—	30	—	40	—	40	—	70
129	1	30	2	—	2	60	—	40	—	20	—	30	—	40	—	40	—	70
130	1	30	2	—	2	60	—	40	—	20	—	30	—	40	—	40	—	70
131	1	40	2	—	2	70	—	40	—	20	—	30	—	40	—	40	—	70
132	1	40	2	—	2	70	—	40	—	20	—	30	—	40	—	40	—	70
133	1	40	2	—	2	70	—	40	—	20	—	30	—	40	—	40	—	70
134	1	40	2	10	2	70	—	40	—	20	—	30	—	40	—	50	—	70
135	1	40	2	10	2	70	—	40	—	20	—	30	—	40	—	50	—	70
136	1	40	2	10	2	80	—	40	—	20	—	30	—	40	—	50	—	70
137	1	40	2	10	2	80	—	40	—	20	—	30	—	40	—	50	—	70
138	1	40	2	10	2	80	—	40	—	20	—	30	—	40	—	50	—	70
139	1	40	2	10	2	80	—	40	—	20	—	30	—	40	—	50	—	70
140	1	40	2	10	2	80	—	40	—	20	—	30	—	40	—	50	—	70
141	1	50	2	20	2	90	—	40	—	20	—	30	—	40	—	50	—	80
142	1	50	2	20	2	90	—	40	—	20	—	30	—	40	—	50	—	80
143	1	50	2	20	2	90	—	40	—	20	—	30	—	40	—	50	—	80
144	1	50	2	20	2	90	—	40	—	20	—	30	—	40	—	50	—	80
145	1	50	2	20	2	90	—	40	—	20	—	30	—	40	—	50	—	80
146	1	50	2	20	3	—	—	40	—	20	—	30	—	40	—	50	—	80
147	1	50	2	30	3	—	—	40	—	20	—	30	—	40	—	50	—	80
148	1	50	3	30	3	—	—	40	—	20	—	30	—	40	—	50	—	80
149	1	50	2	30	3	—	—	40	—	20	—	30	—	40	—	50	—	80
150	1	50	3	30	3	—	—	40	—	20	—	30	—	40	—	50	—	80
151	1	60	2	30	3	10	—	40	—	20	—	40	—	40	—	50	—	80
152	1	60	2	30	3	10	—	40	—	20	—	40	—	40	—	50	—	80
153	1	60	2	30	3	10	—	40	—	20	—	40	—	40	—	50	—	80
154	1	60	2	40	3	10	—	40	—	20	—	40	—	40	—	50	—	80
155	1	60	2	40	3	10	—	40	—	20	—	40	—	40	—	50	—	80
156	1	60	2	40	3	20	—	40	—	20	—	40	—	40	—	50	—	80
157	1	60	2	40	3	20	—	40	—	20	—	40	—	40	—	50	—	80
158	1	60	2	40	3	20	—	40	—	20	—	40	—	40	—	50	—	80
159	1	60	2	40	3	20	—	40	—	20	—	40	—	40	—	50	—	80
160	1	60	2	40	3	20	—	40	—	20	—	40	—	40	—	50	—	80

Gegenstands-Summa	Werthgebühr: Volle		Werthgebühr: 1/2		Werthgebühr: 1/2 bis 2200 M, darüber 2/3		Werthgebühr: 1 1/2		4/10 aus der vollen Werthgebühr		4/10 aus 2/3 Werthgebühr		Hinterlegungsgebühr						Auseinandersetzungsgebühr: 5/10		Auseinandersetzungsgebühr: 2/10	
	Art. 22. 40. 41. 50		Art. 25. 27. 29. 30. 38 Abs. 2		Art. 24		Art. 28		Art. 45 Abs. 3				Art. 100		Art. 101 a		Art. 101 b		der Sätze des § 8 des Reichsgerichts-Kosten-Gesetzes			
M	M	₰	M	₰	M	₰	M	₰	M	₰	M	₰	M	₰	M	₰	M	₰	M	₰	M	₰
121	1	80	—	90	—	90	2	70	1	—	1	—	—	40	1	30	2	50	3	80	1	50
122	1	80	—	90	—	90	2	70	1	—	1	—	—	40	1	30	2	50	3	80	1	50
123	1	80	—	90	—	90	2	70	1	—	1	—	—	40	1	30	2	50	3	80	1	50
124	1	80	—	90	—	90	2	70	1	—	1	—	—	40	1	30	2	50	3	80	1	50
125	1	80	—	90	—	90	2	70	1	—	1	—	—	40	1	30	2	50	3	80	1	50
126	1	80	—	90	—	90	2	70	1	—	1	—	—	40	1	30	2	60	3	80	1	50
127	1	80	—	90	—	90	2	70	1	—	1	—	—	40	1	30	2	60	3	80	1	50
128	1	80	—	90	—	90	2	70	1	—	1	—	—	40	1	30	2	60	3	80	1	50
129	1	80	—	90	—	90	2	70	1	—	1	—	—	40	1	30	2	60	3	80	1	50
130	1	80	—	90	—	90	2	70	1	—	1	—	—	40	1	30	2	60	3	80	1	50
131	1	80	—	90	—	90	2	70	1	—	1	—	—	40	1	40	2	70	3	80	1	50
132	1	80	—	90	—	90	2	70	1	—	1	—	—	40	1	40	2	70	3	80	1	50
133	1	80	—	90	—	90	2	70	1	—	1	—	—	40	1	40	2	70	3	80	1	50
134	1	80	—	90	—	90	2	70	1	—	1	—	—	40	1	40	2	70	3	80	1	50
135	1	80	—	90	—	90	2	70	1	—	1	—	—	40	1	40	2	70	3	80	1	50
136	1	80	—	90	—	90	2	70	1	—	1	—	—	40	1	40	2	80	3	80	1	50
137	1	80	—	90	—	90	2	70	1	—	1	—	—	40	1	40	2	80	3	80	1	50
138	1	80	—	90	—	90	2	70	1	—	1	—	—	40	1	40	2	80	3	80	1	50
139	1	80	—	90	—	90	2	70	1	—	1	—	—	40	1	40	2	80	3	80	1	50
140	1	80	—	90	—	90	2	70	1	—	1	—	—	40	1	40	2	80	3	80	1	50
141	1	80	—	90	—	90	2	70	1	—	1	—	—	40	1	50	2	90	3	80	1	50
142	1	80	—	90	—	90	2	70	1	—	1	—	—	40	1	50	2	90	3	80	1	50
143	1	80	—	90	—	90	2	70	1	—	1	—	—	40	1	50	2	90	3	80	1	50
144	1	80	—	90	—	90	2	70	1	—	1	—	—	40	1	50	2	90	3	80	1	50
145	1	80	—	90	—	90	2	70	1	—	1	—	—	40	1	50	2	90	3	80	1	50
146	1	80	—	90	—	90	2	70	1	—	1	—	—	40	1	50	3	—	3	80	1	50
147	1	80	—	90	—	90	2	70	1	—	1	—	—	40	1	50	3	—	3	80	1	50
148	1	80	—	90	—	90	2	70	1	—	1	—	—	40	1	50	3	—	3	80	1	50
149	1	80	—	90	—	90	2	70	1	—	1	—	—	40	1	50	3	—	3	80	1	50
150	1	80	—	90	—	90	2	70	1	—	1	—	—	40	1	50	3	—	3	80	1	50
151	1	80	—	90	—	90	2	70	1	—	1	—	—	40	1	60	3	10	3	80	1	50
152	1	80	—	90	—	90	2	70	1	—	1	—	—	40	1	60	3	10	3	80	1	50
153	1	80	—	90	—	90	2	70	1	—	1	—	—	40	1	60	3	10	3	80	1	50
154	1	80	—	90	—	90	2	70	1	—	1	—	—	40	1	60	3	10	3	80	1	50
155	1	80	—	90	—	90	2	70	1	—	1	—	—	40	1	60	3	10	3	80	1	50
156	1	80	—	90	—	90	2	70	1	—	1	—	—	40	1	60	3	20	3	80	1	50
157	1	80	—	90	—	90	2	70	1	—	1	—	—	40	1	60	3	20	3	80	1	50
158	1	80	—	90	—	90	2	70	1	—	1	—	—	40	1	60	3	20	3	80	1	50
159	1	80	—	90	—	90	2	70	1	—	1	—	—	40	1	60	3	20	3	80	1	50
160	1	80	—	90	—	90	2	70	1	—	1	—	—	40	1	60	3	20	3	80	1	50

Gegen-stands-Summa	Staatsgebühren Prozent 1		1½		2		Besitz-veränderungs-abgabe		Staatsgebühren pro mille 1		2		2½		3		5	
ℳ	ℳ	₰	ℳ	₰	ℳ	₰	ℳ	₰	ℳ	₰	ℳ	₰	ℳ	₰	ℳ	₰	ℳ	₰
161	1	70	2	50	3	30	—	50	—	20	—	40	—	50	—	50	—	90
162	1	70	2	50	3	30	—	50	—	20	—	40	—	50	—	50	—	90
163	1	70	2	50	3	30	—	50	—	20	—	40	—	50	—	50	—	90
164	1	70	2	50	3	30	—	50	—	20	—	40	—	50	—	50	—	90
165	1	70	2	50	3	30	—	50	—	20	—	40	—	50	—	50	—	90
166	1	70	2	50	3	40	—	50	—	20	—	40	—	50	—	50	—	90
167	1	70	2	60	3	40	—	50	—	20	—	40	—	50	—	60	—	90
168	1	70	2	60	3	40	—	50	—	20	—	40	—	50	—	60	—	90
169	1	70	2	60	3	40	—	50	—	20	—	40	—	50	—	60	—	90
170	1	70	2	60	3	40	—	50	—	20	—	40	—	50	—	60	—	90
171	1	80	2	60	3	50	—	50	—	20	—	40	—	50	—	60	—	90
172	1	80	2	60	3	50	—	50	—	20	—	40	—	50	—	60	—	90
173	1	80	2	60	3	50	—	50	—	20	—	40	—	50	—	60	—	90
174	1	80	2	60	3	50	—	50	—	20	—	40	—	50	—	60	—	90
175	1	80	2	70	3	50	—	50	—	20	—	40	—	50	—	60	—	90
176	1	80	2	70	3	60	—	50	—	20	—	40	—	50	—	60	—	90
177	1	80	2	70	3	60	—	50	—	20	—	40	—	50	—	60	—	90
178	1	80	2	70	3	60	—	50	—	20	—	40	—	50	—	60	—	90
179	1	80	2	70	3	60	—	50	—	20	—	40	—	50	—	60	—	90
180	1	80	2	70	3	60	—	50	—	20	—	40	—	50	—	60	—	90
181	1	90	2	80	3	70	—	50	—	20	—	40	—	50	—	60	1	—
182	1	90	2	80	3	70	—	50	—	20	—	40	—	50	—	60	1	—
183	1	90	2	80	3	70	—	50	—	20	—	40	—	50	—	60	1	—
184	1	90	2	80	3	70	—	50	—	20	—	40	—	50	—	60	1	—
185	1	90	2	80	3	70	—	50	—	20	—	40	—	50	—	60	1	—
186	1	90	2	80	3	80	—	50	—	20	—	40	—	50	—	60	1	—
187	1	90	2	90	3	80	—	50	—	20	—	40	—	50	—	60	1	—
188	1	90	2	90	3	80	—	50	—	20	—	40	—	50	—	60	1	—
189	1	90	2	90	3	80	—	50	—	20	—	40	—	50	—	60	1	—
190	1	90	2	90	3	80	—	50	—	20	—	40	—	50	—	60	1	—
191	2	—	2	90	3	90	—	50	—	20	—	40	—	50	—	60	1	—
192	2	—	2	90	3	90	—	50	—	20	—	40	—	50	—	60	1	—
193	2	—	2	90	3	90	—	50	—	20	—	40	—	50	—	60	1	—
194	2	—	3	—	3	90	—	50	—	20	—	40	—	50	—	60	1	—
195	2	—	3	—	3	90	—	50	—	20	—	40	—	50	—	60	1	—
196	2	—	3	—	4	—	—	50	—	20	—	40	—	50	—	60	1	—
197	2	—	3	—	4	—	—	50	—	20	—	40	—	50	—	60	1	—
198	2	—	3	—	4	—	—	50	—	20	—	40	—	50	—	60	1	—
199	2	—	3	—	4	—	—	50	—	20	—	40	—	50	—	60	1	—
200	2	—	3	—	4	—	—	50	—	20	—	40	—	50	—	60	1	—

Gegen-stands-Summa	Werthgebühr: Volle (Art. 22. 40. 41. 50)		Werthgebühr: 1/2 (Art. 25. 27. 29. 30. 38 Abs. 2)		Werthgebühr: 1/2 bis 2200 M, darüber 2/3 (Art. 24)		Werthgebühr: 1 1/2 (Art. 23)		4/10 aus der vollen Werthgebühr (Art. 45 Abs. 3)		4/10 aus 1/2 Werthgebühr (Art. 45 Abs. 3)		Hinterlegungsgebühr Art. 100		Hinterlegungsgebühr Art. 101 a		Hinterlegungsgebühr Art. 101 b		Auseinandersetzungsgebühr 5/10 (der Sätze des § 8 des Reichsgerichts-Kosten-Gesetzes)		Auseinandersetzungsgebühr 3/10 (der Sätze des § 8 des Reichsgerichts-Kosten-Gesetzes)	
M	M	Pf	M	Pf	M	Pf	M	Pf	M	Pf	M	Pf	M	Pf	M	Pf	M	Pf	M	Pf	M	Pf
161	1	80	—	90	—	90	2	70	1	—	1	—	—	50	1	70	3	30	3	80	1	50
162	1	80	—	90	—	90	2	70	1	—	1	—	—	50	1	70	3	30	3	80	1	50
163	1	80	—	90	—	90	2	70	1	—	1	—	—	50	1	70	3	30	3	80	1	50
164	1	80	—	90	—	90	2	70	1	—	1	—	—	50	1	70	3	30	3	80	1	50
165	1	80	—	90	—	90	2	70	1	—	1	—	—	50	1	70	3	30	3	80	1	50
166	1	80	—	90	—	90	2	70	1	—	1	—	—	50	1	70	3	40	3	80	1	50
167	1	80	—	90	—	90	2	70	1	—	1	—	—	50	1	70	3	40	3	80	1	50
168	1	80	—	90	—	90	2	70	1	—	1	—	—	50	1	70	3	40	3	80	1	50
169	1	80	—	90	—	90	2	70	1	—	1	—	—	50	1	70	3	40	3	80	1	50
170	1	80	—	90	—	90	2	70	1	—	1	—	—	50	1	70	3	40	3	80	1	50
171	1	80	—	90	—	90	2	70	1	—	1	—	—	50	1	80	3	50	3	80	1	50
172	1	80	—	90	—	90	2	70	1	—	1	—	—	50	1	80	3	50	3	80	1	50
173	1	80	—	90	—	90	2	70	1	—	1	—	—	50	1	80	3	50	3	80	1	50
174	1	80	—	90	—	90	2	70	1	—	1	—	—	50	1	80	3	50	3	80	1	50
175	1	80	—	90	—	90	2	70	1	—	1	—	—	50	1	80	3	50	3	80	1	50
176	1	80	—	90	—	90	2	70	1	—	1	—	—	50	1	80	3	60	3	80	1	50
177	1	80	—	90	—	90	2	70	1	—	1	—	—	50	1	80	3	60	3	80	1	50
178	1	80	—	90	—	90	2	70	1	—	1	—	—	50	1	80	3	60	3	80	1	50
179	1	80	—	90	—	90	2	70	1	—	1	—	—	50	1	80	3	60	3	80	1	50
180	1	80	—	90	—	90	2	70	1	—	1	—	—	50	1	80	3	60	3	80	1	50
181	1	80	—	90	—	90	2	70	1	—	1	—	—	50	1	90	3	70	3	80	1	50
182	1	80	—	90	—	90	2	70	1	—	1	—	—	50	1	90	3	70	3	80	1	50
183	1	80	—	90	—	90	2	70	1	—	1	—	—	50	1	90	3	70	3	80	1	50
184	1	80	—	90	—	90	2	70	1	—	1	—	—	50	1	90	3	70	3	80	1	50
185	1	80	—	90	—	90	2	70	1	—	1	—	—	50	1	90	3	70	3	80	1	50
186	1	80	—	90	—	90	2	70	1	—	1	—	—	50	1	90	3	80	3	80	1	50
187	1	80	—	90	—	90	2	70	1	—	1	—	—	50	1	90	3	80	3	80	1	50
188	1	80	—	90	—	90	2	70	1	—	1	—	—	50	1	90	3	80	3	80	1	50
189	1	80	—	90	—	90	2	70	1	—	1	—	—	50	1	90	3	80	3	80	1	50
190	1	80	—	90	—	90	2	70	1	—	1	—	—	50	1	90	3	80	3	80	1	50
191	1	80	—	90	—	90	2	70	1	—	1	—	—	50	2	—	3	90	3	80	1	50
192	1	80	—	90	—	90	2	70	1	—	1	—	—	50	2	—	3	90	3	80	1	50
193	1	80	—	90	—	90	2	70	1	—	1	—	—	50	2	—	3	90	3	80	1	50
194	1	80	—	90	—	90	2	70	1	—	1	—	—	50	2	—	3	90	3	80	1	50
195	1	80	—	90	—	90	2	70	1	—	1	—	—	50	2	—	3	90	3	80	1	50
196	1	80	—	90	—	90	2	70	1	—	1	—	—	50	2	—	4	—	3	80	1	50
197	1	80	—	90	—	90	2	70	1	—	1	—	—	50	2	—	4	—	3	80	1	50
198	1	80	—	90	—	90	2	70	1	—	1	—	—	50	2	—	4	—	3	80	1	50
199	1	80	—	90	—	90	2	70	1	—	1	—	—	50	2	—	4	—	3	80	1	50
200	1	80	—	90	—	90	2	70	1	—	1	—	—	50	2	—	4	—	3	80	1	50

Gegenstands-Summa	Staatsgebühren						Besitzveränderungsabgabe		Staatsgebühren									
	1		1 ½		2				1		2		2 ½		3		5	
	Prozent								pro mille									
ℳ	ℳ	₰	ℳ	₰	ℳ	₰	ℳ	₰	ℳ	₰	ℳ	₰	ℳ	₰	ℳ	₰	ℳ	₰
201	2	10	3	10	4	10	—	60	—	30	—	50	—	60	—	70	1	10
202	2	10	3	10	4	10	—	60	—	30	—	50	—	60	—	70	1	10
203	2	10	3	10	4	10	—	60	—	30	—	50	—	60	—	70	1	10
204	2	10	3	10	4	10	—	60	—	30	—	50	—	60	—	70	1	10
205	2	10	3	10	4	10	—	60	—	30	—	50	—	60	—	70	1	10
206	2	10	3	10	4	20	—	60	—	30	—	50	—	60	—	70	1	10
207	2	10	3	20	4	20	—	60	—	30	—	50	—	60	—	70	1	10
208	2	10	3	20	4	20	—	60	—	30	—	50	—	60	—	70	1	10
209	2	10	3	20	4	20	—	60	—	30	—	50	—	60	—	70	1	10
210	2	10	3	20	4	20	—	60	—	30	—	50	—	60	—	70	1	10
211	2	20	3	20	4	30	—	60	—	30	—	50	—	60	—	70	1	10
212	2	20	3	20	4	30	—	60	—	30	—	50	—	60	—	70	1	10
213	2	20	3	20	4	30	—	60	—	30	—	50	—	60	—	70	1	10
214	2	20	3	30	4	30	—	60	—	30	—	50	—	60	—	70	1	10
215	2	20	3	30	4	30	—	60	—	30	—	50	—	60	—	70	1	10
216	2	20	3	30	4	40	—	60	—	30	—	50	—	60	—	70	1	10
217	2	20	3	30	4	40	—	60	—	30	—	50	—	60	—	70	1	10
218	2	20	3	30	4	40	—	60	—	30	—	50	—	60	—	70	1	10
219	2	20	3	30	4	40	—	60	—	30	—	50	—	60	—	70	1	10
220	2	20	3	30	4	40	—	60	—	30	—	50	—	60	—	70	1	10
221	2	30	3	40	4	50	—	60	—	30	—	50	—	60	—	70	1	20
222	2	30	3	40	4	50	—	60	—	30	—	50	—	60	—	70	1	20
223	2	30	3	40	4	50	—	60	—	30	—	50	—	60	—	70	1	20
224	2	30	3	40	4	50	—	60	—	30	—	50	—	60	—	70	1	20
225	2	30	3	40	4	50	—	60	—	30	—	50	—	60	—	70	1	20
226	2	30	3	40	4	60	—	60	—	30	—	50	—	60	—	70	1	20
227	2	30	3	50	4	60	—	60	—	30	—	50	—	60	—	70	1	20
228	2	30	3	50	4	60	—	60	—	30	—	50	—	60	—	70	1	20
229	2	30	3	50	4	60	—	60	—	30	—	50	—	60	—	70	1	20
230	2	30	3	50	4	60	—	60	—	30	—	50	—	60	—	70	1	20
231	2	40	3	50	4	70	—	60	—	30	—	50	—	60	—	70	1	20
232	2	40	3	50	4	70	—	60	—	30	—	50	—	60	—	70	1	20
233	2	40	3	50	4	70	—	60	—	30	—	50	—	60	—	70	1	20
234	2	40	3	60	4	70	—	60	—	30	—	50	—	60	—	80	1	20
235	2	40	3	60	4	70	—	60	—	30	—	50	—	60	—	80	1	20
236	2	40	3	60	4	80	—	60	—	30	—	50	—	60	—	80	1	20
237	2	40	3	60	4	80	—	60	—	30	—	50	—	60	—	80	1	20
238	2	40	3	60	4	80	—	60	—	30	—	50	—	60	—	80	1	20
239	2	40	3	60	4	80	—	60	—	30	—	50	—	60	—	80	1	20
240	2	40	3	60	4	80	—	60	—	30	—	50	—	60	—	80	1	20

Gegen-stands-Summa	Werthgebühr								$^4/_{10}$ aus der vollen Werthgebühr		$^4/_{10}$ aus $^2/_3$ Werthgebühr		Hinterlegungsgebühr						Auseinandersetzungsgebühr			
	Volle		$^1/_2$		$^1/_2$ bis 2200 ℳ darüber $^2/_3$		$1^1/_2$												$^5/_{10}$		$^2/_{10}$	
	Art. 22. 40. 41. 50		Art. 25. 27. 29. 30. 38 Abs. 2		Art. 24		Art. 23		Art. 45 Abs. 3				Art. 100		Art. 101 a		Art. 101 b		der Sätze des § 8 des Reichsgerichts-Kosten-Gesetzes			
ℳ	ℳ	₰	ℳ	₰	ℳ	₰	ℳ	₰	ℳ	₰	ℳ	₰	ℳ	₰	ℳ	₰	ℳ	₰	ℳ	₰	ℳ	₰
201	2	70	1	40	1	40	4	10	1	10	1	—	—	60	2	10	4	10	5	50	2	20
202	2	70	1	40	1	40	4	10	1	10	1	—	—	60	2	10	4	10	5	50	2	20
203	2	70	1	40	1	40	4	10	1	10	1	—	—	60	2	10	4	10	5	50	2	20
204	2	70	1	40	1	40	4	10	1	10	1	—	—	60	2	10	4	10	5	50	2	20
205	2	70	1	40	1	40	4	10	1	10	1	—	—	60	2	10	4	10	5	50	2	20
206	2	70	1	40	1	40	4	10	1	10	1	—	—	60	2	10	4	20	5	50	2	20
207	2	70	1	40	1	40	4	10	1	10	1	—	—	60	2	10	4	20	5	50	2	20
208	2	70	1	40	1	40	4	10	1	10	1	—	—	60	2	10	4	20	5	50	2	20
209	2	70	1	40	1	40	4	10	1	10	1	—	—	60	2	10	4	20	5	50	2	20
210	2	70	1	40	1	40	4	10	1	10	1	—	—	60	2	10	4	20	5	50	2	20
211	2	70	1	40	1	40	4	10	1	10	1	—	—	60	2	20	4	30	5	50	2	20
212	2	70	1	40	1	40	4	10	1	10	1	—	—	60	2	20	4	30	5	50	2	20
213	2	70	1	40	1	40	4	10	1	10	1	—	—	60	2	20	4	30	5	50	2	20
214	2	70	1	40	1	40	4	10	1	10	1	—	—	60	2	20	4	30	5	50	2	20
215	2	70	1	40	1	40	4	10	1	10	1	—	—	60	2	20	4	30	5	50	2	20
216	2	70	1	40	1	40	4	10	1	10	1	—	—	60	2	20	4	40	5	50	2	20
217	2	70	1	40	1	40	4	10	1	10	1	—	—	60	2	20	4	40	5	50	2	20
218	2	70	1	40	1	40	4	10	1	10	1	—	—	60	2	20	4	40	5	50	2	20
219	2	70	1	40	1	40	4	10	1	10	1	—	—	60	2	20	4	40	5	50	2	20
220	2	70	1	40	1	40	4	10	1	10	1	—	—	60	2	20	4	40	5	50	2	20
221	2	70	1	40	1	40	4	10	1	10	1	—	—	60	2	30	4	50	5	50	2	20
222	2	70	1	40	1	40	4	10	1	10	1	—	—	60	2	30	4	50	5	50	2	20
223	2	70	1	40	1	40	4	10	1	10	1	—	—	60	2	30	4	50	5	50	2	20
224	2	70	1	40	1	40	4	10	1	10	1	—	—	60	2	30	4	50	5	50	2	20
225	2	70	1	40	1	40	4	10	1	10	1	—	—	60	2	30	4	50	5	50	2	20
226	2	70	1	40	1	40	4	10	1	10	1	—	—	60	2	30	4	60	5	50	2	20
227	2	70	1	40	1	40	4	10	1	10	1	—	—	60	2	30	4	60	5	50	2	20
228	2	70	1	40	1	40	4	10	1	10	1	—	—	60	2	30	4	60	5	50	2	20
229	2	70	1	40	1	40	4	10	1	10	1	—	—	60	2	30	4	60	5	50	2	20
230	2	70	1	40	1	40	4	10	1	10	1	—	—	60	2	30	4	60	5	50	2	20
231	2	70	1	40	1	40	4	10	1	10	1	—	—	60	2	40	4	70	5	50	2	20
232	2	70	1	40	1	40	4	10	1	10	1	—	—	60	2	40	4	70	5	50	2	20
233	2	70	1	40	1	40	4	10	1	10	1	—	—	60	2	40	4	70	5	50	2	20
234	2	70	1	40	1	40	4	10	1	10	1	—	—	60	2	40	4	70	5	50	2	20
235	2	70	1	40	1	40	4	10	1	10	1	—	—	60	2	40	4	70	5	50	2	20
236	2	70	1	40	1	40	4	10	1	10	1	—	—	60	2	40	4	80	5	50	2	20
237	2	70	1	40	1	40	4	10	1	10	1	—	—	60	2	40	4	80	5	50	2	20
238	2	70	1	40	1	40	4	10	1	10	1	—	—	60	2	40	4	80	5	50	2	20
239	2	70	1	40	1	40	4	10	1	10	1	—	—	60	2	40	4	80	5	50	2	20
240	2	70	1	40	1	40	4	10	1	10	1	—	—	60	2	40	4	80	5	50	2	20

Gegenstandssumma	Staatsgebühren						Besitzveränderungsabgabe		Staatsgebühren									
	1		1½		2				1		2		2½		3		5	
	Prozent								pro mille									
ℳ	ℳ	₰	ℳ	₰	ℳ	₰	ℳ	₰	ℳ	₰	ℳ	₰	ℳ	₰	ℳ	₰	ℳ	₰
241	2	50	3	70	4	90	—	70	—	30	—	50	—	70	—	80	1	30
242	2	50	3	70	4	90	—	70	—	30	—	50	—	70	—	80	1	30
243	2	50	3	70	4	90	—	70	—	30	—	50	—	70	—	80	1	30
244	2	50	3	70	4	90	—	70	—	30	—	50	—	70	—	80	1	30
245	2	50	3	70	4	90	—	70	—	30	—	50	—	70	—	80	1	30
246	2	50	3	70	5	—	—	70	—	30	—	50	—	70	—	80	1	30
247	2	50	3	80	5	—	—	70	—	30	—	50	—	70	—	80	1	30
248	2	50	3	80	5	—	—	70	—	30	—	50	—	70	—	80	1	30
249	2	50	3	80	5	—	—	70	—	30	—	50	—	70	—	80	1	30
250	2	50	3	80	5	—	—	70	—	30	—	50	—	70	—	80	1	30
251	2	60	3	80	5	10	—	70	—	30	—	60	—	70	—	80	1	30
252	2	60	3	80	5	10	—	70	—	30	—	60	—	70	—	80	1	30
253	2	60	3	80	5	10	—	70	—	30	—	60	—	70	—	80	1	30
254	2	60	3	90	5	10	—	70	—	30	—	60	—	70	—	80	1	30
255	2	60	3	90	5	10	—	70	—	30	—	60	—	70	—	80	1	30
256	2	60	3	90	5	20	—	70	—	30	—	60	—	70	—	80	1	30
257	2	60	3	90	5	20	—	70	—	30	—	60	—	70	—	80	1	30
258	2	60	3	90	5	20	—	70	—	30	—	60	—	70	—	80	1	30
259	2	60	3	90	5	20	—	70	—	30	—	60	—	70	—	80	1	30
260	2	60	3	90	5	20	—	70	—	30	—	60	—	70	—	80	1	30
261	2	70	4	—	5	30	—	70	—	30	—	60	—	70	—	80	1	40
262	2	70	4	—	5	30	—	70	—	30	—	60	—	70	—	80	1	40
263	2	70	4	—	5	30	—	70	—	30	—	60	—	70	—	80	1	40
264	2	70	4	—	5	30	—	70	—	30	—	60	—	70	—	80	1	40
265	2	70	4	—	5	30	—	70	—	30	—	60	—	70	—	80	1	40
266	2	70	4	—	5	40	—	70	—	30	—	60	—	70	—	80	1	40
267	2	70	4	10	5	40	—	70	—	30	—	60	—	70	—	90	1	40
268	2	70	4	10	5	40	—	70	—	30	—	60	—	70	—	90	1	40
269	2	70	4	10	5	40	—	70	—	30	—	60	—	70	—	90	1	40
270	2	70	4	10	5	40	—	70	—	30	—	60	—	70	—	90	1	40
271	2	80	4	10	5	50	—	70	—	30	—	60	—	70	—	90	1	40
272	2	80	4	10	5	50	—	70	—	30	—	60	—	70	—	90	1	40
273	2	80	4	10	5	50	—	70	—	30	—	60	—	70	—	90	1	40
274	2	80	4	20	5	50	—	70	—	30	—	60	—	70	—	90	1	40
275	2	80	4	20	5	50	—	70	—	30	—	60	—	70	—	90	1	40
276	2	80	4	20	5	60	—	70	—	30	—	60	—	70	—	90	1	40
277	2	80	4	20	5	60	—	70	—	30	—	60	—	70	—	90	1	40
278	2	80	4	20	5	60	—	70	—	30	—	60	—	70	—	90	1	40
279	2	80	4	20	5	60	—	70	—	30	—	60	—	70	—	90	1	40
280	2	80	4	20	5	60	—	70	—	30	—	60	—	70	—	90	1	40

Gegen-stands-Summa	Werthgebühr								4/10 aus der vollen Werthgebühr		4/10 aus 2/3 Werthgebühr		Hinterlegungsgebühr						Auseinandersetzungsgebühr			
	Volle		1/2		1/2 bis 2200 M		1 1/2												5/10		2/10	
	Art. 22. 40. 41. 50		Art. 25. 27. 29. 30. 38 Abs. 2		darüber 2/3 Art. 24		Art. 28		Art. 45 Abs. 3				Art. 100		Art. 101 a		Art. 101 b		der Sätze des § 8 des Reichsgerichts-Kosten-Gesetzes			
M	M	Pf	M	Pf	M	Pf	M	Pf	M	Pf	M	Pf	M	Pf	M	Pf	M	Pf	M	Pf	M	Pf
241	2	70	1	40	1	40	4	10	1	10	1	—	—	70	2	50	4	90	5	50	2	20
242	2	70	1	40	1	40	4	10	1	10	1	—	—	70	2	50	4	90	5	50	2	20
243	2	70	1	40	1	40	4	10	1	10	1	—	—	70	2	50	4	90	5	50	2	20
244	2	70	1	40	1	40	4	10	1	10	1	—	—	70	2	50	4	90	5	50	2	20
245	2	70	1	40	1	40	4	10	1	10	1	—	—	70	2	50	4	90	5	50	2	20
246	2	70	1	40	1	40	4	10	1	10	1	—	—	70	2	50	5	—	5	50	2	20
247	2	70	1	40	1	40	4	10	1	10	1	—	—	70	2	50	5	—	5	50	2	20
248	2	70	1	40	1	40	4	10	1	10	1	—	—	70	2	50	5	—	5	50	2	20
249	2	70	1	40	1	40	4	10	1	10	1	—	—	70	2	50	5	—	5	50	2	20
250	2	70	1	40	1	40	4	10	1	10	1	—	—	70	2	50	5	—	5	50	2	20
251	2	70	1	40	1	40	4	10	1	10	1	—	—	70	2	60	5	10	5	50	2	20
252	2	70	1	40	1	40	4	10	1	10	1	—	—	70	2	60	5	10	5	50	2	20
253	2	70	1	40	1	40	4	10	1	10	1	—	—	70	2	60	5	10	5	50	2	20
254	2	70	1	40	1	40	4	10	1	10	1	—	—	70	2	60	5	10	5	50	2	20
255	2	70	1	40	1	40	4	10	1	10	1	—	—	70	2	60	5	10	5	50	2	20
256	2	70	1	40	1	40	4	10	1	10	1	—	—	70	2	60	5	20	5	50	2	20
257	2	70	1	40	1	40	4	10	1	10	1	—	—	70	2	60	5	20	5	50	2	20
258	2	70	1	40	1	40	4	10	1	10	1	—	—	70	2	60	5	20	5	50	2	20
259	2	70	1	40	1	40	4	10	1	10	1	—	—	70	2	60	5	20	5	50	2	20
260	2	70	1	40	1	40	4	10	1	10	1	—	—	70	2	60	5	20	5	50	2	20
261	2	70	1	40	1	40	4	10	1	10	1	—	—	70	2	70	5	30	5	50	2	20
262	2	70	1	40	1	40	4	10	1	10	1	—	—	70	2	70	5	30	5	50	2	20
263	2	70	1	40	1	40	4	10	1	10	1	—	—	70	2	70	5	30	5	50	2	20
264	2	70	1	40	1	40	4	10	1	10	1	—	—	70	2	70	5	30	5	50	2	20
265	2	70	1	40	1	40	4	10	1	10	1	—	—	70	2	70	5	30	5	50	2	20
266	2	70	1	40	1	40	4	10	1	10	1	—	—	70	2	70	5	40	5	50	2	20
267	2	70	1	40	1	40	4	10	1	10	1	—	—	70	2	70	5	40	5	50	2	20
268	2	70	1	40	1	40	4	10	1	10	1	—	—	70	2	70	5	40	5	50	2	20
269	2	70	1	40	1	40	4	10	1	10	1	—	—	70	2	70	5	40	5	50	2	20
270	2	70	1	40	1	40	4	10	1	10	1	—	—	70	2	70	5	40	5	50	2	20
271	2	70	1	40	1	40	4	10	1	10	1	—	—	70	2	80	5	50	5	50	2	20
272	2	70	1	40	1	40	4	10	1	10	1	—	—	70	2	80	5	50	5	50	2	20
273	2	70	1	40	1	40	4	10	1	10	1	—	—	70	2	80	5	50	5	50	2	20
274	2	70	1	40	1	40	4	10	1	10	1	—	—	70	2	80	5	50	5	50	2	20
275	2	70	1	40	1	40	4	10	1	10	1	—	—	70	2	80	5	50	5	50	2	20
276	2	70	1	40	1	40	4	10	1	10	1	—	—	70	2	80	5	60	5	50	2	20
277	2	70	1	40	1	40	4	10	1	10	1	—	—	70	2	80	5	60	5	50	2	20
278	2	70	1	40	1	40	4	10	1	10	1	—	—	70	2	80	5	60	5	50	2	20
279	2	70	1	40	1	40	4	10	1	10	1	—	—	70	2	80	5	60	5	50	2	20
280	2	70	1	40	1	40	4	10	1	10	1	—	—	70	2	80	5	60	5	50	2	20

Gegen-standS-Summa	Staatsgebühren						Besitz-verände-rungs-abgabe		Staatsgebühren									
	1		1½		2				1		2		2½		3		5	
	Prozent								pro mille									
M	M	₰	M	₰	M	₰	M	₰	M	₰	M	₰	M	₰	M	₰	M	₰
281	2	90	4	30	5	70	—	80	—	30	—	60	—	80	—	90	1	50
282	2	90	4	30	5	70	—	80	—	30	—	60	—	80	—	90	1	50
283	2	90	4	30	5	70	—	80	—	30	—	60	—	80	—	90	1	50
284	2	90	4	30	5	70	—	80	—	30	—	60	—	80	—	90	1	50
285	2	90	4	30	5	70	—	80	—	30	—	60	—	80	—	90	1	50
286	2	90	4	30	5	80	—	80	—	30	—	60	—	80	—	90	1	50
287	2	90	4	40	5	80	—	80	—	30	—	60	—	80	—	90	1	50
288	2	90	4	40	5	80	—	80	—	30	—	60	—	80	—	90	1	50
289	2	90	4	40	5	80	—	80	—	30	—	60	—	80	—	90	1	50
290	2	90	4	40	5	80	—	80	—	30	—	60	—	80	—	90	1	50
291	3	—	4	40	5	90	—	80	—	30	—	60	—	80	—	90	1	50
292	3	—	4	40	5	90	—	80	—	30	—	60	—	80	—	90	1	50
293	3	—	4	40	5	90	—	80	—	30	—	60	—	80	—	90	1	50
294	3	—	4	50	5	90	—	80	—	30	—	60	—	80	—	90	1	50
295	3	—	4	50	5	90	—	80	—	30	—	60	—	80	—	90	1	50
296	3	—	4	50	6	—	—	80	—	30	—	60	—	80	—	90	1	50
297	3	—	4	50	6	—	—	80	—	30	—	60	—	80	—	90	1	50
298	3	—	4	50	6	—	—	80	—	30	—	60	—	80	—	90	1	50
299	3	—	4	50	6	—	—	80	—	30	—	60	—	80	—	90	1	50
300	3	—	4	50	6	—	—	80	—	30	—	60	—	80	—	90	1	50
301	3	10	4	60	6	10	—	80	—	40	—	70	—	80	1	—	1	60
302	3	10	4	60	6	10	—	80	—	40	—	70	—	80	1	—	1	60
303	3	10	4	60	6	10	—	80	—	40	—	70	—	80	1	—	1	60
304	3	10	4	60	6	10	—	80	—	40	—	70	—	80	1	—	1	60
305	3	10	4	60	6	10	—	80	—	40	—	70	—	80	1	—	1	60
306	3	10	4	60	6	20	—	80	—	40	—	70	—	80	1	—	1	60
307	3	10	4	70	6	20	—	80	—	40	—	70	—	80	1	—	1	60
308	3	10	4	70	6	20	—	80	—	40	—	70	—	80	1	—	1	60
309	3	10	4	70	6	20	—	80	—	40	—	70	—	80	1	—	1	60
310	3	10	4	70	6	20	—	80	—	40	—	70	—	80	1	—	1	60
311	3	20	4	70	6	30	—	80	—	40	—	70	—	80	1	—	1	60
312	3	20	4	70	6	30	—	80	—	40	—	70	—	80	1	—	1	60
313	3	20	4	70	6	30	—	80	—	40	—	70	—	80	1	—	1	60
314	3	20	4	80	6	30	—	80	—	40	—	70	—	80	1	—	1	60
315	3	20	4	80	6	30	—	80	—	40	—	70	—	80	1	—	1	60
316	3	20	4	80	6	40	—	80	—	40	—	70	—	80	1	—	1	60
317	3	20	4	80	6	40	—	80	—	40	—	70	—	80	1	—	1	60
318	3	20	4	80	3	40	—	80	—	40	—	70	—	80	1	—	1	60
319	3	20	4	80	6	40	—	80	—	40	—	70	—	80	1	—	1	60
320	3	20	4	80	6	40	—	80	—	40	—	70	—	80	1	—	1	60

Gegenstands-Summa	Werthgebühr: Volle (Art. 22. 40. 41. 50)		Werthgebühr: 1/2 (Art. 25. 27. 29. 30. 38 Abs. 2)		Werthgebühr: 1/2 bis 2200 M, darüber 2/3 (Art. 24)		Werthgebühr: 1 1/2 (Art. 23)		4/10 aus der vollen Werthgebühr (Art. 45 Abs. 3)		4/10 aus 2/3 Werthgebühr (Art. 45 Abs. 3)		Hinterlegungsgebühr: Art. 100		Hinterlegungsgebühr: Art. 101 a		Hinterlegungsgebühr: Art. 101 b		Auseinandersetzungsgebühr: 5/10 der Sätze des § 8 des Reichsgerichts-Kosten-Gesetzes		Auseinandersetzungsgebühr: 3/10 der Sätze des § 8 des Reichsgerichts-Kosten-Gesetzes	
M	M	Pf	M	Pf	M	Pf	M	Pf	M	Pf	M	Pf	M	Pf	M	Pf	M	Pf	M	Pf	M	Pf
281	2	70	1	40	1	40	4	10	1	10	1	—	—	80	2	90	5	70	5	50	2	20
282	2	70	1	40	1	40	4	10	1	10	1	—	—	80	2	90	5	70	5	50	2	20
283	2	70	1	40	1	40	4	10	1	10	1	—	—	80	2	90	5	70	5	50	2	20
284	2	70	1	40	1	40	4	10	1	10	1	—	—	80	2	90	5	70	5	50	2	20
285	2	70	1	40	1	40	4	10	1	10	1	—	—	80	2	90	5	70	5	50	2	20
286	2	70	1	40	1	40	4	10	1	10	1	—	—	80	2	90	5	80	5	50	2	20
287	2	70	1	40	1	40	4	10	1	10	1	—	—	80	2	90	5	80	5	50	2	20
288	2	70	1	40	1	40	4	10	1	10	1	—	—	80	2	90	5	80	5	50	2	20
289	2	70	1	40	1	40	4	10	1	10	1	—	—	80	2	90	5	80	5	50	2	20
290	2	70	1	40	1	40	4	10	1	10	1	—	—	80	2	90	5	80	5	50	2	20
291	2	70	1	40	1	40	4	10	1	10	1	—	—	80	3	—	5	90	5	50	2	20
292	2	70	1	40	1	40	4	10	1	10	1	—	—	80	3	—	5	90	5	50	2	20
293	2	70	1	40	1	40	4	10	1	10	1	—	—	80	3	—	5	90	5	50	2	20
294	2	70	1	40	1	40	4	10	1	10	1	—	—	80	3	—	5	90	5	50	2	20
295	2	70	1	40	1	40	4	10	1	10	1	—	—	80	3	—	5	90	5	50	2	20
296	2	70	1	40	1	40	4	10	1	10	1	—	—	80	3	—	6	—	5	50	2	20
297	2	70	1	40	1	40	4	10	1	10	1	—	—	80	3	—	6	—	5	50	2	20
298	2	70	1	40	1	40	4	10	1	10	1	—	—	80	3	—	6	—	5	50	2	20
299	2	70	1	40	1	40	4	10	1	10	1	—	—	80	3	—	6	—	5	50	2	20
300	2	70	1	40	1	40	4	10	1	10	1	—	—	80	3	—	6	—	5	50	2	20
301	3	60	1	80	1	80	5	40	1	50	1	—	—	80	3	10	6	10	7	50	3	—
302	3	60	1	80	1	80	5	40	1	50	1	—	—	80	3	10	6	10	7	50	3	—
303	3	60	1	80	1	80	5	40	1	50	1	—	—	80	3	10	6	10	7	50	3	—
304	3	60	1	80	1	80	5	40	1	50	1	—	—	80	3	10	6	10	7	50	3	—
305	3	60	1	80	1	80	5	40	1	50	1	—	—	80	3	10	6	10	7	50	3	—
306	3	60	1	80	1	80	5	40	1	50	1	—	—	80	3	10	6	20	7	50	3	—
307	3	60	1	80	1	80	5	40	1	50	1	—	—	80	3	10	6	20	7	50	3	—
308	3	60	1	80	1	80	5	40	1	50	1	—	—	80	3	10	6	20	7	50	3	—
309	3	60	1	80	1	80	5	40	1	50	1	—	—	80	3	10	6	20	7	50	3	—
310	3	60	1	80	1	80	5	40	1	50	1	—	—	80	3	10	6	20	7	50	3	—
311	3	60	1	80	1	80	5	40	1	50	1	—	—	80	3	20	6	30	7	50	3	—
312	3	60	1	80	1	80	5	40	1	50	1	—	—	80	3	20	6	30	7	50	3	—
313	3	60	1	80	1	80	5	40	1	50	1	—	—	80	3	20	6	30	7	50	3	—
314	3	60	1	80	1	80	5	40	1	50	1	—	—	80	3	20	6	30	7	50	3	—
315	3	60	1	80	1	80	5	40	1	50	1	—	—	80	3	20	6	30	7	50	3	—
316	3	60	1	80	1	80	5	40	1	50	1	—	—	80	3	20	6	40	7	50	3	—
317	3	60	1	80	1	80	5	40	1	50	1	—	—	80	3	20	6	40	7	50	3	—
318	3	60	1	80	1	80	5	40	1	50	1	—	—	80	3	20	6	40	7	50	3	—
319	3	60	1	80	1	80	5	40	1	50	1	—	—	80	3	20	6	40	7	50	3	—
320	3	60	1	80	1	80	5	40	1	50	1	—	—	80	3	20	6	40	7	50	3	—

Gegenstands-Summa	Staatsgebühren 1 Prozent		Staatsgebühren 1½ Prozent		Staatsgebühren 2 Prozent		Besitzveränderungsabgabe		Staatsgebühren 1 pro mille		Staatsgebühren 2 pro mille		Staatsgebühren 2½ pro mille		Staatsgebühren 3 pro mille		Staatsgebühren 5 pro mille	
M	M	Pf	M	Pf	M	Pf	M	Pf	M	Pf	M	Pf	M	Pf	M	Pf	M	Pf
321	3	30	4	90	6	50	—	90	—	40	—	70	—	90	1	—	1	70
322	3	30	4	90	6	50	—	90	—	40	—	70	—	90	1	—	1	70
323	3	30	4	90	6	50	—	90	—	40	—	70	—	90	1	—	1	70
324	3	30	4	90	6	50	—	90	—	40	—	70	—	90	1	—	1	70
325	3	30	4	90	6	50	—	90	—	40	—	70	—	90	1	—	1	70
326	3	30	4	90	6	60	—	90	—	40	—	70	—	90	1	—	1	70
327	3	30	5	—	6	60	—	90	—	40	—	70	—	90	1	—	1	70
328	3	30	5	—	6	60	—	90	—	40	—	70	—	90	1	—	1	70
329	3	30	5	—	6	60	—	90	—	40	—	70	—	90	1	—	1	70
330	3	30	5	—	6	60	—	90	—	40	—	70	—	90	1	—	1	70
331	3	40	5	—	6	70	—	90	—	40	—	70	—	90	1	—	1	70
332	3	40	5	—	6	70	—	90	—	40	—	70	—	90	1	—	1	70
333	3	40	5	—	6	70	—	90	—	40	—	70	—	90	1	—	1	70
334	3	40	5	10	6	70	—	90	—	40	—	70	—	90	1	10	1	70
335	3	40	5	10	6	70	—	90	—	40	—	70	—	90	1	10	1	70
336	3	40	5	10	6	80	—	90	—	40	—	70	—	90	1	10	1	70
337	3	40	5	10	6	80	—	90	—	40	—	70	—	90	1	10	1	70
338	3	40	5	10	6	80	—	90	—	40	—	70	—	90	1	10	1	70
339	3	40	5	10	6	80	—	90	—	40	—	70	—	90	1	10	1	70
340	3	40	5	10	6	80	—	90	—	40	—	70	—	90	1	10	1	70
341	3	50	5	20	6	90	—	90	—	40	—	70	—	90	1	10	1	80
342	3	50	5	20	6	90	—	90	—	40	—	70	—	90	1	10	1	80
343	3	50	5	20	6	90	—	90	—	40	—	70	—	90	1	10	1	80
344	3	50	5	20	6	90	—	90	—	40	—	70	—	90	1	10	1	80
345	3	50	5	20	6	90	—	90	—	40	—	70	—	90	1	10	1	80
346	3	50	5	20	7	—	—	90	—	40	—	70	—	90	1	10	1	80
347	3	50	5	30	7	—	—	90	—	40	—	70	—	90	1	10	1	80
348	3	50	5	30	7	—	—	90	—	40	—	70	—	90	1	10	1	80
349	3	50	5	30	7	—	—	90	—	40	—	70	—	90	1	10	1	80
350	3	50	5	30	7	—	—	90	—	40	—	70	—	90	1	10	1	80
351	3	60	5	30	7	10	—	90	—	40	—	80	—	90	1	10	1	80
352	3	60	5	30	7	10	—	90	—	40	—	80	—	90	1	10	1	80
353	3	60	5	30	7	10	—	90	—	40	—	80	—	90	1	10	1	80
354	3	60	5	40	7	10	—	90	—	40	—	80	—	90	1	10	1	80
355	3	60	5	40	7	10	—	90	—	40	—	80	—	90	1	10	1	80
356	3	60	5	40	7	20	—	90	—	40	—	80	—	90	1	10	1	80
357	3	60	5	40	7	20	—	90	—	40	—	80	—	90	1	10	1	80
358	3	60	5	40	7	20	—	90	—	40	—	80	—	90	1	10	1	80
359	3	60	5	40	7	20	—	90	—	40	—	80	—	90	1	10	1	80
360	3	60	5	40	7	20	—	90	—	40	—	80	—	90	1	10	1	80

Gegen-stands-Summa	Werthgebühr: Volle (Art. 22. 40. 41. 50)		Werthgebühr: 1/2 (Art. 25. 27. 29. 30. 38 Abs. 2)		Werthgebühr: 1/2 bis 2200 M darüber 2/3 (Art. 24)		Werthgebühr: 1 1/2 (Art. 23)		4/10 aus der vollen Werthgebühr (Art. 45 Abs. 3)		4/10 aus 2/3 Werthgebühr (Art. 45 Abs. 3)		Hinterlegungsgebühr: Art. 100		Hinterlegungsgebühr: Art. 101 a		Hinterlegungsgebühr: Art. 101 b		Auseinandersetzungsgebühr: 5/10 (der Sätze des § 8 des Reichsgerichts-Kosten-Gesetzes)		Auseinandersetzungsgebühr: 2/10 (der Sätze des § 8 des Reichsgerichts-Kosten-Gesetzes)	
M	M	₰	M	₰	M	₰	M	₰	M	₰	M	₰	M	₰	M	₰	M	₰	M	₰	M	₰
321	3	60	1	80	1	80	5	40	1	50	1	—	—	90	3	30	6	50	7	50	3	—
322	3	60	1	80	1	80	5	40	1	50	1	—	—	90	3	30	6	50	7	50	3	—
323	3	60	1	80	1	80	5	40	1	50	1	—	—	90	3	30	6	50	7	50	3	—
324	3	60	1	80	1	80	5	40	1	50	1	—	—	90	3	30	6	50	7	50	3	—
325	3	60	1	80	1	80	5	40	1	50	1	—	—	90	3	30	6	50	7	50	3	—
326	3	60	1	80	1	80	5	40	1	50	1	—	—	90	3	30	6	60	7	50	3	—
327	3	60	1	80	1	80	5	40	1	50	1	—	—	90	3	30	6	60	7	50	3	—
328	3	60	1	80	1	80	5	40	1	50	1	—	—	90	3	30	6	60	7	50	3	—
329	3	60	1	80	1	80	5	40	1	50	1	—	—	90	3	30	6	60	7	50	3	—
330	3	60	1	80	1	80	5	40	1	50	1	—	—	90	3	30	6	60	7	50	3	—
331	3	60	1	80	1	80	5	40	1	50	1	—	—	90	3	40	6	70	7	50	3	—
332	3	60	1	80	1	80	5	40	1	50	1	—	—	90	3	40	6	70	7	50	3	—
333	3	60	1	80	1	80	5	40	1	50	1	—	—	90	3	40	6	70	7	50	3	—
334	3	60	1	80	1	80	5	40	1	50	1	—	—	90	3	40	6	70	7	50	3	—
335	3	60	1	80	1	80	5	40	1	50	1	—	—	90	3	40	6	70	7	50	3	—
336	3	60	1	80	1	80	5	40	1	50	1	—	—	90	3	40	6	80	7	50	3	—
337	3	60	1	80	1	80	5	40	1	50	1	—	—	90	3	40	6	80	7	50	3	—
338	3	60	1	80	1	80	5	40	1	50	1	—	—	90	3	40	6	80	7	50	3	—
339	3	60	1	80	1	80	5	40	1	50	1	—	—	90	3	40	6	80	7	50	3	—
340	3	60	1	80	1	80	5	40	1	50	1	—	—	90	3	40	6	80	7	50	3	—
341	3	60	1	80	1	80	5	40	1	50	1	—	—	90	3	50	6	90	7	50	3	—
342	3	60	1	80	1	80	5	40	1	50	1	—	—	90	3	50	6	90	7	50	3	—
343	3	60	1	80	1	80	5	40	1	50	1	—	—	90	3	50	6	90	7	50	3	—
344	3	60	1	80	1	80	5	40	1	50	1	—	—	90	3	50	6	90	7	50	3	—
345	3	60	1	80	1	80	5	40	1	50	1	—	—	90	3	50	6	90	7	50	3	—
346	3	60	1	80	1	80	5	40	1	50	1	—	—	90	3	50	7	—	7	50	3	—
347	3	60	1	80	1	80	5	40	1	50	1	—	—	90	3	50	7	—	7	50	3	—
348	3	60	1	80	1	80	5	40	1	50	1	—	—	90	3	50	7	—	7	50	3	—
349	3	60	1	80	1	80	5	40	1	50	1	—	—	90	3	50	7	—	7	50	3	—
350	3	60	1	80	1	80	5	40	1	50	1	—	—	90	3	50	7	—	7	50	3	—
351	3	60	1	80	1	80	5	40	1	50	1	—	—	90	3	60	7	10	7	50	3	—
352	3	60	1	80	1	80	5	40	1	50	1	—	—	90	3	60	7	10	7	50	3	—
353	3	60	1	80	1	80	5	40	1	50	1	—	—	90	3	60	7	10	7	50	3	—
354	3	60	1	80	1	80	5	40	1	50	1	—	—	90	3	60	7	10	7	50	3	—
355	3	60	1	80	1	80	5	40	1	50	1	—	—	90	3	60	7	10	7	50	3	—
356	3	60	1	80	1	80	5	40	1	50	1	—	—	90	3	60	7	20	7	50	3	—
357	3	60	1	80	1	80	5	40	1	50	1	—	—	90	3	60	7	20	7	50	3	—
358	3	60	1	80	1	80	5	40	1	50	1	—	—	90	3	60	7	20	7	50	3	—
359	3	60	1	80	1	80	5	40	1	50	1	—	—	90	3	60	7	20	7	50	3	—
360	3	60	1	80	1	80	5	40	1	50	1	—	—	90	3	60	7	20	7	50	3	—

Gegen-stands-Summa	Staatsgebühren						Besitz-verände-rungs-abgabe		Staatsgebühren									
	1		1½		2				1		2		2½		3		5	
	Prozent								pro mille									
M	M	₰	M	₰	M	₰	M	₰	M	₰	M	₰	M	₰	M	₰	M	₰
361	3	70	5	50	7	30	1	—	—	40	—	80	1	—	1	10	1	90
362	3	70	5	50	7	30	1	—	—	40	—	80	1	—	1	10	1	90
363	3	70	5	50	7	30	1	—	—	40	—	80	1	—	1	10	1	90
364	3	70	5	50	7	30	1	—	—	40	—	80	1	—	1	10	1	90
365	3	70	5	50	7	30	1	—	—	40	—	80	1	—	1	10	1	90
366	3	70	5	50	7	40	1	—	—	40	—	80	1	—	1	10	1	90
367	3	70	5	60	7	40	1	—	—	40	—	80	1	—	1	20	1	90
368	3	70	5	60	7	40	1	—	—	40	—	80	1	—	1	20	1	90
369	3	70	5	60	7	40	1	—	—	40	—	80	1	—	1	20	1	90
370	3	70	5	60	7	40	1	—	—	40	—	80	1	—	1	20	1	90
371	3	80	5	60	7	50	1	—	—	40	—	80	1	—	1	20	1	90
372	3	80	5	60	7	50	1	—	—	40	—	80	1	—	1	20	1	90
373	3	80	5	60	7	50	1	—	—	40	—	80	1	—	1	20	1	90
374	3	80	5	70	7	50	1	—	—	40	—	80	1	—	1	20	1	90
375	3	80	5	70	7	50	1	—	—	40	—	80	1	—	1	20	1	90
376	3	80	5	70	7	60	1	—	—	40	—	80	1	—	1	20	1	90
377	3	80	5	70	7	60	1	—	—	40	—	80	1	—	1	20	1	90
378	3	80	5	70	7	60	1	—	—	40	—	80	1	—	1	20	1	90
379	3	80	5	70	7	60	1	—	—	40	—	80	1	—	1	20	1	90
380	3	80	5	70	7	60	1	—	—	40	—	80	1	—	1	20	1	90
381	3	90	5	80	7	70	1	—	—	40	—	80	1	—	1	20	2	—
382	3	90	5	80	7	70	1	—	—	40	—	80	1	—	1	20	2	—
383	3	90	5	80	7	70	1	—	—	40	—	80	1	—	1	20	2	—
384	3	90	5	80	7	70	1	—	—	40	—	80	1	—	1	20	2	—
385	3	90	5	80	7	70	1	—	—	40	—	80	1	—	1	20	2	—
386	3	90	5	80	7	80	1	—	—	40	—	80	1	—	1	20	2	—
387	3	90	5	90	7	80	1	—	—	40	—	80	1	—	1	20	2	—
388	3	90	5	90	7	80	1	—	—	40	—	80	1	—	1	20	2	—
389	3	90	5	90	7	80	1	—	—	40	—	80	1	—	1	20	2	—
390	3	90	5	90	7	80	1	—	—	40	—	80	1	—	1	20	2	—
391	4	—	5	90	7	90	1	—	—	40	—	80	1	—	1	20	2	—
392	4	—	5	90	7	90	1	—	—	40	—	80	1	—	1	20	2	—
393	4	—	5	90	7	90	1	—	—	40	—	80	1	—	1	20	2	—
394	4	—	6	—	7	90	1	—	—	40	—	80	1	—	1	20	2	—
395	4	—	6	—	7	90	1	—	—	40	—	80	1	—	1	20	2	—
396	4	—	6	—	8	—	1	—	—	40	—	80	1	—	1	20	2	—
397	4	—	6	—	8	—	1	—	—	40	—	80	1	—	1	20	2	—
398	4	—	6	—	8	—	1	—	—	40	—	80	1	—	1	20	2	—
399	4	—	6	—	8	—	1	—	—	40	—	80	1	—	1	20	2	—
400	4	—	6	—	8	—	1	—	—	40	—	80	1	—	1	20	2	—

Gegenstands-Summa	Werthgebühr								4/10 aus der vollen Werthgebühr		4/10 aus 1/2 Werthgebühr		Hinterlegungsgebühr						Auseinandersetzungsgebühr			
	Volle		1/2		1/2 bis 2200 M		1 1/2												5/10		2/10	
	Art. 22. 40. 41. 50		Art. 25. 27. 29. 30. 38 Abs. 2		darüber 2/3 Art. 24		Art. 23		Art. 45 Abs. 3				Art. 100		Art. 101a		Art. 101b		der Sätze des § 8 des Reichsgerichts-Kosten-Gesetzes			
M	M	₰	M	₰	M	₰	M	₰	M	₰	M	₰	M	₰	M	₰	M	₰	M	₰	M	₰
361	3	60	1	80	1	80	5	40	1	50	1	—	1	—	3	70	7	30	7	50	3	—
362	3	60	1	80	1	80	5	40	1	50	1	—	1	—	3	70	7	30	7	50	3	—
363	3	60	1	80	1	80	5	40	1	50	1	—	1	—	3	70	7	30	7	50	3	—
364	3	60	1	80	1	80	5	40	1	50	1	—	1	—	3	70	7	30	7	50	3	—
365	3	60	1	80	1	80	5	40	1	50	1	—	1	—	3	70	7	30	7	50	3	—
366	3	60	1	80	1	80	5	40	1	50	1	—	1	—	3	70	7	40	7	50	3	—
367	3	60	1	80	1	80	5	40	1	50	1	—	1	—	3	70	7	40	7	50	3	—
368	3	60	1	80	1	80	5	40	1	50	1	—	1	—	3	70	7	40	7	50	3	—
369	3	60	1	80	1	80	5	40	1	50	1	—	1	—	3	70	7	40	7	50	3	—
370	3	60	1	80	1	80	5	40	1	50	1	—	1	—	3	70	7	40	7	50	3	—
371	3	60	1	80	1	80	5	40	1	50	1	—	1	—	3	80	7	50	7	50	3	—
372	3	60	1	80	1	80	5	40	1	50	1	—	1	—	3	80	7	50	7	50	3	—
373	3	60	1	80	1	80	5	40	1	50	1	—	1	—	3	80	7	50	7	50	3	—
374	3	60	1	80	1	80	5	40	1	50	1	—	1	—	3	80	7	50	7	50	3	—
375	3	60	1	80	1	80	5	40	1	50	1	—	1	—	3	80	7	50	7	50	3	—
376	3	60	1	80	1	80	5	40	1	50	1	—	1	—	3	80	7	60	7	50	3	—
377	3	60	1	80	1	80	5	40	1	50	1	—	1	—	3	80	7	60	7	50	3	—
378	3	60	1	80	1	80	5	40	1	50	1	—	1	—	3	80	7	60	7	50	3	—
379	3	60	1	80	1	80	5	40	1	50	1	—	1	—	3	80	7	60	7	50	3	—
380	3	60	1	80	1	80	5	40	1	50	1	—	1	—	3	80	7	60	7	50	3	—
381	3	60	1	80	1	80	5	40	1	50	1	—	1	—	3	90	7	70	7	50	3	—
382	3	60	1	80	1	80	5	40	1	50	1	—	1	—	3	90	7	70	7	50	3	—
383	3	60	1	80	1	80	5	40	1	50	1	—	1	—	3	90	7	70	7	50	3	—
384	3	60	1	80	1	80	5	40	1	50	1	—	1	—	3	90	7	70	7	50	3	—
385	3	60	1	80	1	80	5	40	1	50	1	—	1	—	3	90	7	70	7	50	3	—
386	3	60	1	80	1	80	5	40	1	50	1	—	1	—	3	90	7	80	7	50	3	—
387	3	60	1	80	1	80	5	40	1	50	1	—	1	—	3	90	7	80	7	50	3	—
388	3	60	1	80	1	80	5	40	1	50	1	—	1	—	3	90	7	80	7	50	3	—
389	3	60	1	80	1	80	5	40	1	50	1	—	1	—	3	90	7	80	7	50	3	—
390	3	60	1	80	1	80	5	40	1	50	1	—	1	—	3	90	7	80	7	50	3	—
391	3	60	1	80	1	80	5	40	1	50	1	—	1	—	4	—	7	90	7	50	3	—
392	3	60	1	80	1	80	5	40	1	50	1	—	1	—	4	—	7	90	7	50	3	—
393	3	60	1	80	1	80	5	40	1	50	1	—	1	—	4	—	7	90	7	50	3	—
394	3	60	1	80	1	80	5	40	1	50	1	—	1	—	4	—	7	90	7	50	3	—
395	3	60	1	80	1	80	5	40	1	50	1	—	1	—	4	—	7	90	7	50	3	—
396	3	60	1	80	1	80	5	40	1	50	1	—	1	—	4	—	8	—	7	50	3	—
397	3	60	1	80	1	80	5	40	1	50	1	—	1	—	4	—	8	—	7	50	3	—
398	3	60	1	80	1	80	5	40	1	50	1	—	1	—	4	—	8	—	7	50	3	—
399	3	60	1	80	1	80	5	40	1	50	1	—	1	—	4	—	8	—	7	50	3	—
400	3	60	1	80	1	80	5	40	1	50	1	—	1	—	4	—	8	—	7	50	3	—

Gegen-standssumma	Staatsgebühren						Besitz-veränderungs-abgabe		Staatsgebühren									
	1		1½		2				1		2		2½		3		5	
	Prozent								pro mille									
ℳ	ℳ	₰	ℳ	₰	ℳ	₰	ℳ	₰	ℳ	₰	ℳ	₰	ℳ	₰	ℳ	₰	ℳ	₰
401	4	10	6	10	8	10	1	10	—	50	—	90	1	10	1	30	2	10
402	4	10	6	10	8	10	1	10	—	50	—	90	1	10	1	30	2	10
403	4	10	6	10	8	10	1	10	—	50	—	90	1	10	1	30	2	10
404	4	10	6	10	8	10	1	10	—	50	—	90	1	10	1	30	2	10
405	4	10	6	10	8	10	1	10	—	50	—	90	1	10	1	30	2	10
406	4	10	6	10	8	20	1	10	—	50	—	90	1	10	1	30	2	10
407	4	10	6	20	8	20	1	10	—	50	—	90	1	10	1	30	2	10
408	4	10	6	20	8	20	1	10	—	50	—	90	1	10	1	30	2	10
409	4	10	6	20	8	20	1	10	—	50	—	90	1	10	1	30	2	10
410	4	10	6	20	8	20	1	10	—	50	—	90	1	10	1	30	2	10
411	4	20	6	20	8	30	1	10	—	50	—	90	1	10	1	30	2	10
412	4	20	6	20	8	30	1	10	—	50	—	90	1	10	1	30	2	10
413	4	20	6	20	8	30	1	10	—	50	—	90	1	10	1	30	2	10
414	4	20	6	30	8	30	1	10	—	50	—	90	1	10	1	30	2	10
415	4	20	6	30	8	30	1	10	—	50	—	90	1	10	1	30	2	10
416	4	20	6	30	8	40	1	10	—	50	—	90	1	10	1	30	2	10
417	4	20	6	30	8	40	1	10	—	50	—	90	1	10	1	30	2	10
418	4	20	6	30	8	40	1	10	—	50	—	90	1	10	1	30	2	10
419	4	20	6	30	8	40	1	10	—	50	—	90	1	10	1	30	2	10
420	4	20	6	30	8	40	1	10	—	50	—	90	1	10	1	30	2	10
421	4	30	6	40	8	50	1	10	—	50	—	90	1	10	1	30	2	20
422	4	30	6	40	8	50	1	10	—	50	—	90	1	10	1	30	2	20
423	4	30	6	40	8	50	1	10	—	50	—	90	1	10	1	30	2	20
424	4	30	6	40	8	50	1	10	—	50	—	90	1	10	1	30	2	20
425	4	30	6	40	8	50	1	10	—	50	—	90	1	10	1	30	2	20
426	4	30	6	40	8	60	1	10	—	50	—	90	1	10	1	30	2	20
427	4	30	6	50	8	60	1	10	—	50	—	90	1	10	1	30	2	20
428	4	30	6	50	8	60	1	10	—	50	—	90	1	10	1	30	2	20
429	4	30	6	50	8	60	1	10	—	50	—	90	1	10	1	30	2	20
430	4	30	6	50	8	60	1	10	—	50	—	90	1	10	1	30	2	20
431	4	40	6	50	8	70	1	10	—	50	—	90	1	10	1	30	2	20
432	4	40	6	50	8	70	1	10	—	50	—	90	1	10	1	30	2	20
433	4	40	6	50	8	70	1	10	—	50	—	90	1	10	1	30	2	20
434	4	40	6	60	8	70	1	10	—	50	—	90	1	10	1	40	2	20
435	4	40	6	60	8	70	1	10	—	50	—	90	1	10	1	40	2	20
436	4	40	6	60	8	80	1	10	—	50	—	90	1	10	1	40	2	20
437	4	40	6	60	8	80	1	10	—	50	—	90	1	10	1	40	2	20
438	4	40	6	60	8	80	1	10	—	50	—	90	1	10	1	40	2	20
439	4	40	6	60	8	80	1	10	—	50	—	90	1	10	1	40	2	20
440	4	40	6	60	8	80	1	10	—	50	—	90	1	10	1	40	2	20

Gegen-stands-Summa	Werthgebühr								$^4/_{10}$ aus der vollen Werth-gebühr		$^4/_{10}$ aus $^2/_3$ Werth-gebühr		Hinterlegungs-gebühr						Auseinander-setzungsgebühr			
	Volle		$^1/_2$		$^1/_2$ bis 2200 *M*, darüber $^2/_3$		$1^1/_2$												$^5/_{10}$		$^2/_{10}$	
	Art. 22. 40. 41. 50		Art. 25. 27. 29. 30. 38 Abs. 2		Art. 24		Art. 23		Art. 45 Abs. 3				Art. 100		Art. 101a		Art. 101b		der Sätze des § 8 des Reichsgerichts-Kosten-Gesetzes			
M	*M*	*ℳ*	*M*	*ℳ*	*M*	*ℳ*	*M*	*ℳ*	*M*	*ℳ*	*M*	*ℳ*	*M*	*ℳ*	*M*	*ℳ*	*M*	*ℳ*	*M*	*ℳ*	*M*	*ℳ*
401	4	50	2	30	2	30	6	80	1	80	1	—	1	10	4	10	8	10	7	50	3	—
402	4	50	2	30	2	30	6	80	1	80	1	—	1	10	4	10	8	10	7	50	3	—
403	4	50	2	30	2	30	6	80	1	80	1	—	1	10	4	10	8	10	7	50	3	—
404	4	50	2	30	2	30	6	80	1	80	1	—	1	10	4	10	8	10	7	50	3	—
405	4	50	2	30	2	30	6	80	1	80	1	—	1	10	4	10	8	10	7	50	3	—
406	4	50	2	30	2	30	6	80	1	80	1	—	1	10	4	10	8	20	7	50	3	—
407	4	50	2	30	2	30	6	80	1	80	1	—	1	10	4	10	8	20	7	50	3	—
408	4	50	2	30	2	30	6	80	1	80	1	—	1	10	4	10	8	20	7	50	3	—
409	4	50	2	30	2	30	6	80	1	80	1	—	1	10	4	10	8	20	7	50	3	—
410	4	50	2	30	2	30	6	80	1	80	1	—	1	10	4	10	8	20	7	50	3	—
411	4	50	2	30	2	30	6	80	1	80	1	—	1	10	4	20	8	30	7	50	3	—
412	4	50	2	30	2	30	6	80	1	80	1	—	1	10	4	20	8	30	7	50	3	—
413	4	50	2	30	2	30	6	80	1	80	1	—	1	10	4	20	8	30	7	50	3	—
414	4	50	2	30	2	30	6	80	1	80	1	—	1	10	4	20	8	30	7	50	3	—
415	4	50	2	30	2	30	6	80	1	80	1	—	1	10	4	20	8	30	7	50	3	—
416	4	50	2	30	2	30	6	80	1	80	1	—	1	10	4	20	8	40	7	50	3	—
417	4	50	2	30	2	30	6	80	1	80	1	—	1	10	4	20	8	40	7	50	3	—
418	4	50	2	30	2	30	6	80	1	80	1	—	1	10	4	20	8	40	7	50	3	—
419	4	50	2	30	2	30	6	80	1	80	1	—	1	10	4	20	8	40	7	50	3	—
420	4	50	2	30	2	30	6	80	1	80	1	—	1	10	4	20	8	40	7	50	3	—
421	4	50	2	30	2	30	6	80	1	80	1	—	1	10	4	30	8	50	7	50	3	—
422	4	50	2	30	2	30	6	80	1	80	1	—	1	10	4	30	8	50	7	50	3	—
423	4	50	2	30	2	30	6	80	1	80	1	—	1	10	4	30	8	50	7	50	3	—
424	4	50	2	30	2	30	6	80	1	80	1	—	1	10	4	30	8	50	7	50	3	—
425	4	50	2	30	2	30	6	80	1	80	1	—	1	10	4	30	8	50	7	50	3	—
426	4	50	2	30	2	30	6	80	1	80	1	—	1	10	4	30	8	60	7	50	3	—
427	4	50	2	30	2	30	6	80	1	80	1	—	1	10	4	30	8	60	7	50	3	—
428	4	50	2	30	2	30	6	80	1	80	1	—	1	10	4	30	8	60	7	50	3	—
429	4	50	2	30	2	30	6	80	1	80	1	—	1	10	4	30	8	60	7	50	3	—
430	4	50	2	30	2	30	6	80	1	80	1	—	1	10	4	30	8	60	7	50	3	—
431	4	50	2	30	2	30	6	80	1	80	1	—	1	10	4	40	8	70	7	50	3	—
432	4	50	2	30	2	30	6	80	1	80	1	—	1	10	4	40	8	70	7	50	3	—
433	4	50	2	30	2	30	6	80	1	80	1	—	1	10	4	40	8	70	7	50	3	—
434	4	50	2	30	2	30	6	80	1	80	1	—	1	10	4	40	8	70	7	50	3	—
435	4	50	2	30	2	30	6	80	1	80	1	—	1	10	4	40	8	70	7	50	3	—
436	4	50	2	30	2	30	6	80	1	80	1	—	1	10	4	40	8	80	7	50	3	—
437	4	50	2	30	2	30	6	80	1	80	1	—	1	10	4	40	8	80	7	50	3	—
438	4	50	2	30	2	30	6	80	1	80	1	—	1	10	4	40	8	80	7	50	3	—
439	4	50	2	30	2	30	6	80	1	80	1	—	1	10	4	40	8	80	7	50	3	—
440	4	50	2	30	2	30	6	80	1	80	1	—	1	10	4	40	8	80	7	50	3	—

Gegenstands-Summa	Staatsgebühren Prozent						Besitzveränderungsabgabe		Staatsgebühren pro mille									
	1		1½		2				1		2		2½		3		5	
ℳ	ℳ	₰	ℳ	₰	ℳ	₰	ℳ	₰	ℳ	₰	ℳ	₰	ℳ	₰	ℳ	₰	ℳ	₰
441	4	50	6	70	8	90	1	20	—	50	—	90	1	20	1	40	2	30
442	4	50	6	70	8	90	1	20	—	50	—	90	1	20	1	40	2	30
443	4	50	6	70	8	90	1	20	—	50	—	90	1	20	1	40	2	30
444	4	50	6	70	8	90	1	20	—	50	—	90	1	20	1	40	2	30
445	4	50	6	70	8	90	1	20	—	50	—	90	1	20	1	40	2	30
446	4	50	6	70	9	—	1	20	—	50	—	90	1	20	1	40	2	30
447	4	50	6	80	9	—	1	20	—	50	—	90	1	20	1	40	2	30
448	4	50	6	80	9	—	1	20	—	50	—	90	1	20	1	40	2	30
449	4	50	6	80	9	—	1	20	—	50	—	90	1	20	1	40	2	30
450	4	50	6	80	9	—	1	20	—	50	—	90	1	20	1	40	2	30
451	4	60	6	80	9	10	1	20	—	50	1	—	1	20	1	40	2	30
452	4	60	6	80	9	10	1	20	—	50	1	—	1	20	1	40	2	30
453	4	60	6	80	9	10	1	20	—	50	1	—	1	20	1	40	2	30
454	4	60	6	90	9	10	1	20	—	50	1	—	1	20	1	40	2	30
455	4	60	6	90	9	10	1	20	—	50	1	—	1	20	1	40	2	30
456	4	60	6	90	9	20	1	20	—	50	1	—	1	20	1	40	2	30
457	4	60	6	90	9	20	1	20	—	50	1	—	1	20	1	40	2	30
458	4	60	6	90	9	20	1	20	—	50	1	—	1	20	1	40	2	30
459	4	60	6	90	9	20	1	20	—	50	1	—	1	20	1	40	2	30
460	4	60	6	90	9	20	1	20	—	50	1	—	1	20	1	40	2	30
461	4	70	7	—	9	30	1	20	—	50	1	—	1	20	1	40	2	40
462	4	70	7	—	9	30	1	20	—	50	1	—	1	20	1	40	2	40
463	4	70	7	—	9	30	1	20	—	50	1	—	1	20	1	40	2	40
464	4	70	7	—	9	30	1	20	—	50	1	—	1	20	1	40	2	40
465	4	70	7	—	9	30	1	20	—	50	1	—	1	20	1	40	2	40
466	4	70	7	—	9	40	1	20	—	50	1	—	1	20	1	40	2	40
467	4	70	7	10	9	40	1	20	—	50	1	—	1	20	1	50	2	40
468	4	70	7	10	9	40	1	20	—	50	1	—	1	20	1	50	2	40
469	4	70	7	10	9	40	1	20	—	50	1	—	1	20	1	50	2	40
470	4	70	7	10	9	40	1	20	—	50	1	—	1	20	1	50	2	40
471	4	80	7	10	9	50	1	20	—	50	1	—	1	20	1	50	2	40
472	4	80	7	10	9	50	1	20	—	50	1	—	1	20	1	50	2	40
473	4	80	7	10	9	50	1	20	—	50	1	—	1	20	1	50	2	40
474	4	80	7	20	9	50	1	20	—	50	1	—	1	20	1	50	2	40
475	4	80	7	20	9	50	1	20	—	50	1	—	1	20	1	50	2	40
476	4	80	7	20	9	60	1	20	—	50	1	—	1	20	1	50	2	40
477	4	80	7	20	9	60	1	20	—	50	1	—	1	20	1	50	2	40
478	4	80	7	20	9	60	1	20	—	50	1	—	1	20	1	50	2	40
479	4	80	7	20	9	60	1	20	—	50	1	—	1	20	1	50	2	40
480	4	80	7	20	9	60	1	20	—	50	1	—	1	20	1	50	2	40

Gegenstands-Summa	Werthgebühr: Volle (Art. 22. 40. 41. 50)		Werthgebühr: 1/2 (Art. 25. 27. 29. 30. 38 Abs. 2)		Werthgebühr: 1/2 bis 2200 M, darüber 2/3 (Art. 24)		Werthgebühr: 1 1/2 (Art. 28)		4/10 aus der vollen Werthgebühr (Art. 45 Abs. 3)		4/10 aus 2/3 Werthgebühr (Art. 45 Abs. 3)		Hinterlegungsgebühr: Art. 100		Hinterlegungsgebühr: Art. 101 a		Hinterlegungsgebühr: Art. 101 b		Auseinandersetzungsgebühr: 5/10 der Sätze des § 8 des Reichsgerichts-Kosten-Gesetzes		Auseinandersetzungsgebühr: 2/10 der Sätze des § 8 des Reichsgerichts-Kosten-Gesetzes	
M	M	Pf	M	Pf	M	Pf	M	Pf	M	Pf	M	Pf	M	Pf	M	Pf	M	Pf	M	Pf	M	Pf
441	4	50	2	30	2	30	6	80	1	80	1	—	1	20	4	50	8	90	7	50	3	—
442	4	50	2	30	2	30	6	80	1	80	1	—	1	20	4	50	8	90	7	50	3	—
443	4	50	2	30	2	30	6	80	1	80	1	—	1	20	4	50	8	90	7	50	3	—
444	4	50	2	30	2	30	6	80	1	80	1	—	1	20	4	50	8	90	7	50	3	—
445	4	50	2	30	2	30	6	80	1	80	1	—	1	20	4	50	8	90	7	50	3	—
446	4	50	2	30	2	30	6	80	1	80	1	—	1	20	4	50	9	—	7	50	3	—
447	4	50	2	30	2	30	6	80	1	80	1	—	1	20	4	50	9	—	7	50	3	—
448	4	50	2	30	2	30	6	80	1	80	1	—	1	20	4	50	9	—	7	50	3	—
449	4	50	2	30	2	30	6	80	1	80	1	—	1	20	4	50	9	—	7	50	3	—
450	4	50	2	30	2	30	6	80	1	80	1	—	1	20	4	50	9	—	7	50	3	—
451	4	50	2	30	2	30	6	80	1	80	1	—	1	20	4	60	9	10	10	—	4	—
452	4	50	2	30	2	30	6	80	1	80	1	—	1	20	4	60	9	10	10	—	4	—
453	4	50	2	30	2	30	6	80	1	80	1	—	1	20	4	60	9	10	10	—	4	—
454	4	50	2	30	2	30	6	80	1	80	1	—	1	20	4	60	9	10	10	—	4	—
455	4	50	2	30	2	30	6	80	1	80	1	—	1	20	4	60	9	10	10	—	4	—
456	4	50	2	30	2	30	6	80	1	80	1	—	1	20	4	60	9	20	10	—	4	—
457	4	50	2	30	2	30	6	80	1	80	1	—	1	20	4	60	9	20	10	—	4	—
458	4	50	2	30	2	30	6	80	1	80	1	—	1	20	4	60	9	20	10	—	4	—
459	4	50	2	30	2	30	6	80	1	80	1	—	1	20	4	60	9	20	10	—	4	—
460	4	50	2	30	2	30	6	80	1	80	1	—	1	20	4	60	9	20	10	—	4	—
461	4	50	2	30	2	30	6	80	1	80	1	—	1	20	4	70	9	30	10	—	4	—
462	4	50	2	30	2	30	6	80	1	80	1	—	1	20	4	70	9	30	10	—	4	—
463	4	50	2	30	2	30	6	80	1	80	1	—	1	20	4	70	9	30	10	—	4	—
464	4	50	2	30	2	30	6	80	1	80	1	—	1	20	3	70	9	30	10	—	4	—
465	4	50	2	30	2	30	6	80	1	80	1	—	1	20	4	70	9	30	10	—	4	—
466	4	50	2	30	2	30	6	80	1	80	1	—	1	20	4	70	9	40	10	—	4	—
467	4	50	2	30	2	30	6	80	1	80	1	—	1	20	4	70	9	40	10	—	4	—
468	4	50	2	30	2	30	6	80	1	80	1	—	1	20	4	70	9	40	10	—	4	—
469	4	50	2	30	2	30	6	80	1	80	1	—	1	20	4	70	9	40	10	—	4	—
470	4	50	2	30	2	30	6	80	1	80	1	—	1	20	4	70	9	40	10	—	4	—
471	4	50	2	30	2	30	6	80	1	80	1	—	1	20	4	80	9	50	10	—	4	—
472	4	50	2	30	2	30	6	80	1	80	1	—	1	20	4	80	9	50	10	—	4	—
473	4	50	2	30	2	30	6	80	1	80	1	—	1	20	4	80	9	50	10	—	4	—
474	4	50	2	30	2	30	6	80	1	80	1	—	1	20	4	80	9	50	10	—	4	—
475	4	50	2	30	2	30	6	80	1	80	1	—	1	20	4	80	9	50	10	—	4	—
476	4	50	2	30	2	30	6	80	1	80	1	—	1	20	4	80	9	60	10	—	4	—
477	4	50	2	30	2	30	6	80	1	80	1	—	1	20	4	80	9	60	10	—	4	—
478	4	50	2	30	2	30	6	80	1	80	1	—	1	20	4	80	9	60	10	—	4	—
479	4	50	2	30	2	30	6	80	1	80	1	—	1	20	4	80	9	60	10	—	4	—
480	4	50	2	30	2	30	6	80	1	80	1	—	1	20	4	80	9	60	10	—	4	—

Gegenstands-Summa	Staatsgebühren 1 Prozent		Staatsgebühren 1 ½ Prozent		Staatsgebühren 2 Prozent		Besitzveränderungsabgabe		Staatsgebühren 1 pro mille		Staatsgebühren 2 pro mille		Staatsgebühren 2 ½ pro mille		Staatsgebühren 3 pro mille		Staatsgebühren 5 pro mille	
M	M	Pf	M	Pf	M	Pf	M	Pf	M	Pf	M	Pf	M	Pf	M	Pf	M	Pf
481	4	90	7	30	9	70	1	30	—	50	1	—	1	30	1	50	2	50
482	4	90	7	30	9	70	1	30	—	50	1	—	1	30	1	50	2	50
483	4	90	7	30	9	70	1	30	—	50	1	—	1	30	1	50	2	50
484	4	90	7	30	9	70	1	30	—	50	1	—	1	30	1	50	2	50
485	4	90	7	30	9	70	1	30	—	50	1	—	1	30	1	50	2	50
486	4	90	7	30	9	80	1	30	—	50	1	—	1	30	1	50	2	50
487	4	90	7	40	9	80	1	30	—	50	1	—	1	30	1	50	2	50
488	4	90	7	40	9	80	1	30	—	50	1	—	1	30	1	50	2	50
489	4	90	7	40	9	80	1	30	—	50	1	—	1	30	1	50	2	50
490	4	90	7	40	9	80	1	30	—	50	1	—	1	30	1	50	2	50
491	5	—	7	40	9	90	1	30	—	50	1	—	1	30	1	50	2	50
492	5	—	7	40	9	90	1	30	—	50	1	—	1	30	1	50	2	50
493	5	—	7	40	9	90	1	30	—	50	1	—	1	30	1	50	2	50
494	5	—	7	50	9	90	1	30	—	50	1	—	1	30	1	50	2	50
495	5	—	7	50	9	90	1	30	—	50	1	—	1	30	1	50	2	50
496	5	—	7	50	10	—	1	30	—	50	1	—	1	30	1	50	2	50
497	5	—	7	50	10	—	1	30	—	50	1	—	1	30	1	50	2	50
498	5	—	7	50	10	—	1	30	—	50	1	—	1	30	1	50	2	50
499	5	—	7	50	10	—	1	30	—	50	1	—	1	30	1	50	2	50
500	5	—	7	50	10	—	1	30	—	50	1	—	1	30	1	50	2	50
501	5	10	7	60	10	10	1	30	—	60	1	10	1	30	1	60	2	60
502	5	10	7	60	10	10	1	30	—	60	1	10	1	30	1	60	2	60
503	5	10	7	60	10	10	1	30	—	60	1	10	1	30	1	60	2	60
504	5	10	7	60	10	10	1	30	—	60	1	10	1	30	1	60	2	60
505	5	10	7	60	10	10	1	30	—	60	1	10	1	30	1	60	2	60
506	5	10	7	60	10	20	1	30	—	60	1	10	1	30	1	60	2	60
507	5	10	7	70	10	20	1	30	—	60	1	10	1	30	1	60	2	60
508	5	10	7	70	10	20	1	30	—	60	1	10	1	30	1	60	2	60
509	5	10	7	70	10	20	1	30	—	60	1	10	1	30	1	60	2	60
510	5	10	7	70	10	20	1	30	—	60	1	10	1	30	1	60	2	60
511	5	20	7	70	10	30	1	30	—	60	1	10	1	30	1	60	2	60
512	5	20	7	70	10	30	1	30	—	60	1	10	1	30	1	60	2	60
513	5	20	7	70	10	30	1	30	—	60	1	10	1	30	1	60	2	60
514	5	20	7	80	10	30	1	30	—	60	1	10	1	30	1	60	2	60
515	5	20	7	80	10	30	1	30	—	60	1	10	1	30	1	60	2	60
516	5	20	7	80	10	40	1	30	—	60	1	10	1	30	1	60	2	60
517	5	20	7	80	10	40	1	30	—	60	1	10	1	30	1	60	2	60
518	5	20	7	80	10	40	1	30	—	60	1	10	1	30	1	60	2	60
519	5	20	7	80	10	40	1	30	—	60	1	10	1	30	1	60	2	60
520	5	20	7	80	10	40	1	30	—	60	1	10	1	30	1	60	2	60

GegenstandsSumma	Werthgebühr								$^{4}/_{10}$ aus der vollen Werthgebühr		$^{4}/_{10}$ aus $^{2}/_{3}$ Werthgebühr		Hinterlegungsgebühr						Auseinandersetzungsgebühr			
	Volle		$^{1}/_{2}$		$^{1}/_{2}$ bis 2200 ℳ darüber $^{2}/_{3}$		$1^{1}/_{2}$												$^{5}/_{10}$		$^{2}/_{10}$	
	Art. 22. 40. 41. 50		Art. 25. 27. 29. 30. 38 Abs. 2		Art. 24		Art. 28		Art. 45 Abs. 3				Art. 100		Art. 101 a		Art. 101 b		der Sätze des § 8 des Reichsgerichts-Kosten-Gesetzes			
ℳ	ℳ	₰	ℳ	₰	ℳ	₰	ℳ	₰	ℳ	₰	ℳ	₰	ℳ	₰	ℳ	₰	ℳ	₰	ℳ	₰	ℳ	₰
481	4	50	2	30	2	30	6	80	1	80	1	—	1	30	4	90	9	70	10	—	4	—
482	4	50	2	30	2	30	6	80	1	80	1	—	1	30	4	90	9	70	10	—	4	—
483	4	50	2	30	2	30	6	80	1	80	1	—	1	30	4	90	9	70	10	—	4	—
484	4	50	2	30	2	30	6	80	1	80	1	—	1	30	4	90	9	70	10	—	4	—
485	4	50	2	30	2	30	6	80	1	80	1	—	1	30	4	90	9	70	10	—	4	—
486	4	50	2	30	2	30	6	80	1	80	1	—	1	30	4	90	9	80	10	—	4	—
487	4	50	2	30	2	30	6	80	1	80	1	—	1	30	4	90	9	80	10	—	4	—
488	4	50	2	30	2	30	6	80	1	80	1	—	1	30	4	90	9	80	10	—	4	—
489	4	50	2	30	2	30	6	80	1	80	1	—	1	30	4	90	9	80	10	—	4	—
490	4	50	2	30	2	30	6	80	1	80	1	—	1	30	4	90	9	80	10	—	4	—
491	4	50	2	30	2	30	6	80	1	80	1	—	1	30	5	—	9	90	10	—	4	—
492	4	50	2	30	2	30	6	80	1	80	1	—	1	30	5	—	9	90	10	—	4	—
493	4	50	2	30	2	30	6	80	1	80	1	—	1	30	5	—	9	90	10	—	4	—
494	4	50	2	30	2	30	6	80	1	80	1	—	1	30	5	—	9	90	10	—	4	—
495	4	50	2	30	2	30	6	80	1	80	1	—	1	30	5	—	9	90	10	—	4	—
496	4	50	2	30	2	30	6	80	1	80	1	—	1	30	5	—	10	—	10	—	4	—
497	4	50	2	30	2	30	6	80	1	80	1	—	1	30	5	—	10	—	10	—	4	—
498	4	50	2	30	2	30	6	80	1	80	1	—	1	30	5	—	10	—	10	—	4	—
499	4	50	2	30	2	30	6	80	1	80	1	—	1	30	5	—	10	—	10	—	4	—
500	4	50	2	30	2	30	6	80	1	80	1	—	1	30	5	—	10	—	10	—	4	—
501	5	40	2	70	2	70	8	10	2	20	1	10	1	30	5	10	10	10	10	—	4	—
502	5	40	2	70	2	70	8	10	2	20	1	10	1	30	5	10	10	10	10	—	4	—
503	5	40	2	70	2	70	8	10	2	20	1	10	1	30	5	10	10	10	10	—	4	—
504	5	40	2	70	2	70	8	10	2	20	1	10	1	30	5	10	10	10	10	—	4	—
505	5	40	2	70	2	70	8	10	2	20	1	10	1	30	5	10	10	10	10	—	4	—
506	5	40	2	70	2	70	8	10	2	20	1	10	1	30	5	10	10	20	10	—	4	—
507	5	40	2	70	2	70	8	10	2	20	1	10	1	30	5	10	10	20	10	—	4	—
508	5	40	2	70	2	70	8	10	2	20	1	10	1	30	5	10	10	20	10	—	4	—
509	5	40	2	70	2	70	8	10	2	20	1	10	1	30	5	10	10	20	10	—	4	—
510	5	40	2	70	2	70	8	10	2	20	1	10	1	30	5	10	10	20	10	—	4	—
511	5	40	2	70	2	70	8	10	2	20	1	10	1	30	5	20	10	30	10	—	4	—
512	5	40	2	70	2	70	8	10	2	20	1	10	1	30	5	20	10	30	10	—	4	—
513	5	40	2	70	2	70	8	10	2	20	1	10	1	30	5	20	10	30	10	—	4	—
514	5	40	2	70	2	70	8	10	2	20	1	10	1	30	5	20	10	30	10	—	4	—
515	5	40	2	70	2	70	8	10	2	20	1	10	1	30	5	20	10	30	10	—	4	—
516	5	40	2	70	2	70	8	10	2	20	1	10	1	30	5	20	10	40	10	—	4	—
517	5	40	2	70	2	70	8	10	2	20	1	10	1	30	5	20	10	40	10	—	4	—
518	5	40	2	70	2	70	8	10	2	20	1	10	1	30	5	20	10	40	10	—	4	—
519	5	40	2	70	2	70	8	10	2	20	1	10	1	30	5	20	10	40	10	—	4	—
520	5	40	2	70	2	70	8	10	2	20	1	10	1	30	5	20	10	40	10	—	4	—

Gegenstands-Summa	Staatsgebühren 1 Prozent		Staatsgebühren 1½ Prozent		Staatsgebühren 2 Prozent		Besitzveränderungsabgabe		Staatsgebühren 1 pro mille		Staatsgebühren 2 pro mille		Staatsgebühren 2½ pro mille		Staatsgebühren 3 pro mille		Staatsgebühren 5 pro mille	
ℳ	ℳ	₰	ℳ	₰	ℳ	₰	ℳ	₰	ℳ	₰	ℳ	₰	ℳ	₰	ℳ	₰	ℳ	₰
521	5	30	7	90	10	50	1	40	—	60	1	10	1	40	1	60	2	70
522	5	30	7	90	10	50	1	40	—	60	1	10	1	40	1	60	2	70
523	5	30	7	90	10	50	1	40	—	60	1	10	1	40	1	60	2	70
524	5	30	7	90	10	50	1	40	—	60	1	10	1	40	1	60	2	70
525	5	30	7	90	10	50	1	40	—	60	1	10	1	40	1	60	2	70
526	5	30	7	90	10	60	1	40	—	60	1	10	1	40	1	60	2	70
527	5	30	8	—	10	60	1	40	—	60	1	10	1	40	1	60	2	70
528	5	30	8	—	10	60	1	40	—	60	1	10	1	40	1	60	2	70
529	5	30	8	—	10	60	1	40	—	60	1	10	1	40	1	60	2	70
530	5	30	8	—	10	60	1	40	—	60	1	10	1	40	1	60	2	70
531	5	40	8	—	10	70	1	40	—	60	1	10	1	40	1	60	2	70
532	5	40	8	—	10	70	1	40	—	60	1	10	1	40	1	60	2	70
533	5	40	8	—	10	70	1	40	—	60	1	10	1	40	1	60	2	70
534	5	40	8	10	10	70	1	40	—	60	1	10	1	40	1	70	2	70
535	5	40	8	10	10	70	1	40	—	60	1	10	1	40	1	70	2	70
536	5	40	8	10	10	80	1	40	—	60	1	10	1	40	1	70	2	70
537	5	40	8	10	10	80	1	40	—	60	1	10	1	40	1	70	2	70
538	5	40	8	10	10	80	1	40	—	60	1	10	1	40	1	70	2	70
539	5	40	8	10	10	80	1	40	—	60	1	10	1	40	1	70	2	70
540	5	40	8	10	10	80	1	40	—	60	1	10	1	40	1	70	2	70
541	5	50	8	20	10	90	1	40	—	60	1	10	1	40	1	70	2	80
542	5	50	8	20	10	90	1	40	—	60	1	10	1	40	1	70	2	80
543	5	50	8	20	10	90	1	40	—	60	1	10	1	40	1	70	2	80
544	5	50	8	20	10	90	1	40	—	60	1	10	1	40	1	70	2	80
545	5	50	8	20	10	90	1	40	—	60	1	10	1	40	1	70	2	80
546	5	50	8	20	11	—	1	40	—	60	1	10	1	40	1	70	2	80
547	5	50	8	30	11	—	1	40	—	60	1	10	1	40	1	70	2	80
548	5	50	8	30	11	—	1	40	—	60	1	10	1	40	1	70	2	80
549	5	50	8	30	11	—	1	40	—	60	1	10	1	40	1	70	2	80
550	5	50	8	30	11	—	1	40	—	60	1	10	1	40	1	70	2	80
551	5	60	8	30	11	10	1	40	—	60	1	20	1	40	1	70	2	80
552	5	60	8	30	11	10	1	40	—	60	1	20	1	40	1	70	2	80
553	5	60	8	30	11	10	1	40	—	60	1	20	1	40	1	70	2	80
554	5	60	8	40	11	10	1	40	—	60	1	20	1	40	1	70	2	80
555	5	60	8	40	11	10	1	40	—	60	1	20	1	40	1	70	2	80
556	5	60	8	40	11	20	1	40	—	60	1	20	1	40	1	70	2	80
557	5	60	8	40	11	20	1	40	—	60	1	20	1	40	1	70	2	80
558	5	60	8	40	11	20	1	40	—	60	1	20	1	40	1	70	2	80
559	5	60	8	40	11	20	1	40	—	60	1	20	1	40	1	70	2	80
560	5	60	8	40	11	20	1	40	—	60	1	20	1	40	1	70	2	80

Gegenstands-Summa	Werthgebühr: Volle (Art. 23. 40. 41. 50)		Werthgebühr: 1/2 (Art. 25. 27. 29. 30. 38 Abs. 2)		Werthgebühr: 1/2 bis 2200 ℳ darüber 2/3 (Art. 24)		Werthgebühr: 1 1/2 (Art. 28)		4/10 aus der vollen Werthgebühr (Art. 45 Abs. 3)		4/10 aus 2/3 Werthgebühr (Art. 45 Abs. 3)		Hinterlegungsgebühr: Art. 100		Hinterlegungsgebühr: Art. 101 a		Hinterlegungsgebühr: Art. 101 b		Auseinandersetzungsgebühr: 5/10 (der Sätze des § 8 des Reichsgerichts-Kosten-Gesetzes)		Auseinandersetzungsgebühr: 2/10 (der Sätze des § 8 des Reichsgerichts-Kosten-Gesetzes)	
ℳ	ℳ	₰	ℳ	₰	ℳ	₰	ℳ	₰	ℳ	₰	ℳ	₰	ℳ	₰	ℳ	₰	ℳ	₰	ℳ	₰	ℳ	₰
521	5	40	2	70	2	70	8	10	2	20	1	10	1	40	5	30	10	50	10	—	4	—
522	5	40	2	70	2	70	8	10	2	20	1	10	1	40	5	30	10	50	10	—	4	—
523	5	40	2	70	2	70	8	10	2	20	1	10	1	40	5	30	10	50	10	—	4	—
524	5	40	2	70	2	70	8	10	2	20	1	10	1	40	5	30	10	50	10	—	4	—
525	5	40	2	70	2	70	8	10	2	20	1	10	1	40	5	30	10	50	10	—	4	—
526	5	40	2	70	2	70	8	10	2	20	1	10	1	40	5	30	10	60	10	—	4	—
527	5	40	2	70	2	70	8	10	2	20	1	10	1	40	5	30	10	60	10	—	4	—
528	5	40	2	70	2	70	8	10	2	20	1	10	1	40	5	30	10	60	10	—	4	—
529	5	40	2	70	2	70	8	10	2	20	1	10	1	40	5	30	10	60	10	—	4	—
530	5	40	2	70	2	70	8	10	2	20	1	10	1	40	5	30	10	60	10	—	4	—
531	5	40	2	70	2	70	8	10	2	20	1	10	1	40	5	40	10	70	10	—	4	—
532	5	40	2	70	2	70	8	10	2	20	1	10	1	40	5	40	10	70	10	—	4	—
533	5	40	2	70	2	70	8	10	2	20	1	10	1	40	5	40	10	70	10	—	4	—
534	5	40	2	70	2	70	8	10	2	20	1	10	1	40	5	40	10	70	10	—	4	—
535	5	40	2	70	2	70	8	10	2	20	1	10	1	40	5	40	10	70	10	—	4	—
536	5	40	2	70	2	70	8	10	2	20	1	10	1	40	5	40	10	80	10	—	4	—
537	5	40	2	70	2	70	8	10	2	20	1	10	1	40	5	40	10	80	10	—	4	—
538	5	40	2	70	2	70	8	10	2	20	1	10	1	40	5	40	10	80	10	—	4	—
539	5	40	2	70	2	70	8	10	2	20	1	10	1	40	5	40	10	80	10	—	4	—
540	5	40	2	70	2	70	8	10	2	20	1	10	1	40	5	40	10	80	10	—	4	—
541	5	40	2	70	2	70	8	10	2	20	1	10	1	40	5	50	10	90	10	—	4	—
542	5	40	2	70	2	70	8	10	2	20	1	10	1	40	5	50	10	90	10	—	4	—
543	5	40	2	70	2	70	8	10	2	20	1	10	1	40	5	50	10	90	10	—	4	—
544	5	40	2	70	2	70	8	10	2	20	1	10	1	40	5	50	10	90	10	—	4	—
545	5	40	2	70	2	70	8	10	2	20	1	10	1	40	5	50	10	90	10	—	4	—
546	5	40	2	70	2	70	8	10	2	20	1	10	1	40	5	50	11	—	10	—	4	—
547	5	40	2	70	2	70	8	10	2	20	1	10	1	40	5	50	11	—	10	—	4	—
548	5	40	2	70	2	70	8	10	2	20	1	10	1	40	5	50	11	—	10	—	4	—
549	5	40	2	70	2	70	8	10	2	20	1	10	1	40	5	50	11	—	10	—	4	—
550	5	40	2	70	2	70	8	10	2	20	1	10	1	40	5	50	11	—	10	—	4	—
551	5	40	2	70	2	70	8	10	2	20	1	10	1	40	5	60	11	10	10	—	4	—
552	5	40	2	70	2	70	8	10	2	20	1	10	1	40	5	60	11	10	10	—	4	—
553	5	40	2	70	2	70	8	10	2	20	1	10	1	40	5	60	11	10	10	—	4	—
554	5	40	2	70	2	70	8	10	2	20	1	10	1	40	5	60	11	10	10	—	4	—
555	5	40	2	70	2	70	8	10	2	20	1	10	1	40	5	60	11	10	10	—	4	—
556	5	40	2	70	2	70	8	10	2	20	1	10	1	40	5	60	11	20	10	—	4	—
557	5	40	2	70	2	70	8	10	2	20	1	10	1	40	5	60	11	20	10	—	4	—
558	5	40	2	70	2	70	8	10	2	20	1	10	1	40	5	60	11	20	10	—	4	—
559	5	40	2	70	2	70	8	10	2	20	1	10	1	40	5	60	11	20	10	—	4	—
560	5	40	2	70	2	70	8	10	2	20	1	10	1	40	5	60	11	20	10	—	4	—

Gegen-stands-Summa	Staatsgebühren 1 Prozent		Staatsgebühren 1½ Prozent		Staatsgebühren 2 Prozent		Besitz-veränderungs-abgabe		Staatsgebühren 1 pro mille		Staatsgebühren 2 pro mille		Staatsgebühren 2½ pro mille		Staatsgebühren 3 pro mille		Staatsgebühren 5 pro mille	
ℳ	ℳ	₰	ℳ	₰	ℳ	₰	ℳ	₰	ℳ	₰	ℳ	₰	ℳ	₰	ℳ	₰	ℳ	₰
561	5	70	8	50	11	30	1	50	—	60	1	20	1	50	1	70	2	90
562	5	70	8	50	11	30	1	50	—	60	1	20	1	50	1	70	2	90
563	5	70	8	50	11	30	1	50	—	60	1	20	1	50	1	70	2	90
564	5	70	8	50	11	30	1	50	—	60	1	20	1	50	1	70	2	90
565	5	70	8	50	11	30	1	50	—	60	1	20	1	50	1	70	2	90
566	5	70	8	50	11	40	1	50	—	60	1	20	1	50	1	70	2	90
567	5	70	8	60	11	40	1	50	—	60	1	20	1	50	1	80	2	90
568	5	70	8	60	11	40	1	50	—	60	1	20	1	50	1	80	2	90
569	5	70	8	60	11	40	1	50	—	60	1	20	1	50	1	80	2	90
570	5	70	8	60	11	40	1	50	—	60	1	20	1	50	1	80	2	90
571	5	80	8	60	11	50	1	50	—	60	1	20	1	50	1	80	2	90
572	5	80	8	60	11	50	1	50	—	60	1	20	1	50	1	80	2	90
573	5	80	8	60	11	50	1	50	—	60	1	20	1	50	1	80	2	90
574	5	80	8	70	11	50	1	50	—	60	1	20	1	50	1	80	2	90
575	5	80	8	70	11	50	1	50	—	60	1	20	1	50	1	80	2	90
576	5	80	8	70	11	60	1	50	—	60	1	20	1	50	1	80	2	90
577	5	80	8	70	11	60	1	50	—	60	1	20	1	50	1	80	2	90
578	5	80	8	70	11	60	1	50	—	60	1	20	1	50	1	80	2	90
579	5	80	8	70	11	60	1	50	—	60	1	20	1	50	1	80	2	90
580	5	80	8	70	11	60	1	50	—	60	1	20	1	50	1	80	2	90
581	5	90	8	80	11	70	1	50	—	60	1	20	1	50	1	80	3	—
582	5	90	8	80	11	70	1	50	—	60	1	20	1	50	1	80	3	—
583	5	90	8	80	11	70	1	50	—	60	1	20	1	50	1	80	3	—
584	5	90	8	80	11	70	1	50	—	60	1	20	1	50	1	80	3	—
585	5	90	8	80	11	70	1	50	—	60	1	20	1	50	1	80	3	—
586	5	90	8	80	11	80	1	50	—	60	1	20	1	50	1	80	3	—
587	5	90	8	90	11	80	1	50	—	60	1	20	1	50	1	80	3	—
588	5	90	8	90	11	80	1	50	—	60	1	20	1	50	1	80	3	—
589	5	90	8	90	11	80	1	50	—	60	1	20	1	50	1	80	3	—
590	5	90	8	90	11	80	1	50	—	60	1	20	1	50	1	80	3	—
591	6	—	8	90	11	90	1	50	—	60	1	20	1	50	1	80	3	—
592	6	—	8	90	11	90	1	50	—	60	1	20	1	50	1	80	3	—
593	6	—	8	90	11	90	1	50	—	60	1	20	1	50	1	80	3	—
594	6	—	9	—	11	90	1	50	—	60	1	20	1	50	1	80	3	—
595	6	—	9	—	11	90	1	50	—	60	1	20	1	50	1	80	3	—
596	6	—	9	—	12	—	1	50	—	60	1	20	1	50	1	80	3	—
597	6	—	9	—	12	—	1	50	—	60	1	20	1	50	1	80	3	—
598	6	—	9	—	12	—	1	50	—	60	1	20	1	50	1	80	3	—
599	6	—	9	—	12	—	1	50	—	60	1	20	1	50	1	80	3	—
600	6	—	9	—	12	—	1	50	—	60	1	20	1	50	1	80	3	—

Gegen-stands-Summa	Werthgebühr								⁴/₁₀ aus der vollen Werth-gebühr		⁴/₁₀ aus ²/₃ Werth-gebühr		Hinterlegungs-gebühr						Auseinander-setzungsgebühr			
	Volle		¹/₂		¹/₂ bis 2200 ℳ darüber ²/₃		1¹/₂												⁵/₁₀		²/₁₀	
	Art. 22. 40. 41. 50		Art. 25. 27. 29. 30. 38 Abs. 2		Art. 24		Art. 23		Art. 45 Abs. 3				Art. 100		Art. 101 a		Art. 101 b		der Sätze des § 8 des Reichsgerichts-Kosten-Gesetzes			
ℳ	ℳ	₰	ℳ	₰	ℳ	₰	ℳ	₰	ℳ	₰	ℳ	₰	ℳ	₰	ℳ	₰	ℳ	₰	ℳ	₰	ℳ	₰
561	5	40	2	70	2	70	8	10	2	20	1	10	1	50	5	70	11	30	10	—	4	—
562	5	40	2	70	2	70	8	10	2	20	1	10	1	50	5	70	11	30	10	—	4	—
563	5	40	2	70	2	70	8	10	2	20	1	10	1	50	5	70	11	30	10	—	4	—
564	5	40	2	70	2	70	8	10	2	20	1	10	1	50	5	70	11	30	10	—	4	—
565	5	40	2	70	2	70	8	10	2	20	1	10	1	50	5	70	11	30	10	—	4	—
566	5	40	2	70	2	70	8	10	2	20	1	10	1	50	5	70	11	40	10	—	4	—
567	5	40	2	70	2	70	8	10	2	20	1	10	1	50	5	70	11	40	10	—	4	—
568	5	40	2	70	2	70	8	10	2	20	1	10	1	50	5	70	11	40	10	—	4	—
569	5	40	2	70	2	70	8	10	2	20	1	10	1	50	5	70	11	40	10	—	4	—
570	5	40	2	70	2	70	8	10	2	20	1	10	1	50	5	70	11	40	10	—	4	—
571	5	40	2	70	2	70	8	10	2	20	1	10	1	50	5	80	11	50	10	—	4	—
572	5	40	2	70	2	70	8	10	2	20	1	10	1	50	5	80	11	50	10	—	4	—
573	5	40	2	70	2	70	8	10	2	20	1	10	1	50	5	80	11	50	10	—	4	—
574	5	40	2	70	2	70	8	10	2	20	1	10	1	50	5	80	11	50	10	—	4	—
575	5	40	2	70	2	70	8	10	2	20	1	10	1	50	5	80	11	50	10	—	4	—
576	5	40	2	70	2	70	8	10	2	20	1	10	1	50	5	80	11	60	10	—	4	—
577	5	40	2	70	2	70	8	10	2	20	1	10	1	50	5	80	11	60	10	—	4	—
578	5	40	2	70	2	70	8	10	2	20	1	10	1	50	5	80	11	60	10	—	4	—
579	5	40	2	70	2	70	8	10	2	20	1	10	1	50	5	80	11	60	10	—	4	—
580	5	40	2	70	2	70	8	10	2	20	1	10	1	50	5	80	11	60	10	—	4	—
581	5	40	2	70	2	70	8	10	2	20	1	10	1	50	5	90	11	70	10	—	4	—
582	5	40	2	70	2	70	8	10	2	20	1	10	1	50	5	90	11	70	10	—	4	—
583	5	40	2	70	2	70	8	10	2	20	1	10	1	50	5	90	11	70	10	—	4	—
584	5	40	2	70	2	70	8	10	2	20	1	10	1	50	5	90	11	70	10	—	4	—
585	5	40	2	70	2	70	8	10	2	20	1	10	1	50	5	90	11	70	10	—	4	—
586	5	40	2	70	2	70	8	10	2	20	1	10	1	50	5	90	11	80	10	—	4	—
587	5	40	2	70	2	70	8	10	2	20	1	10	1	50	5	90	11	80	10	—	4	—
588	5	40	2	70	2	70	8	10	2	20	1	10	1	50	5	90	11	80	10	—	4	—
589	5	40	2	70	2	70	8	10	2	20	1	10	1	50	5	90	11	80	10	—	4	—
590	5	40	2	70	2	70	8	10	2	20	1	10	1	50	5	90	11	80	10	—	4	—
591	5	40	2	70	2	70	8	10	2	20	1	10	1	50	6	—	11	90	10	—	4	—
592	5	40	2	70	2	70	8	10	2	20	1	10	1	50	6	—	11	90	10	—	4	—
593	5	40	2	70	2	70	8	10	2	20	1	10	1	50	6	—	11	90	10	—	4	—
594	5	40	2	70	2	70	8	10	2	20	1	10	1	50	6	—	11	90	10	—	4	—
595	5	40	2	70	2	70	8	10	2	20	1	10	1	50	6	—	11	90	10	—	4	—
596	5	40	2	70	2	70	8	10	2	20	1	10	1	50	6	—	12	—	10	—	4	—
597	5	40	2	70	2	70	8	10	2	20	1	10	1	50	6	—	12	—	10	—	4	—
598	5	40	2	70	2	70	8	10	2	20	1	10	1	50	6	—	12	—	10	—	4	—
599	5	40	2	70	2	70	8	10	2	20	1	10	1	50	6	—	12	—	10	—	4	—
600	5	40	2	70	2	70	8	10	2	20	1	10	1	50	6	—	12	—	10	—	4	—

Gegen-stands-Summa	Staatsgebühren Prozent						Besitz-verände-rungs-abgabe		Staatsgebühren pro mille									
	1		$1^1/_2$		2				1		2		$2^1/_2$		3		5	
ℳ	ℳ	₰	ℳ	₰	ℳ	₰	ℳ	₰	ℳ	₰	ℳ	₰	ℳ	₰	ℳ	₰	ℳ	₰
601	6	10	9	10	12	10	1	60	—	70	1	30	1	60	1	90	3	10
602	6	10	9	10	12	10	1	60	—	70	1	30	1	60	1	90	3	10
603	6	10	9	10	12	10	1	60	—	70	1	30	1	60	1	90	3	10
604	6	10	9	10	12	10	1	60	—	70	1	30	1	60	1	90	3	10
605	6	10	9	10	12	10	1	60	—	70	1	30	1	60	1	90	3	10
606	6	10	9	10	12	20	1	60	—	70	1	30	1	60	1	90	3	10
607	6	10	9	20	12	20	1	60	—	70	1	30	1	60	1	90	3	10
608	6	10	9	20	12	20	1	60	—	70	1	30	1	60	1	90	3	10
609	6	10	9	20	12	20	1	60	—	70	1	30	1	60	1	90	3	10
610	6	10	9	20	12	20	1	60	—	70	1	30	1	60	1	90	3	10
611	6	20	9	20	12	30	1	60	—	70	1	30	1	60	1	90	3	10
612	6	20	9	20	12	30	1	60	—	70	1	30	1	60	1	90	3	10
613	6	20	9	20	12	30	1	60	—	70	1	30	1	60	1	90	3	10
614	6	20	9	30	12	30	1	60	—	70	1	30	1	60	1	90	3	10
615	6	20	9	30	12	30	1	60	—	70	1	30	1	60	1	90	3	10
616	6	20	9	30	12	40	1	60	—	70	1	30	1	60	1	90	3	10
617	6	20	9	30	12	40	1	60	—	70	1	30	1	60	1	90	3	10
618	6	20	9	30	12	40	1	60	—	70	1	30	1	60	1	90	3	10
619	6	20	9	30	12	40	1	60	—	70	1	30	1	60	1	90	3	10
620	6	20	9	30	12	40	1	60	—	70	1	30	1	60	1	90	3	10
621	6	30	9	40	12	50	1	60	—	70	1	30	1	60	1	90	3	20
622	6	30	9	40	12	50	1	60	—	70	1	30	1	60	1	90	3	20
623	6	30	9	40	12	50	1	60	—	70	1	30	1	60	1	90	3	20
624	6	30	9	40	12	50	1	60	—	70	1	30	1	60	1	90	3	20
625	6	30	9	40	12	50	1	60	—	70	1	30	1	60	1	90	3	20
626	6	30	9	40	12	60	1	60	—	70	1	30	1	60	1	90	3	20
627	6	30	9	50	12	60	1	60	—	70	1	30	1	60	1	90	3	20
628	6	30	9	50	12	60	1	60	—	70	1	30	1	60	1	90	3	20
629	6	30	9	50	12	60	1	60	—	70	1	30	1	60	1	90	3	20
630	6	30	9	50	12	60	1	60	—	70	1	30	1	60	1	90	3	20
631	6	40	9	50	12	70	1	60	—	70	1	30	1	60	1	90	3	20
632	6	40	9	50	12	70	1	60	—	70	1	30	1	60	1	90	3	20
633	6	40	9	50	12	70	1	60	—	70	1	30	1	60	1	90	3	20
634	6	40	9	60	12	70	1	60	—	70	1	30	1	60	2	—	3	20
635	6	40	9	60	12	70	1	60	—	70	1	30	1	60	2	—	3	20
636	6	40	9	60	12	80	1	60	—	70	1	30	1	60	2	—	3	20
637	6	40	9	60	12	80	1	60	—	70	1	30	1	60	2	—	3	20
638	6	40	9	60	12	80	1	60	—	70	1	30	1	60	2	—	3	20
639	6	40	9	60	12	80	1	60	—	70	1	30	1	60	2	—	3	20
640	6	40	9	60	12	80	1	60	—	70	1	30	1	60	2	—	3	20

GegenstandsSumma	Werthgebühr								$^{4}/_{10}$ aus der vollen Werthgebühr		$^{4}/_{10}$ aus $^{2}/_{3}$ Werthgebühr		Hinterlegungsgebühr						Auseinandersetzungsgebühr			
	Volle		$^{1}/_{2}$		$^{1}/_{2}$ bis 2200 ℳ		$1^{1}/_{2}$												$^{5}/_{10}$		$^{2}/_{10}$	
	Art. 22. 40. 41. 50		Art. 25. 27. 29. 30. 38 Abs. 2		darüber $^{2}/_{3}$ Art. 24		Art. 23		Art. 45 Abs. 3				Art. 100		Art. 101 a		Art. 101 b		der Sätze des § 8 des Reichsgerichts-Kosten-Gesetzes			
ℳ	ℳ	₰	ℳ	₰	ℳ	₰	ℳ	₰	ℳ	₰	ℳ	₰	ℳ	₰	ℳ	₰	ℳ	₰	ℳ	₰	ℳ	₰
601	6	30	3	20	3	20	9	50	2	60	1	30	1	60	6	10	12	10	10	—	4	—
602	6	30	3	20	3	20	9	50	2	60	1	30	1	60	6	10	12	10	10	—	4	—
603	6	30	3	20	3	20	9	50	2	60	1	30	1	60	6	10	12	10	10	—	4	—
604	6	30	3	20	3	20	9	50	2	60	1	30	1	60	6	10	12	10	10	—	4	—
605	6	30	3	20	3	20	9	50	2	60	1	30	1	60	6	10	12	10	10	—	4	—
606	6	30	3	20	3	20	9	50	2	60	1	30	1	60	6	10	12	20	10	—	4	—
607	6	30	3	20	3	20	9	50	2	60	1	30	1	60	6	10	12	20	10	—	4	—
608	6	30	3	20	3	20	9	50	2	60	1	30	1	60	6	10	12	20	10	—	4	—
609	6	30	3	20	3	20	9	50	2	60	1	30	1	60	6	10	12	20	10	—	4	—
610	6	30	3	20	3	20	9	50	2	60	1	30	1	60	6	10	12	20	10	—	4	—
611	6	30	3	20	3	20	9	50	2	60	1	30	1	60	6	20	12	30	10	—	4	—
612	6	30	3	20	3	20	9	50	2	60	1	30	1	60	6	20	12	30	10	—	4	—
613	6	30	3	20	3	20	9	50	2	60	1	30	1	60	6	20	12	30	10	—	4	—
614	6	30	3	20	3	20	9	50	2	60	1	30	1	60	6	20	12	30	10	—	4	—
615	6	30	3	20	3	20	9	50	2	60	1	30	1	60	6	20	12	30	10	—	4	—
616	6	30	3	20	3	20	9	50	2	60	1	30	1	60	6	20	12	40	10	—	4	—
617	6	30	3	20	3	20	9	50	2	60	1	30	1	60	6	20	12	40	10	—	4	—
618	6	30	3	20	3	20	9	50	2	60	1	30	1	60	6	20	12	40	10	—	4	—
619	6	30	3	20	3	20	9	50	2	60	1	30	1	60	6	20	12	40	10	—	4	—
620	6	30	3	20	3	20	9	50	2	60	1	30	1	60	6	20	12	40	10	—	4	—
621	6	30	3	20	3	20	9	50	2	60	1	30	1	60	6	30	12	50	10	—	4	—
622	6	30	3	20	3	20	9	50	2	60	1	30	1	60	6	30	12	50	10	—	4	—
623	6	30	3	20	3	20	9	50	2	60	1	30	1	60	6	30	12	50	10	—	4	—
624	6	30	3	20	3	20	9	50	2	60	1	30	1	60	6	30	12	50	10	—	4	—
625	6	30	3	20	3	20	9	50	2	60	1	30	1	60	6	30	12	50	10	—	4	—
626	6	30	3	20	3	20	9	50	2	60	1	30	1	60	6	30	12	60	10	—	4	—
627	6	30	3	20	3	20	9	50	2	60	1	30	1	60	6	30	12	60	10	—	4	—
628	6	30	3	20	3	20	9	50	2	60	1	30	1	60	6	30	12	60	10	—	4	—
629	6	30	3	20	3	20	9	50	2	60	1	30	1	60	6	30	12	60	10	—	4	—
630	6	30	3	20	3	20	9	50	2	60	1	30	1	60	6	30	12	60	10	—	4	—
631	6	30	3	20	3	20	9	50	2	60	1	30	1	60	6	40	12	70	10	—	4	—
632	6	30	3	20	3	20	9	50	2	60	1	30	1	60	6	40	12	70	10	—	4	—
633	6	30	3	20	3	20	9	50	2	60	1	30	1	60	6	40	12	70	10	—	4	—
634	6	30	3	20	3	20	9	50	2	60	1	30	1	60	6	40	12	70	10	—	4	—
635	6	30	3	20	3	20	9	50	2	60	1	30	1	60	6	40	12	70	10	—	4	—
636	6	30	3	20	3	20	9	50	2	60	1	30	1	60	6	40	12	80	10	—	4	—
637	6	30	3	20	3	20	9	50	2	60	1	30	1	60	6	40	12	80	10	—	4	—
638	6	30	3	20	3	20	9	50	2	60	1	30	1	60	6	40	12	80	10	—	4	—
639	6	30	3	20	3	20	9	50	2	60	1	30	1	60	6	40	12	80	10	—	4	—
640	6	30	3	20	3	20	9	50	2	60	1	30	1	60	6	40	12	80	10	—	4	—

GegenstandsSumma	Staatsgebühren 1 Prozent		1½ Prozent		2 Prozent		Besitzveränderungsabgabe		Staatsgebühren 1 pro mille		2 pro mille		2½ pro mille		3 pro mille		5 pro mille	
ℳ	ℳ	₰	ℳ	₰	ℳ	₰	ℳ	₰	ℳ	₰	ℳ	₰	ℳ	₰	ℳ	₰	ℳ	₰
641	6	50	9	70	12	90	1	70	—	70	1	30	1	70	2	—	3	30
642	6	50	9	70	12	90	1	70	—	70	1	30	1	70	2	—	3	30
643	6	50	9	70	12	90	1	70	—	70	1	30	1	70	2	—	3	30
644	6	50	9	70	12	90	1	70	—	70	1	30	1	70	2	—	3	30
645	6	50	9	70	12	90	1	70	—	70	1	30	1	70	2	—	3	30
646	6	50	9	70	13	—	1	70	—	70	1	30	1	70	2	—	3	30
647	6	50	9	80	13	—	1	70	—	70	1	30	1	70	2	—	3	30
648	6	50	9	80	13	—	1	70	—	70	1	30	1	70	2	—	3	30
649	6	50	9	80	13	—	1	70	—	70	1	30	1	70	2	—	3	30
650	6	50	9	80	13	—	1	70	—	70	1	30	1	70	2	—	3	30
651	6	60	9	80	13	10	1	70	—	70	1	40	1	70	2	—	3	30
652	6	60	9	80	13	10	1	70	—	70	1	40	1	70	2	—	3	30
653	6	60	9	80	13	10	1	70	—	70	1	40	1	70	2	—	3	30
654	6	60	9	90	13	10	1	70	—	70	1	40	1	70	2	—	3	30
655	6	60	9	90	13	10	1	70	—	70	1	40	1	70	2	—	3	30
656	6	60	9	90	13	20	1	70	—	70	1	40	1	70	2	—	3	30
657	6	60	9	90	13	20	1	70	—	70	1	40	1	70	2	—	3	30
658	6	60	9	90	13	20	1	70	—	70	1	40	1	70	2	—	3	30
659	6	60	9	90	13	20	1	70	—	70	1	40	1	70	2	—	3	30
660	6	60	9	90	13	20	1	70	—	70	1	40	1	70	2	—	3	30
661	6	70	10	—	13	30	1	70	—	70	1	40	1	70	2	—	3	40
662	6	70	10	—	13	30	1	70	—	70	1	40	1	70	2	—	3	40
663	6	70	10	—	13	30	1	70	—	70	1	40	1	70	2	—	3	40
664	6	70	10	—	13	30	1	70	—	70	1	40	1	70	2	—	3	40
665	6	70	10	—	13	30	1	70	—	70	1	40	1	70	2	—	3	40
666	6	70	10	—	13	40	1	70	—	70	1	40	1	70	2	—	3	40
667	6	70	10	10	13	40	1	70	—	70	1	40	1	70	2	10	3	40
668	6	70	10	10	13	40	1	70	—	70	1	40	1	70	2	10	3	40
669	6	70	10	10	13	40	1	70	—	70	1	40	1	70	2	10	3	40
670	6	70	10	10	13	40	1	70	—	70	1	40	1	70	2	10	3	40
671	6	80	10	10	13	50	1	70	—	70	1	40	1	70	2	10	3	40
672	6	80	10	10	13	50	1	70	—	70	1	40	1	70	2	10	3	40
673	6	80	10	10	13	50	1	70	—	70	1	40	1	70	2	10	3	40
674	6	80	10	20	13	50	1	70	—	70	1	40	1	70	2	10	3	40
675	6	80	10	20	13	50	1	70	—	70	1	40	1	70	2	10	3	40
676	6	80	10	20	13	60	1	70	—	70	1	40	1	70	2	10	3	40
677	6	80	10	20	13	60	1	70	—	70	1	40	1	70	2	10	3	40
678	6	80	10	20	13	60	1	70	—	70	1	40	1	70	2	10	3	40
679	6	80	10	20	13	60	1	70	—	70	1	40	1	70	2	10	3	40
680	6	80	10	20	13	60	1	70	—	70	1	40	1	70	2	10	3	40

Gegen-stands-Summa	Werthgebühr: Volle (Art. 22. 40. 41. 50)		Werthgebühr: ½ (Art. 25. 27. 29. 30. 38 Abs. 2)		Werthgebühr: ½ bis 2200 ℳ, darüber ⅔ (Art. 24)		Werthgebühr: 1½ (Art. 23)		⁴⁄₁₀ aus der vollen Werthgebühr (Art. 45 Abs. 3)		⁴⁄₁₀ aus ⅔ Werthgebühr (Art. 45 Abs. 3)		Hinterlegungsgebühr: Art. 100		Hinterlegungsgebühr: Art. 101a		Hinterlegungsgebühr: Art. 101b		Auseinandersetzungsgebühr: ⁵⁄₁₀ der Sätze des § 8 des Reichsgerichts-Kosten-Gesetzes		Auseinandersetzungsgebühr: ²⁄₁₀ der Sätze des § 8 des Reichsgerichts-Kosten-Gesetzes	
ℳ	ℳ	₰	ℳ	₰	ℳ	₰	ℳ	₰	ℳ	₰	ℳ	₰	ℳ	₰	ℳ	₰	ℳ	₰	ℳ	₰	ℳ	₰
641	6	30	3	20	3	20	9	50	2	60	1	30	1	70	6	50	12	90	10	—	4	—
642	6	30	3	20	3	20	9	50	2	60	1	30	1	70	6	50	12	90	10	—	4	—
643	6	30	3	20	3	20	9	50	2	60	1	30	1	70	6	50	12	90	10	—	4	—
644	6	30	3	20	3	20	9	50	2	60	1	30	1	70	6	50	12	90	10	—	4	—
645	6	30	3	20	3	20	9	50	2	60	1	30	1	70	6	50	12	90	10	—	4	—
646	6	30	3	20	3	20	9	50	2	60	1	30	1	70	6	50	13	—	10	—	4	—
647	6	30	3	20	3	20	9	50	2	60	1	30	1	70	6	50	13	—	10	—	4	—
648	6	30	3	20	3	20	9	50	2	60	1	30	1	70	6	50	13	—	10	—	4	—
649	6	30	3	20	3	20	9	50	2	60	1	30	1	70	6	50	13	—	10	—	4	—
650	6	30	3	20	3	20	9	50	2	60	1	30	1	70	6	50	13	—	10	—	4	—
651	6	30	3	20	3	20	9	50	2	60	1	30	1	70	6	60	13	10	13	—	5	20
652	6	30	3	20	3	20	9	50	2	60	1	30	1	70	6	60	13	10	13	—	5	20
653	6	30	3	20	3	20	9	50	2	60	1	30	1	70	6	60	13	10	13	—	5	20
654	6	30	3	20	3	20	9	50	2	60	1	30	1	70	6	60	13	10	13	—	5	20
655	6	30	3	20	3	20	9	50	2	60	1	30	1	70	6	60	13	10	13	—	5	20
656	6	30	3	20	3	20	9	50	2	60	1	30	1	70	6	60	13	20	13	—	5	20
657	6	30	3	20	3	20	9	50	2	60	1	30	1	70	6	60	13	20	13	—	5	20
658	6	30	3	20	3	20	9	50	2	60	1	30	1	70	6	60	13	20	13	—	5	20
659	6	30	3	20	3	20	9	50	2	60	1	30	1	70	6	60	13	20	13	—	5	20
660	6	30	3	20	3	20	9	50	2	60	1	30	1	70	6	60	13	20	13	—	5	20
661	6	30	3	20	3	20	9	50	2	60	1	30	1	70	6	70	13	30	13	—	5	20
662	6	30	3	20	3	20	9	50	2	60	1	30	1	70	6	70	13	30	13	—	5	20
663	6	30	3	20	3	20	9	50	2	60	1	30	1	70	6	70	13	30	13	—	5	20
664	6	30	3	20	3	20	9	50	2	60	1	30	1	70	6	70	13	30	13	—	5	20
665	6	30	3	20	3	20	9	50	2	60	1	30	1	70	6	70	13	30	13	—	5	20
666	6	30	3	20	3	20	9	50	2	60	1	30	1	70	6	70	13	40	13	—	5	20
667	6	30	3	20	3	20	9	50	2	60	1	30	1	70	6	70	13	40	13	—	5	20
668	6	30	3	20	3	20	9	50	2	60	1	30	1	70	6	70	13	40	13	—	5	20
669	6	30	3	20	3	20	9	50	2	60	1	30	1	70	6	70	13	40	13	—	5	20
670	6	30	3	20	3	20	9	50	2	60	1	30	1	70	6	70	13	40	13	—	5	20
671	6	30	3	20	3	20	9	50	2	60	1	30	1	70	6	80	13	50	13	—	5	20
672	6	30	3	20	3	20	9	50	2	60	1	30	1	70	6	80	13	50	13	—	5	20
673	6	30	3	20	3	20	9	50	2	60	1	30	1	70	6	80	13	50	13	—	5	20
674	6	30	3	20	3	20	9	50	2	60	1	30	1	70	6	80	13	50	13	—	5	20
675	6	30	3	20	3	20	9	50	2	60	1	30	1	70	6	80	13	50	13	—	5	20
676	6	30	3	20	3	20	9	50	2	60	1	30	1	70	6	80	13	60	13	—	5	20
677	6	30	3	20	3	20	9	50	2	60	1	30	1	70	6	80	13	60	13	—	5	20
678	6	30	3	20	3	20	9	50	2	60	1	30	1	70	6	80	13	60	13	—	5	20
679	6	30	3	20	3	20	9	50	2	60	1	30	1	70	6	80	13	60	13	—	5	20
680	6	30	3	20	3	20	9	50	2	60	1	30	1	70	6	80	13	60	13	—	5	20

Gegenstands-Summa	Staatsgebühren						Besitz-veränderungs-abgabe		Staatsgebühren									
	1		1 1/2		2				1		2		2 1/2		3		5	
	Prozent								pro mille									
M	M	Pf	M	Pf	M	Pf	M	Pf	M	Pf	M	Pf	M	Pf	M	Pf	M	Pf
681	6	90	10	30	13	70	1	80	—	70	1	40	1	80	2	10	3	50
682	6	90	10	30	13	70	1	80	—	70	1	40	1	80	2	10	3	50
683	6	90	10	30	13	70	1	80	—	70	1	40	1	80	2	10	3	50
684	6	90	10	30	13	70	1	80	—	70	1	40	1	80	2	10	3	50
685	6	90	10	30	13	70	1	80	—	70	1	40	1	80	2	10	3	50
686	6	90	10	30	13	80	1	80	—	70	1	40	1	80	2	10	3	50
687	6	90	10	40	13	80	1	80	—	70	1	40	1	80	2	10	3	50
688	6	90	10	40	13	80	1	80	—	70	1	40	1	80	2	10	3	50
689	6	90	10	40	13	80	1	80	—	70	1	40	1	80	2	10	3	50
690	6	90	10	40	13	80	1	80	—	70	1	40	1	80	2	10	3	50
691	7	—	10	40	13	90	1	80	—	70	1	40	1	80	2	10	3	50
692	7	—	10	40	13	90	1	80	—	70	1	40	1	80	2	10	3	50
693	7	—	10	40	13	90	1	80	—	70	1	40	1	80	2	10	3	50
694	7	—	10	50	13	90	1	80	—	70	1	40	1	80	2	10	3	50
695	7	—	10	50	13	90	1	80	—	70	1	40	1	80	2	10	3	50
696	7	—	10	50	14	—	1	80	—	70	1	40	1	80	2	10	3	50
697	7	—	10	50	14	—	1	80	—	70	1	40	1	80	2	10	3	50
698	7	—	10	50	14	—	1	80	—	70	1	40	1	80	2	10	3	50
699	7	—	10	50	14	—	1	80	—	70	1	40	1	80	2	10	3	50
700	7	—	10	50	14	—	1	80	—	70	1	40	1	80	2	10	3	50
701	7	10	10	60	14	10	1	80	—	80	1	50	1	80	2	20	3	60
702	7	10	10	60	14	10	1	80	—	80	1	50	1	80	2	20	3	60
703	7	10	10	60	14	10	1	80	—	80	1	50	1	80	2	20	3	60
704	7	10	10	60	14	10	1	80	—	80	1	50	1	80	2	20	3	60
705	7	10	10	60	14	10	1	80	—	80	1	50	1	80	2	20	3	60
706	7	10	10	60	14	20	1	80	—	80	1	50	1	80	2	20	3	60
707	7	10	10	70	14	20	1	80	—	80	1	50	1	80	2	20	3	60
708	7	10	10	70	14	20	1	80	—	80	1	50	1	80	2	20	3	60
709	7	10	10	70	14	20	1	80	—	80	1	50	1	80	2	20	3	60
710	7	10	10	70	14	20	1	80	—	80	1	50	1	80	2	20	3	60
711	7	20	10	70	14	30	1	80	—	80	1	50	1	80	2	20	3	60
712	7	20	10	70	14	30	1	80	—	80	1	50	1	80	2	20	3	60
713	7	20	10	70	14	30	1	80	—	80	1	50	1	80	2	20	3	60
714	7	20	10	80	14	30	1	80	—	80	1	50	1	80	2	20	3	60
715	7	20	10	80	14	30	1	80	—	80	1	50	1	80	2	20	3	60
716	7	20	10	80	14	40	1	80	—	80	1	50	1	80	2	20	3	60
717	7	20	10	80	14	40	1	80	—	80	1	50	1	80	2	20	3	60
718	7	20	10	80	14	40	1	80	—	80	1	50	1	80	2	20	3	60
719	7	20	10	80	14	40	1	80	—	80	1	50	1	80	2	20	3	60
720	7	20	10	80	14	40	1	80	—	80	1	50	1	80	2	20	3	60

Gegenstands-Summa	Werthgebühr								4/10 aus der vollen Werthgebühr		4/10 aus 2/3 Werthgebühr		Hinterlegungsgebühr						Auseinandersetzungsgebühr			
	Volle		1/2		1/2 bis 2200 ℳ		1 1/2												5/10		2/10	
	Art. 22. 40. 41. 50		Art. 25. 27. 29. 30. 38 Abs. 2		darüber 2/3 Art. 24		Art. 23		Art. 45 Abs. 3				Art. 100		Art. 101 a		Art. 101 b		der Sätze des § 8 des Reichsgerichts-Kosten-Gesetzes			
ℳ	ℳ	₰	ℳ	₰	ℳ	₰	ℳ	₰	ℳ	₰	ℳ	₰	ℳ	₰	ℳ	₰	ℳ	₰	ℳ	₰	ℳ	₰
681	6	30	3	20	3	20	9	50	2	60	1	30	1	80	6	90	13	70	13	—	5	20
682	6	30	3	20	3	20	9	50	2	60	1	30	1	80	6	90	13	70	13	—	5	20
683	6	30	3	20	3	20	9	50	2	60	1	30	1	80	6	90	13	70	13	—	5	20
684	6	30	3	20	3	20	9	50	2	60	1	30	1	80	6	90	13	70	13	—	5	20
685	6	30	3	20	3	20	9	50	2	60	1	30	1	80	6	90	13	70	13	—	5	20
686	6	30	3	20	3	20	9	50	2	60	1	30	1	80	6	90	13	80	13	—	5	20
687	6	30	3	20	3	20	9	50	2	60	1	30	1	80	6	90	13	80	13	—	5	20
688	6	30	3	20	3	20	9	50	2	60	1	30	1	80	6	90	13	80	13	—	5	20
689	6	30	3	20	3	20	9	50	2	60	1	30	1	80	6	90	13	80	13	—	5	20
690	6	30	3	20	3	20	9	50	2	60	1	30	1	80	6	90	13	80	13	—	5	20
691	6	30	3	20	3	20	9	50	2	60	1	30	1	80	7	—	13	90	13	—	5	20
692	6	30	3	20	3	20	9	50	2	60	1	30	1	80	7	—	13	90	13	—	5	20
693	6	30	3	20	3	20	9	50	2	60	1	30	1	80	7	—	13	90	13	—	5	20
694	6	30	3	20	3	20	9	50	2	60	1	30	1	80	7	—	13	90	13	—	5	20
695	6	30	3	20	3	20	9	50	2	60	1	30	1	80	7	—	13	90	13	—	5	20
696	6	30	3	20	3	20	9	50	2	60	1	30	1	80	7	—	14	—	13	—	5	20
697	6	30	3	20	3	20	9	50	2	60	1	30	1	80	7	—	14	—	13	—	5	20
698	6	30	3	20	3	20	9	50	2	60	1	30	1	80	7	—	14	—	13	—	5	20
699	6	30	3	20	3	20	9	50	2	60	1	30	1	80	7	—	14	—	13	—	5	20
700	6	30	3	20	3	20	9	50	2	60	1	30	1	80	7	—	14	—	13	—	5	20
701	6	30	3	20	3	20	9	50	2	60	1	30	1	80	7	10	14	10	13	—	5	20
702	6	30	3	20	3	20	9	50	2	60	1	30	1	80	7	10	14	10	13	—	5	20
703	6	30	3	20	3	20	9	50	2	60	1	30	1	80	7	10	14	10	13	—	5	20
704	6	30	3	20	3	20	9	50	2	60	1	30	1	80	7	10	14	10	13	—	5	20
705	6	30	3	20	3	20	9	50	2	60	1	30	1	80	7	10	14	10	13	—	5	20
706	6	30	3	20	3	20	9	50	2	60	1	30	1	80	7	10	14	20	13	—	5	20
707	6	30	3	20	3	20	9	50	2	60	1	30	1	80	7	10	14	20	13	—	5	20
708	6	30	3	20	3	20	9	50	2	60	1	30	1	80	7	10	14	20	13	—	5	20
709	6	30	3	20	3	20	9	50	2	60	1	30	1	80	7	10	14	20	13	—	5	20
710	6	30	3	20	3	20	9	50	2	60	1	30	1	80	7	10	14	20	13	—	5	20
711	6	30	3	20	3	20	9	50	2	60	1	30	1	80	7	20	14	30	13	—	5	20
712	6	30	3	20	3	20	9	50	2	60	1	30	1	80	7	20	14	30	13	—	5	20
713	6	30	3	20	3	20	9	50	2	60	1	30	1	80	7	20	14	30	13	—	5	20
714	6	30	3	20	3	20	9	50	2	60	1	30	1	80	7	20	14	30	13	—	5	20
715	6	30	3	20	3	20	9	50	2	60	1	30	1	80	7	20	14	30	13	—	5	20
716	6	30	3	20	3	20	9	50	2	60	1	30	1	80	7	20	14	40	13	—	5	20
717	6	30	3	20	3	20	9	50	2	60	1	30	1	80	7	20	14	40	13	—	5	20
718	6	30	3	20	3	20	9	50	2	60	1	30	1	80	7	20	14	40	13	—	5	20
719	6	30	3	20	3	20	9	50	2	60	1	30	1	80	7	20	14	40	13	—	5	20
720	6	30	3	20	3	20	9	50	2	60	1	30	1	80	7	20	14	40	13	—	5	20

Gegen-standsSumma	Staatsgebühren						Besitz-veränderungs-abgabe		Staatsgebühren									
	1		1 1/2		2				1		2		2 1/2		3		5	
	Prozent								pro mille									
ℳ	ℳ	₰	ℳ	₰	ℳ	₰	ℳ	₰	ℳ	₰	ℳ	₰	ℳ	₰	ℳ	₰	ℳ	₰
721	7	30	10	90	14	50	1	90	—	80	1	50	1	90	2	20	3	70
722	7	30	10	90	14	50	1	90	—	80	1	50	1	90	2	20	3	70
723	7	30	10	90	14	50	1	90	—	80	1	50	1	90	2	20	3	70
724	7	30	10	90	14	50	1	90	—	80	1	50	1	90	2	20	3	70
725	7	30	10	90	14	50	1	90	—	80	1	50	1	90	2	20	3	70
726	7	30	10	90	14	60	1	90	—	80	1	50	1	90	2	20	3	70
727	7	30	11	—	14	60	1	90	—	80	1	50	1	90	2	20	3	70
728	7	30	11	—	14	60	1	90	—	80	1	50	1	90	2	20	3	70
729	7	30	11	—	14	60	1	90	—	80	1	50	1	90	2	20	3	70
730	7	30	11	—	14	60	1	90	—	80	1	50	1	90	2	20	3	70
731	7	40	11	—	14	70	1	90	—	80	1	50	1	90	2	20	3	70
732	7	40	11	—	14	70	1	90	—	80	1	50	1	90	2	20	3	70
733	7	40	11	—	14	70	1	90	—	80	1	50	1	90	2	20	3	70
734	7	40	11	10	14	70	1	90	—	80	1	50	1	90	2	30	3	70
735	7	40	11	10	14	70	1	90	—	80	1	50	1	90	2	30	3	70
736	7	40	11	10	14	80	1	90	—	80	1	50	1	90	2	30	3	70
737	7	40	11	10	14	80	1	90	—	80	1	50	1	90	2	30	3	70
738	7	40	11	10	14	80	1	90	—	80	1	50	1	90	2	30	3	70
739	7	40	11	10	14	80	1	90	—	80	1	50	1	90	2	30	3	70
740	7	40	11	10	14	80	1	90	—	80	1	50	1	90	2	30	3	70
741	7	50	11	20	14	90	1	90	—	80	1	50	1	90	2	30	3	80
742	7	50	11	20	14	90	1	90	—	80	1	50	1	90	2	30	3	80
743	7	50	11	20	14	90	1	90	—	80	1	50	1	90	2	30	3	80
744	7	50	11	20	14	90	1	90	—	80	1	50	1	90	2	30	3	80
745	7	50	11	20	14	90	1	90	—	80	1	50	1	90	2	30	3	80
746	7	50	11	20	15	—	1	90	—	80	1	50	1	90	2	30	3	80
747	7	50	11	30	15	—	1	90	—	80	1	50	1	90	2	30	3	80
748	7	50	11	30	15	—	1	90	—	80	1	50	1	90	2	30	3	80
749	7	50	11	30	15	—	1	90	—	80	1	50	1	90	2	30	3	80
750	7	50	11	30	15	—	1	90	—	80	1	50	1	90	2	30	3	80
751	7	60	11	30	15	10	1	90	—	80	1	60	1	90	2	30	3	80
752	7	60	11	30	15	10	1	90	—	80	1	60	1	90	2	30	3	80
753	7	60	11	30	15	10	1	90	—	80	1	60	1	90	2	30	3	80
754	7	60	11	40	15	10	1	90	—	80	1	60	1	90	2	30	3	80
755	7	60	11	40	15	10	1	90	—	80	1	60	1	90	2	30	3	80
756	7	60	11	40	15	20	1	90	—	80	1	60	1	90	2	30	3	80
757	7	60	11	40	15	20	1	90	—	80	1	60	1	90	2	30	3	80
758	7	60	11	40	15	20	1	90	—	80	1	60	1	90	2	30	3	80
759	7	60	11	40	15	20	1	90	—	80	1	60	1	90	2	30	3	80
760	7	60	11	40	15	20	1	90	—	80	1	60	1	90	2	30	3	80

Gegen-stands-Summa	Werthgebühr: Volle, Art. 22. 40. 41. 50		Werthgebühr: 1/2, Art. 25. 27. 29. 30 38 Abs. 2		Werthgebühr: 1/2 bis 2200 ℳ, darüber 2/3, Art. 24		Werthgebühr: 1 1/2, Art. 23		4/10 aus der vollen Werthgebühr, Art. 45 Abs. 3		4/10 aus 2/3 Werthgebühr, Art. 45 Abs. 3		Hinterlegungsgebühr: Art. 100		Hinterlegungsgebühr: Art. 101a		Hinterlegungsgebühr: Art. 101b		Auseinandersetzungsgebühr: 5/10 der Sätze des § 8 des Reichsgerichts-Kosten-Gesetzes		Auseinandersetzungsgebühr: 2/10 der Sätze des § 8 des Reichsgerichts-Kosten-Gesetzes	
ℳ	ℳ	₰	ℳ	₰	ℳ	₰	ℳ	₰	ℳ	₰	ℳ	₰	ℳ	₰	ℳ	₰	ℳ	₰	ℳ	₰	ℳ	₰
721	6	30	3	20	3	20	9	50	2	60	1	30	1	90	7	30	14	50	13	—	5	20
722	6	30	3	20	3	20	9	50	2	60	1	30	1	90	7	30	14	50	13	—	5	20
723	6	30	3	20	3	20	9	50	2	60	1	30	1	90	7	30	14	50	13	—	5	20
724	6	30	3	20	3	20	9	50	2	60	1	30	1	90	7	30	14	50	13	—	5	20
725	6	30	3	20	3	20	9	50	2	60	1	30	1	90	7	30	14	50	13	—	5	20
726	6	30	3	20	3	20	9	50	2	60	1	30	1	90	7	30	14	60	13	—	5	20
727	6	30	3	20	3	20	9	50	2	60	1	30	1	90	7	30	14	60	13	—	5	20
728	6	30	3	20	3	20	9	50	2	60	1	30	1	90	7	30	14	60	13	—	5	20
729	6	30	3	20	3	20	9	50	2	60	1	30	1	90	7	30	14	60	13	—	5	20
730	6	30	3	20	3	20	9	50	2	60	1	30	1	90	7	30	14	60	13	—	5	20
731	6	30	3	20	3	20	9	50	2	60	1	30	1	90	7	40	14	70	13	—	5	20
732	6	30	3	20	3	20	9	50	2	60	1	30	1	90	7	40	14	70	13	—	5	20
733	6	30	3	20	3	20	9	50	2	60	1	30	1	90	7	40	14	70	13	—	5	20
734	6	30	3	20	3	20	9	50	2	60	1	30	1	90	7	40	14	70	13	—	5	20
735	6	30	3	20	3	20	9	50	2	60	1	30	1	90	7	40	14	70	13	—	5	20
736	6	30	3	20	3	20	9	50	2	60	1	30	1	90	7	40	14	80	13	—	5	20
737	6	30	3	20	3	20	9	50	2	60	1	30	1	90	7	40	14	80	13	—	5	20
738	6	30	3	20	3	20	9	50	2	60	1	30	1	90	7	40	14	80	13	—	5	20
739	6	30	3	20	3	20	9	50	2	60	1	30	1	90	7	40	14	80	13	—	5	20
740	6	30	3	20	3	20	9	50	2	60	1	30	1	90	7	40	14	80	13	—	5	20
741	6	30	3	20	3	20	9	50	2	60	1	30	1	90	7	50	14	90	13	—	5	20
742	6	30	3	20	3	20	9	50	2	60	1	30	1	90	7	50	14	90	13	—	5	20
743	6	30	3	20	3	20	9	50	2	60	1	30	1	90	7	50	14	90	13	—	5	20
744	6	30	3	20	3	20	9	50	2	60	1	30	1	90	7	50	14	90	13	—	5	20
745	6	30	3	20	3	20	9	50	2	60	1	30	1	90	7	50	14	90	13	—	5	20
746	6	30	3	20	3	20	9	50	2	60	1	30	1	90	7	50	15	—	13	—	5	20
747	6	30	3	20	3	20	9	50	2	60	1	30	1	90	7	50	15	—	13	—	5	20
748	6	30	3	20	3	20	9	50	2	60	1	30	1	90	7	50	15	—	13	—	5	20
749	6	30	3	20	3	20	9	50	2	60	1	30	1	90	7	50	15	—	13	—	5	20
750	6	30	3	20	3	20	9	50	2	60	1	30	1	90	7	50	15	—	13	—	5	20
751	6	30	3	20	3	20	9	50	2	60	1	30	1	90	7	60	15	10	13	—	5	20
752	6	30	3	20	3	20	9	50	2	60	1	30	1	90	7	60	15	10	13	—	5	20
753	6	30	3	20	3	20	9	50	2	60	1	30	1	90	7	60	15	10	13	—	5	20
754	6	30	3	20	3	20	9	50	2	60	1	30	1	90	7	60	15	10	13	—	5	20
755	6	30	3	20	3	20	9	50	2	60	1	30	1	90	7	60	15	10	13	—	5	20
756	6	30	3	20	3	20	9	50	2	60	1	30	1	90	7	60	15	20	13	—	5	20
757	6	30	3	20	3	20	9	50	2	60	1	30	1	90	7	60	15	20	13	—	5	20
758	6	30	3	20	3	20	9	50	2	60	1	30	1	90	7	60	15	20	13	—	5	20
759	6	30	3	20	3	20	9	50	2	60	1	30	1	90	7	60	15	20	13	—	5	20
760	6	30	3	20	3	20	9	50	2	60	1	30	1	90	7	60	15	20	13	—	5	20

Gegen-standes-Summa	Staatsgebühren						Besitz-verände-rungs-abgabe		Staatsgebühren									
	1		1 1/2		2				1		2		2 1/2		3		5	
	Prozent								pro mille									
M	M	₰	M	₰	M	₰	M	₰	M	₰	M	₰	M	₰	M	₰	M	₰
761	7	70	11	50	15	30	2	—	—	80	1	60	2	—	2	30	3	90
762	7	70	11	50	15	30	2	—	—	80	1	60	2	—	2	30	3	90
763	7	70	11	50	15	30	2	—	—	80	1	60	2	—	2	30	3	90
764	7	70	11	50	15	30	2	—	—	80	1	60	2	—	2	30	3	90
765	7	70	11	50	15	30	2	—	—	80	1	60	2	—	2	30	3	90
766	7	70	11	50	15	40	2	—	—	80	1	60	2	—	2	30	3	90
767	7	70	11	60	15	40	2	—	—	80	1	60	2	—	2	40	3	90
768	7	70	11	60	15	40	2	—	—	80	1	60	2	—	2	40	3	90
769	7	70	11	60	15	40	2	—	—	80	1	60	2	—	2	40	3	90
770	7	70	11	60	15	40	2	—	—	80	1	60	2	—	2	40	3	90
771	7	80	11	60	15	50	2	—	—	80	1	60	2	—	2	40	3	90
772	7	80	11	60	15	50	2	—	—	80	1	60	2	—	2	40	3	90
773	7	80	11	60	15	50	2	—	—	80	1	60	2	—	2	40	3	90
774	7	80	11	70	15	50	2	—	—	80	1	60	2	—	2	40	3	90
775	7	80	11	70	15	50	2	—	—	80	1	60	2	—	2	40	3	90
776	7	80	11	70	15	60	2	—	—	80	1	60	2	—	2	40	3	90
777	7	80	11	70	15	60	2	—	—	80	1	60	2	—	2	40	3	90
778	7	80	11	70	15	60	2	—	—	80	1	60	2	—	2	40	3	90
779	7	80	11	70	15	60	2	—	—	80	1	60	2	—	2	40	3	90
780	7	80	11	70	15	60	2	—	—	80	1	60	2	—	2	40	3	90
781	7	90	11	80	15	70	2	—	—	80	1	60	2	—	2	40	4	—
782	7	90	11	80	15	70	2	—	—	80	1	60	2	—	2	40	4	—
783	7	90	11	80	15	70	2	—	—	80	1	60	2	—	2	40	4	—
784	7	90	11	80	15	70	2	—	—	80	1	60	2	—	2	40	4	—
785	7	90	11	80	15	70	2	—	—	80	1	60	2	—	2	40	4	—
786	7	90	11	80	15	80	2	—	—	80	1	60	2	—	2	40	4	—
787	7	90	11	90	15	80	2	—	—	80	1	60	2	—	2	40	4	—
788	7	90	11	90	15	80	2	—	—	80	1	60	2	—	2	40	4	—
789	7	90	11	90	15	80	2	—	—	80	1	60	2	—	2	40	4	—
790	7	90	11	90	15	80	2	—	—	80	1	60	2	—	2	40	4	—
791	8	—	11	90	15	90	2	—	—	80	1	60	2	—	2	40	4	—
792	8	—	11	90	15	90	2	—	—	80	1	60	2	—	2	40	4	—
793	8	—	11	90	15	90	2	—	—	80	1	60	2	—	2	40	4	—
794	8	—	12	—	15	90	2	—	—	80	1	60	2	—	2	40	4	—
795	8	—	12	—	15	90	2	—	—	80	1	60	2	—	2	40	4	—
796	8	—	12	—	16	—	2	—	—	80	1	60	2	—	2	40	4	—
797	8	—	12	—	16	—	2	—	—	80	1	60	2	—	2	40	4	—
798	8	—	12	—	16	—	2	—	—	80	1	60	2	—	2	40	4	—
799	8	—	12	—	16	—	2	—	—	80	1	60	2	—	2	40	4	—
800	8	—	12	—	16	—	2	—	—	80	1	60	2	—	2	40	4	—

Gegen-stands-Summa	Werthgebühr: Volle		Werthgebühr: 1/2		Werthgebühr: 1/2 bis 2200 M, darüber 2/3		Werthgebühr: 1 1/2		4/10 aus der vollen Werth-gebühr		4/10 aus 2/3 Werth-gebühr		Hinterlegungs-gebühr						Auseinander-setzungsgebühr: 5/10		Auseinander-setzungsgebühr: 2/10	
	Art. 22. 40. 41. 50		Art. 25. 27. 29. 30. 38 Abs. 2		Art. 24		Art. 23		Art. 45 Abs. 3				Art. 100		Art. 101 a		Art. 101 b		der Sätze des § 8 des Reichsgerichts-Kosten-Gesetzes			
M	M	₰	M	₰	M	₰	M	₰	M	₰	M	₰	M	₰	M	₰	M	₰	M	₰	M	₰
761	6	30	3	20	3	20	9	50	2	60	1	30	2	—	7	70	15	30	13	—	5	20
762	6	30	3	20	3	20	9	50	2	60	1	30	2	—	7	70	15	30	13	—	5	20
763	6	30	3	20	3	20	9	50	2	60	1	30	2	—	7	70	15	30	13	—	5	20
764	6	30	3	20	3	20	9	50	2	60	1	30	2	—	7	70	15	30	13	—	5	20
765	6	30	3	20	3	20	9	50	2	60	1	30	2	—	7	70	15	30	13	—	5	20
766	6	30	3	20	3	20	9	50	2	60	1	30	2	—	7	70	15	40	13	—	5	20
767	6	30	3	20	3	20	9	50	2	60	1	30	2	—	7	70	15	40	13	—	5	20
768	6	30	3	20	3	20	9	50	2	60	1	30	2	—	7	70	15	40	13	—	5	20
769	6	30	3	20	3	20	9	50	2	60	1	30	2	—	7	70	15	40	13	—	5	20
770	6	30	3	20	3	20	9	50	2	60	1	30	2	—	7	70	15	40	13	—	5	20
771	6	30	3	20	3	20	9	50	2	60	1	30	2	—	7	80	15	50	13	—	5	20
772	6	30	3	20	3	20	9	50	2	60	1	30	2	—	7	80	15	50	13	—	5	20
773	6	30	3	20	3	20	9	50	2	60	1	30	2	—	7	80	15	50	13	—	5	20
774	6	30	3	20	3	20	9	50	2	60	1	30	2	—	7	80	15	50	13	—	5	20
775	6	30	3	20	3	20	9	50	2	60	1	30	2	—	7	80	15	50	13	—	5	20
776	6	30	3	20	3	20	9	50	2	60	1	30	2	—	7	80	15	60	13	—	5	20
777	6	30	3	20	3	20	9	50	2	60	1	30	2	—	7	80	15	60	13	—	5	20
778	6	30	3	20	3	20	9	50	2	60	1	30	2	—	7	80	15	60	13	—	5	20
779	6	30	3	20	3	20	9	50	2	60	1	30	2	—	7	80	15	60	13	—	5	20
780	6	30	3	20	3	20	9	50	2	60	1	30	2	—	7	80	15	60	13	—	5	20
781	6	30	3	20	3	20	9	50	2	60	1	30	2	—	7	90	15	70	13	—	5	20
782	6	30	3	20	3	20	9	50	2	60	1	30	2	—	7	90	15	70	13	—	5	20
783	6	30	3	20	3	20	9	50	2	60	1	30	2	—	7	90	15	70	13	—	5	20
784	6	30	3	20	3	20	9	50	2	60	1	30	2	—	7	90	15	70	13	—	5	20
785	6	30	3	20	3	20	9	50	2	60	1	30	2	—	7	90	15	70	13	—	5	20
786	6	30	3	20	3	20	9	50	2	60	1	30	2	—	7	90	15	80	13	—	5	20
787	6	30	3	20	3	20	9	50	2	60	1	30	2	—	7	90	15	80	13	—	5	20
788	6	30	3	20	3	20	9	50	2	60	1	30	2	—	7	90	15	80	13	—	5	20
789	6	30	3	20	3	20	9	50	2	60	1	30	2	—	7	90	15	80	13	—	5	20
790	6	30	3	20	3	20	9	50	2	60	1	30	2	—	7	90	15	80	13	—	5	20
791	6	30	3	20	3	20	9	50	2	60	1	30	2	—	8	—	15	90	13	—	5	20
792	6	30	3	20	3	20	9	50	2	60	1	30	2	—	8	—	15	90	13	—	5	20
793	6	30	3	20	3	20	9	50	2	60	1	30	2	—	8	—	15	90	13	—	5	20
794	6	30	3	20	3	20	9	50	2	60	1	30	2	—	8	—	15	90	13	—	5	20
795	6	30	3	20	3	20	9	50	2	60	1	30	2	—	8	—	15	90	13	—	5	20
796	6	30	3	20	3	20	9	50	2	60	1	30	2	—	8	—	16	—	13	—	5	20
797	6	30	3	20	3	20	9	50	2	60	1	30	2	—	8	—	16	—	13	—	5	20
798	6	30	3	20	3	20	9	50	2	60	1	30	2	—	8	—	16	—	13	—	5	20
799	6	30	3	20	3	20	9	50	2	60	1	30	2	—	8	—	16	—	13	—	5	20
800	6	30	3	20	3	20	9	50	2	60	1	30	2	—	8	—	16	—	13	—	5	20

Gegen-stands-Summa	Staatsgebühren 1 Prozent		Staatsgebühren 1½ Prozent		Staatsgebühren 2 Prozent		Besitz-veränderungs-abgabe		Staatsgebühren 1 pro mille		Staatsgebühren 2 pro mille		Staatsgebühren 2½ pro mille		Staatsgebühren 3 pro mille		Staatsgebühren 5 pro mille	
ℳ	ℳ	₰	ℳ	₰	ℳ	₰	ℳ	₰	ℳ	₰	ℳ	₰	ℳ	₰	ℳ	₰	ℳ	₰
801	8	10	12	10	16	10	2	10	—	90	1	70	2	10	2	50	4	10
802	8	10	12	10	16	10	2	10	—	90	1	70	2	10	2	50	4	10
803	8	10	12	10	16	10	2	10	—	90	1	70	2	10	2	50	4	10
804	8	10	12	10	16	10	2	10	—	90	1	70	2	10	2	50	4	10
805	8	10	12	10	16	10	2	10	—	90	1	70	2	10	2	50	4	10
806	8	10	12	10	16	20	2	10	—	90	1	70	2	10	2	50	4	10
807	8	10	12	20	16	20	2	10	—	90	1	70	2	10	2	50	4	10
808	8	10	12	20	16	20	2	10	—	90	1	70	2	10	2	50	4	10
809	8	10	12	20	16	20	2	10	—	90	1	70	2	10	2	50	4	10
810	8	10	12	20	16	20	2	10	—	90	1	70	2	10	2	50	4	10
811	8	20	12	20	16	30	2	10	—	90	1	70	2	10	2	50	4	10
812	8	20	12	20	16	30	2	10	—	90	1	70	2	10	2	50	4	10
813	8	20	12	20	16	30	2	10	—	90	1	70	2	10	2	50	4	10
814	8	20	12	30	16	30	2	10	—	90	1	70	2	10	2	50	4	10
815	8	20	12	30	16	30	2	10	—	90	1	70	2	10	2	50	4	10
816	8	20	12	30	16	40	2	10	—	90	1	70	2	10	2	50	4	10
817	8	20	12	30	16	40	2	10	—	90	1	70	2	10	2	50	4	10
818	8	20	12	30	16	40	2	10	—	90	1	70	2	10	2	50	4	10
819	8	20	12	30	16	40	2	10	—	90	1	70	2	10	2	50	4	10
820	8	20	12	30	16	40	2	10	—	90	1	70	2	10	2	50	4	10
821	8	30	12	40	16	50	2	10	—	90	1	70	2	10	2	50	4	20
822	8	30	12	40	16	50	2	10	—	90	1	70	2	10	2	50	4	20
823	8	30	12	40	16	50	2	10	—	90	1	70	2	10	2	50	4	20
824	8	30	12	40	16	50	2	10	—	90	1	70	2	10	2	50	4	20
825	8	30	12	40	16	50	2	10	—	90	1	70	2	10	2	50	4	20
826	8	30	12	40	16	60	2	10	—	90	1	70	2	10	2	50	4	20
827	8	30	12	50	16	60	2	10	—	90	1	70	2	10	2	50	4	20
828	8	30	12	50	16	60	2	10	—	90	1	70	2	10	2	50	4	20
829	8	30	12	50	16	60	2	10	—	90	1	70	2	10	2	50	4	20
830	8	30	12	50	16	60	2	10	—	90	1	70	2	10	2	50	4	20
831	8	40	12	50	16	70	2	10	—	90	1	70	2	10	2	50	4	20
832	8	40	12	50	16	70	2	10	—	90	1	70	2	10	2	50	4	20
833	8	40	12	50	16	70	2	10	—	90	1	70	2	10	2	50	4	20
834	8	40	12	60	16	70	2	10	—	90	1	70	2	10	2	60	4	20
835	8	40	12	60	16	70	2	10	—	90	1	70	2	10	2	60	4	20
836	8	40	12	60	16	80	2	10	—	90	1	70	2	10	2	60	4	20
837	8	40	12	60	16	80	2	10	—	90	1	70	2	10	2	60	4	20
838	8	40	12	60	16	80	2	10	—	90	1	70	2	10	2	60	4	20
839	8	40	12	60	16	80	2	10	—	90	1	70	2	10	2	60	4	20
840	8	40	12	60	16	80	2	10	—	90	1	70	2	10	2	60	4	20

Gegen-stands-Summa	Werthgebühr: Volle (Art. 22. 40. 41. 50)		Werthgebühr: 1/2 (Art. 25. 27. 29. 30. 38 Abs. 2)		Werthgebühr: 1/2 bis 2200 M. darüber 2/3 (Art. 24)		Werthgebühr: 1 1/2 (Art. 23)		4/10 aus der vollen Werthgebühr (Art. 45 Abs. 3)		4/10 aus 2/3 Werthgebühr (Art. 45 Abs. 3)		Hinterlegungsgebühr: Art. 100		Hinterlegungsgebühr: Art. 101 a		Hinterlegungsgebühr: Art. 101 b		Auseinandersetzungsgebühr: 5/10 (der Sätze des § 8 des Reichsgerichts-Kosten-Gesetzes)		Auseinandersetzungsgebühr: 2/10 (der Sätze des § 8 des Reichsgerichts-Kosten-Gesetzes)	
M	M	Pf	M	Pf	M	Pf	M	Pf	M	Pf	M	Pf	M	Pf	M	Pf	M	Pf	M	Pf	M	Pf
801	6	30	3	20	3	20	9	50	2	60	1	30	2	10	8	10	16	10	13	—	5	20
802	6	30	3	20	3	20	9	50	2	60	1	30	2	10	8	10	16	10	13	—	5	20
803	6	30	3	20	3	20	9	50	2	60	1	30	2	10	8	10	16	10	13	—	5	20
804	6	30	3	20	3	20	9	50	2	60	1	30	2	10	8	10	16	10	13	—	5	20
805	6	30	3	20	3	20	9	50	2	60	1	30	2	10	8	10	16	10	13	—	5	20
806	6	30	3	20	3	20	9	50	2	60	1	30	2	10	8	10	16	20	13	—	5	20
807	6	30	3	20	3	20	9	50	2	60	1	30	2	10	8	10	16	20	13	—	5	20
808	6	30	3	20	3	20	9	50	2	60	1	30	2	10	8	10	16	20	13	—	5	20
809	6	30	3	20	3	20	9	50	2	60	1	30	2	10	8	10	16	20	13	—	5	20
810	6	30	3	20	3	20	9	50	2	60	1	30	2	10	8	10	16	20	13	—	5	20
811	6	30	3	20	3	20	9	50	2	60	1	30	2	10	8	20	16	30	13	—	5	20
812	6	30	3	20	3	20	9	50	2	60	1	30	2	10	8	20	16	30	13	—	5	20
813	6	30	3	20	3	20	9	50	2	60	1	30	2	10	8	20	16	30	13	—	5	20
814	6	30	3	20	3	20	9	50	2	60	1	30	2	10	8	20	16	30	13	—	5	20
815	6	30	3	20	3	20	9	50	2	60	1	30	2	10	8	20	16	30	13	—	5	20
816	6	30	3	20	3	20	9	50	2	60	1	30	2	10	8	20	16	40	13	—	5	20
817	6	30	3	20	3	20	9	50	2	60	1	30	2	10	8	20	16	40	13	—	5	20
818	6	30	3	20	3	20	9	50	2	60	1	30	2	10	8	20	16	40	13	—	5	20
819	6	30	3	20	3	20	9	50	2	60	1	30	2	10	8	20	16	40	13	—	5	20
820	6	30	3	20	3	20	9	50	2	60	1	30	2	10	8	20	16	40	13	—	5	20
821	6	30	3	20	3	20	9	50	2	60	1	30	2	10	8	30	16	50	13	—	5	20
822	6	30	3	20	3	20	9	50	2	60	1	30	2	10	8	30	16	50	13	—	5	20
823	6	30	3	20	3	20	9	50	2	60	1	30	2	10	8	30	16	50	13	—	5	20
824	6	30	3	20	3	20	9	50	2	60	1	30	2	10	8	30	16	50	13	—	5	20
825	6	30	3	20	3	20	9	50	2	60	1	30	2	10	8	30	16	50	13	—	5	20
826	6	30	3	20	3	20	9	50	2	60	1	30	2	10	8	30	16	60	13	—	5	20
827	6	30	3	20	3	20	9	50	2	60	1	30	2	10	8	30	16	60	13	—	5	20
828	6	30	3	20	3	20	9	50	2	60	1	30	2	10	8	30	16	60	13	—	5	20
829	6	30	3	20	3	20	9	50	2	60	1	30	2	10	8	30	16	60	13	—	5	20
830	6	30	3	20	3	20	9	50	2	60	1	30	2	10	8	30	16	60	13	—	5	20
831	6	30	3	20	3	20	9	50	2	60	1	30	2	10	8	40	16	70	13	—	5	20
832	6	30	3	20	3	20	9	50	2	60	1	30	2	10	8	40	16	70	13	—	5	20
833	6	30	3	20	3	20	9	50	2	60	1	30	2	10	8	40	16	70	13	—	5	20
834	6	30	3	20	3	20	9	50	2	60	1	30	2	10	8	40	16	70	13	—	5	20
835	6	30	3	20	3	20	9	50	2	60	1	30	2	10	8	40	16	70	13	—	5	20
836	6	30	3	20	3	20	9	50	2	60	1	30	2	10	8	40	16	80	13	—	5	20
837	6	30	3	20	3	20	9	50	2	60	1	30	2	10	8	40	16	80	13	—	5	20
838	6	30	3	20	3	20	9	50	2	60	1	30	2	10	8	40	16	80	13	—	5	20
839	6	30	3	20	3	20	9	50	2	60	1	30	2	10	8	40	16	80	13	—	5	20
840	6	30	3	20	3	20	9	50	2	60	1	30	2	10	8	40	16	80	13	—	5	20

Gegenstands-Summa	Staatsgebühren 1 Prozent		Staatsgebühren 1½ Prozent		Staatsgebühren 2 Prozent		Besitzveränderungsabgabe		Staatsgebühren 1 pro mille		Staatsgebühren 2 pro mille		Staatsgebühren 2½ pro mille		Staatsgebühren 3 pro mille		Staatsgebühren 5 pro mille	
M	M	Pf	M	Pf	M	Pf	M	Pf	M	Pf	M	Pf	M	Pf	M	Pf	M	Pf
841	8	50	12	70	16	90	2	20	—	90	1	70	2	20	2	60	4	30
842	8	50	12	70	16	90	2	20	—	90	1	70	2	20	2	60	4	30
843	8	50	12	70	16	90	2	20	—	90	1	70	2	20	2	60	4	30
844	8	50	12	70	16	90	2	20	—	90	1	70	2	20	2	60	4	30
845	8	50	12	70	16	90	2	20	—	90	1	70	2	20	2	60	4	30
846	8	50	12	70	17	—	2	20	—	90	1	70	2	20	2	60	4	30
847	8	50	12	80	17	—	2	20	—	90	1	70	2	20	2	60	4	30
848	8	50	12	80	17	—	2	20	—	90	1	70	2	20	2	60	4	30
849	8	50	12	80	17	—	2	20	—	90	1	70	2	20	2	60	4	30
850	8	50	12	80	17	—	2	20	—	90	1	70	2	20	2	60	4	30
851	8	60	12	80	17	10	2	20	—	90	1	80	2	20	2	60	4	30
852	8	60	12	80	17	10	2	20	—	90	1	80	2	20	2	60	4	30
853	8	60	12	80	17	10	2	20	—	90	1	80	2	20	2	60	4	30
854	8	60	12	90	17	10	2	20	—	90	1	80	2	20	2	60	4	30
855	8	60	12	90	17	10	2	20	—	90	1	80	2	20	2	60	4	30
856	8	60	12	90	17	20	2	20	—	90	1	80	2	20	2	60	4	30
857	8	60	12	90	17	20	2	20	—	90	1	80	2	20	2	60	4	30
858	8	60	12	90	17	20	2	20	—	90	1	80	2	20	2	60	4	30
859	8	60	12	90	17	20	2	20	—	90	1	80	2	20	2	60	4	30
860	8	60	12	90	17	20	2	20	—	90	1	80	2	20	2	60	4	30
861	8	70	13	—	17	30	2	20	—	90	1	80	2	20	2	60	4	40
862	8	70	13	—	17	30	2	20	—	90	1	80	2	20	2	60	4	40
863	8	70	13	—	17	30	2	20	—	90	1	80	2	20	2	60	4	40
864	8	70	13	—	17	30	2	20	—	90	1	80	2	20	2	60	4	40
865	8	70	13	—	17	30	2	20	—	90	1	80	2	20	2	60	4	40
866	8	70	13	—	17	40	2	20	—	90	1	80	2	20	2	60	4	40
867	8	70	13	10	17	40	2	20	—	90	1	80	2	20	2	70	4	40
868	8	70	13	10	17	40	2	20	—	90	1	80	2	20	2	70	4	40
869	8	70	13	10	17	40	2	20	—	90	1	80	2	20	2	70	4	40
870	8	70	13	10	17	40	2	20	—	90	1	80	2	20	2	70	4	40
871	8	80	13	10	17	50	2	20	—	90	1	80	2	20	2	70	4	40
872	8	80	13	10	17	50	2	20	—	90	1	80	2	20	2	70	4	40
873	8	80	13	10	17	50	2	20	—	90	1	80	2	20	2	70	4	40
874	8	80	13	20	17	50	2	20	—	90	1	80	2	20	2	70	4	40
875	8	80	13	20	17	50	2	20	—	90	1	80	2	20	2	70	4	40
876	8	80	13	20	17	60	2	20	—	90	1	80	2	20	2	70	4	40
877	8	80	13	20	17	60	2	20	—	90	1	80	2	20	2	70	4	40
878	8	80	13	20	17	60	2	20	—	90	1	80	2	20	2	70	4	40
879	8	80	13	20	17	60	2	20	—	90	1	80	2	20	2	70	4	40
880	8	80	13	20	17	60	2	20	—	90	1	80	2	20	2	70	4	40

Gegenstands-Summa	Werthgebühr								4/10 aus der vollen Werthgebühr		4/10 aus 2/3 Werthgebühr		Hinterlegungsgebühr						Auseinandersetzungsgebühr			
	Volle		1/2		1/2 bis 2200 ℳ		1 1/2												5/10		2/10	
	Art. 22. 40. 41. 50		Art. 25. 27. 29. 30. 38 Abs. 2		darüber 2/3 Art. 24		Art. 23		Art. 45 Abs. 3				Art. 100		Art. 101a		Art. 101b		der Sätze des § 8 des Reichsgerichts-Kosten-Gesetzes			
ℳ	ℳ	₰	ℳ	₰	ℳ	₰	ℳ	₰	ℳ	₰	ℳ	₰	ℳ	₰	ℳ	₰	ℳ	₰	ℳ	₰	ℳ	₰
841	6	30	3	20	3	20	9	50	2	60	1	30	2	20	8	50	16	90	13	—	5	20
842	6	30	3	20	3	20	9	50	2	60	1	30	2	20	8	50	16	90	13	—	5	20
843	6	30	3	20	3	20	9	50	2	60	1	30	2	20	8	50	16	90	13	—	5	20
844	6	30	3	20	3	20	9	50	2	60	1	30	2	20	8	50	16	90	13	—	5	20
845	6	30	3	20	3	20	9	50	2	60	1	30	2	20	8	50	16	90	13	—	5	20
846	6	30	3	20	3	20	9	50	2	60	1	30	2	20	8	50	17	—	13	—	5	20
847	6	30	3	20	3	20	9	50	2	60	1	30	2	20	8	50	17	—	13	—	5	20
848	6	30	3	20	3	20	9	50	2	60	1	30	2	20	8	50	17	—	13	—	5	20
849	6	30	3	20	3	20	9	50	2	60	1	30	2	20	8	50	17	—	13	—	5	20
850	6	30	3	20	3	20	9	50	2	60	1	30	2	20	8	50	17	—	13	—	5	20
851	6	30	3	20	3	20	9	50	2	60	1	30	2	20	8	60	17	10	13	—	5	20
852	6	30	3	20	3	20	9	50	2	60	1	30	2	20	8	60	17	10	13	—	5	20
853	6	30	3	20	3	20	9	50	2	60	1	30	2	20	8	60	17	10	13	—	5	20
854	6	30	3	20	3	20	9	50	2	60	1	30	2	20	8	60	17	10	13	—	5	20
855	6	30	3	20	3	20	9	50	2	60	1	30	2	20	8	60	17	10	13	—	5	20
856	6	30	3	20	3	20	9	50	2	60	1	30	2	20	8	60	17	20	13	—	5	20
857	6	30	3	20	3	20	9	50	2	60	1	30	2	20	8	60	17	20	13	—	5	20
858	6	30	3	20	3	20	9	50	2	60	1	30	2	20	8	60	17	20	13	—	5	20
859	6	30	3	20	3	20	9	50	2	60	1	30	2	20	8	60	17	20	13	—	5	20
860	6	30	3	20	3	20	9	50	2	60	1	30	2	20	8	60	17	20	13	—	5	20
861	6	30	3	20	3	20	9	50	2	60	1	30	2	20	8	70	17	30	13	—	5	20
862	6	30	3	20	3	20	9	50	2	60	1	30	2	20	8	70	17	30	13	—	5	20
863	6	30	3	20	3	20	9	50	2	60	1	30	2	20	8	70	17	30	13	—	5	20
864	6	30	3	20	3	20	9	50	2	60	1	30	2	20	8	70	17	30	13	—	5	20
865	6	30	3	20	3	20	9	50	2	60	1	30	2	20	8	70	17	30	13	—	5	20
866	6	30	3	20	3	20	9	50	2	60	1	30	2	20	8	70	17	40	13	—	5	20
867	6	30	3	20	3	20	9	50	2	60	1	30	2	20	8	70	17	40	13	—	5	20
868	6	30	3	20	3	20	9	50	2	60	1	30	2	20	8	70	17	40	13	—	5	20
869	6	30	3	20	3	20	9	50	2	60	1	30	2	20	8	70	17	40	13	—	5	20
870	6	30	3	20	3	20	9	50	2	60	1	30	2	20	8	70	17	40	13	—	5	20
871	6	30	3	20	3	20	9	50	2	60	1	30	2	20	8	80	17	50	13	—	5	20
872	6	30	3	20	3	20	9	50	2	60	1	30	2	20	8	80	17	50	13	—	5	20
873	6	30	3	20	3	20	9	50	2	60	1	30	2	20	8	80	17	50	13	—	5	20
874	6	30	3	20	3	20	9	50	2	60	1	30	2	20	8	80	17	50	13	—	5	20
875	6	30	3	20	3	20	9	50	2	60	1	30	2	20	8	80	17	50	13	—	5	20
876	6	30	3	20	3	20	9	50	2	60	1	30	2	20	8	80	17	60	13	—	5	20
877	6	30	3	20	3	20	9	50	2	60	1	30	2	20	8	80	17	60	13	—	5	20
878	6	30	3	20	3	20	9	50	2	60	1	30	2	20	8	80	17	60	13	—	5	20
879	6	30	3	20	3	20	9	50	2	60	1	30	2	20	8	80	17	60	13	—	5	20
880	6	30	3	20	3	20	9	50	2	60	1	30	2	20	8	80	17	60	13	—	5	20

Gegen-standes-Summa	Staatsgebühren 1 Prozent		Staatsgebühren 1 1/2 Prozent		Staatsgebühren 2 Prozent		Besitz-veränderungs-abgabe		Staatsgebühren 1 pro mille		Staatsgebühren 2 pro mille		Staatsgebühren 2 1/2 pro mille		Staatsgebühren 3 pro mille		Staatsgebühren 5 pro mille	
ℳ	ℳ	₰	ℳ	₰	ℳ	₰	ℳ	₰	ℳ	₰	ℳ	₰	ℳ	₰	ℳ	₰	ℳ	₰
881	8	90	13	30	17	70	2	30	—	90	1	80	2	30	2	70	4	50
882	8	90	13	30	17	70	2	30	—	90	1	80	2	30	2	70	4	50
883	8	90	13	30	17	70	2	30	—	90	1	80	2	30	2	70	4	50
884	8	90	13	30	17	70	2	30	—	90	1	80	2	30	2	70	4	50
885	8	90	13	30	17	70	2	30	—	90	1	80	2	30	2	70	4	50
886	8	90	13	30	17	80	2	30	—	90	1	80	2	30	2	70	4	50
887	8	90	13	40	17	80	2	30	—	90	1	80	2	30	2	70	4	50
888	8	90	13	40	17	80	2	30	—	90	1	80	2	30	2	70	4	50
889	8	90	13	40	17	80	2	30	—	90	1	80	2	30	2	70	4	50
890	8	90	13	40	17	80	2	30	—	90	1	80	2	30	2	70	4	50
891	9	—	13	40	17	90	2	30	—	90	1	80	2	30	2	70	4	50
892	9	—	13	40	17	90	2	30	—	90	1	80	2	30	2	70	4	50
893	9	—	13	40	17	90	2	30	—	90	1	80	2	30	2	70	4	50
894	9	—	13	50	17	90	2	30	—	90	1	80	2	30	2	70	4	50
895	9	—	13	50	17	90	2	30	—	90	1	80	2	30	2	70	4	50
896	9	—	13	50	18	—	2	30	—	90	1	80	2	30	2	70	4	50
897	9	—	13	50	18	—	2	30	—	90	1	80	2	30	2	70	4	50
898	9	—	13	50	18	—	2	30	—	90	1	80	2	30	2	70	4	50
899	9	—	13	50	18	—	2	30	—	90	1	80	2	30	2	70	4	50
900	9	—	13	50	18	—	2	30	—	90	1	80	2	30	2	70	4	50
901	9	10	13	60	18	10	2	30	1	—	1	90	2	30	2	80	4	60
902	9	10	13	60	18	10	2	30	1	—	1	90	2	30	2	80	4	60
903	9	10	13	60	18	10	2	30	1	—	1	90	2	30	2	80	4	60
904	9	10	13	60	18	10	2	30	1	—	1	90	2	30	2	80	4	60
905	9	10	13	60	18	10	2	30	1	—	1	90	2	30	2	80	4	60
906	9	10	13	60	18	20	2	30	1	—	1	90	2	30	2	80	4	60
907	9	10	13	70	18	20	2	30	1	—	1	90	2	30	2	80	4	60
908	9	10	13	70	18	20	2	30	1	—	1	90	2	30	2	80	4	60
909	9	10	13	70	18	20	2	30	1	—	1	90	2	30	2	80	4	60
910	9	10	13	70	18	20	2	30	1	—	1	90	2	30	2	80	4	60
911	9	20	13	70	18	30	2	30	1	—	1	90	2	30	2	80	4	60
912	9	20	13	70	18	30	2	30	1	—	1	90	2	30	2	80	4	60
913	9	20	13	70	18	30	2	30	1	—	1	90	2	30	2	80	4	60
914	9	20	13	80	18	30	2	30	1	—	1	90	2	30	2	80	4	60
915	9	20	13	80	18	30	2	30	1	—	1	90	2	30	2	80	4	60
916	9	20	13	80	18	40	2	30	1	—	1	90	2	30	2	80	4	60
917	9	20	13	80	18	40	2	30	1	—	1	90	2	30	2	80	4	60
918	9	20	13	80	18	40	3	30	1	—	1	90	2	30	2	80	4	60
919	9	20	13	80	18	40	2	30	1	—	1	90	2	30	2	80	4	60
920	9	20	13	80	18	40	2	30	1	—	1	90	2	30	2	80	4	60

Gegen-stands-Summa	Werthgebühr								4/10 aus der vollen Werth-gebühr		4/10 aus 2/3 Werth-gebühr		Hinterlegungs-gebühr						Auseinander-setzungsgebühr			
	Volle		1/2		1/2 bis 2200 ℳ.		1 1/2												5/10		2/10	
	Art. 22. 40. 41. 50		Art. 25. 27. 29. 30. 38 Abs. 2		darüber 2/3 Art. 24		Art. 23		Art. 45 Abs. 3				Art. 100		Art. 101 a		Art. 101 b		der Sätze des § 8 des Reichsgerichts-Kosten-Gesetzes			
ℳ	ℳ	₰	ℳ	₰	ℳ	₰	ℳ	₰	ℳ	₰	ℳ	₰	ℳ	₰	ℳ	₰	ℳ	₰	ℳ	₰	ℳ	₰
881	6	30	3	20	3	20	9	50	2	60	1	30	2	30	8	90	17	70	13	—	5	20
882	6	30	3	20	3	20	9	50	2	60	1	30	2	30	8	90	17	70	13	—	5	20
883	6	30	3	20	3	20	9	50	2	60	1	30	2	30	8	90	17	70	13	—	5	20
884	6	30	3	20	3	20	9	50	2	60	1	30	2	30	8	90	17	70	13	—	5	20
885	6	30	3	20	3	20	9	50	2	60	1	30	2	30	8	90	17	70	13	—	5	20
886	6	30	3	20	3	20	9	50	2	60	1	30	2	30	8	90	17	80	13	—	5	20
887	6	30	3	20	3	20	9	50	2	60	1	30	2	30	8	90	17	80	13	—	5	20
888	6	30	3	20	3	20	9	50	2	60	1	30	2	30	8	90	17	80	13	—	5	20
889	6	30	3	20	3	20	9	50	2	60	1	30	2	30	8	90	17	80	13	—	5	20
890	6	30	3	20	3	20	9	50	2	60	1	30	2	30	8	90	17	80	13	—	5	20
891	6	30	3	20	3	20	9	50	2	60	1	30	2	30	9	—	17	90	13	—	5	20
892	6	30	3	20	3	20	9	50	2	60	1	30	2	30	9	—	17	90	13	—	5	20
893	6	30	3	20	3	20	9	50	2	60	1	30	2	30	9	—	17	90	13	—	5	20
894	6	30	3	20	3	20	9	50	2	60	1	30	2	30	9	—	17	90	13	—	5	20
895	6	30	3	20	3	20	9	50	2	60	1	30	2	30	9	—	17	90	13	—	5	20
896	6	30	3	20	3	20	9	50	2	60	1	30	2	30	9	—	18	—	13	—	5	20
897	6	30	3	20	3	20	9	50	2	60	1	30	2	30	9	—	18	—	13	—	5	20
898	6	30	3	20	3	20	9	50	2	60	1	30	2	30	9	—	18	—	13	—	5	20
899	6	30	3	20	3	20	9	50	2	60	1	30	2	30	9	—	18	—	13	—	5	20
900	6	30	3	20	3	20	9	50	2	60	1	30	2	30	9	—	18	—	13	—	5	20
901	7	20	3	60	3	60	10	80	2	90	1	50	2	30	9	10	18	10	16	—	6	40
902	7	20	3	60	3	60	10	80	2	90	1	50	2	30	9	10	18	10	16	—	6	40
903	7	20	3	60	3	60	10	80	2	90	1	50	2	30	9	10	18	10	16	—	6	40
904	7	20	3	60	3	60	10	80	2	90	1	50	2	30	9	10	18	10	16	—	6	40
905	7	20	3	60	3	60	10	80	2	90	1	50	2	30	9	10	18	10	16	—	6	40
906	7	20	3	60	3	60	10	80	2	90	1	50	2	30	9	10	18	20	16	—	6	40
907	7	20	3	60	3	60	10	80	2	90	1	50	2	30	9	10	18	20	16	—	6	40
908	7	20	3	60	3	60	10	80	2	90	1	50	2	30	9	10	18	20	16	—	6	40
909	7	20	3	60	3	60	10	80	2	90	1	50	2	30	9	10	18	20	16	—	6	40
910	7	20	3	60	3	60	10	80	2	90	1	50	2	30	9	10	18	20	16	—	6	40
911	7	20	3	60	3	60	10	80	2	90	1	50	2	30	9	20	18	30	16	—	6	40
912	7	20	3	60	3	60	10	80	2	90	1	50	2	30	9	20	18	30	16	—	6	40
913	7	20	3	60	3	60	10	80	2	90	1	50	2	30	9	20	18	30	16	—	6	40
914	7	20	3	60	3	60	10	80	2	90	1	50	2	30	9	20	18	30	16	—	6	40
915	7	20	3	60	3	60	10	80	2	90	1	50	2	30	9	20	18	30	16	—	6	40
916	7	20	3	60	3	60	10	80	2	90	1	50	2	30	9	20	18	40	16	—	6	40
917	7	20	3	60	3	60	10	80	2	90	1	50	2	30	9	20	18	40	16	—	6	40
918	7	20	3	60	3	60	10	80	2	90	1	50	2	30	9	20	18	40	16	—	6	40
919	7	20	3	60	3	60	10	80	2	90	1	50	2	30	9	20	18	40	16	—	6	40
920	7	20	3	60	3	60	10	80	2	90	1	50	2	30	9	20	18	40	16	—	6	40

Gegenstands-Summa	Staatsgebühren						Besitzveränderungsabgabe		Staatsgebühren									
	1		1 1/2		2				1		2		2 1/2		3		5	
	Prozent								pro mille									
M	M	Pf	M	Pf	M	Pf	M	Pf	M	Pf	M	Pf	M	Pf	M	Pf	M	Pf
921	9	30	13	90	18	50	2	40	1	—	1	90	2	40	2	80	4	70
922	9	30	13	90	18	50	2	40	1	—	1	90	2	40	2	80	4	70
923	9	30	13	90	18	50	2	40	1	—	1	90	2	40	2	80	4	70
924	9	30	13	90	18	50	2	40	1	—	1	90	2	40	2	80	4	70
925	9	30	13	90	18	50	2	40	1	—	1	90	2	40	2	80	4	70
926	9	30	13	90	18	60	2	40	1	—	1	90	2	40	2	80	4	70
927	9	30	14	—	18	60	2	40	1	—	1	90	2	40	2	80	4	70
928	9	30	14	—	18	60	2	40	1	—	1	90	2	40	2	80	4	70
929	9	30	14	—	18	60	2	40	1	—	1	90	2	40	2	80	4	70
930	9	30	14	—	18	60	2	40	1	—	1	90	2	40	2	80	4	70
931	9	40	14	—	18	70	2	40	1	—	1	90	2	40	2	80	4	70
932	9	40	14	—	18	70	2	40	1	—	1	90	2	40	2	80	4	70
933	9	40	14	—	18	70	2	40	1	—	1	90	2	40	2	80	4	70
934	9	40	14	10	18	70	2	40	1	—	1	90	2	40	2	90	4	70
935	9	40	14	10	18	70	2	40	1	—	1	90	2	40	2	90	4	70
936	9	40	14	10	18	80	2	40	1	—	1	90	2	40	2	90	4	70
937	9	40	14	10	18	80	2	40	1	—	1	90	2	40	2	90	4	70
938	9	40	14	10	18	80	2	40	1	—	1	90	2	40	2	90	4	70
939	9	40	14	10	18	80	2	40	1	—	1	90	2	40	2	90	4	70
940	9	40	14	10	18	80	2	40	1	—	1	90	2	40	2	90	4	70
941	9	50	14	20	18	90	2	40	1	—	1	90	2	40	2	90	4	80
942	9	50	14	20	18	90	2	40	1	—	1	90	2	40	2	90	4	80
943	9	50	14	20	18	90	2	40	1	—	1	90	2	40	2	90	4	80
944	9	50	14	20	18	90	2	40	1	—	1	90	2	40	2	90	4	80
945	9	50	14	20	18	90	2	40	1	—	1	90	2	40	2	90	4	80
946	9	50	14	20	19	—	2	40	1	—	1	90	2	40	2	90	4	80
947	9	50	14	30	19	—	2	40	1	—	1	90	2	40	2	90	4	80
948	9	50	14	30	19	—	2	40	1	—	1	90	2	40	2	90	4	80
949	9	50	14	30	19	—	2	40	1	—	1	90	2	40	2	90	4	80
950	9	50	14	30	19	—	2	40	1	—	1	90	2	40	2	90	4	80
951	9	60	14	30	19	10	2	40	1	—	2	—	2	40	2	90	4	80
952	9	60	14	30	19	10	2	40	1	—	2	—	2	40	2	90	4	80
953	9	60	14	30	19	10	2	40	1	—	2	—	2	40	2	90	4	80
954	9	60	14	40	19	10	2	40	1	—	2	—	2	40	2	90	4	80
955	9	60	14	40	19	10	2	40	1	—	2	—	2	40	2	90	4	80
956	9	60	14	40	19	20	2	40	1	—	2	—	2	40	2	90	4	80
957	9	60	14	40	19	20	2	40	1	—	2	—	2	40	2	90	4	80
958	9	60	14	40	19	20	2	40	1	—	2	—	2	40	2	90	4	80
959	9	60	14	40	19	20		40	1	—	2	—	2	40	2	90	4	80
960	9	60	14	40	19	20	2	40	1	—	2	—	2	40	2	90	4	80
							2											

Gegen-standss-Summa	Werthgebühr								4/10 aus der vollen Werth-gebühr		4/10 aus 2/3 Werth-gebühr		Hinterlegungs-gebühr						Auseinander-setzungsgebühr			
	Volle		1/2		1/2 bis 2200 ℳ darüber 2/3		1 1/2												5/10		2/10	
	Art. 22. 40. 41. 50		Art. 25. 27. 29. 30. 38 Abs. 2		Art. 24		Art. 23		Art. 45 Abs. 3				Art. 100		Art. 101a		Art. 101b		der Sätze des § 8 des Reichsgerichts-Kosten-Gesetzes			
ℳ	ℳ	₰	ℳ	₰	ℳ	₰	ℳ	₰	ℳ	₰	ℳ	₰	ℳ	₰	ℳ	₰	ℳ	₰	ℳ	₰	ℳ	₰
921	7	20	3	60	3	60	10	80	2	90	1	50	2	40	9	30	18	50	16	—	6	40
922	7	20	3	60	3	60	10	80	2	90	1	50	2	40	9	30	18	50	16	—	6	40
923	7	20	3	60	3	60	10	80	2	90	1	50	2	40	9	30	18	50	16	—	6	40
924	7	20	3	60	3	60	10	80	2	90	1	50	2	40	9	30	18	50	16	—	6	40
925	7	20	3	60	3	60	10	80	2	90	1	50	2	40	9	30	18	50	16	—	6	40
926	7	20	3	60	3	60	10	80	2	90	1	50	2	40	9	30	18	60	16	—	6	40
927	7	20	3	60	3	60	10	80	2	90	1	50	2	40	9	30	18	60	16	—	6	40
928	7	20	3	60	3	60	10	80	2	90	1	50	2	40	9	30	18	60	16	—	6	40
929	7	20	3	60	3	60	10	80	2	90	1	50	2	40	9	30	18	60	16	—	6	40
930	7	20	3	60	3	60	10	80	2	90	1	50	2	40	9	30	18	60	16	—	6	40
931	7	20	3	60	3	60	10	80	2	90	1	50	2	40	9	40	18	70	16	—	6	40
932	7	20	3	60	3	60	10	80	2	90	1	50	2	40	9	40	18	70	16	—	6	40
933	7	20	3	60	3	60	10	80	2	90	1	50	2	40	9	40	18	70	16	—	6	40
934	7	20	3	60	3	60	10	80	2	90	1	50	2	40	9	40	18	70	16	—	6	40
935	7	20	3	60	3	60	10	80	2	90	1	50	2	40	9	40	18	70	16	—	6	40
936	7	20	3	60	3	60	10	80	2	90	1	50	2	40	9	40	18	80	16	—	6	40
937	7	20	3	60	3	60	10	80	2	90	1	50	2	40	9	40	18	80	16	—	6	40
938	7	20	3	60	3	60	10	80	2	90	1	50	2	40	9	40	18	80	16	—	6	40
939	7	20	3	60	3	60	10	80	2	90	1	50	2	40	9	40	18	80	16	—	6	40
940	7	20	3	60	3	60	10	80	2	90	1	50	2	40	9	40	18	80	16	—	6	40
941	7	20	3	60	3	60	10	80	2	90	1	50	2	40	9	50	18	90	16	—	6	40
942	7	20	3	60	3	60	10	80	2	90	1	50	2	40	9	50	18	90	16	—	6	40
943	7	20	3	60	3	60	10	80	2	90	1	50	2	40	9	50	18	90	16	—	6	40
944	7	20	3	60	3	60	10	80	2	90	1	50	2	40	9	50	18	90	16	—	6	40
945	7	20	3	60	3	60	10	80	2	90	1	50	2	40	9	50	18	90	16	—	6	40
946	7	20	3	60	3	60	10	80	2	90	1	50	2	40	9	50	19	—	16	—	6	40
947	7	20	3	60	3	60	10	80	2	90	1	50	2	40	9	50	19	—	16	—	6	40
948	7	20	3	60	3	60	10	80	2	90	1	50	2	40	9	50	19	—	16	—	6	40
949	7	20	3	60	3	60	10	80	2	90	1	50	2	40	9	50	19	—	16	—	6	40
950	7	20	3	60	3	60	10	80	2	90	1	50	2	40	9	50	19	—	16	—	6	40
951	7	20	3	60	3	60	10	80	2	90	1	50	2	40	9	60	19	10	16	—	6	40
952	7	20	3	60	3	60	10	80	2	90	1	50	2	40	9	60	19	10	16	—	6	40
953	7	20	3	60	3	60	10	80	2	90	1	50	2	40	9	60	19	10	16	—	6	40
954	7	20	3	60	3	60	10	80	2	90	1	50	2	40	9	60	19	10	16	—	6	40
955	7	20	3	60	3	60	10	80	2	90	1	50	2	40	9	60	19	10	16	—	6	40
956	7	20	3	60	3	60	10	80	2	90	1	50	2	40	9	60	19	20	16	—	6	40
957	7	20	3	60	3	60	10	80	2	90	1	50	2	40	9	60	19	20	16	—	6	40
958	7	20	3	60	3	60	10	80	2	90	1	50	2	40	9	60	19	20	16	—	6	40
959	7	20	3	60	3	60	10	80	2	90	1	50	2	40	9	60	19	20	16	—	6	40
960	7	20	3	60	3	60	10	80	2	90	1	50	2	40	9	60	19	20	16	—	6	40

Gegen-stands-Summa	Staatsgebühren 1		1½		2		Besitz-veränderungs-abgabe		Staatsgebühren 1		2		2½		3		5	
	Prozent								pro mille									
M	M	₰	M	₰	M	₰	M	₰	M	₰	M	₰	M	₰	M	₰	M	₰
961	9	70	14	50	19	30	2	50	1	—	2	—	2	50	2	90	4	90
962	9	70	14	50	19	30	2	50	1	—	2	—	2	50	2	90	4	90
963	9	70	14	50	19	30	2	50	1	—	2	—	2	50	2	90	4	90
964	9	70	14	50	19	30	2	50	1	—	2	—	2	50	2	90	4	90
965	9	70	14	50	19	30	2	50	1	—	2	—	2	50	2	90	4	90
966	9	70	14	50	19	40	2	50	1	—	2	—	2	50	2	90	4	90
967	9	70	14	60	19	40	2	50	1	—	2	—	2	50	3	—	4	90
968	9	70	14	60	19	40	2	50	1	—	2	—	2	50	3	—	4	90
969	9	70	14	60	19	40	2	50	1	—	2	—	2	50	3	—	4	90
970	9	70	14	60	19	40	2	50	1	—	2	—	2	50	3	—	4	90
971	9	80	14	60	19	50	2	50	1	—	2	—	2	50	3	—	4	90
972	9	80	14	60	19	50	2	50	1	—	2	—	2	50	3	—	4	90
973	9	80	14	60	19	50	2	50	1	—	2	—	2	50	3	—	4	90
974	9	80	14	70	19	50	2	50	1	—	2	—	2	50	3	—	4	90
975	9	80	14	70	19	50	2	50	1	—	2	—	2	50	3	—	4	90
976	9	80	14	70	19	60	2	50	1	—	2	—	2	50	3	—	4	90
977	9	80	14	70	19	60	2	50	1	—	2	—	2	50	3	—	4	90
978	9	80	14	70	19	60	2	50	1	—	2	—	2	50	3	—	4	90
979	9	80	14	70	19	60	2	50	1	—	2	—	2	50	3	—	4	90
980	9	80	14	70	19	60	2	50	1	—	2	—	2	50	3	—	4	90
981	9	90	14	80	19	70	2	50	1	—	2	—	2	50	3	—	5	—
982	9	90	14	80	19	70	2	50	1	—	2	—	2	50	3	—	5	—
983	9	90	14	80	19	70	2	50	1	—	2	—	2	50	3	—	5	—
984	9	90	14	80	19	70	2	50	1	—	2	—	2	50	3	—	5	—
985	9	90	14	80	19	70	2	50	1	—	2	—	2	50	3	—	5	—
986	9	90	14	80	19	80	2	50	1	—	2	—	2	50	3	—	5	—
987	9	90	14	90	19	80	2	50	1	—	2	—	2	50	3	—	5	—
988	9	90	14	90	19	80	2	50	1	—	2	—	2	50	3	—	5	—
989	9	90	14	90	19	80	2	50	1	—	2	—	2	50	3	—	5	—
990	9	90	14	90	19	80	2	50	1	—	2	—	2	50	3	—	5	—
991	10	—	14	90	19	90	2	50	1	—	2	—	2	50	3	—	5	—
992	10	—	14	90	19	90	2	50	1	—	2	—	2	50	3	—	5	—
993	10	—	14	90	19	90	2	50	1	—	2	—	2	50	3	—	5	—
994	10	—	15	—	19	90	2	50	1	—	2	—	2	50	3	—	5	—
995	10	—	15	—	19	90	2	50	1	—	2	—	2	50	3	—	5	—
996	10	—	15	—	20	—	2	50	1	—	2	—	2	50	3	—	5	—
997	10	—	15	—	20	—	2	50	1	—	2	—	2	50	3	—	5	—
998	10	—	15	—	20	—	2	50	1	—	2	—	2	50	3	—	5	—
999	10	—	15	—	20	—	2	50	1	—	2	—	2	50	3	—	5	—
1000	10	—	15	—	20	—	2	50	1	—	2	—	2	50	3	—	5	—

Gegen-stands-Summa	Werthgebühr: Volle (Art. 22. 40. 41. 50)		Werthgebühr: 1/2 (Art. 25. 27. 29. 30 38 Abs. 2)		Werthgebühr: 1/2 bis 2200 M darüber 2/3 (Art. 24)		Werthgebühr: 1 1/2 (Art. 23)		4/10 aus der vollen Werthgebühr (Art. 45 Abs. 3)		4/10 aus 2/3 Werthgebühr (Art. 45 Abs. 3)		Hinterlegungsgebühr (Art. 100)		Hinterlegungsgebühr (Art. 101 a)		Hinterlegungsgebühr (Art. 101 b)		Auseinandersetzungsgebühr 5/10 der Sätze des § 8 des Reichsgerichts-Kosten-Gesetzes		Auseinandersetzungsgebühr 2/10 der Sätze des § 8 des Reichsgerichts-Kosten-Gesetzes	
M	M	₰	M	₰	M	₰	M	₰	M	₰	M	₰	M	₰	M	₰	M	₰	M	₰	M	₰
961	7	20	3	60	3	60	10	80	2	90	1	50	2	50	9	70	19	30	16	—	6	40
962	7	20	3	60	3	60	10	80	2	90	1	50	2	50	9	70	19	30	16	—	6	40
963	7	20	3	60	3	60	10	80	2	90	1	50	2	50	9	70	19	30	16	—	6	40
964	7	20	3	60	3	60	10	80	2	90	1	50	2	50	9	70	19	30	16	—	6	40
965	7	20	3	60	3	60	10	80	2	90	1	50	2	50	9	70	19	30	16	—	6	40
966	7	20	3	60	3	60	10	80	2	90	1	50	2	50	9	70	19	40	16	—	6	40
967	7	20	3	60	3	60	10	80	2	90	1	50	2	50	9	70	19	40	16	—	6	40
968	7	20	3	60	3	60	10	80	2	90	1	50	2	50	9	70	19	40	16	—	6	40
969	7	20	3	60	3	60	10	80	2	90	1	50	2	50	9	70	19	40	16	—	6	40
970	7	20	3	60	3	60	10	80	2	90	1	50	2	50	9	70	19	40	16	—	6	40
971	7	20	3	60	3	60	10	80	2	90	1	50	2	50	9	80	19	50	16	—	6	40
972	7	20	3	60	3	60	10	80	2	90	1	50	2	50	9	80	19	50	16	—	6	40
973	7	20	3	60	3	60	10	80	2	90	1	50	2	50	9	80	19	50	16	—	6	40
974	7	20	3	60	3	60	10	80	2	90	1	50	2	50	9	80	19	50	16	—	6	40
975	7	20	3	60	3	60	10	80	2	90	1	50	2	50	9	80	19	50	16	—	6	40
976	7	20	3	60	3	60	10	80	2	90	1	50	2	50	9	80	19	60	16	—	6	40
977	7	20	3	60	3	60	10	80	2	90	1	50	2	50	9	80	19	60	16	—	6	40
978	7	20	3	60	3	60	10	80	2	90	1	50	2	50	9	80	19	60	16	—	6	40
979	7	20	3	60	3	60	10	80	2	90	1	50	2	50	9	80	19	60	16	—	6	40
980	7	20	3	60	3	60	10	80	2	90	1	50	2	50	9	80	19	60	16	—	6	40
981	7	20	3	60	3	60	10	80	2	90	1	50	2	50	9	90	19	70	16	—	6	40
982	7	20	3	60	3	60	10	80	2	90	1	50	2	50	9	90	19	70	16	—	6	40
983	7	20	3	60	3	60	10	80	2	90	1	50	2	50	9	90	19	70	16	—	6	40
984	7	20	3	60	3	60	10	80	2	90	1	50	2	50	9	90	19	70	16	—	6	40
985	7	20	3	60	3	60	10	80	2	90	1	50	2	50	9	90	19	70	16	—	6	40
986	7	20	3	60	3	60	10	80	2	90	1	50	2	50	9	90	19	80	16	—	6	40
987	7	20	3	60	3	60	10	80	2	90	1	50	2	50	9	90	19	80	16	—	6	40
988	7	20	3	60	3	60	10	80	2	90	1	50	2	50	9	90	19	80	16	—	6	40
989	7	20	3	60	3	60	10	80	2	90	1	50	2	50	9	90	19	80	16	—	6	40
990	7	20	3	60	3	60	10	80	2	90	1	50	2	50	9	90	19	80	16	—	6	40
991	7	20	3	60	3	60	10	80	2	90	1	50	2	50	10	—	19	90	16	—	6	40
992	7	20	3	60	3	60	10	80	2	90	1	50	2	50	10	—	19	90	16	—	6	40
993	7	20	3	60	3	60	10	80	2	90	1	50	2	50	10	—	19	90	16	—	6	40
994	7	20	3	60	3	60	10	80	2	90	1	50	2	50	10	—	19	90	16	—	6	40
995	7	20	3	60	3	60	10	80	2	90	1	50	2	50	10	—	19	90	16	—	6	40
996	7	20	3	60	3	60	10	80	2	90	1	50	2	50	10	—	20	—	16	—	6	40
997	7	20	3	60	3	60	10	80	2	90	1	50	2	50	10	—	20	—	16	—	6	40
998	7	20	3	60	3	60	10	80	2	90	1	50	2	50	10	—	20	—	16	—	6	40
999	7	20	3	60	3	60	10	80	2	90	1	50	2	50	10	—	20	—	16	—	6	40
1000	7	20	3	60	3	60	10	80	2	90	1	50	2	50	10	—	20	—	16	—	6	40

Gegen-stands-Summa	Staatsgebühren						Besitz-verände-rungs-abgabe		Staatsgebühren									
	1		1 ½		2				1		2		2 ½		3		5	
	Prozent								pro mille									
ℳ	ℳ	₰	ℳ	₰	ℳ	₰	ℳ	₰	ℳ	₰	ℳ	₰	ℳ	₰	ℳ	₰	ℳ	₰
1001	10	10	15	10	20	10	3	80	1	10	2	10	2	60	3	10	5	10
1002	10	10	15	10	20	10	3	80	1	10	2	10	2	60	3	10	5	10
1003	10	10	15	10	20	10	3	80	1	10	2	10	2	60	3	10	5	10
1004	10	10	15	10	20	10	3	80	1	10	2	10	2	60	3	10	5	10
1005	10	10	15	10	20	10	3	80	1	10	2	10	2	60	3	10	5	10
1006	10	10	15	10	20	20	3	80	1	10	2	10	2	60	3	10	5	10
1007	10	10	15	20	20	20	3	80	1	10	2	10	2	60	3	10	5	10
1008	10	10	15	20	20	20	3	80	1	10	2	10	2	60	3	10	5	10
1009	10	10	15	20	20	20	3	80	1	10	2	10	2	60	3	10	5	10
1010	10	10	15	20	20	20	3	80	1	10	2	10	2	60	3	10	5	10
1011	10	20	15	20	20	30	3	80	1	10	2	10	2	60	3	10	5	10
1012	10	20	15	20	20	30	3	80	1	10	2	10	2	60	3	10	5	10
1013	10	20	15	20	20	30	3	80	1	10	2	10	2	60	3	10	5	10
1014	10	20	15	30	20	30	3	90	1	10	2	10	2	60	3	10	5	10
1015	10	20	15	30	20	30	3	90	1	10	2	10	2	60	3	10	5	10
1016	10	20	15	30	20	40	3	90	1	10	2	10	2	60	3	10	5	10
1017	10	20	15	30	20	40	3	90	1	10	2	10	2	60	3	10	5	10
1018	10	20	15	30	20	40	3	90	1	10	2	10	2	60	3	10	5	10
1019	10	20	15	30	20	40	3	90	1	10	2	10	2	60	3	10	5	10
1020	10	20	15	30	20	40	3	90	1	10	2	10	2	60	3	10	5	10
1021	10	30	15	40	20	50	3	90	1	10	2	10	2	60	3	10	5	20
1022	10	30	15	40	20	50	3	90	1	10	2	10	2	60	3	10	5	20
1023	10	30	15	40	20	50	3	90	1	10	2	10	2	60	3	10	5	20
1024	10	30	15	40	20	50	3	90	1	10	2	10	2	60	3	10	5	20
1025	10	30	15	40	20	50	3	90	1	10	2	10	2	60	3	10	5	20
1026	10	30	15	40	20	60	3	90	1	10	2	10	2	60	3	10	5	20
1027	10	30	15	50	20	60	3	90	1	10	2	10	2	60	3	10	5	20
1028	10	30	15	50	20	60	3	90	1	10	2	10	2	60	3	10	5	20
1029	10	30	15	50	20	60	3	90	1	10	2	10	2	60	3	10	5	20
1030	10	30	15	50	20	60	3	90	1	10	2	10	2	60	3	10	5	20
1031	10	40	15	50	20	70	3	90	1	10	2	10	2	60	3	10	5	20
1032	10	40	15	50	20	70	3	90	1	10	2	10	2	60	3	10	5	20
1033	10	40	15	50	20	70	3	90	1	10	2	10	2	60	3	10	5	20
1034	10	40	15	60	20	70	3	90	1	10	2	10	2	60	3	20	5	20
1035	10	40	15	60	20	70	3	90	1	10	2	10	2	60	3	20	5	20
1036	10	40	15	60	20	80	3	90	1	10	2	10	2	60	3	20	5	20
1037	10	40	15	60	20	80	3	90	1	10	2	10	2	60	3	20	5	20
1038	10	40	15	60	20	80	3	90	1	10	2	10	2	60	3	20	5	20
1039	10	40	15	60	20	80	3	90	1	10	2	10	2	60	3	20	5	20
1040	10	40	15	60	20	80	3	90	1	10	2	10	2	60	3	20	5	20

Gegenstands-Summa	Werthgebühr								4/10 aus der vollen Werthgebühr		4/10 aus 2/3 Werthgebühr		Hinterlegungsgebühr						Auseinandersetzungsgebühr			
	Volle		1/2		1/2 bis 2200 ℳ		1 1/2												5/10		2/10	
	Art. 22. 40. 41. 50		Art. 25. 27. 29. 30. 38 Abs. 2		darüber 2/3 Art. 24		Art. 23		Art. 45 Abs. 3				Art. 100		Art. 101 a		Art. 101 b		der Sätze des § 8 des Reichsgerichts-Kosten-Gesetzes			
ℳ	ℳ	₰	ℳ	₰	ℳ	₰	ℳ	₰	ℳ	₰	ℳ	₰	ℳ	₰	ℳ	₰	ℳ	₰	ℳ	₰	ℳ	₰
1001	7	20	3	60	3	60	10	80	2	90	1	50	2	60	10	10	20	10	16	—	6	40
1002	7	20	3	60	3	60	10	80	2	90	1	50	2	60	10	10	20	10	16	—	6	40
1003	7	20	3	60	3	60	10	80	2	90	1	50	2	60	10	10	20	10	16	—	6	40
1004	7	20	3	60	3	60	10	80	2	90	1	50	2	60	10	10	20	10	16	—	6	40
1005	7	20	3	60	3	60	10	80	2	90	1	50	2	60	10	10	20	10	16	—	6	40
1006	7	20	3	60	3	60	10	80	2	90	1	50	2	60	10	10	20	20	16	—	6	40
1007	7	20	3	60	3	60	10	80	2	90	1	50	2	60	10	10	20	20	16	—	6	40
1008	7	20	3	60	3	60	10	80	2	90	1	50	2	60	10	10	20	20	16	—	6	40
1009	7	20	3	60	3	60	10	80	2	90	1	50	2	60	10	10	20	20	16	—	6	40
1010	7	20	3	60	3	60	10	80	2	90	1	50	2	60	10	10	20	20	16	—	6	40
1011	7	20	3	60	3	60	10	80	2	90	1	50	2	60	10	20	20	30	16	—	6	40
1012	7	20	3	60	3	60	10	80	2	90	1	50	2	60	10	20	20	30	16	—	6	40
1013	7	20	3	60	3	60	10	80	2	90	1	50	2	60	10	20	20	30	16	—	6	40
1014	7	20	3	60	3	60	10	80	2	90	1	50	2	60	10	20	20	30	16	—	6	40
1015	7	20	3	60	3	60	10	80	2	90	1	50	2	60	10	20	20	30	16	—	6	40
1016	7	20	3	60	3	60	10	80	2	90	1	50	2	60	10	20	20	40	16	—	6	40
1017	7	20	3	60	3	60	10	80	2	90	1	50	2	60	10	20	20	40	16	—	6	40
1018	7	20	3	60	3	60	10	80	2	90	1	50	2	60	10	20	20	40	16	—	6	40
1019	7	20	3	60	3	60	10	80	2	90	1	50	2	60	10	20	20	40	16	—	6	40
1020	7	20	3	60	3	60	10	80	2	90	1	50	2	60	10	20	20	40	16	—	6	40
1021	7	20	3	60	3	60	10	80	2	90	1	50	2	60	10	30	20	50	16	—	6	40
1022	7	20	3	60	3	60	10	80	2	90	1	50	2	60	10	30	20	50	16	—	6	40
1023	7	20	3	60	3	60	10	80	2	90	1	50	2	60	10	30	20	50	16	—	6	40
1024	7	20	3	60	3	60	10	80	2	90	1	50	2	60	10	30	20	50	16	—	6	40
1025	7	20	3	60	3	60	10	80	2	90	1	50	2	60	10	30	20	50	16	—	6	40
1026	7	20	3	60	3	60	10	80	2	90	1	50	2	60	10	30	20	60	16	—	6	40
1027	7	20	3	60	3	60	10	80	2	90	1	50	2	60	10	30	20	60	16	—	6	40
1028	7	20	3	60	3	60	10	80	2	90	1	50	2	60	10	30	20	60	16	—	6	40
1029	7	20	3	60	3	60	10	80	2	90	1	50	2	60	10	30	20	60	16	—	6	40
1030	7	20	3	60	3	60	10	80	2	90	1	50	2	60	10	30	20	60	16	—	6	40
1031	7	20	3	60	3	60	10	80	2	90	1	50	2	60	10	40	20	70	16	—	6	40
1032	7	20	3	60	3	60	10	80	2	90	1	50	2	60	10	40	20	70	16	—	6	40
1033	7	20	3	60	3	60	10	80	2	90	1	50	2	60	10	40	20	70	16	—	6	40
1034	7	20	3	60	3	60	10	80	2	90	1	50	2	60	10	40	20	70	16	—	6	40
1035	7	20	3	60	3	60	10	80	2	90	1	50	2	60	10	40	20	70	16	—	6	40
1036	7	20	3	60	3	60	10	80	2	90	1	50	2	60	10	40	20	80	16	—	6	40
1037	7	20	3	60	3	60	10	80	2	90	1	50	2	60	10	40	20	80	16	—	6	40
1038	7	20	3	60	3	60	10	80	2	90	1	50	2	60	10	40	20	80	16	—	6	40
1039	7	20	3	60	3	60	10	80	2	90	1	50	2	60	10	40	20	80	16	—	6	40
1040	7	20	3	60	3	60	10	80	2	90	1	50	2	60	10	40	20	80	16	—	6	40

Gegen-stands-Summa	Staatsgebühren 1 Prozent		Staatsgebühren 1½ Prozent		Staatsgebühren 2 Prozent		Besitz-veränderungs-abgabe		Staatsgebühren 1 pro mille		Staatsgebühren 2 pro mille		Staatsgebühren 2½ pro mille		Staatsgebühren 3 pro mille		Staatsgebühren 5 pro mille	
M	M	₰	M	₰	M	₰	M	₰	M	₰	M	₰	M	₰	M	₰	M	₰
1041	10	50	15	70	20	90	4	—	1	10	2	10	2	70	3	20	5	30
1042	10	50	15	70	20	90	4	—	1	10	2	10	2	70	3	20	5	30
1043	10	50	15	70	20	90	4	—	1	10	2	10	2	70	3	20	5	30
1044	10	50	15	70	20	90	4	—	1	10	2	10	2	70	3	20	5	30
1045	10	50	15	70	20	90	4	—	1	10	2	10	2	70	3	20	5	30
1046	10	50	15	70	21	—	4	—	1	10	2	10	2	70	3	20	5	30
1047	10	50	15	80	21	—	4	—	1	10	2	10	2	70	3	20	5	30
1048	10	50	15	80	21	—	4	—	1	10	2	10	2	70	3	20	5	30
1049	10	50	15	80	21	—	4	—	1	10	2	10	2	70	3	20	5	30
1050	10	50	15	80	21	—	4	—	1	10	2	10	2	70	3	20	5	30
1051	10	60	15	80	21	10	4	—	1	10	2	20	2	70	3	20	5	30
1052	10	60	15	80	21	10	4	—	1	10	2	20	2	70	3	20	5	30
1053	10	60	15	80	21	10	4	—	1	10	2	20	2	70	3	20	5	30
1054	10	60	15	90	21	10	4	—	1	10	2	20	2	70	3	20	5	30
1055	10	60	15	90	21	10	4	—	1	10	2	20	2	70	3	20	5	30
1056	10	60	15	90	21	20	4	—	1	10	2	20	2	70	3	20	5	30
1057	10	60	15	90	21	20	4	—	1	10	2	20	2	70	3	20	5	30
1058	10	60	15	90	21	20	4	—	1	10	2	20	2	70	3	20	5	30
1059	10	60	15	90	21	20	4	—	1	10	2	20	2	70	3	20	5	30
1060	10	60	15	90	21	20	4	—	1	10	2	20	2	70	3	20	5	30
1061	10	70	16	—	21	30	4	—	1	10	2	20	2	70	3	20	5	40
1062	10	70	16	—	21	30	4	—	1	10	2	20	2	70	3	20	5	40
1063	10	70	16	—	21	30	4	—	1	10	2	20	2	70	3	20	5	40
1064	10	70	16	—	21	30	4	—	1	10	2	20	2	70	3	20	5	40
1065	10	70	16	—	21	30	4	—	1	10	2	20	2	70	3	20	5	40
1066	10	70	16	—	21	40	4	—	1	10	2	20	2	70	3	20	5	40
1067	10	70	16	10	21	40	4	10	1	10	2	20	2	70	3	30	5	40
1068	10	70	16	10	21	40	4	10	1	10	2	20	2	70	3	30	5	40
1069	10	70	16	10	21	40	4	10	1	10	2	20	2	70	3	30	5	40
1070	10	70	16	10	21	40	4	10	1	10	2	20	2	70	3	30	5	40
1071	10	80	16	10	21	50	4	10	1	10	2	20	2	70	3	30	5	40
1072	10	80	16	10	21	50	4	10	1	10	2	20	2	70	3	30	5	40
1073	10	80	16	10	21	50	4	10	1	10	2	20	2	70	3	30	5	40
1074	10	80	16	20	21	50	4	10	1	10	2	20	2	70	3	30	5	40
1075	10	80	16	20	21	50	4	10	1	10	2	20	2	70	3	30	5	40
1076	10	80	16	20	21	60	4	10	1	10	2	20	2	70	3	30	5	40
1077	10	80	16	20	21	60	4	10	1	10	2	20	2	70	3	30	5	40
1078	10	80	16	20	21	60	4	10	1	10	2	20	2	70	3	30	5	40
1079	10	80	16	20	21	60	4	10	1	10	2	20	2	70	3	30	5	40
1080	10	80	16	20	21	60	4	10	1	10	2	20	2	70	3	30	5	40

Gegenstands-Summa	Werthgebühr: Volle (Art. 22. 40. 41. 50)		Werthgebühr: 1/2 (Art. 25. 27. 29. 30. 38 Abs. 2)		Werthgebühr: 1/2 bis 2200 M darüber 2/3 (Art. 24)		Werthgebühr: 1 1/2 (Art. 23)		4/10 aus der vollen Werthgebühr (Art. 45 Abs. 3)		4/10 aus 2/3 Werthgebühr (Art. 45 Abs. 3)		Hinterlegungsgebühr: Art. 100		Hinterlegungsgebühr: Art. 101 a		Hinterlegungsgebühr: Art. 101 b		Auseinandersetzungsgebühr: 5/10 (der Sätze des § 8 des Reichsgerichts-Kosten-Gesetzes)		Auseinandersetzungsgebühr: 2/10 (der Sätze des § 8 des Reichsgerichts-Kosten-Gesetzes)	
M	M	Pf	M	Pf	M	Pf	M	Pf	M	Pf	M	Pf	M	Pf	M	Pf	M	Pf	M	Pf	M	Pf
1041	7	20	3	60	3	60	10	80	2	90	1	50	2	70	10	50	20	90	16	—	6	40
1042	7	20	3	60	3	60	10	80	2	90	1	50	2	70	10	50	20	90	16	—	6	40
1043	7	20	3	60	3	60	10	80	2	90	1	50	2	70	10	50	20	90	16	—	6	40
1044	7	20	3	60	3	60	10	80	2	90	1	50	2	70	10	50	20	90	16	—	6	40
1045	7	20	3	60	3	60	10	80	2	90	1	50	2	70	10	50	20	90	16	—	6	40
1046	7	20	3	60	3	60	10	80	2	90	1	50	2	70	10	50	21	—	16	—	6	40
1047	7	20	3	60	3	60	10	80	2	90	1	50	2	70	10	50	21	—	16	—	6	40
1048	7	20	3	60	3	60	10	80	2	90	1	50	2	70	10	50	21	—	16	—	6	40
1049	7	20	3	60	3	60	10	80	2	90	1	50	2	70	10	50	21	—	16	—	6	40
1050	7	20	3	60	3	60	10	80	2	90	1	50	2	70	10	50	21	—	16	—	6	40
1051	7	20	3	60	3	60	10	80	2	90	1	50	2	70	10	60	21	10	16	—	6	40
1052	7	20	3	60	3	60	10	80	2	90	1	50	2	70	10	60	21	10	16	—	6	40
1053	7	20	3	60	3	60	10	80	2	90	1	50	2	70	10	60	21	10	16	—	6	40
1054	7	20	3	60	3	60	10	80	2	90	1	50	2	70	10	60	21	10	16	—	6	40
1055	7	20	3	60	3	60	10	80	2	90	1	50	2	70	10	60	21	10	16	—	6	40
1056	7	20	3	60	3	60	10	80	2	90	1	50	2	70	10	60	21	20	16	—	6	40
1057	7	20	3	60	3	60	10	80	2	90	1	50	2	70	10	60	21	20	16	—	6	40
1058	7	20	3	60	3	60	10	80	2	90	1	50	2	70	10	60	21	20	16	—	6	40
1059	7	20	3	60	3	60	10	80	2	90	1	50	2	70	10	60	21	20	16	—	6	40
1060	7	20	3	60	3	60	10	80	2	90	1	50	2	70	10	60	21	20	16	—	6	40
1061	7	20	3	60	3	60	10	80	2	90	1	50	2	70	10	70	21	30	16	—	6	40
1062	7	20	3	60	3	60	10	80	2	90	1	50	2	70	10	70	21	30	16	—	6	40
1063	7	20	3	60	3	60	10	80	2	90	1	50	2	70	10	70	21	30	16	—	6	40
1064	7	20	3	60	3	60	10	80	2	90	1	50	2	70	10	70	21	30	16	—	6	40
1065	7	20	3	60	3	60	10	80	2	90	1	50	2	70	10	70	21	30	16	—	6	40
1066	7	20	3	60	3	60	10	80	2	90	1	50	2	70	10	70	21	40	16	—	6	40
1067	7	20	3	60	3	60	10	80	2	90	1	50	2	70	10	70	21	40	16	—	6	40
1068	7	20	3	60	3	60	10	80	2	90	1	50	2	70	10	70	21	40	16	—	6	40
1069	7	20	3	60	3	60	10	80	2	90	1	50	2	70	10	70	21	40	16	—	6	40
1070	7	20	3	60	3	60	10	80	2	90	1	50	2	70	10	70	21	40	16	—	6	40
1071	7	20	3	60	3	60	10	80	2	90	1	50	2	70	10	80	21	50	16	—	6	40
1072	7	20	3	60	3	60	10	80	2	90	1	50	2	70	10	80	21	50	16	—	6	40
1073	7	20	3	60	3	60	10	80	2	90	1	50	2	70	10	80	21	50	16	—	6	40
1074	7	20	3	60	3	60	10	80	2	90	1	50	2	70	10	80	21	50	16	—	6	40
1075	7	20	3	60	3	60	10	80	2	90	1	50	2	70	10	80	21	50	16	—	6	40
1076	7	20	3	60	3	60	10	80	2	90	1	50	2	70	10	80	21	60	16	—	6	40
1077	7	20	3	60	3	60	10	80	2	90	1	50	2	70	10	80	21	60	16	—	6	40
1078	7	20	3	60	3	60	10	80	2	90	1	50	2	70	10	80	21	60	16	—	6	40
1079	7	20	3	60	3	60	10	80	2	90	1	50	2	70	10	80	21	60	16	—	6	40
1080	7	20	3	60	3	60	10	80	2	90	1	50	2	70	10	80	21	60	16	—	6	40

Gegenstands-Summa	Staatsgebühren 1 Prozent		Staatsgebühren 1½ Prozent		Staatsgebühren 2 Prozent		Besitzveränderungsabgabe		Staatsgebühren 1 pro mille		Staatsgebühren 2 pro mille		Staatsgebühren 2½ pro mille		Staatsgebühren 3 pro mille		Staatsgebühren 5 pro mille	
M.	M	₰	M	₰	M	₰	M	₰	M	₰	M	₰	M	₰	M	₰	M	₰
1081	10	90	16	30	21	70	4	10	1	10	2	20	2	80	3	30	5	50
1082	10	90	16	30	21	70	4	10	1	10	2	20	2	80	3	30	5	50
1083	10	90	16	30	21	70	4	10	1	10	2	20	2	80	3	30	5	50
1084	10	90	16	30	21	70	4	10	1	10	2	20	2	80	3	30	5	50
1085	10	90	16	30	21	70	4	10	1	10	2	20	2	80	3	30	5	50
1086	10	90	16	30	21	80	4	10	1	10	2	20	2	80	3	30	5	50
1087	10	90	16	40	21	80	4	10	1	10	2	20	2	80	3	30	5	50
1088	10	90	16	40	21	80	4	10	1	10	2	20	2	80	3	30	5	50
1089	10	90	16	40	21	80	4	10	1	10	2	20	2	80	3	30	5	50
1090	10	90	16	40	21	80	4	10	1	10	2	20	2	80	3	30	5	50
1091	11	—	16	40	21	90	4	10	1	10	2	20	2	80	3	30	5	50
1092	11	—	16	40	21	90	4	10	1	10	2	20	2	80	3	30	5	50
1093	11	—	16	40	21	90	4	10	1	10	2	20	2	80	3	30	5	50
1094	11	—	16	50	21	90	4	20	1	10	2	20	2	80	3	30	5	50
1095	11	—	16	50	21	90	4	20	1	10	2	20	2	80	3	30	5	50
1096	11	—	16	50	22	—	4	20	1	10	2	20	2	80	3	30	5	50
1097	11	—	16	50	22	—	4	20	1	10	2	20	2	80	3	30	5	50
1098	11	—	16	50	22	—	4	20	1	10	2	20	2	80	3	30	5	50
1099	11	—	16	50	22	—	4	20	1	10	2	20	2	80	3	30	5	50
1100	11	—	16	50	22	—	4	20	1	10	2	20	2	80	3	30	5	50
1101	11	10	16	60	22	10	4	20	1	20	2	30	2	80	3	40	5	60
1102	11	10	16	60	22	10	4	20	1	20	2	30	2	80	3	40	5	60
1103	11	10	16	60	22	10	4	20	1	20	2	30	2	80	3	40	5	60
1104	11	10	16	60	22	10	4	20	1	20	2	30	2	80	3	40	5	60
1105	11	10	16	60	22	10	4	20	1	20	2	30	2	80	3	40	5	60
1106	11	10	16	60	22	20	4	20	1	20	2	30	2	80	3	40	5	60
1107	11	10	16	70	22	20	4	20	1	20	2	30	2	80	3	40	5	60
1108	11	10	16	70	22	20	4	20	1	20	2	30	2	80	3	40	5	60
1109	11	10	16	70	22	20	4	20	1	20	2	30	2	80	3	40	5	60
1110	11	10	16	70	22	20	4	20	1	20	2	30	2	80	3	40	5	60
1111	11	20	16	70	22	30	4	20	1	20	2	30	2	80	3	40	5	60
1112	11	20	16	70	22	30	4	20	1	20	2	30	2	80	3	40	5	60
1113	11	20	16	70	22	30	4	20	1	20	2	30	2	80	3	40	5	60
1114	11	20	16	80	22	30	4	20	1	20	2	30	2	80	3	40	5	60
1115	11	20	16	80	22	30	4	20	1	20	2	30	2	80	3	40	5	60
1116	11	20	16	80	22	40	4	20	1	20	2	30	2	80	3	40	5	60
1117	11	20	16	80	22	40	4	20	1	20	2	30	2	80	3	40	5	60
1118	11	20	16	80	22	40	4	20	1	20	2	30	2	80	3	40	5	60
1119	11	20	16	80	22	40	4	20	1	20	2	30	2	80	3	40	5	60
1120	11	20	16	80	22	40	4	20	1	20	2	30	2	80	3	40	5	60

Gegenstands-Summa	Werthgebühr								4/10 aus der vollen Werthgebühr		4/10 aus 2/3 Werthgebühr		Hinterlegungsgebühr						Auseinandersetzungsgebühr			
	Volle		1/2		1/2 bis 2200 M		1 1/2												5/10		2/10	
	Art. 22. 40. 41. 50		Art. 25. 27. 29. 30. 38 Abs. 2		darüber 2/3 Art. 24		Art. 23		Art. 45 Abs. 3				Art. 100		Art. 101 a		Art. 101 b		der Sätze des § 8 des Reichsgerichts-Kosten-Gesetzes			
M	M	Pf	M	Pf	M	Pf	M	Pf	M	Pf	M	Pf	M	Pf	M	Pf	M	Pf	M	Pf	M	Pf
1081	7	20	3	60	3	60	10	80	2	90	1	50	2	80	10	90	21	70	16	—	6	40
1082	7	20	3	60	3	60	10	80	2	90	1	50	2	80	10	90	21	70	16	—	6	40
1083	7	20	3	60	3	60	10	80	2	90	1	50	2	80	10	90	21	70	16	—	6	40
1084	7	20	3	60	3	60	10	80	2	90	1	50	2	80	10	90	21	70	16	—	6	40
1085	7	20	3	60	3	60	10	80	2	90	1	50	2	80	10	90	21	70	16	—	6	40
1086	7	20	3	60	3	60	10	80	2	90	1	50	2	80	10	90	21	80	16	—	6	40
1087	7	20	3	60	3	60	10	80	2	90	1	50	2	80	10	90	21	80	16	—	6	40
1088	7	20	3	60	3	60	10	80	2	90	1	50	2	80	10	90	21	80	16	—	6	40
1089	7	20	3	60	3	60	10	80	2	90	1	50	2	80	10	90	21	80	16	—	6	40
1090	7	20	3	60	3	60	10	80	2	90	1	50	2	80	10	90	21	80	16	—	6	40
1091	7	20	3	60	3	60	10	80	2	90	1	50	2	80	11	—	21	90	16	—	6	40
1092	7	20	3	60	3	60	10	80	2	90	1	50	2	80	11	—	21	90	16	—	6	40
1093	7	20	3	60	3	60	10	80	2	90	1	50	2	80	11	—	21	90	16	—	6	40
1094	7	20	3	60	3	60	10	80	2	90	1	50	2	80	11	—	21	90	16	—	6	40
1095	7	20	3	60	3	60	10	80	2	90	1	50	2	80	11	—	21	90	16	—	6	40
1096	7	20	3	60	3	60	10	80	2	90	1	50	2	80	11	—	22	—	16	—	6	40
1097	7	20	3	60	3	60	10	80	2	90	1	50	2	80	11	—	22	—	16	—	6	40
1098	7	20	3	60	3	60	10	80	2	90	1	50	2	80	11	—	22	—	16	—	6	40
1099	7	20	3	60	3	60	10	80	2	90	1	50	2	80	11	—	22	—	16	—	6	40
1100	7	20	3	60	3	60	10	80	2	90	1	50	2	80	11	—	22	—	16	—	6	40
1101	7	20	3	60	3	60	10	80	2	90	1	50	2	80	11	10	22	10	16	—	6	40
1102	7	20	3	60	3	60	10	80	2	90	1	50	2	80	11	10	22	10	16	—	6	40
1103	7	20	3	60	3	60	10	80	2	90	1	50	2	80	11	10	22	10	16	—	6	40
1104	7	20	3	60	3	60	10	80	2	90	1	50	2	80	11	10	22	10	16	—	6	40
1105	7	20	3	60	3	60	10	80	2	90	1	50	2	80	11	10	22	10	16	—	6	40
1106	7	20	3	60	3	60	10	80	2	90	1	50	2	80	11	10	22	20	16	—	6	40
1107	7	20	3	60	3	60	10	80	2	90	1	50	2	80	11	10	22	20	16	—	6	40
1108	7	20	3	60	3	60	10	80	2	90	1	50	2	80	11	10	22	20	16	—	6	40
1109	7	20	3	60	3	60	10	80	2	90	1	50	2	80	11	10	22	20	16	—	6	40
1110	7	20	3	60	3	60	10	80	2	90	1	50	2	80	11	10	22	20	16	—	6	40
1111	7	20	3	60	3	60	10	80	2	90	1	50	2	80	11	20	22	30	16	—	6	40
1112	7	20	3	60	3	60	10	80	2	90	1	50	2	80	11	20	22	30	16	—	6	40
1113	7	20	3	60	3	60	10	80	2	90	1	50	2	80	11	20	22	30	16	—	6	40
1114	7	20	3	60	3	60	10	80	2	90	1	50	2	80	11	20	22	30	16	—	6	40
1115	7	20	3	60	3	60	10	80	2	90	1	50	2	80	11	20	22	30	16	—	6	40
1116	7	20	3	60	3	60	10	80	2	90	1	50	2	80	11	20	22	40	16	—	6	40
1117	7	20	3	60	3	60	10	80	2	90	1	50	2	80	11	20	22	40	16	—	6	40
1118	7	20	3	60	3	60	10	80	2	90	1	50	2	80	11	20	22	40	16	—	6	40
1119	7	20	3	60	3	60	10	80	2	90	1	50	2	80	11	20	22	40	16	—	6	40
1120	7	20	3	60	3	60	10	80	2	90	1	50	2	80	11	20	22	40	16	—	6	40

Gegenstandssumma	Staatsgebühren 1 Prozent		Staatsgebühren 1½ Prozent		Staatsgebühren 2 Prozent		Besitzveränderungsabgabe		Staatsgebühren 1 pro mille		Staatsgebühren 2 pro mille		Staatsgebühren 2½ pro mille		Staatsgebühren 3 pro mille		Staatsgebühren 5 pro mille	
ℳ	ℳ	₰	ℳ	₰	ℳ	₰	ℳ	₰	ℳ	₰	ℳ	₰	ℳ	₰	ℳ	₰	ℳ	₰
1121	11	30	16	90	22	50	4	30	1	20	2	30	2	90	3	40	5	70
1122	11	30	16	90	22	50	4	30	1	20	2	30	2	90	3	40	5	70
1123	11	30	16	90	22	50	4	30	1	20	2	30	2	90	3	40	5	70
1124	11	30	16	90	22	50	4	30	1	20	2	30	2	90	3	40	5	70
1125	11	30	16	90	22	50	4	30	1	20	2	30	2	90	3	40	5	70
1126	11	30	16	90	22	60	4	30	1	20	2	30	2	90	3	40	5	70
1127	11	30	17	—	22	60	4	30	1	20	2	30	2	90	3	40	5	70
1128	11	30	17	—	22	60	4	30	1	20	2	30	2	90	3	40	5	70
1129	11	30	17	—	22	60	4	30	1	20	2	30	2	90	3	40	5	70
1130	11	30	17	—	22	60	4	30	1	20	2	30	2	90	3	40	5	70
1131	11	40	17	—	22	70	4	30	1	20	2	30	2	90	3	40	5	70
1132	11	40	17	—	22	70	4	30	1	20	2	30	2	90	3	40	5	70
1133	11	40	17	—	22	70	4	30	1	20	2	30	2	90	3	40	5	70
1134	11	40	17	10	22	70	4	30	1	20	2	30	2	90	3	50	5	70
1135	11	40	17	10	22	70	4	30	1	20	2	30	2	90	3	50	5	70
1136	11	40	17	10	22	80	4	30	1	20	2	30	2	90	3	50	5	70
1137	11	40	17	10	22	80	4	30	1	20	2	30	2	90	3	50	5	70
1138	11	40	17	10	22	80	4	30	1	20	2	30	2	90	3	50	5	70
1139	11	40	17	10	22	80	4	30	1	20	2	30	2	90	3	50	5	70
1140	11	40	17	10	22	80	4	30	1	20	2	30	2	90	3	50	5	70
1141	11	50	17	20	22	90	4	30	1	20	2	30	2	90	3	50	5	80
1142	11	50	17	20	22	90	4	30	1	20	2	30	2	90	3	50	5	80
1143	11	50	17	20	22	90	4	30	1	20	2	30	2	90	3	50	5	80
1144	11	50	17	20	22	90	4	30	1	20	2	30	2	90	3	50	5	80
1145	11	50	17	20	22	90	4	30	1	20	2	30	2	90	3	50	5	80
1146	11	50	17	20	23	—	4	30	1	20	2	30	2	90	3	50	5	80
1147	11	50	17	30	23	—	4	40	1	20	2	30	2	90	3	50	5	80
1148	11	50	17	30	23	—	4	40	1	20	2	30	2	90	3	50	5	80
1149	11	50	17	30	23	—	4	40	1	20	2	30	2	90	3	50	5	80
1150	11	50	17	30	23	—	4	40	1	20	2	30	2	90	3	50	5	80
1151	11	60	17	30	23	10	4	40	1	20	2	40	2	90	3	50	5	80
1152	11	60	17	30	23	10	4	40	1	20	2	40	2	90	3	50	5	80
1153	11	60	17	30	23	10	4	40	1	20	2	40	2	90	3	50	5	80
1154	11	60	17	40	23	10	4	40	1	20	2	40	2	90	3	50	5	80
1155	11	60	17	40	23	10	4	40	1	20	2	40	2	90	3	50	5	80
1156	11	60	17	40	23	20	4	40	1	20	2	40	2	90	3	50	5	80
1157	11	60	17	40	23	20	4	40	1	20	2	40	2	90	3	50	5	80
1158	11	60	17	40	23	20	4	40	1	20	2	40	2	90	3	50	5	80
1159	11	60	17	40	23	20	4	40	1	20	2	40	2	90	3	50	5	80
1160	11	60	17	40	23	20	4	40	1	20	2	40	2	90	3	50	5	80

Gegen-stands-Summa	Werthgebühr: Volle, Art. 22. 40. 41. 50		Werthgebühr: 1/2, Art. 25. 27. 29. 30. 38 Abs. 2		Werthgebühr: 1/2 bis 2200 M. darüber 2/3, Art. 24		Werthgebühr: 1 1/2, Art. 23		4/10 aus der vollen Werthgebühr, Art. 45 Abs. 3		4/10 aus 2/3 Werthgebühr, Art. 45 Abs. 3		Hinterlegungsgebühr: Art. 100		Hinterlegungsgebühr: Art. 101 a		Hinterlegungsgebühr: Art. 101 b		Auseinandersetzungsgebühr: 5/10 der Sätze des § 8 des Reichsgerichts-Kosten-Gesetzes		Auseinandersetzungsgebühr: 2/10 der Sätze des § 8 des Reichsgerichts-Kosten-Gesetzes	
M	M	₰	M	₰	M	₰	M	₰	M	₰	M	₰	M	₰	M	₰	M	₰	M	₰	M	₰
1121	7	20	3	60	3	60	10	80	2	90	1	50	2	90	11	30	22	50	16	—	6	40
1122	7	20	3	60	3	60	10	80	2	90	1	50	2	90	11	30	22	50	16	—	6	40
1123	7	20	3	60	3	60	10	80	2	90	1	50	2	90	11	30	22	50	16	—	6	40
1124	7	20	3	60	3	60	10	80	2	90	1	50	2	90	11	30	22	50	16	—	6	40
1125	7	20	3	60	3	60	10	80	2	90	1	50	2	90	11	30	22	50	16	—	6	40
1126	7	20	3	60	3	60	10	80	2	90	1	50	2	90	11	30	22	60	16	—	6	40
1127	7	20	3	60	3	60	10	80	2	90	1	50	2	90	11	30	22	60	16	—	6	40
1128	7	20	3	60	3	60	10	80	2	90	1	50	2	90	11	30	22	60	16	—	6	40
1129	7	20	3	60	3	60	10	80	2	90	1	50	2	90	11	30	22	60	16	—	6	40
1130	7	20	3	60	3	60	10	80	2	90	1	50	2	90	11	30	22	60	16	—	6	40
1131	7	20	3	60	3	60	10	80	2	90	1	50	2	90	11	40	22	70	16	—	6	40
1132	7	20	3	60	3	60	10	80	2	90	1	50	2	90	11	40	22	70	16	—	6	40
1133	7	20	3	60	3	60	10	80	2	90	1	50	2	90	11	40	22	70	16	—	6	40
1134	7	20	3	60	3	60	10	80	2	90	1	50	2	90	11	40	22	70	16	—	6	40
1135	7	20	3	60	3	60	10	80	2	90	1	50	2	90	11	40	22	70	16	—	6	40
1136	7	20	3	60	3	60	10	80	2	90	1	50	2	90	11	40	22	80	16	—	6	40
1137	7	20	3	60	3	60	10	80	2	90	1	50	2	90	11	40	22	80	16	—	6	40
1138	7	20	3	60	3	60	10	80	2	90	1	50	2	90	11	40	22	80	16	—	6	40
1139	7	20	3	60	3	60	10	80	2	90	1	50	2	90	11	40	22	80	16	—	6	40
1140	7	20	3	60	3	60	10	80	2	90	1	50	2	90	11	40	22	80	16	—	6	40
1141	7	20	3	60	3	60	10	80	2	90	1	50	2	90	11	50	22	90	16	—	6	40
1142	7	20	3	60	3	60	10	80	2	90	1	50	2	90	11	50	22	90	16	—	6	40
1143	7	20	3	60	3	60	10	80	2	90	1	50	2	90	11	50	22	90	16	—	6	40
1144	7	20	3	60	3	60	10	80	2	90	1	50	2	90	11	50	22	90	16	—	6	40
1145	7	20	3	60	3	60	10	80	2	90	1	50	2	90	11	50	22	90	16	—	6	40
1146	7	20	3	60	3	60	10	80	2	90	1	50	2	90	11	50	23	—	16	—	6	40
1147	7	20	3	60	3	60	10	80	2	90	1	50	2	90	11	50	23	—	16	—	6	40
1148	7	20	3	60	3	60	10	80	2	90	1	50	2	90	11	50	23	—	16	—	6	40
1149	7	20	3	60	3	60	10	80	2	90	1	50	2	90	11	50	23	—	16	—	6	40
1150	7	20	3	60	3	60	10	80	2	90	1	50	2	90	11	50	23	—	16	—	6	40
1151	7	20	3	60	3	60	10	80	2	90	1	50	2	90	11	60	23	10	16	—	6	40
1152	7	20	3	60	3	60	10	80	2	90	1	50	2	90	11	60	23	10	16	—	6	40
1153	7	20	3	60	3	60	10	80	2	90	1	50	2	90	11	60	23	10	16	—	6	40
1154	7	20	3	60	3	60	10	80	2	90	1	50	2	90	11	60	23	10	16	—	6	40
1155	7	20	3	60	3	60	10	80	2	90	1	50	2	90	11	60	23	10	16	—	6	40
1156	7	20	3	60	3	60	10	80	2	90	1	50	2	90	11	60	23	20	16	—	6	40
1157	7	20	3	60	3	60	10	80	2	90	1	50	2	90	11	60	23	20	16	—	6	40
1158	7	20	3	60	3	60	10	80	2	90	1	50	2	90	11	60	23	20	16	—	6	40
1159	7	20	3	60	3	60	10	80	2	90	1	50	2	90	11	60	23	20	16	—	6	40
1160	7	20	3	60	3	60	10	80	2	90	1	50	2	90	11	60	23	20	16	—	6	40

Gegen-stands-Summa	Staatsgebühren 1 Prozent		$1^1/_2$ Prozent		2 Prozent		Besitz-veränderungs-abgabe		Staatsgebühren 1 pro mille		2 pro mille		$2^1/_2$ pro mille		3 pro mille		5 pro mille	
M	M	₰	M	₰	M	₰	M	₰	M	₰	M	₰	M	₰	M	₰	M	₰
1161	11	70	17	50	23	30	4	40	1	20	2	40	3	—	3	50	5	90
1162	11	70	17	50	23	30	4	40	1	20	2	40	3	—	3	50	5	90
1163	11	70	17	50	23	30	4	40	1	20	2	40	3	—	3	50	5	90
1164	11	70	17	50	23	30	4	40	1	20	2	40	3	—	3	50	5	90
1165	11	70	17	50	23	30	4	40	1	20	2	40	3	—	3	50	5	90
1166	11	70	17	50	23	40	4	40	1	20	2	40	3	—	3	50	5	90
1167	11	70	17	60	23	40	4	40	1	20	2	40	3	—	3	60	5	90
1168	11	70	17	60	23	40	4	40	1	20	2	40	3	—	3	60	5	90
1169	11	70	17	60	23	40	4	40	1	20	2	40	3	—	3	60	5	90
1170	11	70	17	60	23	40	4	40	1	20	2	40	3	—	3	60	5	90
1171	11	80	17	60	23	50	4	40	1	20	2	40	3	—	3	60	5	90
1172	11	80	17	60	23	50	4	40	1	20	2	40	3	—	3	60	5	90
1173	11	80	17	60	23	50	4	40	1	20	2	40	3	—	3	60	5	90
1174	11	80	17	70	23	50	4	50	1	20	2	40	3	—	3	60	5	90
1175	11	80	17	70	23	50	4	50	1	20	2	40	3	—	3	60	5	90
1176	11	80	17	70	23	60	4	50	1	20	2	40	3	—	3	60	5	90
1177	11	80	17	70	23	60	4	50	1	20	2	40	3	—	3	60	5	90
1178	11	80	17	70	23	60	4	50	1	20	2	40	3	—	3	60	5	90
1179	11	80	17	70	23	60	4	50	1	20	2	40	3	—	3	60	5	90
1180	11	80	17	70	23	60	4	50	1	20	2	40	3	—	3	60	5	90
1181	11	90	17	80	23	70	4	50	1	20	2	40	3	—	3	60	6	—
1182	11	90	17	80	23	70	4	50	1	20	2	40	3	—	3	60	6	—
1183	11	90	17	80	23	70	4	50	1	20	2	40	3	—	3	60	6	—
1184	11	90	17	80	23	70	4	50	1	20	2	40	3	—	3	60	6	—
1185	11	90	17	80	23	70	4	50	1	20	2	40	3	—	3	60	6	—
1186	11	90	17	80	23	80	4	50	1	20	2	40	3	—	3	60	6	—
1187	11	90	17	90	23	80	4	50	1	20	2	40	3	—	3	60	6	—
1188	11	90	17	90	23	80	4	50	1	20	2	40	3	—	3	60	6	—
1189	11	90	17	90	23	80	4	50	1	20	2	40	3	—	3	60	6	—
1190	11	90	17	90	23	80	4	50	1	20	2	40	3	—	3	60	6	—
1191	12	—	17	90	23	90	4	50	1	20	2	40	3	—	3	60	6	—
1192	12	—	17	90	23	90	4	50	1	20	2	40	3	—	3	60	6	—
1193	12	—	17	90	23	90	4	50	1	20	2	40	3	—	3	60	6	—
1194	12	—	18	—	23	90	4	50	1	20	2	40	3	—	3	60	6	—
1195	12	—	18	—	23	90	4	50	1	20	2	40	3	—	3	60	6	—
1196	12	—	18	—	24	—	4	50	1	20	2	40	3	—	3	60	6	—
1197	12	—	18	—	24	—	4	50	1	20	2	40	3	—	3	60	6	—
1198	12	—	18	—	24	—	4	50	1	20	2	40	3	—	3	60	6	—
1199	12	—	18	—	24	—	4	50	1	20	2	40	3	—	3	60	6	—
1200	12	—	18	—	24	—	4	50	1	20	2	40	3	—	3	60	6	—

Gegen-stands-Summa	Werthgebühr								$^4/_{10}$ aus der vollen Werthgebühr		$^4/_{10}$ aus $^2/_3$ Werthgebühr		Hinterlegungsgebühr						Auseinandersetzungsgebühr			
	Volle		$^1/_2$		$^1/_2$ bis 2200 ℳ		$1^1/_2$												$^5/_{10}$		$^2/_{10}$	
	Art. 22. 40. 41. 50		Art. 25. 27. 29. 30. 38 Abs. 2		darüber $^2/_3$ Art. 24		Art. 23		Art. 45 Abs. 3				Art. 100		Art. 101 a		Art. 101 b		der Sätze des § 8 des Reichsgerichts-Kosten-Gesetzes			
ℳ	ℳ	₰	ℳ	₰	ℳ	₰	ℳ	₰	ℳ	₰	ℳ	₰	ℳ	₰	ℳ	₰	ℳ	₰	ℳ	₰	ℳ	₰
1161	7	20	3	60	3	60	10	80	2	90	1	50	3	—	11	70	23	30	16	—	6	40
1162	7	20	3	60	3	60	10	80	2	90	1	50	3	—	11	70	23	30	16	—	6	40
1163	7	20	3	60	3	60	10	80	2	90	1	50	3	—	11	70	23	30	16	—	6	40
1164	7	20	3	60	3	60	10	80	2	90	1	50	3	—	11	70	23	30	16	—	6	40
1165	7	20	3	60	3	60	10	80	2	90	1	50	3	—	11	70	23	30	16	—	6	40
1166	7	20	3	60	3	60	10	80	2	90	1	50	3	—	11	70	23	40	16	—	6	40
1167	7	20	3	60	3	60	10	80	2	90	1	50	3	—	11	70	23	40	16	—	6	40
1168	7	20	3	60	3	60	10	80	2	90	1	50	3	—	11	70	23	40	16	—	6	40
1169	7	20	3	60	3	60	10	80	2	90	1	50	3	—	11	70	23	40	16	—	6	40
1170	7	20	3	60	3	60	10	80	2	90	1	50	3	—	11	70	23	40	16	—	6	40
1171	7	20	3	60	3	60	10	80	2	90	1	50	3	—	11	80	23	50	16	—	6	40
1172	7	20	3	60	3	60	10	80	2	90	1	50	3	—	11	80	23	50	16	—	6	40
1173	7	20	3	60	3	60	10	80	2	90	1	50	3	—	11	80	23	50	16	—	6	40
1174	7	20	3	60	3	60	10	80	2	90	1	50	3	—	11	80	23	50	16	—	6	40
1175	7	20	3	60	3	60	10	80	2	90	1	50	3	—	11	80	23	50	16	—	6	40
1176	7	20	3	60	3	60	10	80	2	90	1	50	3	—	11	80	23	60	16	—	6	40
1177	7	20	3	60	3	60	10	80	2	90	1	50	3	—	11	80	23	60	16	—	6	40
1178	7	20	3	60	3	60	10	80	2	90	1	50	3	—	11	80	23	60	16	—	6	40
1179	7	20	3	60	3	60	10	80	2	90	1	50	3	—	11	80	23	60	16	—	6	40
1180	7	20	3	60	3	60	10	80	2	90	1	50	3	—	11	80	23	60	16	—	6	40
1181	7	20	3	60	3	60	10	80	2	90	1	50	3	—	11	90	23	70	16	—	6	40
1182	7	20	3	60	3	60	10	80	2	90	1	50	3	—	11	90	23	70	16	—	6	40
1183	7	20	3	60	3	60	10	80	2	90	1	50	3	—	11	90	23	70	16	—	6	40
1184	7	20	3	60	3	60	10	80	2	90	1	50	3	—	11	90	23	70	16	—	6	40
1185	7	20	3	60	3	60	10	80	2	90	1	50	3	—	11	90	23	70	16	—	6	40
1186	7	20	3	60	3	60	10	80	2	90	1	50	3	—	11	90	23	80	16	—	6	40
1187	7	20	3	60	3	60	10	80	2	90	1	50	3	—	11	90	23	80	16	—	6	40
1188	7	20	3	60	3	60	10	80	2	90	1	50	3	—	11	90	23	80	16	—	6	40
1189	7	20	3	60	3	60	10	80	2	90	1	50	3	—	11	90	23	80	16	—	6	40
1190	7	20	3	60	3	60	10	80	2	90	1	50	3	—	11	90	23	80	16	—	6	40
1191	7	20	3	60	3	60	10	80	2	90	1	50	3	—	12	—	23	90	16	—	6	40
1192	7	20	3	60	3	60	10	80	2	90	1	50	3	—	12	—	23	90	16	—	6	40
1193	7	20	3	60	3	60	10	80	2	90	1	50	3	—	12	—	23	90	16	—	6	40
1194	7	20	3	60	3	60	10	80	2	90	1	50	3	—	12	—	23	90	16	—	6	40
1195	7	20	3	60	3	60	10	80	2	90	1	50	3	—	12	—	23	90	16	—	6	40
1196	7	20	3	60	3	60	10	80	2	90	1	50	3	—	12	—	24	—	16	—	6	40
1197	7	20	3	60	3	60	10	80	2	90	1	50	3	—	12	—	24	—	16	—	6	40
1198	7	20	3	60	3	60	10	80	2	90	1	50	3	—	12	—	24	—	16	—	6	40
1199	7	20	3	60	3	60	10	80	2	90	1	50	3	—	12	—	24	—	16	—	6	40
1200	7	20	3	60	3	60	10	80	2	90	1	50	3	—	12	—	24	—	16	—	6	40

Gegen-stands-Summa	Staatsgebühren Prozent 1		1½		2		Besitz-veränderungs-abgabe		Staatsgebühren pro mille 1		2		2½		3		5	
ℳ	ℳ	₰	ℳ	₰	ℳ	₰	ℳ	₰	ℳ	₰	ℳ	₰	ℳ	₰	ℳ	₰	ℳ	₰
1201	12	10	18	10	24	10	4	60	1	30	2	50	3	10	3	70	6	10
1202	12	10	18	10	24	10	4	60	1	30	2	50	3	10	3	70	6	10
1203	12	10	18	10	24	10	4	60	1	30	2	50	3	10	3	70	6	10
1204	12	10	18	10	24	10	4	60	1	30	2	50	3	10	3	70	6	10
1205	12	10	18	10	24	10	4	60	1	30	2	50	3	10	3	70	6	10
1206	12	10	18	10	24	20	4	60	1	30	2	50	3	10	3	70	6	10
1207	12	10	18	20	24	20	4	60	1	30	2	50	3	10	3	70	6	10
1208	12	10	18	20	24	20	4	60	1	30	2	50	3	10	3	70	6	10
1209	12	10	18	20	24	20	4	60	1	30	2	50	3	10	3	70	6	10
1210	12	10	18	20	24	20	4	60	1	30	2	50	3	10	3	70	6	10
1211	12	20	18	20	24	30	4	60	1	30	2	50	3	10	3	70	6	10
1212	12	20	18	20	24	30	4	60	1	30	2	50	3	10	3	70	6	10
1213	12	20	18	20	24	30	4	60	1	30	2	50	3	10	3	70	6	10
1214	12	20	18	30	24	30	4	60	1	30	2	50	3	10	3	70	6	10
1215	12	20	18	30	24	30	4	60	1	30	2	50	3	10	3	70	6	10
1216	12	20	18	30	24	40	4	60	1	30	2	50	3	10	3	70	6	10
1217	12	20	18	30	24	40	4	60	1	30	2	50	3	10	3	70	6	10
1218	12	20	18	30	24	40	4	60	1	30	2	50	3	10	3	70	6	10
1219	12	20	18	30	24	40	4	60	1	30	2	50	3	10	3	70	6	10
1220	12	20	18	30	24	40	4	60	1	30	2	50	3	10	3	70	6	10
1221	12	30	18	40	24	50	4	60	1	30	2	50	3	10	3	70	6	20
1222	12	30	18	40	24	50	4	60	1	30	2	50	3	10	3	70	6	20
1223	12	30	18	40	24	50	4	60	1	30	2	50	3	10	3	70	6	20
1224	12	30	18	40	24	50	4	60	1	30	2	50	3	10	3	70	6	20
1225	12	30	18	40	24	50	4	60	1	30	2	50	3	10	3	70	6	20
1226	12	30	18	40	24	60	4	60	1	30	2	50	3	10	3	70	6	20
1227	12	30	18	50	24	60	4	70	1	30	2	50	3	10	3	70	6	20
1228	12	30	18	50	24	60	4	70	1	30	2	50	3	10	3	70	6	20
1229	12	30	18	50	24	60	4	70	1	30	2	50	3	10	3	70	6	20
1230	12	30	18	50	24	60	4	70	1	30	2	50	3	10	3	70	6	20
1231	12	40	18	50	24	70	4	70	1	30	2	50	3	10	3	70	6	20
1232	12	40	18	50	24	70	4	70	1	30	2	50	3	10	3	70	6	20
1233	12	40	18	50	24	70	4	70	1	30	2	50	3	10	3	70	6	20
1234	12	40	18	60	24	70	4	70	1	30	2	50	3	10	3	80	6	20
1235	12	40	18	60	24	70	4	70	1	30	2	50	3	10	3	80	6	20
1236	12	40	18	60	24	80	4	70	1	30	2	50	3	10	3	80	6	20
1237	12	40	18	60	24	80	4	70	1	30	2	50	3	10	3	80	6	20
1238	12	40	18	60	24	80	4	70	1	30	2	50	3	10	3	80	6	20
1239	12	40	18	60	24	80	4	70	1	30	2	50	3	10	3	80	6	20
1240	12	40	18	60	24	80	4	70	1	30	2	50	3	10	3	80	6	20

Gegen-stands-Summa	Werthgebühr: Volle (Art. 22. 40. 41. 50)		Werthgebühr: 1/2 (Art. 25. 27. 29. 30. 38 Abs. 2)		Werthgebühr: 1/2 bis 2200 M darüber 2/3 (Art. 24)		Werthgebühr: 1 1/2 (Art. 23)		4/10 aus der vollen Werthgebühr (Art. 45 Abs. 3)		4/10 aus 2/3 Werthgebühr (Art. 45 Abs. 3)		Hinterlegungsgebühr: Art. 100		Hinterlegungsgebühr: Art. 101 a		Hinterlegungsgebühr: Art. 101 b		Auseinandersetzungsgebühr: 5/10 (der Sätze des § 8 des Reichsgerichts-Kosten-Gesetzes)		Auseinandersetzungsgebühr: 2/10 (der Sätze des § 8 des Reichsgerichts-Kosten-Gesetzes)	
M	M	₰	M	₰	M	₰	M	₰	M	₰	M	₰	M	₰	M	₰	M	₰	M	₰	M	₰
1201	8	10	4	10	4	10	12	20	3	30	1	70	3	10	12	10	24	10	19	—	7	60
1202	8	10	4	10	4	10	12	20	3	30	1	70	3	10	12	10	24	10	19	—	7	60
1203	8	10	4	10	4	10	12	20	3	30	1	70	3	10	12	10	24	10	19	—	7	60
1204	8	10	4	10	4	10	12	20	3	30	1	70	3	10	12	10	24	10	19	—	7	60
1205	8	10	4	10	4	10	12	20	3	30	1	70	3	10	12	10	24	10	19	—	7	60
1206	8	10	4	10	4	10	12	20	3	30	1	70	3	10	12	10	24	20	19	—	7	60
1207	8	10	4	10	4	10	12	20	3	30	1	70	3	10	12	10	24	20	19	—	7	60
1208	8	10	4	10	4	10	12	20	3	30	1	70	3	10	12	10	24	20	19	—	7	60
1209	8	10	4	10	4	10	12	20	3	30	1	70	3	10	12	10	24	20	19	—	7	60
1210	8	10	4	10	4	10	12	20	3	30	1	70	3	10	12	10	24	20	19	—	7	60
1211	8	10	4	10	4	10	12	20	3	30	1	70	3	10	12	20	24	30	19	—	7	60
1212	8	10	4	10	4	10	12	20	3	30	1	70	3	10	12	20	24	30	19	—	7	60
1213	8	10	4	10	4	10	12	20	3	30	1	70	3	10	12	20	24	30	19	—	7	60
1214	8	10	4	10	4	10	12	20	3	30	1	70	3	10	12	20	24	30	19	—	7	60
1215	8	10	4	10	4	10	12	20	3	30	1	70	3	10	12	20	24	30	19	—	7	60
1216	8	10	4	10	4	10	12	20	3	30	1	70	3	10	12	20	24	40	19	—	7	60
1217	8	10	4	10	4	10	12	20	3	30	1	70	3	10	12	20	24	40	19	—	7	60
1218	8	10	4	10	4	10	12	20	3	30	1	70	3	10	12	20	24	40	19	—	7	60
1219	8	10	4	10	4	10	12	20	3	30	1	70	3	10	12	20	24	40	19	—	7	60
1220	8	10	4	10	4	10	12	20	3	30	1	70	3	10	12	20	24	40	19	—	7	60
1221	8	10	4	10	4	10	12	20	3	30	1	70	3	10	12	30	24	50	19	—	7	60
1222	8	10	4	10	4	10	12	20	3	30	1	70	3	10	12	30	24	50	19	—	7	60
1223	8	10	4	10	4	10	12	20	3	30	1	70	3	10	12	30	24	50	19	—	7	60
1224	8	10	4	10	4	10	12	20	3	30	1	70	3	10	12	30	24	50	19	—	7	60
1225	8	10	4	10	4	10	12	20	3	30	1	70	3	10	12	30	24	50	19	—	7	60
1226	8	10	4	10	4	10	12	20	3	30	1	70	3	10	12	30	24	60	19	—	7	60
1227	8	10	4	10	4	10	12	20	3	30	1	70	3	10	12	30	24	60	19	—	7	60
1228	8	10	4	10	4	10	12	20	3	30	1	70	3	10	12	30	24	60	19	—	7	60
1229	8	10	4	10	4	10	12	20	3	30	1	70	3	10	12	30	24	60	19	—	7	60
1230	8	10	4	10	4	10	12	20	3	30	1	70	3	10	12	30	24	60	19	—	7	60
1231	8	10	4	10	4	10	12	20	3	30	1	70	3	10	12	40	24	70	19	—	7	60
1232	8	10	4	10	4	10	12	20	3	30	1	70	3	10	12	40	24	70	19	—	7	60
1233	8	10	4	10	4	10	12	20	3	30	1	70	3	10	12	40	24	70	19	—	7	60
1234	8	10	4	10	4	10	12	20	3	30	1	70	3	10	12	40	24	70	19	—	7	60
1235	8	10	4	10	4	10	12	20	3	30	1	70	3	10	12	40	24	70	19	—	7	60
1236	8	10	4	10	4	10	12	20	3	30	1	70	3	10	12	40	24	80	19	—	7	60
1237	8	10	4	10	4	10	12	20	3	30	1	70	3	10	12	40	24	80	19	—	7	60
1238	8	10	4	10	4	10	12	20	3	30	1	70	3	10	12	40	24	80	19	—	7	60
1239	8	10	4	10	4	10	12	20	3	30	1	70	3	10	12	40	24	80	19	—	7	60
1240	8	10	4	10	4	10	12	20	3	30	1	70	3	10	12	40	24	80	19	—	7	60

Gegen-stands-Summa	Staatsgebühren 1 Prozent		Staatsgebühren 1½ Prozent		Staatsgebühren 2 Prozent		Besitz-veränderungs-abgabe		Staatsgebühren 1 pro mille		Staatsgebühren 2 pro mille		Staatsgebühren 2½ pro mille		Staatsgebühren 3 pro mille		Staatsgebühren 5 pro mille	
M	M	Pf	M	Pf	M	Pf	M	Pf	M	Pf	M	Pf	M	Pf	M	Pf	M	Pf
1241	12	50	18	70	24	90	4	70	1	30	2	50	3	20	3	80	6	30
1242	12	50	18	70	24	90	4	70	1	30	2	50	3	20	3	80	6	30
1243	12	50	18	70	24	90	4	70	1	30	2	50	3	20	3	80	6	30
1244	12	50	18	70	24	90	4	70	1	30	2	50	3	20	3	80	6	30
1245	12	50	18	70	24	90	4	70	1	30	2	50	3	20	3	80	6	30
1246	12	50	18	70	25	—	4	70	1	30	2	50	3	20	3	80	6	30
1247	12	50	18	80	25	—	4	70	1	30	2	50	3	20	3	80	6	30
1248	12	50	18	80	25	—	4	70	1	30	2	50	3	20	3	80	6	30
1249	12	50	18	80	25	—	4	70	1	30	2	50	3	20	3	80	6	30
1250	12	50	18	80	25	—	4	70	1	30	2	50	3	20	3	80	6	30
1251	12	60	18	80	25	10	4	70	1	30	2	60	3	20	3	80	6	30
1252	12	60	18	80	25	10	4	70	1	30	2	60	3	20	3	80	6	30
1253	12	60	18	80	25	10	4	70	1	30	2	60	3	20	3	80	6	30
1254	12	60	18	90	25	10	4	80	1	30	2	60	3	20	3	80	6	30
1255	12	60	18	90	25	10	4	80	1	30	2	60	3	20	3	80	6	30
1256	12	60	18	90	25	20	4	80	1	30	2	60	3	20	3	80	6	30
1257	12	60	18	90	25	20	4	80	1	30	2	60	3	20	3	80	6	30
1258	12	60	18	90	25	20	4	80	1	30	2	60	3	20	3	80	6	30
1259	12	60	18	90	25	20	4	80	1	30	2	60	3	20	3	80	6	30
1260	12	60	18	90	25	20	4	80	1	30	2	60	3	20	3	80	6	30
1261	12	70	19	—	25	30	4	80	1	30	2	60	3	20	3	80	6	40
1262	12	70	19	—	25	30	4	80	1	30	2	60	3	20	3	80	6	40
1263	12	70	19	—	25	30	4	80	1	30	2	60	3	20	3	80	6	40
1264	12	70	19	—	25	30	4	80	1	30	2	60	3	20	3	80	6	40
1265	12	70	19	—	25	30	4	80	1	30	2	60	3	20	3	80	6	40
1266	12	70	19	—	25	40	4	80	1	30	2	60	3	20	3	80	6	40
1267	12	70	19	10	25	40	4	80	1	30	2	60	3	20	3	90	6	40
1268	12	70	19	10	25	40	4	80	1	30	2	60	3	20	3	90	6	40
1269	12	70	19	10	25	40	4	80	1	30	2	60	3	20	3	90	6	40
1270	12	70	19	10	25	40	4	80	1	30	2	60	3	20	3	90	6	40
1271	12	80	19	10	25	50	4	80	1	30	2	60	3	20	3	90	6	40
1272	12	80	19	10	25	50	4	80	1	30	2	60	3	20	3	90	6	40
1273	12	80	19	10	25	50	4	80	1	30	2	60	3	20	3	90	6	40
1274	12	80	19	20	25	50	4	80	1	30	2	60	3	20	3	90	6	40
1275	12	80	19	20	25	50	4	80	1	30	2	60	3	20	3	90	6	40
1276	12	80	19	20	25	60	4	80	1	30	2	60	3	20	3	90	6	40
1277	12	80	19	20	25	60	4	80	1	30	2	60	3	20	3	90	6	40
1278	12	80	19	20	25	60	4	80	1	30	2	60	3	20	3	90	6	40
1279	12	80	19	20	25	60	4	80	1	30	2	60	3	20	3	90	6	40
1280	12	80	19	20	25	60	4	80	1	30	2	60	3	20	3	90	6	40

Gegenstands-Summa	Werthgebühr: Volle		1/2		1/2 bis 2200 M		1 1/2		4/10 aus der vollen Werthgebühr		4/10 aus 2/3 Werthgebühr		Hinterlegungsgebühr						Auseinandersetzungsgebühr 5/10		2/10	
	Art. 22. 40. 41. 50		Art. 25. 27. 29. 30 38 Abs. 2		darüber 2/3 Art. 24		Art. 23		Art. 45 Abs. 3				Art. 100		Art. 101a		Art. 101b		der Sätze des § 8 des Reichsgerichts-Kosten-Gesetzes			
M	M	₰	M	₰	M	₰	M	₰	M	₰	M	₰	M	₰	M	₰	M	₰	M	₰	M	₰
1241	8	10	4	10	4	10	12	20	3	30	1	70	3	20	12	50	24	90	19	—	7	60
1242	8	10	4	10	4	10	12	20	3	30	1	70	3	20	12	50	24	90	19	—	7	60
1243	8	10	4	10	4	10	12	20	3	30	1	70	3	20	12	50	24	90	19	—	7	60
1244	8	10	4	10	4	10	12	20	3	30	1	70	3	20	12	50	24	90	19	—	7	60
1245	8	10	4	10	4	10	12	20	3	30	1	70	3	20	12	50	24	90	19	—	7	60
1246	8	10	4	10	4	10	12	20	3	30	1	70	3	20	12	50	25	—	19	—	7	60
1247	8	10	4	10	4	10	12	20	3	30	1	70	3	20	12	50	25	—	19	—	7	60
1248	8	10	4	10	4	10	12	20	3	30	1	70	3	20	12	50	25	—	19	—	7	60
1249	8	10	4	10	4	10	12	20	3	30	1	70	3	20	12	50	25	—	19	—	7	60
1250	8	10	4	10	4	10	12	20	3	30	1	70	3	20	12	50	25	—	19	—	7	60
1251	8	10	4	10	4	10	12	20	3	30	1	70	3	20	12	60	25	10	19	—	7	60
1252	8	10	4	10	4	10	12	20	3	30	1	70	3	20	12	60	25	10	19	—	7	60
1253	8	10	4	10	4	10	12	20	3	30	1	70	3	20	12	60	25	10	19	—	7	60
1254	8	10	4	10	4	10	12	20	3	30	1	70	3	20	12	60	25	10	19	—	7	60
1255	8	10	4	10	4	10	12	20	3	30	1	70	3	20	12	60	25	10	19	—	7	60
1256	8	10	4	10	4	10	12	20	3	30	1	70	3	20	12	60	25	20	19	—	7	60
1257	8	10	4	10	4	10	12	20	3	30	1	70	3	20	12	60	25	20	19	—	7	60
1258	8	10	4	10	4	10	12	20	3	30	1	70	3	20	12	60	25	20	19	—	7	60
1259	8	10	4	10	4	10	12	20	3	30	1	70	3	20	12	60	25	20	19	—	7	60
1260	8	10	4	10	4	10	12	20	3	30	1	70	3	20	12	60	25	20	19	—	7	60
1261	8	10	4	10	4	10	12	20	3	30	1	70	3	20	12	70	25	30	19	—	7	60
1262	8	10	4	10	4	10	12	20	3	30	1	70	3	20	12	70	25	30	19	—	7	60
1263	8	10	4	10	4	10	12	20	3	30	1	70	3	20	12	70	25	30	19	—	7	60
1264	8	10	4	10	4	10	12	20	3	30	1	70	3	20	12	70	25	30	19	—	7	60
1265	8	10	4	10	4	10	12	20	3	30	1	70	3	20	12	70	25	30	19	—	7	60
1266	8	10	4	10	4	10	12	20	3	30	1	70	3	20	12	70	25	40	19	—	7	60
1267	8	10	4	10	4	10	12	20	3	30	1	70	3	20	12	70	25	40	19	—	7	60
1268	8	10	4	10	4	10	12	20	3	30	1	70	3	20	12	70	25	40	19	—	7	60
1269	8	10	4	10	4	10	12	20	3	30	1	70	3	20	12	70	25	40	19	—	7	60
1270	8	10	4	10	4	10	12	20	3	30	1	70	3	20	12	70	25	40	19	—	7	60
1271	8	10	4	10	4	10	12	20	3	30	1	70	3	20	12	80	25	50	19	—	7	60
1272	8	10	4	10	4	10	12	20	3	30	1	70	3	20	12	80	25	50	19	—	7	60
1273	8	10	4	10	4	10	12	20	3	30	1	70	3	20	12	80	25	50	19	—	7	60
1274	8	10	4	10	4	10	12	20	3	30	1	70	3	20	12	80	25	50	19	—	7	60
1275	8	10	4	10	4	10	12	20	3	30	1	70	3	20	12	80	25	50	19	—	7	60
1276	8	10	4	10	4	10	12	20	3	30	1	70	3	20	12	80	25	60	19	—	7	60
1277	8	10	4	10	4	10	12	20	3	30	1	70	3	20	12	80	25	60	19	—	7	60
1278	8	10	4	10	4	10	12	20	3	30	1	70	3	20	12	80	25	60	19	—	7	60
1279	8	10	4	10	4	10	12	20	3	30	1	70	3	20	12	80	25	60	19	—	7	60
1280	8	10	4	10	4	10	12	20	3	30	1	70	3	20	12	80	25	60	19	—	7	60

Gegenstands-Summa	Staatsgebühren 1 Prozent		Staatsgebühren 1½ Prozent		Staatsgebühren 2 Prozent		Besitzveränderungsabgabe		Staatsgebühren 1 pro mille		Staatsgebühren 2 pro mille		Staatsgebühren 2½ pro mille		Staatsgebühren 3 pro mille		Staatsgebühren 5 pro mille	
ℳ	ℳ	₰	ℳ	₰	ℳ	₰	ℳ	₰	ℳ	₰	ℳ	₰	ℳ	₰	ℳ	₰	ℳ	₰
1281	12	90	19	30	25	70	4	90	1	30	2	60	3	30	3	90	6	50
1282	12	90	19	30	25	70	4	90	1	30	2	60	3	30	3	90	6	50
1283	12	90	19	30	25	70	4	90	1	30	2	60	3	30	3	90	6	50
1284	12	90	19	30	25	70	4	90	1	30	2	60	3	30	3	90	6	50
1285	12	90	19	30	25	70	4	90	1	30	2	60	3	30	3	90	6	50
1286	12	90	19	30	25	80	4	90	1	30	2	60	3	30	3	90	6	50
1287	12	90	19	40	25	80	4	90	1	30	2	60	3	30	3	90	6	50
1288	12	90	19	40	25	80	4	90	1	30	2	60	3	30	3	90	6	50
1289	12	90	19	40	25	80	4	90	1	30	2	60	3	30	3	90	6	50
1290	12	90	19	40	25	80	4	90	1	30	2	60	3	30	3	90	6	50
1291	13	—	19	40	25	90	4	90	1	30	2	60	3	30	3	90	6	50
1292	13	—	19	40	25	90	4	90	1	30	2	60	3	30	3	90	6	50
1293	13	—	19	40	25	90	4	90	1	30	2	60	3	30	3	90	6	50
1294	13	—	19	50	25	90	4	90	1	30	2	60	3	30	3	90	6	50
1295	13	—	19	50	25	90	4	90	1	30	2	60	3	30	3	90	6	50
1296	13	—	19	50	26	—	4	90	1	30	2	60	3	30	3	90	6	50
1297	13	—	19	50	26	—	4	90	1	30	2	60	3	30	3	90	6	50
1298	13	—	19	50	26	—	4	90	1	30	2	60	3	30	3	90	6	50
1299	13	—	19	50	26	—	4	90	1	30	2	60	3	30	3	90	6	50
1300	13	—	19	50	26	—	4	90	1	30	2	60	3	30	3	90	6	50
1301	13	10	19	60	26	10	4	90	1	40	2	70	3	30	4	—	6	60
1302	13	10	19	60	26	10	4	90	1	40	2	70	3	30	4	—	6	60
1303	13	10	19	60	26	10	4	90	1	40	2	70	3	30	4	—	6	60
1304	13	10	19	60	26	10	4	90	1	40	2	70	3	30	4	—	6	60
1305	13	10	19	60	26	10	4	90	1	40	2	70	3	30	4	—	6	60
1306	13	10	19	60	26	20	4	90	1	40	2	70	3	30	4	—	6	60
1307	13	10	19	70	26	20	5	—	1	40	2	70	3	30	4	—	6	60
1308	13	10	19	70	26	20	5	—	1	40	2	70	3	30	4	—	6	60
1309	13	10	19	70	26	20	5	—	1	40	2	70	3	30	4	—	6	60
1310	13	10	19	70	26	20	5	—	1	40	2	70	3	30	4	—	6	60
1311	13	20	19	70	26	30	5	—	1	40	2	70	3	30	4	—	6	60
1312	13	20	19	70	26	30	5	—	1	40	2	70	3	30	4	—	6	60
1313	13	20	19	70	26	30	5	—	1	40	2	70	3	30	4	—	6	60
1314	13	20	19	80	26	30	5	—	1	40	2	70	3	30	4	—	6	60
1315	13	20	19	80	26	30	5	—	1	40	2	70	3	30	4	—	6	60
1316	13	20	19	80	26	40	5	—	1	40	2	70	3	30	4	—	6	60
1317	13	20	19	80	26	40	5	—	1	40	2	70	3	30	4	—	6	60
1318	13	20	19	80	26	40	5	—	1	40	2	70	3	30	4	—	6	60
1319	13	20	19	80	26	40	5	—	1	40	2	70	3	30	4	—	6	60
1320	13	20	19	80	26	40	5	—	1	40	2	70	3	30	4	—	6	60

Gegen-stands-Summa	Werthgebühr: Volle		Werthgebühr: 1/2		Werthgebühr: 1/2 bis 2200 M. darüber 2/3		Werthgebühr: 1 1/2		4/10 aus der vollen Werth-gebühr		4/10 aus 2/3 Werth-gebühr		Hinterlegungs-gebühr						Auseinander-setzungsgebühr: 5/10		Auseinander-setzungsgebühr: 2/10	
	Art. 22. 40. 41. 50		Art. 25. 27. 29. 30. 38 Abs. 2		Art. 24		Art. 23		Art. 45 Abs. 3				Art. 100		Art. 101 a		Art. 101 b		der Sätze des § 8 des Reichsgerichts-Kosten-Gesetzes			
M	M	₰	M	₰	M	₰	M	₰	M	₰	M	₰	M	₰	M	₰	M	₰	M	₰	M	₰
1281	8	10	4	10	4	10	12	20	3	30	1	70	3	30	12	90	25	70	19	—	7	60
1282	8	10	4	10	4	10	12	20	3	30	1	70	3	30	12	90	25	70	19	—	7	60
1283	8	10	4	10	4	10	12	20	3	30	1	70	3	30	12	90	25	70	19	—	7	60
1284	8	10	4	10	4	10	12	20	3	30	1	70	3	30	12	90	25	70	19	—	7	60
1285	8	10	4	10	4	10	12	20	3	30	1	70	3	30	12	90	25	70	19	—	7	60
1286	8	10	4	10	4	10	12	20	3	30	1	70	3	30	12	90	25	80	19	—	7	60
1287	8	10	4	10	4	10	12	20	3	30	1	70	3	30	12	90	25	80	19	—	7	60
1288	8	10	4	10	4	10	12	20	3	30	1	70	3	30	12	90	25	80	19	—	7	60
1289	8	10	4	10	4	10	12	20	3	30	1	70	3	30	12	90	25	80	19	—	7	60
1290	8	10	4	10	4	10	12	20	3	30	1	70	3	30	12	90	25	80	19	—	7	60
1291	8	10	4	10	4	10	12	20	3	30	1	70	3	30	13	—	25	90	19	—	7	60
1292	8	10	4	10	4	10	12	20	3	30	1	70	3	30	13	—	25	90	19	—	7	60
1293	8	10	4	10	4	10	12	20	3	30	1	70	3	30	13	—	25	90	19	—	7	60
1294	8	10	4	10	4	10	12	20	3	30	1	70	3	30	13	—	25	90	19	—	7	60
1295	8	10	4	10	4	10	12	20	3	30	1	70	3	30	13	—	25	90	19	—	7	60
1296	8	10	4	10	4	10	12	20	3	30	1	70	3	30	13	—	26	—	19	—	7	60
1297	8	10	4	10	4	10	12	20	3	30	1	70	3	30	13	—	26	—	19	—	7	60
1298	8	10	4	10	4	10	12	20	3	30	1	70	3	30	13	—	26	—	19	—	7	60
1299	8	10	4	10	4	10	12	20	3	30	1	70	3	30	13	—	26	—	19	—	7	60
1300	8	10	4	10	4	10	12	20	3	30	1	70	3	30	13	—	26	—	19	—	7	60
1301	8	10	4	10	4	10	12	20	3	30	1	70	3	30	13	10	26	10	19	—	7	60
1302	8	10	4	10	4	10	12	20	3	30	1	70	3	30	13	10	26	10	19	—	7	60
1303	8	10	4	10	4	10	12	20	3	30	1	70	3	30	13	10	26	10	19	—	7	60
1304	8	10	4	10	4	10	12	20	3	30	1	70	3	30	13	10	26	10	19	—	7	60
1305	8	10	4	10	4	10	12	20	3	30	1	70	3	30	13	10	26	10	19	—	7	60
1306	8	10	4	10	4	10	12	20	3	30	1	70	3	30	13	10	26	20	19	—	7	60
1307	8	10	4	10	4	10	12	20	3	30	1	70	3	30	13	10	26	20	19	—	7	60
1308	8	10	4	10	4	10	12	20	3	30	1	70	3	30	13	10	26	20	19	—	7	60
1309	8	10	4	10	4	10	12	20	3	30	1	70	3	30	13	10	26	20	19	—	7	60
1310	8	10	4	10	4	10	12	20	3	30	1	70	3	30	13	10	26	20	19	—	7	60
1311	8	10	4	10	4	10	12	20	3	30	1	70	3	30	13	20	26	30	19	—	7	60
1312	8	10	4	10	4	10	12	20	3	30	1	70	3	30	13	20	26	30	19	—	7	60
1313	8	10	4	10	4	10	12	20	3	30	1	70	3	30	13	20	26	30	19	—	7	60
1314	8	10	4	10	4	10	12	20	3	30	1	70	3	30	13	20	26	30	19	—	7	60
1315	8	10	4	10	4	10	12	20	3	30	1	70	3	30	13	20	26	30	19	—	7	60
1316	8	10	4	10	4	10	12	20	3	30	1	70	3	30	13	20	26	40	19	—	7	60
1317	8	10	4	10	4	10	12	20	3	30	1	70	3	30	13	20	26	40	19	—	7	60
1318	8	10	4	10	4	10	12	20	3	30	1	70	3	30	13	20	26	40	19	—	7	60
1319	8	10	4	10	4	10	12	20	3	30	1	70	3	30	13	20	26	40	19	—	7	60
1320	8	10	4	10	4	10	12	20	3	30	1	70	3	30	13	20	26	40	19	—	7	60

Gegen-stands-Summa	Staatsgebühren						Besitz-veränderungs-abgabe		Staatsgebühren									
	1		1½		2				1		2		2½		3		5	
	Prozent								pro mille									
ℳ	ℳ	₰	ℳ	₰	ℳ	₰	ℳ	₰	ℳ	₰	ℳ	₰	ℳ	₰	ℳ	₰	ℳ	₰
1321	13	30	19	90	26	50	5	—	1	40	2	70	3	40	4	—	6	70
1322	13	30	19	90	26	50	5	—	1	40	2	70	3	40	4	—	6	70
1323	13	30	19	90	26	50	5	—	1	40	2	70	3	40	4	—	6	70
1324	13	30	19	90	26	50	5	—	1	40	2	70	3	40	4	—	6	70
1325	13	30	19	90	26	50	5	—	1	40	2	70	3	40	4	—	6	70
1326	13	30	19	90	26	60	5	—	1	40	2	70	3	40	4	—	6	70
1327	13	30	20	—	26	60	5	—	1	40	2	70	3	40	4	—	6	70
1328	13	30	20	—	26	60	5	—	1	40	2	70	3	40	4	—	6	70
1329	13	30	20	—	26	60	5	—	1	40	2	70	3	40	4	—	6	70
1330	13	30	20	—	26	60	5	—	1	40	2	70	3	40	4	—	6	70
1331	13	40	20	—	26	70	5	—	1	40	2	70	3	40	4	—	6	70
1332	13	40	20	—	26	70	5	—	1	40	2	70	3	40	4	—	6	70
1333	13	40	20	—	26	70	5	—	1	40	2	70	3	40	4	—	6	70
1334	13	40	20	10	26	70	5	10	1	40	2	70	3	40	4	10	6	70
1335	13	40	20	10	26	70	5	10	1	40	2	70	3	40	4	10	6	70
1336	13	40	20	10	26	80	5	10	1	40	2	70	3	40	4	10	6	70
1337	13	40	20	10	26	80	5	10	1	40	2	70	3	40	4	10	6	70
1338	13	40	20	10	26	80	5	10	1	40	2	70	3	40	4	10	6	70
1339	13	40	20	10	26	80	5	10	1	40	2	70	3	40	4	10	6	70
1340	13	40	20	10	26	80	5	10	1	40	2	70	3	40	4	10	6	70
1341	13	50	20	20	26	90	5	10	1	40	2	70	3	40	4	10	6	80
1342	13	50	20	20	26	90	5	10	1	40	2	70	3	40	4	10	6	80
1343	13	50	20	20	26	90	5	10	1	40	2	70	3	40	4	10	6	80
1344	13	50	20	20	26	90	5	10	1	40	2	70	3	40	4	10	6	80
1345	13	50	20	20	26	90	5	10	1	40	2	70	3	40	4	10	6	80
1346	13	50	20	20	27	—	5	10	1	40	2	70	3	40	4	10	6	80
1347	13	50	20	30	27	—	5	10	1	40	2	70	3	40	4	10	6	80
1348	13	50	20	30	27	—	5	10	1	40	2	70	3	40	4	10	6	80
1349	13	50	20	30	27	—	5	10	1	40	2	70	3	40	4	10	6	80
1350	13	50	20	30	27	—	5	10	1	40	2	70	3	40	4	10	6	80
1351	13	60	20	30	27	10	5	10	1	40	2	80	3	40	4	10	6	80
1352	13	60	20	30	27	10	5	10	1	40	2	80	3	40	4	10	6	80
1353	13	60	20	30	27	10	5	10	1	40	2	80	3	40	4	10	6	80
1354	13	60	20	40	27	10	5	10	1	40	2	80	3	40	4	10	6	80
1355	13	60	20	40	27	10	5	10	1	40	2	80	3	40	4	10	6	80
1356	13	60	20	40	27	20	5	10	1	40	2	80	3	40	4	10	6	80
1357	13	60	20	40	27	20	5	10	1	40	2	80	3	40	4	10	6	80
1358	13	60	20	40	27	20	5	10	1	40	2	80	3	40	4	10	6	80
1359	13	60	20	40	27	20	5	10	1	40	2	80	3	40	4	10	6	80
1360	13	60	20	40	27	20	5	10	1	40	2	80	3	40	4	10	6	80

Gegen-stands-Summa	Werthgebühr								4/10 aus der vollen Werthgebühr		4/10 aus 2/3 Werthgebühr		Hinterlegungsgebühr						Auseinandersetzungsgebühr			
	Volle		1/2		1/2 bis 2200 M		1 1/2												5/10		2/10	
	Art. 22. 40. 41. 50		Art. 25. 27. 29. 30. 38 Abs. 2		darüber 2/3 Art. 24		Art. 23		Art. 45. Abs. 3				Art. 100		Art. 101a		Art. 101b		der Sätze des § 8 des Reichsgerichts-Kosten-Gesetzes			
M	M	₰	M	₰	M	₰	M	₰	M	₰	M	₰	M	₰	M	₰	M	₰	M	₰	M	₰
1321	8	10	4	10	4	10	12	20	3	30	1	70	3	40	13	30	26	50	19	—	7	60
1322	8	10	4	10	4	10	12	20	3	30	1	70	3	40	13	30	26	50	19	—	7	60
1323	8	10	4	10	4	10	12	20	3	30	1	70	3	40	13	30	26	50	19	—	7	60
1324	8	10	4	10	4	10	12	20	3	30	1	70	3	40	13	30	26	50	19	—	7	60
1325	8	10	4	10	4	10	12	20	3	30	1	70	3	40	13	30	26	50	19	—	7	60
1326	8	10	4	10	4	10	12	20	3	30	1	70	3	40	13	30	26	60	19	—	7	60
1327	8	10	4	10	4	10	12	20	3	30	1	70	3	40	13	30	26	60	19	—	7	60
1328	8	10	4	10	4	10	12	20	3	30	1	70	3	40	13	30	26	60	19	—	7	60
1329	8	10	4	10	4	10	12	20	3	30	1	70	3	40	13	30	26	60	19	—	7	60
1330	8	10	4	10	4	10	12	20	3	30	1	70	3	40	13	30	26	60	19	—	7	60
1331	8	10	4	10	4	10	12	20	3	30	1	70	3	40	13	40	26	70	19	—	7	60
1332	8	10	4	10	4	10	12	20	3	30	1	70	3	40	13	40	26	70	19	—	7	60
1333	8	10	4	10	4	10	12	20	3	30	1	70	3	40	13	40	26	70	19	—	7	60
1334	8	10	4	10	4	10	12	20	3	30	1	70	3	40	13	40	26	70	19	—	7	60
1335	8	10	4	10	4	10	12	20	3	30	1	70	3	40	13	40	26	70	19	—	7	60
1336	8	10	4	10	4	10	12	20	3	30	1	70	3	40	13	40	26	80	19	—	7	60
1337	8	10	4	10	4	10	12	20	3	30	1	70	3	40	13	40	26	80	19	—	7	60
1338	8	10	4	10	4	10	12	20	3	30	1	70	3	40	13	40	26	80	19	—	7	60
1339	8	10	4	10	4	10	12	20	3	30	1	70	3	40	13	40	26	80	19	—	7	60
1340	8	10	4	10	4	10	12	20	3	30	1	70	3	40	13	40	26	80	19	—	7	60
1341	8	10	4	10	4	10	12	20	3	30	1	70	3	40	13	50	26	90	19	—	7	60
1342	8	10	4	10	4	10	12	20	3	30	1	70	3	40	13	50	26	90	19	—	7	60
1343	8	10	4	10	4	10	12	20	3	30	1	70	3	40	13	50	26	90	19	—	7	60
1344	8	10	4	10	4	10	12	20	3	30	1	70	3	40	13	50	26	90	19	—	7	60
1345	8	10	4	10	4	10	12	20	3	30	1	70	3	40	13	50	26	90	19	—	7	60
1346	8	10	4	10	4	10	12	20	3	30	1	70	3	40	13	50	27	—	19	—	7	60
1347	8	10	4	10	4	10	12	20	3	30	1	70	3	40	13	50	27	—	19	—	7	60
1348	8	10	4	10	4	10	12	20	3	30	1	70	3	40	13	50	27	—	19	—	7	60
1349	8	10	4	10	4	10	12	20	3	30	1	70	3	40	13	50	27	—	19	—	7	60
1350	8	10	4	10	4	10	12	20	3	30	1	70	3	40	13	50	27	—	19	—	7	60
1351	8	10	4	10	4	10	12	20	3	30	1	70	3	40	13	60	27	10	19	—	7	60
1352	8	10	4	10	4	10	12	20	3	30	1	70	3	40	13	60	27	10	19	—	7	60
1353	8	10	4	10	4	10	12	20	3	30	1	70	3	40	13	60	27	10	19	—	7	60
1354	8	10	4	10	4	10	12	20	3	30	1	70	3	40	13	60	27	10	19	—	7	60
1355	8	10	4	10	4	10	12	20	3	30	1	70	3	40	13	60	27	10	19	—	7	60
1356	8	10	4	10	4	10	12	20	3	30	1	70	3	40	13	60	27	20	19	—	7	60
1357	8	10	4	10	4	10	12	20	3	30	1	70	3	40	13	60	27	20	19	—	7	60
1358	8	10	4	10	4	10	12	20	3	30	1	70	3	40	13	60	27	20	19	—	7	60
1359	8	10	4	10	4	10	12	20	3	30	1	70	3	40	13	60	27	20	19	—	7	60
1360	8	10	4	10	4	10	12	20	3	30	1	70	3	40	13	60	27	20	19	—	7	60

Gegen-stands-Summa	Staatsgebühren Prozent 1		1½		2		Besitz-verände-rungs-abgabe		Staatsgebühren pro mille 1		2		2½		3		5	
M	M	Pf	M	Pf	M	Pf	M	Pf	M	Pf	M	Pf	M	Pf	M	Pf	M	Pf
1361	13	70	20	50	27	30	5	20	1	40	2	80	3	50	4	10	6	90
1362	13	70	20	50	27	30	5	20	1	40	2	80	3	50	4	10	6	90
1363	13	70	20	50	27	30	5	20	1	40	2	80	3	50	4	10	6	90
1364	13	70	20	50	27	30	5	20	1	40	2	80	3	50	4	10	6	90
1365	13	70	20	50	27	30	5	20	1	40	2	80	3	50	4	10	6	90
1366	13	70	20	50	27	40	5	20	1	40	2	80	3	50	4	10	6	90
1367	13	70	20	60	27	40	5	20	1	40	2	80	3	50	4	20	6	90
1368	13	70	20	60	27	40	5	20	1	40	2	80	3	50	4	20	6	90
1369	13	70	20	60	27	40	5	20	1	40	2	80	3	50	4	20	6	90
1370	13	70	20	60	27	40	5	20	1	40	2	80	3	50	4	20	6	90
1371	13	80	20	60	27	50	5	20	1	40	2	80	3	50	4	20	6	90
1372	13	80	20	60	27	50	5	20	1	40	2	80	3	50	4	20	6	90
1373	13	80	20	60	27	50	5	20	1	40	2	80	3	50	4	20	6	90
1374	13	80	20	70	27	50	5	20	1	40	2	80	3	50	4	20	6	90
1375	13	80	20	70	27	50	5	20	1	40	2	80	3	50	4	20	6	90
1376	13	80	20	70	27	60	5	20	1	40	2	80	3	50	4	20	6	90
1377	13	80	20	70	27	60	5	20	1	40	2	80	3	50	4	20	6	90
1378	13	80	20	70	27	60	5	20	1	40	2	80	3	50	4	20	6	90
1379	13	80	20	70	27	60	5	20	1	40	2	80	3	50	4	20	6	90
1380	13	80	20	70	27	60	5	20	1	40	2	80	3	50	4	20	6	90
1381	13	90	20	80	27	70	5	20	1	40	2	80	3	50	4	20	7	—
1382	13	90	20	80	27	70	5	20	1	40	2	80	3	50	4	20	7	—
1383	13	90	20	80	27	70	5	20	1	40	2	80	3	50	4	20	7	—
1384	13	90	20	80	27	70	5	20	1	40	2	80	3	50	4	20	7	—
1385	13	90	20	80	27	70	5	20	1	40	2	80	3	50	4	20	7	—
1386	13	90	20	80	27	80	5	20	1	40	2	80	3	50	4	20	7	—
1387	13	90	20	90	27	80	5	30	1	40	2	80	3	50	4	20	7	—
1388	13	90	20	90	27	80	5	30	1	40	2	80	3	50	4	20	7	—
1389	13	90	20	90	27	80	5	30	1	40	2	80	3	50	4	20	7	—
1390	13	90	20	90	27	80	5	30	1	40	2	80	3	50	4	20	7	—
1391	14	—	20	90	27	90	5	30	1	40	2	80	3	50	4	20	7	—
1392	14	—	20	90	27	90	5	30	1	40	2	80	3	50	4	20	7	—
1393	14	—	20	90	27	90	5	30	1	40	2	80	3	50	4	20	7	—
1394	14	—	21	—	27	90	5	30	1	40	2	80	3	50	4	20	7	—
1395	14	—	21	—	27	90	5	30	1	40	2	80	3	50	4	20	7	—
1396	14	—	21	—	28	—	5	30	1	40	2	80	3	50	4	20	7	—
1397	14	—	21	—	28	—	5	30	1	40	2	80	3	50	4	20	7	—
1398	14	—	21	—	28	—	5	30	1	40	2	80	3	50	4	20	7	—
1399	14	—	21	—	28	—	5	30	1	40	2	80	3	50	4	20	7	—
1400	14	—	21	—	28	—	5	30	1	40	2	80	3	50	4	20	7	—

Gegenstandssumme	Werthgebühr: Volle (Art. 22. 40. 41. 50)		Werthgebühr: 1/2 (Art. 25. 27. 29. 30. 38 Abs. 2)		Werthgebühr: 1/2 bis 2200 M., darüber 2/3 (Art. 24)		Werthgebühr: 1 1/2 (Art. 23)		4/10 aus der vollen Werthgebühr (Art. 45 Abs. 3)		4/10 aus 2/3 Werthgebühr (Art. 45 Abs. 3)		Hinterlegungsgebühr: Art. 100		Hinterlegungsgebühr: Art. 101 a		Hinterlegungsgebühr: Art. 101 b		Auseinandersetzungsgebühr 5/10 (der Sätze des § 8 des Reichsgerichts-Kosten-Gesetzes)		Auseinandersetzungsgebühr 2/10 (der Sätze des § 8 des Reichsgerichts-Kosten-Gesetzes)	
M	M	Pf	M	Pf	M	Pf	M	Pf	M	Pf	M	Pf	M	Pf	M	Pf	M	Pf	M	Pf	M	Pf
1361	8	10	4	10	4	10	12	20	3	30	1	70	3	50	13	70	27	30	19	—	7	60
1362	8	10	4	10	4	10	12	20	3	30	1	70	3	50	13	70	27	30	19	—	7	60
1363	8	10	4	10	4	10	12	20	3	30	1	70	3	50	13	70	27	30	19	—	7	60
1364	8	10	4	10	4	10	12	20	3	30	1	70	3	50	13	70	27	30	19	—	7	60
1365	8	10	4	10	4	10	12	20	3	30	1	70	3	50	13	70	27	30	19	—	7	60
1366	8	10	4	10	4	10	12	20	3	30	1	70	3	50	13	70	27	40	19	—	7	60
1367	8	10	4	10	4	10	12	20	3	30	1	70	3	50	13	70	27	40	19	—	7	60
1368	8	10	4	10	4	10	12	20	3	30	1	70	3	50	13	70	27	40	19	—	7	60
1369	8	10	4	10	4	10	12	20	3	30	1	70	3	50	13	70	27	40	19	—	7	60
1370	8	10	4	10	4	10	12	20	3	30	1	70	3	50	13	70	27	40	19	—	7	60
1371	8	10	4	10	4	10	12	20	3	30	1	70	3	50	13	80	27	50	19	—	7	60
1372	8	10	4	10	4	10	12	20	3	30	1	70	3	50	13	80	27	50	19	—	7	60
1373	8	10	4	10	4	10	12	20	3	30	1	70	3	50	13	80	27	50	19	—	7	60
1374	8	10	4	10	4	10	12	20	3	30	1	70	3	50	13	80	27	50	19	—	7	60
1375	8	10	4	10	4	10	12	20	3	30	1	70	3	50	13	80	27	50	19	—	7	60
1376	8	10	4	10	4	10	12	20	3	30	1	70	3	50	13	80	27	60	19	—	7	60
1377	8	10	4	10	4	10	12	20	3	30	1	70	3	50	13	80	27	60	19	—	7	60
1378	8	10	4	10	4	10	12	20	3	30	1	70	3	50	13	80	27	60	19	—	7	60
1379	8	10	4	10	4	10	12	20	3	30	1	70	3	50	13	80	27	60	19	—	7	60
1380	8	10	4	10	4	10	12	20	3	30	1	70	3	50	13	80	27	60	19	—	7	60
1381	8	10	4	10	4	10	12	20	3	30	1	70	3	50	13	90	27	70	19	—	7	60
1382	8	10	4	10	4	10	12	20	3	30	1	70	3	50	13	90	27	70	19	—	7	60
1383	8	10	4	10	4	10	12	20	3	30	1	70	3	50	13	90	27	70	19	—	7	60
1384	8	10	4	10	4	10	12	20	3	30	1	70	3	50	13	90	27	70	19	—	7	60
1385	8	10	4	10	4	10	12	20	3	30	1	70	3	50	13	90	27	70	19	—	7	60
1386	8	10	4	10	4	10	12	20	3	30	1	70	3	50	13	90	27	80	19	—	7	60
1387	8	10	4	10	4	10	12	20	3	30	1	70	3	50	13	90	27	80	19	—	7	60
1388	8	10	4	10	4	10	12	20	3	30	1	70	3	50	13	90	27	80	19	—	7	60
1389	8	10	4	10	4	10	12	20	3	30	1	70	3	50	13	90	27	80	19	—	7	60
1390	8	10	4	10	4	10	12	20	3	30	1	70	3	50	13	90	27	80	19	—	7	60
1391	8	10	4	10	4	10	12	20	3	30	1	70	3	50	14	—	27	90	19	—	7	60
1392	8	10	4	10	4	10	12	20	3	30	1	70	3	50	14	—	27	90	19	—	7	60
1393	8	10	4	10	4	10	12	20	3	30	1	70	3	50	14	—	27	90	19	—	7	60
1394	8	10	4	10	4	10	12	20	3	30	1	70	3	50	14	—	27	90	19	—	7	60
1395	8	10	4	10	4	10	12	20	3	30	1	70	3	50	14	—	27	90	19	—	7	60
1396	8	10	4	10	4	10	12	20	3	30	1	70	3	50	14	—	28	—	19	—	7	60
1397	8	10	4	10	4	10	12	20	3	30	1	70	3	50	14	—	28	—	19	—	7	60
1398	8	10	4	10	4	10	12	20	3	30	1	70	3	50	14	—	28	—	19	—	7	60
1399	8	10	4	10	4	10	12	20	3	30	1	70	3	50	14	—	28	—	19	—	7	60
1400	8	10	4	10	4	10	12	20	3	30	1	70	3	50	14	—	28	—	19	—	7	60

Gegen-stands-Summa	Staatsgebühren 1 Prozent		Staatsgebühren 1½ Prozent		Staatsgebühren 2 Prozent		Besitz-veränderungs-abgabe		Staatsgebühren 1 pro mille		Staatsgebühren 2 pro mille		Staatsgebühren 2½ pro mille		Staatsgebühren 3 pro mille		Staatsgebühren 5 pro mille	
M	M	Pf.	M	Pf.	M	Pf.	M	Pf.	M	Pf.	M	Pf.	M	Pf.	M	Pf.	M	Pf.
1401	14	10	21	10	28	10	5	30	1	50	2	90	3	60	4	30	7	10
1402	14	10	21	10	28	10	5	30	1	50	2	90	3	60	4	30	7	10
1403	14	10	21	10	28	10	5	30	1	50	2	90	3	60	4	30	7	10
1404	14	10	21	10	28	10	5	30	1	50	2	90	3	60	4	30	7	10
1405	14	10	21	10	28	10	5	30	1	50	2	90	3	60	4	30	7	10
1406	14	10	21	10	28	20	5	30	1	50	2	90	3	60	4	30	7	10
1407	14	10	21	20	28	20	5	30	1	50	2	90	3	60	4	30	7	10
1408	14	10	21	20	28	20	5	30	1	50	2	90	3	60	4	30	7	10
1409	14	10	21	20	28	20	5	30	1	50	2	90	3	60	4	30	7	10
1410	14	10	21	20	28	20	5	30	1	50	2	90	3	60	4	30	7	10
1411	14	20	21	20	28	30	5	30	1	50	2	90	3	60	4	30	7	10
1412	14	20	21	20	28	30	5	30	1	50	2	90	3	60	4	30	7	10
1413	14	20	21	20	28	30	5	30	1	50	2	90	3	60	4	30	7	10
1414	14	20	21	30	28	30	5	40	1	50	2	90	3	60	4	30	7	10
1415	14	20	21	30	28	30	5	40	1	50	2	90	3	60	4	30	7	10
1416	14	20	21	30	28	40	5	40	1	50	2	90	3	60	4	30	7	10
1417	14	20	21	30	28	40	5	40	1	50	2	90	3	60	4	30	7	10
1418	14	20	21	30	28	40	5	40	1	50	2	90	3	60	4	30	7	10
1419	14	20	21	30	28	40	5	40	1	50	2	90	3	60	4	30	7	10
1420	14	20	21	30	28	40	5	40	1	50	2	90	3	60	4	30	7	10
1421	14	30	21	40	28	50	5	40	1	50	2	90	3	60	4	30	7	20
1422	14	30	21	40	28	50	5	40	1	50	2	90	3	60	4	30	7	20
1423	14	30	21	40	28	50	5	40	1	50	2	90	3	60	4	30	7	20
1424	14	30	21	40	28	50	5	40	1	50	2	90	3	60	4	30	7	20
1425	14	30	21	40	28	50	5	40	1	50	2	90	3	60	4	30	7	20
1426	14	30	21	40	28	60	5	40	1	50	2	90	3	60	4	30	7	20
1427	14	30	21	50	28	60	5	40	1	50	2	90	3	60	4	30	7	20
1428	14	30	21	50	28	60	5	40	1	50	2	90	3	60	4	30	7	20
1429	14	30	21	50	28	60	5	40	1	50	2	90	3	60	4	30	7	20
1430	14	30	21	50	28	60	5	40	1	50	2	90	3	60	4	30	7	20
1431	14	40	21	50	28	70	5	40	1	50	2	90	3	60	4	30	7	20
1432	14	40	21	50	28	70	5	40	1	50	2	90	3	60	4	30	7	20
1433	14	40	21	50	28	70	5	40	1	50	2	90	3	60	4	30	7	20
1434	14	40	21	60	28	70	5	40	1	50	2	90	3	60	4	40	7	20
1435	14	40	21	60	28	70	5	40	1	50	2	90	3	60	4	40	7	20
1436	14	40	21	60	28	80	5	40	1	50	2	90	3	60	4	40	7	20
1437	14	40	21	60	28	80	5	40	1	50	2	90	3	60	4	40	7	20
1438	14	40	21	60	28	80	5	40	1	50	2	90	3	60	4	40	7	20
1439	14	40	21	60	28	80	5	40	1	50	2	90	3	60	4	40	7	20
1440	14	40	21	60	28	80	5	40	1	50	2	90	3	60	4	40	7	20

Gegenstands-Summa	Werthgebühr: Volle (Art. 22. 40. 41. 50)		Werthgebühr: $^1/_2$ (Art. 25. 27. 29. 30. 38 Abs. 2)		Werthgebühr: $^1/_2$ bis 2200 M., darüber $^2/_3$ (Art. 24)		Werthgebühr: $1^1/_2$ (Art. 23)		$^4/_{10}$ aus der vollen Werthgebühr (Art. 45 Abs. 3)		$^4/_{10}$ aus $^2/_3$ Werthgebühr (Art. 45 Abs. 3)		Hinterlegungsgebühr: Art. 100		Hinterlegungsgebühr: Art. 101a		Hinterlegungsgebühr: Art. 101b		Auseinandersetzungsgebühr: $^5/_{10}$ der Sätze des § 8 des Reichsgerichts-Kosten-Gesetzes		Auseinandersetzungsgebühr: $^2/_{10}$ der Sätze des § 8 des Reichsgerichts-Kosten-Gesetzes	
M	M	₰	M	₰	M	₰	M	₰	M	₰	M	₰	M	₰	M	₰	M	₰	M	₰	M	₰
1401	8	10	4	10	4	10	12	20	3	30	1	70	3	60	14	10	28	10	19	—	7	60
1402	8	10	4	10	4	10	12	20	3	30	1	70	3	60	14	10	28	10	19	—	7	60
1403	8	10	4	10	4	10	12	20	3	30	1	70	3	60	14	10	28	10	19	—	7	60
1404	8	10	4	10	4	10	12	20	3	30	1	70	3	60	14	10	28	10	19	—	7	60
1405	8	10	4	10	4	10	12	20	3	30	1	70	3	60	14	10	28	10	19	—	7	60
1406	8	10	4	10	4	10	12	20	3	30	1	70	3	60	14	10	28	20	19	—	7	60
1407	8	10	4	10	4	10	12	20	3	30	1	70	3	60	14	10	28	20	19	—	7	60
1408	8	10	4	10	4	10	12	20	3	30	1	70	3	60	14	10	28	20	19	—	7	60
1409	8	10	4	10	4	10	12	20	3	30	1	70	3	60	14	10	28	20	19	—	7	60
1410	8	10	4	10	4	10	12	20	3	30	1	70	3	60	14	10	28	20	19	—	7	60
1411	8	10	4	10	4	10	12	20	3	30	1	70	3	60	14	20	28	30	19	—	7	60
1412	8	10	4	10	4	10	12	20	3	30	1	70	3	60	14	20	28	30	19	—	7	60
1413	8	10	4	10	4	10	12	20	3	30	1	70	3	60	14	20	28	30	19	—	7	60
1414	8	10	4	10	4	10	12	20	3	30	1	70	3	60	14	20	28	30	19	—	7	60
1415	8	10	4	10	4	10	12	20	3	30	1	70	3	60	14	20	28	30	19	—	7	60
1416	8	10	4	10	4	10	12	20	3	30	1	70	3	60	14	20	28	40	19	—	7	60
1417	8	10	4	10	4	10	12	20	3	30	1	70	3	60	14	20	28	40	19	—	7	60
1418	8	10	4	10	4	10	12	20	3	30	1	70	3	60	14	20	28	40	19	—	7	60
1419	8	10	4	10	4	10	12	20	3	30	1	70	3	60	14	20	28	40	19	—	7	60
1420	8	10	4	10	4	10	12	20	3	30	1	70	3	60	14	20	28	40	19	—	7	60
1421	8	10	4	10	4	10	12	20	3	30	1	70	3	60	14	30	28	50	19	—	7	60
1422	8	10	4	10	4	10	12	20	3	30	1	70	3	60	14	30	28	50	19	—	7	60
1423	8	10	4	10	4	10	12	20	3	30	1	70	3	60	14	30	28	50	19	—	7	60
1424	8	10	4	10	4	10	12	20	3	30	1	70	3	60	14	30	28	50	19	—	7	60
1425	8	10	4	10	4	10	12	20	3	30	1	70	3	60	14	30	28	50	19	—	7	60
1426	8	10	4	10	4	10	12	20	3	30	1	70	3	60	14	30	28	60	19	—	7	60
1427	8	10	4	10	4	10	12	20	3	30	1	70	3	60	14	30	28	60	19	—	7	60
1428	8	10	4	10	4	10	12	20	3	30	1	70	3	60	14	30	28	60	19	—	7	60
1429	8	10	4	10	4	10	12	20	3	30	1	70	3	60	14	30	28	60	19	—	7	60
1430	8	10	4	10	4	10	12	20	3	30	1	70	3	60	14	30	28	60	19	—	7	60
1431	8	10	4	10	4	10	12	20	3	30	1	70	3	60	14	40	28	70	19	—	7	60
1432	8	10	4	10	4	10	12	20	3	30	1	70	3	60	14	40	28	70	19	—	7	60
1433	8	10	4	10	4	10	12	20	3	30	1	70	3	60	14	40	28	70	19	—	7	60
1434	8	10	4	10	4	10	12	20	3	30	1	70	3	60	14	40	28	70	19	—	7	60
1435	8	10	4	10	4	10	12	20	3	30	1	70	3	60	14	40	28	70	19	—	7	60
1436	8	10	4	10	4	10	12	20	3	30	1	70	3	60	14	40	28	80	19	—	7	60
1437	8	10	4	10	4	10	12	20	3	30	1	70	3	60	14	40	28	80	19	—	7	60
1438	8	10	4	10	4	10	12	20	3	30	1	70	3	60	14	40	28	80	19	—	7	60
1439	8	10	4	10	4	10	12	20	3	30	1	70	3	60	14	40	28	80	19	—	7	60
1440	8	10	4	10	4	10	12	20	3	30	1	70	3	60	14	40	28	80	19	—	7	60

Gegenstands-Summa	Staatsgebühren 1 Prozent		1½ Prozent		2 Prozent		Besitzveränderungsabgabe		Staatsgebühren 1 pro mille		2 pro mille		2½ pro mille		3 pro mille		5 pro mille	
M	M	Pf	M	Pf	M	Pf	M	Pf	M	Pf	M	Pf	M	Pf	M	Pf	M	Pf
1441	14	50	21	70	28	90	5	50	1	50	2	90	3	70	4	40	7	30
1442	14	50	21	70	28	90	5	50	1	50	2	90	3	70	4	40	7	30
1443	14	50	21	70	28	90	5	50	1	50	2	90	3	70	4	40	7	30
1444	14	50	21	70	28	90	5	50	1	50	2	90	3	70	4	40	7	30
1445	14	50	21	70	28	90	5	50	1	50	2	90	3	70	4	40	7	30
1446	14	50	21	70	29	—	5	50	1	50	2	90	3	70	4	40	7	30
1447	14	50	21	80	29	—	5	50	1	50	2	90	3	70	4	40	7	30
1448	14	50	21	80	29	—	5	50	1	50	2	90	3	70	4	40	7	30
1449	14	50	21	80	29	—	5	50	1	50	2	90	3	70	4	40	7	30
1450	14	50	21	80	29	—	5	50	1	50	2	90	3	70	4	40	7	30
1451	14	60	21	80	29	10	5	50	1	50	3	—	3	70	4	40	7	30
1452	14	60	21	80	29	10	5	50	1	50	3	—	3	70	4	40	7	30
1453	14	60	21	80	29	10	5	50	1	50	3	—	3	70	4	40	7	30
1454	14	60	21	90	29	10	5	50	1	50	3	—	3	70	4	40	7	30
1455	14	60	21	90	29	10	5	50	1	50	3	—	3	70	4	40	7	30
1456	14	60	21	90	29	20	5	50	1	50	3	—	3	70	4	40	7	30
1457	14	60	21	90	29	20	5	50	1	50	3	—	3	70	4	40	7	30
1458	14	60	21	90	29	20	5	50	1	50	3	—	3	70	4	40	7	30
1459	14	60	21	90	29	20	5	50	1	50	3	—	3	70	4	40	7	30
1460	14	60	21	90	29	20	5	50	1	50	3	—	3	70	4	40	7	30
1461	14	70	22	—	29	30	5	50	1	50	3	—	3	70	4	40	7	40
1462	14	70	22	—	29	30	5	50	1	50	3	—	3	70	4	40	7	40
1463	14	70	22	—	29	30	5	50	1	50	3	—	3	70	4	40	7	40
1464	14	70	22	—	29	30	5	50	1	50	3	—	3	70	4	40	7	40
1465	14	70	22	—	29	30	5	50	1	50	3	—	3	70	4	40	7	40
1466	14	70	22	—	29	40	5	50	1	50	3	—	3	70	4	40	7	40
1467	14	70	22	10	29	40	5	60	1	50	3	—	3	70	4	50	7	40
1468	14	70	22	10	29	40	5	60	1	50	3	—	3	70	4	50	7	40
1469	14	70	22	10	29	40	5	60	1	50	3	—	3	70	4	50	7	40
1470	14	70	22	10	29	40	5	60	1	50	3	—	3	70	4	50	7	40
1471	14	80	22	10	29	50	5	60	1	50	3	—	3	70	4	50	7	40
1472	14	80	22	10	29	50	5	60	1	50	3	—	3	70	4	50	7	40
1473	14	80	22	10	29	50	5	60	1	50	3	—	3	70	4	50	7	40
1474	14	80	22	20	29	50	5	60	1	50	3	—	3	70	4	50	7	40
1475	14	80	22	20	29	50	5	60	1	50	3	—	3	70	4	50	7	40
1476	14	80	22	20	29	60	5	60	1	50	3	—	3	70	4	50	7	40
1477	14	80	22	20	29	60	5	60	1	50	3	—	3	70	4	50	7	40
1478	14	80	22	20	29	60	5	60	1	50	3	—	3	70	4	50	7	40
1479	14	80	22	20	29	60	5	60	1	50	3	—	3	70	4	50	7	40
1480	14	80	22	20	29	60	5	60	1	50	3	—	3	70	4	50	7	40

Gegenstands-Summa	Werthgebühr								4/10 aus der vollen Werthgebühr		4/10 aus 2/3 Werthgebühr		Hinterlegungsgebühr						Auseinandersetzungsgebühr			
	Volle		1/2		1/2 bis 2200 M darüber 2/3		1 1/2												5/10		2/10	
	Art. 22. 40. 41. 50		Art. 25. 27. 29. 30. 38 Abs. 2		Art. 24		Art. 23		Art. 45 Abs. 3				Art. 100		Art. 101 a		Art. 101 b		der Sätze des § 8 des Reichsgerichts-Kosten-Gesetzes			
M	M	Pf	M	Pf	M	Pf	M	Pf	M	Pf	M	Pf	M	Pf	M	Pf	M	Pf	M	Pf	M	Pf
1441	8	10	4	10	4	10	12	20	3	30	1	70	3	70	14	50	28	90	19	—	7	60
1442	8	10	4	10	4	10	12	20	3	30	1	70	3	70	14	50	28	90	19	—	7	60
1443	8	10	4	10	4	10	12	20	3	30	1	70	3	70	14	50	28	90	19	—	7	60
1444	8	10	4	10	4	10	12	20	3	30	1	70	3	70	14	50	28	90	19	—	7	60
1445	8	10	4	10	4	10	12	20	3	30	1	70	3	70	14	50	28	90	19	—	7	60
1446	8	10	4	10	4	10	12	20	3	30	1	70	3	70	14	50	29	—	19	—	7	60
1447	8	10	4	10	4	10	12	20	3	30	1	70	3	70	14	50	29	—	19	—	7	60
1448	8	10	4	10	4	10	12	20	3	30	1	70	3	70	14	50	29	—	19	—	7	60
1449	8	10	4	10	4	10	12	20	3	30	1	70	3	70	14	50	29	—	19	—	7	60
1450	8	10	4	10	4	10	12	20	3	30	1	70	3	70	14	50	29	—	19	—	7	60
1451	8	10	4	10	4	10	12	20	3	30	1	70	3	70	14	60	29	10	19	—	7	60
1452	8	10	4	10	4	10	12	20	3	30	1	70	3	70	14	60	29	10	19	—	7	60
1453	8	10	4	10	4	10	12	20	3	30	1	70	3	70	14	60	29	10	19	—	7	60
1454	8	10	4	10	4	10	12	20	3	30	1	70	3	70	14	60	29	10	19	—	7	60
1455	8	10	4	10	4	10	12	20	3	30	1	70	3	70	14	60	29	10	19	—	7	60
1456	8	10	4	10	4	10	12	20	3	30	1	70	3	70	14	60	29	20	19	—	7	60
1457	8	10	4	10	4	10	12	20	3	30	1	70	3	70	14	60	29	20	19	—	7	60
1458	8	10	4	10	4	10	12	20	3	30	1	70	3	70	14	60	29	20	19	—	7	60
1459	8	10	4	10	4	10	12	20	3	30	1	70	3	70	14	60	29	20	19	—	7	60
1460	8	10	4	10	4	10	12	20	3	30	1	70	3	70	14	60	29	20	19	—	7	60
1461	8	10	4	10	4	10	12	20	3	30	1	70	3	70	14	70	29	30	19	—	7	60
1462	8	10	4	10	4	10	12	20	3	30	1	70	3	70	14	70	29	30	19	—	7	60
1463	8	10	4	10	4	10	12	20	3	30	1	70	3	70	14	70	29	30	19	—	7	60
1464	8	10	4	10	4	10	12	20	3	30	1	70	3	70	14	70	29	30	19	—	7	60
1465	8	10	4	10	4	10	12	20	3	30	1	70	3	70	14	70	29	30	19	—	7	60
1466	8	10	4	10	4	10	12	20	3	30	1	70	3	70	14	70	29	40	19	—	7	60
1467	8	10	4	10	4	10	12	20	3	30	1	70	3	70	14	70	29	40	19	—	7	60
1468	8	10	4	10	4	10	12	20	3	30	1	70	3	70	14	70	29	40	19	—	7	60
1469	8	10	4	10	4	10	12	20	3	30	1	70	3	70	14	70	29	40	19	—	7	60
1470	8	10	4	10	4	10	12	20	3	30	1	70	3	70	14	70	29	40	19	—	7	60
1471	8	10	4	10	4	10	12	20	3	30	1	70	3	70	14	80	29	50	19	—	7	60
1472	8	10	4	10	4	10	12	20	3	30	1	70	3	70	14	80	29	50	19	—	7	60
1473	8	10	4	10	4	10	12	20	3	30	1	70	3	70	14	80	29	50	19	—	7	60
1474	8	10	4	10	4	10	12	20	3	30	1	70	3	70	14	80	29	50	19	—	7	60
1475	8	10	4	10	4	10	12	20	3	30	1	70	3	70	14	80	29	50	19	—	7	60
1476	8	10	4	10	4	10	12	20	3	30	1	70	3	70	14	80	29	60	19	—	7	60
1477	8	10	4	10	4	10	12	20	3	30	1	70	3	70	14	80	29	60	19	—	7	60
1478	8	10	4	10	4	10	12	20	3	30	1	70	3	70	14	80	29	60	19	—	7	60
1479	8	10	4	10	4	10	12	20	3	30	1	70	3	70	14	80	29	60	19	—	7	60
1480	8	10	4	10	4	10	12	20	3	30	1	70	3	70	14	80	29	60	19	—	7	60

Gegen-stands-Summa	Staatsgebühren 1 Prozent		Staatsgebühren 1 1/2 Prozent		Staatsgebühren 2 Prozent		Besitz-verände-rungs-abgabe		Staatsgebühren 1 pro mille		Staatsgebühren 2 pro mille		Staatsgebühren 2 1/2 pro mille		Staatsgebühren 3 pro mille		Staatsgebühren 5 pro mille	
M	M	Pf	M	Pf	M	Pf	M	Pf	M	Pf	M	Pf	M	Pf	M	Pf	M	Pf
1481	14	90	22	30	29	70	5	60	1	50	3	—	3	80	4	50	7	50
1482	14	90	22	30	29	70	5	60	1	50	3	—	3	80	4	50	7	50
1483	14	90	22	30	29	70	5	60	1	50	3	—	3	80	4	50	7	50
1484	14	90	22	30	29	70	5	60	1	50	3	—	3	80	4	50	7	50
1485	14	90	22	30	29	70	5	60	1	50	3	—	3	80	4	50	7	50
1486	14	90	22	30	29	80	5	60	1	50	3	—	3	80	4	50	7	50
1487	14	90	22	40	29	80	5	60	1	50	3	—	3	80	4	50	7	50
1488	14	90	22	40	29	80	5	60	1	50	3	—	3	80	4	50	7	50
1489	14	90	22	40	29	80	5	60	1	50	3	—	3	80	4	50	7	50
1490	14	90	22	40	29	80	5	60	1	50	3	—	3	80	4	50	7	50
1491	15	—	22	40	29	90	5	60	1	50	3	—	3	80	4	50	7	50
1492	15	—	22	40	29	90	5	60	1	50	3	—	3	80	4	50	7	50
1493	15	—	22	40	29	90	5	60	1	50	3	—	3	80	4	50	7	50
1494	15	—	22	50	29	90	5	70	1	50	3	—	3	80	4	50	7	50
1495	15	—	22	50	29	90	5	70	1	50	3	—	3	80	4	50	7	50
1496	15	—	22	50	30	—	5	70	1	50	3	—	3	80	4	50	7	50
1497	15	—	22	50	30	—	5	70	1	50	3	—	3	80	4	50	7	50
1498	15	—	22	50	30	—	5	70	1	50	3	—	3	80	4	50	7	50
1499	15	—	22	50	30	—	5	70	1	50	3	—	3	80	4	50	7	50
1500	15	—	22	50	30	—	5	70	1	50	3	—	3	80	4	50	7	50
1501	15	10	22	60	30	10	5	70	1	60	3	10	3	80	4	60	7	60
1502	15	10	22	60	30	10	5	70	1	60	3	10	3	80	4	60	7	60
1503	15	10	22	60	30	10	5	70	1	60	3	10	3	80	4	60	7	60
1504	15	10	22	60	30	10	5	70	1	60	3	10	3	80	4	60	7	60
1505	15	10	22	60	30	10	5	70	1	60	3	10	3	80	4	60	7	60
1506	15	10	22	60	30	20	5	70	1	60	3	10	3	80	4	60	7	60
1507	15	10	22	70	30	20	5	70	1	60	3	10	3	80	4	60	7	60
1508	15	10	22	70	30	20	5	70	1	60	3	10	3	80	4	60	7	60
1509	15	10	22	70	30	20	5	70	1	60	3	10	3	80	4	60	7	60
1510	15	10	22	70	30	20	5	70	1	60	3	10	3	80	4	60	7	60
1511	15	20	22	70	30	30	5	70	1	60	3	10	3	80	4	60	7	60
1512	15	20	22	70	30	30	5	70	1	60	3	10	3	80	4	60	7	60
1513	15	20	22	70	30	30	5	70	1	60	3	10	3	80	4	60	7	60
1514	15	20	22	80	30	30	5	70	1	60	3	10	3	80	4	60	7	60
1515	15	20	22	80	30	30	5	70	1	60	3	10	3	80	4	60	7	60
1516	15	20	22	80	30	40	5	70	1	60	3	10	3	80	4	60	7	60
1517	15	20	22	80	30	40	5	70	1	60	3	10	3	80	4	60	7	60
1518	15	20	22	80	30	40	5	70	1	60	3	10	3	80	4	60	7	60
1519	15	20	22	80	30	40	5	70	1	60	3	10	3	80	4	60	7	60
1520	15	20	22	80	30	40	5	70	1	60	3	10	3	80	4	60	7	60

Gegenstands-Summa	Werthgebühr								$^4/_{10}$ aus der vollen Werthgebühr		$^4/_{10}$ aus $^2/_3$ Werthgebühr		Hinterlegungsgebühr						Auseinandersetzungsgebühr			
	Volle		$^1/_2$		$^1/_2$ bis 2200 ℳ darüber $^2/_3$		$1^1/_2$												$^5/_{10}$		$^2/_{10}$	
	Art. 22. 40. 41. 50		Art. 25. 27. 29. 30. 38 Abs. 2		Art. 24		Art. 23		Art. 45 Abs. 3				Art. 100		Art. 101 a		Art. 101 b		der Sätze des § 8 des Reichsgerichts-Kosten-Gesetzes			
ℳ	ℳ	₰	ℳ	₰	ℳ	₰	ℳ	₰	ℳ	₰	ℳ	₰	ℳ	₰	ℳ	₰	ℳ	₰	ℳ	₰	ℳ	₰
1481	8	10	4	10	4	10	12	20	3	30	1	70	3	80	14	90	29	70	19	—	7	60
1482	8	10	4	10	4	10	12	20	3	30	1	70	3	80	14	90	29	70	19	—	7	60
1483	8	10	4	10	4	10	12	20	3	30	1	70	3	80	14	90	29	70	19	—	7	60
1484	8	10	4	10	4	10	12	20	3	30	1	70	3	80	14	90	29	70	19	—	7	60
1485	8	10	4	10	4	10	12	20	3	30	1	70	3	80	14	90	29	70	19	—	7	60
1486	8	10	4	10	4	10	12	20	3	30	1	70	3	80	14	90	29	80	19	—	7	60
1487	8	10	4	10	4	10	12	20	3	30	1	70	3	80	14	90	29	80	19	—	7	60
1488	8	10	4	10	4	10	12	20	3	30	1	70	3	80	14	90	29	80	19	—	7	60
1489	8	10	4	10	4	10	12	20	3	30	1	70	3	80	14	90	29	80	19	—	7	60
1490	8	10	4	10	4	10	12	20	3	30	1	70	3	80	14	90	29	80	19	—	7	60
1491	8	10	4	10	4	10	12	20	3	30	1	70	3	80	15	—	29	90	19	—	7	60
1492	8	10	4	10	4	10	12	20	3	30	1	70	3	80	15	—	29	90	19	—	7	60
1493	8	10	4	10	4	10	12	20	3	30	1	70	3	80	15	—	29	90	19	—	7	60
1494	8	10	4	10	4	10	12	20	3	30	1	70	3	80	15	—	29	90	19	—	7	60
1495	8	10	4	10	4	10	12	20	3	30	1	70	3	80	15	—	29	90	19	—	7	60
1496	8	10	4	10	4	10	12	20	3	30	1	70	3	80	15	—	30	—	19	—	7	60
1497	8	10	4	10	4	10	12	20	3	30	1	70	3	80	15	—	30	—	19	—	7	60
1498	8	10	4	10	4	10	12	20	3	30	1	70	3	80	15	—	30	—	19	—	7	60
1499	8	10	4	10	4	10	12	20	3	30	1	70	3	80	15	—	30	—	19	—	7	60
1500	8	10	4	10	4	10	12	20	3	30	1	70	3	80	15	—	30	—	19	—	7	60
1501	9	—	4	50	4	50	13	50	3	60	1	80	3	80	15	10	30	10	19	—	7	60
1502	9	—	4	50	4	50	13	50	3	60	1	80	3	80	15	10	30	10	19	—	7	60
1503	9	—	4	50	4	50	13	50	3	60	1	80	3	80	15	10	30	10	19	—	7	60
1504	9	—	4	50	4	50	13	50	3	60	1	80	3	80	15	10	30	10	19	—	7	60
1505	9	—	4	50	4	50	13	50	3	60	1	80	3	80	15	10	30	10	19	—	7	60
1506	9	—	4	50	4	50	13	50	3	60	1	80	3	80	15	10	30	20	19	—	7	60
1507	9	—	4	50	4	50	13	50	3	60	1	80	3	80	15	10	30	20	19	—	7	60
1508	9	—	4	50	4	50	13	50	3	60	1	80	3	80	15	10	30	20	19	—	7	60
1509	9	—	4	50	4	50	13	50	3	60	1	80	3	80	15	10	30	20	19	—	7	60
1510	9	—	4	50	4	50	13	50	3	60	1	80	3	80	15	10	30	20	19	—	7	60
1511	9	—	4	50	4	50	13	50	3	60	1	80	3	80	15	20	30	30	19	—	7	60
1512	9	—	4	50	4	50	13	50	3	60	1	80	3	80	15	20	30	30	19	—	7	60
1513	9	—	4	50	4	50	13	50	3	60	1	80	3	80	15	20	30	30	19	—	7	60
1514	9	—	4	50	4	50	13	50	3	60	1	80	3	80	15	20	30	30	19	—	7	60
1515	9	—	4	50	4	50	13	50	3	60	1	80	3	80	15	20	30	30	19	—	7	60
1516	9	—	4	50	4	50	13	50	3	60	1	80	3	80	15	20	30	40	19	—	7	60
1517	9	—	4	50	4	50	13	50	3	60	1	80	3	80	15	20	30	40	19	—	7	60
1518	9	—	4	50	4	50	13	50	3	60	1	80	3	80	15	20	30	40	19	—	7	60
1519	9	—	4	50	4	50	13	50	3	60	1	80	3	80	15	20	30	40	19	—	7	60
1520	9	—	4	50	4	50	13	50	3	60	1	80	3	80	15	20	30	40	19	—	7	60

Gegen-stands-Summa	Staatsgebühren 1 Prozent		Staatsgebühren 1½ Prozent		Staatsgebühren 2 Prozent		Besitz-veränderungs-abgabe		Staatsgebühren 1 pro mille		Staatsgebühren 2 pro mille		Staatsgebühren 2½ pro mille		Staatsgebühren 3 pro mille		Staatsgebühren 5 pro mille	
ℳ	ℳ	₰	ℳ	₰	ℳ	₰	ℳ	₰	ℳ	₰	ℳ	₰	ℳ	₰	ℳ	₰	ℳ	₰
1521	15	30	22	90	30	50	5	80	1	60	3	10	3	90	4	60	7	70
1522	15	30	22	90	30	50	5	80	1	60	3	10	3	90	4	60	7	70
1523	15	30	22	90	30	50	5	80	1	60	3	10	3	90	4	60	7	70
1524	15	30	22	90	30	50	5	80	1	60	3	10	3	90	4	60	7	70
1525	15	30	22	90	30	50	5	80	1	60	3	10	3	90	4	60	7	70
1526	15	30	22	90	30	60	5	80	1	60	3	10	3	90	4	60	7	70
1527	15	30	23	—	30	60	5	80	1	60	3	10	3	90	4	60	7	70
1528	15	30	23	—	30	60	5	80	1	60	3	10	3	90	4	60	7	70
1529	15	30	23	—	30	60	5	80	1	60	3	10	3	90	4	60	7	70
1530	15	30	23	—	30	60	5	80	1	60	3	10	3	90	4	60	7	70
1531	15	40	23	—	30	70	5	80	1	60	3	10	3	90	4	60	7	70
1532	15	40	23	—	30	70	5	80	1	60	3	10	3	90	4	60	7	70
1533	15	40	23	—	30	70	5	80	1	60	3	10	3	90	4	60	7	70
1534	15	40	23	10	30	70	5	80	1	60	3	10	3	90	4	70	7	70
1535	15	40	23	10	30	70	5	80	1	60	3	10	3	90	4	70	7	70
1536	15	40	23	10	30	80	5	80	1	60	3	10	3	90	4	70	7	70
1537	15	40	23	10	30	80	5	80	1	60	3	10	3	90	4	70	7	70
1538	15	40	23	10	30	80	5	80	1	60	3	10	3	90	4	70	7	70
1539	15	40	23	10	30	80	5	80	1	60	3	10	3	90	4	70	7	70
1540	15	40	23	10	30	80	5	80	1	60	3	10	3	90	4	70	7	70
1541	15	50	23	20	30	90	5	80	1	60	3	10	3	90	4	70	7	80
1542	15	50	23	20	30	90	5	80	1	60	3	10	3	90	4	70	7	80
1543	15	50	23	20	30	90	5	80	1	60	3	10	3	90	4	70	7	80
1544	15	50	23	20	30	90	5	80	1	60	3	10	3	90	4	70	7	80
1545	15	50	23	20	30	90	5	80	1	60	3	10	3	90	4	70	7	80
1546	15	50	23	20	31	—	5	80	1	60	3	10	3	90	4	70	7	80
1547	15	50	23	30	31	—	5	90	1	60	3	10	3	90	4	70	7	80
1548	15	50	23	30	31	—	5	90	1	60	3	10	3	90	4	70	7	80
1549	15	50	23	30	31	—	5	90	1	60	3	10	3	90	4	70	7	80
1550	15	50	23	30	31	—	5	90	1	60	3	10	3	90	4	70	7	80
1551	15	60	23	30	31	10	5	90	1	60	3	20	3	90	4	70	7	80
1552	15	60	23	30	31	10	5	90	1	60	3	20	3	90	4	70	7	80
1553	15	60	23	30	31	10	5	90	1	60	3	20	3	90	4	70	7	80
1554	15	60	23	40	31	10	5	90	1	60	3	20	3	90	4	70	7	80
1555	15	60	23	40	31	10	5	90	1	60	3	20	3	90	4	70	7	80
1556	15	60	23	40	31	20	5	90	1	60	3	20	3	90	4	70	7	80
1557	15	60	23	40	31	20	5	90	1	60	3	20	3	90	4	70	7	80
1558	15	60	23	40	31	20	5	90	1	60	3	20	3	90	4	70	7	80
1559	15	60	23	40	31	20	5	90	1	60	3	20	3	90	4	70	7	80
1560	15	60	23	40	31	20	5	90	1	60	3	20	3	90	4	70	7	80

Gegen-stands-Summa	Werthgebühr								4/10 aus der vollen Werth-gebühr		4/10 aus 2/3 Werth-gebühr		Hinterlegungs-gebühr						Auseinander-setzungsgebühr			
	Volle		1/2		1/2 bis 2200 M darüber 2/3		1 1/2												5/10		2/10	
	Art. 22. 40. 41. 50		Art. 25. 27. 29. 30. 38 Abs. 2		Art. 24		Art. 23		Art. 45 Abs. 3				Art. 100		Art. 101 a		Art. 101 b		der Sätze des § 8 des Reichsgerichts-Kosten-Gesetzes			
M	M	₰	M	₰	M	₰	M	₰	M	₰	M	₰	M	₰	M	₰	M	₰	M	₰	M	₰
1521	9	—	4	50	4	50	13	50	3	60	1	80	3	90	15	30	30	50	19	—	7	60
1522	9	—	4	50	4	50	13	50	3	60	1	80	3	90	15	30	30	50	19	—	7	60
1523	9	—	4	50	4	50	13	50	3	60	1	80	3	90	15	30	30	50	19	—	7	60
1524	9	—	4	50	4	50	13	50	3	60	1	80	3	90	15	30	30	50	19	—	7	60
1525	9	—	4	50	4	50	13	50	3	60	1	80	3	90	15	30	30	50	19	—	7	60
1526	9	—	4	50	4	50	13	50	3	60	1	80	3	90	15	30	30	60	19	—	7	60
1527	9	—	4	50	4	50	13	50	3	60	1	80	3	90	15	30	30	60	19	—	7	60
1528	9	—	4	50	4	50	13	50	3	60	1	80	3	90	15	30	30	60	19	—	7	60
1529	9	—	4	50	4	50	13	50	3	60	1	80	3	90	15	30	30	60	19	—	7	60
1530	9	—	4	50	4	50	13	50	3	60	1	80	3	90	15	30	30	60	19	—	7	60
1531	9	—	4	50	4	50	13	50	3	60	1	80	3	90	15	40	30	70	19	—	7	60
1532	9	—	4	50	4	50	13	50	3	60	1	80	3	90	15	40	30	70	19	—	7	60
1533	9	—	4	50	4	50	13	50	3	60	1	80	3	90	15	40	30	70	19	—	7	60
1534	9	—	4	50	4	50	13	50	3	60	1	80	3	90	15	40	30	70	19	—	7	60
1535	9	—	4	50	4	50	13	50	3	60	1	80	3	90	15	40	30	70	19	—	7	60
1536	9	—	4	50	4	50	13	50	3	60	1	80	3	90	15	40	30	80	19	—	7	60
1537	9	—	4	50	4	50	13	50	3	60	1	80	3	90	15	40	30	80	19	—	7	60
1538	9	—	4	50	4	50	13	50	3	60	1	80	3	90	15	40	30	80	19	—	7	60
1539	9	—	4	50	4	50	13	50	3	60	1	80	3	90	15	40	30	80	19	—	7	60
1540	9	—	4	50	4	50	13	50	3	60	1	80	3	90	15	40	30	80	19	—	7	60
1541	9	—	4	50	4	50	13	50	3	60	1	80	3	90	15	50	30	90	19	—	7	60
1542	9	—	4	50	4	50	13	50	3	60	1	80	3	90	15	50	30	90	19	—	7	60
1543	9	—	4	50	4	50	13	50	3	60	1	80	3	90	15	50	30	90	19	—	7	60
1544	9	—	4	50	4	50	13	50	3	60	1	80	3	90	15	50	30	90	19	—	7	60
1545	9	—	4	50	4	50	13	50	3	60	1	80	3	90	15	50	30	90	19	—	7	60
1546	9	—	4	50	4	50	13	50	3	60	1	80	3	90	15	50	31	—	19	—	7	60
1547	9	—	4	50	4	50	13	50	3	60	1	80	3	90	15	50	31	—	19	—	7	60
1548	9	—	4	50	4	50	13	50	3	60	1	80	3	90	15	50	31	—	19	—	7	60
1549	9	—	4	50	4	50	13	50	3	60	1	80	3	90	15	50	31	—	19	—	7	60
1550	9	—	4	50	4	50	13	50	3	60	1	80	3	90	15	50	31	—	19	—	7	60
1551	9	—	4	50	4	50	13	50	3	60	1	80	3	90	15	60	31	10	19	—	7	60
1552	9	—	4	50	4	50	13	50	3	60	1	80	3	90	15	60	31	10	19	—	7	60
1553	9	—	4	50	4	50	13	50	3	60	1	80	3	90	15	60	31	10	19	—	7	60
1554	9	—	4	50	4	50	13	50	3	60	1	80	3	90	15	60	31	10	19	—	7	60
1555	9	—	4	50	4	50	13	50	3	60	1	80	3	90	15	60	31	10	19	—	7	60
1556	9	—	4	50	4	50	13	50	3	60	1	80	3	90	15	60	31	20	19	—	7	60
1557	9	—	4	50	4	50	13	50	3	60	1	80	3	90	15	60	31	20	19	—	7	60
1558	9	—	4	50	4	50	13	50	3	60	1	80	3	90	15	60	31	20	19	—	7	60
1559	9	—	4	50	4	50	13	50	3	60	1	80	3	90	15	60	31	20	19	—	7	60
1560	9	—	4	50	4	50	13	50	3	60	1	80	3	90	15	60	31	20	19	—	7	60

Gegen-stands-Summa	Staatsgebühren 1 Prozent		1½ Prozent		2 Prozent		Besitz-veränderungs-abgabe		Staatsgebühren 1 pro mille		2 pro mille		2½ pro mille		3 pro mille		5 pro mille	
M	M	Pf	M	Pf	M	Pf	M	Pf	M	Pf	M	Pf	M	Pf	M	Pf	M	Pf
1561	15	70	23	50	31	30	5	90	1	60	3	20	4	—	4	70	7	90
1562	15	70	23	50	31	30	5	90	1	60	3	20	4	—	4	70	7	90
1563	15	70	23	50	31	30	5	90	1	60	3	20	4	—	4	70	7	90
1564	15	70	23	50	31	30	5	90	1	60	3	20	4	—	4	70	7	90
1565	15	70	23	50	31	30	5	90	1	60	3	20	4	—	4	70	7	90
1566	15	70	23	50	31	40	5	90	1	60	3	20	4	—	4	70	7	90
1567	15	70	23	60	31	40	5	90	1	60	3	20	4	—	4	80	7	90
1568	15	70	23	60	31	40	5	90	1	60	3	20	4	—	4	80	7	90
1569	15	70	23	60	31	40	5	90	1	60	3	20	4	—	4	80	7	90
1570	15	70	23	60	31	40	5	90	1	60	3	20	4	—	4	80	7	90
1571	15	80	23	60	31	50	5	90	1	60	3	20	4	—	4	80	7	90
1572	15	80	23	60	31	50	5	90	1	60	3	20	4	—	4	80	7	90
1573	15	80	23	60	31	50	5	90	1	60	3	20	4	—	4	80	7	90
1574	15	80	23	70	31	50	6	—	1	60	3	20	4	—	4	80	7	90
1575	15	80	23	70	31	50	6	—	1	60	3	20	4	—	4	80	7	90
1576	15	80	23	70	31	60	6	—	1	60	3	20	4	—	4	80	7	90
1577	15	80	23	70	31	60	6	—	1	60	3	20	4	—	4	80	7	90
1578	15	80	23	70	31	60	6	—	1	60	3	20	4	—	4	80	7	90
1579	15	80	23	70	31	60	6	—	1	60	3	20	4	—	4	80	7	90
1580	15	80	23	70	31	60	6	—	1	60	3	20	4	—	4	80	7	90
1581	15	90	23	80	31	70	6	—	1	60	3	20	4	—	4	80	8	—
1582	15	90	23	80	31	70	6	—	1	60	3	20	4	—	4	80	8	—
1583	15	90	23	80	31	70	6	—	1	60	3	20	4	—	4	80	8	—
1584	15	90	23	80	31	70	6	—	1	60	3	20	4	—	4	80	8	—
1585	15	90	23	80	31	70	6	—	1	60	3	20	4	—	4	80	8	—
1586	15	90	23	80	31	80	6	—	1	60	3	20	4	—	4	80	8	—
1587	15	90	23	90	31	80	6	—	1	60	3	20	4	—	4	80	8	—
1588	15	90	23	90	31	80	6	—	1	60	3	20	4	—	4	80	8	—
1589	15	90	23	90	31	80	6	—	1	60	3	20	4	—	4	80	8	—
1590	15	90	23	90	31	80	6	—	1	60	3	20	4	—	4	80	8	—
1591	16	—	23	90	31	90	6	—	1	60	3	20	4	—	4	80	8	—
1592	16	—	23	90	31	90	6	—	1	60	3	20	4	—	4	80	8	—
1593	16	—	23	90	31	90	6	—	1	60	3	20	4	—	4	80	8	—
1594	16	—	24	—	31	90	6	—	1	60	3	20	4	—	4	80	8	—
1595	16	—	24	—	31	90	6	—	1	60	3	20	4	—	4	80	8	—
1596	16	—	24	—	32	—	6	—	1	60	3	20	4	—	4	80	8	—
1597	16	—	24	—	32	—	6	—	1	60	3	20	4	—	4	80	8	—
1598	16	—	24	—	32	—	6	—	1	60	3	20	4	—	4	80	8	—
1599	16	—	24	—	32	—	6	—	1	60	3	20	4	—	4	80	8	—
1600	16	—	24	—	32	—	6	—	1	60	3	20	4	—	4	80	8	—

Gegenstands-Summa	Werthgebühr								4/10 aus der vollen Werthgebühr		4/10 aus 2/3 Werthgebühr		Hinterlegungsgebühr						Auseinandersetzungsgebühr			
	Volle		1/2		1/2 bis 2200 M		1 1/2												5/10		2/10	
	Art. 22. 40. 41. 50		Art. 25. 27. 29. 30. 38 Abs. 2		darüber 2/3 Art. 24		Art. 23		Art. 45 Abs. 3				Art. 100		Art. 101a		Art. 101b		der Sätze des § 8 des Reichsgerichts-Kosten-Gesetzes			
M	M	Pf	M	Pf	M	Pf	M	Pf	M	Pf	M	Pf	M	Pf	M	Pf	M	Pf	M	Pf	M	Pf
1561	9	—	4	50	4	50	13	50	3	60	1	80	4	—	15	70	31	30	19	—	7	60
1562	9	—	4	50	4	50	13	50	3	60	1	80	4	—	15	70	31	30	19	—	7	60
1563	9	—	4	50	4	50	13	50	3	60	1	80	4	—	15	70	31	30	19	—	7	60
1564	9	—	4	50	4	50	13	50	3	60	1	80	4	—	15	70	31	30	19	—	7	60
1565	9	—	4	50	4	50	13	50	3	60	1	80	4	—	15	70	31	30	19	—	7	60
1566	9	—	4	50	4	50	13	50	3	60	1	80	4	—	15	70	31	40	19	—	7	60
1567	9	—	4	50	4	50	13	50	3	60	1	80	4	—	15	70	31	40	19	—	7	60
1568	9	—	4	50	4	50	13	50	3	60	1	80	4	—	15	70	31	40	19	—	7	60
1569	9	—	4	50	4	50	13	50	3	60	1	80	4	—	15	70	31	40	19	—	7	60
1570	9	—	4	50	4	50	13	50	3	60	1	80	4	—	15	70	31	40	19	—	7	60
1571	9	—	4	50	4	50	13	50	3	60	1	80	4	—	15	80	31	50	19	—	7	60
1572	9	—	4	50	4	50	13	50	3	60	1	80	4	—	15	80	31	50	19	—	7	60
1573	9	—	4	50	4	50	13	50	3	60	1	80	4	—	15	80	31	50	19	—	7	60
1574	9	—	4	50	4	50	13	50	3	60	1	80	4	—	15	80	31	50	19	—	7	60
1575	9	—	4	50	4	50	13	50	3	60	1	80	4	—	15	80	31	50	19	—	7	60
1576	9	—	4	50	4	50	13	50	3	60	1	80	4	—	15	80	31	60	19	—	7	60
1577	9	—	4	50	4	50	13	50	3	60	1	80	4	—	15	80	31	60	19	—	7	60
1578	9	—	4	50	4	50	13	50	3	60	1	80	4	—	15	80	31	60	19	—	7	60
1579	9	—	4	50	4	50	13	50	3	60	1	80	4	—	15	80	31	60	19	—	7	60
1580	9	—	4	50	4	50	13	50	3	60	1	80	4	—	15	80	31	60	19	—	7	60
1581	9	—	4	50	4	50	13	50	3	60	1	80	4	—	15	90	31	70	19	—	7	60
1582	9	—	4	50	4	50	13	50	3	60	1	80	4	—	15	90	31	70	19	—	7	60
1583	9	—	4	50	4	50	13	50	3	60	1	80	4	—	15	90	31	70	19	—	7	60
1584	9	—	4	50	4	50	13	50	3	60	1	80	4	—	15	90	31	70	19	—	7	60
1585	9	—	4	50	4	50	13	50	3	60	1	80	4	—	15	90	31	70	19	—	7	60
1586	9	—	4	50	4	50	13	50	3	60	1	80	4	—	15	90	31	80	19	—	7	60
1587	9	—	4	50	4	50	13	50	3	60	1	80	4	—	15	90	31	80	19	—	7	60
1588	9	—	4	50	4	50	13	50	3	60	1	80	4	—	15	90	31	80	19	—	7	60
1589	9	—	4	50	4	50	13	50	3	60	1	80	4	—	15	90	31	80	19	—	7	60
1590	9	—	4	50	4	50	13	50	3	60	1	80	4	—	15	90	31	80	19	—	7	60
1591	9	—	4	50	4	50	13	50	3	60	1	80	4	—	16	—	31	90	19	—	7	60
1592	9	—	4	50	4	50	13	50	3	60	1	80	4	—	16	—	31	90	19	—	7	60
1593	9	—	4	50	4	50	13	50	3	60	1	80	4	—	16	—	31	90	19	—	7	60
1594	9	—	4	50	4	50	13	50	3	60	1	80	4	—	16	—	31	90	19	—	7	60
1595	9	—	4	50	4	50	13	50	3	60	1	80	4	—	16	—	31	90	19	—	7	60
1596	9	—	4	50	4	50	13	50	3	60	1	80	4	—	16	—	32	—	19	—	7	60
1597	9	—	4	50	4	50	13	50	3	60	1	80	4	—	16	-	32	—	19	—	7	60
1598	9	—	4	50	4	50	13	50	3	60	1	80	4	—	16	—	32	—	19	—	7	60
1599	9	—	4	50	4	50	13	50	3	60	1	80	4	—	16	—	32	—	19	—	7	60
1600	9	—	4	50	4	50	13	50	3	60	1	80	4	—	16	—	32	—	19	—	7	60

Gegen-standes-Summa	Staatsgebühren 1 Prozent		1½ Prozent		2 Prozent		Besitz-veränderungs-abgabe		Staatsgebühren 1 pro mille		2 pro mille		2½ pro mille		3 pro mille		5 pro mille	
M	M	Pf	M	Pf	M	Pf	M	Pf	M	Pf	M	Pf	M	Pf	M	Pf	M	Pf
1601	16	10	24	10	32	10	6	10	1	70	3	30	4	10	4	90	8	10
1602	16	10	24	10	32	10	6	10	1	70	3	30	4	10	4	90	8	10
1603	16	10	24	10	32	10	6	10	1	70	3	30	4	10	4	90	8	10
1604	16	10	24	10	32	10	6	10	1	70	3	30	4	10	4	90	8	10
1605	16	10	24	10	32	10	6	10	1	70	3	30	4	10	4	90	8	10
1606	16	10	24	10	32	20	6	10	1	70	3	30	4	10	4	90	8	10
1607	16	10	24	20	32	20	6	10	1	70	3	30	4	10	4	90	8	10
1608	16	10	24	20	32	20	6	10	1	70	3	30	4	10	4	90	8	10
1609	16	10	24	20	32	20	6	10	1	70	3	30	4	10	4	90	8	10
1610	16	10	24	20	32	20	6	10	1	70	3	30	4	10	4	90	8	10
1611	16	20	24	20	32	30	6	10	1	70	3	30	4	10	4	90	8	10
1612	16	20	24	20	32	30	6	10	1	70	3	30	4	10	4	90	8	10
1613	16	20	24	20	32	30	6	10	1	70	3	30	4	10	4	90	8	10
1614	16	20	24	30	32	30	6	10	1	70	3	30	4	10	4	90	8	10
1615	16	20	24	30	32	30	6	10	1	70	3	30	4	10	4	90	8	10
1616	16	20	24	30	32	40	6	10	1	70	3	30	4	10	4	90	8	10
1617	16	20	24	30	32	40	6	10	1	70	3	30	4	10	4	90	8	10
1618	16	20	24	30	32	40	6	10	1	70	3	30	4	10	4	90	8	10
1619	16	20	24	30	32	40	6	10	1	70	3	30	4	10	4	90	8	10
1620	16	20	24	30	32	40	6	10	1	70	3	30	4	10	4	90	8	10
1621	16	30	24	40	32	50	6	10	1	70	3	30	4	10	4	90	8	20
1622	16	30	24	40	32	50	6	10	1	70	3	30	4	10	4	90	8	20
1623	16	30	24	40	32	50	6	10	1	70	3	30	4	10	4	90	8	20
1624	16	30	24	40	32	50	6	10	1	70	3	30	4	10	4	90	8	20
1625	16	30	24	40	32	50	6	10	1	70	3	30	4	10	4	90	8	20
1626	16	30	24	40	32	60	6	10	1	70	3	30	4	10	4	90	8	20
1627	16	30	24	50	32	60	6	20	1	70	3	30	4	10	4	90	8	20
1628	16	30	24	50	32	60	6	20	1	70	3	30	4	10	4	90	8	20
1629	16	30	24	50	32	60	6	20	1	70	3	30	4	10	4	90	8	20
1630	16	30	24	50	32	60	6	20	1	70	3	30	4	10	4	90	8	20
1631	16	40	24	50	32	70	6	20	1	70	3	30	4	10	4	90	8	20
1632	16	40	24	50	32	70	6	20	1	70	3	30	4	10	4	90	8	20
1633	16	40	24	50	32	70	6	20	1	70	3	30	4	10	4	90	8	20
1634	16	40	24	60	32	70	6	20	1	70	3	30	4	10	5	—	8	20
1635	16	40	24	60	32	70	6	20	1	70	3	30	4	10	5	—	8	20
1636	16	40	24	60	32	80	6	20	1	70	3	30	4	10	5	—	8	20
1637	16	40	24	60	32	80	6	20	1	70	3	30	4	10	5	—	8	20
1638	16	40	24	60	32	80	6	20	1	70	3	30	4	10	5	—	8	20
1639	16	40	24	60	32	80	6	20	1	70	3	30	4	10	5	—	8	20
1640	16	40	24	60	32	80	6	20	1	70	3	30	4	10	5	—	8	20

Gegen-stands-Summa	Werthgebühr: Volle (Art. 22. 40. 41. 50)		Werthgebühr: 1/2 (Art. 25. 27. 29. 30. 38 Abs. 2)		Werthgebühr: 1/2 bis 2200 M, darüber 2/3 (Art. 24)		Werthgebühr: 1 1/2 (Art. 23)		4/10 aus der vollen Werthgebühr (Art. 45 Abs. 3)		4/10 aus 2/3 Werthgebühr (Art. 45 Abs. 3)		Hinterlegungsgebühr: Art. 100		Hinterlegungsgebühr: Art. 101 a		Hinterlegungsgebühr: Art. 101 b		Auseinandersetzungsgebühr: 5/10 der Sätze des § 8 des Reichsgerichts-Kosten-Gesetzes		Auseinandersetzungsgebühr: 2/10 der Sätze des § 8 des Reichsgerichts-Kosten-Gesetzes	
M	M	Pf	M	Pf	M	Pf	M	Pf	M	Pf	M	Pf	M	Pf	M	Pf	M	Pf	M	Pf	M	Pf
1601	9	—	4	50	4	50	13	50	3	60	1	80	4	10	16	10	32	10	22	—	8	80
1602	9	—	4	50	4	50	13	50	3	60	1	80	4	10	16	10	32	10	22	—	8	80
1603	9	—	4	50	4	50	13	50	3	60	1	80	4	10	16	10	32	10	22	—	8	80
1604	9	—	4	50	4	50	13	50	3	60	1	80	4	10	16	10	32	10	22	—	8	80
1605	9	—	4	50	4	50	13	50	3	60	1	80	4	10	16	10	32	10	22	—	8	80
1606	9	—	4	50	4	50	13	50	3	60	1	80	4	10	16	10	32	20	22	—	8	80
1607	9	—	4	50	4	50	13	50	3	60	1	80	4	10	16	10	32	20	22	—	8	80
1608	9	—	4	50	4	50	13	50	3	60	1	80	4	10	16	10	32	20	22	—	8	80
1609	9	—	4	50	4	50	13	50	3	60	1	80	4	10	16	10	32	20	22	—	8	80
1610	9	—	4	50	4	50	13	50	3	60	1	80	4	10	16	10	32	20	22	—	8	80
1611	9	—	4	50	4	50	13	50	3	60	1	80	4	10	16	20	32	30	22	—	8	80
1612	9	—	4	50	4	50	13	50	3	60	1	80	4	10	16	20	32	30	22	—	8	80
1613	9	—	4	50	4	50	13	50	3	60	1	80	4	10	16	20	32	30	22	—	8	80
1614	9	—	4	50	4	50	13	50	3	60	1	80	4	10	16	20	32	30	22	—	8	80
1615	9	—	4	50	4	50	13	50	3	60	1	80	4	10	16	20	32	30	22	—	8	80
1616	9	—	4	50	4	50	13	50	3	60	1	80	4	10	16	20	32	40	22	—	8	80
1617	9	—	4	50	4	50	13	50	3	60	1	80	4	10	16	20	32	40	22	—	8	80
1618	9	—	4	50	4	50	13	50	3	60	1	80	4	10	16	20	32	40	22	—	8	80
1619	9	—	4	50	4	50	13	50	3	60	1	80	4	10	16	20	32	40	22	—	8	80
1620	9	—	4	50	4	50	13	50	3	60	1	80	4	10	16	20	32	40	22	—	8	80
1621	9	—	4	50	4	50	13	50	3	60	1	80	4	10	16	30	32	50	22	—	8	80
1622	9	—	4	50	4	50	13	50	3	60	1	80	4	10	16	30	32	50	22	—	8	80
1623	9	—	4	50	4	50	13	50	3	60	1	80	4	10	16	30	32	50	22	—	8	80
1624	9	—	4	50	4	50	13	50	3	60	1	80	4	10	16	30	32	50	22	—	8	80
1625	9	—	4	50	4	50	13	50	3	60	1	80	4	10	16	30	32	50	22	—	8	80
1626	9	—	4	50	4	50	13	50	3	60	1	80	4	10	16	30	32	60	22	—	8	80
1627	9	—	4	50	4	50	13	50	3	60	1	80	4	10	16	30	32	60	22	—	8	80
1628	9	—	4	50	4	50	13	50	3	60	1	80	4	10	16	30	32	60	22	—	8	80
1629	9	—	4	50	4	50	13	50	3	60	1	80	4	10	16	30	32	60	22	—	8	80
1630	9	—	4	50	4	50	13	50	3	60	1	80	4	10	16	30	32	60	22	—	8	80
1631	9	—	4	50	4	50	13	50	3	60	1	80	4	10	16	40	32	70	22	—	8	80
1632	9	—	4	50	4	50	13	50	3	60	1	80	4	10	16	40	32	70	22	—	8	80
1633	9	—	4	50	4	50	13	50	3	60	1	80	4	10	16	40	32	70	22	—	8	80
1634	9	—	4	50	4	50	13	50	3	60	1	80	4	10	16	40	32	70	22	—	8	80
1635	9	—	4	50	4	50	13	50	3	60	1	80	4	10	16	40	32	70	22	—	8	80
1636	9	—	4	50	4	50	13	50	3	60	1	80	4	10	16	40	32	80	22	—	8	80
1637	9	—	4	50	4	50	13	50	3	60	1	80	4	10	16	40	32	80	22	—	8	80
1638	9	—	4	50	4	50	13	50	3	60	1	80	4	10	16	40	32	80	22	—	8	80
1639	9	—	4	50	4	50	13	50	3	60	1	80	4	10	16	40	32	80	22	—	8	80
1640	9	—	4	50	4	50	13	50	3	60	1	80	4	10	16	40	32	80	22	—	8	80

Gegen-standS-Summa	Staatsgebühren 1		Staatsgebühren 1½		Staatsgebühren 2		Besitz-veränderungs-abgabe		Staatsgebühren 1		Staatsgebühren 2		Staatsgebühren 2½		Staatsgebühren 3		Staatsgebühren 5	
	Prozent								pro mille									
ℳ	ℳ	₰	ℳ	₰	ℳ	₰	ℳ	₰	ℳ	₰	ℳ	₰	ℳ	₰	ℳ	₰	ℳ	₰
1641	16	50	24	70	32	90	6	20	1	70	3	30	4	20	5	—	8	30
1642	16	50	24	70	32	90	6	20	1	70	3	30	4	20	5	—	8	30
1643	16	50	24	70	32	90	6	20	1	70	3	30	4	20	5	—	8	30
1644	16	50	24	70	32	90	6	20	1	70	3	30	4	20	5	—	8	30
1645	16	50	24	70	32	90	6	20	1	70	3	30	4	20	5	—	8	30
1646	16	50	24	70	33	—	6	20	1	70	3	30	4	20	5	—	8	30
1647	16	50	24	80	33	—	6	20	1	70	3	30	4	20	5	—	8	30
1648	16	50	24	80	33	—	6	20	1	70	3	30	4	20	5	—	8	30
1649	16	50	24	80	33	—	6	20	1	70	3	30	4	20	5	—	8	30
1650	16	50	24	80	33	—	6	20	1	70	3	30	4	20	5	—	8	30
1651	16	60	24	80	33	10	6	20	1	70	3	40	4	20	5	—	8	30
1652	16	60	24	80	33	10	6	20	1	70	3	40	4	20	5	—	8	30
1653	16	60	24	80	33	10	6	20	1	70	3	40	4	20	5	—	8	30
1654	16	60	24	90	33	10	6	30	1	70	3	40	4	20	5	—	8	30
1655	16	60	24	90	33	10	6	30	1	70	3	40	4	20	5	—	8	30
1656	16	60	24	90	33	20	6	30	1	70	3	40	4	20	5	—	8	30
1657	16	60	24	90	33	20	6	30	1	70	3	40	4	20	5	—	8	30
1658	16	60	24	90	33	20	6	30	1	70	3	40	4	20	5	—	8	30
1659	16	60	24	90	33	20	6	30	1	70	3	40	4	20	5	—	8	30
1660	16	60	24	90	33	20	6	30	1	70	3	40	4	20	5	—	8	30
1661	16	70	25	—	33	30	6	30	1	70	3	40	4	20	5	—	8	40
1662	16	70	25	—	33	30	6	30	1	70	3	40	4	20	5	—	8	40
1663	16	70	25	—	33	30	6	30	1	70	3	40	4	20	5	—	8	40
1664	16	70	25	—	33	30	6	30	1	70	3	40	4	20	5	—	8	40
1665	16	70	25	—	33	30	6	30	1	70	3	40	4	20	5	—	8	40
1666	16	70	25	—	33	40	6	30	1	70	3	40	4	20	5	—	8	40
1667	16	70	25	10	33	40	6	30	1	70	3	40	4	20	5	10	8	40
1668	16	70	25	10	33	40	6	30	1	70	3	40	4	20	5	10	8	40
1669	16	70	25	10	33	40	6	30	1	70	3	40	4	20	5	10	8	40
1670	16	70	25	10	33	40	6	30	1	70	3	40	4	20	5	10	8	40
1671	16	80	25	10	33	50	6	30	1	70	3	40	4	20	5	10	8	40
1672	16	80	25	10	33	50	6	30	1	70	3	40	4	20	5	10	8	40
1673	16	80	25	10	33	50	6	30	1	70	3	40	4	20	5	10	8	40
1674	16	80	25	20	33	50	6	30	1	70	3	40	4	20	5	10	8	40
1675	16	80	25	20	33	50	6	30	1	70	3	40	4	20	5	10	8	40
1676	16	80	25	20	33	60	6	30	1	70	3	40	4	20	5	10	8	40
1677	16	80	25	20	33	60	6	30	1	70	3	40	4	20	5	10	8	40
1678	16	80	25	20	33	60	6	30	1	70	3	40	4	20	5	10	8	40
1679	16	80	25	20	33	60	6	30	1	70	3	40	4	20	5	10	8	40
1680	16	80	25	20	33	60	6	30	1	70	3	40	4	20	5	10	8	40

Gegen-stands-Summa	Werthgebühr: Volle (Art. 22. 40. 41. 50)		Werthgebühr: 1/2 (Art. 25. 27. 29. 30. 38 Abs. 2)		Werthgebühr: 1/2 bis 2200 M, darüber 2/3 (Art. 24)		Werthgebühr: 1 1/2 (Art. 23)		4/10 aus der vollen Werthgebühr (Art. 45 Abs. 3)		4/10 aus 2/3 Werthgebühr (Art. 45 Abs. 3)		Hinterlegungsgebühr: Art. 100		Hinterlegungsgebühr: Art. 101a		Hinterlegungsgebühr: Art. 101b		Auseinandersetzungsgebühr: 5/10 der Sätze des § 8 des Reichsgerichts-Kosten-Gesetzes		Auseinandersetzungsgebühr: 2/10 der Sätze des § 8 des Reichsgerichts-Kosten-Gesetzes	
M	M	Pf	M	Pf	M	Pf	M	Pf	M	Pf	M	Pf	M	Pf	M	Pf	M	Pf	M	Pf	M	Pf
1641	9	—	4	50	4	50	13	50	3	60	1	80	4	20	16	50	32	90	22	—	8	80
1642	9	—	4	50	4	50	13	50	3	60	1	80	4	20	16	50	32	90	22	—	8	80
1643	9	—	4	50	4	50	13	50	3	60	1	80	4	20	16	50	32	90	22	—	8	80
1644	9	—	4	50	4	50	13	50	3	60	1	80	4	20	16	50	32	90	22	—	8	80
1645	9	—	4	50	4	50	13	50	3	60	1	80	4	20	16	50	32	90	22	—	8	80
1646	9	—	4	50	4	50	13	50	3	60	1	80	4	20	16	50	33	—	22	—	8	80
1647	9	—	4	50	4	50	13	50	3	60	1	80	4	20	16	50	33	—	22	—	8	80
1648	9	—	4	50	4	50	13	50	3	60	1	80	4	20	16	50	33	—	22	—	8	80
1649	9	—	4	50	4	50	13	50	3	60	1	80	4	20	16	50	33	—	22	—	8	80
1650	9	—	4	50	4	50	13	50	3	60	1	80	4	20	16	50	33	—	22	—	8	80
1651	9	—	4	50	4	50	13	50	3	60	1	80	4	20	16	60	33	10	22	—	8	80
1652	9	—	4	50	4	50	13	50	3	60	1	80	4	20	16	60	33	10	22	—	8	80
1653	9	—	4	50	4	50	13	50	3	60	1	80	4	20	16	60	33	10	22	—	8	80
1654	9	—	4	50	4	50	13	50	3	60	1	80	4	20	16	60	33	10	22	—	8	80
1655	9	—	4	50	4	50	13	50	3	60	1	80	4	20	16	60	33	10	22	—	8	80
1656	9	—	4	50	4	50	13	50	3	60	1	80	4	20	16	60	33	20	22	—	8	80
1657	9	—	4	50	4	50	13	50	3	60	1	80	4	20	16	60	33	20	22	—	8	80
1658	9	—	4	50	4	50	13	50	3	60	1	80	4	20	16	60	33	20	22	—	8	80
1659	9	—	4	50	4	50	13	50	3	60	1	80	4	20	16	60	33	20	22	—	8	80
1660	9	—	4	50	4	50	13	50	3	60	1	80	4	20	16	60	33	20	22	—	8	80
1661	9	—	4	50	4	50	13	50	3	60	1	80	4	20	16	70	33	30	22	—	8	80
1662	9	—	4	50	4	50	13	50	3	60	1	80	4	20	16	70	33	30	22	—	8	80
1663	9	—	4	50	4	50	13	50	3	60	1	80	4	20	16	70	33	30	22	—	8	80
1664	9	—	4	50	4	50	13	50	3	60	1	80	4	20	16	70	33	30	22	—	8	80
1665	9	—	4	50	4	50	13	50	3	60	1	80	4	20	16	70	33	30	22	—	8	80
1666	9	—	4	50	4	50	13	50	3	60	1	80	4	20	16	70	33	40	22	—	8	80
1667	9	—	4	50	4	50	13	50	3	60	1	80	4	20	16	70	33	40	22	—	8	80
1668	9	—	4	50	4	50	13	50	3	60	1	80	4	20	16	70	33	40	22	—	8	80
1669	9	—	4	50	4	50	13	50	3	60	1	80	4	20	16	70	33	40	22	—	8	80
1670	9	—	4	50	4	50	13	50	3	60	1	80	4	20	16	70	33	40	22	—	8	80
1671	9	—	4	50	4	50	13	50	3	60	1	80	4	20	16	80	33	50	22	—	8	80
1672	9	—	4	50	4	50	13	50	3	60	1	80	4	20	16	80	33	50	22	—	8	80
1673	9	—	4	50	4	50	13	50	3	60	1	80	4	20	16	80	33	50	22	—	8	80
1674	9	—	4	50	4	50	13	50	3	60	1	80	4	20	16	80	33	50	22	—	8	80
1675	9	—	4	50	4	50	13	50	3	60	1	80	4	20	16	80	33	50	22	—	8	80
1676	9	—	4	50	4	50	13	50	3	60	1	80	4	20	16	80	33	60	22	—	8	80
1677	9	—	4	50	4	50	13	50	3	60	1	80	4	20	16	80	33	60	22	—	8	80
1678	9	—	4	50	4	50	13	50	3	60	1	80	4	20	16	80	33	60	22	—	8	80
1679	9	—	4	50	4	50	13	50	3	60	1	80	4	20	16	80	33	60	22	—	8	80
1680	9	—	4	50	4	50	13	50	3	60	1	80	4	20	16	80	33	60	22	—	8	80

Gegenstands-Summa	Staatsgebühren 1 Prozent		Staatsgebühren 1½ Prozent		Staatsgebühren 2 Prozent		Besitzveränderungsabgabe		Staatsgebühren 1 pro mille		Staatsgebühren 2 pro mille		Staatsgebühren 2½ pro mille		Staatsgebühren 3 pro mille		Staatsgebühren 5 pro mille	
ℳ	ℳ	₰	ℳ	₰	ℳ	₰	ℳ	₰	ℳ	₰	ℳ	₰	ℳ	₰	ℳ	₰	ℳ	₰
1681	16	90	25	30	33	70	6	40	1	70	3	40	4	30	5	10	8	50
1682	16	90	25	30	33	70	6	40	1	70	3	40	4	30	5	10	8	50
1683	16	90	25	30	33	70	6	40	1	70	3	40	4	30	5	10	8	50
1684	16	90	25	30	33	70	6	40	1	70	3	40	4	30	5	10	8	50
1685	16	90	25	30	33	70	6	40	1	70	3	40	4	30	5	10	8	50
1686	16	90	25	30	33	80	6	40	1	70	3	40	4	30	5	10	8	50
1687	16	90	25	40	33	80	6	40	1	70	3	40	4	30	5	10	8	50
1688	16	90	25	40	33	80	6	40	1	70	3	40	4	30	5	10	8	50
1689	16	90	25	40	33	80	6	40	1	70	3	40	4	30	5	10	8	50
1690	16	90	25	40	33	80	6	40	1	70	3	40	4	30	5	10	8	50
1691	17	—	25	40	33	90	6	40	1	70	3	40	4	30	5	10	8	50
1692	17	—	25	40	33	90	6	40	1	70	3	40	4	30	5	10	8	50
1693	17	—	25	40	33	90	6	40	1	70	3	40	4	30	5	10	8	50
1694	17	—	25	50	33	90	6	40	1	70	3	40	4	30	5	10	8	50
1695	17	—	25	50	33	90	6	40	1	70	3	40	4	30	5	10	8	50
1696	17	—	25	50	34	—	6	40	1	70	3	40	4	30	5	10	8	50
1697	17	—	25	50	34	—	6	40	1	70	3	40	4	30	5	10	8	50
1698	17	—	25	50	34	—	6	40	1	70	3	40	4	30	5	10	8	50
1699	17	—	25	50	34	—	6	40	1	70	3	40	4	30	5	10	8	50
1700	17	—	25	50	34	—	6	40	1	70	3	40	4	30	5	10	8	50
1701	17	10	25	60	34	10	6	40	1	80	3	50	4	30	5	20	8	60
1702	17	10	25	60	34	10	6	40	1	80	3	50	4	30	5	20	8	60
1703	17	10	25	60	34	10	6	40	1	80	3	50	4	30	5	20	8	60
1704	17	10	25	60	34	10	6	40	1	80	3	50	4	30	5	20	8	60
1705	17	10	25	60	34	10	6	40	1	80	3	50	4	30	5	20	8	60
1706	17	10	25	60	34	20	6	40	1	80	3	50	4	30	5	20	8	60
1707	17	10	25	70	34	20	6	50	1	80	3	50	4	30	5	20	8	60
1708	17	10	25	70	34	20	6	50	1	80	3	50	4	30	5	20	8	60
1709	17	10	25	70	34	20	6	50	1	80	3	50	4	30	5	20	8	60
1710	17	10	25	70	34	20	6	50	1	80	3	50	4	30	5	20	8	60
1711	17	20	25	70	34	30	6	50	1	80	3	50	4	30	5	20	8	60
1712	17	20	25	70	34	30	6	50	1	80	3	50	4	30	5	20	8	60
1713	17	20	25	70	34	30	6	50	1	80	3	50	4	30	5	20	8	60
1714	17	20	25	80	34	30	6	50	1	80	3	50	4	30	5	20	8	60
1715	17	20	25	80	34	30	6	50	1	80	3	50	4	30	5	20	8	60
1716	17	20	25	80	34	40	6	50	1	80	3	50	4	30	5	20	8	60
1717	17	20	25	80	34	40	6	50	1	80	3	50	4	30	5	20	8	60
1718	17	20	25	80	34	40	6	50	1	80	3	50	4	30	5	20	8	60
1719	17	20	25	80	34	40	6	50	1	80	3	50	4	30	5	20	8	60
1720	17	20	25	80	34	40	6	50	1	80	3	50	4	30	5	20	8	60

Gegenstands-Summa	Werthgebühr: Volle (Art. 22. 40. 41. 50)		Werthgebühr: ½ (Art. 25. 27. 29. 30 38 Abs. 2)		Werthgebühr: ½ bis 2200 M, darüber ⅔ (Art. 24)		Werthgebühr: 1½ (Art. 23)		$^4/_{10}$ aus der vollen Werthgebühr (Art. 45 Abs. 3)		$^4/_{10}$ aus ⅔ Werthgebühr (Art. 45 Abs. 3)		Hinterlegungsgebühr: Art. 100		Hinterlegungsgebühr: Art. 101a		Hinterlegungsgebühr: Art. 101b		Auseinandersetzungsgebühr: $^5/_{10}$ (der Sätze des § 8 des Reichsgerichts-Kosten-Gesetzes)		Auseinandersetzungsgebühr: $^2/_{10}$ (der Sätze des § 8 des Reichsgerichts-Kosten-Gesetzes)	
M	M	Pf	M	Pf	M	Pf	M	Pf	M	Pf	M	Pf	M	Pf	M	Pf	M	Pf	M	Pf	M	Pf
1681	9	—	4	50	4	50	13	50	3	60	1	80	4	30	16	90	33	70	22	—	8	80
1682	9	—	4	50	4	50	13	50	3	60	1	80	4	30	16	90	33	70	22	—	8	80
1683	9	—	4	50	4	50	13	50	3	60	1	80	4	30	16	90	33	70	22	—	8	80
1684	9	—	4	50	4	50	13	50	3	60	1	80	4	30	16	90	33	70	22	—	8	80
1685	9	—	4	50	4	50	13	50	3	60	1	80	4	30	16	90	33	70	22	—	8	80
1686	9	—	4	50	4	50	13	50	3	60	1	80	4	30	16	90	33	80	22	—	8	80
1687	9	—	4	50	4	50	13	50	3	60	1	80	4	30	16	90	33	80	22	—	8	80
1688	9	—	4	50	4	50	13	50	3	60	1	80	4	30	16	90	33	80	22	—	8	80
1689	9	—	4	50	4	50	13	50	3	60	1	80	4	30	16	90	33	80	22	—	8	80
1690	9	—	4	50	1	50	13	50	3	60	1	80	4	30	16	90	33	80	22	—	8	80
1691	9	—	4	50	4	50	13	50	3	60	1	80	4	30	17	—	33	90	22	—	8	80
1692	9	—	4	50	4	50	13	50	3	60	1	80	4	30	17	—	33	90	22	—	8	80
1693	9	—	4	50	4	50	13	50	3	60	1	80	4	30	17	—	33	90	22	—	8	80
1694	9	—	4	50	4	50	13	50	3	60	1	80	4	30	17	—	33	90	22	—	8	80
1695	9	—	4	50	4	50	13	50	3	60	1	80	4	30	17	—	33	90	22	—	8	80
1696	9	—	4	50	4	50	13	50	3	60	1	80	4	30	17	—	34	—	22	—	8	80
1697	9	—	4	50	4	50	13	50	3	60	1	80	4	30	17	—	34	—	22	—	8	80
1698	9	—	4	50	4	50	13	50	3	60	1	80	4	30	17	—	34	—	22	—	8	80
1699	9	—	4	50	4	50	13	50	3	60	1	80	4	30	17	—	34	—	22	—	8	80
1700	9	—	4	50	4	50	13	50	3	60	1	80	4	30	17	—	34	—	22	—	8	80
1701	9	—	4	50	4	50	13	50	3	60	1	80	4	30	17	10	34	10	22	—	8	80
1702	9	—	4	50	4	50	13	50	3	60	1	80	4	30	17	10	34	10	22	—	8	80
1703	9	—	4	50	4	50	13	50	3	60	1	80	4	30	17	10	34	10	22	—	8	80
1704	9	—	4	50	4	50	13	50	3	60	1	80	4	30	17	10	34	10	22	—	8	80
1705	9	—	4	50	4	50	13	50	3	60	1	80	4	30	17	10	34	10	22	—	8	80
1706	9	—	4	50	4	50	13	50	3	60	1	80	4	30	17	10	34	20	22	—	8	80
1707	9	—	4	50	4	50	13	50	3	60	1	80	4	30	17	10	34	20	22	—	8	80
1708	9	—	4	50	4	50	13	50	3	60	1	80	4	30	17	10	34	20	22	—	8	80
1709	9	—	4	50	4	50	13	50	3	60	1	80	4	30	17	10	34	20	22	—	8	80
1710	9	—	4	50	4	50	13	50	3	60	1	80	4	30	17	10	34	20	22	—	8	80
1711	9	—	4	50	4	50	13	50	3	60	1	80	4	30	17	20	34	30	22	—	8	80
1712	9	—	4	50	4	50	13	50	3	60	1	80	4	30	17	20	34	30	22	—	8	80
1713	9	—	4	50	4	50	13	50	3	60	1	80	4	30	17	20	34	30	22	—	8	80
1714	9	—	4	50	4	50	13	50	3	60	1	80	4	30	17	20	34	30	22	—	8	80
1715	9	—	4	50	4	50	13	50	3	60	1	80	4	30	17	20	34	30	22	—	8	80
1716	9	—	4	50	4	50	13	50	3	60	1	80	4	30	17	20	34	40	22	—	8	80
1717	9	—	4	50	4	50	13	50	3	60	1	80	4	30	17	20	34	40	22	—	8	80
1718	9	—	4	50	4	50	13	50	3	60	1	80	4	30	17	20	34	40	22	—	8	80
1719	9	—	4	50	4	50	13	50	3	60	1	80	4	30	17	20	34	40	22	—	8	80
1720	9	—	4	50	4	50	13	50	3	60	1	80	4	30	17	20	34	40	22	—	8	80

Gegenstands-Summa	Staatsgebühren 1 Prozent		Staatsgebühren 1½ Prozent		Staatsgebühren 2 Prozent		Besitzveränderungsabgabe		Staatsgebühren 1 pro mille		Staatsgebühren 2 pro mille		Staatsgebühren 2½ pro mille		Staatsgebühren 3 pro mille		Staatsgebühren 5 pro mille	
M	M	Pf	M	Pf	M	Pf	M	Pf	M	Pf	M	Pf	M	Pf	M	Pf	M	Pf
1721	17	30	25	90	34	50	6	50	1	80	3	50	4	40	5	20	8	70
1722	17	30	25	90	34	50	6	50	1	80	3	50	4	40	5	20	8	70
1723	17	30	25	90	34	50	6	50	1	80	3	50	4	40	5	20	8	70
1724	17	30	25	90	34	50	6	50	1	80	3	50	4	40	5	20	8	70
1725	17	30	25	90	34	50	6	50	1	80	3	50	4	40	5	20	8	70
1726	17	30	25	90	34	60	6	50	1	80	3	50	4	40	5	20	8	70
1727	17	30	26	—	34	60	6	50	1	80	3	50	4	40	5	20	8	70
1728	17	30	26	—	34	60	6	50	1	80	3	50	4	40	5	20	8	70
1729	17	30	26	—	34	60	6	50	1	80	3	50	4	40	5	20	8	70
1730	17	30	26	—	34	60	6	50	1	80	3	50	4	40	5	20	8	70
1731	17	40	26	—	34	70	6	50	1	80	3	50	4	40	5	20	8	70
1732	17	40	26	—	34	70	6	50	1	80	3	50	4	40	5	20	8	70
1733	17	40	26	—	34	70	6	50	1	80	3	50	4	40	5	20	8	70
1734	17	40	26	10	34	70	6	60	1	80	3	50	4	40	5	30	8	70
1735	17	40	26	10	34	70	6	60	1	80	3	50	4	40	5	30	8	70
1736	17	40	26	10	34	80	6	60	1	80	3	50	4	40	5	30	8	70
1737	17	40	26	10	34	80	6	60	1	80	3	50	4	40	5	30	8	70
1738	17	40	26	10	34	80	6	60	1	80	3	50	4	40	5	30	8	70
1739	17	40	26	10	34	80	6	60	1	80	3	50	4	40	5	30	8	70
1740	17	40	26	10	34	80	6	60	1	80	3	50	4	40	5	30	8	70
1741	17	50	26	20	34	90	6	60	1	80	3	50	4	40	5	30	8	80
1742	17	50	26	20	34	90	6	60	1	80	3	50	4	40	5	30	8	80
1743	17	50	26	20	34	90	6	60	1	80	3	50	4	40	5	30	8	80
1744	17	50	26	20	34	90	6	60	1	80	3	50	4	40	5	30	8	80
1745	17	50	26	20	34	90	6	60	1	80	3	50	4	40	5	30	8	80
1746	17	50	26	20	35	—	6	60	1	80	3	50	4	40	5	30	8	80
1747	17	50	26	30	35	—	6	60	1	80	3	50	4	40	5	30	8	80
1748	17	50	26	30	35	—	6	60	1	80	3	50	4	40	5	30	8	80
1749	17	50	26	30	35	—	6	60	1	80	3	50	4	40	5	30	8	80
1750	17	50	26	30	35	—	6	60	1	80	3	50	4	40	5	30	8	80
1751	17	60	26	30	35	10	6	60	1	80	3	60	4	40	5	30	8	80
1752	17	60	26	30	35	10	6	60	1	80	3	60	4	40	5	30	8	80
1753	17	60	26	30	35	10	6	60	1	80	3	60	4	40	5	30	8	80
1754	17	60	26	40	35	10	6	60	1	80	3	60	4	40	5	30	8	80
1755	17	60	26	40	35	10	6	60	1	80	3	60	4	40	5	30	8	80
1756	17	60	26	40	35	20	6	60	1	80	3	60	4	40	5	30	8	80
1757	17	60	26	40	35	20	6	60	1	80	3	60	4	40	5	30	8	80
1758	17	60	26	40	35	20	6	60	1	80	3	60	4	40	5	30	8	80
1759	17	60	26	40	35	20	6	60	1	80	3	60	4	40	5	30	8	80
1760	17	60	26	40	35	20	6	60	1	80	3	60	4	40	5	30	8	80

Gegenstands-Summa	Werthgebühr: Volle		Werthgebühr: 1/2		Werthgebühr: 1/2 bis 2200 ℳ		Werthgebühr: 1 1/2		4/10 aus der vollen Werthgebühr		4/10 aus 2/3 Werthgebühr		Hinterlegungsgebühr						Auseinandersetzungsgebühr: 5/10		Auseinandersetzungsgebühr: 2/10	
	Art. 22. 40. 41. 50		Art. 25. 27. 29. 30. 38 Abs. 2		darüber 2/3 Art. 24		Art. 23		Art. 45 Abs. 3				Art. 100		Art. 101 a		Art. 101 b		der Sätze des § 8 des Reichsgerichts-Kosten-Gesetzes			
ℳ	ℳ	₰	ℳ	₰	ℳ	₰	ℳ	₰	ℳ	₰	ℳ	₰	ℳ	₰	ℳ	₰	ℳ	₰	ℳ	₰	ℳ	₰
1721	9	—	4	50	4	50	13	50	3	60	1	80	4	40	17	30	34	50	22	—	8	80
1722	9	—	4	50	4	50	13	50	3	60	1	80	4	40	17	30	34	50	22	—	8	80
1723	9	—	4	50	4	50	13	50	3	60	1	80	4	40	17	30	34	50	22	—	8	80
1724	9	—	4	50	4	50	13	50	3	60	1	80	4	40	17	30	34	50	22	—	8	80
1725	9	—	4	50	4	50	13	50	3	60	1	80	4	40	17	30	34	50	22	—	8	80
1726	9	—	4	50	4	50	13	50	3	60	1	80	4	40	17	30	34	60	22	—	8	80
1727	9	—	4	50	4	50	13	50	3	60	1	80	4	40	17	30	34	60	22	—	8	80
1728	9	—	4	50	4	50	13	50	3	60	1	80	4	40	17	30	34	60	22	—	8	80
1729	9	—	4	50	4	50	13	50	3	60	1	80	4	40	17	30	34	60	22	—	8	80
1730	9	—	4	50	4	50	13	50	3	60	1	80	4	40	17	30	34	60	22	—	8	80
1731	9	—	4	50	4	50	13	50	3	60	1	80	4	40	17	40	34	70	22	—	8	80
1732	9	—	4	50	4	50	13	50	3	60	1	80	4	40	17	40	34	70	22	—	8	80
1733	9	—	4	50	4	50	13	50	3	60	1	80	4	40	17	40	34	70	22	—	8	80
1734	9	—	4	50	4	50	13	50	3	60	1	80	4	40	17	40	34	70	22	—	8	80
1735	9	—	4	50	4	50	13	50	3	60	1	80	4	40	17	40	34	70	22	—	8	80
1736	9	—	4	50	4	50	13	50	3	60	1	80	4	40	17	40	34	80	22	—	8	80
1737	9	—	4	50	4	50	13	50	3	60	1	80	4	40	17	40	34	80	22	—	8	80
1738	9	—	4	50	4	50	13	50	3	60	1	80	4	40	17	40	34	80	22	—	8	80
1739	9	—	4	50	4	50	13	50	3	60	1	80	4	40	17	40	34	80	22	—	8	80
1740	9	—	4	50	4	50	13	50	3	60	1	80	4	40	17	40	34	80	22	—	8	80
1741	9	—	4	50	4	50	13	50	3	60	1	80	4	40	17	50	34	90	22	—	8	80
1742	9	—	4	50	4	50	13	50	3	60	1	80	4	40	17	50	34	90	22	—	8	80
1743	9	—	4	50	4	50	13	50	3	60	1	80	4	40	17	50	34	90	22	—	8	80
1744	9	—	4	50	4	50	13	50	3	60	1	80	4	40	17	50	34	90	22	—	8	80
1745	9	—	4	50	4	50	13	50	3	60	1	80	4	40	17	50	34	90	22	—	8	80
1746	9	—	4	50	4	50	13	50	3	60	1	80	4	40	17	50	35	—	22	—	8	80
1747	9	—	4	50	4	50	13	50	3	60	1	80	4	40	17	50	35	—	22	—	8	80
1748	9	—	4	50	4	50	13	50	3	60	1	80	4	40	17	50	35	—	22	—	8	80
1749	9	—	4	50	4	50	13	50	3	60	1	80	4	40	17	50	35	—	22	—	8	80
1750	9	—	4	50	4	50	13	50	3	60	1	80	4	40	17	50	35	—	22	—	8	80
1751	9	—	4	50	4	50	13	50	3	60	1	80	4	40	17	60	35	10	22	—	8	80
1752	9	—	4	50	4	50	13	50	3	60	1	80	4	40	17	60	35	10	22	—	8	80
1753	9	—	4	50	4	50	13	50	3	60	1	80	4	40	17	60	35	10	22	—	8	80
1754	9	—	4	50	4	50	13	50	3	60	1	80	4	40	17	60	35	10	22	—	8	80
1755	9	—	4	50	4	50	13	50	3	60	1	80	4	40	17	60	35	10	22	—	8	80
1756	9	—	4	50	4	50	13	50	3	60	1	80	4	40	17	60	35	20	22	—	8	80
1757	9	—	4	50	4	50	13	50	3	60	1	80	4	40	17	60	35	20	22	—	8	80
1758	9	—	4	50	4	50	13	50	3	60	1	80	4	40	17	60	35	20	22	—	8	80
1759	9	—	4	50	4	50	13	50	3	60	1	80	4	40	17	60	35	20	22	—	8	80
1760	9	—	4	50	4	50	13	50	3	60	1	80	4	40	17	60	35	20	22	—	8	80

Gegen-stands-Summa	Staatsgebühren						Besitz-veränderungs-abgabe		Staatsgebühren									
	1		1½		2				1		2		2½		3		5	
	Prozent								pro mille									
M	M	₰	M	₰	M	₰	M	₰	M	₰	M	₰	M	₰	M	₰	M	₰
1761	17	70	26	50	35	30	6	70	1	80	3	60	4	50	5	30	8	90
1762	17	70	26	50	35	30	6	70	1	80	3	60	4	50	5	30	8	90
1763	17	70	26	50	35	30	6	70	1	80	3	60	4	50	5	30	8	90
1764	17	70	26	50	35	30	6	70	1	80	3	60	4	50	5	30	8	90
1765	17	70	26	50	35	30	6	70	1	80	3	60	4	50	5	30	8	90
1766	17	70	26	50	35	40	6	70	1	80	3	60	4	50	5	30	8	90
1767	17	70	26	60	35	40	6	70	1	80	3	60	4	50	5	40	8	90
1768	17	70	26	60	35	40	6	70	1	80	3	60	4	50	5	40	8	90
1769	17	70	26	60	35	40	6	70	1	80	3	60	4	50	5	40	8	90
1770	17	70	26	60	35	40	6	70	1	80	3	60	4	50	5	40	8	90
1771	17	80	26	60	35	50	6	70	1	80	3	60	4	50	5	40	8	90
1772	17	80	26	60	35	50	6	70	1	80	3	60	4	50	5	40	8	90
1773	17	80	26	60	35	50	6	70	1	80	3	60	4	50	5	40	8	90
1774	17	80	26	70	35	50	6	70	1	80	3	60	4	50	5	40	8	90
1775	17	80	26	70	35	50	6	70	1	80	3	60	4	50	5	40	8	90
1776	17	80	26	70	35	60	6	70	1	80	3	60	4	50	5	40	8	90
1777	17	80	26	70	35	60	6	70	1	80	3	60	4	50	5	40	8	90
1778	17	80	26	70	35	60	6	70	1	80	3	60	4	50	5	40	8	90
1779	17	80	26	70	35	60	6	70	1	80	3	60	4	50	5	40	8	90
1780	17	80	26	70	35	60	6	70	1	80	3	60	4	50	5	40	8	90
1781	17	90	26	80	35	70	6	70	1	80	3	60	4	50	5	40	9	—
1782	17	90	26	80	35	70	6	70	1	80	3	60	4	50	5	40	9	—
1783	17	90	26	80	35	70	6	70	1	80	3	60	4	50	5	40	9	—
1784	17	90	26	80	35	70	6	70	1	80	3	60	4	50	5	40	9	—
1785	17	90	26	80	35	70	6	70	1	80	3	60	4	50	5	40	9	—
1786	17	90	26	80	35	80	6	70	1	80	3	60	4	50	5	40	9	—
1787	17	90	26	90	35	80	6	80	1	80	3	60	4	50	5	40	9	—
1788	17	90	26	90	35	80	6	80	1	80	3	60	4	50	5	40	9	—
1789	17	90	26	90	35	80	6	80	1	80	3	60	4	50	5	40	9	—
1790	17	90	26	90	35	80	6	80	1	80	3	60	4	50	5	40	9	—
1791	18	—	26	90	35	90	6	80	1	80	3	60	4	50	5	40	9	—
1792	18	—	26	90	35	90	6	80	1	80	3	60	4	50	5	40	9	—
1793	18	—	26	90	35	90	6	80	1	80	3	60	4	50	5	40	9	—
1794	18	—	27	—	35	90	6	80	1	80	3	60	4	50	5	40	9	—
1795	18	—	27	—	35	90	6	80	1	80	3	60	4	50	5	40	9	—
1796	18	—	27	—	36	—	6	80	1	80	3	60	4	50	5	40	9	—
1797	18	—	27	—	36	—	6	80	1	80	3	60	4	50	5	40	9	—
1798	18	—	27	—	36	—	6	80	1	80	3	60	4	50	5	40	9	—
1799	18	—	27	—	36	—	6	80	1	80	3	60	4	50	5	40	9	—
1800	18	—	27	—	36	—	6	80	1	80	3	60	4	50	5	40	9	—

Gegen-standes-Summa	Werthgebühr								$^4/_{10}$ aus der vollen Werthgebühr		$^4/_{10}$ aus $^2/_3$ Werthgebühr		Hinterlegungsgebühr						Auseinandersetzungsgebühr			
	Volle		$^1/_2$		$^1/_2$ bis 2200 M		$1^1/_2$												$^5/_{10}$		$^2/_{10}$	
	Art. 22. 40. 41. 50		Art. 25. 27. 29. 30. 38 Abs. 2		darüber $^2/_3$ Art. 24		Art. 23		Art. 45 Abs. 3				Art. 100		Art. 101 a		Art. 101 b		der Sätze des § 8 des Reichsgerichts-Kosten-Gesetzes			
M	M	₰	M	₰	M	₰	M	₰	M	₰	M	₰	M	₰	M	₰	M	₰	M	₰	M	₰
1761	9	—	4	50	4	50	13	50	3	60	1	80	4	50	17	70	35	30	22	—	8	80
1762	9	—	4	50	4	50	13	50	3	60	1	80	4	50	17	70	35	30	22	—	8	80
1763	9	—	4	50	4	50	13	50	3	60	1	80	4	50	17	70	35	30	22	—	8	80
1764	9	—	4	50	4	50	13	50	3	60	1	80	4	50	17	70	35	30	22	—	8	80
1765	9	—	4	50	4	50	13	50	3	60	1	80	4	50	17	70	35	30	22	—	8	80
1766	9	—	4	50	4	50	13	50	3	60	1	80	4	50	17	70	35	40	22	—	8	80
1767	9	—	4	50	4	50	13	50	3	60	1	80	4	50	17	70	35	40	22	—	8	80
1768	9	—	4	50	4	50	13	50	3	60	1	80	4	50	17	70	35	40	22	—	8	80
1769	9	—	4	50	4	50	13	50	3	60	1	80	4	50	17	70	35	40	22	—	8	80
1770	9	—	4	50	4	50	13	50	3	60	1	80	4	50	17	70	35	40	22	—	8	80
1771	9	—	4	50	4	50	13	50	3	60	1	80	4	50	17	80	35	50	22	—	8	80
1772	9	—	4	50	4	50	13	50	3	60	1	80	4	50	17	80	35	50	22	—	8	80
1773	9	—	4	50	4	50	13	50	3	60	1	80	4	50	17	80	35	50	22	—	8	80
1774	9	—	4	50	4	50	13	50	3	60	1	80	4	50	17	80	35	50	22	—	8	80
1775	9	—	4	50	4	50	13	50	3	60	1	80	4	50	17	80	35	50	22	—	8	80
1776	9	—	4	50	4	50	13	50	3	60	1	80	4	50	17	80	35	60	22	—	8	80
1777	9	—	4	50	4	50	13	50	3	60	1	80	4	50	17	80	35	60	22	—	8	80
1778	9	—	4	50	4	50	13	50	3	60	1	80	4	50	17	80	35	60	22	—	8	80
1779	9	—	4	50	4	50	13	50	3	60	1	80	4	50	17	80	35	60	22	—	8	80
1780	9	—	4	50	4	50	13	50	3	60	1	80	4	50	17	80	35	60	22	—	8	80
1781	9	—	4	50	4	50	13	50	3	60	1	80	4	50	17	90	35	70	22	—	8	80
1782	9	—	4	50	4	50	13	50	3	60	1	80	4	50	17	90	35	70	22	—	8	80
1783	9	—	4	50	4	50	13	50	3	60	1	80	4	50	17	90	35	70	22	—	8	80
1784	9	—	4	50	4	50	13	50	3	60	1	80	4	50	17	90	35	70	22	—	8	80
1785	9	—	4	50	4	50	13	50	3	60	1	80	4	50	17	90	35	70	22	—	8	80
1786	9	—	4	50	4	50	13	50	3	60	1	80	4	50	17	90	35	80	22	—	8	80
1787	9	—	4	50	4	50	13	50	3	60	1	80	4	50	17	90	35	80	22	—	8	80
1788	9	—	4	50	4	50	13	50	3	60	1	80	4	50	17	90	35	80	22	—	8	80
1789	9	—	4	50	4	50	13	50	3	60	1	80	4	50	17	90	35	80	22	—	8	80
1790	9	—	4	50	4	50	13	50	3	60	1	80	4	50	17	90	35	80	22	—	8	80
1791	9	—	4	50	4	50	13	50	3	60	1	80	4	50	18	—	35	90	22	—	8	80
1792	9	—	4	50	4	50	13	50	3	60	1	80	4	50	18	—	35	90	22	—	8	80
1793	9	—	4	50	4	50	13	50	3	60	1	80	4	50	18	—	35	90	22	—	8	80
1794	9	—	4	50	4	50	13	50	3	60	1	80	4	50	18	—	35	90	22	—	8	80
1795	9	—	4	50	4	50	13	50	3	60	1	80	4	50	18	—	35	90	22	—	8	80
1796	9	—	4	50	4	50	13	50	3	60	1	80	4	50	18	—	36	—	22	—	8	80
1797	9	—	4	50	4	50	13	50	3	60	1	80	4	50	18	—	36	—	22	—	8	80
1798	9	—	4	50	4	50	13	50	3	60	1	80	4	50	18	—	36	—	22	—	8	80
1799	9	—	4	50	4	50	13	50	3	60	1	80	4	50	18	—	36	—	22	—	8	80
1800	9	—	4	50	4	50	13	50	3	60	1	80	4	50	18	—	36	—	22	—	8	80

Gegenstands-Summa	Staatsgebühren 1 Prozent		Staatsgebühren 1½ Prozent		Staatsgebühren 2 Prozent		Besitzveränderungsabgabe		Staatsgebühren 1 pro mille		Staatsgebühren 2 pro mille		Staatsgebühren 2½ pro mille		Staatsgebühren 3 pro mille		Staatsgebühren 5 pro mille	
ℳ	ℳ	₰	ℳ	₰	ℳ	₰	ℳ	₰	ℳ	₰	ℳ	₰	ℳ	₰	ℳ	₰	ℳ	₰
1801	18	10	27	10	36	10	6	80	1	90	3	70	4	60	5	50	9	10
1802	18	10	27	10	36	10	6	80	1	90	3	70	4	60	5	50	9	10
1803	18	10	27	10	36	10	6	80	1	90	3	70	4	60	5	50	9	10
1804	18	10	27	10	36	10	6	80	1	90	3	70	4	60	5	50	9	10
1805	18	10	27	10	36	10	6	80	1	90	3	70	4	60	5	50	9	10
1806	18	10	27	10	36	20	6	80	1	90	3	70	4	60	5	50	9	10
1807	18	10	27	20	36	20	6	80	1	90	3	70	4	60	5	50	9	10
1808	18	10	27	20	36	20	6	80	1	90	3	70	4	60	5	50	9	10
1809	18	10	27	20	36	20	6	80	1	90	3	70	4	60	5	50	9	10
1810	18	10	27	20	36	20	6	80	1	90	3	70	4	60	5	50	9	10
1811	18	20	27	20	36	30	6	80	1	90	3	70	4	60	5	50	9	10
1812	18	20	27	20	36	30	6	80	1	90	3	70	4	60	5	50	9	10
1813	18	20	27	20	36	30	6	80	1	90	3	70	4	60	5	50	9	10
1814	18	20	27	30	36	30	6	90	1	90	3	70	4	60	5	50	9	10
1815	18	20	27	30	36	30	6	90	1	90	3	70	4	60	5	50	9	10
1816	18	20	27	30	36	40	6	90	1	90	3	70	4	60	5	50	9	10
1817	18	20	27	30	36	40	6	90	1	90	3	70	4	60	5	50	9	10
1818	18	20	27	30	36	40	6	90	1	90	3	70	4	60	5	50	9	10
1819	18	20	27	30	36	40	6	90	1	90	3	70	4	60	5	50	9	10
1820	18	20	27	30	36	40	6	90	1	90	3	70	4	60	5	50	9	10
1821	18	30	27	40	36	50	6	90	1	90	3	70	4	60	5	50	9	20
1822	18	30	27	40	36	50	6	90	1	90	3	70	4	60	5	50	9	20
1823	18	30	27	40	36	50	6	90	1	90	3	70	4	60	5	50	9	20
1824	18	30	27	40	36	50	6	90	1	90	3	70	4	60	5	50	9	20
1825	18	30	27	40	36	50	6	90	1	90	3	70	4	60	5	50	9	20
1826	18	30	27	40	36	60	6	90	1	90	3	70	4	60	5	50	9	20
1827	18	30	27	50	36	60	6	90	1	90	3	70	4	60	5	50	9	20
1828	18	30	27	50	36	60	6	90	1	90	3	70	4	60	5	50	9	20
1829	18	30	27	50	36	60	6	90	1	90	3	70	4	60	5	50	9	20
1830	18	30	27	50	36	60	6	90	1	90	3	70	4	60	5	50	9	20
1831	18	40	27	50	36	70	6	90	1	90	3	70	4	60	5	50	9	20
1832	18	40	27	50	36	70	6	90	1	90	3	70	4	60	5	50	9	20
1833	18	40	27	50	36	70	6	90	1	90	3	70	4	60	5	50	9	20
1834	18	40	27	60	36	70	6	90	1	90	3	70	4	60	5	60	9	20
1835	18	40	27	60	36	70	6	90	1	90	3	70	4	60	5	60	9	20
1836	18	40	27	60	36	80	6	90	1	90	3	70	4	60	5	60	9	20
1837	18	40	27	60	36	80	6	90	1	90	3	70	4	60	5	60	9	20
1838	18	40	27	60	36	80	6	90	1	90	3	70	4	60	5	60	9	20
1839	18	40	27	60	36	80	6	90	1	90	3	70	4	60	5	60	9	20
1840	18	40	27	60	36	80	6	90	1	90	3	70	4	60	5	60	9	20

Gegen-stands-Summa	Werthgebühr								4/10 aus der vollen Werthgebühr		4/10 aus 2/3 Werthgebühr		Hinterlegungsgebühr						Auseinandersetzungsgebühr			
	Volle		1/2		1/2 bis 2200 M		1 1/2												5/10		2/10	
	Art. 22. 40. 41. 50		Art. 25. 27. 29. 30. 38 Abs. 2		darüber 2/3 Art. 24		Art. 23		Art. 45 Abs. 3				Art. 100		Art. 101 a		Art. 101 b		der Sätze des § 8 des Reichsgerichts-Kosten-Gesetzes			
M	M	Pf	M	Pf	M	Pf	M	Pf	M	Pf	M	Pf	M	Pf	M	Pf	M	Pf	M	Pf	M	Pf
1801	10	50	5	30	5	30	15	80	4	20	2	20	4	60	18	10	36	10	22	—	8	80
1802	10	50	5	30	5	30	15	80	4	20	2	20	4	60	18	10	36	10	22	—	8	80
1803	10	50	5	30	5	30	15	80	4	20	2	20	4	60	18	10	36	10	22	—	8	80
1804	10	50	5	30	5	30	15	80	4	20	2	20	4	60	18	10	36	10	22	—	8	80
1805	10	50	5	30	5	30	15	80	4	20	2	20	4	60	18	10	36	10	22	—	8	80
1806	10	50	5	30	5	30	15	80	4	20	2	20	4	60	18	10	36	20	22	—	8	80
1807	10	50	5	30	5	30	15	80	4	20	2	20	4	60	18	10	36	20	22	—	8	80
1808	10	50	5	30	5	30	15	80	4	20	2	20	4	60	18	10	36	20	22	—	8	80
1809	10	50	5	30	5	30	15	80	4	20	2	20	4	60	18	10	36	20	22	—	8	80
1810	10	50	5	30	5	30	15	80	4	20	2	20	4	60	18	10	36	20	22	—	8	80
1811	10	50	5	30	5	30	15	80	4	20	2	20	4	60	18	20	36	30	22	—	8	80
1812	10	50	5	30	5	30	15	80	4	20	2	20	4	60	18	20	36	30	22	—	8	80
1813	10	50	5	30	5	30	15	80	4	20	2	20	4	60	18	20	36	30	22	—	8	80
1814	10	50	5	30	5	30	15	80	4	20	2	20	4	60	18	20	36	30	22	—	8	80
1815	10	50	5	30	5	30	15	80	4	20	2	20	4	60	18	20	36	30	22	—	8	80
1816	10	50	5	30	5	30	15	80	4	20	2	20	4	60	18	20	36	40	22	—	8	80
1817	10	50	5	30	5	30	15	80	4	20	2	20	4	60	18	20	36	40	22	—	8	80
1818	10	50	5	30	5	30	15	80	4	20	2	20	4	60	18	20	36	40	22	—	8	80
1819	10	50	5	30	5	30	15	80	4	20	2	20	4	60	18	20	36	40	22	—	8	80
1820	10	50	5	30	5	30	15	80	4	20	2	20	4	60	18	20	36	40	22	—	8	80
1821	10	50	5	30	5	30	15	80	4	20	2	20	4	60	18	30	36	50	22	—	8	80
1822	10	50	5	30	5	30	15	80	4	20	2	20	4	60	18	30	36	50	22	—	8	80
1823	10	50	5	30	5	30	15	80	4	20	2	20	4	60	18	30	36	50	22	—	8	80
1824	10	50	5	30	5	30	15	80	4	20	2	20	4	60	18	30	36	50	22	—	8	80
1825	10	50	5	30	5	30	15	80	4	20	2	20	4	60	18	30	36	50	22	—	8	80
1826	10	50	5	30	5	30	15	80	4	20	2	20	4	60	18	30	36	60	22	—	8	80
1827	10	50	5	30	5	30	15	80	4	20	2	20	4	60	18	30	36	60	22	—	8	80
1828	10	50	5	30	5	30	15	80	4	20	2	20	4	60	18	30	36	60	22	—	8	80
1829	10	50	5	30	5	30	15	80	4	20	2	20	4	60	18	30	36	60	22	—	8	80
1830	10	50	5	30	5	30	15	80	4	20	2	20	4	60	18	30	36	60	22	—	8	80
1831	10	50	5	30	5	30	15	80	4	20	2	20	4	60	18	40	36	70	22	—	8	80
1832	10	50	5	30	5	30	15	80	4	20	2	20	4	60	18	40	36	70	22	—	8	80
1833	10	50	5	30	5	30	15	80	4	20	2	20	4	60	18	40	36	70	22	—	8	80
1834	10	50	5	30	5	30	15	80	4	20	2	20	4	60	18	40	36	70	22	—	8	80
1835	10	50	5	30	5	30	15	80	4	20	2	20	4	60	18	40	36	70	22	—	8	80
1836	10	50	5	30	5	30	15	80	4	20	2	20	4	60	18	40	36	80	22	—	8	80
1837	10	50	5	30	5	30	15	80	4	20	2	20	4	60	18	40	36	80	22	—	8	80
1838	10	50	5	30	5	30	15	80	4	20	2	20	4	60	18	40	36	80	22	—	8	80
1839	10	50	5	30	5	30	15	80	4	20	2	20	4	60	18	40	36	80	22	—	8	80
1840	10	50	5	30	5	30	15	80	4	20	2	20	4	60	18	40	36	80	22	—	8	80

Gegenstands-Summa	Staatsgebühren						Besitzveränderungsabgabe		Staatsgebühren									
	1		1½		2				1		2		2½		3		5	
	Prozent								pro mille									
ℳ	ℳ	₰	ℳ	₰	ℳ	₰	ℳ	₰	ℳ	₰	ℳ	₰	ℳ	₰	ℳ	₰	ℳ	₰
1841	18	50	27	70	36	90	7	—	1	90	3	70	4	70	5	60	9	30
1842	18	50	27	70	36	90	7	—	1	90	3	70	4	70	5	60	9	30
1843	18	50	27	70	36	90	7	—	1	90	3	70	4	70	5	60	9	30
1844	18	50	27	70	36	90	7	—	1	90	3	70	4	70	5	60	9	30
1845	18	50	27	70	36	90	7	—	1	90	3	70	4	70	5	60	9	30
1846	18	50	27	70	37	—	7	—	1	90	3	70	4	70	5	60	9	30
1847	18	50	27	80	37	—	7	—	1	90	3	70	4	70	5	60	9	30
1848	18	50	27	80	37	—	7	—	1	90	3	70	4	70	5	60	9	30
1849	18	50	27	80	37	—	7	—	1	90	3	70	4	70	5	60	9	30
1850	18	50	27	80	37	—	7	—	1	90	3	70	4	70	5	60	9	30
1851	18	60	27	80	37	10	7	—	1	90	3	80	4	70	5	60	9	30
1852	18	60	27	80	37	10	7	—	1	90	3	80	4	70	5	60	9	30
1853	18	60	27	80	37	10	7	—	1	90	3	80	4	70	5	60	9	30
1854	18	60	27	90	37	10	7	—	1	90	3	80	4	70	5	60	9	30
1855	18	60	27	90	37	10	7	—	1	90	3	80	4	70	5	60	9	30
1856	18	60	27	90	37	20	7	—	1	90	3	80	4	70	5	60	9	30
1857	18	60	27	90	37	20	7	—	1	90	3	80	4	70	5	60	9	30
1858	18	60	27	90	37	20	7	—	1	90	3	80	4	70	5	60	9	30
1859	18	60	27	90	37	20	7	—	1	90	3	80	4	70	5	60	9	30
1860	18	60	27	90	37	20	7	—	1	90	3	80	4	70	5	60	9	30
1861	18	70	28	—	37	30	7	—	1	90	3	80	4	70	5	60	9	40
1862	18	70	28	—	37	30	7	—	1	90	3	80	4	70	5	60	9	40
1863	18	70	28	—	37	30	7	—	1	90	3	80	4	70	5	60	9	40
1864	18	70	28	—	37	30	7	—	1	90	3	80	4	70	5	60	9	40
1865	18	70	28	—	37	30	7	—	1	90	3	80	4	70	5	60	9	40
1866	18	70	28	—	37	40	7	—	1	90	3	80	4	70	5	60	9	40
1867	18	70	28	10	37	40	7	10	1	90	3	80	4	70	5	70	9	40
1868	18	70	28	10	37	40	7	10	1	90	3	80	4	70	5	70	9	40
1869	18	70	28	10	37	40	7	10	1	90	3	80	4	70	5	70	9	40
1870	18	70	28	10	37	40	7	10	1	90	3	80	4	70	5	70	9	40
1871	18	80	28	10	37	50	7	10	1	90	3	80	4	70	5	70	9	40
1872	18	80	28	10	37	50	7	10	1	90	3	80	4	70	5	70	9	40
1873	18	80	28	10	37	50	7	10	1	90	3	80	4	70	5	70	9	40
1874	18	80	28	20	37	50	7	10	1	90	3	80	4	70	5	70	9	40
1875	18	80	28	20	37	50	7	10	1	90	3	80	4	70	5	70	9	40
1876	18	80	28	20	37	60	7	10	1	90	3	80	4	70	5	70	9	40
1877	18	80	28	20	37	60	7	10	1	90	3	80	4	70	5	70	9	40
1878	18	80	28	20	37	60	7	10	1	90	3	80	4	70	5	70	9	40
1879	18	80	28	20	37	60	7	10	1	90	3	80	4	70	5	70	9	40
1880	18	80	28	20	37	60	7	10	1	90	3	80	4	70	5	70	9	40

Gegen-stands-Summa	Werthgebühr: Volle		Werthgebühr: 1/2		Werthgebühr: 1/2 bis 2200 M darüber 2/3		Werthgebühr: 1 1/2		4/10 aus der vollen Werthgebühr		4/10 aus 2/3 Werthgebühr		Hinterlegungsgebühr						Auseinandersetzungsgebühr: 5/10		Auseinandersetzungsgebühr: 2/10	
	Art. 22. 40. 41. 50		Art. 25. 27. 29. 30. 38 Abs. 2		Art. 24		Art. 23		Art. 45 Abs. 3				Art. 100		Art. 101 a		Art. 101 b		der Sätze des § 8 des Reichsgerichts-Kosten-Gesetzes			
M	M	Pf	M	Pf	M	Pf	M	Pf	M	Pf	M	Pf	M	Pf	M	Pf	M	Pf	M	Pf	M	Pf
1841	10	50	5	30	5	30	15	80	4	20	2	20	4	70	18	50	36	90	22	—	8	80
1842	10	50	5	30	5	30	15	80	4	20	2	20	4	70	18	50	36	90	22	—	8	80
1843	10	50	5	30	5	30	15	80	4	20	2	20	4	70	18	50	36	90	22	—	8	80
1844	10	50	5	30	5	30	15	80	4	20	2	20	4	70	18	50	36	90	22	—	8	80
1845	10	50	5	30	5	30	15	80	4	20	2	20	4	70	18	50	36	90	22	—	8	80
1846	10	50	5	30	5	30	15	80	4	20	2	20	4	70	18	50	37	—	22	—	8	80
1847	10	50	5	30	5	30	15	80	4	20	2	20	4	70	18	50	37	—	22	—	8	80
1848	10	50	5	30	5	30	15	80	4	20	2	20	4	70	18	50	37	—	22	—	8	80
1849	10	50	5	30	5	30	15	80	4	20	2	20	4	70	18	50	37	—	22	—	8	80
1850	10	50	5	30	5	30	15	80	4	20	2	20	4	70	18	50	37	—	22	—	8	80
1851	10	50	5	30	5	30	15	80	4	20	2	20	4	70	18	60	37	10	22	—	8	80
1852	10	50	5	30	5	30	15	80	4	20	2	20	4	70	18	60	37	10	22	—	8	80
1853	10	50	5	30	5	30	15	80	4	20	2	20	4	70	18	60	37	10	22	—	8	80
1854	10	50	5	30	5	30	15	80	4	20	2	20	4	70	18	60	37	10	22	—	8	80
1855	10	50	5	30	5	30	15	80	4	20	2	20	4	70	18	60	37	10	22	—	8	80
1856	10	50	5	30	5	30	15	80	4	20	2	20	4	70	18	60	37	20	22	—	8	80
1857	10	50	5	30	5	30	15	80	4	20	2	20	4	70	18	60	37	20	22	—	8	80
1858	10	50	5	30	5	30	15	80	4	20	2	20	4	70	18	60	37	20	22	—	8	80
1859	10	50	5	30	5	30	15	80	4	20	2	20	4	70	18	60	37	20	22	—	8	80
1860	10	50	5	30	5	30	15	80	4	20	2	20	4	70	18	60	37	20	22	—	8	80
1861	10	50	5	30	5	30	15	80	4	20	2	20	4	70	18	70	37	30	22	—	8	80
1862	10	50	5	30	5	30	15	80	4	20	2	20	4	70	18	70	37	30	22	—	8	80
1863	10	50	5	30	5	30	15	80	4	20	2	20	4	70	18	70	37	30	22	—	8	80
1864	10	50	5	30	5	30	15	80	4	20	2	20	4	70	18	70	37	30	22	—	8	80
1865	10	50	5	30	5	30	15	80	4	20	2	20	4	70	18	70	37	30	22	—	8	80
1866	10	50	5	30	5	30	15	80	4	20	2	20	4	70	18	70	37	40	22	—	8	80
1867	10	50	5	30	5	30	15	80	4	20	2	20	4	70	18	70	37	40	22	—	8	80
1868	10	50	5	30	5	30	15	80	4	20	2	20	4	70	18	70	37	40	22	—	8	80
1869	10	50	5	30	5	30	15	80	4	20	2	20	4	70	18	70	37	40	22	—	8	80
1870	10	50	5	30	5	30	15	80	4	20	2	20	4	70	18	70	37	40	22	—	8	80
1871	10	50	5	30	5	30	15	80	4	20	2	20	4	70	18	80	37	50	22	—	8	80
1872	10	50	5	30	5	30	15	80	4	20	2	20	4	70	18	80	37	50	22	—	8	80
1873	10	50	5	30	5	30	15	80	4	20	2	20	4	70	18	80	37	50	22	—	8	80
1874	10	50	5	30	5	30	15	80	4	20	2	20	4	70	18	80	37	50	22	—	8	80
1875	10	50	5	30	5	30	15	80	4	20	2	20	4	70	18	80	37	50	22	—	8	80
1876	10	50	5	30	5	30	15	80	4	20	2	20	4	70	18	80	37	60	22	—	8	80
1877	10	50	5	30	5	30	15	80	4	20	2	20	4	70	18	80	37	60	22	—	8	80
1878	10	50	5	30	5	30	15	80	4	20	2	20	4	70	18	80	37	60	22	—	8	80
1879	10	50	5	30	5	30	15	80	4	20	2	20	4	70	18	80	37	60	22	—	8	80
1880	10	50	5	30	5	30	15	80	4	20	2	20	4	70	18	80	37	60	22	—	8	80

Gegen-stands-Summa	Staatsgebühren Prozent 1		1½		2		Besitz-veränderungs-abgabe		Staatsgebühren pro mille 1		2		2½		3		5	
M	M	₰	M	₰	M	₰	M	₰	M	₰	M	₰	M	₰	M	₰	M	₰
1881	18	90	28	30	37	70	7	10	1	90	3	80	4	80	5	70	9	50
1882	18	90	28	30	37	70	7	10	1	90	3	80	4	80	5	70	9	50
1883	18	90	28	30	37	70	7	10	1	90	3	80	4	80	5	70	9	50
1884	18	90	28	30	37	70	7	10	1	90	3	80	4	80	5	70	9	50
1885	18	90	28	30	37	70	7	10	1	90	3	80	4	80	5	70	9	50
1886	18	90	28	30	37	80	7	10	1	90	3	80	4	80	5	70	9	50
1887	18	90	28	40	37	80	7	10	1	90	3	80	4	80	5	70	9	50
1888	18	90	28	40	37	80	7	10	1	90	3	80	4	80	5	70	9	50
1889	18	90	28	40	37	80	7	10	1	90	3	80	4	80	5	70	9	50
1890	18	90	28	40	37	80	7	10	1	90	3	80	4	80	5	70	9	50
1891	19	—	28	40	37	90	7	10	1	90	3	80	4	80	5	70	9	50
1892	19	—	28	40	37	90	7	10	1	90	3	80	4	80	5	70	9	50
1893	19	—	28	40	37	90	7	10	1	90	3	80	4	80	5	70	9	50
1894	19	—	28	50	37	90	7	20	1	90	3	80	4	80	5	70	9	50
1895	19	—	28	50	37	90	7	20	1	90	3	80	4	80	5	70	9	50
1896	19	—	28	50	38	—	7	20	1	90	3	80	4	80	5	70	9	50
1897	19	—	28	50	38	—	7	20	1	90	3	80	4	80	5	70	9	50
1898	19	—	28	50	38	—	7	20	1	90	3	80	4	80	5	70	9	50
1899	19	—	28	50	38	—	7	20	1	90	3	80	4	80	5	70	9	50
1900	19	—	28	50	38	—	7	20	1	90	3	80	4	80	5	70	9	50
1901	19	10	28	60	38	10	7	20	2	—	3	90	4	80	5	80	9	60
1902	19	10	28	60	38	10	7	20	2	—	3	90	4	80	5	80	9	60
1903	19	10	28	60	38	10	7	20	2	—	3	90	4	80	5	80	9	60
1904	19	10	28	60	38	10	7	20	2	—	3	90	4	80	5	80	9	60
1905	19	10	28	60	38	10	7	20	2	—	3	90	4	80	5	80	9	60
1906	19	10	28	60	38	20	7	20	2	—	3	90	4	80	5	80	9	60
1907	19	10	28	70	38	20	7	20	2	—	3	90	4	80	5	80	9	60
1908	19	10	28	70	38	20	7	20	2	—	3	90	4	80	5	80	9	60
1909	19	10	28	70	38	20	7	20	2	—	3	90	4	80	5	80	9	60
1910	19	10	28	70	38	20	7	20	2	—	3	90	4	80	5	80	9	60
1911	19	20	28	70	38	30	7	20	2	—	3	90	4	80	5	80	9	60
1912	19	20	28	70	38	30	7	20	2	—	3	90	4	80	5	80	9	60
1913	19	20	28	70	38	30	7	20	2	—	3	90	4	80	5	80	9	60
1914	19	20	28	80	38	30	7	20	2	—	3	90	4	80	5	80	9	60
1915	19	20	28	80	38	30	7	20	2	—	3	90	4	80	5	80	9	60
1916	19	20	28	80	38	40	7	20	2	—	3	90	4	80	5	80	9	60
1917	19	20	28	80	38	40	7	20	2	—	3	90	4	80	5	80	9	60
1918	19	20	28	80	38	40	7	20	2	—	3	90	4	80	5	80	9	60
1919	19	20	28	80	38	40	7	20	2	—	3	90	4	80	5	80	9	60
1920	19	20	28	80	38	40	7	20	2	—	3	90	4	80	5	80	9	60

GegenstandsSumma	Werthgebühr Volle (Art. 22. 40. 41. 50)		Werthgebühr ½ (Art. 25. 27. 29. 30. 38 Abs. 2)		Werthgebühr ½ bis 2200 ℳ darüber ⅔ (Art. 24)		Werthgebühr 1½ (Art. 23)		$^4/_{10}$ aus der vollen Werthgebühr (Art. 45 Abs. 3)		$^4/_{10}$ aus ⅔ Werthgebühr (Art. 45 Abs. 3)		Hinterlegungsgebühr Art. 100		Hinterlegungsgebühr Art. 101 a		Hinterlegungsgebühr Art. 101 b		Auseinandersetzungsgebühr $^5/_{10}$ (der Sätze des § 8 des Reichsgerichts-Kosten-Gesetzes)		Auseinandersetzungsgebühr $^2/_{10}$ (der Sätze des § 8 des Reichsgerichts-Kosten-Gesetzes)	
ℳ	ℳ	₰	ℳ	₰	ℳ	₰	ℳ	₰	ℳ	₰	ℳ	₰	ℳ	₰	ℳ	₰	ℳ	₰	ℳ	₰	ℳ	₰
1881	10	50	5	30	5	30	15	80	4	20	2	20	4	80	18	90	37	70	22	—	8	80
1882	10	50	5	30	5	30	15	80	4	20	2	20	4	80	18	90	37	70	22	—	8	80
1883	10	50	5	30	5	30	15	80	4	20	2	20	4	80	18	90	37	70	22	—	8	80
1884	10	50	5	30	5	30	15	80	4	20	2	20	4	80	18	90	37	70	22	—	8	80
1885	10	50	5	30	5	30	15	80	4	20	2	20	4	80	18	90	37	70	22	—	8	80
1886	10	50	5	30	5	30	15	80	4	20	2	20	4	80	18	90	37	80	22	—	8	80
1887	10	50	5	30	5	30	15	80	4	20	2	20	4	80	18	90	37	80	22	—	8	80
1888	10	50	5	30	5	30	15	80	4	20	2	20	4	80	18	90	37	80	22	—	8	80
1889	10	50	5	30	5	30	15	80	4	20	2	20	4	80	18	90	37	80	22	—	8	80
1890	10	50	5	30	5	30	15	80	4	20	2	20	4	80	18	90	37	80	22	—	8	80
1891	10	50	5	30	5	30	15	80	4	20	2	20	4	80	19	—	37	90	22	—	8	80
1892	10	50	5	30	5	30	15	80	4	20	2	20	4	80	19	—	37	90	22	—	8	80
1893	10	50	5	30	5	30	15	80	4	20	2	20	4	80	19	—	37	90	22	—	8	80
1894	10	50	5	30	5	30	15	80	4	20	2	20	4	80	19	—	37	90	22	—	8	80
1895	10	50	5	30	5	30	15	80	4	20	2	20	4	80	19	—	37	90	22	—	8	80
1896	10	50	5	30	5	30	15	80	4	20	2	20	4	80	19	—	38	—	22	—	8	80
1897	10	50	5	30	5	30	15	80	4	20	2	20	4	80	19	—	38	—	22	—	8	80
1898	10	50	5	30	5	30	15	80	4	20	2	20	4	80	19	—	38	—	22	—	8	80
1899	10	50	5	30	5	30	15	80	4	20	2	20	4	80	19	—	38	—	22	—	8	80
1900	10	50	5	30	5	30	15	80	4	20	2	20	4	80	19	—	38	—	22	—	8	80
1901	10	50	5	30	5	30	15	80	4	20	2	20	4	80	19	10	38	10	22	—	8	80
1902	10	50	5	30	5	30	15	80	4	20	2	20	4	80	19	10	38	10	22	—	8	80
1903	10	50	5	30	5	30	15	80	4	20	2	20	4	80	19	10	38	10	22	—	8	80
1904	10	50	5	30	5	30	15	80	4	20	2	20	4	80	19	10	38	10	22	—	8	80
1905	10	50	5	30	5	30	15	80	4	20	2	20	4	80	19	10	38	10	22	—	8	80
1906	10	50	5	30	5	30	15	80	4	20	2	20	4	80	19	10	38	20	22	—	8	80
1907	10	50	5	30	5	30	15	80	4	20	2	20	4	80	19	10	38	20	22	—	8	80
1908	10	50	5	30	5	30	15	80	4	20	2	20	4	80	19	10	38	20	22	—	8	80
1909	10	50	5	30	5	30	15	80	4	20	2	20	4	80	19	10	38	20	22	—	8	80
1910	10	50	5	30	5	30	15	80	4	20	2	20	4	80	19	10	38	20	22	—	8	80
1911	10	50	5	30	5	30	15	80	4	20	2	20	4	80	19	20	38	30	22	—	8	80
1912	10	50	5	30	5	30	15	80	4	20	2	20	4	80	19	20	38	30	22	—	8	80
1913	10	50	5	30	5	30	15	80	4	20	2	20	4	80	19	20	38	30	22	—	8	80
1914	10	50	5	30	5	30	15	80	4	20	2	20	4	80	19	20	38	30	22	—	8	80
1915	10	50	5	30	5	30	15	80	4	20	2	20	4	80	19	20	38	30	22	—	8	80
1916	10	50	5	30	5	30	15	80	4	20	2	20	4	80	19	20	38	40	22	—	8	80
1917	10	50	5	30	5	30	15	80	4	20	2	20	4	80	19	20	38	40	22	—	8	80
1918	10	50	5	30	5	30	15	80	4	20	2	20	4	80	19	20	38	40	22	—	8	80
1919	10	50	5	30	5	30	15	80	4	20	2	20	4	80	19	20	38	40	22	—	8	80
1920	10	50	5	30	5	30	15	80	4	20	2	20	4	80	19	20	38	40	22	—	8	80

Gegenstands-Summa	Staatsgebühren						Besitzveränderungsabgabe		Staatsgebühren									
	1		1½		2				1		2		2½		3		5	
	Prozent								pro mille									
ℳ	ℳ	₰	ℳ	₰	ℳ	₰	ℳ	₰	ℳ	₰	ℳ	₰	ℳ	₰	ℳ	₰	ℳ	₰
1921	19	30	28	90	38	50	7	30	2	—	3	90	4	90	5	80	9	70
1922	19	30	28	90	38	50	7	30	2	—	3	90	4	90	5	80	9	70
1923	19	30	28	90	38	50	7	30	2	—	3	90	4	90	5	80	9	70
1924	19	30	28	90	38	50	7	30	2	—	3	90	4	90	5	80	9	70
1925	19	30	28	90	38	50	7	30	2	—	3	90	4	90	5	80	9	70
1926	19	30	28	90	38	60	7	30	2	—	3	90	4	90	5	80	9	70
1927	19	30	29	—	38	60	7	30	2	—	3	90	4	90	5	80	9	70
1928	19	30	29	—	38	60	7	30	2	—	3	90	4	90	5	80	9	70
1929	19	30	29	—	38	60	7	30	2	—	3	90	4	90	5	80	9	70
1930	19	30	29	—	38	60	7	30	2	—	3	90	4	90	5	80	9	70
1931	19	40	29	—	38	70	7	30	2	—	3	90	4	90	5	80	9	70
1932	19	40	29	—	38	70	7	30	2	—	3	90	4	90	5	80	9	70
1933	19	40	29	—	38	70	7	30	2	—	3	90	4	90	5	80	9	70
1934	19	40	29	10	38	70	7	30	2	—	3	90	4	90	5	90	9	70
1935	19	40	29	10	38	70	7	30	2	—	3	90	4	90	5	90	9	70
1936	19	40	29	10	38	80	7	30	2	—	3	90	4	90	5	90	9	70
1937	19	40	29	10	38	80	7	30	2	—	3	90	4	90	5	90	9	70
1938	19	40	29	10	38	80	7	30	2	—	3	90	4	90	5	90	9	70
1939	19	40	29	10	38	80	7	30	2	—	3	90	4	90	5	90	9	70
1940	19	40	29	10	38	80	7	30	2	—	3	90	4	90	5	90	9	70
1941	19	50	29	20	38	90	7	30	2	—	3	90	4	90	5	90	9	80
1942	19	50	29	20	38	90	7	30	2	—	3	90	4	90	5	90	9	80
1943	19	50	29	20	38	90	7	30	2	—	3	90	4	90	5	90	9	80
1944	19	50	29	20	38	90	7	30	2	—	3	90	4	90	5	90	9	80
1945	19	50	29	20	38	90	7	30	2	—	3	90	4	90	5	90	9	80
1946	19	50	29	20	39	—	7	30	2	—	3	90	4	90	5	90	9	80
1947	19	50	29	30	39	—	7	40	2	—	3	90	4	90	5	90	9	80
1948	19	50	29	30	39	—	7	40	2	—	3	90	4	90	5	90	9	80
1949	19	50	29	30	39	—	7	40	2	—	3	90	4	90	5	90	9	80
1950	19	50	29	30	39	—	7	40	2	—	3	90	4	90	5	90	9	80
1951	19	60	29	30	39	10	7	40	2	—	4	—	4	90	5	90	9	80
1952	19	60	29	30	39	10	7	40	2	—	4	—	4	90	5	90	9	80
1953	19	60	29	30	39	10	7	40	2	—	4	—	4	90	5	90	9	80
1954	19	60	29	40	39	10	7	40	2	—	4	—	4	90	5	90	9	80
1955	19	60	29	40	39	10	7	40	2	—	4	—	4	90	5	90	9	80
1956	19	60	29	40	39	20	7	40	2	—	4	—	4	90	5	90	9	80
1957	19	60	29	40	39	20	7	40	2	—	4	—	4	90	5	90	9	80
1958	19	60	29	40	39	20	7	40	2	—	4	—	4	90	5	90	9	80
1959	19	60	29	40	39	20	7	40	2	—	4	—	4	90	5	90	9	80
1960	19	60	29	40	39	20	7	40	2	—	4	—	4	90	5	90	9	80

Gegenstands-Summa	Werthgebühr: Volle		Werthgebühr: 1/2		Werthgebühr: 1/2 bis 2200 *M* darüber 2/3		Werthgebühr: 1 1/2		4/10 aus der vollen Werthgebühr		4/10 aus 2/3 Werthgebühr		Hinterlegungsgebühr						Auseinandersetzungsgebühr: 5/10		Auseinandersetzungsgebühr: 2/10	
	Art. 22. 40. 41. 50		Art. 25. 27. 29. 30. 38 Abs. 2		Art. 24		Art. 23		Art. 45 Abs. 3				Art. 100		Art. 101 a		Art. 101 b		der Sätze des § 8 des Reichsgerichts-Kosten-Gesetzes			
M	*M*	*Pf*	*M*	*Pf*	*M*	*Pf*	*M*	*Pf*	*M*	*Pf*	*M*	*Pf*	*M*	*Pf*	*M*	*Pf*	*M*	*Pf*	*M*	*Pf*	*M*	*Pf*
1921	10	50	5	30	5	30	15	80	4	20	2	20	4	90	19	30	38	50	22	—	8	80
1922	10	50	5	30	5	30	15	80	4	20	2	20	4	90	19	30	38	50	22	—	8	80
1923	10	50	5	30	5	30	15	80	4	20	2	20	4	90	19	30	38	50	22	—	8	80
1924	10	50	5	30	5	30	15	80	4	20	2	20	4	90	19	30	38	50	22	—	8	80
1925	10	50	5	30	5	30	15	80	4	20	2	20	4	90	19	30	38	50	22	—	8	80
1926	10	50	5	30	5	30	15	80	4	20	2	20	4	90	19	30	38	60	22	—	8	80
1927	10	50	5	30	5	30	15	80	4	20	2	20	4	90	19	30	38	60	22	—	8	80
1928	10	50	5	30	5	30	15	80	4	20	2	20	4	90	19	30	38	60	22	—	8	80
1929	10	50	5	30	5	30	15	80	4	20	2	20	4	90	19	30	38	60	22	—	8	80
1930	10	50	5	30	5	30	15	80	4	20	2	20	4	90	19	30	38	60	22	—	8	80
1931	10	50	5	30	5	30	15	80	4	20	2	20	4	90	19	40	38	70	22	—	8	80
1932	10	50	5	30	5	30	15	80	4	20	2	20	4	90	19	40	38	70	22	—	8	80
1933	10	50	5	30	5	30	15	80	4	20	2	20	4	90	19	40	38	70	22	—	8	80
1934	10	50	5	30	5	30	15	80	4	20	2	20	4	90	19	40	38	70	22	—	8	80
1935	10	50	5	30	5	30	15	80	4	20	2	20	4	90	19	40	38	70	22	—	8	80
1936	10	50	5	30	5	30	15	80	4	20	2	20	4	90	19	40	38	80	22	—	8	80
1937	10	50	5	30	5	30	15	80	4	20	2	20	4	90	19	40	38	80	22	—	8	80
1938	10	50	5	30	5	30	15	80	4	20	2	20	4	90	19	40	38	80	22	—	8	80
1939	10	50	5	30	5	30	15	80	4	20	2	20	4	90	19	40	38	80	22	—	8	80
1940	10	50	5	30	5	30	15	80	4	20	2	20	4	90	19	40	38	80	22	—	8	80
1941	10	50	5	30	5	30	15	80	4	20	2	20	4	90	19	50	38	90	22	—	8	80
1942	10	50	5	30	5	30	15	80	4	20	2	20	4	90	19	50	38	90	22	—	8	80
1943	10	50	5	30	5	30	15	80	4	20	2	20	4	90	19	50	38	90	22	—	8	80
1944	10	50	5	30	5	30	15	80	4	20	2	20	4	90	19	50	38	90	22	—	8	80
1945	10	50	5	30	5	30	15	80	4	20	2	20	4	90	19	50	38	90	22	—	8	80
1946	10	50	5	30	5	30	15	80	4	20	2	20	4	90	19	50	39	—	22	—	8	80
1947	10	50	5	30	5	30	15	80	4	20	2	20	4	90	19	50	39	—	22	—	8	80
1948	10	50	5	30	5	30	15	80	4	20	2	20	4	90	19	50	39	—	22	—	8	80
1949	10	50	5	30	5	30	15	80	4	20	2	20	4	90	19	50	39	—	22	—	8	80
1950	10	50	5	30	5	30	15	80	4	20	2	20	4	90	19	50	39	—	22	—	8	80
1951	10	50	5	30	5	30	15	80	4	20	2	20	4	90	19	60	39	10	22	—	8	80
1952	10	50	5	30	5	30	15	80	4	20	2	20	4	90	19	60	39	10	22	—	8	80
1953	10	50	5	30	5	30	15	80	4	20	2	20	4	90	19	60	39	10	22	—	8	80
1954	10	50	5	30	5	30	15	80	4	20	2	20	4	90	19	60	39	10	22	—	8	80
1955	10	50	5	30	5	30	15	80	4	20	2	20	4	90	19	60	39	10	22	—	8	80
1956	10	50	5	30	5	30	15	80	4	20	2	20	4	90	19	60	39	20	22	—	8	80
1957	10	50	5	30	5	30	15	80	4	20	2	20	4	90	19	60	39	20	22	—	8	80
1958	10	50	5	30	5	30	15	80	4	20	2	20	4	90	19	60	39	20	22	—	8	80
1959	10	50	5	30	5	30	15	80	4	20	2	20	4	90	19	60	39	20	22	—	8	80
1960	10	50	5	30	5	30	15	80	4	20	2	20	4	90	19	60	39	20	22	—	8	80

Gegenstands-Summa	Staatsgebühren 1 Prozent		Staatsgebühren 1½ Prozent		Staatsgebühren 2 Prozent		Besitzveränderungsabgabe		Staatsgebühren 1 pro mille		Staatsgebühren 2 pro mille		Staatsgebühren 2½ pro mille		Staatsgebühren 3 pro mille		Staatsgebühren 5 pro mille	
ℳ	ℳ	₰	ℳ	₰	ℳ	₰	ℳ	₰	ℳ	₰	ℳ	₰	ℳ	₰	ℳ	₰	ℳ	₰
1961	19	70	29	50	39	30	7	40	2	—	4	—	5	—	5	90	9	90
1962	19	70	29	50	39	30	7	40	2	—	4	—	5	—	5	90	9	90
1963	19	70	29	50	39	30	7	40	2	—	4	—	5	—	5	90	9	90
1964	19	70	29	50	39	30	7	40	2	—	4	—	5	—	5	90	9	90
1965	19	70	29	50	39	30	7	40	2	—	4	—	5	—	5	90	9	90
1966	19	70	29	50	39	40	7	40	2	—	4	—	5	—	5	90	9	90
1967	19	70	29	60	39	40	7	40	2	—	4	—	5	—	6	—	9	90
1968	19	70	29	60	39	40	7	40	2	—	4	—	5	—	6	—	9	90
1969	19	70	29	60	39	40	7	40	2	—	4	—	5	—	6	—	9	90
1970	19	70	29	60	39	40	7	40	2	—	4	—	5	—	6	—	9	90
1971	19	80	29	60	39	50	7	40	2	—	4	—	5	—	6	—	9	90
1972	19	80	29	60	39	50	7	40	2	—	4	—	5	—	6	—	9	90
1973	19	80	29	60	39	50	7	40	2	—	4	—	5	—	6	—	9	90
1974	19	80	29	70	39	50	7	50	2	—	4	—	5	—	6	—	9	90
1975	19	80	29	70	39	50	7	50	2	—	4	—	5	—	6	—	9	90
1976	19	80	29	70	39	60	7	50	2	—	4	—	5	—	6	—	9	90
1977	19	80	29	70	39	60	7	50	2	—	4	—	5	—	6	—	9	90
1978	19	80	29	70	39	60	7	50	2	—	4	—	5	—	6	—	9	90
1979	19	80	29	70	39	60	7	50	2	—	4	—	5	—	6	—	9	90
1980	19	80	29	70	39	60	7	50	2	—	4	—	5	—	6	—	9	90
1981	19	90	29	80	39	70	7	50	2	—	4	—	5	—	6	—	10	—
1982	19	90	29	80	39	70	7	50	2	—	4	—	5	—	6	—	10	—
1983	19	90	29	80	39	70	7	50	2	—	4	—	5	—	6	—	10	—
1984	19	90	29	80	39	70	7	50	2	—	4	—	5	—	6	—	10	—
1985	19	90	29	80	39	70	7	50	2	—	4	—	5	—	6	—	10	—
1986	19	90	29	80	39	80	7	50	2	—	4	—	5	—	6	—	10	—
1987	19	90	29	90	39	80	7	50	2	—	4	—	5	—	6	—	10	—
1988	19	90	29	90	39	80	7	50	2	—	4	—	5	—	6	—	10	—
1989	19	90	29	90	39	80	7	50	2	—	4	—	5	—	6	—	10	—
1990	19	90	29	90	39	80	7	50	2	—	4	—	5	—	6	—	10	—
1991	20	—	29	90	39	90	7	50	2	—	4	—	5	—	6	—	10	—
1992	20	—	29	90	39	90	7	50	2	—	4	—	5	—	6	—	10	—
1993	20	—	29	90	39	90	7	50	2	—	4	—	5	—	6	—	10	—
1994	20	—	30	—	39	90	7	50	2	—	4	—	5	—	6	—	10	—
1995	20	—	30	—	39	90	7	50	2	—	4	—	5	—	6	—	10	—
1996	20	—	30	—	40	—	7	50	2	—	4	—	5	—	6	—	10	—
1997	20	—	30	—	40	—	7	50	2	—	4	—	5	—	6	—	10	—
1998	20	—	30	—	40	—	7	50	2	—	4	—	5	—	6	—	10	—
1999	20	—	30	—	40	—	7	50	2	—	4	—	5	—	6	—	10	—
2000	20	—	30	—	40	—	7	50	2	—	4	—	5	—	6	—	10	—

Gegenstands-Summa	Werthgebühr								$^{4}/_{10}$ aus der vollen Werthgebühr		$^{4}/_{10}$ aus $^{2}/_{3}$ Werthgebühr		Hinterlegungsgebühr						Auseinandersetzungsgebühr			
	Volle		$^{1}/_{2}$		$^{1}/_{2}$ bis 2200 *M*, darüber $^{2}/_{3}$		$1^{1}/_{2}$												$^{5}/_{10}$		$^{2}/_{10}$	
	Art. 22. 40. 41. 50		Art. 25. 27. 29. 30. 38 Abs. 2		Art. 24		Art. 23		Art. 45 Abs. 3				Art. 100		Art. 101 a		Art. 101 b		der Sätze des § 8 des Reichsgerichts-Kosten-Gesetzes			
M	*M*	*ℌ*	*M*	*ℌ*	*M*	*ℌ*	*M*	*ℌ*	*M*	*ℌ*	*M*	*ℌ*	*M*	*ℌ*	*M*	*ℌ*	*M*	*ℌ*	*M*	*ℌ*	*M*	*ℌ*
1961	10	50	5	30	5	30	15	80	4	20	2	20	5	—	19	70	39	30	22	—	8	80
1962	10	50	5	30	5	30	15	80	4	20	2	20	5	—	19	70	39	30	22	—	8	80
1963	10	50	5	30	5	30	15	80	4	20	2	20	5	—	19	70	39	30	22	—	8	80
1964	10	50	5	30	5	30	15	80	4	20	2	20	5	—	19	70	39	30	22	—	8	80
1965	10	50	5	30	5	30	15	80	4	20	2	20	5	—	19	70	39	30	22	—	8	80
1966	10	50	5	30	5	30	15	80	4	20	2	20	5	—	19	70	39	40	22	—	8	80
1967	10	50	5	30	5	30	15	80	4	20	2	20	5	—	19	70	39	40	22	—	8	80
1968	10	50	5	30	5	30	15	80	4	20	2	20	5	—	19	70	39	40	22	—	8	80
1969	10	50	5	30	5	30	15	80	4	20	2	20	5	—	19	70	39	40	22	—	8	80
1970	10	50	5	30	5	30	15	80	4	20	2	20	5	—	19	70	39	40	22	—	8	80
1971	10	50	5	30	5	30	15	80	4	20	2	20	5	—	19	80	39	50	22	—	8	80
1972	10	50	5	30	5	30	15	80	4	20	2	20	5	—	19	80	39	50	22	—	8	80
1973	10	50	5	30	5	30	15	80	4	20	2	20	5	—	19	80	39	50	22	—	8	80
1974	10	50	5	30	5	30	15	80	4	20	2	20	5	—	19	80	39	50	22	—	8	80
1975	10	50	5	30	5	30	15	80	4	20	2	20	5	—	19	80	39	50	22	—	8	80
1976	10	50	5	30	5	30	15	80	4	20	2	20	5	—	19	80	39	60	22	—	8	80
1977	10	50	5	30	5	30	15	80	4	20	2	20	5	—	19	80	39	60	22	—	8	80
1978	10	50	5	30	5	30	15	80	4	20	2	20	5	—	19	80	39	60	22	—	8	80
1979	10	50	5	30	5	30	15	80	4	20	2	20	5	—	19	80	39	60	22	—	8	80
1980	10	50	5	30	5	30	15	80	4	20	2	20	5	—	19	80	39	60	22	—	8	80
1981	10	50	5	30	5	30	15	80	4	20	2	20	5	—	19	90	39	70	22	—	8	80
1982	10	50	5	30	5	30	15	80	4	20	2	20	5	—	19	90	39	70	22	—	8	80
1983	10	50	5	30	5	30	15	80	4	20	2	20	5	—	19	90	39	70	22	—	8	80
1984	10	50	5	30	5	30	15	80	4	20	2	20	5	—	19	90	39	70	22	—	8	80
1985	10	50	5	30	5	30	15	80	4	20	2	20	5	—	19	90	39	70	22	—	8	80
1986	10	50	5	30	5	30	15	80	4	20	2	20	5	—	19	90	39	80	22	—	8	80
1987	10	50	5	30	5	30	15	80	4	20	2	20	5	—	19	90	39	80	22	—	8	80
1988	10	50	5	30	5	30	15	80	4	20	2	20	5	—	19	90	39	80	22	—	8	80
1989	10	50	5	30	5	30	15	80	4	20	2	20	5	—	19	90	39	80	22	—	8	80
1990	10	50	5	30	5	30	15	80	4	20	2	20	5	—	19	90	39	80	22	—	8	80
1991	10	50	5	30	5	30	15	80	4	20	2	20	5	—	20	—	39	90	22	—	8	80
1992	10	50	5	30	5	30	15	80	4	20	2	20	5	—	20	—	39	90	22	—	8	80
1993	10	50	5	30	5	30	15	80	4	20	2	20	5	—	20	—	39	90	22	—	8	80
1994	10	50	5	30	5	30	15	80	4	20	2	20	5	—	20	—	39	90	22	—	8	80
1995	10	50	5	30	5	30	15	80	4	20	2	20	5	—	20	—	39	90	22	—	8	80
1996	10	50	5	30	5	30	15	80	4	20	2	20	5	—	20	—	40	—	22	—	8	80
1997	10	50	5	30	5	30	15	80	4	20	2	20	5	—	20	—	40	—	22	—	8	80
1998	10	50	5	30	5	30	15	80	4	20	2	20	5	—	20	—	40	—	22	—	8	80
1999	10	50	5	30	5	30	15	80	4	20	2	20	5	—	20	—	40	—	22	—	8	80
2000	10	50	5	30	5	30	15	80	4	20	2	20	5	—	20	—	40	—	22	—	8	80

Gegenstands-Summa	Staatsgebühren 1 Prozent		Staatsgebühren 1½ Prozent		Staatsgebühren 2 Prozent		Besitzveränderungsabgabe		Staatsgebühren 1 pro mille		Staatsgebühren 2 pro mille		Staatsgebühren 2½ pro mille		Staatsgebühren 3 pro mille		Staatsgebühren 5 pro mille	
ℳ	ℳ	₰	ℳ	₰	ℳ	₰	ℳ	₰	ℳ	₰	ℳ	₰	ℳ	₰	ℳ	₰	ℳ	₰
2001	20	10	30	10	40	10	10	10	2	10	4	10	5	10	6	10	10	10
2002	20	10	30	10	40	10	10	10	2	10	4	10	5	10	6	10	10	10
2003	20	10	30	10	40	10	10	10	2	10	4	10	5	10	6	10	10	10
2004	20	10	30	10	40	10	10	10	2	10	4	10	5	10	6	10	10	10
2005	20	10	30	10	40	10	10	10	2	10	4	10	5	10	6	10	10	10
2006	20	10	30	10	40	20	10	10	2	10	4	10	5	10	6	10	10	10
2007	20	10	30	20	40	20	10	10	2	10	4	10	5	10	6	10	10	10
2008	20	10	30	20	40	20	10	10	2	10	4	10	5	10	6	10	10	10
2009	20	10	30	20	40	20	10	10	2	10	4	10	5	10	6	10	10	10
2010	20	10	30	20	40	20	10	10	2	10	4	10	5	10	6	10	10	10
2011	20	20	30	20	40	30	10	10	2	10	4	10	5	10	6	10	10	10
2012	20	20	30	20	40	30	10	10	2	10	4	10	5	10	6	10	10	10
2013	20	20	30	20	40	30	10	10	2	10	4	10	5	10	6	10	10	10
2014	20	20	30	30	40	30	10	10	2	10	4	10	5	10	6	10	10	10
2015	20	20	30	30	40	30	10	10	2	10	4	10	5	10	6	10	10	10
2016	20	20	30	30	40	40	10	10	2	10	4	10	5	10	6	10	10	10
2017	20	20	30	30	40	40	10	10	2	10	4	10	5	10	6	10	10	10
2018	20	20	30	30	40	40	10	10	2	10	4	10	5	10	6	10	10	10
2019	20	20	30	30	40	40	10	10	2	10	4	10	5	10	6	10	10	10
2020	20	20	30	30	40	40	10	10	2	10	4	10	5	10	6	10	10	10
2021	20	30	30	40	40	50	10	20	2	10	4	10	5	10	6	10	10	20
2022	20	30	30	40	40	50	10	20	2	10	4	10	5	10	6	10	10	20
2023	20	30	30	40	40	50	10	20	2	10	4	10	5	10	6	10	10	20
2024	20	30	30	40	40	50	10	20	2	10	4	10	5	10	6	10	10	20
2025	20	30	30	40	40	50	10	20	2	10	4	10	5	10	6	10	10	20
2026	20	30	30	40	40	60	10	20	2	10	4	10	5	10	6	10	10	20
2027	20	30	30	50	40	60	10	20	2	10	4	10	5	10	6	10	10	20
2028	20	30	30	50	40	60	10	20	2	10	4	10	5	10	6	10	10	20
2029	20	30	30	50	40	60	10	20	2	10	4	10	5	10	6	10	10	20
2030	20	30	30	50	40	60	10	20	2	10	4	10	5	10	6	10	10	20
2031	20	40	30	50	40	70	10	20	2	10	4	10	5	10	6	10	10	20
2032	20	40	30	50	40	70	10	20	2	10	4	10	5	10	6	10	10	20
2033	20	40	30	50	40	70	10	20	2	10	4	10	5	10	6	10	10	20
2034	20	40	30	60	40	70	10	20	2	10	4	10	5	10	6	20	10	20
2035	20	40	30	60	40	70	10	20	2	10	4	10	5	10	6	20	10	20
2036	20	40	30	60	40	80	10	20	2	10	4	10	5	10	6	20	10	20
2037	20	40	30	60	40	80	10	20	2	10	4	10	5	10	6	20	10	20
2038	20	40	30	60	40	80	10	20	2	10	4	10	5	10	6	20	10	20
2039	20	40	30	60	40	80	10	20	2	10	4	10	5	10	6	20	10	20
2040	20	40	30	60	40	80	10	20	2	10	4	10	5	10	6	20	10	20

Gegenstands-Summa	Werthgebühr: Volle (Art. 22. 40. 41. 50)		Werthgebühr: 1/2 (Art. 25. 27. 29. 30. 38 Abs. 2)		Werthgebühr: 1/2 bis 2200 M, darüber 2/3 (Art. 24)		Werthgebühr: 1 1/2 (Art. 23)		4/10 aus der vollen Werthgebühr (Art. 45 Abs. 3)		4/10 aus 2/3 Werthgebühr (Art. 45 Abs. 3)		Hinterlegungsgebühr: Art. 100		Hinterlegungsgebühr: Art. 101 a		Hinterlegungsgebühr: Art. 101 b		Auseinandersetzungsgebühr: 5/10 der Sätze des § 8 des Reichsgerichts-Kosten-Gesetzes		Auseinandersetzungsgebühr: 2/10 der Sätze des § 8 des Reichsgerichts-Kosten-Gesetzes	
M	M	Pf	M	Pf	M	Pf	M	Pf	M	Pf	M	Pf	M	Pf	M	Pf	M	Pf	M	Pf	M	Pf
2001	10	50	5	30	5	30	15	80	4	20	2	20	5	10	20	10	40	10	22	—	8	80
2002	10	50	5	30	5	30	15	80	4	20	2	20	5	10	20	10	40	10	22	—	8	80
2003	10	50	5	30	5	30	15	80	4	20	2	20	5	10	20	10	40	10	22	—	8	80
2004	10	50	5	30	5	30	15	80	4	20	2	20	5	10	20	10	40	10	22	—	8	80
2005	10	50	5	30	5	30	15	80	4	20	2	20	5	10	20	10	40	10	22	—	8	80
2006	10	50	5	30	5	30	15	80	4	20	2	20	5	10	20	10	40	10	22	—	8	80
2007	10	50	5	30	5	30	15	80	4	20	2	20	5	10	20	10	40	10	22	—	8	80
2008	10	50	5	30	5	30	15	80	4	20	2	20	5	10	20	10	40	10	22	—	8	80
2009	10	50	5	30	5	30	15	80	4	20	2	20	5	10	20	10	40	10	22	—	8	80
2010	10	50	5	30	5	30	15	80	4	20	2	20	5	10	20	10	40	10	22	—	8	80
2011	10	50	5	30	5	30	15	80	4	20	2	20	5	10	20	10	40	20	22	—	8	80
2012	10	50	5	30	5	30	15	80	4	20	2	20	5	10	20	10	40	20	22	—	8	80
2013	10	50	5	30	5	30	15	80	4	20	2	20	5	10	20	10	40	20	22	—	8	80
2014	10	50	5	30	5	30	15	80	4	20	2	20	5	10	20	10	40	20	22	—	8	80
2015	10	50	5	30	5	30	15	80	4	20	2	20	5	10	20	10	40	20	22	—	8	80
2016	10	50	5	30	5	30	15	80	4	20	2	20	5	10	20	10	40	20	22	—	8	80
2017	10	50	5	30	5	30	15	80	4	20	2	20	5	10	20	10	40	20	22	—	8	80
2018	10	50	5	30	5	30	15	80	4	20	2	20	5	10	20	10	40	20	22	—	8	80
2019	10	50	5	30	5	30	15	80	4	20	2	20	5	10	20	10	40	20	22	—	8	80
2020	10	50	5	30	5	30	15	80	4	20	2	20	5	10	20	10	40	20	22	—	8	80
2021	10	50	5	30	5	30	15	80	4	20	2	20	5	10	20	20	40	30	22	—	8	80
2022	10	50	5	30	5	30	15	80	4	20	2	20	5	10	20	20	40	30	22	—	8	80
2023	10	50	5	30	5	30	15	80	4	20	2	20	5	10	20	20	40	30	22	—	8	80
2024	10	50	5	30	5	30	15	80	4	20	2	20	5	10	20	20	40	30	22	—	8	80
2025	10	50	5	30	5	30	15	80	4	20	2	20	5	10	20	20	40	30	22	—	8	80
2026	10	50	5	30	5	30	15	80	4	20	2	20	5	10	20	20	40	30	22	—	8	80
2027	10	50	5	30	5	30	15	80	4	20	2	20	5	10	20	20	40	30	22	—	8	80
2028	10	50	5	30	5	30	15	80	4	20	2	20	5	10	20	20	40	30	22	—	8	80
2029	10	50	5	30	5	30	15	80	4	20	2	20	5	10	20	20	40	30	22	—	8	80
2030	10	50	5	30	5	30	15	80	4	20	2	20	5	10	20	20	40	30	22	—	8	80
2031	10	50	5	30	5	30	15	80	4	20	2	20	5	10	20	20	40	40	22	—	8	80
2032	10	50	5	30	5	30	15	80	4	20	2	20	5	10	20	20	40	40	22	—	8	80
2033	10	50	5	30	5	30	15	80	4	20	2	20	5	10	20	20	40	40	22	—	8	80
2034	10	50	5	30	5	30	15	80	4	20	2	20	5	10	20	20	40	40	22	—	8	80
2035	10	50	5	30	5	30	15	80	4	20	2	20	5	10	20	20	40	40	22	—	8	80
2036	10	50	5	30	5	30	15	80	4	20	2	20	5	10	20	20	40	40	22	—	8	80
2037	10	50	5	30	5	30	15	80	4	20	2	20	5	10	20	20	40	40	22	—	8	80
2038	10	50	5	30	5	30	15	80	4	20	2	20	5	10	20	20	40	40	22	—	8	80
2039	10	50	5	30	5	30	15	80	4	20	2	20	5	10	20	20	40	40	22	—	8	80
2040	10	50	5	30	5	30	15	80	4	20	2	20	5	10	20	20	40	40	22	—	8	80

Gegen-stands-Summa	Staatsgebühren						Besitz-verände-rungs-abgabe		Staatsgebühren									
	1		1½		2				1		2		2½		3		5	
	Prozent								pro mille									
ℳ	ℳ	₰	ℳ	₰	ℳ	₰	ℳ	₰	ℳ	₰	ℳ	₰	ℳ	₰	ℳ	₰	ℳ	₰
2041	20	50	30	70	40	90	10	30	2	10	4	10	5	20	6	20	10	30
2042	20	50	30	70	40	90	10	30	2	10	4	10	5	20	6	20	10	30
2043	20	50	30	70	40	90	10	30	2	10	4	10	5	20	6	20	10	30
2044	20	50	30	70	40	90	10	30	2	10	4	10	5	20	6	20	10	30
2045	20	50	30	70	40	90	10	30	2	10	4	10	5	20	6	20	10	30
2046	20	50	30	70	41	—	10	30	2	10	4	10	5	20	6	20	10	30
2047	20	50	30	80	41	—	10	30	2	10	4	10	5	20	6	20	10	30
2048	20	50	30	80	41	—	10	30	2	10	4	10	5	20	6	20	10	30
2049	20	50	30	80	41	—	10	30	2	10	4	10	5	20	6	20	10	30
2050	20	50	30	80	41	—	10	30	2	10	4	10	5	20	6	20	10	30
2051	20	60	30	80	41	10	10	30	2	10	4	20	5	20	6	20	10	30
2052	20	60	30	80	41	10	10	30	2	10	4	20	5	20	6	20	10	30
2053	20	60	30	80	41	10	10	30	2	10	4	20	5	20	6	20	10	30
2054	20	60	30	90	41	10	10	30	2	10	4	20	5	20	6	20	10	30
2055	20	60	30	90	41	10	10	30	2	10	4	20	5	20	6	20	10	30
2056	20	60	30	90	41	20	10	30	2	10	4	20	5	20	6	20	10	30
2057	20	60	30	90	41	20	10	30	2	10	4	20	5	20	6	20	10	30
2058	20	60	30	90	41	20	10	30	2	10	4	20	5	20	6	20	10	30
2059	20	60	30	90	41	20	10	30	2	10	4	20	5	20	6	20	10	30
2060	20	60	30	90	41	20	10	30	2	10	4	20	5	20	6	20	10	30
2061	20	70	31	—	41	30	10	40	2	10	4	20	5	20	6	20	10	40
2062	20	70	31	—	41	30	10	40	2	10	4	20	5	20	6	20	10	40
2063	20	70	31	—	41	30	10	40	2	10	4	20	5	20	6	20	10	40
2064	20	70	31	—	41	30	10	40	2	10	4	20	5	20	6	20	10	40
2065	20	70	31	—	41	30	10	40	2	10	4	20	5	20	6	20	10	40
2066	20	70	31	—	41	40	10	40	2	10	4	20	5	20	6	20	10	40
2067	20	70	31	10	41	40	10	40	2	10	4	20	5	20	6	30	10	40
2068	20	70	31	10	41	40	10	40	2	10	4	20	5	20	6	30	10	40
2069	20	70	31	10	41	40	10	40	2	10	4	20	5	20	6	30	10	40
2070	20	70	31	10	41	40	10	40	2	10	4	20	5	20	6	30	10	40
2071	20	80	31	10	41	50	10	40	2	10	4	20	5	20	6	30	10	40
2072	20	80	31	10	41	50	10	40	2	10	4	20	5	20	6	30	10	40
2073	20	80	31	10	41	50	10	40	2	10	4	20	5	20	6	30	10	40
2074	20	80	31	20	41	50	10	40	2	10	4	20	5	20	6	30	10	40
2075	20	80	31	20	41	50	10	40	2	10	4	20	5	20	6	30	10	40
2076	20	80	31	20	41	60	10	40	2	10	4	20	5	20	6	30	10	40
2077	20	80	31	20	41	60	10	40	2	10	4	20	5	20	6	30	10	40
2078	20	80	31	20	41	60	10	40	2	10	4	20	5	20	6	30	10	40
2079	20	80	31	20	41	60	10	40	2	10	4	20	5	20	6	30	10	40
2080	20	80	31	20	41	60	10	40	2	10	4	20	5	20	6	30	10	40

Gegenstandssumma	Werthgebühr: Volle (Art. 22. 40. 41. 50)		Werthgebühr: 1/2 (Art. 25. 27. 29. 30. 38 Abs. 2)		Werthgebühr: 1/2 bis 2200 M, darüber 2/3 (Art. 24)		Werthgebühr: 1 1/2 (Art. 23)		4/10 aus der vollen Werthgebühr (Art. 45 Abs. 3)		4/10 aus 2/3 Werthgebühr (Art. 45 Abs. 3)		Hinterlegungsgebühr: Art. 100		Hinterlegungsgebühr: Art. 101 a		Hinterlegungsgebühr: Art. 101 b		Auseinandersetzungsgebühr: 5/10 der Sätze des § 8 des Reichsgerichts-Kosten-Gesetzes		Auseinandersetzungsgebühr: 2/10 der Sätze des § 8 des Reichsgerichts-Kosten-Gesetzes	
M	M	Pf	M	Pf	M	Pf	M	Pf	M	Pf	M	Pf	M	Pf	M	Pf	M	Pf	M	Pf	M	Pf
2041	10	50	5	30	5	30	15	80	4	20	2	20	5	10	20	30	40	50	22	—	8	80
2042	10	50	5	30	5	30	15	80	4	20	2	20	5	10	20	30	40	50	22	—	8	80
2043	10	50	5	30	5	30	15	80	4	20	2	20	5	10	20	30	40	50	22	—	8	80
2044	10	50	5	30	5	30	15	80	4	20	2	20	5	10	20	30	40	50	22	—	8	80
2045	10	50	5	30	5	30	15	80	4	20	2	20	5	10	20	30	40	50	22	—	8	80
2046	10	50	5	30	5	30	15	80	4	20	2	20	5	10	20	30	40	50	22	—	8	80
2047	10	50	5	30	5	30	15	80	4	20	2	20	5	10	20	30	40	50	22	—	8	80
2048	10	50	5	30	5	30	15	80	4	20	2	20	5	10	20	30	40	50	22	—	8	80
2049	10	50	5	30	5	30	15	80	4	20	2	20	5	10	20	30	40	50	22	—	8	80
2050	10	50	5	30	5	30	15	80	4	20	2	20	5	10	20	30	40	50	22	—	8	80
2051	10	50	5	30	5	30	15	80	4	20	2	20	5	10	20	30	40	60	22	—	8	80
2052	10	50	5	30	5	30	15	80	4	20	2	20	5	10	20	30	40	60	22	—	8	80
2053	10	50	5	30	5	30	15	80	4	20	2	20	5	10	20	30	40	60	22	—	8	80
2054	10	50	5	30	5	30	15	80	4	20	2	20	5	10	20	30	40	60	22	—	8	80
2055	10	50	5	30	5	30	15	80	4	20	2	20	5	10	20	30	40	60	22	—	8	80
2056	10	50	5	30	5	30	15	80	4	20	2	20	5	10	20	30	40	60	22	—	8	80
2057	10	50	5	30	5	30	15	80	4	20	2	20	5	10	20	30	40	60	22	—	8	80
2058	10	50	5	30	5	30	15	80	4	20	2	20	5	10	20	30	40	60	22	—	8	80
2059	10	50	5	30	5	30	15	80	4	20	2	20	5	10	20	30	40	60	22	—	8	80
2060	10	50	5	30	5	30	15	80	4	20	2	20	5	10	20	30	40	60	22	—	8	80
2061	10	50	5	30	5	30	15	80	4	20	2	20	5	10	20	40	40	70	22	—	8	80
2062	10	50	5	30	5	30	15	80	4	20	2	20	5	10	20	40	40	70	22	—	8	80
2063	10	50	5	30	5	30	15	80	4	20	2	20	5	10	20	40	40	70	22	—	8	80
2064	10	50	5	30	5	30	15	80	4	20	2	20	5	10	20	40	40	70	22	—	8	80
2065	10	50	5	30	5	30	15	80	4	20	2	20	5	10	20	40	40	70	22	—	8	80
2066	10	50	5	30	5	30	15	80	4	20	2	20	5	10	20	40	40	70	22	—	8	80
2067	10	50	5	30	5	30	15	80	4	20	2	20	5	10	20	40	40	70	22	—	8	80
2068	10	50	5	30	5	30	15	80	4	20	2	20	5	10	20	40	40	70	22	—	8	80
2069	10	50	5	30	5	30	15	80	4	20	2	20	5	10	20	40	40	70	22	—	8	80
2070	10	50	5	30	5	30	15	80	4	20	2	20	5	10	20	40	40	70	22	—	8	80
2071	10	50	5	30	5	30	15	80	4	20	2	20	5	10	20	40	40	80	22	—	8	80
2072	10	50	5	30	5	30	15	80	4	20	2	20	5	10	20	40	40	80	22	—	8	80
2073	10	50	5	30	5	30	15	80	4	20	2	20	5	10	20	40	40	80	22	—	8	80
2074	10	50	5	30	5	30	15	80	4	20	2	20	5	10	20	40	40	80	22	—	8	80
2075	10	50	5	30	5	30	15	80	4	20	2	20	5	10	20	40	40	80	22	—	8	80
2076	10	50	5	30	5	30	15	80	4	20	2	20	5	10	20	40	40	80	22	—	8	80
2077	10	50	5	30	5	30	15	80	4	20	2	20	5	10	20	40	40	80	22	—	8	80
2078	10	50	5	30	5	30	15	80	4	20	2	20	5	10	20	40	40	80	22	—	8	80
2079	10	50	5	30	5	30	15	80	4	20	2	20	5	10	20	40	40	80	22	—	8	80
2080	10	50	5	30	5	30	15	80	4	20	2	20	5	10	20	40	40	80	22	—	8	80

Gegenstands-Summa	Staatsgebühren 1 Prozent		Staatsgebühren 1½ Prozent		Staatsgebühren 2 Prozent		Besitzveränderungsabgabe		Staatsgebühren 1 pro mille		Staatsgebühren 2 pro mille		Staatsgebühren 2½ pro mille		Staatsgebühren 3 pro mille		Staatsgebühren 5 pro mille	
M.	M	₰	M	₰	M	₰	M	₰	M	₰	M	₰	M	₰	M	₰	M	₰
2081	20	90	31	30	41	70	10	50	2	10	4	20	5	30	6	30	10	50
2082	20	90	31	30	41	70	10	50	2	10	4	20	5	30	6	30	10	50
2083	20	90	31	30	41	70	10	50	2	10	4	20	5	30	6	30	10	50
2084	20	90	31	30	41	70	10	50	2	10	4	20	5	30	6	30	10	50
2085	20	90	31	30	41	70	10	50	2	10	4	20	5	30	6	30	10	50
2086	20	90	31	30	41	80	10	50	2	10	4	20	5	30	6	30	10	50
2087	20	90	31	40	41	80	10	50	2	10	4	20	5	30	6	30	10	50
2088	20	90	31	40	41	80	10	50	2	10	4	20	5	30	6	30	10	50
2089	20	90	31	40	41	80	10	50	2	10	4	20	5	30	6	30	10	50
2090	20	90	31	40	41	80	10	50	2	10	4	20	5	30	6	30	10	50
2091	21	—	31	40	41	90	10	50	2	10	4	20	5	30	6	30	10	50
2092	21	—	31	40	41	90	10	50	2	10	4	20	5	30	6	30	10	50
2093	21	—	31	40	41	90	10	50	2	10	4	20	5	30	6	30	10	50
2094	21	—	31	50	41	90	10	50	2	10	4	20	5	30	6	30	10	50
2095	21	—	31	50	41	90	10	50	2	10	4	20	5	30	6	30	10	50
2096	21	—	31	50	42	—	10	50	2	10	4	20	5	30	6	30	10	50
2097	21	—	31	50	42	—	10	50	2	10	4	20	5	30	6	30	10	50
2098	21	—	31	50	42	—	10	50	2	10	4	20	5	30	6	30	10	50
2099	21	—	31	50	42	—	10	50	2	10	4	20	5	30	6	30	10	50
2100	21	—	31	50	42	—	10	50	2	10	4	20	5	30	6	30	10	50
2101	21	10	31	60	42	10	10	60	2	20	4	30	5	30	6	40	10	60
2102	21	10	31	60	42	10	10	60	2	20	4	30	5	30	6	40	10	60
2103	21	10	31	60	42	10	10	60	2	20	4	30	5	30	6	40	10	60
2104	21	10	31	60	42	10	10	60	2	20	4	30	5	30	6	40	10	60
2105	21	10	31	60	42	10	10	60	2	20	4	30	5	30	6	40	10	60
2106	21	10	31	60	42	20	10	60	2	20	4	30	5	30	6	40	10	60
2107	21	10	31	70	42	20	10	60	2	20	4	30	5	30	6	40	10	60
2108	21	10	31	70	42	20	10	60	2	20	4	30	5	30	6	40	10	60
2109	21	10	31	70	42	20	10	60	2	20	4	30	5	30	6	40	10	60
2110	21	10	31	70	42	20	10	60	2	20	4	30	5	30	6	40	10	60
2111	21	20	31	70	42	30	10	60	2	20	4	30	5	30	6	40	10	60
2112	21	20	31	70	42	30	10	60	2	20	4	30	5	30	6	40	10	60
2113	21	20	31	70	42	30	10	60	2	20	4	30	5	30	6	40	10	60
2114	21	20	31	80	42	30	10	60	2	20	4	30	5	30	6	40	10	60
2115	21	20	31	80	42	30	10	60	2	20	4	30	5	30	6	40	10	60
2116	21	20	31	80	42	40	10	60	2	20	4	30	5	30	6	40	10	60
2117	21	20	31	80	42	40	10	60	2	20	4	30	5	30	6	40	10	60
2118	21	20	31	80	42	40	10	60	2	20	4	30	5	30	6	40	10	60
2119	21	20	31	80	42	40	10	60	2	20	4	30	5	30	6	40	10	60
2120	21	20	31	80	42	40	10	60	2	20	4	30	5	30	6	40	10	60

Gegen-stands-Summa	Werthgebühr: Volle (Art. 22. 40. 41. 50)		Werthgebühr: 1/2 (Art. 25. 27. 29. 30. 38 Abs. 2)		Werthgebühr: 1/2 bis 2200 M, darüber 2/3 (Art. 24)		Werthgebühr: 1 1/2 (Art. 23)		4/10 aus der vollen Werthgebühr (Art. 45 Abs. 3)		4/10 aus 2/3 Werthgebühr (Art. 45 Abs. 3)		Hinterlegungsgebühr: Art. 100		Hinterlegungsgebühr: Art. 101 a		Hinterlegungsgebühr: Art. 101 b		Auseinandersetzungsgebühr: 5/10 der Sätze des § 8 des Reichsgerichts-Kosten-Gesetzes		Auseinandersetzungsgebühr: 2/10 der Sätze des § 8 des Reichsgerichts-Kosten-Gesetzes	
M	M	Pf	M	Pf	M	Pf	M	Pf	M	Pf	M	Pf	M	Pf	M	Pf	M	Pf	M	Pf	M	Pf
2081	10	50	5	30	5	30	15	80	4	20	2	20	5	20	20	50	40	90	22	—	8	80
2082	10	50	5	30	5	30	15	80	4	20	2	20	5	20	20	50	40	90	22	—	8	80
2083	10	50	5	30	5	30	15	80	4	20	2	20	5	20	20	50	40	90	22	—	8	80
2084	10	50	5	30	5	30	15	80	4	20	2	20	5	20	20	50	40	90	22	—	8	80
2085	10	50	5	30	5	30	15	80	4	20	2	20	5	20	20	50	40	90	22	—	8	80
2086	10	50	5	30	5	30	15	80	4	20	2	20	5	20	20	50	40	90	22	—	8	80
2087	10	50	5	30	5	30	15	80	4	20	2	20	5	20	20	50	40	90	22	—	8	80
2088	10	50	5	30	5	30	15	80	4	20	2	20	5	20	20	50	40	90	22	—	8	80
2089	10	50	5	30	5	30	15	80	4	20	2	20	5	20	20	50	40	90	22	—	8	80
2090	10	50	5	30	5	30	15	80	4	20	2	20	5	20	20	50	40	90	22	—	8	80
2091	10	50	5	30	5	30	15	80	4	20	2	20	5	20	20	50	41	—	22	—	8	80
2092	10	50	5	30	5	30	15	80	4	20	2	20	5	20	20	50	41	—	22	—	8	80
2093	10	50	5	30	5	30	15	80	4	20	2	20	5	20	20	50	41	—	22	—	8	80
2094	10	50	5	30	5	30	15	80	4	20	2	20	5	20	20	50	41	—	22	—	8	80
2095	10	50	5	30	5	30	15	80	4	20	2	20	5	20	20	50	41	—	22	—	8	80
2096	10	50	5	30	5	30	15	80	4	20	2	20	5	20	20	50	41	—	22	—	8	80
2097	10	50	5	30	5	30	15	80	4	20	2	20	5	20	20	50	41	—	22	—	8	80
2098	10	50	5	30	5	30	15	80	4	20	2	20	5	20	20	50	41	—	22	—	8	80
2099	10	50	5	30	5	30	15	80	4	20	2	20	5	20	20	50	41	—	22	—	8	80
2100	10	50	5	30	5	30	15	80	4	20	2	20	5	20	20	50	41	—	22	—	8	80
2101	10	50	5	30	5	30	15	80	4	20	2	20	5	20	20	60	41	10	25	—	10	—
2102	10	50	5	30	5	30	15	80	4	20	2	20	5	20	20	60	41	10	25	—	10	—
2103	10	50	5	30	5	30	15	80	4	20	2	20	5	20	20	60	41	10	25	—	10	—
2104	10	50	5	30	5	30	15	80	4	20	2	20	5	20	20	60	41	10	25	—	10	—
2105	10	50	5	30	5	30	15	80	4	20	2	20	5	20	20	60	41	10	25	—	10	—
2106	10	50	5	30	5	30	15	80	4	20	2	20	5	20	20	60	41	10	25	—	10	—
2107	10	50	5	30	5	30	15	80	4	20	2	20	5	20	20	60	41	10	25	—	10	—
2108	10	50	5	30	5	30	15	80	4	20	2	20	5	20	20	60	41	10	25	—	10	—
2109	10	50	5	30	5	30	15	80	4	20	2	20	5	20	20	60	41	10	25	—	10	—
2110	10	50	5	30	5	30	15	80	4	20	2	20	5	20	20	60	41	10	25	—	10	—
2111	10	50	5	30	5	30	15	80	4	20	2	20	5	20	20	60	41	20	25	—	10	—
2112	10	50	5	30	5	30	15	80	4	20	2	20	5	20	20	60	41	20	25	—	10	—
2113	10	50	5	30	5	30	15	80	4	20	2	20	5	20	20	60	41	20	25	—	10	—
2114	10	50	5	30	5	30	15	80	4	20	2	20	5	20	20	60	41	20	25	—	10	—
2115	10	50	5	30	5	30	15	80	4	20	2	20	5	20	20	60	41	20	25	—	10	—
2116	10	50	5	30	5	30	15	80	4	20	2	20	5	20	20	60	41	20	25	—	10	—
2117	10	50	5	30	5	30	15	80	4	20	2	20	5	20	20	60	41	20	25	—	10	—
2118	10	50	5	30	5	30	15	80	4	20	2	20	5	20	20	60	41	20	25	—	10	—
2119	10	50	5	30	5	30	15	80	4	20	2	20	5	20	20	60	41	20	25	—	10	—
2120	10	50	5	30	5	30	15	80	4	20	2	20	5	20	20	60	41	20	25	—	10	—

Gegen-standss-Summa	Staatsgebühren						Besitz-veränderungs-abgabe		Staatsgebühren									
	1		$1^1/_2$		2				1		2		$2^1/_2$		3		5	
	Prozent								pro mille									
ℳ	ℳ	₰	ℳ	₰	ℳ	₰	ℳ	₰	ℳ	₰	ℳ	₰	ℳ	₰	ℳ	₰	ℳ	₰
2121	21	30	31	90	42	50	10	70	2	20	4	30	5	40	6	40	10	70
2122	21	30	31	90	42	50	10	70	2	20	4	30	5	40	6	40	10	70
2123	21	30	31	90	42	50	10	70	2	20	4	30	5	40	6	40	10	70
2124	21	30	31	90	42	50	10	70	2	20	4	30	5	40	6	40	10	70
2125	21	30	31	90	42	50	10	70	2	20	4	30	5	40	6	40	10	70
2126	21	30	31	90	42	60	10	70	2	20	4	30	5	40	6	40	10	70
2127	21	30	32	—	42	60	10	70	2	20	4	30	5	40	6	40	10	70
2128	21	30	32	—	42	60	10	70	2	20	4	30	5	40	6	40	10	70
2129	21	30	32	—	42	60	10	70	2	20	4	30	5	40	6	40	10	70
2130	21	30	32	—	42	60	10	70	2	20	4	30	5	40	6	40	10	70
2131	21	40	32	—	42	70	10	70	2	20	4	30	5	40	6	40	10	70
2132	21	40	32	—	42	70	10	70	2	20	4	30	5	40	6	40	10	70
2133	21	40	32	—	42	70	10	70	2	20	4	30	5	40	6	40	10	70
2134	21	40	32	10	42	70	10	70	2	20	4	30	5	40	6	50	10	70
2135	21	40	32	10	42	70	10	70	2	20	4	30	5	40	6	50	10	70
2136	21	40	32	10	42	80	10	70	2	20	4	30	5	40	6	50	10	70
2137	21	40	32	10	42	80	10	70	2	20	4	30	5	40	6	50	10	70
2138	21	40	32	10	42	80	10	70	2	20	4	30	5	40	6	50	10	70
2139	21	40	32	10	42	80	10	70	2	20	4	30	5	40	6	50	10	70
2140	21	40	32	10	42	80	10	70	2	20	4	30	5	40	6	50	10	70
2141	21	50	32	20	42	90	10	80	2	20	4	30	5	40	6	50	10	80
2142	21	50	32	20	42	90	10	80	2	20	4	30	5	40	6	50	10	80
2143	21	50	32	20	42	90	10	80	2	20	4	30	5	40	6	50	10	80
2144	21	50	32	20	42	90	10	80	2	20	4	30	5	40	6	50	10	80
2145	21	50	32	20	42	90	10	80	2	20	4	30	5	40	6	50	10	80
2146	21	50	32	20	43	—	10	80	2	20	4	30	5	40	6	50	10	80
2147	21	50	32	30	43	—	10	80	2	20	4	30	5	40	6	50	10	80
2148	21	50	32	30	43	—	10	80	2	20	4	30	5	40	6	50	10	80
2149	21	50	32	30	43	—	10	80	2	20	4	30	5	40	6	50	10	80
2150	21	50	32	30	43	—	10	80	2	20	4	30	5	40	6	50	10	80
2151	21	60	32	30	43	10	10	80	2	20	4	40	5	40	6	50	10	80
2152	21	60	32	30	43	10	10	80	2	20	4	40	5	40	6	50	10	80
2153	21	60	32	30	43	10	10	80	2	20	4	40	5	40	6	50	10	80
2154	21	60	32	40	43	10	10	80	2	20	4	40	5	40	6	50	10	80
2155	21	60	32	40	43	10	10	80	2	20	4	40	5	40	6	50	10	80
2156	21	60	32	40	43	20	10	80	2	20	4	40	5	40	6	50	10	80
2157	21	60	32	40	43	20	10	80	2	20	4	40	5	40	6	50	10	80
2158	21	60	32	40	43	20	10	80	2	20	4	40	5	40	6	50	10	80
2159	21	60	32	40	43	20	10	80	2	20	4	40	5	40	6	50	10	80
2160	21	60	32	40	43	20	10	80	2	20	4	40	5	40	6	50	10	80

Gegenstandssumma	Werthgebühr: Volle (Art. 22. 40. 41. 50)		Werthgebühr: 1/2 (Art. 25. 27. 29. 30. 38 Abs. 2)		Werthgebühr: 1/2 bis 2200 ℳ, darüber 2/3 (Art. 24)		Werthgebühr: 1 1/2 (Art. 23)		4/10 aus der vollen Werthgebühr (Art. 45 Abs. 3)		4/10 aus 2/3 Werthgebühr (Art. 45 Abs. 3)		Hinterlegungsgebühr: Art. 100		Hinterlegungsgebühr: Art. 101a		Hinterlegungsgebühr: Art. 101b		Auseinandersetzungsgebühr: 5/10 der Sätze des § 8 des Reichsgerichts-Kosten-Gesetzes		Auseinandersetzungsgebühr: 2/10 der Sätze des § 8 des Reichsgerichts-Kosten-Gesetzes	
ℳ	ℳ	₰	ℳ	₰	ℳ	₰	ℳ	₰	ℳ	₰	ℳ	₰	ℳ	₰	ℳ	₰	ℳ	₰	ℳ	₰	ℳ	₰
2121	10	50	5	30	5	30	15	80	4	20	2	20	5	20	20	70	41	30	25	—	10	—
2122	10	50	5	30	5	30	15	80	4	20	2	20	5	20	20	70	41	30	25	—	10	—
2123	10	50	5	30	5	30	15	80	4	20	2	20	5	20	20	70	41	30	25	—	10	—
2124	10	50	5	30	5	30	15	80	4	20	2	20	5	20	20	70	41	30	25	—	10	—
2125	10	50	5	30	5	30	15	80	4	20	2	20	5	20	20	70	41	30	25	—	10	—
2126	10	50	5	30	5	30	15	80	4	20	2	20	5	20	20	70	41	30	25	—	10	—
2127	10	50	5	30	5	30	15	80	4	20	2	20	5	20	20	70	41	30	25	—	10	—
2128	10	50	5	30	5	30	15	80	4	20	2	20	5	20	20	70	41	30	25	—	10	—
2129	10	50	5	30	5	30	15	80	4	20	2	20	5	20	20	70	41	30	25	—	10	—
2130	10	50	5	30	5	30	15	80	4	20	2	20	5	20	20	70	41	30	25	—	10	—
2131	10	50	5	30	5	30	15	80	4	20	2	20	5	20	20	70	41	40	25	—	10	—
2132	10	50	5	30	5	30	15	80	4	20	2	20	5	20	20	70	41	40	25	—	10	—
2133	10	50	5	30	5	30	15	80	4	20	2	20	5	20	20	70	41	40	25	—	10	—
2134	10	50	5	30	5	30	15	80	4	20	2	20	5	20	20	70	41	40	25	—	10	—
2135	10	50	5	30	5	30	15	80	4	20	2	20	5	20	20	70	41	40	25	—	10	—
2136	10	50	5	30	5	30	15	80	4	20	2	20	5	20	20	70	41	40	25	—	10	—
2137	10	50	5	30	5	30	15	80	4	20	2	20	5	20	20	70	41	40	25	—	10	—
2138	10	50	5	30	5	30	15	80	4	20	2	20	5	20	20	70	41	40	25	—	10	—
2139	10	50	5	30	5	30	15	80	4	20	2	20	5	20	20	70	41	40	25	—	10	—
2140	10	50	5	30	5	30	15	80	4	20	2	20	5	20	20	70	41	40	25	—	10	—
2141	10	50	5	30	5	30	15	80	4	20	2	20	5	20	20	80	41	50	25	—	10	—
2142	10	50	5	30	5	30	15	80	4	20	2	20	5	20	20	80	41	50	25	—	10	—
2143	10	50	5	30	5	30	15	80	4	20	2	20	5	20	20	80	41	50	25	—	10	—
2144	10	50	5	30	5	30	15	80	4	20	2	20	5	20	20	80	41	50	25	—	10	—
2145	10	50	5	30	5	30	15	80	4	20	2	20	5	20	20	80	41	50	25	—	10	—
2146	10	50	5	30	5	30	15	80	4	20	2	20	5	20	20	80	41	50	25	—	10	—
2147	10	50	5	30	5	30	15	80	4	20	2	20	5	20	20	80	41	50	25	—	10	—
2148	10	50	5	30	5	30	15	80	4	20	2	20	5	20	20	80	41	50	25	—	10	—
2149	10	50	5	30	5	30	15	80	4	20	2	20	5	20	20	80	41	50	25	—	10	—
2150	10	50	5	30	5	30	15	80	4	20	2	20	5	20	20	80	41	50	25	—	10	—
2151	10	50	5	30	5	30	15	80	4	20	2	20	5	20	20	80	41	60	25	—	10	—
2152	10	50	5	30	5	30	15	80	4	20	2	20	5	20	20	80	41	60	25	—	10	—
2153	10	50	5	30	5	30	15	80	4	20	2	20	5	20	20	80	41	60	25	—	10	—
2154	10	50	5	30	5	30	15	80	4	20	2	20	5	20	20	80	41	60	25	—	10	—
2155	10	50	5	30	5	30	15	80	4	20	2	20	5	20	20	80	41	60	25	—	10	—
2156	10	50	5	30	5	30	15	80	4	20	2	20	5	20	20	80	41	60	25	—	10	—
2157	10	50	5	30	5	30	15	80	4	20	2	20	5	20	20	80	41	60	25	—	10	—
2158	10	50	5	30	5	30	15	80	4	20	2	20	5	20	20	80	41	60	25	—	10	—
2159	10	50	5	30	5	30	15	80	4	20	2	20	5	20	20	80	41	60	25	—	10	—
2160	10	50	5	30	5	30	15	80	4	20	2	20	5	20	20	80	41	60	25	—	10	—

Gegen-stands-Summa	Staatsgebühren 1 Prozent		1½ Prozent		2 Prozent		Besitz-veränderungs-abgabe		Staatsgebühren 1 pro mille		2 pro mille		2½ pro mille		3 pro mille		5 pro mille	
ℳ	ℳ	₰	ℳ	₰	ℳ	₰	ℳ	₰	ℳ	₰	ℳ	₰	ℳ	₰	ℳ	₰	ℳ	₰
2161	21	70	32	50	43	30	10	90	2	20	4	40	5	50	6	50	10	90
2162	21	70	32	50	43	30	10	90	2	20	4	40	5	50	6	50	10	90
2163	21	70	32	50	43	30	10	90	2	20	4	40	5	50	6	50	10	90
2164	21	70	32	50	43	30	10	90	2	20	4	40	5	50	6	50	10	90
2165	21	70	32	50	43	30	10	90	2	20	4	40	5	50	6	50	10	90
2166	21	70	32	50	43	40	10	90	2	20	4	40	5	50	6	50	10	90
2167	21	70	32	60	43	40	10	90	2	20	4	40	5	50	6	60	10	90
2168	21	70	32	60	43	40	10	90	2	20	4	40	5	50	6	60	10	90
2169	21	70	32	60	43	40	10	90	2	20	4	40	5	50	6	60	10	90
2170	21	70	32	60	43	40	10	90	2	20	4	40	5	50	6	60	10	90
2171	21	80	32	60	43	50	10	90	2	20	4	40	5	50	6	60	10	90
2172	21	80	32	60	43	50	10	90	2	20	4	40	5	50	6	60	10	90
2173	21	80	32	60	43	50	10	90	2	20	4	40	5	50	6	60	10	90
2174	21	80	32	70	43	50	10	90	2	20	4	40	5	50	6	60	10	90
2175	21	80	32	70	43	50	10	90	2	20	4	40	5	50	6	60	10	90
2176	21	80	32	70	43	60	10	90	2	20	4	40	5	50	6	60	10	90
2177	21	80	32	70	43	60	10	90	2	20	4	40	5	50	6	60	10	90
2178	21	80	32	70	43	60	10	90	2	20	4	40	5	50	6	60	10	90
2179	21	80	32	70	43	60	10	90	2	20	4	40	5	50	6	60	10	90
2180	21	80	32	70	43	60	10	90	2	20	4	40	5	50	6	60	10	90
2181	21	90	32	80	43	70	11	—	2	20	4	40	5	50	6	60	11	—
2182	21	90	32	80	43	70	11	—	2	20	4	40	5	50	6	60	11	—
2183	21	90	32	80	43	70	11	—	2	20	4	40	5	50	6	60	11	—
2184	21	90	32	80	43	70	11	—	2	20	4	40	5	50	6	60	11	—
2185	21	90	32	80	43	70	11	—	2	20	4	40	5	50	6	60	11	—
2186	21	90	32	80	43	80	11	—	2	20	4	40	5	50	6	60	11	—
2187	21	90	32	90	43	80	11	—	2	20	4	40	5	50	6	60	11	—
2188	21	90	32	90	43	80	11	—	2	20	4	40	5	50	6	60	11	—
2189	21	90	32	90	43	80	11	—	2	20	4	40	5	50	6	60	11	—
2190	21	90	32	90	43	80	11	—	2	20	4	40	5	50	6	60	11	—
2191	22	—	32	90	43	90	11	—	2	20	4	40	5	50	6	60	11	—
2192	22	—	32	90	43	90	11	—	2	20	4	40	5	50	6	60	11	—
2193	22	—	32	90	43	90	11	—	2	20	4	40	5	50	6	60	11	—
2194	22	—	33	—	43	90	11	—	2	20	4	40	5	50	6	60	11	—
2195	22	—	33	—	43	90	11	—	2	20	4	40	5	50	6	60	11	—
2196	22	—	33	—	44	—	11	—	2	20	4	40	5	50	6	60	11	—
2197	22	—	33	—	44	—	11	—	2	20	4	40	5	50	6	60	11	—
2198	22	—	33	—	44	—	11	—	2	20	4	40	5	50	6	60	11	—
2199	22	—	33	—	44	—	11	—	2	20	4	40	5	50	6	60	11	—
2200	22	—	33	—	44	—	11	—	2	20	4	40	5	50	6	60	11	—

Gegenstands-Summa	Werthgebühr: Volle (Art. 22. 40. 41. 50) M	Pf	Werthgebühr: 1/2 (Art. 25. 27. 29. 30. 38 Abs. 2) M	Pf	Werthgebühr: 1/2 bis 2200 M, darüber 2/3 (Art. 24) M	Pf	Werthgebühr: 1 1/2 (Art. 23) M	Pf	4/10 aus der vollen Werthgebühr (Art. 45 Abs. 3) M	Pf	4/10 aus 2/3 Werthgebühr (Art. 45 Abs. 3) M	Pf	Hinterlegungsgebühr: Art. 100 M	Pf	Hinterlegungsgebühr: Art. 101a M	Pf	Hinterlegungsgebühr: Art. 101b M	Pf	Auseinandersetzungsgebühr: 5/10 der Sätze des § 8 des Reichsgerichts-Kosten-Gesetzes M	Pf	Auseinandersetzungsgebühr: 2/10 der Sätze des § 8 des Reichsgerichts-Kosten-Gesetzes M	Pf
M	M	Pf	M	Pf	M	Pf	M	Pf	M	Pf	M	Pf	M	Pf	M	Pf	M	Pf	M	Pf	M	Pf
2161	10	50	5	30	5	30	15	80	4	20	2	20	5	30	20	90	41	70	25	—	10	—
2162	10	50	5	30	5	30	15	80	4	20	2	20	5	30	20	90	41	70	25	—	10	—
2163	10	50	5	30	5	30	15	80	4	20	2	20	5	30	20	90	41	70	25	—	10	—
2164	10	50	5	30	5	30	15	80	4	20	2	20	5	30	20	90	41	70	25	—	10	—
2165	10	50	5	30	5	30	15	80	4	20	2	20	5	30	20	90	41	70	25	—	10	—
2166	10	50	5	30	5	30	15	80	4	20	2	20	5	30	20	90	41	70	25	—	10	—
2167	10	50	5	30	5	30	15	80	4	20	2	20	5	30	20	90	41	70	25	—	10	—
2168	10	50	5	30	5	30	15	80	4	20	2	20	5	30	20	90	41	70	25	—	10	—
2169	10	50	5	30	5	30	15	80	4	20	2	20	5	30	20	90	41	70	25	—	10	—
2170	10	50	5	30	5	30	15	80	4	20	2	20	5	30	20	90	41	70	25	—	10	—
2171	10	50	5	30	5	30	15	80	4	20	2	20	5	30	20	90	41	80	25	—	10	—
2172	10	50	5	30	5	30	15	80	4	20	2	20	5	30	20	90	41	80	25	—	10	—
2173	10	50	5	30	5	30	15	80	4	20	2	20	5	30	20	90	41	80	25	—	10	—
2174	10	50	5	30	5	30	15	80	4	20	2	20	5	30	20	90	41	80	25	—	10	—
2175	10	50	5	30	5	30	15	80	4	20	2	20	5	30	20	90	41	80	25	—	10	—
2176	10	50	5	30	5	30	15	80	4	20	2	20	5	30	20	90	41	80	25	—	10	—
2177	10	50	5	30	5	30	15	80	4	20	2	20	5	30	20	90	41	80	25	—	10	—
2178	10	50	5	30	5	30	15	80	4	20	2	20	5	30	20	90	41	80	25	—	10	—
2179	10	50	5	30	5	30	15	80	4	20	2	20	5	30	20	90	41	80	25	—	10	—
2180	10	50	5	30	5	30	15	80	4	20	2	20	5	30	20	90	41	80	25	—	10	—
2181	10	50	5	30	5	30	15	80	4	20	2	20	5	30	21	—	41	90	25	—	10	—
2182	10	50	5	30	5	30	15	80	4	20	2	20	5	30	21	—	41	90	25	—	10	—
2183	10	50	5	30	5	30	15	80	4	20	2	20	5	30	21	—	41	90	25	—	10	—
2184	10	50	5	30	5	30	15	80	4	20	2	20	5	30	21	—	41	90	25	—	10	—
2185	10	50	5	30	5	30	15	80	4	20	2	20	5	30	21	—	41	90	25	—	10	—
2186	10	50	5	30	5	30	15	80	4	20	2	20	5	30	21	—	41	90	25	—	10	—
2187	10	50	5	30	5	30	15	80	4	20	2	20	5	30	21	—	41	90	25	—	10	—
2188	10	50	5	30	5	30	15	80	4	20	2	20	5	30	21	—	41	90	25	—	10	—
2189	10	50	5	30	5	30	15	80	4	20	2	20	5	30	21	—	41	90	25	—	10	—
2190	10	50	5	30	5	30	15	80	4	20	2	20	5	30	21	—	41	90	25	—	10	—
2191	10	50	5	30	5	30	15	80	4	20	2	20	5	30	21	—	42	—	25	—	10	—
2192	10	50	5	30	5	30	15	80	4	20	2	20	5	30	21	—	42	—	25	—	10	—
2193	10	50	5	30	5	30	15	80	4	20	2	20	5	30	21	—	42	—	25	—	10	—
2194	10	50	5	30	5	30	15	80	4	20	2	20	5	30	21	—	42	—	25	—	10	—
2195	10	50	5	30	5	30	15	80	4	20	2	20	5	30	21	—	42	—	25	—	10	—
2196	10	50	5	30	5	30	15	80	4	20	2	20	5	30	21	—	42	—	25	—	10	—
2197	10	50	5	30	5	30	15	80	4	20	2	20	5	30	21	—	42	—	25	—	10	—
2198	10	50	5	30	5	30	15	80	4	20	2	20	5	30	21	—	42	—	25	—	10	—
2199	10	50	5	30	5	30	15	80	4	20	2	20	5	30	21	—	42	—	25	—	10	—
2200	10	50	5	30	5	30	15	80	4	20	2	20	5	30	21	—	42	—	25	—	10	—

Gegenstands-Summa	Staatsgebühren 1 Prozent		Staatsgebühren 1½ Prozent		Staatsgebühren 2 Prozent		Besitzveränderungsabgabe		Staatsgebühren 1 pro mille		Staatsgebühren 2 pro mille		Staatsgebühren 2½ pro mille		Staatsgebühren 3 pro mille		Staatsgebühren 5 pro mille	
ℳ	ℳ	₰	ℳ	₰	ℳ	₰	ℳ	₰	ℳ	₰	ℳ	₰	ℳ	₰	ℳ	₰	ℳ	₰
2201	22	10	33	10	44	10	11	10	2	30	4	50	5	60	6	70	11	10
2202	22	10	33	10	44	10	11	10	2	30	4	50	5	60	6	70	11	10
2203	22	10	33	10	44	10	11	10	2	30	4	50	5	60	6	70	11	10
2204	22	10	33	10	44	10	11	10	2	30	4	50	5	60	6	70	11	10
2205	22	10	33	10	44	10	11	10	2	30	4	50	5	60	6	70	11	10
2206	22	10	33	10	44	20	11	10	2	30	4	50	5	60	6	70	11	10
2207	22	10	33	20	44	20	11	10	2	30	4	50	5	60	6	70	11	10
2208	22	10	33	20	44	20	11	10	2	30	4	50	5	60	6	70	11	10
2209	22	10	33	20	44	20	11	10	2	30	4	50	5	60	6	70	11	10
2210	22	10	33	20	44	20	11	10	2	30	4	50	5	60	6	70	11	10
2211	22	20	33	20	44	30	11	10	2	30	4	50	5	60	6	70	11	10
2212	22	20	33	20	44	30	11	10	2	30	4	50	5	60	6	70	11	10
2213	22	20	33	20	44	30	11	10	2	30	4	50	5	60	6	70	11	10
2214	22	20	33	30	44	30	11	10	2	30	4	50	5	60	6	70	11	10
2215	22	20	33	30	44	30	11	10	2	30	4	50	5	60	6	70	11	10
2216	22	20	33	30	44	40	11	10	2	30	4	50	5	60	6	70	11	10
2217	22	20	33	30	44	40	11	10	2	30	4	50	5	60	6	70	11	10
2218	22	20	33	30	44	40	11	10	2	30	4	50	5	60	6	70	11	10
2219	22	20	33	30	44	40	11	10	2	30	4	50	5	60	6	70	11	10
2220	22	20	33	30	44	40	11	10	2	30	4	50	5	60	6	70	11	10
2221	22	30	33	40	44	50	11	20	2	30	4	50	5	60	6	70	11	20
2222	22	30	33	40	44	50	11	20	2	30	4	50	5	60	6	70	11	20
2223	22	30	33	40	44	50	11	20	2	30	4	50	5	60	6	70	11	20
2224	22	30	33	40	44	50	11	20	2	30	4	50	5	60	6	70	11	20
2225	22	30	33	40	44	50	11	20	2	30	4	50	5	60	6	70	11	20
2226	22	30	33	40	44	60	11	20	2	30	4	50	5	60	6	70	11	20
2227	22	30	33	50	44	60	11	20	2	30	4	50	5	60	6	70	11	20
2228	22	30	33	50	44	60	11	20	2	30	4	50	5	60	6	70	11	20
2229	22	30	33	50	44	60	11	20	2	30	4	50	5	60	6	70	11	20
2230	22	30	33	50	44	60	11	20	2	30	4	50	5	60	6	70	11	20
2231	22	40	33	50	44	70	11	20	2	30	4	50	5	60	6	70	11	20
2232	22	40	33	50	44	70	11	20	2	30	4	50	5	60	6	70	11	20
2233	22	40	33	50	44	70	11	20	2	30	4	50	5	60	6	70	11	20
2234	22	40	33	60	44	70	11	20	2	30	4	50	5	60	6	80	11	20
2235	22	40	33	60	44	70	11	20	2	30	4	50	5	60	6	80	11	20
2236	22	40	33	60	44	80	11	20	2	30	4	50	5	60	6	80	11	20
2237	22	40	33	60	44	80	11	20	2	30	4	50	5	60	6	80	11	20
2238	22	40	33	60	44	80	11	20	2	30	4	50	5	60	6	80	11	20
2239	22	40	33	60	44	80	11	20	2	30	4	50	5	60	6	80	11	20
2240	22	40	33	60	44	80	11	20	2	30	4	50	5	60	6	80	11	20

Gegenstands-Summa	Werthgebühr: Volle (Art. 22. 40. 41. 50)		Werthgebühr: 1/2 (Art. 25. 27. 29. 30. 38 Abs. 2)		Werthgebühr: 1/2 bis 2200 M, darüber 2/3 (Art. 24)		Werthgebühr: 1 1/2 (Art. 23)		4/10 aus der vollen Werthgebühr (Art. 45 Abs. 3)		4/10 aus 2/3 Werthgebühr (Art. 45 Abs. 3)		Hinterlegungsgebühr: Art. 100		Hinterlegungsgebühr: Art. 101a		Hinterlegungsgebühr: Art. 101b		Auseinandersetzungsgebühr: 5/10 (der Sätze des § 8 des Reichsgerichts-Kosten-Gesetzes)		Auseinandersetzungsgebühr: 2/10 (der Sätze des § 8 des Reichsgerichts-Kosten-Gesetzes)	
M	M	Pf	M	Pf	M	Pf	M	Pf	M	Pf	M	Pf	M	Pf	M	Pf	M	Pf	M	Pf	M	Pf
2201	12	—	6	—	8	—	18	—	4	80	3	20	5	30	21	10	42	10	25	—	10	—
2202	12	—	6	—	8	—	18	—	4	80	3	20	5	30	21	10	42	10	25	—	10	—
2203	12	—	6	—	8	—	18	—	4	80	3	20	5	30	21	10	42	10	25	—	10	—
2204	12	—	6	—	8	—	18	—	4	80	3	20	5	30	21	10	42	10	25	—	10	—
2205	12	—	6	—	8	—	18	—	4	80	3	20	5	30	21	10	42	10	25	—	10	—
2206	12	—	6	—	8	—	18	—	4	80	3	20	5	30	21	10	42	10	25	—	10	—
2207	12	—	6	—	8	—	18	—	4	80	3	20	5	30	21	10	42	10	25	—	10	—
2208	12	—	6	—	8	—	18	—	4	80	3	20	5	30	21	10	42	10	25	—	10	—
2209	12	—	6	—	8	—	18	—	4	80	3	20	5	30	21	10	42	10	25	—	10	—
2210	12	—	6	—	8	—	18	—	4	80	3	20	5	30	21	10	42	10	25	—	10	—
2211	12	—	6	—	8	—	18	—	4	80	3	20	5	30	21	10	42	20	25	—	10	—
2212	12	—	6	—	8	—	18	—	4	80	3	20	5	30	21	10	42	20	25	—	10	—
2213	12	—	6	—	8	—	18	—	4	80	3	20	5	30	21	10	42	20	25	—	10	—
2214	12	—	6	—	8	—	18	—	4	80	3	20	5	30	21	10	42	20	25	—	10	—
2215	12	—	6	—	8	—	18	—	4	80	3	20	5	30	21	10	42	20	25	—	10	—
2216	12	—	6	—	8	—	18	—	4	80	3	20	5	30	21	10	42	20	25	—	10	—
2217	12	—	6	—	8	—	18	—	4	80	3	20	5	30	21	10	42	20	25	—	10	—
2218	12	—	6	—	8	—	18	—	4	80	3	20	5	30	21	10	42	20	25	—	10	—
2219	12	—	6	—	8	—	18	—	4	80	3	20	5	30	21	10	42	20	25	—	10	—
2220	12	—	6	—	8	—	18	—	4	80	3	20	5	30	21	10	42	20	25	—	10	—
2221	12	—	6	—	8	—	18	—	4	80	3	20	5	30	21	20	42	30	25	—	10	—
2222	12	—	6	—	8	—	18	—	4	80	3	20	5	30	21	20	42	30	25	—	10	—
2223	12	—	6	—	8	—	18	—	4	80	3	20	5	30	21	20	42	30	25	—	10	—
2224	12	—	6	—	8	—	18	—	4	80	3	20	5	30	21	20	42	30	25	—	10	—
2225	12	—	6	—	8	—	18	—	4	80	3	20	5	30	21	20	42	30	25	—	10	—
2226	12	—	6	—	8	—	18	—	4	80	3	20	5	30	21	20	42	30	25	—	10	—
2227	12	—	6	—	8	—	18	—	4	80	3	20	5	30	21	20	42	30	25	—	10	—
2228	12	—	6	—	8	—	18	—	4	80	3	20	5	30	21	20	42	30	25	—	10	—
2229	12	—	6	—	8	—	18	—	4	80	3	20	5	30	21	20	42	30	25	—	10	—
2230	12	—	6	—	8	—	18	—	4	80	3	20	5	30	21	20	42	30	25	—	10	—
2231	12	—	6	—	8	—	18	—	4	80	3	20	5	30	21	20	42	40	25	—	10	—
2232	12	—	6	—	8	—	18	—	4	80	3	20	5	30	21	20	42	40	25	—	10	—
2233	12	—	6	—	8	—	18	—	4	80	3	20	5	30	21	20	42	40	25	—	10	—
2234	12	—	6	—	8	—	18	—	4	80	3	20	5	30	21	20	42	40	25	—	10	—
2235	12	—	6	—	8	—	18	—	4	80	3	20	5	30	21	20	42	40	25	—	10	—
2236	12	—	6	—	8	—	18	—	4	80	3	20	5	30	21	20	42	40	25	—	10	—
2237	12	—	6	—	8	—	18	—	4	80	3	20	5	30	21	20	42	40	25	—	10	—
2238	12	—	6	—	8	—	18	—	4	80	3	20	5	30	21	20	42	40	25	—	10	—
2239	12	—	6	—	8	—	18	—	4	80	3	20	5	30	21	20	42	40	25	—	10	—
2240	12	—	6	—	8	—	18	—	4	80	3	20	5	30	21	20	42	40	25	—	10	—

Gegenstands-Summa	Staatsgebühren 1 Prozent		Staatsgebühren 1½ Prozent		Staatsgebühren 2 Prozent		Besitzveränderungsabgabe		Staatsgebühren 1 pro mille		Staatsgebühren 2 pro mille		Staatsgebühren 2½ pro mille		Staatsgebühren 3 pro mille		Staatsgebühren 5 pro mille	
ℳ	ℳ	₰	ℳ	₰	ℳ	₰	ℳ	₰	ℳ	₰	ℳ	₰	ℳ	₰	ℳ	₰	ℳ	₰
2241	22	50	33	70	44	90	11	30	2	30	4	50	5	70	6	80	11	30
2242	22	50	33	70	44	90	11	30	2	30	4	50	5	70	6	80	11	30
2243	22	50	33	70	44	90	11	30	2	30	4	50	5	70	6	80	11	30
2244	22	50	33	70	44	90	11	30	2	30	4	50	5	70	6	80	11	30
2245	22	50	33	70	44	90	11	30	2	30	4	50	5	70	6	80	11	30
2246	22	50	33	70	45	—	11	30	2	30	4	50	5	70	6	80	11	30
2247	22	50	33	80	45	—	11	30	2	30	4	50	5	70	6	80	11	30
2248	22	50	33	80	45	—	11	30	2	30	4	50	5	70	6	80	11	30
2249	22	50	33	80	45	—	11	30	2	30	4	50	5	70	6	80	11	30
2250	22	50	33	80	45	—	11	30	2	30	4	50	5	70	6	80	11	30
2251	22	60	33	80	45	10	11	30	2	30	4	60	5	70	6	80	11	30
2252	22	60	33	80	45	10	11	30	2	30	4	60	5	70	6	80	11	30
2253	22	60	33	80	45	10	11	30	2	30	4	60	5	70	6	80	11	30
2254	22	60	33	90	45	10	11	30	2	30	4	60	5	70	6	80	11	30
2255	22	60	33	90	45	10	11	30	2	30	4	60	5	70	6	80	11	30
2256	22	60	33	90	45	20	11	30	2	30	4	60	5	70	6	80	11	30
2257	22	60	33	90	45	20	11	30	2	30	4	60	5	70	6	80	11	30
2258	22	60	33	90	45	20	11	30	2	30	4	60	5	70	6	80	11	30
2259	22	60	33	90	45	20	11	30	2	30	4	60	5	70	6	80	11	30
2260	22	60	33	90	45	20	11	30	2	30	4	60	5	70	6	80	11	30
2261	22	70	34	—	45	30	11	40	2	30	4	60	5	70	6	80	11	40
2262	22	70	34	—	45	30	11	40	2	30	4	60	5	70	6	80	11	40
2263	22	70	34	—	45	30	11	40	2	30	4	60	5	70	6	80	11	40
2264	22	70	34	—	45	30	11	40	2	30	4	60	5	70	6	80	11	40
2265	22	70	34	—	45	30	11	40	2	30	4	60	5	70	6	80	11	40
2266	22	70	34	—	45	40	11	40	2	30	4	60	5	70	6	80	11	40
2267	22	70	34	10	45	40	11	40	2	30	4	60	5	70	6	90	11	40
2268	22	70	34	10	45	40	11	40	2	30	4	60	5	70	6	90	11	40
2269	22	70	34	10	45	40	11	40	2	30	4	60	5	70	6	90	11	40
2270	22	70	34	10	45	40	11	40	2	30	4	60	5	70	6	90	11	40
2271	22	80	34	10	45	50	11	40	2	30	4	60	5	70	6	90	11	40
2272	22	80	34	10	45	50	11	40	2	30	4	60	5	70	6	90	11	40
2273	22	80	34	10	45	50	11	40	2	30	4	60	5	70	6	90	11	40
2274	22	80	34	20	45	50	11	40	2	30	4	60	5	70	6	90	11	40
2275	22	80	34	20	45	50	11	40	2	30	4	60	5	70	6	90	11	40
2276	22	80	34	20	45	60	11	40	2	30	4	60	5	70	6	90	11	40
2277	22	80	34	20	45	60	11	40	2	30	4	60	5	70	6	90	11	40
2278	22	80	34	20	45	60	11	40	2	30	4	60	5	70	6	90	11	40
2279	22	80	34	20	45	60	11	40	2	30	4	60	5	70	6	90	11	40
2280	22	80	34	20	45	60	11	40	2	30	4	60	5	70	6	90	11	40

Gegen-stands-Summa	Werthgebühr: Volle (Art. 22. 40. 41. 50)		Werthgebühr: 1/2 (Art. 25. 27. 29. 30. 38 Abs. 2)		Werthgebühr: 1/2 bis 2200 M darüber 2/3 (Art. 24)		Werthgebühr: 1 1/2 (Art. 23)		4/10 aus der vollen Werthgebühr (Art. 45 Abs. 3)		4/10 aus 2/3 Werthgebühr (Art. 45 Abs. 3)		Hinterlegungsgebühr: Art. 100		Hinterlegungsgebühr: Art. 101 a		Hinterlegungsgebühr: Art. 101 b		Auseinandersetzungsgebühr: 5/10 (der Sätze des § 8 des Reichsgerichts-Kosten-Gesetzes)		Auseinandersetzungsgebühr: 2/10 (der Sätze des § 8 des Reichsgerichts-Kosten-Gesetzes)	
M	M	₰	M	₰	M	₰	M	₰	M	₰	M	₰	M	₰	M	₰	M	₰	M	₰	M	₰
2241	12	—	6	—	8	—	18	—	4	80	3	20	5	40	21	30	42	50	25	—	10	—
2242	12	—	6	—	8	—	18	—	4	80	3	20	5	40	21	30	42	50	25	—	10	—
2243	12	—	6	—	8	—	18	—	4	80	3	20	5	40	21	30	42	50	25	—	10	—
2244	12	—	6	—	8	—	18	—	4	80	3	20	5	40	21	30	42	50	25	—	10	—
2245	12	—	6	—	8	—	18	—	4	80	3	20	5	40	21	30	42	50	25	—	10	—
2246	12	—	6	—	8	—	18	—	4	80	3	20	5	40	21	30	42	50	25	—	10	—
2247	12	—	6	—	8	—	18	—	4	80	3	20	5	40	21	30	42	50	25	—	10	—
2248	12	—	6	—	8	—	18	—	4	80	3	20	5	40	21	30	42	50	25	—	10	—
2249	12	—	6	—	8	—	18	—	4	80	3	20	5	40	21	30	42	50	25	—	10	—
2250	12	—	6	—	8	—	18	—	4	80	3	20	5	40	21	30	42	50	25	—	10	—
2251	12	—	6	—	8	—	18	—	4	80	3	20	5	40	21	30	42	60	25	—	10	—
2252	12	—	6	—	8	—	18	—	4	80	3	20	5	40	21	30	42	60	25	—	10	—
2253	12	—	6	—	8	—	18	—	4	80	3	20	5	40	21	30	42	60	25	—	10	—
2254	12	—	6	—	8	—	18	—	4	80	3	20	5	40	21	30	42	60	25	—	10	—
2255	12	—	6	—	8	—	18	—	4	80	3	20	5	40	21	30	42	60	25	—	10	—
2256	12	—	6	—	8	—	18	—	4	80	3	20	5	40	21	30	42	60	25	—	10	—
2257	12	—	6	—	8	—	18	—	4	80	3	20	5	40	21	30	42	60	25	—	10	—
2258	12	—	6	—	8	—	18	—	4	80	3	20	5	40	21	30	42	60	25	—	10	—
2259	12	—	6	—	8	—	18	—	4	80	3	20	5	40	21	30	42	60	25	—	10	—
2260	12	—	6	—	8	—	18	—	4	80	3	20	5	40	21	30	42	60	25	—	10	—
2261	12	—	6	—	8	—	18	—	4	80	3	20	5	40	21	40	42	70	25	—	10	—
2262	12	—	6	—	8	—	18	—	4	80	3	20	5	40	21	40	42	70	25	—	10	—
2263	12	—	6	—	8	—	18	—	4	80	3	20	5	40	21	40	42	70	25	—	10	—
2264	12	—	6	—	8	—	18	—	4	80	3	20	5	40	21	40	42	70	25	—	10	—
2265	12	—	6	—	8	—	18	—	4	80	3	20	5	40	21	40	42	70	25	—	10	—
2266	12	—	6	—	8	—	18	—	4	80	3	20	5	40	21	40	42	70	25	—	10	—
2267	12	—	6	—	8	—	18	—	4	80	3	20	5	40	21	40	42	70	25	—	10	—
2268	12	—	6	—	8	—	18	—	4	80	3	20	5	40	21	40	42	70	25	—	10	—
2269	12	—	6	—	8	—	18	—	4	80	3	20	5	40	21	40	42	70	25	—	10	—
2270	12	—	6	—	8	—	18	—	4	80	3	20	5	40	21	40	42	70	25	—	10	—
2271	12	—	6	—	8	—	18	—	4	80	3	20	5	40	21	40	42	80	25	—	10	—
2272	12	—	6	—	8	—	18	—	4	80	3	20	5	40	21	40	42	80	25	—	10	—
2273	12	—	6	—	8	—	18	—	4	80	3	20	5	40	21	40	42	80	25	—	10	—
2274	12	—	6	—	8	—	18	—	4	80	3	20	5	40	21	40	42	80	25	—	10	—
2275	12	—	6	—	8	—	18	—	4	80	3	20	5	40	21	40	42	80	25	—	10	—
2276	12	—	6	—	8	—	18	—	4	80	3	20	5	40	21	40	42	80	25	—	10	—
2277	12	—	6	—	8	—	18	—	4	80	3	20	5	40	21	40	42	80	25	—	10	—
2278	12	—	6	—	8	—	18	—	4	80	3	20	5	40	21	40	42	80	25	—	10	—
2279	12	—	6	—	8	—	18	—	4	80	3	20	5	40	21	40	42	80	25	—	10	—
2280	12	—	6	—	8	—	18	—	4	80	3	20	5	40	21	40	42	80	25	—	10	—

Gegen-stands-Summa	Staatsgebühren 1 Prozent		Staatsgebühren 1 1/2 Prozent		Staatsgebühren 2 Prozent		Besitz-veränderungs-abgabe		Staatsgebühren 1 pro mille		Staatsgebühren 2 pro mille		Staatsgebühren 2 1/2 pro mille		Staatsgebühren 3 pro mille		Staatsgebühren 5 pro mille	
M.	M	Pf	M	Pf	M	Pf	M	Pf	M	Pf	M	Pf	M	Pf	M	Pf	M	Pf
2281	22	90	34	30	45	70	11	50	2	30	4	60	5	80	6	90	11	50
2282	22	90	34	30	45	70	11	50	2	30	4	60	5	80	6	90	11	50
2283	22	90	34	30	45	70	11	50	2	30	4	60	5	80	6	90	11	50
2284	22	90	34	30	45	70	11	50	2	30	4	60	5	80	6	90	11	50
2285	22	90	34	30	45	70	11	50	2	30	4	60	5	80	6	90	11	50
2286	22	90	34	30	45	80	11	50	2	30	4	60	5	80	6	90	11	50
2287	22	90	34	40	45	80	11	50	2	30	4	60	5	80	6	90	11	50
2288	22	90	34	40	45	80	11	50	2	30	4	60	5	80	6	90	11	50
2289	22	90	34	40	45	80	11	50	2	30	4	60	5	80	6	90	11	50
2290	22	90	34	40	45	80	11	50	2	30	4	60	5	80	6	90	11	50
2291	23	—	34	40	45	90	11	50	2	30	4	60	5	80	6	90	11	50
2292	23	—	34	40	45	90	11	50	2	30	4	60	5	80	6	90	11	50
2293	23	—	34	40	45	90	11	50	2	30	4	60	5	80	6	90	11	50
2294	23	—	34	50	45	90	11	50	2	30	4	60	5	80	6	90	11	50
2295	23	—	34	50	45	90	11	50	2	30	4	60	5	80	6	90	11	50
2296	23	—	34	50	46	—	11	50	2	30	4	60	5	80	6	90	11	50
2297	23	—	34	50	46	—	11	50	2	30	4	60	5	80	6	90	11	50
2298	23	—	34	50	46	—	11	50	2	30	4	60	5	80	6	90	11	50
2299	23	—	34	50	46	—	11	50	2	30	4	60	5	80	6	90	11	50
2300	23	—	34	50	46	—	11	50	2	30	4	60	5	80	6	90	11	50
2301	23	10	34	60	46	10	11	60	2	40	4	70	5	80	7	—	11	60
2302	23	10	34	60	46	10	11	60	2	40	4	70	5	80	7	—	11	60
2303	23	10	34	60	46	10	11	60	2	40	4	70	5	80	7	—	11	60
2304	23	10	34	60	46	10	11	60	2	40	4	70	5	80	7	—	11	60
2305	23	10	34	60	46	10	11	60	2	40	4	70	5	80	7	—	11	60
2306	23	10	34	60	46	20	11	60	2	40	4	70	5	80	7	—	11	60
2307	23	10	34	70	46	20	11	60	2	40	4	70	5	80	7	—	11	60
2308	23	10	34	70	46	20	11	60	2	40	4	70	5	80	7	—	11	60
2309	23	10	34	70	46	20	11	60	2	40	4	70	5	80	7	—	11	60
2310	23	10	34	70	46	20	11	60	2	40	4	70	5	80	7	—	11	60
2311	23	20	34	70	46	30	11	60	2	40	4	70	5	80	7	—	11	60
2312	23	20	34	70	46	30	11	60	2	40	4	70	5	80	7	—	11	60
2313	23	20	34	70	46	30	11	60	2	40	4	70	5	80	7	—	11	60
2314	23	20	34	80	46	30	11	60	2	40	4	70	5	80	7	—	11	60
2315	23	20	34	80	46	30	11	60	2	40	4	70	5	80	7	—	11	60
2316	23	20	34	80	46	40	11	60	2	40	4	70	5	80	7	—	11	60
2317	23	20	34	80	46	40	11	60	2	40	4	70	5	80	7	—	11	60
2318	23	20	34	80	46	40	11	60	2	40	4	70	5	80	7	—	11	60
2319	23	20	34	80	46	40	11	60	2	40	4	70	5	80	7	—	11	60
2320	23	20	34	80	46	40	11	60	2	40	4	70	5	80	7	—	11	60

Gegen-stands-Summa	Werthgebühr: Volle (Art. 22. 40. 41. 50)		Werthgebühr: 1/2 (Art. 25. 27. 29. 30. 38 Abs. 2)		Werthgebühr: 1/2 bis 2200 M, darüber 2/3 (Art. 24)		Werthgebühr: 1 1/2 (Art. 23)		4/10 aus der vollen Werthgebühr (Art. 45 Abs. 3)		4/10 aus 2/3 Werthgebühr (Art. 45 Abs. 3)		Hinterlegungsgebühr (Art. 100)		Hinterlegungsgebühr (Art. 101 a)		Hinterlegungsgebühr (Art. 101 b)		Auseinandersetzungsgebühr: 5/10 (der Sätze des § 8 des Reichsgerichts-Kosten-Gesetzes)		Auseinandersetzungsgebühr: 2/10 (der Sätze des § 8 des Reichsgerichts-Kosten-Gesetzes)	
M	M	₰	M	₰	M	₰	M	₰	M	₰	M	₰	M	₰	M	₰	M	₰	M	₰	M	₰
2281	12	—	6	—	8	—	18	—	4	80	3	20	5	40	21	50	42	90	25	—	10	—
2282	12	—	6	—	8	—	18	—	4	80	3	20	5	40	21	50	42	90	25	—	10	—
2283	12	—	6	—	8	—	18	—	4	80	3	20	5	40	21	50	42	90	25	—	10	—
2284	12	—	6	—	8	—	18	—	4	80	3	20	5	40	21	50	42	90	25	—	10	—
2285	12	—	6	—	8	—	18	—	4	80	3	20	5	40	21	50	42	90	25	—	10	—
2286	12	—	6	—	8	—	18	—	4	80	3	20	5	40	21	50	42	90	25	—	10	—
2287	12	—	6	—	8	—	18	—	4	80	3	20	5	40	21	50	42	90	25	—	10	—
2288	12	—	6	—	8	—	18	—	4	80	3	20	5	40	21	50	42	90	25	—	10	—
2289	12	—	6	—	8	—	18	—	4	80	3	20	5	40	21	50	42	90	25	—	10	—
2290	12	—	6	—	8	—	18	—	4	80	3	20	5	40	21	50	42	90	25	—	10	—
2291	12	—	6	—	8	—	18	—	4	80	3	20	5	40	21	50	43	—	25	—	10	—
2292	12	—	6	—	8	—	18	—	4	80	3	20	5	40	21	50	43	—	25	—	10	—
2293	12	—	6	—	8	—	18	—	4	80	3	20	5	40	21	50	43	—	25	—	10	—
2294	12	—	6	—	8	—	18	—	4	80	3	20	5	40	21	50	43	—	25	—	10	—
2295	12	—	6	—	8	—	18	—	4	80	3	20	5	40	21	50	43	—	25	—	10	—
2296	12	—	6	—	8	—	18	—	4	80	3	20	5	40	21	50	43	—	25	—	10	—
2297	12	—	6	—	8	—	18	—	4	80	3	20	5	40	21	50	43	—	25	—	10	—
2298	12	—	6	—	8	—	18	—	4	80	3	20	5	40	21	50	43	—	25	—	10	—
2299	12	—	6	—	8	—	18	—	4	80	3	20	5	40	21	50	43	—	25	—	10	—
2300	12	—	6	—	8	—	18	—	4	80	3	20	5	40	21	50	43	—	25	—	10	—
2301	12	—	6	—	8	—	18	—	4	80	3	20	5	40	21	60	43	10	25	—	10	—
2302	12	—	6	—	8	—	18	—	4	80	3	20	5	40	21	60	43	10	25	—	10	—
2303	12	—	6	—	8	—	18	—	4	80	3	20	5	40	21	60	43	10	25	—	10	—
2304	12	—	6	—	8	—	18	—	4	80	3	20	5	40	21	60	43	10	25	—	10	—
2305	12	—	6	—	8	—	18	—	4	80	3	20	5	40	21	60	43	10	25	—	10	—
2306	12	—	6	—	8	—	18	—	4	80	3	20	5	40	21	60	43	10	25	—	10	—
2307	12	—	6	—	8	—	18	—	4	80	3	20	5	40	21	60	43	10	25	—	10	—
2308	12	—	6	—	8	—	18	—	4	80	3	20	5	40	21	60	43	10	25	—	10	—
2309	12	—	6	—	8	—	18	—	4	80	3	20	5	40	21	60	43	10	25	—	10	—
2310	12	—	6	—	8	—	18	—	4	80	3	20	5	40	21	60	43	10	25	—	10	—
2311	12	—	6	—	8	—	18	—	4	80	3	20	5	40	21	60	43	20	25	—	10	—
2312	12	—	6	—	8	—	18	—	4	80	3	20	5	40	21	60	43	20	25	—	10	—
2313	12	—	6	—	8	—	18	—	4	80	3	20	5	40	21	60	43	20	25	—	10	—
2314	12	—	6	—	8	—	18	—	4	80	3	20	5	40	21	60	43	20	25	—	10	—
2315	12	—	6	—	8	—	18	—	4	80	3	20	5	40	21	60	43	20	25	—	10	—
2316	12	—	6	—	8	—	18	—	4	80	3	20	5	40	21	60	43	20	25	—	10	—
2317	12	—	6	—	8	—	18	—	4	80	3	20	5	40	21	60	43	20	25	—	10	—
2318	12	—	6	—	8	—	18	—	4	80	3	20	5	40	21	60	43	20	25	—	10	—
2319	12	—	6	—	8	—	18	—	4	80	3	20	5	40	21	60	43	20	25	—	10	—
2320	12	—	6	—	8	—	18	—	4	80	3	20	5	40	21	60	43	20	25	—	10	—

Gegen-stands-Summa	Staatsgebühren 1 Prozent		Staatsgebühren 1½ Prozent		Staatsgebühren 2 Prozent		Besitz-veränderungs-abgabe		Staatsgebühren 1 pro mille		Staatsgebühren 2 pro mille		Staatsgebühren 2½ pro mille		Staatsgebühren 3 pro mille		Staatsgebühren 5 pro mille	
ℳ	ℳ	₰	ℳ	₰	ℳ	₰	ℳ	₰	ℳ	₰	ℳ	₰	ℳ	₰	ℳ	₰	ℳ	₰
2321	23	30	34	90	46	50	11	70	2	40	4	70	5	90	7	—	11	70
2322	23	30	34	90	46	50	11	70	2	40	4	70	5	90	7	—	11	70
2323	23	30	34	90	46	50	11	70	2	40	4	70	5	90	7	—	11	70
2324	23	30	34	90	46	50	11	70	2	40	4	70	5	90	7	—	11	70
2325	23	30	34	90	46	50	11	70	2	40	4	70	5	90	7	—	11	70
2326	23	30	34	90	46	60	11	70	2	40	4	70	5	90	7	—	11	70
2327	23	30	35	—	46	60	11	70	2	40	4	70	5	90	7	—	11	70
2328	23	30	35	—	46	60	11	70	2	40	4	70	5	90	7	—	11	70
2329	23	30	35	—	46	60	11	70	2	40	4	70	5	90	7	—	11	70
2330	23	30	35	—	46	60	11	70	2	40	4	70	5	90	7	—	11	70
2331	23	40	35	—	46	70	11	70	2	40	4	70	5	90	7	—	11	70
2332	23	40	35	—	46	70	11	70	2	40	4	70	5	90	7	—	11	70
2333	23	40	35	—	46	70	11	70	2	40	4	70	5	90	7	—	11	70
2334	23	40	35	10	46	70	11	70	2	40	4	70	5	90	7	10	11	70
2335	23	40	35	10	46	70	11	70	2	40	4	70	5	90	7	10	11	70
2336	23	40	35	10	46	80	11	70	2	40	4	70	5	90	7	10	11	70
2337	23	40	35	10	46	80	11	70	2	40	4	70	5	90	7	10	11	70
2338	23	40	35	10	46	80	11	70	2	40	4	70	5	90	7	10	11	70
2339	23	40	35	10	46	80	11	70	2	40	4	70	5	90	7	10	11	70
2340	23	40	35	10	46	80	11	70	2	40	4	70	5	90	7	10	11	70
2341	23	50	35	20	46	90	11	80	2	40	4	70	5	90	7	10	11	80
2342	23	50	35	20	46	90	11	80	2	40	4	70	5	90	7	10	11	80
2343	23	50	35	20	46	90	11	80	2	40	4	70	5	90	7	10	11	80
2344	23	50	35	20	46	90	11	80	2	40	4	70	5	90	7	10	11	80
2345	23	50	35	20	46	90	11	80	2	40	4	70	5	90	7	10	11	80
2346	23	50	35	20	47	—	11	80	2	40	4	70	5	90	7	10	11	80
2347	23	50	35	30	47	—	11	80	2	40	4	70	5	90	7	10	11	80
2348	23	50	35	30	47	—	11	80	2	40	4	70	5	90	7	10	11	80
2349	23	50	35	30	47	—	11	80	2	40	4	70	5	90	7	10	11	80
2350	23	50	35	30	47	—	11	80	2	40	4	70	5	90	7	10	11	80
2351	23	60	35	30	47	10	11	80	2	40	4	80	5	90	7	10	11	80
2352	23	60	35	30	47	10	11	80	2	40	4	80	5	90	7	10	11	80
2353	23	60	35	30	47	10	11	80	2	40	4	80	5	90	7	10	11	80
2354	23	60	35	40	47	10	11	80	2	40	4	80	5	90	7	10	11	80
2355	23	60	35	40	47	10	11	80	2	40	4	80	5	90	7	10	11	80
2356	23	60	35	40	47	20	11	80	2	40	4	80	5	90	7	10	11	80
2357	23	60	35	40	47	20	11	80	2	40	4	80	5	90	7	10	11	80
2358	23	60	35	40	47	20	11	80	2	40	4	80	5	90	7	10	11	80
2359	23	60	35	40	47	20	11	80	2	40	4	80	5	90	7	10	11	80
2360	23	60	35	40	47	20	11	80	2	40	4	80	5	90	7	10	11	80

Gegenstands-Summa	Werthgebühr								$^{4}/_{10}$ aus der vollen Werthgebühr		$^{4}/_{10}$ aus $^{2}/_{3}$ Werthgebühr		Hinterlegungsgebühr						Auseinandersetzungsgebühr			
	Volle		$^{1}/_{2}$		$^{1}/_{2}$ bis 2200 ℳ darüber $^{2}/_{3}$		$1^{1}/_{2}$												$^{5}/_{10}$		$^{2}/_{10}$	
	Art. 22. 40. 41. 50		Art. 25. 27. 29. 30. 38 Abs. 2		Art. 24		Art. 23		Art. 45 Abs. 3				Art. 100		Art. 101 a		Art. 101 b		der Sätze des § 8 des Reichsgerichts-Kosten-Gesetzes			
ℳ	ℳ	₰	ℳ	₰	ℳ	₰	ℳ	₰	ℳ	₰	ℳ	₰	ℳ	₰	ℳ	₰	ℳ	₰	ℳ	₰	ℳ	₰
2321	12	—	6	—	8	—	18	—	4	80	3	20	5	50	21	70	43	30	25	—	10	—
2322	12	—	6	—	8	—	18	—	4	80	3	20	5	50	21	70	43	30	25	—	10	—
2323	12	—	6	—	8	—	18	—	4	80	3	20	5	50	21	70	43	30	25	—	10	—
2324	12	—	6	—	8	—	18	—	4	80	3	20	5	50	21	70	43	30	25	—	10	—
2325	12	—	6	—	8	—	18	—	4	80	3	20	5	50	21	70	43	30	25	—	10	—
2326	12	—	6	—	8	—	18	—	4	80	3	20	5	50	21	70	43	30	25	—	10	—
2327	12	—	6	—	8	—	18	—	4	80	3	20	5	50	21	70	43	30	25	—	10	—
2328	12	—	6	—	8	—	18	—	4	80	3	20	5	50	21	70	43	30	25	—	10	—
2329	12	—	6	—	8	—	18	—	4	80	3	20	5	50	21	70	43	30	25	—	10	—
2330	12	—	6	—	8	—	18	—	4	80	3	20	5	50	21	70	43	30	25	—	10	—
2331	12	—	6	—	8	—	18	—	4	80	3	20	5	50	21	70	43	40	25	—	10	—
2332	12	—	6	—	8	—	18	—	4	80	3	20	5	50	21	70	43	40	25	—	10	—
2333	12	—	6	—	8	—	18	—	4	80	3	20	5	50	21	70	43	40	25	—	10	—
2334	12	—	6	—	8	—	18	—	4	80	3	20	5	50	21	70	43	40	25	—	10	—
2335	12	—	6	—	8	—	18	—	4	80	3	20	5	50	21	70	43	40	25	—	10	—
2336	12	—	6	—	8	—	18	—	4	80	3	20	5	50	21	70	43	40	25	—	10	—
2337	12	—	6	—	8	—	18	—	4	80	3	20	5	50	21	70	43	40	25	—	10	—
2338	12	—	6	—	8	—	18	—	4	80	3	20	5	50	21	70	43	40	25	—	10	—
2339	12	—	6	—	8	—	18	—	4	80	3	20	5	50	21	70	43	40	25	—	10	—
2340	12	—	6	—	8	—	18	—	4	80	3	20	5	50	21	70	43	40	25	—	10	—
2341	12	—	6	—	8	—	18	—	4	80	3	20	5	50	21	80	43	50	25	—	10	—
2342	12	—	6	—	8	—	18	—	4	80	3	20	5	50	21	80	43	50	25	—	10	—
2343	12	—	6	—	8	—	18	—	4	80	3	20	5	50	21	80	43	50	25	—	10	—
2344	12	—	6	—	8	—	18	—	4	80	3	20	5	50	21	80	43	50	25	—	10	—
2345	12	—	6	—	8	—	18	—	4	80	3	20	5	50	21	80	43	50	25	—	10	—
2346	12	—	6	—	8	—	18	—	4	80	3	20	5	50	21	80	43	50	25	—	10	—
2347	12	—	6	—	8	—	18	—	4	80	3	20	5	50	21	80	43	50	25	—	10	—
2348	12	—	6	—	8	—	18	—	4	80	3	20	5	50	21	80	43	50	25	—	10	—
2349	12	—	6	—	8	—	18	—	4	80	3	20	5	50	21	80	43	50	25	—	10	—
2350	12	—	6	—	8	—	18	—	4	80	3	20	5	50	21	80	43	50	25	—	10	—
2351	12	—	6	—	8	—	18	—	4	80	3	20	5	50	21	80	43	60	25	—	10	—
2352	12	—	6	—	8	—	18	—	4	80	3	20	5	50	21	80	43	60	25	—	10	—
2353	12	—	6	—	8	—	18	—	4	80	3	20	5	50	21	80	43	60	25	—	10	—
2354	12	—	6	—	8	—	18	—	4	80	3	20	5	50	21	80	43	60	25	—	10	—
2355	12	—	6	—	8	—	18	—	4	80	3	20	5	50	21	80	43	60	25	—	10	—
2356	12	—	6	—	8	—	18	—	4	80	3	20	5	50	21	80	43	60	25	—	10	—
2357	12	—	6	—	8	—	18	—	4	80	3	20	5	50	21	80	43	60	25	—	10	—
2358	12	—	6	—	8	—	18	—	4	80	3	20	5	50	21	80	43	60	25	—	10	—
2359	12	—	6	—	8	—	18	—	4	80	3	20	5	50	21	80	43	60	25	—	10	—
2360	12	—	6	—	8	—	18	—	4	80	3	20	5	50	21	80	43	60	25	—	10	—

Gegen-stands-Summa	Staatsgebühren						Besitz-veränderungs-abgabe		Staatsgebühren									
	1		1½		2				1		2		2½		3		5	
	Prozent								pro mille									
M	M	Pf	M	Pf	M	Pf	M	Pf	M	Pf	M	Pf	M	Pf	M	Pf	M	Pf
2361	23	70	35	50	47	30	11	90	2	40	4	80	6	—	7	10	11	90
2362	23	70	35	50	47	30	11	90	2	40	4	80	6	—	7	10	11	90
2363	23	70	35	50	47	30	11	90	2	40	4	80	6	—	7	10	11	90
2364	23	70	35	50	47	30	11	90	2	40	4	80	6	—	7	10	11	90
2365	23	70	35	50	47	30	11	90	2	40	4	80	6	—	7	10	11	90
2366	23	70	35	50	47	40	11	90	2	40	4	80	6	—	7	10	11	90
2367	23	70	35	60	47	40	11	90	2	40	4	80	6	—	7	20	11	90
2368	23	70	35	60	47	40	11	90	2	40	4	80	6	—	7	20	11	90
2369	23	70	35	60	47	40	11	90	2	40	4	80	6	—	7	20	11	90
2370	23	70	35	60	47	40	11	90	2	40	4	80	6	—	7	20	11	90
2371	23	80	35	60	47	50	11	90	2	40	4	80	6	—	7	20	11	90
2372	23	80	35	60	47	50	11	90	2	40	4	80	6	—	7	20	11	90
2373	23	80	35	60	47	50	11	90	2	40	4	80	6	—	7	20	11	90
2374	23	80	35	70	47	50	11	90	2	40	4	80	6	—	7	20	11	90
2375	23	80	35	70	47	50	11	90	2	40	4	80	6	—	7	20	11	90
2376	23	80	35	70	47	60	11	90	2	40	4	80	6	—	7	20	11	90
2377	23	80	35	70	47	60	11	90	2	40	4	80	6	—	7	20	11	90
2378	23	80	35	70	47	60	11	90	2	40	4	80	6	—	7	20	11	90
2379	23	80	35	70	47	60	11	90	2	40	4	80	6	—	7	20	11	90
2380	23	80	35	70	47	60	11	90	2	40	4	80	6	—	7	20	11	90
2381	23	90	35	80	47	70	12	—	2	40	4	80	6	—	7	20	12	—
2382	23	90	35	80	47	70	12	—	2	40	4	80	6	—	7	20	12	—
2383	23	90	35	80	47	70	12	—	2	40	4	80	6	—	7	20	12	—
2384	23	90	35	80	47	70	12	—	2	40	4	80	6	—	7	20	12	—
2385	23	90	35	80	47	70	12	—	2	40	4	80	6	—	7	20	12	—
2386	23	90	35	80	47	80	12	—	2	40	4	80	6	—	7	20	12	—
2387	23	90	35	90	47	80	12	—	2	40	4	80	6	—	7	20	12	—
2388	23	90	35	90	47	80	12	—	2	40	4	80	6	—	7	20	12	—
2389	23	90	35	90	47	80	12	—	2	40	4	80	6	—	7	20	12	—
2390	23	90	35	90	47	80	12	—	2	40	4	80	6	—	7	20	12	—
2391	24	—	35	90	47	90	12	—	2	40	4	80	6	—	7	20	12	—
2392	24	—	35	90	47	90	12	—	2	40	4	80	6	—	7	20	12	—
2393	24	—	35	90	47	90	12	—	2	40	4	80	6	—	7	20	12	—
2394	24	—	36	—	47	90	12	—	2	40	4	80	6	—	7	20	12	—
2395	24	—	36	—	47	90	12	—	2	40	4	80	6	—	7	20	12	—
2396	24	—	36	—	48	—	12	—	2	40	4	80	6	—	7	20	12	—
2397	24	—	36	—	48	—	12	—	2	40	4	80	6	—	7	20	12	—
2398	24	—	36	—	48	—	12	—	2	40	4	80	6	—	7	20	12	—
2399	24	—	36	—	48	—	12	—	2	40	4	80	6	—	7	20	12	—
2400	24	—	36	—	48	—	12	—	2	40	4	80	6	—	7	20	12	—

Gegen-standsSumma	Werthgebühr: Volle, Art. 22. 40. 41. 50		Werthgebühr: 1/2, Art. 25. 27. 29. 30. 38 Abs. 2		Werthgebühr: 1/2 bis 2200 M, darüber 2/3, Art. 24		Werthgebühr: 1 1/2, Art. 23		4/10 aus der vollen Werthgebühr, Art. 45 Abs. 3		4/10 aus 2/3 Werthgebühr, Art. 45 Abs. 3		Hinterlegungsgebühr: Art. 100		Hinterlegungsgebühr: Art. 101 a		Hinterlegungsgebühr: Art. 101 b		Auseinandersetzungsgebühr: 5/10 der Sätze des § 8 des Reichsgerichts-Kosten-Gesetzes		Auseinandersetzungsgebühr: 2/10 der Sätze des § 8 des Reichsgerichts-Kosten-Gesetzes	
M	M	₰	M	₰	M	₰	M	₰	M	₰	M	₰	M	₰	M	₰	M	₰	M	₰
2361	12	—	6	—	8	—	18	—	4	80	3	20	5	50	21	90	43	70	25	—	10	—
2362	12	—	6	—	8	—	18	—	4	80	3	20	5	50	21	90	43	70	25	—	10	—
2363	12	—	6	—	8	—	18	—	4	80	3	20	5	50	21	90	43	70	25	—	10	—
2364	12	—	6	—	8	—	18	—	4	80	3	20	5	50	21	90	43	70	25	—	10	—
2365	12	—	6	—	8	—	18	—	4	80	3	20	5	50	21	90	43	70	25	—	10	—
2366	12	—	6	—	8	—	18	—	4	80	3	20	5	50	21	90	43	70	25	—	10	—
2367	12	—	6	—	8	—	18	—	4	80	3	20	5	50	21	90	43	70	25	—	10	—
2368	12	—	6	—	8	—	18	—	4	80	3	20	5	50	21	90	43	70	25	—	10	—
2369	12	—	6	—	8	—	18	—	4	80	3	20	5	50	21	90	43	70	25	—	10	—
2370	12	—	6	—	8	—	18	—	4	80	3	20	5	50	21	90	43	70	25	—	10	—
2371	12	—	6	—	8	—	18	—	4	80	3	20	5	50	21	90	43	80	25	—	10	—
2372	12	—	6	—	8	—	18	—	4	80	3	20	5	50	21	90	43	80	25	—	10	—
2373	12	—	6	—	8	—	18	—	4	80	3	20	5	50	21	90	43	80	25	—	10	—
2374	12	—	6	—	8	—	18	—	4	80	3	20	5	50	21	90	43	80	25	—	10	—
2375	12	—	6	—	8	—	18	—	4	80	3	20	5	50	21	90	43	80	25	—	10	—
2376	12	—	6	—	8	—	18	—	4	80	3	20	5	50	21	90	43	80	25	—	10	—
2377	12	—	6	—	8	—	18	—	4	80	3	20	5	50	21	90	43	80	25	—	10	—
2378	12	—	6	—	8	—	18	—	4	80	3	20	5	50	21	90	43	80	25	—	10	—
2379	12	—	6	—	8	—	18	—	4	80	3	20	5	50	21	90	43	80	25	—	10	—
2380	12	—	6	—	8	—	18	—	4	80	3	20	5	50	21	90	43	80	25	—	10	—
2381	12	—	6	—	8	—	18	—	4	80	3	20	5	50	22	—	43	90	25	—	10	—
2382	12	—	6	—	8	—	18	—	4	80	3	20	5	50	22	—	43	90	25	—	10	—
2383	12	—	6	—	8	—	18	—	4	80	3	20	5	50	22	—	43	90	25	—	10	—
2384	12	—	6	—	8	—	18	—	4	80	3	20	5	50	22	—	43	90	25	—	10	—
2385	12	—	6	—	8	—	18	—	4	80	3	20	5	50	22	—	43	90	25	—	10	—
2386	12	—	6	—	8	—	18	—	4	80	3	20	5	50	22	—	43	90	25	—	10	—
2387	12	—	6	—	8	—	18	—	4	80	3	20	5	50	22	—	43	90	25	—	10	—
2388	12	—	6	—	8	—	18	—	4	80	3	20	5	50	22	—	43	90	25	—	10	—
2389	12	—	6	—	8	—	18	—	4	80	3	20	5	50	22	—	43	90	25	—	10	—
2390	12	—	6	—	8	—	18	—	4	80	3	20	5	50	22	—	43	90	25	—	10	—
2391	12	—	6	—	8	—	18	—	4	80	3	20	5	50	22	—	44	—	25	—	10	—
2392	12	—	6	—	8	—	18	—	4	80	3	20	5	50	22	—	44	—	25	—	10	—
2393	12	—	6	—	8	—	18	—	4	80	3	20	5	50	22	—	44	—	25	—	10	—
2394	12	—	6	—	8	—	18	—	4	80	3	20	5	50	22	—	44	—	25	—	10	—
2395	12	—	6	—	8	—	18	—	4	80	3	20	5	50	22	—	44	—	25	—	10	—
2396	12	—	6	—	8	—	18	—	4	80	3	20	5	50	22	—	44	—	25	—	10	—
2397	12	—	6	—	8	—	18	—	4	80	3	20	5	50	22	—	44	—	25	—	10	—
2398	12	—	6	—	8	—	18	—	4	80	3	20	5	50	22	—	44	—	25	—	10	—
2399	12	—	6	—	8	—	18	—	4	80	3	20	5	50	22	—	44	—	25	—	10	—
2400	12	—	6	—	8	—	18	—	4	80	3	20	5	50	22	—	44	—	25	—	10	—

Gegen-stands-Summa	Staatsgebühren 1 Prozent		1½ Prozent		2 Prozent		Besitz-verände-rungs-abgabe		Staatsgebühren 1 pro mille		2 pro mille		2½ pro mille		3 pro mille		5 pro mille	
ℳ	ℳ	₰	ℳ	₰	ℳ	₰	ℳ	₰	ℳ	₰	ℳ	₰	ℳ	₰	ℳ	₰	ℳ	₰
2401	24	10	36	10	48	10	12	10	2	50	4	90	6	10	7	30	12	10
2402	24	10	36	10	48	10	12	10	2	50	4	90	6	10	7	30	12	10
2403	24	10	36	10	48	10	12	10	2	50	4	90	6	10	7	30	12	10
2404	24	10	36	10	48	10	12	10	2	50	4	90	6	10	7	30	12	10
2405	24	10	36	10	48	10	12	10	2	50	4	90	6	10	7	30	12	10
2406	24	10	36	10	48	20	12	10	2	50	4	90	6	10	7	30	12	10
2407	24	10	36	20	48	20	12	10	2	50	4	90	6	10	7	30	12	10
2408	24	10	36	20	48	20	12	10	2	50	4	90	6	10	7	30	12	10
2409	24	10	36	20	48	20	12	10	2	50	4	90	6	10	7	30	12	10
2410	24	10	36	20	48	20	12	10	2	50	4	90	6	10	7	30	12	10
2411	24	20	36	20	48	30	12	10	2	50	4	90	6	10	7	30	12	10
2412	24	20	36	20	48	30	12	10	2	50	4	90	6	10	7	30	12	10
2413	24	20	36	20	48	30	12	10	2	50	4	90	6	10	7	30	12	10
2414	24	20	36	30	48	30	12	10	2	50	4	90	6	10	7	30	12	10
2415	24	20	36	30	48	30	12	10	2	50	4	90	6	10	7	30	12	10
2416	24	20	36	30	48	40	12	10	2	50	4	90	6	10	7	30	12	10
2417	24	20	36	30	48	40	12	10	2	50	4	90	6	10	7	30	12	10
2418	24	20	36	30	48	40	12	10	2	50	4	90	6	10	7	30	12	10
2419	24	20	36	30	48	40	12	10	2	50	4	90	6	10	7	30	12	10
2420	24	20	36	30	48	40	12	10	2	50	4	90	6	10	7	30	12	10
2421	24	30	36	40	48	50	12	20	2	50	4	90	6	10	7	30	12	20
2422	24	30	36	40	48	50	12	20	2	50	4	90	6	10	7	30	12	20
2423	24	30	36	40	48	50	12	20	2	50	4	90	6	10	7	30	12	20
2424	24	30	36	40	48	50	12	20	2	50	4	90	6	10	7	30	12	20
2425	24	30	36	40	48	50	12	20	2	50	4	90	6	10	7	30	12	20
2426	24	30	36	40	48	60	12	20	2	50	4	90	6	10	7	30	12	20
2427	24	30	36	50	48	60	12	20	2	50	4	90	6	10	7	30	12	20
2428	24	30	36	50	48	60	12	20	2	50	4	90	6	10	7	30	12	20
2429	24	30	36	50	48	60	12	20	2	50	4	90	6	10	7	30	12	20
2430	24	30	36	50	48	60	12	20	2	50	4	90	6	10	7	30	12	20
2431	24	40	36	50	48	70	12	20	2	50	4	90	6	10	7	30	12	20
2432	24	40	36	50	48	70	12	20	2	50	4	90	6	10	7	30	12	20
2433	24	40	36	50	48	70	12	20	2	50	4	90	6	10	7	30	12	20
2434	24	40	36	60	48	70	12	20	2	50	4	90	6	10	7	40	12	20
2435	24	40	36	60	48	70	12	20	2	50	4	90	6	10	7	40	12	20
2436	24	40	36	60	48	80	12	20	2	50	4	90	6	10	7	40	12	20
2437	24	40	36	60	48	80	12	20	2	50	4	90	6	10	7	40	12	20
2438	24	40	36	60	48	80	12	20	2	50	4	90	6	10	7	40	12	20
2439	24	40	36	60	48	80	12	20	2	50	4	90	6	10	7	40	12	20
2440	24	40	36	60	48	80	12	20	2	50	4	90	6	10	7	40	12	20

Gegenstands-Summa	Werthgebühr								4/10 aus der vollen Werthgebühr		4/10 aus 2/3 Werthgebühr		Hinterlegungsgebühr						Auseinandersetzungsgebühr			
	Volle		1/2		1/2 bis 2200 ℳ		1 1/2												5/10		2/10	
	Art. 22. 40. 41. 50		Art. 25. 27. 29. 30. 38 Abs. 2		darüber 2/3 Art. 24		Art. 23		Art. 45 Abs. 3				Art. 100		Art. 101 a		Art. 101 b		der Sätze des § 8 des Reichsgerichts-Kosten-Gesetzes			
ℳ	ℳ	₰	ℳ	₰	ℳ	₰	ℳ	₰	ℳ	₰	ℳ	₰	ℳ	₰	ℳ	₰	ℳ	₰	ℳ	₰	ℳ	₰
2401	12	—	6	—	8	—	18	—	4	80	3	20	5	60	22	10	44	10	25	—	10	—
2402	12	—	6	—	8	—	18	—	4	80	3	20	5	60	22	10	44	10	25	—	10	—
2403	12	—	6	—	8	—	18	—	4	80	3	20	5	60	22	10	44	10	25	—	10	—
2404	12	—	6	—	8	—	18	—	4	80	3	20	5	60	22	10	44	10	25	—	10	—
2405	12	—	6	—	8	—	18	—	4	80	3	20	5	60	22	10	44	10	25	—	10	—
2406	12	—	6	—	8	—	18	—	4	80	3	20	5	60	22	10	44	10	25	—	10	—
2407	12	—	6	—	8	—	18	—	4	80	3	20	5	60	22	10	44	10	25	—	10	—
2408	12	—	6	—	8	—	18	—	4	80	3	20	5	60	22	10	44	10	25	—	10	—
2409	12	—	6	—	8	—	18	—	4	80	3	20	5	60	22	10	44	10	25	—	10	—
2410	12	—	6	—	8	—	18	—	4	80	3	20	5	60	22	10	44	10	25	—	10	—
2411	12	—	6	—	8	—	18	—	4	80	3	20	5	60	22	10	44	20	25	—	10	—
2412	12	—	6	—	8	—	18	—	4	80	3	20	5	60	22	10	44	20	25	—	10	—
2413	12	—	6	—	8	—	18	—	4	80	3	20	5	60	22	10	44	20	25	—	10	—
2414	12	—	6	—	8	—	18	—	4	80	3	20	5	60	22	10	44	20	25	—	10	—
2415	12	—	6	—	8	—	18	—	4	80	3	20	5	60	22	10	44	20	25	—	10	—
2416	12	—	6	—	8	—	18	—	4	80	3	20	5	60	22	10	44	20	25	—	10	—
2417	12	—	6	—	8	—	18	—	4	80	3	20	5	60	22	10	44	20	25	—	10	—
2418	12	—	6	—	8	—	18	—	4	80	3	20	5	60	22	10	44	20	25	—	10	—
2419	12	—	6	—	8	—	18	—	4	80	3	20	5	60	22	10	44	20	25	—	10	—
2420	12	—	6	—	8	—	18	—	4	80	3	20	5	60	22	10	44	20	25	—	10	—
2421	12	—	6	—	8	—	18	—	4	80	3	20	5	60	22	20	44	30	25	—	10	—
2422	12	—	6	—	8	—	18	—	4	80	3	20	5	60	22	20	44	30	25	—	10	—
2423	12	—	6	—	8	—	18	—	4	80	3	20	5	60	22	20	44	30	25	—	10	—
2424	12	—	6	—	8	—	18	—	4	80	3	20	5	60	22	20	44	30	25	—	10	—
2425	12	—	6	—	8	—	18	—	4	80	3	20	5	60	22	20	44	30	25	—	10	—
2426	12	—	6	—	8	—	18	—	4	80	3	20	5	60	22	20	44	30	25	—	10	—
2427	12	—	6	—	8	—	18	—	4	80	3	20	5	60	22	20	44	30	25	—	10	—
2428	12	—	6	—	8	—	18	—	4	80	3	20	5	60	22	20	44	30	25	—	10	—
2429	12	—	6	—	8	—	18	—	4	80	3	20	5	60	22	20	44	30	25	—	10	—
2430	12	—	6	—	8	—	18	—	4	80	3	20	5	60	22	20	44	30	25	—	10	—
2431	12	—	6	—	8	—	18	—	4	80	3	20	5	60	22	20	44	40	25	—	10	—
2432	12	—	6	—	8	—	18	—	4	80	3	20	5	60	22	20	44	40	25	—	10	—
2433	12	—	6	—	8	—	18	—	4	80	3	20	5	60	22	20	44	40	25	—	10	—
2434	12	—	6	—	8	—	18	—	4	80	3	20	5	60	22	20	44	40	25	—	10	—
2435	12	—	6	—	8	—	18	—	4	80	3	20	5	60	22	20	44	40	25	—	10	—
2436	12	—	6	—	8	—	18	—	4	80	3	20	5	60	22	20	44	40	25	—	10	—
2437	12	—	6	—	8	—	18	—	4	80	3	20	5	60	22	20	44	40	25	—	10	—
2438	12	—	6	—	8	—	18	—	4	80	3	20	5	60	22	20	44	40	25	—	10	—
2439	12	—	6	—	8	—	18	—	4	80	3	20	5	60	22	20	44	40	25	—	10	—
2440	12	—	6	—	8	—	18	—	4	80	3	20	5	60	22	20	44	40	25	—	10	—

Gegen-stands-Summa	Staatsgebühren 1 Prozent		Staatsgebühren 1½ Prozent		Staatsgebühren 2 Prozent		Besitz-veränderungs-abgabe		Staatsgebühren 1 pro mille		Staatsgebühren 2 pro mille		Staatsgebühren 2½ pro mille		Staatsgebühren 3 pro mille		Staatsgebühren 5 pro mille	
ℳ	ℳ	₰	ℳ	₰	ℳ	₰	ℳ	₰	ℳ	₰	ℳ	₰	ℳ	₰	ℳ	₰	ℳ	₰
2441	24	50	36	70	48	90	12	30	2	50	4	90	6	20	7	40	12	30
2442	24	50	36	70	48	90	12	30	2	50	4	90	6	20	7	40	12	30
2443	24	50	36	70	48	90	12	30	2	50	4	90	6	20	7	40	12	30
2444	24	50	36	70	48	90	12	30	2	50	4	90	6	20	7	40	12	30
2445	24	50	36	70	48	90	12	30	2	50	4	90	6	20	7	40	12	30
2446	24	50	36	70	49	—	12	30	2	50	4	90	6	20	7	40	12	30
2447	24	50	36	80	49	—	12	30	2	50	4	90	6	20	7	40	12	30
2448	24	50	36	80	49	—	12	30	2	50	4	90	6	20	7	40	12	30
2449	24	50	36	80	49	—	12	30	2	50	4	90	6	20	7	40	12	30
2450	24	50	36	80	49	—	12	30	2	50	4	90	6	20	7	40	12	30
2451	24	60	36	80	49	10	12	30	2	50	5	—	6	20	7	40	12	30
2452	24	60	36	80	49	10	12	30	2	50	5	—	6	20	7	40	12	30
2453	24	60	36	80	49	10	12	30	2	50	5	—	6	20	7	40	12	30
2454	24	60	36	90	49	10	12	30	2	50	5	—	6	20	7	40	12	30
2455	24	60	36	90	49	10	12	30	2	50	5	—	6	20	7	40	12	30
2456	24	60	36	90	49	20	12	30	2	50	5	—	6	20	7	40	12	30
2457	24	60	36	90	49	20	12	30	2	50	5	—	6	20	7	40	12	30
2458	24	60	36	90	49	20	12	30	2	50	5	—	6	20	7	40	12	30
2459	24	60	36	90	49	20	12	30	2	50	5	—	6	20	7	40	12	30
2460	24	60	36	90	49	20	12	30	2	50	5	—	6	20	7	40	12	30
2461	24	70	37	—	49	30	12	40	2	50	5	—	6	20	7	40	12	40
2462	24	70	37	—	49	30	12	40	2	50	5	—	6	20	7	40	12	40
2463	24	70	37	—	49	30	12	40	2	50	5	—	6	20	7	40	12	40
2464	24	70	37	—	49	30	12	40	2	50	5	—	6	20	7	40	12	40
2465	24	70	37	—	49	30	12	40	2	50	5	—	6	20	7	40	12	40
2466	24	70	37	—	49	40	12	40	2	50	5	—	6	20	7	40	12	40
2467	24	70	37	10	49	40	12	40	2	50	5	—	6	20	7	50	12	40
2468	24	70	37	10	49	40	12	40	2	50	5	—	6	20	7	50	12	40
2469	24	70	37	10	49	40	12	40	2	50	5	—	6	20	7	50	12	40
2470	24	70	37	10	49	40	12	40	2	50	5	—	6	20	7	50	12	40
2471	24	80	37	10	49	50	12	40	2	50	5	—	6	20	7	50	12	40
2472	24	80	37	10	49	50	12	40	2	50	5	—	6	20	7	50	12	40
2473	24	80	37	10	49	50	12	40	2	50	5	—	6	20	7	50	12	40
2474	24	80	37	20	49	50	12	40	2	50	5	—	6	20	7	50	12	40
2475	24	80	37	20	49	50	12	40	2	50	5	—	6	20	7	50	12	40
2476	24	80	37	20	49	60	12	40	2	50	5	—	6	20	7	50	12	40
2477	24	80	37	20	49	60	12	40	2	50	5	—	6	20	7	50	12	40
2478	24	80	37	20	49	60	12	40	2	50	5	—	6	20	7	50	12	40
2479	24	80	37	20	49	60	12	40	2	50	5	—	6	20	7	50	12	40
2480	24	80	37	20	49	60	12	40	2	50	5	—	6	20	7	50	12	40

Gegenstands-Summa	Werthgebühr: Volle (Art. 22. 40. 41. 50)		Werthgebühr: 1/2 (Art. 25. 27. 29. 30. 38 Abs. 2)		Werthgebühr: 1/2 bis 2200 M, darüber 2/3 (Art. 24)		Werthgebühr: 1 1/2 (Art. 23)		4/10 aus der vollen Werthgebühr (Art. 45 Abs. 3)		4/10 aus 2/3 Werthgebühr (Art. 45 Abs. 3)		Hinterlegungsgebühr: Art. 100		Hinterlegungsgebühr: Art. 101 a		Hinterlegungsgebühr: Art. 101 b		Auseinandersetzungsgebühr: 5/10 der Sätze des § 8 des Reichsgerichts-Kosten-Gesetzes		Auseinandersetzungsgebühr: 2/10 der Sätze des § 8 des Reichsgerichts-Kosten-Gesetzes	
M	M	Pf	M	Pf	M	Pf	M	Pf	M	Pf	M	Pf	M	Pf	M	Pf	M	Pf	M	Pf	M	Pf
2441	12	—	6	—	8	—	18	—	4	80	3	20	5	60	22	30	44	50	25	—	10	—
2442	12	—	6	—	8	—	18	—	4	80	3	20	5	60	22	30	44	50	25	—	10	—
2443	12	—	6	—	8	—	18	—	4	80	3	20	5	60	22	30	44	50	25	—	10	—
2444	12	—	6	—	8	—	18	—	4	80	3	20	5	60	22	30	44	50	25	—	10	—
2445	12	—	6	—	8	—	18	—	4	80	3	20	5	60	22	30	44	50	25	—	10	—
2446	12	—	6	—	8	—	18	—	4	80	3	20	5	60	22	30	44	50	25	—	10	—
2447	12	—	6	—	8	—	18	—	4	80	3	20	5	60	22	30	44	50	25	—	10	—
2448	12	—	6	—	8	—	18	—	4	80	3	20	5	60	22	30	44	50	25	—	10	—
2449	12	—	6	—	8	—	18	—	4	80	3	20	5	60	22	30	44	50	25	—	10	—
2450	12	—	6	—	8	—	18	—	4	80	3	20	5	60	22	30	44	50	25	—	10	—
2451	12	—	6	—	8	—	18	—	4	80	3	20	5	60	22	30	44	60	25	—	10	—
2452	12	—	6	—	8	—	18	—	4	80	3	20	5	60	22	30	44	60	25	—	10	—
2453	12	—	6	—	8	—	18	—	4	80	3	20	5	60	22	30	44	60	25	—	10	—
2454	12	—	6	—	8	—	18	—	4	80	3	20	5	60	22	30	44	60	25	—	10	—
2455	12	—	6	—	8	—	18	—	4	80	3	20	5	60	22	30	44	60	25	—	10	—
2456	12	—	6	—	8	—	18	—	4	80	3	20	5	60	22	30	44	60	25	—	10	—
2457	12	—	6	—	8	—	18	—	4	80	3	20	5	60	22	30	44	60	25	—	10	—
2458	12	—	6	—	8	—	18	—	4	80	3	20	5	60	22	30	44	60	25	—	10	—
2459	12	—	6	—	8	—	18	—	4	80	3	20	5	60	22	30	44	60	25	—	10	—
2460	12	—	6	—	8	—	18	—	4	80	3	20	5	60	22	30	44	60	25	—	10	—
2461	12	—	6	—	8	—	18	—	4	80	3	20	5	60	22	40	44	70	25	—	10	—
2462	12	—	6	—	8	—	18	—	4	80	3	20	5	60	22	40	44	70	25	—	10	—
2463	12	—	6	—	8	—	18	—	4	80	3	20	5	60	22	40	44	70	25	—	10	—
2464	12	—	6	—	8	—	18	—	4	80	3	20	5	60	22	40	44	70	25	—	10	—
2465	12	—	6	—	8	—	18	—	4	80	3	20	5	60	22	40	44	70	25	—	10	—
2466	12	—	6	—	8	—	18	—	4	80	3	20	5	60	22	40	44	70	25	—	10	—
2467	12	—	6	—	8	—	18	—	4	80	3	20	5	60	22	40	44	70	25	—	10	—
2468	12	—	6	—	8	—	18	—	4	80	3	20	5	60	22	40	44	70	25	—	10	—
2469	12	—	6	—	8	—	18	—	4	80	3	20	5	60	22	40	44	70	25	—	10	—
2470	12	—	6	—	8	—	18	—	4	80	3	20	5	60	22	40	44	70	25	—	10	—
2471	12	—	6	—	8	—	18	—	4	80	3	20	5	60	22	40	44	80	25	—	10	—
2472	12	—	6	—	8	—	18	—	4	80	3	20	5	60	22	40	44	80	25	—	10	—
2473	12	—	6	—	8	—	18	—	4	80	3	20	5	60	22	40	44	80	25	—	10	—
2474	12	—	6	—	8	—	18	—	4	80	3	20	5	60	22	40	44	80	25	—	10	—
2475	12	—	6	—	8	—	18	—	4	80	3	20	5	60	22	40	44	80	25	—	10	—
2476	12	—	6	—	8	—	18	—	4	80	3	20	5	60	22	40	44	80	25	—	10	—
2477	12	—	6	—	8	—	18	—	4	80	3	20	5	60	22	40	44	80	25	—	10	—
2478	12	—	6	—	8	—	18	—	4	80	3	20	5	60	22	40	44	80	25	—	10	—
2479	12	—	6	—	8	—	18	—	4	80	3	20	5	60	22	40	44	80	25	—	10	—
2480	12	—	6	—	8	—	18	—	4	80	3	20	5	60	22	40	44	80	25	—	10	—

Gegen-standS-Summa	Staatsgebühren						Besitz-veränderungs-abgabe		Staatsgebühren									
	1		1½		2				1		2		2½		3		5	
	Prozent								pro mille									
ℳ	ℳ	₰	ℳ	₰	ℳ	₰	ℳ	₰	ℳ	₰	ℳ	₰	ℳ	₰	ℳ	₰	ℳ	₰
2481	24	90	37	30	49	70	12	50	2	50	5	—	6	30	7	50	12	50
2482	24	90	37	30	49	70	12	50	2	50	5	—	6	30	7	50	12	50
2483	24	90	37	30	49	70	12	50	2	50	5	—	6	30	7	50	12	50
2484	24	90	37	30	49	70	12	50	2	50	5	—	6	30	7	50	12	50
2485	24	90	37	30	49	70	12	50	2	50	5	—	6	30	7	50	12	50
2486	24	90	37	30	49	80	12	50	2	50	5	—	6	30	7	50	12	50
2487	24	90	37	40	49	80	12	50	2	50	5	—	6	30	7	50	12	50
2488	24	90	37	40	49	80	12	50	2	50	5	—	6	30	7	50	12	50
2489	24	90	37	40	49	80	12	50	2	50	5	—	6	30	7	50	12	50
2490	24	90	37	40	49	80	12	50	2	50	5	—	6	30	7	50	12	50
2491	25	—	37	40	49	90	12	50	2	50	5	—	6	30	7	50	12	50
2492	25	—	37	40	49	90	12	50	2	50	5	—	6	30	7	50	12	50
2493	25	—	37	40	49	90	12	50	2	50	5	—	6	30	7	50	12	50
2494	25	—	37	50	49	90	12	50	2	50	5	—	6	30	7	50	12	50
2495	25	—	37	50	49	90	12	50	2	50	5	—	6	30	7	50	12	50
2496	25	—	37	50	50	—	12	50	2	50	5	—	6	30	7	50	12	50
2497	25	—	37	50	50	—	12	50	2	50	5	—	6	30	7	50	12	50
2498	25	—	37	50	50	—	12	50	2	50	5	—	6	30	7	50	12	50
2499	25	—	37	50	50	—	12	50	2	50	5	—	6	30	7	50	12	50
2500	25	—	37	50	50	—	12	50	2	50	5	—	6	30	7	50	12	50
2501	25	10	37	60	50	10	12	60	2	60	5	10	6	30	7	60	12	60
2502	25	10	37	60	50	10	12	60	2	60	5	10	6	30	7	60	12	60
2503	25	10	37	60	50	10	12	60	2	60	5	10	6	30	7	60	12	60
2504	25	10	37	60	50	10	12	60	2	60	5	10	6	30	7	60	12	60
2505	25	10	37	60	50	10	12	60	2	60	5	10	6	30	7	60	12	60
2506	25	10	37	60	50	20	12	60	2	60	5	10	6	30	7	60	12	60
2507	25	10	37	70	50	20	12	60	2	60	5	10	6	30	7	60	12	60
2508	25	10	37	70	50	20	12	60	2	60	5	10	6	30	7	60	12	60
2509	25	10	37	70	50	20	12	60	2	60	5	10	6	30	7	60	12	60
2510	25	10	37	70	50	20	12	60	2	60	5	10	6	30	7	60	12	60
2511	25	20	37	70	50	30	12	60	2	60	5	10	6	30	7	60	12	60
2512	25	20	37	70	50	30	12	60	2	60	5	10	6	30	7	60	12	60
2513	25	20	37	70	50	30	12	60	2	60	5	10	6	30	7	60	12	60
2514	25	20	37	80	50	30	12	60	2	60	5	10	6	30	7	60	12	60
2515	25	20	37	80	50	30	12	60	2	60	5	10	6	30	7	60	12	60
2516	25	20	37	80	50	40	12	60	2	60	5	10	6	30	7	60	12	60
2517	25	20	37	80	50	40	12	60	2	60	5	10	6	30	7	60	12	60
2518	25	20	37	80	50	40	12	60	2	60	5	10	6	30	7	60	12	60
2519	25	20	37	80	50	40	12	60	2	60	5	10	6	30	7	60	12	60
2520	25	20	37	80	50	40	12	60	2	60	5	10	6	30	7	60	12	60

Gegenstands-Summe	Werthgebühr: Volle (Art. 22. 40. 41. 50)		Werthgebühr: 1/2 (Art. 25. 27. 29. 30. 38 Abs. 2)		Werthgebühr: 1/2 bis 2200 M, darüber 2/3 (Art. 24)		Werthgebühr: 1 1/2 (Art. 23)		4/10 aus der vollen Werthgebühr (Art. 45 Abs. 3)		4/10 aus 2/3 Werthgebühr (Art. 45 Abs. 3)		Hinterlegungsgebühr: Art. 100		Hinterlegungsgebühr: Art. 101 a		Hinterlegungsgebühr: Art. 101 b		Auseinandersetzungsgebühr: 5/10 der Sätze des § 8 des Reichsgerichts-Kosten-Gesetzes		Auseinandersetzungsgebühr: 2/10 der Sätze des § 8 des Reichsgerichts-Kosten-Gesetzes	
M	M	Pf	M	Pf	M	Pf	M	Pf	M	Pf	M	Pf	M	Pf	M	Pf	M	Pf	M	Pf	M	Pf
2481	12	—	6	—	8	—	18	—	4	80	3	20	5	70	22	50	44	90	25	—	10	—
2482	12	—	6	—	8	—	18	—	4	80	3	20	5	70	22	50	44	90	25	—	10	—
2483	12	—	6	—	8	—	18	—	4	80	3	20	5	70	22	50	44	90	25	—	10	—
2484	12	—	6	—	8	—	18	—	4	80	3	20	5	70	22	50	44	90	25	—	10	—
2485	12	—	6	—	8	—	18	—	4	80	3	20	5	70	22	50	44	90	25	—	10	—
2486	12	—	6	—	8	—	18	—	4	80	3	20	5	70	22	50	44	90	25	—	10	—
2487	12	—	6	—	8	—	18	—	4	80	3	20	5	70	22	50	44	90	25	—	10	—
2488	12	—	6	—	8	—	18	—	4	80	3	20	5	70	22	50	44	90	25	—	10	—
2489	12	—	6	—	8	—	18	—	4	80	3	20	5	70	22	50	44	90	25	—	10	—
2490	12	—	6	—	8	—	18	—	4	80	3	20	5	70	22	50	44	90	25	—	10	—
2491	12	—	6	—	8	—	18	—	4	80	3	20	5	70	22	50	45	—	25	—	10	—
2492	12	—	6	—	8	—	18	—	4	80	3	20	5	70	22	50	45	—	25	—	10	—
2493	12	—	6	—	8	—	18	—	4	80	3	20	5	70	22	50	45	—	25	—	10	—
2494	12	—	6	—	8	—	18	—	4	80	3	20	5	70	22	50	45	—	25	—	10	—
2495	12	—	6	—	8	—	18	—	4	80	3	20	5	70	22	50	45	—	25	—	10	—
2496	12	—	6	—	8	—	18	—	4	80	3	20	5	70	22	50	45	—	25	—	10	—
2497	12	—	6	—	8	—	18	—	4	80	3	20	5	70	22	50	45	—	25	—	10	—
2498	12	—	6	—	8	—	18	—	4	80	3	20	5	70	22	50	45	—	25	—	10	—
2499	12	—	6	—	8	—	18	—	4	80	3	20	5	70	22	50	45	—	25	—	10	—
2500	12	—	6	—	8	—	18	—	4	80	3	20	5	70	22	50	45	—	25	—	10	—
2501	12	—	6	—	8	—	18	—	4	80	3	20	5	70	22	60	45	10	25	—	10	—
2502	12	—	6	—	8	—	18	—	4	80	3	20	5	70	22	60	45	10	25	—	10	—
2503	12	—	6	—	8	—	18	—	4	80	3	20	5	70	22	60	45	10	25	—	10	—
2504	12	—	6	—	8	—	18	—	4	80	3	20	5	70	22	60	45	10	25	—	10	—
2505	12	—	6	—	8	—	18	—	4	80	3	20	5	70	22	60	45	10	25	—	10	—
2506	12	—	6	—	8	—	18	—	4	80	3	20	5	70	22	60	45	10	25	—	10	—
2507	12	—	6	—	8	—	18	—	4	80	3	20	5	70	22	60	45	10	25	—	10	—
2508	12	—	6	—	8	—	18	—	4	80	3	20	5	70	22	60	45	10	25	—	10	—
2509	12	—	6	—	8	—	18	—	4	80	3	20	5	70	22	60	45	10	25	—	10	—
2510	12	—	6	—	8	—	18	—	4	80	3	20	5	70	22	60	45	10	25	—	10	—
2511	12	—	6	—	8	—	18	—	4	80	3	20	5	70	22	60	45	20	25	—	10	—
2512	12	—	6	—	8	—	18	—	4	80	3	20	5	70	22	60	45	20	25	—	10	—
2513	12	—	6	—	8	—	18	—	4	80	3	20	5	70	22	60	45	20	25	—	10	—
2514	12	—	6	—	8	—	18	—	4	80	3	20	5	70	22	60	45	20	25	—	10	—
2515	12	—	6	—	8	—	18	—	4	80	3	20	5	70	22	60	45	20	25	—	10	—
2516	12	—	6	—	8	—	18	—	4	80	3	20	5	70	22	60	45	20	25	—	10	—
2517	12	—	6	—	8	—	18	—	4	80	3	20	5	70	22	60	45	20	25	—	10	—
2518	12	—	6	—	8	—	18	—	4	80	3	20	5	70	22	60	45	20	25	—	10	—
2519	12	—	6	—	8	—	18	—	4	80	3	20	5	70	22	60	45	20	25	—	10	—
2520	12	—	6	—	8	—	18	—	4	80	3	20	5	70	22	60	45	20	25	—	10	—

Gegenstands-Summa	Staatsgebühren 1 Prozent		Staatsgebühren 1½ Prozent		Staatsgebühren 2 Prozent		Besitzveränderungsabgabe		Staatsgebühren 1 pro mille		Staatsgebühren 2 pro mille		Staatsgebühren 2½ pro mille		Staatsgebühren 3 pro mille		Staatsgebühren 5 pro mille	
ℳ	ℳ	₰	ℳ	₰	ℳ	₰	ℳ	₰	ℳ	₰	ℳ	₰	ℳ	₰	ℳ	₰	ℳ	₰
2521	25	30	37	90	50	50	12	70	2	60	5	10	6	40	7	60	12	70
2522	25	30	37	90	50	50	12	70	2	60	5	10	6	40	7	60	12	70
2523	25	30	37	90	50	50	12	70	2	60	5	10	6	40	7	60	12	70
2524	25	30	37	90	50	50	12	70	2	60	5	10	6	40	7	60	12	70
2525	25	30	37	90	50	50	12	70	2	60	5	10	6	40	7	60	12	70
2526	25	30	37	90	50	60	12	70	2	60	5	10	6	40	7	60	12	70
2527	25	30	38	—	50	60	12	70	2	60	5	10	6	40	7	60	12	70
2528	25	30	38	—	50	60	12	70	2	60	5	10	6	40	7	60	12	70
2529	25	30	38	—	50	60	12	70	2	60	5	10	6	40	7	60	12	70
2530	25	30	38	—	50	60	12	70	2	60	5	10	6	40	7	60	12	70
2531	25	40	38	—	50	70	12	70	2	60	5	10	6	40	7	60	12	70
2532	25	40	38	—	50	70	12	70	2	60	5	10	6	40	7	60	12	70
2533	25	40	38	—	50	70	12	70	2	60	5	10	6	40	7	60	12	70
2534	25	40	38	10	50	70	12	70	2	60	5	10	6	40	7	70	12	70
2535	25	40	38	10	50	70	12	70	2	60	5	10	6	40	7	70	12	70
2536	25	40	38	10	50	80	12	70	2	60	5	10	6	40	7	70	12	70
2537	25	40	38	10	50	80	12	70	2	60	5	10	6	40	7	70	12	70
2538	25	40	38	10	50	80	12	70	2	60	5	10	6	40	7	70	12	70
2539	25	40	38	10	50	80	12	70	2	60	5	10	6	40	7	70	12	70
2540	25	40	38	10	50	80	12	70	2	60	5	10	6	40	7	70	12	70
2541	25	50	38	20	50	90	12	80	2	60	5	10	6	40	7	70	12	80
2542	25	50	38	20	50	90	12	80	2	60	5	10	6	40	7	70	12	80
2543	25	50	38	20	50	90	12	80	2	60	5	10	6	40	7	70	12	80
2544	25	50	38	20	50	90	12	80	2	60	5	10	6	40	7	70	12	80
2545	25	50	38	20	50	90	12	80	2	60	5	10	6	40	7	70	12	80
2546	25	50	38	20	51	—	12	80	2	60	5	10	6	40	7	70	12	80
2547	25	50	38	30	51	—	12	80	2	60	5	10	6	40	7	70	12	80
2548	25	50	38	30	51	—	12	80	2	60	5	10	6	40	7	70	12	80
2549	25	50	38	30	51	—	12	80	2	60	5	10	6	40	7	70	12	80
2550	25	50	38	30	51	—	12	80	2	60	5	10	6	40	7	70	12	80
2551	25	60	38	30	51	10	12	80	2	60	5	20	6	40	7	70	12	80
2552	25	60	38	30	51	10	12	80	2	60	5	20	6	40	7	70	12	80
2553	25	60	38	30	51	10	12	80	2	60	5	20	6	40	7	70	12	80
2554	25	60	38	40	51	10	12	80	2	60	5	20	6	40	7	70	12	80
2555	25	60	38	40	51	10	12	80	2	60	5	20	6	40	7	70	12	80
2556	25	60	38	40	51	20	12	80	2	60	5	20	6	40	7	70	12	80
2557	25	60	38	40	51	20	12	80	2	60	5	20	6	40	7	70	12	80
2558	25	60	38	40	51	20	12	80	2	60	5	20	6	40	7	70	12	80
2559	25	60	38	40	51	20	12	80	2	60	5	20	6	40	7	70	12	80
2560	25	60	38	40	51	20	12	80	2	60	5	20	6	40	7	70	12	80

Gegenstands-Summa	Werthgebühr								4/10 aus der vollen Werthgebühr		4/10 aus 2/3 Werthgebühr		Hinterlegungsgebühr						Auseinandersetzungsgebühr			
	Volle		1/2		1/2 bis 2200 M		1 1/2												5/10		2/10	
	Art. 22. 40. 41. 50		Art. 25. 27. 29. 30. 38 Abs. 2		darüber 2/3 Art. 24		Art. 23		Art. 45 Abs. 3				Art. 100		Art. 101 a		Art. 101 b		der Sätze des § 8 des Reichsgerichts-Kosten-Gesetzes			
M	M	₰	M	₰	M	₰	M	₰	M	₰	M	₰	M	₰	M	₰	M	₰	M	₰	M	₰
2521	12	—	6	—	8	—	18	—	4	80	3	20	5	70	22	70	45	30	25	—	10	—
2522	12	—	6	—	8	—	18	—	4	80	3	20	5	70	22	70	45	30	25	—	10	—
2523	12	—	6	—	8	—	18	—	4	80	3	20	5	70	22	70	45	30	25	—	10	—
2524	12	—	6	—	8	—	18	—	4	80	3	20	5	70	22	70	45	30	25	—	10	—
2525	12	—	6	—	8	—	18	—	4	80	3	20	5	70	22	70	45	30	25	—	10	—
2526	12	—	6	—	8	—	18	—	4	80	3	20	5	70	22	70	45	30	25	—	10	—
2527	12	—	6	—	8	—	18	—	4	80	3	20	5	70	22	70	45	30	25	—	10	—
2528	12	—	6	—	8	—	18	—	4	80	3	20	5	70	22	70	45	30	25	—	10	—
2529	12	—	6	—	8	—	18	—	4	80	3	20	5	70	22	70	45	30	25	—	10	—
2530	12	—	6	—	8	—	18	—	4	80	3	20	5	70	22	70	45	30	25	—	10	—
2531	12	—	6	—	8	—	18	—	4	80	3	20	5	70	22	70	45	40	25	—	10	—
2532	12	—	6	—	8	—	18	—	4	80	3	20	5	70	22	70	45	40	25	—	10	—
2533	12	—	6	—	8	—	18	—	4	80	3	20	5	70	22	70	45	40	25	—	10	—
2534	12	—	6	—	8	—	18	—	4	80	3	20	5	70	22	70	45	40	25	—	10	—
2535	12	—	6	—	8	—	18	—	4	80	3	20	5	70	22	70	45	40	25	—	10	—
2536	12	—	6	—	8	—	18	—	4	80	3	20	5	70	22	70	45	40	25	—	10	—
2537	12	—	6	—	8	—	18	—	4	80	3	20	5	70	22	70	45	40	25	—	10	—
2538	12	—	6	—	8	—	18	—	4	80	3	20	5	70	22	70	45	40	25	—	10	—
2539	12	—	6	—	8	—	18	—	4	80	3	20	5	70	22	70	45	40	25	—	10	—
2540	12	—	6	—	8	—	18	—	4	80	3	20	5	70	22	70	45	40	25	—	10	—
2541	12	—	6	—	8	—	18	—	4	80	3	20	5	70	22	80	45	50	25	—	10	—
2542	12	—	6	—	8	—	18	—	4	80	3	20	5	70	22	80	45	50	25	—	10	—
2543	12	—	6	—	8	—	18	—	4	80	3	20	5	70	22	80	45	50	25	—	10	—
2544	12	—	6	—	8	—	18	—	4	80	3	20	5	70	22	80	45	50	25	—	10	—
2545	12	—	6	—	8	—	18	—	4	80	3	20	5	70	22	80	45	50	25	—	10	—
2546	12	—	6	—	8	—	18	—	4	80	3	20	5	70	22	80	45	50	25	—	10	—
2547	12	—	6	—	8	—	18	—	4	80	3	20	5	70	22	80	45	50	25	—	10	—
2548	12	—	6	—	8	—	18	—	4	80	3	20	5	70	22	80	45	50	25	—	10	—
2549	12	—	6	—	8	—	18	—	4	80	3	20	5	70	22	80	45	50	25	—	10	—
2550	12	—	6	—	8	—	18	—	4	80	3	20	5	70	22	80	45	50	25	—	10	—
2551	12	—	6	—	8	—	18	—	4	80	3	20	5	70	22	80	45	60	25	—	10	—
2552	12	—	6	—	8	—	18	—	4	80	3	20	5	70	22	80	45	60	25	—	10	—
2553	12	—	6	—	8	—	18	—	4	80	3	20	5	70	22	80	45	60	25	—	10	—
2554	12	—	6	—	8	—	18	—	4	80	3	20	5	70	22	80	45	60	25	—	10	—
2555	12	—	6	—	8	—	18	—	4	80	3	20	5	70	22	80	45	60	25	—	10	—
2556	12	—	6	—	8	—	18	—	4	80	3	20	5	70	22	80	45	60	25	—	10	—
2557	12	—	6	—	8	—	18	—	4	80	3	20	5	70	22	80	45	60	25	—	10	—
2558	12	—	6	—	8	—	18	—	4	80	3	20	5	70	22	80	45	60	25	—	10	—
2559	12	—	6	—	8	—	18	—	4	80	3	20	5	70	22	80	45	60	25	—	10	—
2560	12	—	6	—	8	—	18	—	4	80	3	20	5	70	22	80	45	60	25	—	10	—

Gegen-stands-Summa	Staatsgebühren						Besitz-veränderungs-abgabe		Staatsgebühren									
	1		1½		2				1		2		2½		3		5	
	Prozent								pro mille									
ℳ	ℳ	₰	ℳ	₰	ℳ	₰	ℳ	₰	ℳ	₰	ℳ	₰	ℳ	₰	ℳ	₰	ℳ	₰
2561	25	70	38	50	51	30	12	90	2	60	5	20	6	50	7	70	12	90
2562	25	70	38	50	51	30	12	90	2	60	5	20	6	50	7	70	12	90
2563	25	70	38	50	51	30	12	90	2	60	5	20	6	50	7	70	12	90
2564	25	70	38	50	51	30	12	90	2	60	5	20	6	50	7	70	12	90
2565	25	70	38	50	51	30	12	90	2	60	5	20	6	50	7	70	12	90
2566	25	70	38	50	51	40	12	90	2	60	5	20	6	50	7	70	12	90
2567	25	70	38	60	51	40	12	90	2	60	5	20	6	50	7	80	12	90
2568	25	70	38	60	51	40	12	90	2	60	5	20	6	50	7	80	12	90
2569	25	70	38	60	51	40	12	90	2	60	5	20	6	50	7	80	12	90
2570	25	70	38	60	51	40	12	90	2	60	5	20	6	50	7	80	12	90
2571	25	80	38	60	51	50	12	90	2	60	5	20	6	50	7	80	12	90
2572	25	80	38	60	51	50	12	90	2	60	5	20	6	50	7	80	12	90
2573	25	80	38	60	51	50	12	90	2	60	5	20	6	50	7	80	12	90
2574	25	80	38	70	51	50	12	90	2	60	5	20	6	50	7	80	12	90
2575	25	80	38	70	51	50	12	90	2	60	5	20	6	50	7	80	12	90
2576	25	80	38	70	51	60	12	90	2	60	5	20	6	50	7	80	12	90
2577	25	80	38	70	51	60	12	90	2	60	5	20	6	50	7	80	12	90
2578	25	80	38	70	51	60	12	90	2	60	5	20	6	50	7	80	12	90
2579	25	80	38	70	51	60	12	90	2	60	5	20	6	50	7	80	12	90
2580	25	80	38	70	51	60	12	90	2	60	5	20	6	50	7	80	12	90
2581	25	90	38	80	51	70	13	—	2	60	5	20	6	50	7	80	13	—
2582	25	90	38	80	51	70	13	—	2	60	5	20	6	50	7	80	13	—
2583	25	90	38	80	51	70	13	—	2	60	5	20	6	50	7	80	13	—
2584	25	90	38	80	51	70	13	—	2	60	5	20	6	50	7	80	13	—
2585	25	90	38	80	51	70	13	—	2	60	5	20	6	50	7	80	13	—
2586	25	90	38	80	51	80	13	—	2	60	5	20	6	50	7	80	13	—
2587	25	90	38	90	51	80	13	—	2	60	5	20	6	50	7	80	13	—
2588	25	90	38	90	51	80	13	—	2	60	5	20	6	50	7	80	13	—
2589	25	90	38	90	51	80	13	—	2	60	5	20	6	50	7	80	13	—
2590	25	90	38	90	51	80	13	—	2	60	5	20	6	50	7	80	13	—
2591	26	—	38	90	51	90	13	—	2	60	5	20	6	50	7	80	13	—
2592	26	—	38	90	51	90	13	—	2	60	5	20	6	50	7	80	13	—
2593	26	—	38	90	51	90	13	—	2	60	5	20	6	50	7	80	13	—
2594	26	—	39	—	51	90	13	—	2	60	5	20	6	50	7	80	13	—
2595	26	—	39	—	51	90	13	—	2	60	5	20	6	50	7	80	13	—
2596	26	—	39	—	52	—	13	—	2	60	5	20	6	50	7	80	13	—
2597	26	—	39	—	52	—	13	—	2	60	5	20	6	50	7	80	13	—
2598	26	—	39	—	52	—	13	—	2	60	5	20	6	50	7	80	13	—
2599	26	—	39	—	52	—	13	—	2	60	5	20	6	50	7	80	13	—
2600	26	—	39	—	52	—	13	—	2	60	5	20	6	50	7	80	13	—

Gegenstands-Summa	Werthgebühr: Volle (Art. 22. 40. 41. 50)		Werthgebühr: 1/2 (Art. 25. 27. 29. 30. 38 Abs. 2)		Werthgebühr: 1/2 bis 2200 M, darüber 2/3 (Art. 24)		Werthgebühr: 1 1/2 (Art. 23)		4/10 aus der vollen Werthgebühr (Art. 45 Abs. 3)		4/10 aus 2/3 Werthgebühr (Art. 45 Abs. 3)		Hinterlegungsgebühr: Art. 100		Hinterlegungsgebühr: Art. 101 a		Hinterlegungsgebühr: Art. 101 b		Auseinandersetzungsgebühr: 5/10 (der Sätze des § 8 des Reichsgerichts-Kosten-Gesetzes)		Auseinandersetzungsgebühr: 2/10 (der Sätze des § 8 des Reichsgerichts-Kosten-Gesetzes)	
M	M	Pf	M	Pf	M	Pf	M	Pf	M	Pf	M	Pf	M	Pf	M	Pf	M	Pf	M	Pf	M	Pf
2561	12	—	6	—	8	—	18	—	4	80	3	20	5	80	22	90	45	70	25	—	10	—
2562	12	—	6	—	8	—	18	—	4	80	3	20	5	80	22	90	45	70	25	—	10	—
2563	12	—	6	—	8	—	18	—	4	80	3	20	5	80	22	90	45	70	25	—	10	—
2564	12	—	6	—	8	—	18	—	4	80	3	20	5	80	22	90	45	70	25	—	10	—
2565	12	—	6	—	8	—	18	—	4	80	3	20	5	80	22	90	45	70	25	—	10	—
2566	12	—	6	—	8	—	18	—	4	80	3	20	5	80	22	90	45	70	25	—	10	—
2567	12	—	6	—	8	—	18	—	4	80	3	20	5	80	22	90	45	70	25	—	10	—
2568	12	—	6	—	8	—	18	—	4	80	3	20	5	80	22	90	45	70	25	—	10	—
2569	12	—	6	—	8	—	18	—	4	80	3	20	5	80	22	90	45	70	25	—	10	—
2570	12	—	6	—	8	—	18	—	4	80	3	20	5	80	22	90	45	70	25	—	10	—
2571	12	—	6	—	8	—	18	—	4	80	3	20	5	80	22	90	45	80	25	—	10	—
2572	12	—	6	—	8	—	18	—	4	80	3	20	5	80	22	90	45	80	25	—	10	—
2573	12	—	6	—	8	—	18	—	4	80	3	20	5	80	22	90	45	80	25	—	10	—
2574	12	—	6	—	8	—	18	—	4	80	3	20	5	80	22	90	45	80	25	—	10	—
2575	12	—	6	—	8	—	18	—	4	80	3	20	5	80	22	90	45	80	25	—	10	—
2576	12	—	6	—	8	—	18	—	4	80	3	20	5	80	22	90	45	80	25	—	10	—
2577	12	—	6	—	8	—	18	—	4	80	3	20	5	80	22	90	45	80	25	—	10	—
2578	12	—	6	—	8	—	18	—	4	80	3	20	5	80	22	90	45	80	25	—	10	—
2579	12	—	6	—	8	—	18	—	4	80	3	20	5	80	22	90	45	80	25	—	10	—
2580	12	—	6	—	8	—	18	—	4	80	3	20	5	80	22	90	45	80	25	—	10	—
2581	12	—	6	—	8	—	18	—	4	80	3	20	5	80	23	—	45	90	25	—	10	—
2582	12	—	6	—	8	—	18	—	4	80	3	20	5	80	23	—	45	90	25	—	10	—
2583	12	—	6	—	8	—	18	—	4	80	3	20	5	80	23	—	45	90	25	—	10	—
2584	12	—	6	—	8	—	18	—	4	80	3	20	5	80	23	—	45	90	25	—	10	—
2585	12	—	6	—	8	—	18	—	4	80	3	20	5	80	23	—	45	90	25	—	10	—
2586	12	—	6	—	8	—	18	—	4	80	3	20	5	80	23	—	45	90	25	—	10	—
2587	12	—	6	—	8	—	18	—	4	80	3	20	5	80	23	—	45	90	25	—	10	—
2588	12	—	6	—	8	—	18	—	4	80	3	20	5	80	23	—	45	90	25	—	10	—
2589	12	—	6	—	8	—	18	—	4	80	3	20	5	80	23	—	45	90	25	—	10	—
2590	12	—	6	—	8	—	18	—	4	80	3	20	5	80	23	—	45	90	25	—	10	—
2591	12	—	6	—	8	—	18	—	4	80	3	20	5	80	23	—	46	—	25	—	10	—
2592	12	—	6	—	8	—	18	—	4	80	3	20	5	80	23	—	46	—	25	—	10	—
2593	12	—	6	—	8	—	18	—	4	80	3	20	5	80	23	—	46	—	25	—	10	—
2594	12	—	6	—	8	—	18	—	4	80	3	20	5	80	23	—	46	—	25	—	10	—
2595	12	—	6	—	8	—	18	—	4	80	3	20	5	80	23	—	46	—	25	—	10	—
2596	12	—	6	—	8	—	18	—	4	80	3	20	5	80	23	—	46	—	25	—	10	—
2597	12	—	6	—	8	—	18	—	4	80	3	20	5	80	23	—	46	—	25	—	10	—
2598	12	—	6	—	8	—	18	—	4	80	3	20	5	80	23	—	46	—	25	—	10	—
2599	12	—	6	—	8	—	18	—	4	80	3	20	5	80	23	—	46	—	25	—	10	—
2600	12	—	6	—	8	—	18	—	4	80	3	20	5	80	23	—	46	—	25	—	10	—

Gegenstands-Summa	Staatsgebühren						Besitz-veränderungs-abgabe		Staatsgebühren									
	1		1 1/2		2				1		2		2 1/2		3		5	
	Prozent								pro mille									
M	M	₰	M	₰	M	₰	M	₰	M	₰	M	₰	M	₰	M	₰	M	₰
2601	26	10	39	10	52	10	13	10	2	70	5	30	6	60	7	90	13	10
2602	26	10	39	10	52	10	13	10	2	70	5	30	6	60	7	90	13	10
2603	26	10	39	10	52	10	13	10	2	70	5	30	6	60	7	90	13	10
2604	26	10	39	10	52	10	13	10	2	70	5	30	6	60	7	90	13	10
2605	26	10	39	10	52	10	13	10	2	70	5	30	6	60	7	90	13	10
2606	26	10	39	10	52	20	13	10	2	70	5	30	6	60	7	90	13	10
2607	26	10	39	20	52	20	13	10	2	70	5	30	6	60	7	90	13	10
2608	26	10	39	20	52	20	13	10	2	70	5	30	6	60	7	90	13	10
2609	26	10	39	20	52	20	13	10	2	70	5	30	6	60	7	90	13	10
2610	26	10	39	20	52	20	13	10	2	70	5	30	6	60	7	90	13	10
2611	26	20	39	20	52	30	13	10	2	70	5	30	6	60	7	90	13	10
2612	26	20	39	20	52	30	13	10	2	70	5	30	6	60	7	90	13	10
2613	26	20	39	20	52	30	13	10	2	70	5	30	6	60	7	90	13	10
2614	26	20	39	30	52	30	13	10	2	70	5	30	6	60	7	90	13	10
2615	26	20	39	30	52	30	13	10	2	70	5	30	6	60	7	90	13	10
2616	26	20	39	30	52	40	13	10	2	70	5	30	6	60	7	90	13	10
2617	26	20	39	30	52	40	13	10	2	70	5	30	6	60	7	90	13	10
2618	26	20	39	30	52	40	13	10	2	70	5	30	6	60	7	90	13	10
2619	26	20	39	30	52	40	13	10	2	70	5	30	6	60	7	90	13	10
2620	26	20	39	30	52	40	13	10	2	70	5	30	6	60	7	90	13	10
2621	26	30	39	40	52	50	13	20	2	70	5	30	6	60	7	90	13	20
2622	26	30	39	40	52	50	13	20	2	70	5	30	6	60	7	90	13	20
2623	26	30	39	40	52	50	13	20	2	70	5	30	6	60	7	90	13	20
2624	26	30	39	40	52	50	13	20	2	70	5	30	6	60	7	90	13	20
2625	26	30	39	40	52	50	13	20	2	70	5	30	6	60	7	90	13	20
2626	26	30	39	40	52	60	13	20	2	70	5	30	6	60	7	90	13	20
2627	26	30	39	50	52	60	13	20	2	70	5	30	6	60	7	90	13	20
2628	26	30	39	50	52	60	13	20	2	70	5	30	6	60	7	90	13	20
2629	26	30	39	50	52	60	13	20	2	70	5	30	6	60	7	90	13	20
2630	26	30	39	50	52	60	13	20	2	70	5	30	6	60	7	90	13	20
2631	26	40	39	50	52	70	13	20	2	70	5	30	6	60	7	90	13	20
2632	26	40	39	50	52	70	13	20	2	70	5	30	6	60	7	90	13	20
2633	26	40	39	50	52	70	13	20	2	70	5	30	6	60	7	90	13	20
2634	26	40	39	60	52	70	13	20	2	70	5	30	6	60	8	—	13	20
2635	26	40	39	60	52	70	13	20	2	70	5	30	6	60	8	—	13	20
2636	26	40	39	60	52	80	13	20	2	70	5	30	6	60	8	—	13	20
2637	26	40	39	60	52	80	13	20	2	70	5	30	6	60	8	—	13	20
2638	26	40	39	60	52	80	13	20	2	70	5	30	6	60	8	—	13	20
2639	26	40	39	60	52	80	13	20	2	70	5	30	6	60	8	—	13	20
2640	26	40	39	60	52	80	13	20	2	70	5	30	6	60	8	—	13	20

Gegen-standsSumma	Werthgebühr								4/10 aus der vollen Werthgebühr		4/10 aus 2/3 Werthgebühr		Hinterlegungsgebühr						Auseinandersetzungsgebühr			
	Volle		1/2		1/2 bis 2200 M		1 1/2												5/10		2/10	
	Art. 22. 40. 41. 50		Art. 25. 27. 29. 30. 38 Abs. 2		darüber 2/3 Art. 24		Art. 23		Art. 45 Abs. 3				Art. 100		Art. 101a		Art. 101b		der Sätze des § 8 des Reichsgerichts-Kosten-Gesetzes			
M	M	₰	M	₰	M	₰	M	₰	M	₰	M	₰	M	₰	M	₰	M	₰	M	₰	M	₰
2601	12	—	6	—	8	—	18	—	4	80	3	20	5	80	23	10	46	10	25	—	10	—
2602	12	—	6	—	8	—	18	—	4	80	3	20	5	80	23	10	46	10	25	—	10	—
2603	12	—	6	—	8	—	18	—	4	80	3	20	5	80	23	10	46	10	25	—	10	—
2604	12	—	6	—	8	—	18	—	4	80	3	20	5	80	23	10	46	10	25	—	10	—
2605	12	—	6	—	8	—	18	—	4	80	3	20	5	80	23	10	46	10	25	—	10	—
2606	12	—	6	—	8	—	18	—	4	80	3	20	5	80	23	10	46	10	25	—	10	—
2607	12	—	6	—	8	—	18	—	4	80	3	20	5	80	23	10	46	10	25	—	10	—
2608	12	—	6	—	8	—	18	—	4	80	3	20	5	80	23	10	46	10	25	—	10	—
2609	12	—	6	—	8	—	18	—	4	80	3	20	5	80	23	10	46	10	25	—	10	—
2610	12	—	6	—	8	—	18	—	4	80	3	20	5	80	23	10	46	10	25	—	10	—
2611	12	—	6	—	8	—	18	—	4	80	3	20	5	80	23	10	46	20	25	—	10	—
2612	12	—	6	—	8	—	18	—	4	80	3	20	5	80	23	10	46	20	25	—	10	—
2613	12	—	6	—	8	—	18	—	4	80	3	20	5	80	23	10	46	20	25	—	10	—
2614	12	—	6	—	8	—	18	—	4	80	3	20	5	80	23	10	46	20	25	—	10	—
2615	12	—	6	—	8	—	18	—	4	80	3	20	5	80	23	10	46	20	25	—	10	—
2616	12	—	6	—	8	—	18	—	4	80	3	20	5	80	23	10	46	20	25	—	10	—
2617	12	—	6	—	8	—	18	—	4	80	3	20	5	80	23	10	46	20	25	—	10	—
2618	12	—	6	—	8	—	18	—	4	80	3	20	5	80	23	10	46	20	25	—	10	—
2619	12	—	6	—	8	—	18	—	4	80	3	20	5	80	23	10	46	20	25	—	10	—
2620	12	—	6	—	8	—	18	—	4	80	3	20	5	80	23	10	46	20	25	—	10	—
2621	12	—	6	—	8	—	18	—	4	80	3	20	5	80	23	20	46	30	25	—	10	—
2622	12	—	6	—	8	—	18	—	4	80	3	20	5	80	23	20	46	30	25	—	10	—
2623	12	—	6	—	8	—	18	—	4	80	3	20	5	80	23	20	46	30	25	—	10	—
2624	12	—	6	—	8	—	18	—	4	80	3	20	5	80	23	20	46	30	25	—	10	—
2625	12	—	6	—	8	—	18	—	4	80	3	20	5	80	23	20	46	30	25	—	10	—
2626	12	—	6	—	8	—	18	—	4	80	3	20	5	80	23	20	46	30	25	—	10	—
2627	12	—	6	—	8	—	18	—	4	80	3	20	5	80	23	20	46	30	25	—	10	—
2628	12	—	6	—	8	—	18	—	4	80	3	20	5	80	23	20	46	30	25	—	10	—
2629	12	—	6	—	8	—	18	—	4	80	3	20	5	80	23	20	46	30	25	—	10	—
2630	12	—	6	—	8	—	18	—	4	80	3	20	5	80	23	20	46	30	25	—	10	—
2631	12	—	6	—	8	—	18	—	4	80	3	20	5	80	23	20	46	40	25	—	10	—
2632	12	—	6	—	8	—	18	—	4	80	3	20	5	80	23	20	46	40	25	—	10	—
2633	12	—	6	—	8	—	18	—	4	80	3	20	5	80	23	20	46	40	25	—	10	—
2634	12	—	6	—	8	—	18	—	4	80	3	20	5	80	23	20	46	40	25	—	10	—
2635	12	—	6	—	8	—	18	—	4	80	3	20	5	80	23	20	46	40	25	—	10	—
2636	12	—	6	—	8	—	18	—	4	80	3	20	5	80	23	20	46	40	25	—	10	—
2637	12	—	6	—	8	—	18	—	4	80	3	20	5	80	23	20	46	40	25	—	10	—
2638	12	—	6	—	8	—	18	—	4	80	3	20	5	80	23	20	46	40	25	—	10	—
2639	12	—	6	—	8	—	18	—	4	80	3	20	5	80	23	20	46	40	25	—	10	—
2640	12	—	6	—	8	—	18	—	4	80	3	20	5	80	23	20	46	40	25	—	10	—

Gegenstands-Summa	Staatsgebühren 1 Prozent		Staatsgebühren 1½ Prozent		Staatsgebühren 2 Prozent		Besitzveränderungsabgabe		Staatsgebühren 1 pro mille		Staatsgebühren 2 pro mille		Staatsgebühren 2½ pro mille		Staatsgebühren 3 pro mille		Staatsgebühren 5 pro mille	
ℳ	ℳ	₰	ℳ	₰	ℳ	₰	ℳ	₰	ℳ	₰	ℳ	₰	ℳ	₰	ℳ	₰	ℳ	₰
2641	26	50	39	70	52	90	13	30	2	70	5	30	6	70	8	—	13	30
2642	26	50	39	70	52	90	13	30	2	70	5	30	6	70	8	—	13	30
2643	26	50	39	70	52	90	13	30	2	70	5	30	6	70	8	—	13	30
2644	26	50	39	70	52	90	13	30	2	70	5	30	6	70	8	—	13	30
2645	26	50	39	70	52	90	13	30	2	70	5	30	6	70	8	—	13	30
2646	26	50	39	70	53	—	13	30	2	70	5	30	6	70	8	—	13	30
2647	26	50	39	80	53	—	13	30	2	70	5	30	6	70	8	—	13	30
2648	26	50	39	80	53	—	13	30	2	70	5	30	6	70	8	—	13	30
2649	26	50	39	80	53	—	13	30	2	70	5	30	6	70	8	—	13	30
2650	26	50	39	80	53	—	13	30	2	70	5	30	6	70	8	—	13	30
2651	26	60	39	80	53	10	13	30	2	70	5	40	6	70	8	—	13	30
2652	26	60	39	80	53	10	13	30	2	70	5	40	6	70	8	—	13	30
2653	26	60	39	80	53	10	13	30	2	70	5	40	6	70	8	—	13	30
2654	26	60	39	90	53	10	13	30	2	70	5	40	6	70	8	—	13	30
2655	26	60	39	90	53	10	13	30	2	70	5	40	6	70	8	—	13	30
2656	26	60	39	90	53	20	13	30	2	70	5	40	6	70	8	—	13	30
2657	26	60	39	90	53	20	13	30	2	70	5	40	6	70	8	—	13	30
2658	26	60	39	90	53	20	13	30	2	70	5	40	6	70	8	—	13	30
2659	26	60	39	90	53	20	13	30	2	70	5	40	6	70	8	—	13	30
2660	26	60	39	90	53	20	13	30	2	70	5	40	6	70	8	—	13	30
2661	26	70	40	—	53	30	13	40	2	70	5	40	6	70	8	—	13	40
2662	26	70	40	—	53	30	13	40	2	70	5	40	6	70	8	—	13	40
2663	26	70	40	—	53	30	13	40	2	70	5	40	6	70	8	—	13	40
2664	26	70	40	—	53	30	13	40	2	70	5	40	6	70	8	—	13	40
2665	26	70	40	—	53	30	13	40	2	70	5	40	6	70	8	—	13	40
2666	26	70	40	—	53	40	13	40	2	70	5	40	6	70	8	—	13	40
2667	26	70	40	10	53	40	13	40	2	70	5	40	6	70	8	10	13	40
2668	26	70	40	10	53	40	13	40	2	70	5	40	6	70	8	10	13	40
2669	26	70	40	10	53	40	13	40	2	70	5	40	6	70	8	10	13	40
2670	26	70	40	10	53	40	13	40	2	70	5	40	6	70	8	10	13	40
2671	26	80	40	10	53	50	13	40	2	70	5	40	6	70	8	10	13	40
2672	26	80	40	10	53	50	13	40	2	70	5	40	6	70	8	10	13	40
2673	26	80	40	10	53	50	13	40	2	70	5	40	6	70	8	10	13	40
2674	26	80	40	20	53	50	13	40	2	70	5	40	6	70	8	10	13	40
2675	26	80	40	20	53	50	13	40	2	70	5	40	6	70	8	10	13	40
2676	26	80	40	20	53	60	13	40	2	70	5	40	6	70	8	10	13	40
2677	26	80	40	20	53	60	13	40	2	70	5	40	6	70	8	10	13	40
2678	26	80	40	20	53	60	13	40	2	70	5	40	6	70	8	10	13	40
2679	26	80	40	20	53	60	13	40	2	70	5	40	6	70	8	10	13	40
2680	26	80	40	20	53	60	13	40	2	70	5	40	6	70	8	10	13	40

Gegenstands-Summa	Werthgebühr								$^4/_{10}$ aus der vollen Werthgebühr		$^4/_{10}$ aus $^2/_3$ Werthgebühr		Hinterlegungsgebühr						Auseinandersetzungsgebühr			
	Volle		$^1/_2$		$^1/_2$ bis 2200 ℳ darüber $^2/_3$		$1^1/_2$												$^5/_{10}$		$^2/_{10}$	
	Art. 22. 40. 41. 50		Art. 25. 27. 29. 30. 38 Abs. 2		Art. 24		Art. 23		Art. 45 Abs. 3				Art. 100		Art. 101a		Art. 101b		der Sätze des § 8 des Reichsgerichts-Kosten-Gesetzes			
ℳ	ℳ	₰	ℳ	₰	ℳ	₰	ℳ	₰	ℳ	₰	ℳ	₰	ℳ	₰	ℳ	₰	ℳ	₰	ℳ	₰	ℳ	₰
2641	12	—	6	—	8	—	18	—	4	80	3	20	5	90	23	30	46	50	25	—	10	—
2642	12	—	6	—	8	—	18	—	4	80	3	20	5	90	23	30	46	50	25	—	10	—
2643	12	—	6	—	8	—	18	—	4	80	3	20	5	90	23	30	46	50	25	—	10	—
2644	12	—	6	—	8	—	18	—	4	80	3	20	5	90	23	30	46	50	25	—	10	—
2645	12	—	6	—	8	—	18	—	4	80	3	20	5	90	23	30	46	50	25	—	10	—
2646	12	—	6	—	8	—	18	—	4	80	3	20	5	90	23	30	46	50	25	—	10	—
2647	12	—	6	—	8	—	18	—	4	80	3	20	5	90	23	30	46	50	25	—	10	—
2648	12	—	6	—	8	—	18	—	4	80	3	20	5	90	23	30	46	50	25	—	10	—
2649	12	—	6	—	8	—	18	—	4	80	3	20	5	90	23	30	46	50	25	—	10	—
2650	12	—	6	—	8	—	18	—	4	80	3	20	5	90	23	30	46	50	25	—	10	—
2651	12	—	6	—	8	—	18	—	4	80	3	20	5	90	23	30	46	60	25	—	10	—
2652	12	—	6	—	8	—	18	—	4	80	3	20	5	90	23	30	46	60	25	—	10	—
2653	12	—	6	—	8	—	18	—	4	80	3	20	5	90	23	30	46	60	25	—	10	—
2654	12	—	6	—	8	—	18	—	4	80	3	20	5	90	23	30	46	60	25	—	10	—
2655	12	—	6	—	8	—	18	—	4	80	3	20	5	90	23	30	46	60	25	—	10	—
2656	12	—	6	—	8	—	18	—	4	80	3	20	5	90	23	30	46	60	25	—	10	—
2657	12	—	6	—	8	—	18	—	4	80	3	20	5	90	23	30	46	60	25	—	10	—
2658	12	—	6	—	8	—	18	—	4	80	3	20	5	90	23	30	46	60	25	—	10	—
2659	12	—	6	—	8	—	18	—	4	80	3	20	5	90	23	30	46	60	25	—	10	—
2660	12	—	6	—	8	—	18	—	4	80	3	20	5	90	23	30	46	60	25	—	10	—
2661	12	—	6	—	8	—	18	—	4	80	3	20	5	90	23	40	46	70	25	—	10	—
2662	12	—	6	—	8	—	18	—	4	80	3	20	5	90	23	40	46	70	25	—	10	—
2663	12	—	6	—	8	—	18	—	4	80	3	20	5	90	23	40	46	70	25	—	10	—
2664	12	—	6	—	8	—	18	—	4	80	3	20	5	90	23	40	46	70	25	—	10	—
2665	12	—	6	—	8	—	18	—	4	80	3	20	5	90	23	40	46	70	25	—	10	—
2666	12	—	6	—	8	—	18	—	4	80	3	20	5	90	23	40	46	70	25	—	10	—
2667	12	—	6	—	8	—	18	—	4	80	3	20	5	90	23	40	46	70	25	—	10	—
2668	12	—	6	—	8	—	18	—	4	80	3	20	5	90	23	40	46	70	25	—	10	—
2669	12	—	6	—	8	—	18	—	4	80	3	20	5	90	23	40	46	70	25	—	10	—
2670	12	—	6	—	8	—	18	—	4	80	3	20	5	90	23	40	46	70	25	—	10	—
2671	12	—	6	—	8	—	18	—	4	80	3	20	5	90	23	40	46	80	25	—	10	—
2672	12	—	6	—	8	—	18	—	4	80	3	20	5	90	23	40	46	80	25	—	10	—
2673	12	—	6	—	8	—	18	—	4	80	3	20	5	90	23	40	46	80	25	—	10	—
2674	12	—	6	—	8	—	18	—	4	80	3	20	5	90	23	40	46	80	25	—	10	—
2675	12	—	6	—	8	—	18	—	4	80	3	20	5	90	23	40	46	80	25	—	10	—
2676	12	—	6	—	8	—	18	—	4	80	3	20	5	90	23	40	46	80	25	—	10	—
2677	12	—	6	—	8	—	18	—	4	80	3	20	5	90	23	40	46	80	25	—	10	—
2678	12	—	6	—	8	—	18	—	4	80	3	20	5	90	23	40	46	80	25	—	10	—
2679	12	—	6	—	8	—	18	—	4	80	3	20	5	90	23	40	46	80	25	—	10	—
2680	12	—	6	—	8	—	18	—	4	80	3	20	5	90	23	40	46	80	25	—	10	—

Gegenstandssumma	Staatsgebühren 1 Prozent		Staatsgebühren 1½ Prozent		Staatsgebühren 2 Prozent		Besitzveränderungsabgabe		Staatsgebühren 1 pro mille		Staatsgebühren 2 pro mille		Staatsgebühren 2½ pro mille		Staatsgebühren 3 pro mille		Staatsgebühren 5 pro mille	
ℳ	ℳ	₰	ℳ	₰	ℳ	₰	ℳ	₰	ℳ	₰	ℳ	₰	ℳ	₰	ℳ	₰	ℳ	₰
2681	26	90	40	30	53	70	13	50	2	70	5	40	6	80	8	10	13	50
2682	26	90	40	30	53	70	13	50	2	70	5	40	6	80	8	10	13	50
2683	26	90	40	30	53	70	13	50	2	70	5	40	6	80	8	10	13	50
2684	26	90	40	30	53	70	13	50	2	70	5	40	6	80	8	10	13	50
2685	26	90	40	30	53	70	13	50	2	70	5	40	6	80	8	10	13	50
2686	26	90	40	30	53	80	13	50	2	70	5	40	6	80	8	10	13	50
2687	26	90	40	40	53	80	13	50	2	70	5	40	6	80	8	10	13	50
2688	26	90	40	40	53	80	13	50	2	70	5	40	6	80	8	10	13	50
2689	26	90	40	40	53	80	13	50	2	70	5	40	6	80	8	10	13	50
2690	26	90	40	40	53	80	13	50	2	70	5	40	6	80	8	10	13	50
2691	27	—	40	40	53	90	13	50	2	70	5	40	6	80	8	10	13	50
2692	27	—	40	40	53	90	13	50	2	70	5	40	6	80	8	10	13	50
2693	27	—	40	40	53	90	13	50	2	70	5	40	6	80	8	10	13	50
2694	27	—	40	50	53	90	13	50	2	70	5	40	6	80	8	10	13	50
2695	27	—	40	50	53	90	13	50	2	70	5	40	6	80	8	10	13	50
2696	27	—	40	50	54	—	13	50	2	70	5	40	6	80	8	10	13	50
2697	27	—	40	50	54	—	13	50	2	70	5	40	6	80	8	10	13	50
2698	27	—	40	50	54	—	13	50	2	70	5	40	6	80	8	10	13	50
2699	27	—	40	50	54	—	13	50	2	70	5	40	6	80	8	10	13	50
2700	27	—	40	50	54	—	13	50	2	70	5	40	6	80	8	10	13	50
2701	27	10	40	60	54	10	13	60	2	80	5	50	6	80	8	20	13	60
2702	27	10	40	60	54	10	13	60	2	80	5	50	6	80	8	20	13	60
2703	27	10	40	60	54	10	13	60	2	80	5	50	6	80	8	20	13	60
2704	27	10	40	60	54	10	13	60	2	80	5	50	6	80	8	20	13	60
2705	27	10	40	60	54	10	13	60	2	80	5	50	6	80	8	20	13	60
2706	27	10	40	60	54	20	13	60	2	80	5	50	6	80	8	20	13	60
2707	27	10	40	70	54	20	13	60	2	80	5	50	6	80	8	20	13	60
2708	27	10	40	70	54	20	13	60	2	80	5	50	6	80	8	20	13	60
2709	27	10	40	70	54	20	13	60	2	80	5	50	6	80	8	20	13	60
2710	27	10	40	70	54	20	13	60	2	80	5	50	6	80	8	20	13	60
2711	27	20	40	70	54	30	13	60	2	80	5	50	6	80	8	20	13	60
2712	27	20	40	70	54	30	13	60	2	80	5	50	6	80	8	20	13	60
2713	27	20	40	70	54	30	13	60	2	80	5	50	6	80	8	20	13	60
2714	27	20	40	80	54	30	13	60	2	80	5	50	6	80	8	20	13	60
2715	27	20	40	80	54	30	13	60	2	80	5	50	6	80	8	20	13	60
2716	27	20	40	80	54	40	13	60	2	80	5	50	6	80	8	20	13	60
2717	27	20	40	80	54	40	13	60	2	80	5	50	6	80	8	20	13	60
2718	27	20	40	80	54	40	13	60	2	80	5	50	6	80	8	20	13	60
2719	27	20	40	80	54	40	13	60	2	80	5	50	6	80	8	20	13	60
2720	27	20	40	80	54	40	13	60	2	80	5	50	6	80	8	20	13	60

Gegenstands-Summa	Werthgebühr: Volle (Art. 22. 40. 41. 50)		Werthgebühr: 1/2 (Art. 25. 27. 29. 30. 38 Abs. 2)		Werthgebühr: 1/2 bis 2200 M, darüber 2/3 (Art. 24)		Werthgebühr: 1 1/2 (Art. 23)		4/10 aus der vollen Werthgebühr (Art. 45 Abs. 3)		4/10 aus 2/3 Werthgebühr (Art. 45 Abs. 3)		Hinterlegungsgebühr: Art. 100		Hinterlegungsgebühr: Art. 101 a		Hinterlegungsgebühr: Art. 101 b		Auseinandersetzungsgebühr: 5/10 (der Sätze des § 8 des Reichsgerichtskosten-Gesetzes)		Auseinandersetzungsgebühr: 2/10 (der Sätze des § 8 des Reichsgerichtskosten-Gesetzes)	
M	M	₰	M	₰	M	₰	M	₰	M	₰	M	₰	M	₰	M	₰	M	₰	M	₰	M	₰
2681	12	—	6	—	8	—	18	—	4	80	3	20	5	90	23	50	46	90	25	—	10	—
2682	12	—	6	—	8	—	18	—	4	80	3	20	5	90	23	50	46	90	25	—	10	—
2683	12	—	6	—	8	—	18	—	4	80	3	20	5	90	23	50	46	90	25	—	10	—
2684	12	—	6	—	8	—	18	—	4	80	3	20	5	90	23	50	46	90	25	—	10	—
2685	12	—	6	—	8	—	18	—	4	80	3	20	5	90	23	50	46	90	25	—	10	—
2686	12	—	6	—	8	—	18	—	4	80	3	20	5	90	23	50	46	90	25	—	10	—
2687	12	—	6	—	8	—	18	—	4	80	3	20	5	90	23	50	46	90	25	—	10	—
2688	12	—	6	—	8	—	18	—	4	80	3	20	5	90	23	50	46	90	25	—	10	—
2689	12	—	6	—	8	—	18	—	4	80	3	20	5	90	23	50	46	90	25	—	10	—
2690	12	—	6	—	8	—	18	—	4	80	3	20	5	90	23	50	46	90	25	—	10	—
2691	12	—	6	—	8	—	18	—	4	80	3	20	5	90	23	50	47	—	25	—	10	—
2692	12	—	6	—	8	—	18	—	4	80	3	20	5	90	23	50	47	—	25	—	10	—
2693	12	—	6	—	8	—	18	—	4	80	3	20	5	90	23	50	47	—	25	—	10	—
2694	12	—	6	—	8	—	18	—	4	80	3	20	5	90	23	50	47	—	25	—	10	—
2695	12	—	6	—	8	—	18	—	4	80	3	20	5	90	23	50	47	—	25	—	10	—
2696	12	—	6	—	8	—	18	—	4	80	3	20	5	90	23	50	47	—	25	—	10	—
2697	12	—	6	—	8	—	18	—	4	80	3	20	5	90	23	50	47	—	25	—	10	—
2698	12	—	6	—	8	—	18	—	4	80	3	20	5	90	23	50	47	—	25	—	10	—
2699	12	—	6	—	8	—	18	—	4	80	3	20	5	90	23	50	47	—	25	—	10	—
2700	12	—	6	—	8	—	18	—	4	80	3	20	5	90	23	50	47	—	25	—	10	—
2701	13	50	6	80	9	—	20	30	5	40	3	60	5	90	23	60	47	10	28	—	11	20
2702	13	50	6	80	9	—	20	30	5	40	3	60	5	90	23	60	47	10	28	—	11	20
2703	13	50	6	80	9	—	20	30	5	40	3	60	5	90	23	60	47	10	28	—	11	20
2704	13	50	6	80	9	—	20	30	5	40	3	60	5	90	23	60	47	10	28	—	11	20
2705	13	50	6	80	9	—	20	30	5	40	3	60	5	90	23	60	47	10	28	—	11	20
2706	13	50	6	80	9	—	20	30	5	40	3	60	5	90	23	60	47	10	28	—	11	20
2707	13	50	6	80	9	—	20	30	5	40	3	60	5	90	23	60	47	10	28	—	11	20
2708	13	50	6	80	9	—	20	30	5	40	3	60	5	90	23	60	47	10	28	—	11	20
2709	13	50	6	80	9	—	20	30	5	40	3	60	5	90	23	60	47	10	28	—	11	20
2710	13	50	6	80	9	—	20	30	5	40	3	60	5	90	23	60	47	10	28	—	11	20
2711	13	50	6	80	9	—	20	30	5	40	3	60	5	90	23	60	47	20	28	—	11	20
2712	13	50	6	80	9	—	20	30	5	40	3	60	5	90	23	60	47	20	28	—	11	20
2713	13	50	6	80	9	—	20	30	5	40	3	60	5	90	23	60	47	20	28	—	11	20
2714	13	50	6	80	9	—	20	30	5	40	3	60	5	90	23	60	47	20	28	—	11	20
2715	13	50	6	80	9	—	20	30	5	40	3	60	5	90	23	60	47	20	28	—	11	20
2716	13	50	6	80	9	—	20	30	5	40	3	60	5	90	23	60	47	20	28	—	11	20
2717	13	50	6	80	9	—	20	30	5	40	3	60	5	90	23	60	47	20	28	—	11	20
2718	13	50	6	80	9	—	20	30	5	40	3	60	5	90	23	60	47	20	28	—	11	20
2719	13	50	6	80	9	—	20	30	5	40	3	60	5	90	23	60	47	20	28	—	11	20
2720	13	50	6	80	9	—	20	30	5	40	3	60	5	90	23	60	47	20	28	—	11	20

Gegen-stands-Summa	Staatsgebühren 1 Prozent		Staatsgebühren 1½ Prozent		Staatsgebühren 2 Prozent		Besitz-veränderungs-abgabe		Staatsgebühren 1 pro mille		Staatsgebühren 2 pro mille		Staatsgebühren 2½ pro mille		Staatsgebühren 3 pro mille		Staatsgebühren 5 pro mille	
ℳ	ℳ	₰	ℳ	₰	ℳ	₰	ℳ	₰	ℳ	₰	ℳ	₰	ℳ	₰	ℳ	₰	ℳ	₰
2721	27	30	40	90	54	50	13	70	2	80	5	50	6	90	8	20	13	70
2722	27	30	40	90	54	50	13	70	2	80	5	50	6	90	8	20	13	70
2723	27	30	40	90	54	50	13	70	2	80	5	50	6	90	8	20	13	70
2724	27	30	40	90	54	50	13	70	2	80	5	50	6	90	8	20	13	70
2725	27	30	40	90	54	50	13	70	2	80	5	50	6	90	8	20	13	70
2726	27	30	40	90	54	60	13	70	2	80	5	50	6	90	8	20	13	70
2727	27	30	41	—	54	60	13	70	2	80	5	50	6	90	8	20	13	70
2728	27	30	41	—	54	60	13	70	2	80	5	50	6	90	8	20	13	70
2729	27	30	41	—	54	60	13	70	2	80	5	50	6	90	8	20	13	70
2730	27	30	41	—	54	60	13	70	2	80	5	50	6	90	8	20	13	70
2731	27	40	41	—	54	70	13	70	2	80	5	50	6	90	8	20	13	70
2732	27	40	41	—	54	70	13	70	2	80	5	50	6	90	8	20	13	70
2733	27	40	41	—	54	70	13	70	2	80	5	50	6	90	8	20	13	70
2734	27	40	41	10	54	70	13	70	2	80	5	50	6	90	8	30	13	70
2735	27	40	41	10	54	70	13	70	2	80	5	50	6	90	8	30	13	70
2736	27	40	41	10	54	80	13	70	2	80	5	50	6	90	8	30	13	70
2737	27	40	41	10	54	80	13	70	2	80	5	50	6	90	8	30	13	70
2738	27	40	41	10	54	80	13	70	2	80	5	50	6	90	8	30	13	70
2739	27	40	41	10	54	80	13	70	2	80	5	50	6	90	8	30	13	70
2740	27	40	41	10	54	80	13	70	2	80	5	50	6	90	8	30	13	70
2741	27	50	41	20	54	90	13	80	2	80	5	50	6	90	8	30	13	80
2742	27	50	41	20	54	90	13	80	2	80	5	50	6	90	8	30	13	80
2743	27	50	41	20	54	90	13	80	2	80	5	50	6	90	8	30	13	80
2744	27	50	41	20	54	90	13	80	2	80	5	50	6	90	8	30	13	80
2745	27	50	41	20	54	90	13	80	2	80	5	50	6	90	8	30	13	80
2746	27	50	41	20	55	—	13	80	2	80	5	50	6	90	8	30	13	80
2747	27	50	41	30	55	—	13	80	2	80	5	50	6	90	8	30	13	80
2748	27	50	41	30	55	—	13	80	2	80	5	50	6	90	8	30	13	80
2749	27	50	41	30	55	—	13	80	2	80	5	50	6	90	8	30	13	80
2750	27	50	41	30	55	—	13	80	2	80	5	50	6	90	8	30	13	80
2751	27	60	41	30	55	10	13	80	2	80	5	60	6	90	8	30	13	80
2752	27	60	41	30	55	10	13	80	2	80	5	60	6	90	8	30	13	80
2753	27	60	41	30	55	10	13	80	2	80	5	60	6	90	8	30	13	80
2754	27	60	41	40	55	10	13	80	2	80	5	60	6	90	8	30	13	80
2755	27	60	41	40	55	10	13	80	2	80	5	60	6	90	8	30	13	80
2756	27	60	41	40	55	20	13	80	2	80	5	60	6	90	8	30	13	80
2757	27	60	41	40	55	20	13	80	2	80	5	60	6	90	8	30	13	80
2758	27	60	41	40	55	20	13	80	2	80	5	60	6	90	8	30	13	80
2759	27	60	41	40	55	20	13	80	2	80	5	60	6	90	8	30	13	80
2760	27	60	41	40	55	20	13	80	2	80	5	60	6	90	8	30	13	80

Gegenstands-Summa	Werthgebühr: Volle (Art. 22. 40. 41. 50)		Werthgebühr: 1/2 (Art. 25. 27. 29. 30. 38 Abs. 2)		Werthgebühr: 1/2 bis 2200 ℳ darüber 2/3 (Art. 24)		Werthgebühr: 1 1/2 (Art. 23)		4/10 aus der vollen Werthgebühr (Art. 45 Abs. 3)		4/10 aus 2/3 Werthgebühr (Art. 45 Abs. 3)		Hinterlegungsgebühr: Art. 100		Hinterlegungsgebühr: Art. 101 a		Hinterlegungsgebühr: Art. 101 b		Auseinandersetzungsgebühr: 5/10 (der Sätze des § 8 des Reichsgerichts-Kosten-Gesetzes)		Auseinandersetzungsgebühr: 2/10 (der Sätze des § 8 des Reichsgerichts-Kosten-Gesetzes)	
ℳ	ℳ	₰	ℳ	₰	ℳ	₰	ℳ	₰	ℳ	₰	ℳ	₰	ℳ	₰	ℳ	₰	ℳ	₰	ℳ	₰	ℳ	₰
2721	13	50	6	80	9	—	20	30	5	40	3	60	6	—	23	70	47	30	28	—	11	20
2722	13	50	6	80	9	—	20	30	5	40	3	60	6	—	23	70	47	30	28	—	11	20
2723	13	50	6	80	9	—	20	30	5	40	3	60	6	—	23	70	47	30	28	—	11	20
2724	13	50	6	80	9	—	20	30	5	40	3	60	6	—	23	70	47	30	28	—	11	20
2725	13	50	6	80	9	—	20	30	5	40	3	60	6	—	23	70	47	30	28	—	11	20
2726	13	50	6	80	9	—	20	30	5	40	3	60	6	—	23	70	47	30	28	—	11	20
2727	13	50	6	80	9	—	20	30	5	40	3	60	6	—	23	70	47	30	28	—	11	20
2728	13	50	6	80	9	—	20	30	5	40	3	60	6	—	23	70	47	30	28	—	11	20
2729	13	50	6	80	9	—	20	30	5	40	3	60	6	—	23	70	47	30	28	—	11	20
2730	13	50	6	80	9	—	20	30	5	40	3	60	6	—	23	70	47	30	28	—	11	20
2731	13	50	6	80	9	—	20	30	5	40	3	60	6	—	23	70	47	40	28	—	11	20
2732	13	50	6	80	9	—	20	30	5	40	3	60	6	—	23	70	47	40	28	—	11	20
2733	13	50	6	80	9	—	20	30	5	40	3	60	6	—	23	70	47	40	28	—	11	20
2734	13	50	6	80	9	—	20	30	5	40	3	60	6	—	23	70	47	40	28	—	11	20
2735	13	50	6	80	9	—	20	30	5	40	3	60	6	—	23	70	47	40	28	—	11	20
2736	13	50	6	80	9	—	20	30	5	40	3	60	6	—	23	70	47	40	28	—	11	20
2737	13	50	6	80	9	—	20	30	5	40	3	60	6	—	23	70	47	40	28	—	11	20
2738	13	50	6	80	9	—	20	30	5	40	3	60	6	—	23	70	47	40	28	—	11	20
2739	13	50	6	80	9	—	20	30	5	40	3	60	6	—	23	70	47	40	28	—	11	20
2740	13	50	6	80	9	—	20	30	5	40	3	60	6	—	23	70	47	40	28	—	11	20
2741	13	50	6	80	9	—	20	30	5	40	3	60	6	—	23	80	47	50	28	—	11	20
2742	13	50	6	80	9	—	20	30	5	40	3	60	6	—	23	80	47	50	28	—	11	20
2743	13	50	6	80	9	—	20	30	5	40	3	60	6	—	23	80	47	50	28	—	11	20
2744	13	50	6	80	9	—	20	30	5	40	3	60	6	—	23	80	47	50	28	—	11	20
2745	13	50	6	80	9	—	20	30	5	40	3	60	6	—	23	80	47	50	28	—	11	20
2746	13	50	6	80	9	—	20	30	5	40	3	60	6	—	23	80	47	50	28	—	11	20
2747	13	50	6	80	9	—	20	30	5	40	3	60	6	—	23	80	47	50	28	—	11	20
2748	13	50	6	80	9	—	20	30	5	40	3	60	6	—	23	80	47	50	28	—	11	20
2749	13	50	6	80	9	—	20	30	5	40	3	60	6	—	23	80	47	50	28	—	11	20
2750	13	50	6	80	9	—	20	30	5	40	3	60	6	—	23	80	47	50	28	—	11	20
2751	13	50	6	80	9	—	20	30	5	40	3	60	6	—	23	80	47	60	28	—	11	20
2752	13	50	6	80	9	—	20	30	5	40	3	60	6	—	23	80	47	60	28	—	11	20
2753	13	50	6	80	9	—	20	30	5	40	3	60	6	—	23	80	47	60	28	—	11	20
2754	13	50	6	80	9	—	20	30	5	40	3	60	6	—	23	80	47	60	28	—	11	20
2755	13	50	6	80	9	—	20	30	5	40	3	60	6	—	23	80	47	60	28	—	11	20
2756	13	50	6	80	9	—	20	30	5	40	3	60	6	—	23	80	47	60	28	—	11	20
2757	13	50	6	80	9	—	20	30	5	40	3	60	6	—	23	80	47	60	28	—	11	20
2758	13	50	6	80	9	—	20	30	5	40	3	60	6	—	23	80	47	60	28	—	11	20
2759	13	50	6	80	9	—	20	30	5	40	3	60	6	—	23	80	47	60	28	—	11	20
2760	13	50	6	80	9	—	20	30	5	40	3	60	6	—	23	80	47	60	28	—	11	20

Gegen-standes-Summa	Staatsgebühren 1 Prozent		1½ Prozent		2 Prozent		Besitz-veränderungs-abgabe		Staatsgebühren 1 pro mille		2 pro mille		2½ pro mille		3 pro mille		5 pro mille	
M	M	Pf	M	Pf	M	Pf	M	Pf	M	Pf	M	Pf	M	Pf	M	Pf	M	Pf
2761	27	70	41	50	55	30	13	90	2	80	5	60	7	—	8	30	13	90
2762	27	70	41	50	55	30	13	90	2	80	5	60	7	—	8	30	13	90
2763	27	70	41	50	55	30	13	90	2	80	5	60	7	—	8	30	13	90
2764	27	70	41	50	55	30	13	90	2	80	5	60	7	—	8	30	13	90
2765	27	70	41	50	55	30	13	90	2	80	5	60	7	—	8	30	13	90
2766	27	70	41	50	55	40	13	90	2	80	5	60	7	—	8	30	13	90
2767	27	70	41	60	55	40	13	90	2	80	5	60	7	—	8	30	13	90
2768	27	70	41	60	55	40	13	90	2	80	5	60	7	—	8	30	13	90
2769	27	70	41	60	55	40	13	90	2	80	5	60	7	—	8	30	13	90
2770	27	70	41	60	55	40	13	90	2	80	5	60	7	—	8	30	13	90
2771	27	80	41	60	55	50	13	90	2	80	5	60	7	—	8	30	13	90
2772	27	80	41	60	55	50	13	90	2	80	5	60	7	—	8	30	13	90
2773	27	80	41	60	55	50	13	90	2	80	5	60	7	—	8	30	13	90
2774	27	80	41	70	55	50	13	90	2	80	5	60	7	—	8	30	13	90
2775	27	80	41	70	55	50	13	90	2	80	5	60	7	—	8	30	13	90
2776	27	80	41	70	55	60	13	90	2	80	5	60	7	—	8	40	13	90
2777	27	80	41	70	55	60	13	90	2	80	5	60	7	—	8	40	13	90
2778	27	80	41	70	55	60	13	90	2	80	5	60	7	—	8	40	13	90
2779	27	80	41	70	55	60	13	90	2	80	5	60	7	—	8	40	13	90
2780	27	80	41	70	55	60	13	90	2	80	5	60	7	—	8	40	13	90
2781	27	90	41	80	55	70	14	—	2	80	5	60	7	—	8	40	14	—
2782	27	90	41	80	55	70	14	—	2	80	5	60	7	—	8	40	14	—
2783	27	90	41	80	55	70	14	—	2	80	5	60	7	—	8	40	14	—
2784	27	90	41	80	55	70	14	—	2	80	5	60	7	—	8	40	14	—
2785	27	90	41	80	55	70	14	—	2	80	5	60	7	—	8	40	14	—
2786	27	90	41	80	55	80	14	—	2	80	5	60	7	—	8	40	14	—
2787	27	90	41	90	55	80	14	—	2	80	5	60	7	—	8	40	14	—
2788	27	90	41	90	55	80	14	—	2	80	5	60	7	—	8	40	14	—
2789	27	90	41	90	55	80	14	—	2	80	5	60	7	—	8	40	14	—
2790	27	90	41	90	55	80	14	—	2	80	5	60	7	—	8	40	14	—
2791	28	—	41	90	55	90	14	—	2	80	5	60	7	—	8	40	14	—
2792	28	—	41	90	55	90	14	—	2	80	5	60	7	—	8	40	14	—
2793	28	—	41	90	55	90	14	—	2	80	5	60	7	—	8	40	14	—
2794	28	—	42	—	55	90	14	—	2	80	5	60	7	—	8	40	14	—
2795	28	—	42	—	55	90	14	—	2	80	5	60	7	—	8	40	14	—
2796	28	—	42	—	56	—	14	—	2	80	5	60	7	—	8	40	14	—
2797	28	—	42	—	56	—	14	—	2	80	5	60	7	—	8	40	14	—
2798	28	—	42	—	56	—	14	—	2	80	5	60	7	—	8	40	14	—
2799	28	—	42	—	56	—	14	—	2	80	5	60	7	—	8	40	14	—
2800	28	—	42	—	56	—	14	—	2	80	5	60	7	—	8	40	14	—

Gegenstands-Summa	Werthgebühr: Volle		Werthgebühr: 1/2		Werthgebühr: 1/2 bis 2200 M, darüber 2/3		Werthgebühr: 1 1/2		4/10 aus der vollen Werthgebühr		4/10 aus 2/3 Werthgebühr		Hinterlegungsgebühr						Auseinandersetzungsgebühr: 5/10		Auseinandersetzungsgebühr: 2/10	
	Art. 22. 40. 41. 50		Art. 25. 27. 29. 30. 38 Abs. 2		Art. 24		Art. 23		Art. 45 Abs. 3				Art. 100		Art. 101 a		Art. 101 b		der Sätze des § 8 des Reichsgerichts-Kosten-Gesetzes					
M	M	Pf	M	Pf	M	Pf	M	Pf	M	Pf	M	Pf	M	Pf	M	Pf	M	Pf	M	Pf	M	Pf		
2761	13	50	6	80	9	—	20	30	5	40	3	60	6	—	23	90	47	70	28	—	11	20		
2762	13	50	6	80	9	—	20	30	5	40	3	60	6	—	23	90	47	70	28	—	11	20		
2763	13	50	6	80	9	—	20	30	5	40	3	60	6	—	23	90	47	70	28	—	11	20		
2764	13	50	6	80	9	—	20	30	5	40	3	60	6	—	23	90	47	70	28	—	11	20		
2765	13	50	6	80	9	—	20	30	5	40	3	60	6	—	23	90	47	70	28	—	11	20		
2767	13	50	6	80	9	—	20	30	5	40	3	60	6	—	23	90	47	70	28	—	11	20		
2766	13	50	6	80	9	—	20	30	5	40	3	60	6	—	23	90	47	70	28	—	11	20		
2768	13	50	6	80	9	—	20	30	5	40	3	60	6	—	23	90	47	70	28	—	11	20		
2769	13	50	6	80	9	—	20	30	5	40	3	60	6	—	23	90	47	70	28	—	11	20		
2770	13	50	6	80	9	—	20	30	5	40	3	60	6	—	23	90	47	70	28	—	11	20		
2771	13	50	6	80	9	—	20	30	5	40	3	60	6	—	23	90	47	80	28	—	11	20		
2772	13	50	6	80	9	—	20	30	5	40	3	60	6	—	23	90	47	80	28	—	11	20		
2773	13	50	6	80	9	—	20	30	5	40	3	60	6	—	23	90	47	80	28	—	11	20		
2774	13	50	6	80	9	—	20	30	5	40	3	60	6	—	23	90	47	80	28	—	11	20		
2775	13	50	6	80	9	—	20	30	5	40	3	60	6	—	23	90	47	80	28	—	11	20		
2776	13	50	6	80	9	—	20	30	5	40	3	60	6	—	23	90	47	80	28	—	11	20		
2777	13	50	6	80	9	—	20	30	5	40	3	60	6	—	23	90	47	80	28	—	11	20		
2778	13	50	6	80	9	—	20	30	5	40	3	60	6	—	23	90	47	80	28	—	11	20		
2779	13	50	6	80	9	—	20	30	5	40	3	60	6	—	23	90	47	80	28	—	11	20		
2780	13	50	6	80	9	—	20	30	5	40	3	60	6	—	23	90	47	80	28	—	11	20		
2781	13	50	6	80	9	—	20	30	5	40	3	60	6	—	24	—	47	90	28	—	11	20		
2782	13	50	6	80	9	—	20	30	5	40	3	60	6	—	24	—	47	90	28	—	11	20		
2783	13	50	6	80	9	—	20	30	5	40	3	60	6	—	24	—	47	90	28	—	11	20		
2784	13	50	6	80	9	—	20	30	5	40	3	60	6	—	24	—	47	90	28	—	11	20		
2785	13	50	6	80	9	—	20	30	5	40	3	60	6	—	24	—	47	90	28	—	11	20		
2786	13	50	6	80	9	—	20	30	5	40	3	60	6	—	24	—	47	90	28	—	11	20		
2787	13	50	6	80	9	—	20	30	5	40	3	60	6	—	24	—	47	90	28	—	11	20		
2788	13	50	6	80	9	—	20	30	5	40	3	60	6	—	24	—	47	90	28	—	11	20		
2789	13	50	6	80	9	—	20	30	5	40	3	60	6	—	24	—	47	90	28	—	11	20		
2790	13	50	6	80	9	—	20	30	5	40	3	60	6	—	24	—	47	90	28	—	11	20		
2791	13	50	6	80	9	—	20	30	5	40	3	60	6	—	24	—	48	—	28	—	11	20		
2792	13	50	6	80	9	—	20	30	5	40	3	60	6	—	24	—	48	—	28	—	11	20		
2793	13	50	6	80	9	—	20	30	5	40	3	60	6	—	24	—	48	—	28	—	11	20		
2794	13	50	6	80	9	—	20	30	5	40	3	60	6	—	24	—	48	—	28	—	11	20		
2795	13	50	6	80	9	—	20	30	5	40	3	60	6	—	24	—	48	—	28	—	11	20		
2796	13	50	6	80	9	—	20	30	5	40	3	60	6	—	24	—	48	—	28	—	11	20		
2797	13	50	6	80	9	—	20	30	5	40	3	60	6	—	24	—	48	—	28	—	11	20		
2798	13	50	6	80	9	—	20	30	5	40	3	60	6	—	24	—	48	—	28	—	11	20		
2799	13	50	6	80	9	—	20	30	5	40	3	60	6	—	24	—	48	—	28	—	11	20		
2800	13	50	6	80	9	—	20	30	5	40	3	60	6	—	24	—	48	—	28	—	11	20		

Gegenstands-Summa	Staatsgebühren						Besitzveränderungsabgabe		Staatsgebühren									
	1		1 1/2		2				1		2		2 1/2		3		5	
	Prozent								pro mille									
ℳ	ℳ	₰	ℳ	₰	ℳ	₰	ℳ	₰	ℳ	₰	ℳ	₰	ℳ	₰	ℳ	₰	ℳ	₰
2801	28	10	42	10	56	10	14	10	2	90	5	70	7	10	8	40	14	10
2802	28	10	42	10	56	10	14	10	2	90	5	70	7	10	8	40	14	10
2803	28	10	42	10	56	10	14	10	2	90	5	70	7	10	8	40	14	10
2804	28	10	42	10	56	10	14	10	2	90	5	70	7	10	8	40	14	10
2805	28	10	42	10	56	10	14	10	2	90	5	70	7	10	8	50	14	10
2806	28	10	42	10	56	20	14	10	2	90	5	70	7	10	8	50	14	10
2807	28	10	42	20	56	20	14	10	2	90	5	70	7	10	8	50	14	10
2808	28	10	42	20	56	20	14	10	2	90	5	70	7	10	8	50	14	10
2809	28	10	42	20	56	20	14	10	2	90	5	70	7	10	8	50	14	10
2810	28	10	42	20	56	20	14	10	2	90	5	70	7	10	8	50	14	10
2811	28	20	42	20	56	30	14	10	2	90	5	70	7	10	8	50	14	10
2812	28	20	42	20	56	30	14	10	2	90	5	70	7	10	8	50	14	10
2813	28	20	42	20	56	30	14	10	2	90	5	70	7	10	8	50	14	10
2814	28	20	42	30	56	30	14	10	2	90	5	70	7	10	8	50	14	10
2815	28	20	42	30	56	30	14	10	2	90	5	70	7	10	8	50	14	10
2816	28	20	42	30	56	40	14	10	2	90	5	70	7	10	8	50	14	10
2817	28	20	42	30	56	40	14	10	2	90	5	70	7	10	8	50	14	10
2818	28	20	42	30	56	40	14	10	2	90	5	70	7	10	8	50	14	10
2819	28	20	42	30	56	40	14	10	2	90	5	70	7	10	8	50	14	10
2820	28	20	42	30	56	40	14	10	2	90	5	70	7	10	8	50	14	10
2821	28	30	42	40	56	50	14	20	2	90	5	70	7	10	8	50	14	20
2822	28	30	42	40	56	50	14	20	2	90	5	70	7	10	8	50	14	20
2823	28	30	42	40	56	50	14	20	2	90	5	70	7	10	8	50	14	20
2824	28	30	42	40	56	50	14	20	2	90	5	70	7	10	8	50	14	20
2825	28	30	42	40	56	50	14	20	2	90	5	70	7	10	8	50	14	20
2826	28	30	42	40	56	60	14	20	2	90	5	70	7	10	8	50	14	20
2827	28	30	42	50	56	60	14	20	2	90	5	70	7	10	8	50	14	20
2828	28	30	42	50	56	60	14	20	2	90	5	70	7	10	8	50	14	20
2829	28	30	42	50	56	60	14	20	2	90	5	70	7	10	8	50	14	20
2830	28	30	42	50	56	60	14	20	2	90	5	70	7	10	8	50	14	20
2831	28	40	42	50	56	70	14	20	2	90	5	70	7	10	8	50	14	20
2832	28	40	42	50	56	70	14	20	2	90	5	70	7	10	8	50	14	20
2833	28	40	42	50	56	70	14	20	2	90	5	70	7	10	8	50	14	20
2834	28	40	42	60	56	70	14	20	2	90	5	70	7	10	8	60	14	20
2835	28	40	42	60	56	70	14	20	2	90	5	70	7	10	8	60	14	20
2836	28	40	42	60	56	80	14	20	2	90	5	70	7	10	8	60	14	20
2837	28	40	42	60	56	80	14	20	2	90	5	70	7	10	8	60	14	20
2838	28	40	42	60	56	80	14	20	2	90	5	70	7	10	8	60	14	20
2839	28	40	42	60	56	80	14	20	2	90	5	70	7	10	8	60	14	20
2840	28	40	42	60	56	80	14	20	2	90	5	70	7	10	8	60	14	20

Gegen-stands-Summa	Werthgebühr: Volle (Art. 22. 40. 41. 50)		Werthgebühr: 1/2 (Art. 25. 27. 29. 30. 38 Abs. 2)		Werthgebühr: 1/2 bis 2200 M, darüber 2/3 (Art. 24)		Werthgebühr: 1 1/2 (Art. 23)		4/10 aus der vollen Werthgebühr (Art. 45 Abs. 3)		4/10 aus 2/3 Werthgebühr (Art. 45 Abs. 3)		Hinterlegungsgebühr: Art. 100		Hinterlegungsgebühr: Art. 101 a		Hinterlegungsgebühr: Art. 101 b		Auseinandersetzungsgebühr: 5/10 (der Sätze des § 8 des Reichsgerichts-Kosten-Gesetzes)		Auseinandersetzungsgebühr: 2/10 (der Sätze des § 8 des Reichsgerichts-Kosten-Gesetzes)	
M	M	Pf	M	Pf	M	Pf	M	Pf	M	Pf	M	Pf	M	Pf	M	Pf	M	Pf	M	Pf	M	Pf
2801	13	50	6	80	9	—	20	30	5	40	3	60	6	10	24	10	48	10	28	—	11	20
2802	13	50	6	80	9	—	20	30	5	40	3	60	6	10	24	10	48	10	28	—	11	20
2803	13	50	6	80	9	—	20	30	5	40	3	60	6	10	24	10	48	10	28	—	11	20
2804	13	50	6	80	9	—	20	30	5	40	3	60	6	10	24	10	48	10	28	—	11	20
2805	13	50	6	80	9	—	20	30	5	40	3	60	6	10	24	10	48	10	28	—	11	20
2806	13	50	6	80	9	—	20	30	5	40	3	60	6	10	24	10	48	10	28	—	11	20
2807	13	50	6	80	9	—	20	30	5	40	3	60	6	10	24	10	48	10	28	—	11	20
2808	13	50	6	80	9	—	20	30	5	40	3	60	6	10	24	10	48	10	28	—	11	20
2809	13	50	6	80	9	—	20	30	5	40	3	60	6	10	24	10	48	10	28	—	11	20
2810	13	50	6	80	9	—	20	30	5	40	3	60	6	10	24	10	48	10	28	—	11	20
2811	13	50	6	80	9	—	20	30	5	40	3	60	6	10	24	10	48	20	28	—	11	20
2812	13	50	6	80	9	—	20	30	5	40	3	60	6	10	24	10	48	20	28	—	11	20
2813	13	50	6	80	9	—	20	30	5	40	3	60	6	10	24	10	48	20	28	—	11	20
2814	13	50	6	80	9	—	20	30	5	40	3	60	6	10	24	10	48	20	28	—	11	20
2815	13	50	6	80	9	—	20	30	5	40	3	60	6	10	24	10	48	20	28	—	11	20
2816	13	50	6	80	9	—	20	30	5	40	3	60	6	10	24	10	48	20	28	—	11	20
2817	13	50	6	80	9	—	20	30	5	40	3	60	6	10	24	10	48	20	28	—	11	20
2818	13	50	6	80	9	—	20	30	5	40	3	60	6	10	24	10	48	20	28	—	11	20
2819	13	50	6	80	9	—	20	30	5	40	3	60	6	10	24	10	48	20	28	—	11	20
2820	13	50	6	80	9	—	20	30	5	40	3	60	6	10	24	10	48	20	28	—	11	20
2821	13	50	6	80	9	—	20	30	5	40	3	60	6	10	24	20	48	30	28	—	11	20
2822	13	50	6	80	9	—	20	30	5	40	3	60	6	10	24	20	48	30	28	—	11	20
2823	13	50	6	80	9	—	20	30	5	40	3	60	6	10	24	20	48	30	28	—	11	20
2824	13	50	6	80	9	—	20	30	5	40	3	60	6	10	24	20	48	30	28	—	11	20
2825	13	50	6	80	9	—	20	30	5	40	3	60	6	10	24	20	48	30	28	—	11	20
2826	13	50	6	80	9	—	20	30	5	40	3	60	6	10	24	20	48	30	28	—	11	20
2827	13	50	6	80	9	—	20	30	5	40	3	60	6	10	24	20	48	30	28	—	11	20
2828	13	50	6	80	9	—	20	30	5	40	3	60	6	10	24	20	48	30	28	—	11	20
2829	13	50	6	80	9	—	20	30	5	40	3	60	6	10	24	20	48	30	28	—	11	20
2830	13	50	6	80	9	—	20	30	5	40	3	60	6	10	24	20	48	30	28	—	11	20
2831	13	50	6	80	9	—	20	30	5	40	3	60	6	10	24	20	48	40	28	—	11	20
2832	13	50	6	80	9	—	20	30	5	40	3	60	6	10	24	20	48	40	28	—	11	20
2833	13	50	6	80	9	—	20	30	5	40	3	60	6	10	24	20	48	40	28	—	11	20
2834	13	50	6	80	9	—	20	30	5	40	3	60	6	10	24	20	48	40	28	—	11	20
2835	13	50	6	80	9	—	20	30	5	40	3	60	6	10	24	20	48	40	28	—	11	20
2836	13	50	6	80	9	—	20	30	5	40	3	60	6	10	24	20	48	40	28	—	11	20
2837	13	50	6	80	9	—	20	30	5	40	3	60	6	10	24	20	48	40	28	—	11	20
2838	13	50	6	80	9	—	20	30	5	40	3	60	6	10	24	20	48	40	28	—	11	20
2839	13	50	6	80	9	—	20	30	5	40	3	60	6	10	24	20	48	40	28	—	11	20
2840	13	50	6	80	9	—	20	30	5	40	3	60	6	10	24	20	48	40	28	—	11	20

Gegen-stands-Summa	Staatsgebühren 1 Prozent		1½		2		Besitz-veränderungs-abgabe		Staatsgebühren 1 pro mille		2		2½		3		5	
ℳ	ℳ	₰	ℳ	₰	ℳ	₰	ℳ	₰	ℳ	₰	ℳ	₰	ℳ	₰	ℳ	₰	ℳ	₰
2841	28	50	42	70	56	90	14	30	2	90	5	70	7	20	8	60	14	30
2842	28	50	42	70	56	90	14	30	2	90	5	70	7	20	8	60	14	30
2843	28	50	42	70	56	90	14	30	2	90	5	70	7	20	8	60	14	30
2844	28	50	42	70	56	90	14	30	2	90	5	70	7	20	8	60	14	30
2845	28	50	42	70	56	90	14	30	2	90	5	70	7	20	8	60	14	30
2846	28	50	42	70	57	—	14	30	2	90	5	70	7	20	8	60	14	30
2847	28	50	42	80	57	—	14	30	2	90	5	70	7	20	8	60	14	30
2848	28	50	42	80	57	—	14	30	2	90	5	70	7	20	8	60	14	30
2849	28	50	42	80	57	—	14	30	2	90	5	70	7	20	8	60	14	30
2850	28	50	42	80	57	—	14	30	2	90	5	70	7	20	8	60	14	30
2851	28	60	42	80	57	10	14	30	2	90	5	80	7	20	8	60	14	30
2852	28	60	42	80	57	10	14	30	2	90	5	80	7	20	8	60	14	30
2853	28	60	42	80	57	10	14	30	2	90	5	80	7	20	8	60	14	30
2854	28	60	42	90	57	10	14	30	2	90	5	80	7	20	8	60	14	30
2855	28	60	42	90	57	10	14	30	2	90	5	80	7	20	8	60	14	30
2856	28	60	42	90	57	20	14	30	2	90	5	80	7	20	8	60	14	30
2857	28	60	42	90	57	20	14	30	2	90	5	80	7	20	8	60	14	30
2858	28	60	42	90	57	20	14	30	2	90	5	80	7	20	8	60	14	30
2859	28	60	42	90	57	20	14	30	2	90	5	80	7	20	8	60	14	30
2860	28	60	42	90	57	20	14	30	2	90	5	80	7	20	8	60	14	30
2861	28	70	43	—	57	30	14	40	2	90	5	80	7	20	8	60	14	40
2862	28	70	43	—	57	30	14	40	2	90	5	80	7	20	8	60	14	40
2863	28	70	43	—	57	30	14	40	2	90	5	80	7	20	8	60	14	40
2864	28	70	43	—	57	30	14	40	2	90	5	80	7	20	8	60	14	40
2865	28	70	43	—	57	30	14	40	2	90	5	80	7	20	8	60	14	40
2866	28	70	43	—	57	40	14	40	2	90	5	80	7	20	8	60	14	40
2867	28	70	43	10	57	40	14	40	2	90	5	80	7	20	8	70	14	40
2868	28	70	43	10	57	40	14	40	2	90	5	80	7	20	8	70	14	40
2869	28	70	43	10	57	40	14	40	2	90	5	80	7	20	8	70	14	40
2870	28	70	43	10	57	40	14	40	2	90	5	80	7	20	8	70	14	40
2871	28	80	43	10	57	50	14	40	2	90	5	80	7	20	8	70	14	40
2872	28	80	43	10	57	50	14	40	2	90	5	80	7	20	8	70	14	40
2873	28	80	43	10	57	50	14	40	2	90	5	80	7	20	8	70	14	40
2874	28	80	43	20	57	50	14	40	2	90	5	80	7	20	8	70	14	40
2875	28	80	43	20	57	50	14	40	2	90	5	80	7	20	8	70	14	40
2876	28	80	43	20	57	60	14	40	2	90	5	80	7	20	8	70	14	40
2877	28	80	43	20	57	60	14	40	2	90	5	80	7	20	8	70	14	40
2878	28	80	43	20	57	60	14	40	2	90	5	80	7	20	8	70	14	40
2879	28	80	43	20	57	60	14	40	2	90	5	80	7	20	8	70	14	40
2880	28	80	43	20	57	60	14	40	2	90	5	80	7	20	8	70	14	40

Gegen-stands-Summa	Werthgebühr: Volle, Art. 22. 40. 41. 50		Werthgebühr: 1/2, Art. 25. 27. 29. 30. 38 Abs. 2		Werthgebühr: 1/2 bis 2200 M. darüber 2/3, Art. 24		Werthgebühr: 1 1/2, Art. 23		4/10 aus der vollen Werthgebühr, Art. 45 Abs. 3		4/10 aus 2/3 Werthgebühr, Art. 45 Abs. 3		Hinterlegungsgebühr: Art. 100		Hinterlegungsgebühr: Art. 101 a		Hinterlegungsgebühr: Art. 101 b		Auseinandersetzungsgebühr: 5/10 der Sätze des § 8 des Reichsgerichts-Kosten-Gesetzes		Auseinandersetzungsgebühr: 2/10 der Sätze des § 8 des Reichsgerichts-Kosten-Gesetzes	
M	M	Pf	M	Pf	M	Pf	M	Pf	M	Pf	M	Pf	M	Pf	M	Pf	M	Pf	M	Pf	M	Pf
2841	13	50	6	80	9	—	20	30	5	40	3	60	6	10	24	30	48	50	28	—	11	20
2842	13	50	6	80	9	—	20	30	5	40	3	60	6	10	24	30	48	50	28	—	11	20
2843	13	50	6	80	9	—	20	30	5	40	3	60	6	10	24	30	48	50	28	—	11	20
2844	13	50	6	80	9	—	20	30	5	40	3	60	6	10	24	30	48	50	28	—	11	20
2845	13	50	6	80	9	—	20	30	5	40	3	60	6	10	24	30	48	50	28	—	11	20
2846	13	50	6	80	9	—	20	30	5	40	3	60	6	10	24	30	48	50	28	—	11	20
2847	13	50	6	80	9	—	20	30	5	40	3	60	6	10	24	30	48	50	28	—	11	20
2848	13	50	6	80	9	—	20	30	5	40	3	60	6	10	24	30	48	50	28	—	11	20
2849	13	50	6	80	9	—	20	30	5	40	3	60	6	10	24	30	48	50	28	—	11	20
2850	13	50	6	80	9	—	20	30	5	40	3	60	6	10	24	30	48	50	28	—	11	20
2851	13	50	6	80	9	—	20	30	5	40	3	60	6	10	24	30	48	60	28	—	11	20
2852	13	50	6	80	9	—	20	30	5	40	3	60	6	10	24	30	48	60	28	—	11	20
2853	13	50	6	80	9	—	20	30	5	40	3	60	6	10	24	30	48	60	28	—	11	20
2854	13	50	6	80	9	—	20	30	5	40	3	60	6	10	24	30	48	60	28	—	11	20
2855	13	50	6	80	9	—	20	30	5	40	3	60	6	10	24	30	48	60	28	—	11	20
2856	13	50	6	80	9	—	20	30	5	40	3	60	6	10	24	30	48	60	28	—	11	20
2857	13	50	6	80	9	—	20	30	5	40	3	60	6	10	24	30	48	60	28	—	11	20
2858	13	50	6	80	9	—	20	30	5	40	3	60	6	10	24	30	48	60	28	—	11	20
2859	13	50	6	80	9	—	20	30	5	40	3	60	6	10	24	30	48	60	28	—	11	20
2860	13	50	6	80	9	—	20	30	5	40	3	60	6	10	24	30	48	60	28	—	11	20
2861	13	50	6	80	9	—	20	30	5	40	3	60	6	10	24	40	48	70	28	—	11	20
2862	13	50	6	80	9	—	20	30	5	40	3	60	6	10	24	40	48	70	28	—	11	20
2863	13	50	6	80	9	—	20	30	5	40	3	60	6	10	24	40	48	70	28	—	11	20
2864	13	50	6	80	9	—	20	30	5	40	3	60	6	10	24	40	48	70	28	—	11	20
2865	13	50	6	80	9	—	20	30	5	40	3	60	6	10	24	40	48	70	28	—	11	20
2866	13	50	6	80	9	—	20	30	5	40	3	60	6	10	24	40	48	70	28	—	11	20
2867	13	50	6	80	9	—	20	30	5	40	3	60	6	10	24	40	48	70	28	—	11	20
2868	13	50	6	80	9	—	20	30	5	40	3	60	6	10	24	40	48	70	28	—	11	20
2869	13	50	6	80	9	—	20	30	5	40	3	60	6	10	24	40	48	70	28	—	11	20
2870	13	50	6	80	9	—	20	30	5	40	3	60	6	10	24	40	48	70	28	—	11	20
2871	13	50	6	80	9	—	20	30	5	40	3	60	6	10	24	40	48	80	28	—	11	20
2872	13	50	6	80	9	—	20	30	5	40	3	60	6	10	24	40	48	80	28	—	11	20
2873	13	50	6	80	9	—	20	30	5	40	3	60	6	10	24	40	48	80	28	—	11	20
2874	13	50	6	80	9	—	20	30	5	40	3	60	6	10	24	40	48	80	28	—	11	20
2875	13	50	6	80	9	—	20	30	5	40	3	60	6	10	24	40	48	80	28	—	11	20
2876	13	50	6	80	9	—	20	30	5	40	3	60	6	10	24	40	48	80	28	—	11	20
2877	13	50	6	80	9	—	20	30	5	40	3	60	6	10	24	40	48	80	28	—	11	20
2878	13	50	6	80	9	—	20	30	5	40	3	60	6	10	24	40	48	80	28	—	11	20
2879	13	50	6	80	9	—	20	30	5	40	3	60	6	10	24	40	48	80	28	—	11	20
2880	13	50	6	80	9	—	20	30	5	40	3	60	6	10	24	40	48	80	28	—	11	20

Gegen-stands-Summa	Staatsgebühren 1 Prozent		Staatsgebühren 1½ Prozent		Staatsgebühren 2 Prozent		Besitz-verände-rungs-abgabe		Staatsgebühren 1 pro mille		Staatsgebühren 2 pro mille		Staatsgebühren 2½ pro mille		Staatsgebühren 3 pro mille		Staatsgebühren 5 pro mille	
M	M	₰	M	₰	M	₰	M	₰	M	₰	M	₰	M	₰	M	₰	M	₰
2881	28	90	43	30	57	70	14	50	2	90	5	80	7	30	8	70	14	50
2882	28	90	43	30	57	70	14	50	2	90	5	80	7	30	8	70	14	50
2883	28	90	43	30	57	70	14	50	2	90	5	80	7	30	8	70	14	50
2884	28	90	43	30	57	70	14	50	2	90	5	80	7	30	8	70	14	50
2885	28	90	43	30	57	70	14	50	2	90	5	80	7	30	8	70	14	50
2886	28	90	43	30	57	80	14	50	2	90	5	80	7	30	8	70	14	50
2887	28	90	43	40	57	80	14	50	2	90	5	80	7	30	8	70	14	50
2888	28	90	43	40	57	80	14	50	2	90	5	80	7	30	8	70	14	50
2889	28	90	43	40	57	80	14	50	2	90	5	80	7	30	8	70	14	50
2890	28	90	43	40	57	80	14	50	2	90	5	80	7	30	8	70	14	50
2891	29	—	43	40	57	90	14	50	2	90	5	80	7	30	8	70	14	50
2892	29	—	43	40	57	90	14	50	2	90	5	80	7	30	8	70	14	50
2893	29	—	43	40	57	90	14	50	2	90	5	80	7	30	8	70	14	50
2894	29	—	43	50	57	90	14	50	2	90	5	80	7	30	8	70	14	50
2895	29	—	43	50	57	90	14	50	2	90	5	80	7	30	8	70	14	50
2896	29	—	43	50	58	—	14	50	2	90	5	80	7	30	8	70	14	50
2897	29	—	43	50	58	—	14	50	2	90	5	80	7	30	8	70	14	50
2898	29	—	43	50	58	—	14	50	2	90	5	80	7	30	8	70	14	50
2899	29	—	43	50	58	—	14	50	2	90	5	80	7	30	8	70	14	50
2900	29	—	43	50	58	—	14	50	2	90	5	80	7	30	8	70	14	50
2901	29	10	43	60	58	10	14	60	3	—	5	90	7	30	8	80	14	60
2902	29	10	43	60	58	10	14	60	3	—	5	90	7	30	8	80	14	60
2903	29	10	43	60	58	10	14	60	3	—	5	90	7	30	8	80	14	60
2904	29	10	43	60	58	10	14	60	3	—	5	90	7	30	8	80	14	60
2905	29	10	43	60	58	10	14	60	3	—	5	90	7	30	8	80	14	60
2906	29	10	43	60	58	20	14	60	3	—	5	90	7	30	8	80	14	60
2907	29	10	43	70	58	20	14	60	3	—	5	90	7	30	8	80	14	60
2908	29	10	43	70	58	20	14	60	3	—	5	90	7	30	8	80	14	60
2909	29	10	43	70	58	20	14	60	3	—	5	90	7	30	8	80	14	60
2910	29	10	43	70	58	20	14	60	3	—	5	90	7	30	8	80	14	60
2911	29	20	43	70	58	30	14	60	3	—	5	90	7	30	8	80	14	60
2912	29	20	43	70	58	30	14	60	3	—	5	90	7	30	8	80	14	60
2913	29	20	43	70	58	30	14	60	3	—	5	90	7	30	8	80	14	60
2914	29	20	43	80	58	30	14	60	3	—	5	90	7	30	8	80	14	60
2915	29	20	43	80	58	30	14	60	3	—	5	90	7	30	8	80	14	60
2916	29	20	43	80	58	40	14	60	3	—	5	90	7	30	8	80	14	60
2917	29	20	43	80	58	40	14	60	3	—	5	90	7	30	8	80	14	60
2918	29	20	43	80	58	40	14	60	3	—	5	90	7	30	8	80	14	60
2919	29	20	43	80	58	40	14	60	3	—	5	90	7	30	8	80	14	60
2920	29	20	43	80	58	40	14	60	3	—	5	90	7	30	8	80	14	60

Gegenstands-Summa	Werthgebühr								$^4/_{10}$ aus der vollen Werthgebühr		$^4/_{10}$ aus $^2/_3$ Werthgebühr		Hinterlegungsgebühr						Auseinandersetzungsgebühr			
	Volle		$^1/_2$		$^1/_2$ bis 2200 M		$1^1/_2$												$^5/_{10}$		$^2/_{10}$	
	Art. 22. 40. 41. 50		Art. 25. 27. 29. 30. 38 Abs. 2		darüber $^2/_3$ Art. 24		Art. 23		Art. 45 Abs. 3				Art. 100		Art. 101 a		Art. 101 b		der Sätze des § 8 des Reichsgerichts-Kosten-Gesetzes			
M	M	₰	M	₰	M	₰	M	₰	M	₰	M	₰	M	₰	M	₰	M	₰	M	₰	M	₰
2881	13	50	6	80	9	—	20	30	5	40	3	60	6	20	24	50	48	90	28	—	11	20
2882	13	50	6	80	9	—	20	30	5	40	3	60	6	20	24	50	48	90	28	—	11	20
2883	13	50	6	80	9	—	20	30	5	40	3	60	6	20	24	50	48	90	28	—	11	20
2884	13	50	6	80	9	—	20	30	5	40	3	60	6	20	24	50	48	90	28	—	11	20
2885	13	50	6	80	9	—	20	30	5	40	3	60	6	20	24	50	48	90	28	—	11	20
2886	13	50	6	80	9	—	20	30	5	40	3	60	6	20	24	50	48	90	28	—	11	20
2887	13	50	6	80	9	—	20	30	5	40	3	60	6	20	24	50	48	90	28	—	11	20
2888	13	50	6	80	9	—	20	30	5	40	3	60	6	20	24	50	48	90	28	—	11	20
2889	13	50	6	80	9	—	20	30	5	40	3	60	6	20	24	50	48	90	28	—	11	20
2890	13	50	6	80	9	—	20	30	5	40	3	60	6	20	24	50	48	90	28	—	11	20
2891	13	50	6	80	9	—	20	30	5	40	3	60	6	20	24	50	49	—	28	—	11	20
2892	13	50	6	80	9	—	20	30	5	40	3	60	6	20	24	50	49	—	28	—	11	20
2893	13	50	6	80	9	—	20	30	5	40	3	60	6	20	24	50	49	—	28	—	11	20
2894	13	50	6	80	9	—	20	30	5	40	3	60	6	20	24	50	49	—	28	—	11	20
2895	13	50	6	80	9	—	20	30	5	40	3	60	6	20	24	50	49	—	28	—	11	20
2896	13	50	6	80	9	—	20	30	5	40	3	60	6	20	24	50	49	—	28	—	11	20
2897	13	50	6	80	9	—	20	30	5	40	3	60	6	20	24	50	49	—	28	—	11	20
2898	13	50	6	80	9	—	20	30	5	40	3	60	6	20	24	50	49	—	28	—	11	20
2899	13	50	6	80	9	—	20	30	5	40	3	60	6	20	24	50	49	—	28	—	11	20
2900	13	50	6	80	9	—	20	30	5	40	3	60	6	20	24	50	49	—	28	—	11	20
2901	13	50	6	80	9	—	20	30	5	40	3	60	6	20	24	60	49	10	28	—	11	20
2902	13	50	6	80	9	—	20	30	5	40	3	60	6	20	24	60	49	10	28	—	11	20
2903	13	50	6	80	9	—	20	30	5	40	3	60	6	20	24	60	49	10	28	—	11	20
2904	13	50	6	80	9	—	20	30	5	40	3	60	6	20	24	60	49	10	28	—	11	20
2905	13	50	6	80	9	—	20	30	5	40	3	60	6	20	24	60	49	10	28	—	11	20
2906	13	50	6	80	9	—	20	30	5	40	3	60	6	20	24	60	49	10	28	—	11	20
2907	13	50	6	80	9	—	20	30	5	40	3	60	6	20	24	60	49	10	28	—	11	20
2908	13	50	6	80	9	—	20	30	5	40	3	60	6	20	24	60	49	10	28	—	11	20
2909	13	50	6	80	9	—	20	30	5	40	3	60	6	20	24	60	49	10	28	—	11	20
2910	13	50	6	80	9	—	20	30	5	40	3	60	6	20	24	60	49	10	28	—	11	20
2911	13	50	6	80	9	—	20	30	5	40	3	60	6	20	24	60	49	20	28	—	11	20
2912	13	50	6	80	9	—	20	30	5	40	3	60	6	20	24	60	49	20	28	—	11	20
2913	13	50	6	80	9	—	20	30	5	40	3	60	6	20	24	60	49	20	28	—	11	20
2914	13	50	6	80	9	—	20	30	5	40	3	60	6	20	24	60	49	20	28	—	11	20
2915	13	50	6	80	9	—	20	30	5	40	3	60	6	20	24	60	49	20	28	—	11	20
2916	13	50	6	80	9	—	20	30	5	40	3	60	6	20	24	60	49	20	28	—	11	20
2917	13	50	6	80	9	—	20	30	5	40	3	60	6	20	24	60	49	20	28	—	11	20
2918	13	50	6	80	9	—	20	30	5	40	3	60	6	20	24	60	49	20	28	—	11	20
2919	13	50	6	80	9	—	20	30	5	40	3	60	6	20	24	60	49	20	28	—	11	20
2920	13	50	6	80	9	—	20	30	5	40	3	60	6	20	24	60	49	20	28	—	11	20

Gegenstands-Summa	Staatsgebühren 1 Prozent		1½ Prozent		2 Prozent		Besitzveränderungsabgabe		Staatsgebühren 1 pro mille		2 pro mille		2½ pro mille		3 pro mille		5 pro mille	
ℳ	ℳ	₰	ℳ	₰	ℳ	₰	ℳ	₰	ℳ	₰	ℳ	₰	ℳ	₰	ℳ	₰	ℳ	₰
2921	29	30	43	90	58	50	14	70	3	—	5	90	7	40	8	80	14	70
2922	29	30	43	90	58	50	14	70	3	—	5	90	7	40	8	80	14	70
2923	29	30	43	90	58	50	14	70	3	—	5	90	7	40	8	80	14	70
2924	29	30	43	90	58	50	14	70	3	—	5	90	7	40	8	80	14	70
2925	29	30	43	90	58	50	14	70	3	—	5	90	7	40	8	80	14	70
2926	29	30	43	90	58	60	14	70	3	—	5	90	7	40	8	80	14	70
2927	29	30	44	—	58	60	14	70	3	—	5	90	7	40	8	80	14	70
2928	29	30	44	—	58	60	14	70	3	—	5	90	7	40	8	80	14	70
2929	29	30	44	—	58	60	14	70	3	—	5	90	7	40	8	80	14	70
2930	29	30	44	—	58	60	14	70	3	—	5	90	7	40	8	80	14	70
2931	29	40	44	—	58	70	14	70	3	—	5	90	7	40	8	80	14	70
2932	29	40	44	—	58	70	14	70	3	—	5	90	7	40	8	80	14	70
2933	29	40	44	—	58	70	14	70	3	—	5	90	7	40	8	80	14	70
2934	29	40	44	10	58	70	14	70	3	—	5	90	7	40	8	90	14	70
2935	29	40	44	10	58	70	14	70	3	—	5	90	7	40	8	90	14	70
2936	29	40	44	10	58	80	14	70	3	—	5	90	7	40	8	90	14	70
2937	29	40	44	10	58	80	14	70	3	—	5	90	7	40	8	90	14	70
2938	29	40	44	10	58	80	14	70	3	—	5	90	7	40	8	90	14	70
2939	29	40	44	10	58	80	14	70	3	—	5	90	7	40	8	90	14	70
2940	29	40	44	10	58	80	14	70	3	—	5	90	7	40	8	90	14	70
2941	29	50	44	20	58	90	14	80	3	—	5	90	7	40	8	90	14	80
2942	29	50	44	20	58	90	14	80	3	—	5	90	7	40	8	90	14	80
2943	29	50	44	20	58	90	14	80	3	—	5	90	7	40	8	90	14	80
2944	29	50	44	20	58	90	14	80	3	—	5	90	7	40	8	90	14	80
2945	29	50	44	20	58	90	14	80	3	—	5	90	7	40	8	90	14	80
2946	29	50	44	20	59	—	14	80	3	—	5	90	7	40	8	90	14	80
2947	29	50	44	30	59	—	14	80	3	—	5	90	7	40	8	90	14	80
2948	29	50	44	30	59	—	14	80	3	—	5	90	7	40	8	90	14	80
2949	29	50	44	30	59	—	14	80	3	—	5	90	7	40	8	90	14	80
2950	29	50	44	30	59	—	14	80	3	—	5	90	7	40	8	90	14	80
2951	29	60	44	30	59	10	14	80	3	—	6	—	7	40	8	90	14	80
2952	29	60	44	30	59	10	14	80	3	—	6	—	7	40	8	90	14	80
2953	29	60	44	30	59	10	14	80	3	—	6	—	7	40	8	90	14	80
2954	29	60	44	40	59	10	14	80	3	—	6	—	7	40	8	90	14	80
2955	29	60	44	40	59	10	14	80	3	—	6	—	7	40	8	90	14	80
2956	29	60	44	40	59	20	14	80	3	—	6	—	7	40	8	90	14	80
2957	29	60	44	40	59	20	14	80	3	—	6	—	7	40	8	90	14	80
2958	29	60	44	40	59	20	14	80	3	—	6	—	7	40	8	90	14	80
2959	29	60	44	40	59	20	14	80	3	—	6	—	7	40	8	90	14	80
2960	29	60	44	40	59	20	14	80	3	—	6	—	7	40	8	90	14	80

Gegen- stands- Summa	Werthgebühr: Volle (Art. 22. 40. 41. 50)		Werthgebühr: 1/2 (Art. 25. 27. 29. 30. 38 Abs. 2)		Werthgebühr: 1/2 bis 2200 M, darüber 2/3 (Art. 24)		Werthgebühr: 1 1/2 (Art. 23)		4/10 aus der vollen Werthgebühr (Art. 45 Abs. 3)		4/10 aus 2/3 Werthgebühr (Art. 45 Abs. 3)		Hinterlegungsgebühr: Art. 100		Hinterlegungsgebühr: Art. 101 a		Hinterlegungsgebühr: Art. 101 b		Auseinandersetzungsgebühr: 5/10 der Sätze des § 8 des Reichsgerichts-Kosten-Gesetzes		Auseinandersetzungsgebühr: 2/10 der Sätze des § 8 des Reichsgerichts-Kosten-Gesetzes	
M	M	₰	M	₰	M	₰	M	₰	M	₰	M	₰	M	₰	M	₰	M	₰	M	₰	M	₰
2921	13	50	6	80	9	—	20	30	5	40	3	60	6	20	24	70	49	30	28	—	11	20
2922	13	50	6	80	9	—	20	30	5	40	3	60	6	20	24	70	49	30	28	—	11	20
2923	13	50	6	80	9	—	20	30	5	40	3	60	6	20	24	70	49	30	28	—	11	20
2924	13	50	6	80	9	—	20	30	5	40	3	60	6	20	24	70	49	30	28	—	11	20
2925	13	50	6	80	9	—	20	30	5	40	3	60	6	20	24	70	49	30	28	—	11	20
2926	13	50	6	80	9	—	20	30	5	40	3	60	6	20	24	70	49	30	28	—	11	20
2927	13	50	6	80	9	—	20	30	5	40	3	60	6	20	24	70	49	30	28	—	11	20
2928	13	50	6	80	9	—	20	30	5	40	3	60	6	20	24	70	49	30	28	—	11	20
2929	13	50	6	80	9	—	20	30	5	40	3	60	6	20	24	70	49	30	28	—	11	20
2930	13	50	6	80	9	—	20	30	5	40	3	60	6	20	24	70	49	30	28	—	11	20
2931	13	50	6	80	9	—	20	30	5	40	3	60	6	20	24	70	49	40	28	—	11	20
2932	13	50	6	80	9	—	20	30	5	40	3	60	6	20	24	70	49	40	28	—	11	20
2933	13	50	6	80	9	—	20	30	5	40	3	60	6	20	24	70	49	40	28	—	11	20
2934	13	50	6	80	9	—	20	30	5	40	3	60	6	20	24	70	49	40	28	—	11	20
2935	13	50	6	80	9	—	20	30	5	40	3	60	6	20	24	70	49	40	28	—	11	20
2936	13	50	6	80	9	—	20	30	5	40	3	60	6	20	24	70	49	40	28	—	11	20
2937	13	50	6	80	9	—	20	30	5	40	3	60	6	20	24	70	49	40	28	—	11	20
2938	13	50	6	80	9	—	20	30	5	40	3	60	6	20	24	70	49	40	28	—	11	20
2939	13	50	6	80	9	—	20	30	5	40	3	60	6	20	24	70	49	40	28	—	11	20
2940	13	50	6	80	9	—	20	30	5	40	3	60	6	20	24	70	49	40	28	—	11	20
2941	13	50	6	80	9	—	20	30	5	40	3	60	6	20	24	80	49	50	28	—	11	20
2942	13	50	6	80	9	—	20	30	5	40	3	60	6	20	24	80	49	50	28	—	11	20
2943	13	50	6	80	9	—	20	30	5	40	3	60	6	20	24	80	49	50	28	—	11	20
2944	13	50	6	80	9	—	20	30	5	40	3	60	6	20	24	80	49	50	28	—	11	20
2945	13	50	6	80	9	—	20	30	5	40	3	60	6	20	24	80	49	50	28	—	11	20
2946	13	50	6	80	9	—	20	30	5	40	3	60	6	20	24	80	49	50	28	—	11	20
2947	13	50	6	80	9	—	20	30	5	40	3	60	6	20	24	80	49	50	28	—	11	20
2948	13	50	6	80	9	—	20	30	5	40	3	60	6	20	24	80	49	50	28	—	11	20
2949	13	50	6	80	9	—	20	30	5	40	3	60	6	20	24	80	49	50	28	—	11	20
2950	13	50	6	80	9	—	20	30	5	40	3	60	6	20	24	80	49	50	28	—	11	20
2951	13	50	6	80	9	—	20	30	5	40	3	60	6	20	24	80	49	60	28	—	11	20
2952	13	50	6	80	9	—	20	30	5	40	3	60	6	20	24	80	49	60	28	—	11	20
2953	13	50	6	80	9	—	20	30	5	40	3	60	6	20	24	80	49	60	28	—	11	20
2954	13	50	6	80	9	—	20	30	5	40	3	60	6	20	24	80	49	60	28	—	11	20
2955	13	50	6	80	9	—	20	30	5	40	3	60	6	20	24	80	49	60	28	—	11	20
2956	13	50	6	80	9	—	20	30	5	40	3	60	6	20	24	80	49	60	28	—	11	20
2957	13	50	6	80	9	—	20	30	5	40	3	60	6	20	24	80	49	60	28	—	11	20
2958	13	50	6	80	9	—	20	30	5	40	3	60	6	20	24	80	49	60	28	—	11	20
2959	13	50	6	80	9	—	20	30	5	40	3	60	6	20	24	80	49	60	28	—	11	20
2960	13	50	6	80	9	—	20	30	5	40	3	60	6	20	24	80	49	60	28	—	11	20

Gegen-stands-Summa	Staatsgebühren 1 Prozent		Staatsgebühren 1½ Prozent		Staatsgebühren 2 Prozent		Besitz-veränderungs-abgabe		Staatsgebühren 1 pro mille		Staatsgebühren 2 pro mille		Staatsgebühren 2½ pro mille		Staatsgebühren 3 pro mille		Staatsgebühren 5 pro mille	
ℳ	ℳ	₰	ℳ	₰	ℳ	₰	ℳ	₰	ℳ	₰	ℳ	₰	ℳ	₰	ℳ	₰	ℳ	₰
2961	29	70	44	50	59	30	14	90	3	—	6	—	7	50	8	90	14	90
2962	29	70	44	50	59	30	14	90	3	—	6	—	7	50	8	90	14	90
2963	29	70	44	50	59	30	14	90	3	—	6	—	7	50	8	90	14	90
2964	29	70	44	50	59	30	14	90	3	—	6	—	7	50	8	90	14	90
2965	29	70	44	50	59	30	14	90	3	—	6	—	7	50	8	90	14	90
2966	29	70	44	50	59	40	14	90	3	—	6	—	7	50	8	90	14	90
2967	29	70	44	60	59	40	14	90	3	—	6	—	7	50	9	—	14	90
2968	29	70	44	60	59	40	14	90	3	—	6	—	7	50	9	—	14	90
2969	29	70	44	60	59	40	14	90	3	—	6	—	7	50	9	—	14	90
2970	29	70	44	60	59	40	14	90	3	—	6	—	7	50	9	—	14	90
2971	29	80	44	60	59	50	14	90	3	—	6	—	7	50	9	—	14	90
2972	29	80	44	60	59	50	14	90	3	—	6	—	7	50	9	—	14	90
2973	29	80	44	60	59	50	14	90	3	—	6	—	7	50	9	—	14	90
2974	29	80	44	70	59	50	14	90	3	—	6	—	7	50	9	—	14	90
2975	29	80	44	70	59	50	14	90	3	—	6	—	7	50	9	—	14	90
2976	29	80	44	70	59	60	14	90	3	—	6	—	7	50	9	—	14	90
2977	29	80	44	70	59	60	14	90	3	—	6	—	7	50	9	—	14	90
2978	29	80	44	70	59	60	14	90	3	—	6	—	7	50	9	—	14	90
2979	29	80	44	70	59	60	14	90	3	—	6	—	7	50	9	—	14	90
2980	29	80	44	70	59	60	14	90	3	—	6	—	7	50	9	—	14	90
2981	29	90	44	80	59	70	15	—	3	—	6	—	7	50	9	—	15	—
2982	29	90	44	80	59	70	15	—	3	—	6	—	7	50	9	—	15	—
2983	29	90	44	80	59	70	15	—	3	—	6	—	7	50	9	—	15	—
2984	29	90	44	80	59	70	15	—	3	—	6	—	7	50	9	—	15	—
2985	29	90	44	80	59	70	15	—	3	—	6	—	7	50	9	—	15	—
2986	29	90	44	80	59	80	15	—	3	—	6	—	7	50	9	—	15	—
2987	29	90	44	90	59	80	15	—	3	—	6	—	7	50	9	—	15	—
2988	29	90	44	90	59	80	15	—	3	—	6	—	7	50	9	—	15	—
2989	29	90	44	90	59	80	15	—	3	—	6	—	7	50	9	—	15	—
2990	29	90	44	90	59	80	15	—	3	—	6	—	7	50	9	—	15	—
2991	30	—	44	90	59	90	15	—	3	—	6	—	7	50	9	—	15	—
2992	30	—	44	90	59	90	15	—	3	—	6	—	7	50	9	—	15	—
2993	30	—	44	90	59	90	15	—	3	—	6	—	7	50	9	—	15	—
2994	30	—	45	—	59	90	15	—	3	—	6	—	7	50	9	—	15	—
2995	30	—	45	—	59	90	15	—	3	—	6	—	7	50	9	—	15	—
2996	30	—	45	—	60	—	15	—	3	—	6	—	7	50	9	—	15	—
2997	30	—	45	—	60	—	15	—	3	—	6	—	7	50	9	—	15	—
2998	30	—	45	—	60	—	15	—	3	—	6	—	7	50	9	—	15	—
2999	30	—	45	—	60	—	15	—	3	—	6	—	7	50	9	—	15	—
3000	30	—	45	—	60	—	15	—	3	—	6	—	7	50	9	—	15	—

Gegenstands-Summa	Werthgebühr: Volle (Art. 22. 40. 41. 50)		Werthgebühr: 1/2 (Art. 25. 27. 29. 30. 38 Abs. 2)		Werthgebühr: 1/2 bis 2200 ℳ darüber 2/3 (Art. 24)		Werthgebühr: 1 1/2 (Art. 23)		4/10 aus der vollen Werthgebühr (Art. 45 Abs. 3)		4/10 aus 2/3 Werthgebühr (Art. 45 Abs. 3)		Hinterlegungsgebühr: Art. 100		Hinterlegungsgebühr: Art. 101 a		Hinterlegungsgebühr: Art. 101 b		Auseinandersetzungsgebühr: 5/10 der Sätze des § 8 des Reichsgerichts-Kosten-Gesetzes		Auseinandersetzungsgebühr: 2/10 der Sätze des § 8 des Reichsgerichts-Kosten-Gesetzes	
ℳ	ℳ	₰	ℳ	₰	ℳ	₰	ℳ	₰	ℳ	₰	ℳ	₰	ℳ	₰	ℳ	₰	ℳ	₰	ℳ	₰	ℳ	₰
2961	13	50	6	80	9	—	20	30	5	40	3	60	6	30	24	90	49	70	28	—	11	20
2962	13	50	6	80	9	—	20	30	5	40	3	60	6	30	24	90	49	70	28	—	11	20
2963	13	50	6	80	9	—	20	30	5	40	3	60	6	30	24	90	49	70	28	—	11	20
2964	13	50	6	80	9	—	20	30	5	40	3	60	6	30	24	90	49	70	28	—	11	20
2965	13	50	6	80	9	—	20	30	5	40	3	60	6	30	24	90	49	70	28	—	11	20
2966	13	50	6	80	9	—	20	30	5	40	3	60	6	30	24	90	49	70	28	—	11	20
2967	13	50	6	80	9	—	20	30	5	40	3	60	6	30	24	90	49	70	28	—	11	20
2968	13	50	6	80	9	—	20	30	5	40	3	60	6	30	24	90	49	70	28	—	11	20
2969	13	50	6	80	9	—	20	30	5	40	3	60	6	30	24	90	49	70	28	—	11	20
2970	13	50	6	80	9	—	20	30	5	40	3	60	6	30	24	90	49	70	28	—	11	20
2971	13	50	6	80	9	—	20	30	5	40	3	60	6	30	24	90	49	80	28	—	11	20
2972	13	50	6	80	9	—	20	30	5	40	3	60	6	30	24	90	49	80	28	—	11	20
2973	13	50	6	80	9	—	20	30	5	40	3	60	6	30	24	90	49	80	28	—	11	20
2974	13	50	6	80	9	—	20	30	5	40	3	60	6	30	24	90	49	80	28	—	11	20
2975	13	50	6	80	9	—	20	30	5	40	3	60	6	30	24	90	49	80	28	—	11	20
2976	13	50	6	80	9	—	20	30	5	40	3	60	6	30	24	90	49	80	28	—	11	20
2977	13	50	6	80	9	—	20	30	5	40	3	60	6	30	24	90	49	80	28	—	11	20
2978	13	50	6	80	9	—	20	30	5	40	3	60	6	30	24	90	49	80	28	—	11	20
2979	13	50	6	80	9	—	20	30	5	40	3	60	6	30	24	90	49	80	28	—	11	20
2980	13	50	6	80	9	—	20	30	5	40	3	60	6	30	24	90	49	80	28	—	11	20
2981	13	50	6	80	9	—	20	30	5	40	3	60	6	30	25	—	49	90	28	—	11	20
2982	13	50	6	80	9	—	20	30	5	40	3	60	6	30	25	—	49	90	28	—	11	20
2983	13	50	6	80	9	—	20	30	5	40	3	60	6	30	25	—	49	90	28	—	11	20
2984	13	50	6	80	9	—	20	30	5	40	3	60	6	30	25	—	49	90	28	—	11	20
2985	13	50	6	80	9	—	20	30	5	40	3	60	6	30	25	—	49	90	28	—	11	20
2986	13	50	6	80	9	—	20	30	5	40	3	60	6	30	25	—	49	90	28	—	11	20
2987	13	50	6	80	9	—	20	30	5	40	3	60	6	30	25	—	49	90	28	—	11	20
2988	13	50	6	80	9	—	20	30	5	40	3	60	6	30	25	—	49	90	28	—	11	20
2989	13	50	6	80	9	—	20	30	5	40	3	60	6	30	25	—	49	90	28	—	11	20
2990	13	50	6	80	9	—	20	30	5	40	3	60	6	30	25	—	49	90	28	—	11	20
2991	13	50	6	80	9	—	20	30	5	40	3	60	6	30	25	—	50	—	28	—	11	20
2992	13	50	6	80	9	—	20	30	5	40	3	60	6	30	25	—	50	—	28	—	11	20
2993	13	50	6	80	9	—	20	30	5	40	3	60	6	30	25	—	50	—	28	—	11	20
2994	13	50	6	80	9	—	20	30	5	40	3	60	6	30	25	—	50	—	28	—	11	20
2995	13	50	6	80	9	—	20	30	5	40	3	60	6	30	25	—	50	—	28	—	11	20
2996	13	50	6	80	9	—	20	30	5	40	3	60	6	30	25	—	50	—	28	—	11	20
2997	13	50	6	80	9	—	20	30	5	40	3	60	6	30	25	—	50	—	28	—	11	20
2998	13	50	6	80	9	—	20	30	5	40	3	60	6	30	25	—	50	—	28	—	11	20
2999	13	50	6	80	9	—	20	30	5	40	3	60	6	30	25	—	50	—	28	—	11	20
3000	13	50	6	80	9	—	20	30	5	40	3	60	6	30	25	—	50	—	28	—	11	20

Gegenstands-Summa	Staatsgebühren 1 Prozent		Staatsgebühren 1 ½ Prozent		Staatsgebühren 2 Prozent		Besitzveränderungsabgabe		Staatsgebühren 1 pro mille		Staatsgebühren 2 pro mille		Staatsgebühren 2 ½ pro mille		Staatsgebühren 3 pro mille		Staatsgebühren 5 pro mille	
ℳ	ℳ	₰	ℳ	₰	ℳ	₰	ℳ	₰	ℳ	₰	ℳ	₰	ℳ	₰	ℳ	₰	ℳ	₰
3001	30	10	45	10	60	10	15	10	3	10	6	10	7	60	9	10	15	10
3002	30	10	45	10	60	10	15	10	3	10	6	10	7	60	9	10	15	10
3003	30	10	45	10	60	10	15	10	3	10	6	10	7	60	9	10	15	10
3004	30	10	45	10	60	10	15	10	3	10	6	10	7	60	9	10	15	10
3005	30	10	45	10	60	10	15	10	3	10	6	10	7	60	9	10	15	10
3006	30	10	45	10	60	20	15	10	3	10	6	10	7	60	9	10	15	10
3007	30	10	45	20	60	20	15	10	3	10	6	10	7	60	9	10	15	10
3008	30	10	45	20	60	20	15	10	3	10	6	10	7	60	9	10	15	10
3009	30	10	45	20	60	20	15	10	3	10	6	10	7	60	9	10	15	10
3010	30	10	45	20	60	20	15	10	3	10	6	10	7	60	9	10	15	10
3011	30	20	45	20	60	30	15	10	3	10	6	10	7	60	9	10	15	10
3012	30	20	45	20	60	30	15	10	3	10	6	10	7	60	9	10	15	10
3013	30	20	45	20	60	30	15	10	3	10	6	10	7	60	9	10	15	10
3014	30	20	45	30	60	30	15	10	3	10	6	10	7	60	9	10	15	10
3015	30	20	45	30	60	30	15	10	3	10	6	10	7	60	9	10	15	10
3016	30	20	45	30	60	40	15	10	3	10	6	10	7	60	9	10	15	10
3017	30	20	45	30	60	40	15	10	3	10	6	10	7	60	9	10	15	10
3018	30	20	45	30	60	40	15	10	3	10	6	10	7	60	9	10	15	10
3019	30	20	45	30	60	40	15	10	3	10	6	10	7	60	9	10	15	10
3020	30	20	45	30	60	40	15	10	3	10	6	10	7	60	9	10	15	10
3021	30	30	45	40	60	50	15	20	3	10	6	10	7	60	9	10	15	20
3022	30	30	45	40	60	50	15	20	3	10	6	10	7	60	9	10	15	20
3023	30	30	45	40	60	50	15	20	3	10	6	10	7	60	9	10	15	20
3024	30	30	45	40	60	50	15	20	3	10	6	10	7	60	9	10	15	20
3025	30	30	45	40	60	50	15	20	3	10	6	10	7	60	9	10	15	20
3026	30	30	45	40	60	60	15	20	3	10	6	10	7	60	9	10	15	20
3027	30	30	45	50	60	60	15	20	3	10	6	10	7	60	9	10	15	20
3028	30	30	45	50	60	60	15	20	3	10	6	10	7	60	9	10	15	20
3029	30	30	45	50	60	60	15	20	3	10	6	10	7	60	9	10	15	20
3030	30	30	45	50	60	60	15	20	3	10	6	10	7	60	9	10	15	20
3031	30	40	45	50	60	70	15	20	3	10	6	10	7	60	9	10	15	20
3032	30	40	45	50	60	70	15	20	3	10	6	10	7	60	9	10	15	20
3033	30	40	45	50	60	70	15	20	3	10	6	10	7	60	9	10	15	20
3034	30	40	45	60	60	70	15	20	3	10	6	10	7	60	9	20	15	20
3035	30	40	45	60	60	70	15	20	3	10	6	10	7	60	9	20	15	20
3036	30	40	45	60	60	80	15	20	3	10	6	10	7	60	9	20	15	20
3037	30	40	45	60	60	80	15	20	3	10	6	10	7	60	9	20	15	20
3038	30	40	45	60	60	80	15	20	3	10	6	10	7	60	9	20	15	20
3039	30	40	45	60	60	80	15	20	3	10	6	10	7	60	9	20	15	20
3040	30	40	45	60	60	80	15	20	3	10	6	10	7	60	9	20	15	20

Gegen-standsSumma	Werthgebühr								4/10 aus der vollen Werthgebühr		4/10 aus 2/3 Werthgebühr		Hinterlegungsgebühr						Auseinandersetzungsgebühr			
	Volle		1/2		1/2 bis 2200 M darüber 2/3		1 1/2												5/10		2/10	
	Art. 22. 40. 41. 50		Art. 25. 27. 29. 30. 38 Abs. 2		Art. 24		Art. 23		Art. 45 Abs. 3				Art. 100		Art. 101 a		Art. 101 b		der Sätze des § 8 des Reichsgerichts-Kosten-Gesetzes			
M	M	Pf	M	Pf	M	Pf	M	Pf	M	Pf	M	Pf	M	Pf	M	Pf	M	Pf	M	Pf	M	Pf
3001	13	50	6	80	9	—	20	30	5	40	3	60	6	30	25	10	50	10	28	—	11	20
3002	13	50	6	80	9	—	20	30	5	40	3	60	6	30	25	10	50	10	28	—	11	20
3003	13	50	6	80	9	—	20	30	5	40	3	60	6	30	25	10	50	10	28	—	11	20
3004	13	50	6	80	9	—	20	30	5	40	3	60	6	30	25	10	50	10	28	—	11	20
3005	13	50	6	80	9	—	20	30	5	40	3	60	6	30	25	10	50	10	28	—	11	20
3006	13	50	6	80	9	—	20	30	5	40	3	60	6	30	25	10	50	10	28	—	11	20
3007	13	50	6	80	9	—	20	30	5	40	3	60	6	30	25	10	50	10	28	—	11	20
3008	13	50	6	80	9	—	20	30	5	40	3	60	6	30	25	10	50	10	28	—	11	20
3009	13	50	6	80	9	—	20	30	5	40	3	60	6	30	25	10	50	10	28	—	11	20
3010	13	50	6	80	9	—	20	30	5	40	3	60	6	30	25	10	50	10	28	—	11	20
3011	13	50	6	80	9	—	20	30	5	40	3	60	6	30	25	10	50	20	28	—	11	20
3012	13	50	6	80	9	—	20	30	5	40	3	60	6	30	25	10	50	20	28	—	11	20
3013	13	50	6	80	9	—	20	30	5	40	3	60	6	30	25	10	50	20	28	—	11	20
3014	13	50	6	80	9	—	20	30	5	40	3	60	6	30	25	10	50	20	28	—	11	20
3015	13	50	6	80	9	—	20	30	5	40	3	60	6	30	25	10	50	20	28	—	11	20
3016	13	50	6	80	9	—	20	30	5	40	3	60	6	30	25	10	50	20	28	—	11	20
3017	13	50	6	80	9	—	20	30	5	40	3	60	6	30	25	10	50	20	28	—	11	20
3018	13	50	6	80	9	—	20	30	5	40	3	60	6	30	25	10	50	20	28	—	11	20
3019	13	50	6	80	9	—	20	30	5	40	3	60	6	30	25	10	50	20	28	—	11	20
3020	13	50	6	80	9	—	20	30	5	40	3	60	6	30	25	10	50	20	28	—	11	20
3021	13	50	6	80	9	—	20	30	5	40	3	60	6	30	25	20	50	30	28	—	11	20
3022	13	50	6	80	9	—	20	30	5	40	3	60	6	30	25	20	50	30	28	—	11	20
3023	13	50	6	80	9	—	20	30	5	40	3	60	6	30	25	20	50	30	28	—	11	20
3024	13	50	6	80	9	—	20	30	5	40	3	60	6	30	25	20	50	30	28	—	11	20
3025	13	50	6	80	9	—	20	30	5	40	3	60	6	30	25	20	50	30	28	—	11	20
3026	13	50	6	80	9	—	20	30	5	40	3	60	6	30	25	20	50	30	28	—	11	20
3027	13	50	6	80	9	—	20	30	5	40	3	60	6	30	25	20	50	30	28	—	11	20
3028	13	50	6	80	9	—	20	30	5	40	3	60	6	30	25	20	50	30	28	—	11	20
3029	13	50	6	80	9	—	20	30	5	40	3	60	6	30	25	20	50	30	28	—	11	20
3030	13	50	6	80	9	—	20	30	5	40	3	60	6	30	25	20	50	30	28	—	11	20
3031	13	50	6	80	9	—	20	30	5	40	3	60	6	30	25	20	50	40	28	—	11	20
3032	13	50	6	80	9	—	20	30	5	40	3	60	6	30	25	20	50	40	28	—	11	20
3033	13	50	6	80	9	—	20	30	5	40	3	60	6	30	25	20	50	40	28	—	11	20
3034	13	50	6	80	9	—	20	30	5	40	3	60	6	30	25	20	50	40	28	—	11	20
3035	13	50	6	80	9	—	20	30	5	40	3	60	6	30	25	20	50	40	28	—	11	20
3036	13	50	6	80	9	—	20	30	5	40	3	60	6	30	25	20	50	40	28	—	11	20
3037	13	50	6	80	9	—	20	30	5	40	3	60	6	30	25	20	50	40	28	—	11	20
3038	13	50	6	80	9	—	20	30	5	40	3	60	6	30	25	20	50	40	28	—	11	20
3039	13	50	6	80	9	—	20	30	5	40	3	60	6	30	25	20	50	40	28	—	11	20
3040	13	50	6	80	9	—	20	30	5	40	3	60	6	30	25	20	50	40	28	—	11	20

Gegenstands-Summa	Staatsgebühren						Besitz-veränderungsabgabe		Staatsgebühren									
	1		1 ½		2				1		2		2 ½		3		5	
	Prozent								pro mille									
ℳ	ℳ	₰	ℳ	₰	ℳ	₰	ℳ	₰	ℳ	₰	ℳ	₰	ℳ	₰	ℳ	₰	ℳ	₰
3041	30	50	45	70	60	90	15	30	3	10	6	10	7	70	9	20	15	30
3042	30	50	45	70	60	90	15	30	3	10	6	10	7	70	9	20	15	30
3043	30	50	45	70	60	90	15	30	3	10	6	10	7	70	9	20	15	30
3044	30	50	45	70	60	90	15	30	3	10	6	10	7	70	9	20	15	30
3045	30	50	45	70	60	90	15	30	3	10	6	10	7	70	9	20	15	30
3046	30	50	45	70	61	—	15	30	3	10	6	10	7	70	9	20	15	30
3047	30	50	45	80	61	—	15	30	3	10	6	10	7	70	9	20	15	30
3048	30	50	45	80	61	—	15	30	3	10	6	10	7	70	9	20	15	30
3049	30	50	45	80	61	—	15	30	3	10	6	10	7	70	9	20	15	30
3050	30	50	45	80	61	—	15	30	3	10	6	10	7	70	9	20	15	30
3051	30	60	45	80	61	10	15	30	3	10	6	20	7	70	9	20	15	30
3052	30	60	45	80	61	10	15	30	3	10	6	20	7	70	9	20	15	30
3053	30	60	45	80	61	10	15	30	3	10	6	20	7	70	9	20	15	30
3054	30	60	45	90	61	10	15	30	3	10	6	20	7	70	9	20	15	30
3055	30	60	45	90	61	10	15	30	3	10	6	20	7	70	9	20	15	30
3056	30	60	45	90	61	20	15	30	3	10	6	20	7	70	9	20	15	30
3057	30	60	45	90	61	20	15	30	3	10	6	20	7	70	9	20	15	30
3058	30	60	45	90	61	20	15	30	3	10	6	20	7	70	9	20	15	30
3059	30	60	45	90	61	20	15	30	3	10	6	20	7	70	9	20	15	30
3060	30	60	45	90	61	20	15	30	3	10	6	20	7	70	9	20	15	30
3061	30	70	46	—	61	30	15	40	3	10	6	20	7	70	9	20	15	40
3062	30	70	46	—	61	30	15	40	3	10	6	20	7	70	9	20	15	40
3063	30	70	46	—	61	30	15	40	3	10	6	20	7	70	9	20	15	40
3064	30	70	46	—	61	30	15	40	3	10	6	20	7	70	9	20	15	40
3065	30	70	46	—	61	30	15	40	3	10	6	20	7	70	9	20	15	40
3066	30	70	46	—	61	40	15	40	3	10	6	20	7	70	9	20	15	40
3067	30	70	46	10	61	40	15	40	3	10	6	20	7	70	9	30	15	40
3068	30	70	46	10	61	40	15	40	3	10	6	20	7	70	9	30	15	40
3069	30	70	46	10	61	40	15	40	3	10	6	20	7	70	9	30	15	40
3070	30	70	46	10	61	40	15	40	3	10	6	20	7	70	9	30	15	40
3071	30	80	46	10	61	50	15	40	3	10	6	20	7	70	9	30	15	40
3072	30	80	46	10	61	50	15	40	3	10	6	20	7	70	9	30	15	40
3073	30	80	46	10	61	50	15	40	3	10	6	20	7	70	9	30	15	40
3074	30	80	46	20	61	50	15	40	3	10	6	20	7	70	9	30	15	40
3075	30	80	46	20	61	50	15	40	3	10	6	20	7	70	9	30	15	40
3076	30	80	46	20	61	60	15	40	3	10	6	20	7	70	9	30	15	40
3077	30	80	46	20	61	60	15	40	3	10	6	20	7	70	9	30	15	40
3078	30	80	46	20	61	60	15	40	3	10	6	20	7	70	9	30	15	40
3079	30	80	46	20	61	60	15	40	3	10	6	20	7	70	9	30	15	40
3080	30	80	46	20	61	60	15	40	3	10	6	20	7	70	9	30	15	40

Gegen-stands-Summa	Werthgebühr								4/10 aus der vollen Werth-gebühr		4/10 aus 2/3 Werth-gebühr		Hinterlegungs-gebühr						Auseinander-setzungsgebühr			
	Volle		1/2		1/2 bis 2200 M		1 1/2												5/10		2/10	
	Art. 22. 40. 41. 50		Art. 25. 27. 29. 30. 38 Abs. 2		darüber 2/3 Art. 24		Art. 23		Art. 45 Abs. 3				Art. 100		Art. 101 a		Art. 101 b		der Sätze des § 8 des Reichsgerichts-Kosten-Gesetzes			
M	M	₰	M	₰	M	₰	M	₰	M	₰	M	₰	M	₰	M	₰	M	₰	M	₰	M	₰
3041	13	50	6	80	9	—	20	30	5	40	3	60	6	40	25	30	50	50	28	—	11	20
3042	13	50	6	80	9	—	20	30	5	40	3	60	6	40	25	30	50	50	28	—	11	20
3043	13	50	6	80	9	—	20	30	5	40	3	60	6	40	25	30	50	50	28	—	11	20
3044	13	50	6	80	9	—	20	30	5	40	3	60	6	40	25	30	50	50	28	—	11	20
3045	13	50	6	80	9	—	20	30	5	40	3	60	6	40	25	30	50	50	28	—	11	20
3046	13	50	6	80	9	—	20	30	5	40	3	60	6	40	25	30	50	50	28	—	11	20
3047	13	50	6	80	9	—	20	30	5	40	3	60	6	40	25	30	50	50	28	—	11	20
3048	13	50	6	80	9	—	20	30	5	40	3	60	6	40	25	30	50	50	28	—	11	20
3049	13	50	6	80	9	—	20	30	5	40	3	60	6	40	25	30	50	50	28	—	11	20
3050	13	50	6	80	9	—	20	30	5	40	3	60	6	40	25	30	50	50	28	—	11	20
3051	13	50	6	80	9	—	20	30	5	40	3	60	6	40	25	30	50	60	28	—	11	20
3052	13	50	6	80	9	—	20	30	5	40	3	60	6	40	25	30	50	60	28	—	11	20
3053	13	50	6	80	9	—	20	30	5	40	3	60	6	40	25	30	50	60	28	—	11	20
3054	13	59	6	80	9	—	20	30	5	40	3	60	6	40	25	30	50	60	28	—	11	20
3055	13	50	6	80	9	—	20	30	5	40	3	60	6	40	25	30	50	60	28	—	11	20
3056	13	50	6	80	9	—	20	30	5	40	3	60	6	40	25	30	50	60	28	—	11	20
3057	13	50	6	80	9	—	20	30	5	40	3	60	6	40	25	30	50	60	28	—	11	20
3058	13	50	6	80	9	—	20	30	5	40	3	60	6	40	25	30	50	60	28	—	11	20
3059	13	50	6	80	9	—	20	30	5	40	3	60	6	40	25	30	50	60	28	—	11	20
3060	13	50	6	80	9	—	20	30	5	40	3	60	6	40	25	30	50	60	28	—	11	20
3061	13	50	6	80	9	—	20	30	5	40	3	60	6	40	25	40	50	70	28	—	11	20
3062	13	50	6	80	9	—	20	30	5	40	3	60	6	40	25	40	50	70	28	—	11	20
3063	13	50	6	80	9	—	20	30	5	40	3	60	6	40	25	40	50	70	28	—	11	20
3064	13	50	6	80	9	—	20	30	5	40	3	60	6	40	25	40	50	70	28	—	11	20
3065	13	50	6	80	9	—	20	30	5	40	3	60	6	40	25	40	50	70	28	—	11	20
3066	13	50	6	80	9	—	20	30	5	40	3	60	6	40	25	40	50	70	28	—	11	20
3067	13	50	6	80	9	—	20	30	5	40	3	60	6	40	25	40	50	70	28	—	11	20
3068	13	50	6	80	9	—	20	30	5	40	3	60	6	40	25	40	50	70	28	—	11	20
3069	13	50	6	80	9	—	20	30	5	40	3	60	6	40	25	40	50	70	28	—	11	20
3070	13	50	6	80	9	—	20	30	5	40	3	60	6	40	25	40	50	70	28	—	11	20
3071	13	50	6	80	9	—	20	30	5	40	3	60	6	40	25	40	50	80	28	—	11	20
3072	13	50	6	80	9	—	20	30	5	40	3	60	6	40	25	40	50	80	28	—	11	20
3073	13	50	6	80	9	—	20	30	5	40	3	60	6	40	25	40	50	80	28	—	11	20
3074	13	50	6	80	9	—	20	30	5	40	3	60	6	40	25	40	50	80	28	—	11	20
3075	13	50	6	80	9	—	20	30	5	40	3	60	6	40	25	40	50	80	28	—	11	20
3076	13	50	6	80	9	—	20	30	5	40	3	60	6	40	25	40	50	80	28	—	11	20
3077	13	50	6	80	9	—	20	30	5	40	3	60	6	40	25	40	50	80	28	—	11	20
3078	13	50	6	80	9	—	20	30	5	40	3	60	6	40	25	40	50	80	28	—	11	20
3079	13	50	6	80	9	—	20	30	5	40	3	60	6	40	25	40	50	80	28	—	11	20
3080	13	50	6	80	9	—	20	30	5	40	3	60	6	40	25	40	50	80	28	—	11	20

Gegenstands-Summa	Staatsgebühren						Besitzveränderungsabgabe		Staatsgebühren									
	1		$1^1/_2$		2				1		2		$2^1/_2$		3		5	
	Prozent								pro mille									
M	M	Pf	M	Pf	M	Pf	M	Pf	M	Pf	M	Pf	M	Pf	M	Pf	M	Pf
3081	30	90	46	30	61	70	15	50	3	10	6	20	7	80	9	30	15	50
3082	30	90	46	30	61	70	15	50	3	10	6	20	7	80	9	30	15	50
3083	30	90	46	30	61	70	15	50	3	10	6	20	7	80	9	30	15	50
3084	30	90	46	30	61	70	15	50	3	10	6	20	7	80	9	30	15	50
3085	30	90	46	30	61	70	15	50	3	10	6	20	7	80	9	30	15	50
3086	30	90	46	30	61	80	15	50	3	10	6	20	7	80	9	30	15	50
3087	30	90	46	40	61	80	15	50	3	10	6	20	7	80	9	30	15	50
3088	30	90	46	40	61	80	15	50	3	10	6	20	7	80	9	30	15	50
3089	30	90	46	40	61	80	15	50	3	10	6	20	7	80	9	30	15	50
3090	30	90	46	40	61	80	15	50	3	10	6	20	7	80	9	30	15	50
3091	31	—	46	40	61	90	15	50	3	10	6	20	7	80	9	30	15	50
3092	31	—	46	40	61	90	15	50	3	10	6	20	7	80	9	30	15	50
3093	31	—	46	40	61	90	15	50	3	10	6	20	7	80	9	30	15	50
3094	31	—	46	50	61	90	15	50	3	10	6	20	7	80	9	30	15	50
3095	31	—	46	50	61	90	15	50	3	10	6	20	7	80	9	30	15	50
3096	31	—	46	50	62	—	15	50	3	10	6	20	7	80	9	30	15	50
3097	31	—	46	50	62	—	15	50	3	10	6	20	7	80	9	30	15	50
3098	31	—	46	50	62	—	15	50	3	10	6	20	7	80	9	30	15	50
3099	31	—	46	50	62	—	15	50	3	10	6	20	7	80	9	30	15	50
3100	31	—	46	50	62	—	15	50	3	10	6	20	7	80	9	30	15	50
3101	31	10	46	60	62	10	15	60	3	20	6	30	7	80	9	40	15	60
3102	31	10	46	60	62	10	15	60	3	20	6	30	7	80	9	40	15	60
3103	31	10	46	60	62	10	15	60	3	20	6	30	7	80	9	40	15	60
3104	31	10	46	60	62	10	15	60	3	20	6	30	7	80	9	40	15	60
3105	31	10	46	60	62	10	15	60	3	20	6	30	7	80	9	40	15	60
3106	31	10	46	60	62	20	15	60	3	20	6	30	7	80	9	40	15	60
3107	31	10	46	70	62	20	15	60	3	20	6	30	7	80	9	40	15	60
3108	31	10	46	70	62	20	15	60	3	20	6	30	7	80	9	40	15	60
3109	31	10	46	70	62	20	15	60	3	20	6	30	7	80	9	40	15	60
3110	31	10	46	70	62	20	15	60	3	20	6	30	7	80	9	40	15	60
3111	31	20	46	70	62	30	15	60	3	20	6	30	7	80	9	40	15	60
3112	31	20	46	70	62	30	15	60	3	20	6	30	7	80	9	40	15	60
3113	31	20	46	70	62	30	15	60	3	20	6	30	7	80	9	40	15	60
3114	31	20	46	80	62	30	15	60	3	20	6	30	7	80	9	40	15	60
3115	31	20	46	80	62	30	15	60	3	20	6	30	7	80	9	40	15	60
3116	31	20	46	80	62	40	15	60	3	20	6	30	7	80	9	40	15	60
3117	31	20	46	80	62	40	15	60	3	20	6	30	7	80	9	40	15	60
3118	31	20	46	80	62	40	15	60	3	20	6	30	7	80	9	40	15	60
3119	31	20	46	80	62	40	15	60	3	20	6	30	7	80	9	40	15	60
3120	31	20	46	80	62	40	15	60	3	20	6	30	7	80	9	40	15	60

Gegen-standes-Summa	Werthgebühr								4/10 aus der vollen Werthgebühr		4/10 aus 2/3 Werthgebühr		Hinterlegungsgebühr						Auseinandersetzungsgebühr			
	Volle		1/2		1/2 bis 2200 M darüber 2/3		1 1/2												5/10		2/10	
	Art. 22. 40. 41. 50		Art. 25. 27. 29. 30. 38 Abs. 2		Art. 24		Art. 23		Art. 45 Abs. 3				Art. 100		Art. 101 a		Art. 101 b		der Sätze des § 8 des Reichsgerichts-Kosten-Gesetzes			
M	M	Pf	M	Pf	M	Pf	M	Pf	M	Pf	M	Pf	M	Pf	M	Pf	M	Pf	M	Pf	M	Pf
3081	13	50	6	80	9	—	20	30	5	40	3	60	6	40	25	50	50	90	28	—	11	20
3082	13	50	6	80	9	—	20	30	5	40	3	60	6	40	25	50	50	90	28	—	11	20
3083	13	50	6	80	9	—	20	30	5	40	3	60	6	40	25	50	50	90	28	—	11	20
3084	13	50	6	80	9	—	20	30	5	40	3	60	6	40	25	50	50	90	28	—	11	20
3085	13	50	6	80	9	—	20	30	5	40	3	60	6	40	25	50	50	90	28	—	11	20
3086	13	50	6	80	9	—	20	30	5	40	3	60	6	40	25	50	50	90	28	—	11	20
3087	13	50	6	80	9	—	20	30	5	40	3	60	6	40	25	50	50	90	28	—	11	20
3088	13	50	6	80	9	—	20	30	5	40	3	60	6	40	25	50	50	90	28	—	11	20
3089	13	50	6	80	9	—	20	30	5	40	3	60	6	40	25	50	50	90	28	—	11	20
3090	13	50	6	80	9	—	20	30	5	40	3	60	6	40	25	50	50	90	28	—	11	20
3091	13	50	6	80	9	—	20	30	5	40	3	60	6	40	25	50	51	—	28	—	11	20
3092	13	50	6	80	9	—	20	30	5	40	3	60	6	40	25	50	51	—	28	—	11	20
3093	13	50	6	80	9	—	20	30	5	40	3	60	6	40	25	50	51	—	28	—	11	20
3094	13	50	6	80	9	—	20	30	5	40	3	60	6	40	25	50	51	—	28	—	11	20
3095	13	50	6	80	9	—	20	30	5	40	3	60	6	40	25	50	51	—	28	—	11	20
3096	13	50	6	80	9	—	20	30	5	40	3	60	6	40	25	50	51	—	28	—	11	20
3097	13	50	6	80	9	—	20	30	5	40	3	60	6	40	25	50	51	—	28	—	11	20
3098	13	50	6	80	9	—	20	30	5	40	3	60	6	40	25	50	51	—	28	—	11	20
3099	13	50	6	80	9	—	20	30	5	40	3	60	6	40	25	50	51	—	28	—	11	20
3100	13	50	6	80	9	—	20	30	5	40	3	60	6	40	25	50	51	—	28	—	11	20
3101	13	50	6	80	9	—	20	30	5	40	3	60	6	40	25	60	51	10	28	—	11	20
3102	13	50	6	80	9	—	20	30	5	40	3	60	6	40	25	60	51	10	28	—	11	20
3103	13	50	6	80	9	—	20	30	5	40	3	60	6	40	25	60	51	10	28	—	11	20
3104	13	50	6	80	9	—	20	30	5	40	3	60	6	40	25	60	51	10	28	—	11	20
3105	13	50	6	80	9	—	20	30	5	40	3	60	6	40	25	60	51	10	28	—	11	20
3106	13	50	6	80	9	—	20	30	5	40	3	60	6	40	25	60	51	10	28	—	11	20
3107	13	50	6	80	9	—	20	30	5	40	3	60	6	40	25	60	51	10	28	—	11	20
3108	13	50	6	80	9	—	20	30	5	40	3	60	6	40	25	60	51	10	28	—	11	20
3109	13	50	6	80	9	—	20	30	5	40	3	60	6	40	25	60	51	10	28	—	11	20
3110	13	50	6	80	9	—	20	30	5	40	3	60	6	40	25	60	51	10	28	—	11	20
3111	13	50	6	80	9	—	20	30	5	40	3	60	6	40	25	60	51	20	28	—	11	20
3112	13	50	6	80	9	—	20	30	5	40	3	60	6	40	25	60	51	20	28	—	11	20
3113	13	50	6	80	9	—	20	30	5	40	3	60	6	40	25	60	51	20	28	—	11	20
3114	13	50	6	80	9	—	20	30	5	40	3	60	6	40	25	60	51	20	28	—	11	20
3115	13	50	6	80	9	—	20	30	5	40	3	60	6	40	25	60	51	20	28	—	11	20
3116	13	50	6	80	9	—	20	30	5	40	3	60	6	40	25	60	51	20	28	—	11	20
3117	13	50	6	80	9	—	20	30	5	40	3	60	6	40	25	60	51	20	28	—	11	20
3118	13	50	6	80	9	—	20	30	5	40	3	60	6	40	25	60	51	20	28	—	11	20
3119	13	50	6	80	9	—	20	30	5	40	3	60	6	40	25	60	51	20	28	—	11	20
3120	13	50	6	80	9	—	20	30	5	40	3	60	6	40	25	60	51	20	28	—	11	20

Gegenstands-Summa	Staatsgebühren 1 Prozent		Staatsgebühren 1½ Prozent		Staatsgebühren 2 Prozent		Besitzveränderungsabgabe		Staatsgebühren 1 pro mille		Staatsgebühren 2 pro mille		Staatsgebühren 2½ pro mille		Staatsgebühren 3 pro mille		Staatsgebühren 5 pro mille	
ℳ	ℳ	₰	ℳ	₰	ℳ	₰	ℳ	₰	ℳ	₰	ℳ	₰	ℳ	₰	ℳ	₰	ℳ	₰
3121	31	30	46	90	62	50	15	70	3	20	6	30	7	90	9	40	15	70
3122	31	30	46	90	62	50	15	70	3	20	6	30	7	90	9	40	15	70
3123	31	30	46	90	62	50	15	70	3	20	6	30	7	90	9	40	15	70
3124	31	30	46	90	62	50	15	70	3	20	6	30	7	90	9	40	15	70
3125	31	30	46	90	62	50	15	70	3	20	6	30	7	90	9	40	15	70
3126	31	30	46	90	62	60	15	70	3	20	6	30	7	90	9	40	15	70
3127	31	30	47	—	62	60	15	70	3	20	6	30	7	90	9	40	15	70
3128	31	30	47	—	62	60	15	70	3	20	6	30	7	90	9	40	15	70
3129	31	30	47	—	62	60	15	70	3	20	6	30	7	90	9	40	15	70
3130	31	30	47	—	62	60	15	70	3	20	6	30	7	90	9	40	15	70
3131	31	40	47	—	62	70	15	70	3	20	6	30	7	90	9	40	15	70
3132	31	40	47	—	62	70	15	70	3	20	6	30	7	90	9	40	15	70
3133	31	40	47	—	62	70	15	70	3	20	6	30	7	90	9	40	15	70
3134	31	40	47	10	62	70	15	70	3	20	6	30	7	90	9	50	15	70
3135	31	40	47	10	62	70	15	70	3	20	6	30	7	90	9	50	15	70
3136	31	40	47	10	62	80	15	70	3	20	6	30	7	90	9	50	15	70
3137	31	40	47	10	62	80	15	70	3	20	6	30	7	90	9	50	15	70
3138	31	40	47	10	62	80	15	70	3	20	6	30	7	90	9	50	15	70
3139	31	40	47	10	62	80	15	70	3	20	6	30	7	90	9	50	15	70
3140	31	40	47	10	62	80	15	70	3	20	6	30	7	90	9	50	15	70
3141	31	50	47	20	62	90	15	80	3	20	6	30	7	90	9	50	15	80
3142	31	50	47	20	62	90	15	80	3	20	6	30	7	90	9	50	15	80
3143	31	50	47	20	62	90	15	80	3	20	6	30	7	90	9	50	15	80
3144	31	50	47	20	62	90	15	80	3	20	6	30	7	90	9	50	15	80
3145	31	50	47	20	62	90	15	80	3	20	6	30	7	90	9	50	15	80
3146	31	50	47	20	63	—	15	80	3	20	6	30	7	90	9	50	15	80
3147	31	50	47	30	63	—	15	80	3	20	6	30	7	90	9	50	15	80
3148	31	50	47	30	63	—	15	80	3	20	6	30	7	90	9	50	15	80
3149	31	50	47	30	63	—	15	80	3	20	6	30	7	90	9	50	15	80
3150	31	50	47	30	63	—	15	80	3	20	6	30	7	90	9	50	15	80
3151	31	60	47	30	63	10	15	80	3	20	6	40	7	90	9	50	15	80
3152	31	60	47	30	63	10	15	80	3	20	6	40	7	90	9	50	15	80
3153	31	60	47	30	63	10	15	80	3	20	6	40	7	90	9	50	15	80
3154	31	60	47	40	63	10	15	80	3	20	6	40	7	90	9	50	15	80
3155	31	60	47	40	63	10	15	80	3	20	6	40	7	90	9	50	15	80
3156	31	60	47	40	63	20	15	80	3	20	6	40	7	90	9	50	15	80
3157	31	60	47	40	63	20	15	80	3	20	6	40	7	90	9	50	15	80
3158	31	60	47	40	63	20	15	80	3	20	6	40	7	90	9	50	15	80
3159	31	60	47	40	63	20	15	80	3	20	6	40	7	90	9	50	15	80
3160	31	60	47	40	63	20	15	80	3	20	6	40	7	90	9	50	15	80

Gegenstandssumma	Werthgebühr: Volle (Art. 22. 40. 41. 50)		Werthgebühr: 1/2 (Art. 25. 27. 29. 30. 38 Abs. 2)		Werthgebühr: 1/2 bis 2200 M, darüber 2/3 (Art. 24)		Werthgebühr: 1 1/2 (Art. 23)		4/10 aus der vollen Werthgebühr (Art. 45 Abs. 3)		4/10 aus 2/3 Werthgebühr (Art. 45 Abs. 3)		Hinterlegungsgebühr: Art. 100		Hinterlegungsgebühr: Art. 101 a		Hinterlegungsgebühr: Art. 101 b		Auseinandersetzungsgebühr: 5/10 der Sätze des § 8 des Reichsgerichts-Kosten-Gesetzes		Auseinandersetzungsgebühr: 2/10 der Sätze des § 8 des Reichsgerichts-Kosten-Gesetzes	
M	M	Pf	M	Pf	M	Pf	M	Pf	M	Pf	M	Pf	M	Pf	M	Pf	M	Pf	M	Pf	M	Pf
3121	13	50	6	80	9	—	20	30	5	40	3	60	6	50	25	70	51	30	28	—	11	20
3122	13	50	6	80	9	—	20	30	5	40	3	60	6	50	25	70	51	30	28	—	11	20
3123	13	50	6	80	9	—	20	30	5	40	3	60	6	50	25	70	51	30	28	—	11	20
3124	13	50	6	80	9	—	20	30	5	40	3	60	6	50	25	70	51	30	28	—	11	20
3125	13	50	6	80	9	—	20	30	5	40	3	60	6	50	25	70	51	30	28	—	11	20
3126	13	50	6	80	9	—	20	30	5	40	3	60	6	50	25	70	51	30	28	—	11	20
3127	13	50	6	80	9	—	20	30	5	40	3	60	6	50	25	70	51	30	28	—	11	20
3128	13	50	6	80	9	—	20	30	5	40	3	60	6	50	25	70	51	30	28	—	11	20
3129	13	50	6	80	9	—	20	30	5	40	3	60	6	50	25	70	51	30	28	—	11	20
3130	13	50	6	80	9	—	20	30	5	40	3	60	6	50	25	70	51	30	28	—	11	20
3131	13	50	6	80	9	—	20	30	5	40	3	60	6	50	25	70	51	40	28	—	11	20
3132	13	50	6	80	9	—	20	30	5	40	3	60	6	50	25	70	51	40	28	—	11	20
3133	13	50	6	80	9	—	20	30	5	40	3	60	6	50	25	70	51	40	28	—	11	20
3134	13	50	6	80	9	—	20	30	5	40	3	60	6	50	25	70	51	40	28	—	11	20
3135	13	50	6	80	9	—	20	30	5	40	3	60	6	50	25	70	51	40	28	—	11	20
3136	13	50	6	80	9	—	20	30	5	40	3	60	6	50	25	70	51	40	28	—	11	20
3137	13	50	6	80	9	—	20	30	5	40	3	60	6	50	25	70	51	40	28	—	11	20
3138	13	50	6	80	9	—	20	30	5	40	3	60	6	50	25	70	51	40	28	—	11	20
3139	13	50	6	80	9	—	20	30	5	40	3	60	6	50	25	70	51	40	28	—	11	20
3140	13	50	6	80	9	—	20	30	5	40	3	60	6	50	25	70	51	40	28	—	11	20
3141	13	50	6	80	9	—	20	30	5	40	3	60	6	50	25	80	51	50	28	—	11	20
3142	13	50	6	80	9	—	20	30	5	40	3	60	6	50	25	80	51	50	28	—	11	20
3143	13	50	6	80	9	—	20	30	5	40	3	60	6	50	25	80	51	50	28	—	11	20
3144	13	50	6	80	9	—	20	30	5	40	3	60	6	50	25	80	51	50	28	—	11	20
3145	13	50	6	80	9	—	20	30	5	40	3	60	6	50	25	80	51	50	28	—	11	20
3146	13	50	6	80	9	—	20	30	5	40	3	60	6	50	25	80	51	50	28	—	11	20
3147	13	50	6	80	9	—	20	30	5	40	3	60	6	50	25	80	51	50	28	—	11	20
3148	13	50	6	80	9	—	20	30	5	40	3	60	6	50	25	80	51	50	28	—	11	20
3149	13	50	6	80	9	—	20	30	5	40	3	60	6	50	25	80	51	50	28	—	11	20
3150	13	50	6	80	9	—	20	30	5	40	3	60	6	50	25	80	51	50	28	—	11	20
3151	13	50	6	80	9	—	20	30	5	40	3	60	6	50	25	80	51	60	28	—	11	20
3152	13	50	6	80	9	—	20	30	5	40	3	60	6	50	25	80	51	60	28	—	11	20
3153	13	50	6	80	9	—	20	30	5	40	3	60	6	50	25	80	51	60	28	—	11	20
3154	13	50	6	80	9	—	20	30	5	40	3	60	6	50	25	80	51	60	28	—	11	20
3155	13	50	6	80	9	—	20	30	5	40	3	60	6	50	25	80	51	60	28	—	11	20
3156	13	50	6	80	9	—	20	30	5	40	3	60	6	50	25	80	51	60	28	—	11	20
3157	13	50	6	80	9	—	20	30	5	40	3	60	6	50	25	80	51	60	28	—	11	20
3158	13	50	6	80	9	—	20	30	5	40	3	60	6	50	25	80	51	60	28	—	11	20
3159	13	50	6	80	9	—	20	30	5	40	3	60	6	50	25	80	51	60	28	—	11	20
3160	13	50	6	80	9	—	20	30	5	40	3	60	6	50	25	80	51	60	28	—	11	20

Gegen-stands-Summa	Staatsgebühren 1 Prozent		Staatsgebühren 1 1/2 Prozent		Staatsgebühren 2 Prozent		Besitz-veränderungs-abgabe		Staatsgebühren 1 pro mille		Staatsgebühren 2 pro mille		Staatsgebühren 2 1/2 pro mille		Staatsgebühren 3 pro mille		Staatsgebühren 5 pro mille	
ℳ	ℳ	₰	ℳ	₰	ℳ	₰	ℳ	₰	ℳ	₰	ℳ	₰	ℳ	₰	ℳ	₰	ℳ	₰
3161	31	70	47	50	63	30	15	90	3	20	6	40	8	—	9	50	15	90
3162	31	70	47	50	63	30	15	90	3	20	6	40	8	—	9	50	15	90
3163	31	70	47	50	63	30	15	90	3	20	6	40	8	—	9	50	15	90
3164	31	70	47	50	63	30	15	90	3	20	6	40	8	—	9	50	15	90
3165	31	70	47	50	63	30	15	90	3	20	6	40	8	—	9	50	15	90
3166	31	70	47	50	63	40	15	90	3	20	6	40	8	—	9	50	15	90
3167	31	70	47	60	63	40	15	90	3	20	6	40	8	—	9	60	15	90
3168	31	70	47	60	63	40	15	90	3	20	6	40	8	—	9	60	15	90
3169	31	70	47	60	63	40	15	90	3	20	6	40	8	—	9	60	15	90
3170	31	70	47	60	63	40	15	90	3	20	6	40	8	—	9	60	15	90
3171	31	80	47	60	63	50	15	90	3	20	6	40	8	—	9	60	15	90
3172	31	80	47	60	63	50	15	90	3	20	6	40	8	—	9	60	15	90
3173	31	80	47	60	63	50	15	90	3	20	6	40	8	—	9	60	15	90
3174	31	80	47	70	63	50	15	90	3	20	6	40	8	—	9	60	15	90
3175	31	80	47	70	63	50	15	90	3	20	6	40	8	—	9	60	15	90
3176	31	80	47	70	63	60	15	90	3	20	6	40	8	—	9	60	15	90
3177	31	80	47	70	63	60	15	90	3	20	6	40	8	—	9	60	15	90
3178	31	80	47	70	63	60	15	90	3	20	6	40	8	—	9	60	15	90
3179	31	80	47	70	63	60	15	90	3	20	6	40	8	—	9	60	15	90
3180	31	80	47	70	63	60	15	90	3	20	6	40	8	—	9	60	15	90
3181	31	90	47	80	63	70	16	—	3	20	6	40	8	—	9	60	16	—
3182	31	90	47	80	63	70	16	—	3	20	6	40	8	—	9	60	16	—
3183	31	90	47	80	63	70	16	—	3	20	6	40	8	—	9	60	16	—
3184	31	90	47	80	63	70	16	—	3	20	6	40	8	—	9	60	16	—
3185	31	90	47	80	63	70	16	—	3	20	6	40	8	—	9	60	16	—
3186	31	90	47	80	63	80	16	—	3	20	6	40	8	—	9	60	16	—
3187	31	90	47	90	63	80	16	—	3	20	6	40	8	—	9	60	16	—
3188	31	90	47	90	63	80	16	—	3	20	6	40	8	—	9	60	16	—
3189	31	90	47	90	63	80	16	—	3	20	6	40	8	—	9	60	16	—
3190	31	90	47	90	63	80	16	—	3	20	6	40	8	—	9	60	16	—
3191	32	—	47	90	63	90	16	—	3	20	6	40	8	—	9	60	16	—
3192	32	—	47	90	63	90	16	—	3	20	6	40	8	—	9	60	16	—
3193	32	—	47	90	63	90	16	—	3	20	6	40	8	—	9	60	16	—
3194	32	—	48	—	63	90	16	—	3	20	6	40	8	—	9	60	16	—
3195	32	—	48	—	63	90	16	—	3	20	6	40	8	—	9	60	16	—
3196	32	—	48	—	64	—	16	—	3	20	6	40	8	—	9	60	16	—
3197	32	—	48	—	64	—	16	—	3	20	6	40	8	—	9	60	16	—
3198	32	—	48	—	64	—	16	—	3	20	6	40	8	—	9	60	16	—
3199	32	—	48	—	64	—	16	—	3	20	6	40	8	—	9	60	16	—
3200	32	—	48	—	64	—	16	—	3	20	6	40	8	—	9	60	16	—

Gegen-standsSumma	Werthgebühr								4/10 aus der vollen Werthgebühr		4/10 aus 2/3 Werthgebühr		Hinterlegungsgebühr						Auseinandersetzungsgebühr			
	Volle		1/2		1/2 bis 2200 M.		1 1/2												5/10		2/10	
	Art. 22. 40. 41. 50		Art. 25. 27. 29. 30. 38 Abs. 2		darüber 2/3 Art. 24		Art. 23		Art. 45 Abs. 3				Art. 100		Art. 101 a		Art. 101 b		der Sätze des § 8 des Reichsgerichts-Kosten-Gesetzes			
M	M	₰	M	₰	M	₰	M	₰	M	₰	M	₰	M	₰	M	₰	M	₰	M	₰	M	₰
3161	13	50	6	80	9	—	20	30	5	40	3	60	6	50	25	90	51	70	28	—	11	20
3162	13	50	6	80	9	—	20	30	5	40	3	60	6	50	25	90	51	70	28	—	11	20
3163	13	50	6	80	9	—	20	30	5	40	3	60	6	50	25	90	51	70	28	—	11	20
3164	13	50	6	80	9	—	20	30	5	40	3	60	6	50	25	90	51	70	28	—	11	20
3165	13	50	6	80	9	—	20	30	5	40	3	60	6	50	25	90	51	70	28	—	11	20
3166	13	50	6	80	9	—	20	30	5	40	3	60	6	50	25	90	51	70	28	—	11	20
3167	13	50	6	80	9	—	20	30	5	40	3	60	6	50	25	90	51	70	28	—	11	20
3168	13	50	6	80	9	—	20	30	5	40	3	60	6	50	25	90	51	70	28	—	11	20
3169	13	50	6	80	9	—	20	30	5	40	3	60	6	50	25	90	51	70	28	—	11	20
3170	13	50	6	80	9	—	20	30	5	40	3	60	6	50	25	90	51	70	28	—	11	20
3171	13	50	6	80	9	—	20	30	5	40	3	60	6	50	25	90	51	80	28	—	11	20
3172	13	50	6	80	9	—	20	30	5	40	3	60	6	50	25	90	51	80	28	—	11	20
3173	13	50	6	80	9	—	20	30	5	40	3	60	6	50	25	90	51	80	28	—	11	20
3174	13	50	6	80	9	—	20	30	5	40	3	60	6	50	25	90	51	80	28	—	11	20
3175	13	50	6	80	9	—	20	30	5	40	3	60	6	50	25	90	51	80	28	—	11	20
3176	13	50	6	80	9	—	20	30	5	40	3	60	6	50	25	90	51	80	28	—	11	20
3177	13	50	6	80	9	—	20	30	5	40	3	60	6	50	25	90	51	80	28	—	11	20
3178	13	50	6	80	9	—	20	30	5	40	3	60	6	50	25	90	51	80	28	—	11	20
3179	13	50	6	80	9	—	20	30	5	40	3	60	6	50	25	90	51	80	28	—	11	20
3180	13	50	6	80	9	—	20	30	5	40	3	60	6	50	25	90	51	80	28	—	11	20
3181	13	50	6	80	9	—	20	30	5	40	3	60	6	50	26	—	51	90	28	—	11	20
3182	13	50	6	80	9	—	20	30	5	40	3	60	6	50	26	—	51	90	28	—	11	20
3183	13	50	6	80	9	—	20	30	5	40	3	60	6	50	26	—	51	90	28	—	11	20
3184	13	50	6	80	9	—	20	30	5	40	3	60	6	50	26	—	51	90	28	—	11	20
3185	13	50	6	80	9	—	20	30	5	40	3	60	6	50	26	—	51	90	28	—	11	20
3186	13	50	6	80	9	—	20	30	5	40	3	60	6	50	26	—	51	90	28	—	11	20
3187	13	50	6	80	9	—	20	30	5	40	3	60	6	50	26	—	51	90	28	—	11	20
3188	13	50	6	80	9	—	20	30	5	40	3	60	6	50	26	—	51	90	28	—	11	20
3189	13	50	6	80	9	—	20	30	5	40	3	60	6	50	26	—	51	90	28	—	11	20
3190	13	50	6	80	9	—	20	30	5	40	3	60	6	50	26	—	51	90	28	—	11	20
3191	13	50	6	80	9	—	20	30	5	40	3	60	6	50	26	—	52	—	28	—	11	20
3192	13	50	6	80	9	—	20	30	5	40	3	60	6	50	26	—	52	—	28	—	11	20
3193	13	50	6	80	9	—	20	30	5	40	3	60	6	50	26	—	52	—	28	—	11	20
3194	13	50	6	80	9	—	20	30	5	40	3	60	6	50	26	—	52	—	28	—	11	20
3195	13	50	6	80	9	—	20	30	5	40	3	60	6	50	26	—	52	—	28	—	11	20
3196	13	50	6	80	9	—	20	30	5	40	3	60	6	50	26	—	52	—	28	—	11	20
3197	13	50	6	80	9	—	20	30	5	40	3	60	6	50	26	—	52	—	28	—	11	20
3198	13	50	6	80	9	—	20	30	5	40	3	60	6	50	26	—	52	—	28	—	11	20
3199	13	50	6	80	9	—	20	30	5	40	3	60	6	50	26	—	52	—	28	—	11	20
3200	13	50	6	80	9	—	20	30	5	40	3	60	6	50	26	—	52	—	28	—	11	20

Gegen-stands-Summa	Staatsgebühren Prozent 1		1½		2		Besitz-veränderungs-abgabe		Staatsgebühren pro mille 1		2		2½		3		5	
M	M	Pf	M	Pf	M	Pf	M	Pf	M	Pf	M	Pf	M	Pf	M	Pf	M	Pf
3201	32	10	48	10	64	10	16	10	3	30	6	50	8	10	9	70	16	10
3202	32	10	48	10	64	10	16	10	3	30	6	50	8	10	9	70	16	10
3203	32	10	48	10	64	10	16	10	3	30	6	50	8	10	9	70	16	10
3204	32	10	48	10	64	10	16	10	3	30	6	50	8	10	9	70	16	10
3205	32	10	48	10	64	10	16	10	3	30	6	50	8	10	9	70	16	10
3206	32	10	48	10	64	20	16	10	3	30	6	50	8	10	9	70	16	10
3207	32	10	48	20	64	20	16	10	3	30	6	50	8	10	9	70	16	10
3208	32	10	48	20	64	20	16	10	3	30	6	50	8	10	9	70	16	10
3209	32	10	48	20	64	20	16	10	3	30	6	50	8	10	9	70	16	10
3210	32	10	48	20	64	20	16	10	3	30	6	50	8	10	9	70	16	10
3211	32	20	48	20	64	30	16	10	3	30	6	50	8	10	9	70	16	10
3212	32	20	48	20	64	30	16	10	3	30	6	50	8	10	9	70	16	10
3213	32	20	48	20	64	30	16	10	3	30	6	50	8	10	9	70	16	10
3214	32	20	48	30	64	30	16	10	3	30	6	50	8	10	9	70	16	10
3215	32	20	48	30	64	30	16	10	3	30	6	50	8	10	9	70	16	10
3216	32	20	48	30	64	40	16	10	3	30	6	50	8	10	9	70	16	10
3217	32	20	48	30	64	40	16	10	3	30	6	50	8	10	9	70	16	10
3218	32	20	48	30	64	40	16	10	3	30	6	50	8	10	9	70	16	10
3219	32	20	48	30	64	40	16	10	3	30	6	50	8	10	9	70	16	10
3220	32	20	48	30	64	40	16	10	3	30	6	50	8	10	9	70	16	10
3221	32	30	48	40	64	50	16	20	3	30	6	50	8	10	9	70	16	20
3222	32	30	48	40	64	50	16	20	3	30	6	50	8	10	9	70	16	20
3223	32	30	48	40	64	50	16	20	3	30	6	50	8	10	9	70	16	20
3224	32	30	48	40	64	50	16	20	3	30	6	50	8	10	9	70	16	20
3225	32	30	48	40	64	50	16	20	3	30	6	50	8	10	9	70	16	20
3226	32	30	48	40	64	60	16	20	3	30	6	50	8	10	9	70	16	20
3227	32	30	48	50	64	60	16	20	3	30	6	50	8	10	9	70	16	20
3228	32	30	48	50	64	60	16	20	3	30	6	50	8	10	9	70	16	20
3229	32	30	48	50	64	60	16	20	3	30	6	50	8	10	9	70	16	20
3230	32	30	48	50	64	60	16	20	3	30	6	50	8	10	9	70	16	20
3231	32	40	48	50	64	70	16	20	3	30	6	50	8	10	9	70	16	20
3232	32	40	48	50	64	70	16	20	3	30	6	50	8	10	9	70	16	20
3233	32	40	48	50	64	70	16	20	3	30	6	50	8	10	9	70	16	20
3234	32	40	48	60	64	70	16	20	3	30	6	50	8	10	9	80	16	20
3235	32	40	48	60	64	70	16	20	3	30	6	50	8	10	9	80	16	20
3236	32	40	48	60	64	80	16	20	3	30	6	50	8	10	9	80	16	20
3237	32	40	48	60	64	80	16	20	3	30	6	50	8	10	9	80	16	20
3238	32	40	48	60	64	80	16	20	3	30	6	50	8	10	9	80	16	20
3239	32	40	48	60	64	80	16	20	3	30	6	50	8	10	9	80	16	20
3240	32	40	48	60	64	80	16	20	3	30	6	50	8	10	9	80	16	20

Gegen-stands-Summe	Werthgebühr: Volle (Art. 22. 40. 41. 50)		Werthgebühr: $^1/_2$ (Art. 25. 27. 29. 30. 38 Abs. 2)		Werthgebühr: $^1/_2$ bis 2200 M, darüber $^2/_3$ (Art. 24)		Werthgebühr: $1^1/_2$ (Art. 23)		$^4/_{10}$ aus der vollen Werthgebühr (Art. 45 Abs. 3)		$^4/_{10}$ aus $^2/_3$ Werthgebühr (Art. 45 Abs. 3)		Hinterlegungsgebühr: Art. 100		Hinterlegungsgebühr: Art. 101 a		Hinterlegungsgebühr: Art. 101 b		Auseinandersetzungsgebühr: $^5/_{10}$ der Sätze des § 8 des Reichsgerichts-Kosten-Gesetzes		Auseinandersetzungsgebühr: $^2/_{10}$ der Sätze des § 8 des Reichsgerichts-Kosten-Gesetzes	
M	M	₰	M	₰	M	₰	M	₰	M	₰	M	₰	M	₰	M	₰	M	₰	M	₰	M	₰
3201	13	50	6	80	9	—	20	30	5	40	3	60	6	60	26	10	52	10	28	—	11	20
3202	13	50	6	80	9	—	20	30	5	40	3	60	6	60	26	10	52	10	28	—	11	20
3203	13	50	6	80	9	—	20	30	5	40	3	60	6	60	26	10	52	10	28	—	11	20
3204	13	50	6	80	9	—	20	30	5	40	3	60	6	60	26	10	52	10	28	—	11	20
3205	13	50	6	80	9	—	20	30	5	40	3	60	6	60	26	10	52	10	28	—	11	20
3206	13	50	6	80	9	—	20	30	5	40	3	60	6	60	26	10	52	10	28	—	11	20
3207	13	50	6	80	9	—	20	30	5	40	3	60	6	60	26	10	52	10	28	—	11	20
3208	13	50	6	80	9	—	20	30	5	40	3	60	6	60	26	10	52	10	28	—	11	20
3209	13	50	6	80	9	—	20	30	5	40	3	60	6	60	26	10	52	10	28	—	11	20
3210	13	50	6	80	9	—	20	30	5	40	3	60	6	60	26	10	52	10	28	—	11	20
3211	13	50	6	80	9	—	20	30	5	40	3	60	6	60	26	10	52	20	28	—	11	20
3212	13	50	6	80	9	—	20	30	5	40	3	60	6	60	26	10	52	20	28	—	11	20
3213	13	50	6	80	9	—	20	30	5	40	3	60	6	60	26	10	52	20	28	—	11	20
3214	13	50	6	80	9	—	20	30	5	40	3	60	6	60	26	10	52	20	28	—	11	20
3215	13	50	6	80	9	—	20	30	5	40	3	60	6	60	26	10	52	20	28	—	11	20
3216	13	50	6	80	9	—	20	30	5	40	3	60	6	60	26	10	52	20	28	—	11	20
3217	13	50	6	80	9	—	20	30	5	40	3	60	6	60	26	10	52	20	28	—	11	20
3218	13	50	6	80	9	—	20	30	5	40	3	60	6	60	26	10	52	20	28	—	11	20
3219	13	50	6	80	9	—	20	30	5	40	3	60	6	60	26	10	52	20	28	—	11	20
3220	13	50	6	80	9	—	20	30	5	40	3	60	6	60	26	10	52	20	28	—	11	20
3221	13	50	6	80	9	—	20	30	5	40	3	60	6	60	26	20	52	30	28	—	11	20
3222	13	50	6	80	9	—	20	30	5	40	3	60	6	60	26	20	52	30	28	—	11	20
3223	13	50	6	80	9	—	20	30	5	40	3	60	6	60	26	20	52	30	28	—	11	20
3224	13	50	6	80	9	—	20	30	5	40	3	60	6	60	26	20	52	30	28	—	11	20
3225	13	50	6	80	9	—	20	30	5	40	3	60	6	60	26	20	52	30	28	—	11	20
3226	13	50	6	80	9	—	20	30	5	40	3	60	6	60	26	20	52	30	28	—	11	20
3227	13	50	6	80	9	—	20	30	5	40	3	60	6	60	26	20	52	30	28	—	11	20
3228	13	50	6	80	9	—	20	30	5	40	3	60	6	60	26	20	52	30	28	—	11	20
3229	13	50	6	80	9	—	20	30	5	40	3	60	6	60	26	20	52	30	28	—	11	20
3230	13	50	6	80	9	—	20	30	5	40	3	60	6	60	26	20	52	30	28	—	11	20
3231	13	50	6	80	9	—	20	30	5	40	3	60	6	60	26	20	52	40	28	—	11	20
3232	13	50	6	80	9	—	20	30	5	40	3	60	6	60	26	20	52	40	28	—	11	20
3233	13	50	6	80	9	—	20	30	5	40	3	60	6	60	26	20	52	40	28	—	11	20
3234	13	50	6	80	9	—	20	30	5	40	3	60	6	60	26	20	52	40	28	—	11	20
3235	13	50	6	80	9	—	20	30	5	40	3	60	6	60	26	20	52	40	28	—	11	20
3236	13	50	6	80	9	—	20	30	5	40	3	60	6	60	26	20	52	40	28	—	11	20
3237	13	50	6	80	9	—	20	30	5	40	3	60	6	60	26	20	52	40	28	—	11	20
3238	13	50	6	80	9	—	20	30	5	40	3	60	6	60	26	20	52	40	28	—	11	20
3239	13	50	6	80	9	—	20	30	5	40	3	60	6	60	26	20	52	40	28	—	11	20
3240	13	50	6	80	9	—	20	30	5	40	3	60	6	60	26	20	52	40	28	—	11	20

Gegen-stands-Summa	Staatsgebühren						Besitz-verände-rungs-abgabe		Staatsgebühren									
	1		1½		2				1		2		2½		3		5	
	Prozent								pro mille									
M	M	Pf	M	Pf	M	Pf	M	Pf	M	Pf	M	Pf	M	Pf	M	Pf	M	Pf
3241	32	50	48	70	64	90	16	30	3	30	6	50	8	20	9	80	16	30
3242	32	50	48	70	64	90	16	30	3	30	6	50	8	20	9	80	16	30
3243	32	50	48	70	64	90	16	30	3	30	6	50	8	20	9	80	16	30
3244	32	50	48	70	64	90	16	30	3	30	6	50	8	20	9	80	16	30
3245	32	50	48	70	64	90	16	30	3	30	6	50	8	20	9	80	16	30
3246	32	50	48	70	65	—	16	30	3	30	6	50	8	20	9	80	16	30
3247	32	50	48	80	65	—	16	30	3	30	6	50	8	20	9	80	16	30
3248	32	50	48	80	65	—	16	30	3	30	6	50	8	20	9	80	16	30
3249	32	50	48	80	65	—	16	30	3	30	6	50	8	20	9	80	16	30
3250	32	50	48	80	65	—	16	30	3	30	6	50	8	20	9	80	16	30
3251	32	60	48	80	65	10	16	30	3	30	6	60	8	20	9	80	16	30
3252	32	60	48	80	65	10	16	30	3	30	6	60	8	20	9	80	16	30
3253	32	60	48	80	65	10	16	30	3	30	6	60	8	20	9	80	16	30
3254	32	60	48	90	65	10	16	30	3	30	6	60	8	20	9	80	16	30
3255	32	60	48	90	65	10	16	30	3	30	6	60	8	20	9	80	16	30
3256	32	60	48	90	65	20	16	30	3	30	6	60	8	20	9	80	16	30
3257	32	60	48	90	65	20	16	30	3	30	6	60	8	20	9	80	16	30
3258	32	60	48	90	65	20	16	30	3	30	6	60	8	20	9	80	16	30
3259	32	60	48	90	65	20	16	30	3	30	6	60	8	20	9	80	16	30
3260	32	60	48	90	65	20	16	30	3	30	6	60	8	20	9	80	16	30
3261	32	70	49	—	65	30	16	40	3	30	6	60	8	20	9	80	16	40
3262	32	70	49	—	65	30	16	40	3	30	6	60	8	20	9	80	16	40
3263	32	70	49	—	65	30	16	40	3	30	6	60	8	20	9	80	16	40
3264	32	70	49	—	65	30	16	40	3	30	6	60	8	20	9	80	16	40
3265	32	70	49	—	65	30	16	40	3	30	6	60	8	20	9	80	16	40
3266	32	70	49	—	65	40	16	40	3	30	6	60	8	20	9	80	16	40
3267	32	70	49	10	65	40	16	40	3	30	6	60	8	20	9	90	16	40
3268	32	70	49	10	65	40	16	40	3	30	6	60	8	20	9	90	16	40
3269	32	70	49	10	65	40	16	40	3	30	6	60	8	20	9	90	16	40
3270	32	70	49	10	65	40	16	40	3	30	6	60	8	20	9	90	16	40
3271	32	80	49	10	65	50	16	40	3	30	6	60	8	20	9	90	16	40
3272	32	80	49	10	65	50	16	40	3	30	6	60	8	20	9	90	16	40
3273	32	80	49	10	65	50	16	40	3	30	6	60	8	20	9	90	16	40
3274	32	80	49	20	65	50	16	40	3	30	6	60	8	20	9	90	16	40
3275	32	80	49	20	65	50	16	40	3	30	6	60	8	20	9	90	16	40
3276	32	80	49	20	65	60	16	40	3	30	6	60	8	20	9	90	16	40
3277	32	80	49	20	65	60	16	40	3	30	6	60	8	20	9	90	16	40
3278	32	80	49	20	65	60	16	40	3	30	6	60	8	20	9	90	16	40
3279	32	80	49	20	65	60	16	40	3	30	6	60	8	20	9	90	16	40
3280	32	80	49	20	65	60	16	40	3	30	6	60	8	20	9	90	16	40

Gegen-standes-Summa	Werthgebühr								4/10 aus der vollen Werthgebühr		4/10 aus 2/3 Werthgebühr		Hinterlegungsgebühr						Auseinandersetzungsgebühr			
	Volle		1/2		1/2 bis 2200 M, darüber 2/3		1 1/2												5/10		2/10	
	Art. 22. 40. 41. 50		Art. 25. 27. 29. 30. 38 Abs. 2		Art. 24		Art. 23		Art. 45 Abs. 3				Art. 100		Art. 101 a		Art. 101 b		der Sätze des § 8 des Reichsgerichts-Kosten-Gesetzes			
M	M	Pf	M	Pf	M	Pf	M	Pf	M	Pf	M	Pf	M	Pf	M	Pf	M	Pf	M	Pf	M	Pf
3241	13	50	6	80	9	—	20	30	5	40	3	60	6	60	26	30	52	50	28	—	11	20
3242	13	50	6	80	9	—	20	30	5	40	3	60	6	60	26	30	52	50	28	—	11	20
3243	13	50	6	80	9	—	20	30	5	40	3	60	6	60	26	30	52	50	28	—	11	20
3244	13	50	6	80	9	—	20	30	5	40	3	60	6	60	26	30	52	50	28	—	11	20
3245	13	50	6	80	9	—	20	30	5	40	3	60	6	60	26	30	52	50	28	—	11	20
3246	13	50	6	80	9	—	20	30	5	40	3	60	6	60	26	30	52	50	28	—	11	20
3247	13	50	6	80	9	—	20	30	5	40	3	60	6	60	26	30	52	50	28	—	11	20
3248	13	50	6	80	9	—	20	30	5	40	3	60	6	60	26	30	52	50	28	—	11	20
3249	13	50	6	80	9	—	20	30	5	40	3	60	6	60	26	30	52	50	28	—	11	20
3250	13	50	6	80	9	—	20	30	5	40	3	60	6	60	26	30	52	50	28	—	11	20
3251	13	50	6	80	9	—	20	30	5	40	3	60	6	60	26	30	52	60	28	—	11	20
3252	13	50	6	80	9	—	20	30	5	40	3	60	6	60	26	30	52	60	28	—	11	20
3253	13	50	6	80	9	—	20	30	5	40	3	60	6	60	26	30	52	60	28	—	11	20
3254	13	50	6	80	9	—	20	30	5	40	3	60	6	60	26	30	52	60	28	—	11	20
3255	13	50	6	80	9	—	20	30	5	40	3	60	6	60	26	30	52	60	28	—	11	20
3256	13	50	6	80	9	—	20	30	5	40	3	60	6	60	26	30	52	60	28	—	11	20
3257	13	50	6	80	9	—	20	30	5	40	3	60	6	60	26	30	52	60	28	—	11	20
3258	13	50	6	80	9	—	20	30	5	40	3	60	6	60	26	30	52	60	28	—	11	20
3259	13	50	6	80	9	—	20	30	5	40	3	60	6	60	26	30	52	60	28	—	11	20
3260	13	50	6	80	9	—	20	30	5	40	3	60	6	60	26	30	52	60	28	—	11	20
3261	13	50	6	80	9	—	20	30	5	40	3	60	6	60	26	40	52	70	28	—	11	20
3262	13	50	6	80	9	—	20	30	5	40	3	60	6	60	26	40	52	70	28	—	11	20
3263	13	50	6	80	9	—	20	30	5	40	3	60	6	60	26	40	52	70	28	—	11	20
3264	13	50	6	80	9	—	20	30	5	40	3	60	6	60	26	40	52	70	28	—	11	20
3265	13	50	6	80	9	—	20	30	5	40	3	60	6	60	26	40	52	70	28	—	11	20
3266	13	50	6	80	9	—	20	30	5	40	3	60	6	60	26	40	52	70	28	—	11	20
3267	13	50	6	80	9	—	20	30	5	40	3	60	6	60	26	40	52	70	28	—	11	20
3268	13	50	6	80	9	—	20	30	5	40	3	60	6	60	26	40	52	70	28	—	11	20
3269	13	50	6	80	9	—	20	30	5	40	3	60	6	60	26	40	52	70	28	—	11	20
3270	13	50	6	80	9	—	20	30	5	40	3	60	6	60	26	40	52	70	28	—	11	20
3271	13	50	6	80	9	—	20	30	5	40	3	60	6	60	26	40	52	80	28	—	11	20
3272	13	50	6	80	9	—	20	30	5	40	3	60	6	60	26	40	52	80	28	—	11	20
3273	13	50	6	80	9	—	20	30	5	40	3	60	6	60	26	40	52	80	28	—	11	20
3274	13	50	6	80	9	—	20	30	5	40	3	60	6	60	26	40	52	80	28	—	11	20
3275	13	50	6	80	9	—	20	30	5	40	3	60	6	60	26	40	52	80	28	—	11	20
3276	13	50	6	80	9	—	20	30	5	40	3	60	6	60	26	40	52	80	28	—	11	20
3277	13	50	6	80	9	—	20	30	5	40	3	60	6	60	26	40	52	80	28	—	11	20
3278	13	50	6	80	9	—	20	30	5	40	3	60	6	60	26	40	52	80	28	—	11	20
3279	13	50	6	80	9	—	20	30	5	40	3	60	6	60	26	40	52	80	28	—	11	20
3280	13	50	6	80	9	—	20	30	5	40	3	60	6	60	26	40	52	80	28	—	11	20

Gegenstands-Summa	Staatsgebühren 1 Prozent		Staatsgebühren 1½ Prozent		Staatsgebühren 2 Prozent		Besitzveränderungsabgabe		Staatsgebühren 1 pro mille		Staatsgebühren 2 pro mille		Staatsgebühren 2½ pro mille		Staatsgebühren 3 pro mille		Staatsgebühren 5 pro mille	
ℳ	ℳ	₰	ℳ	₰	ℳ	₰	ℳ	₰	ℳ	₰	ℳ	₰	ℳ	₰	ℳ	₰	ℳ	₰
3281	32	90	49	30	65	70	16	50	3	30	6	60	8	30	9	90	16	50
3282	32	90	49	30	65	70	16	50	3	30	6	60	8	30	9	90	16	50
3283	32	90	49	30	65	70	16	50	3	30	6	60	8	30	9	90	16	50
3284	32	90	49	30	65	70	16	50	3	30	6	60	8	30	9	90	16	50
3285	32	90	49	30	65	70	16	50	3	30	6	60	8	30	9	90	16	50
3286	32	90	49	30	65	80	16	50	3	30	6	60	8	30	9	90	16	50
3287	32	90	49	40	65	80	16	50	3	30	6	60	8	30	9	90	16	50
3288	32	90	49	40	65	80	16	50	3	30	6	60	8	30	9	90	16	50
3289	32	90	49	40	65	80	16	50	3	30	6	60	8	30	9	90	16	50
3290	32	90	49	40	65	80	16	50	3	30	6	60	8	30	9	90	16	50
3291	33	—	49	40	65	90	16	50	3	30	6	60	8	30	9	90	16	50
3292	33	—	49	40	65	90	16	50	3	30	6	60	8	30	9	90	16	50
3293	33	—	49	40	65	90	16	50	3	30	6	60	8	30	9	90	16	50
3294	33	—	49	50	65	90	16	50	3	30	6	60	8	30	9	90	16	50
3295	33	—	49	50	65	90	16	50	3	30	6	60	8	30	9	90	16	50
3296	33	—	49	50	66	—	16	50	3	30	6	60	8	30	9	90	16	50
3297	33	—	49	50	66	—	16	50	3	30	6	60	8	30	9	90	16	50
3298	33	—	49	50	66	—	16	50	3	30	6	60	8	30	9	90	16	50
3299	33	—	49	50	66	—	16	50	3	30	6	60	8	30	9	90	16	50
3300	33	—	49	50	66	—	16	50	3	30	6	60	8	30	9	90	16	50
3301	33	10	49	60	66	10	16	60	3	40	6	70	8	30	10	—	16	60
3302	33	10	49	60	66	10	16	60	3	40	6	70	8	30	10	—	16	60
3303	33	10	49	60	66	10	16	60	3	40	6	70	8	30	10	—	16	60
3304	33	10	49	60	66	10	16	60	3	40	6	70	8	30	10	—	16	60
3305	33	10	49	60	66	10	16	60	3	40	6	70	8	30	10	—	16	60
3306	33	10	49	60	66	20	16	60	3	40	6	70	8	30	10	—	16	60
3307	33	10	49	70	66	20	16	60	3	40	6	70	8	30	10	—	16	60
3308	33	10	49	70	66	20	16	60	3	40	6	70	8	30	10	—	16	60
3309	33	10	49	70	66	20	16	60	3	40	6	70	8	30	10	—	16	60
3310	33	10	49	70	66	20	16	60	3	40	6	70	8	30	10	—	16	60
3311	33	20	49	70	66	30	16	60	3	40	6	70	8	30	10	—	16	60
3312	33	20	49	70	66	30	16	60	3	40	6	70	8	30	10	—	16	60
3313	33	20	49	70	66	30	16	60	3	40	6	70	8	30	10	—	16	60
3314	33	20	49	80	66	30	16	60	3	40	6	70	8	30	10	—	16	60
3315	33	20	49	80	66	30	16	60	3	40	6	70	8	30	10	—	16	60
3316	33	20	49	80	66	40	16	60	3	40	6	70	8	30	10	—	16	60
3317	33	20	49	80	66	40	16	60	3	40	6	70	8	30	10	—	16	60
3318	33	20	49	80	66	40	16	60	3	40	6	70	8	30	10	—	16	60
3319	33	20	49	80	66	40	16	60	3	40	6	70	8	30	10	—	16	60
3320	33	20	49	80	66	40	16	60	3	40	6	70	8	30	10	—	16	60

Gegen-stands-Summa	Werthgebühr: Volle (Art. 22. 40. 41. 50)		Werthgebühr: 1/2 (Art. 25. 27. 29. 30. 38 Abs. 2)		Werthgebühr: 1/2 bis 2200 M. darüber 2/3 (Art. 24)		Werthgebühr: 1 1/2 (Art. 23)		4/10 aus der vollen Werthgebühr (Art. 45 Abs. 3)		4/10 aus 2/3 Werthgebühr (Art. 45 Abs. 3)		Hinterlegungsgebühr: Art. 100		Hinterlegungsgebühr: Art. 101a		Hinterlegungsgebühr: Art. 101b		Auseinandersetzungsgebühr: 5/10 (der Sätze des § 8 des Reichsgerichts-Kosten-Gesetzes)		Auseinandersetzungsgebühr: 2/10 (der Sätze des § 8 des Reichsgerichts-Kosten-Gesetzes)	
M	M	Pf	M	Pf	M	Pf	M	Pf	M	Pf	M	Pf	M	Pf	M	Pf	M	Pf	M	Pf	M	Pf
3281	13	50	6	80	9	—	20	30	5	40	3	60	6	70	26	50	52	90	28	—	11	20
3282	13	50	6	80	9	—	20	30	5	40	3	60	6	70	26	50	52	90	28	—	11	20
3283	13	50	6	80	9	—	20	30	5	40	3	60	6	70	26	50	52	90	28	—	11	20
3284	13	50	6	80	9	—	20	30	5	40	3	60	6	70	26	50	52	90	28	—	11	20
3285	13	50	6	80	9	—	20	30	5	40	3	60	6	70	26	50	52	90	28	—	11	20
3286	13	50	6	80	9	—	20	30	5	40	3	60	6	70	26	50	52	90	28	—	11	20
3287	13	50	6	80	9	—	20	30	5	40	3	60	6	70	26	50	52	90	28	—	11	20
3288	13	50	6	80	9	—	20	30	5	40	3	60	6	70	26	50	52	90	28	—	11	20
3289	13	50	6	80	9	—	20	30	5	40	3	60	6	70	26	50	52	90	28	—	11	20
3290	13	50	6	80	9	—	20	30	5	40	3	60	6	70	26	50	52	90	28	—	11	20
3291	13	50	6	80	9	—	20	30	5	40	3	60	6	70	26	50	53	—	28	—	11	20
3292	13	50	6	80	9	—	20	30	5	40	3	60	6	70	26	50	53	—	28	—	11	20
3293	13	50	6	80	9	—	20	30	5	40	3	60	6	70	26	50	53	—	28	—	11	20
3294	13	50	6	80	9	—	20	30	5	40	3	60	6	70	26	50	53	—	28	—	11	20
3295	13	50	6	80	9	—	20	30	5	40	3	60	6	70	26	50	53	—	28	—	11	20
3296	13	50	6	80	9	—	20	30	5	40	3	60	6	70	26	50	53	—	28	—	11	20
3297	13	50	6	80	9	—	20	30	5	40	3	60	6	70	26	50	53	—	28	—	11	20
3298	13	50	6	80	9	—	20	30	5	40	3	60	6	70	26	50	53	—	28	—	11	20
3299	13	50	6	80	9	—	20	30	5	40	3	60	6	70	26	50	53	—	28	—	11	20
3300	13	50	6	80	9	—	20	30	5	40	3	60	6	70	26	50	53	—	28	—	11	20
3301	15	—	7	50	10	—	22	50	6	—	4	—	6	70	26	60	53	10	28	—	11	20
3302	15	—	7	50	10	—	22	50	6	—	4	—	6	70	26	60	53	10	28	—	11	20
3303	15	—	7	50	10	—	22	50	6	—	4	—	6	70	26	60	53	10	28	—	11	20
3304	15	—	7	50	10	—	22	50	6	—	4	—	6	70	26	60	53	10	28	—	11	20
3305	15	—	7	50	10	—	22	50	6	—	4	—	6	70	26	60	53	10	28	—	11	20
3306	15	—	7	50	10	—	22	50	6	—	4	—	6	70	26	60	53	10	28	—	11	20
3307	15	—	7	50	10	—	22	50	6	—	4	—	6	70	26	60	53	10	28	—	11	20
3308	15	—	7	50	10	—	22	50	6	—	4	—	6	70	26	60	53	10	28	—	11	20
3309	15	—	7	50	10	—	22	50	6	—	4	—	6	70	26	60	53	10	28	—	11	20
3310	15	—	7	50	10	—	22	50	6	—	4	—	6	70	26	60	53	10	28	—	11	20
3311	15	—	7	50	10	—	22	50	6	—	4	—	6	70	26	60	53	20	28	—	11	20
3312	15	—	7	50	10	—	22	50	6	—	4	—	6	70	26	60	53	20	28	—	11	20
3313	15	—	7	50	10	—	22	50	6	—	4	—	6	70	26	60	53	20	28	—	11	20
3314	15	—	7	50	10	—	22	50	6	—	4	—	6	70	26	60	53	20	28	—	11	20
3315	15	—	7	50	10	—	22	50	6	—	4	—	6	70	26	60	53	20	28	—	11	20
3316	15	—	7	50	10	—	22	50	6	—	4	—	6	70	26	60	53	20	28	—	11	20
3317	15	—	7	50	10	—	22	50	6	—	4	—	6	70	26	60	53	20	28	—	11	20
3318	15	—	7	50	10	—	22	50	6	—	4	—	6	70	26	60	53	20	28	—	11	20
3319	15	—	7	50	10	—	22	50	6	—	4	—	6	70	26	60	53	20	28	—	11	20
3320	15	—	7	50	10	—	22	50	6	—	4	—	6	70	26	60	53	20	28	—	11	20

GegenstandsSumma	Staatsgebühren 1 Prozent		Staatsgebühren 1½ Prozent		Staatsgebühren 2 Prozent		Besitzveränderungsabgabe		Staatsgebühren 1 pro mille		Staatsgebühren 2 pro mille		Staatsgebühren 2½ pro mille		Staatsgebühren 3 pro mille		Staatsgebühren 5 pro mille	
M	M	Pf	M	Pf	M	Pf	M	Pf	M	Pf	M	Pf	M	Pf	M	Pf	M	Pf
3321	33	30	49	90	66	50	16	70	3	40	6	70	8	40	10	—	16	70
3322	33	30	49	90	66	50	16	70	3	40	6	70	8	40	10	—	16	70
3323	33	30	49	90	66	50	16	70	3	40	6	70	8	40	10	—	16	70
3324	33	30	49	90	66	50	16	70	3	40	6	70	8	40	10	—	16	70
3325	33	30	49	90	66	50	16	70	3	40	6	70	8	40	10	—	16	70
3326	33	30	49	90	66	60	16	70	3	40	6	70	8	40	10	—	16	70
3327	33	30	50	—	66	60	16	70	3	40	6	70	8	40	10	—	16	70
3328	33	30	50	—	66	60	16	70	3	40	6	70	8	40	10	—	16	70
3329	33	30	50	—	66	60	16	70	3	40	6	70	8	40	10	—	16	70
3330	33	30	50	—	66	60	16	70	3	40	6	70	8	40	10	—	16	70
3331	33	40	50	—	66	70	16	70	3	40	6	70	8	40	10	—	16	70
3332	33	40	50	—	66	70	16	70	3	40	6	70	8	40	10	—	16	70
3333	33	40	50	—	66	70	16	70	3	40	6	70	8	40	10	—	16	70
3334	33	40	50	10	66	70	16	70	3	40	6	70	8	40	10	10	16	70
3335	33	40	50	10	66	70	16	70	3	40	6	70	8	40	10	10	16	70
3336	33	40	50	10	66	80	16	70	3	40	6	70	8	40	10	10	16	70
3337	33	40	50	10	66	80	16	70	3	40	6	70	8	40	10	10	16	70
3338	33	40	50	10	66	80	16	70	3	40	6	70	8	40	10	10	16	70
3339	33	40	50	10	66	80	16	70	3	40	6	70	8	40	10	10	16	70
3340	33	40	50	10	66	80	16	70	3	40	6	70	8	40	10	10	16	70
3341	33	50	50	20	66	90	16	80	3	40	6	70	8	40	10	10	16	80
3342	33	50	50	20	66	90	16	80	3	40	6	70	8	40	10	10	16	80
3343	33	50	50	20	66	90	16	80	3	40	6	70	8	40	10	10	16	80
3344	33	50	50	20	66	90	16	80	3	40	6	70	8	40	10	10	16	80
3345	33	50	50	20	66	90	16	80	3	40	6	70	8	40	10	10	16	80
3346	33	50	50	20	67	—	16	80	3	40	6	70	8	40	10	10	16	80
3347	33	50	50	30	67	—	16	80	3	40	6	70	8	40	10	10	16	80
3348	33	50	50	30	67	—	16	80	3	40	6	70	8	40	10	10	16	80
3349	33	50	50	30	67	—	16	80	3	40	6	70	8	40	10	10	16	80
3350	33	50	50	30	67	—	16	80	3	40	6	70	8	40	10	10	16	80
3351	33	60	50	30	67	10	16	80	3	40	6	80	8	40	10	10	16	80
3352	33	60	50	30	67	10	16	80	3	40	6	80	8	40	10	10	16	80
3353	33	60	50	30	67	10	16	80	3	40	6	80	8	40	10	10	16	80
3354	33	60	50	40	67	10	16	80	3	40	6	80	8	40	10	10	16	80
3355	33	60	50	40	67	10	16	80	3	40	6	80	8	40	10	10	16	80
3356	33	60	50	40	67	20	16	80	3	40	6	80	8	40	10	10	16	80
3357	33	60	50	40	67	20	16	80	3	40	6	80	8	40	10	10	16	80
3358	33	60	50	40	67	20	16	80	3	40	6	80	8	40	10	10	16	80
3359	33	60	50	40	67	20	16	80	3	40	6	80	8	40	10	10	16	80
3360	33	60	50	40	67	20	16	80	3	40	6	80	8	40	10	10	16	80

Gegen-stands-Summe	Werthgebühr: Volle (Art. 22. 40. 41. 50)		Werthgebühr: 1/2 (Art. 25. 27. 29. 30 38 Abs. 2)		Werthgebühr: 1/2 bis 2200 M. darüber 2/3 (Art. 24)		Werthgebühr: 1 1/2 (Art. 23)		4/10 aus der vollen Werthgebühr (Art. 45 Abs. 3)		4/10 aus 2/3 Werthgebühr (Art. 45 Abs. 3)		Hinterlegungsgebühr: Art. 100		Hinterlegungsgebühr: Art. 101 a		Hinterlegungsgebühr: Art. 101 b		Auseinandersetzungsgebühr: 5/10 (der Sätze des § 8 des Reichsgerichts-Kosten-Gesetzes)		Auseinandersetzungsgebühr: 2/10 (der Sätze des § 8 des Reichsgerichts-Kosten-Gesetzes)	
M	M	Pf	M	Pf	M	Pf	M	Pf	M	Pf	M	Pf	M	Pf	M	Pf	M	Pf	M	Pf	M	Pf
3321	15	—	7	50	10	—	22	50	6	—	4	—	6	70	26	70	53	30	28	—	11	20
3322	15	—	7	50	10	—	22	50	6	—	4	—	6	70	26	70	53	30	28	—	11	20
3323	15	—	7	50	10	—	22	50	6	—	4	—	6	70	26	70	53	30	28	—	11	20
3324	15	—	7	50	10	—	22	50	6	—	4	—	6	70	26	70	53	30	28	—	11	20
3325	15	—	7	50	10	—	22	50	6	—	4	—	6	70	26	70	53	30	28	—	11	20
3326	15	—	7	50	10	—	22	50	6	—	4	—	6	70	26	70	53	30	28	—	11	20
3327	15	—	7	50	10	—	22	50	6	—	4	—	6	70	26	70	53	30	28	—	11	20
3328	15	—	7	50	10	—	22	50	6	—	4	—	6	70	26	70	53	30	28	—	11	20
3329	15	—	7	50	10	—	22	50	6	—	4	—	6	70	26	70	53	30	28	—	11	20
3330	15	—	7	50	10	—	22	50	6	—	4	—	6	70	26	70	53	30	28	—	11	20
3331	15	—	7	50	10	—	22	50	6	—	4	—	6	70	26	70	53	40	28	—	11	20
3332	15	—	7	50	10	—	22	50	6	—	4	—	6	70	26	70	53	40	28	—	11	20
3333	15	—	7	50	10	—	22	50	6	—	4	—	6	70	26	70	53	40	28	—	11	20
3334	15	—	7	50	10	—	22	50	6	—	4	—	6	70	26	70	53	40	28	—	11	20
3335	15	—	7	50	10	—	22	50	6	—	4	—	6	70	26	70	53	40	28	—	11	20
3336	15	—	7	50	10	—	22	50	6	—	4	—	6	70	26	70	53	40	28	—	11	20
3337	15	—	7	50	10	—	22	50	6	—	4	—	6	70	26	70	53	40	28	—	11	20
3338	15	—	7	50	10	—	22	50	6	—	4	—	6	70	26	70	53	40	28	—	11	20
3339	15	—	7	50	10	—	22	50	6	—	4	—	6	70	26	70	53	40	28	—	11	20
3340	15	—	7	50	10	—	22	50	6	—	4	—	6	70	26	70	53	40	28	—	11	20
3341	15	—	7	50	10	—	22	50	6	—	4	—	6	70	26	80	53	50	28	—	11	20
3342	15	—	7	50	10	—	22	50	6	—	4	—	6	70	26	80	53	50	28	—	11	20
3343	15	—	7	50	10	—	22	50	6	—	4	—	6	70	26	80	53	50	28	—	11	20
3344	15	—	7	50	10	—	22	50	6	—	4	—	6	70	26	80	53	50	28	—	11	20
3345	15	—	7	50	10	—	22	50	6	—	4	—	6	70	26	80	53	50	28	—	11	20
3346	15	—	7	50	10	—	22	50	6	—	4	—	6	70	26	80	53	50	28	—	11	20
3347	15	—	7	50	10	—	22	50	6	—	4	—	6	70	26	80	53	50	28	—	11	20
3348	15	—	7	50	10	—	22	50	6	—	4	—	6	70	26	80	53	50	28	—	11	20
3349	15	—	7	50	10	—	22	50	6	—	4	—	6	70	26	80	53	50	28	—	11	20
3350	15	—	7	50	10	—	22	50	6	—	4	—	6	70	26	80	53	50	28	—	11	20
3351	15	—	7	50	10	—	22	50	6	—	4	—	6	70	26	80	53	60	28	—	11	20
3352	15	—	7	50	10	—	22	50	6	—	4	—	6	70	26	80	53	60	28	—	11	20
3353	15	—	7	50	10	—	22	50	6	—	4	—	6	70	26	80	53	60	28	—	11	20
3354	15	—	7	50	10	—	22	50	6	—	4	—	6	70	26	80	53	60	28	—	11	20
3355	15	—	7	50	10	—	22	50	6	—	4	—	6	70	26	80	53	60	28	—	11	20
3356	15	—	7	50	10	—	22	50	6	—	4	—	6	70	26	80	53	60	28	—	11	20
3357	15	—	7	50	10	—	22	50	6	—	4	—	6	70	26	80	53	60	28	—	11	20
3358	15	—	7	50	10	—	22	50	6	—	4	—	6	70	26	80	53	60	28	—	11	20
3359	15	—	7	50	10	—	22	50	6	—	4	—	6	70	26	80	53	60	28	—	11	20
3360	15	—	7	50	10	—	22	50	6	—	4	—	6	70	26	80	53	60	28	—	11	20

Gegen-stands-Summa	Staatsgebühren 1 Prozent		Staatsgebühren 1½ Prozent		Staatsgebühren 2 Prozent		Besitz-veränderungs-abgabe		Staatsgebühren 1 pro mille		2 pro mille		2½ pro mille		3 pro mille		5 pro mille	
ℳ	ℳ	₰	ℳ	₰	ℳ	₰	ℳ	₰	ℳ	₰	ℳ	₰	ℳ	₰	ℳ	₰	ℳ	₰
3361	33	70	50	50	67	30	16	90	3	40	6	80	8	50	10	10	16	90
3362	33	70	50	50	67	30	16	90	3	40	6	80	8	50	10	10	16	90
3363	33	70	50	50	67	30	16	90	3	40	6	80	8	50	10	10	16	90
3364	33	70	50	50	67	30	16	90	3	40	6	80	8	50	10	10	16	90
3365	33	70	50	50	67	30	16	90	3	40	6	80	8	50	10	10	16	90
3366	33	70	50	50	67	40	16	90	3	40	6	80	8	50	10	10	16	90
3367	33	70	50	60	67	40	16	90	3	40	6	80	8	50	10	20	16	90
3368	33	70	50	60	67	40	16	90	3	40	6	80	8	50	10	20	16	90
3369	33	70	50	60	67	40	16	90	3	40	6	80	8	50	10	20	16	90
3370	33	70	50	60	67	40	16	90	3	40	6	80	8	50	10	20	16	90
3371	33	80	50	60	67	50	16	90	3	40	6	80	8	50	10	20	16	90
3372	33	80	50	60	67	50	16	90	3	40	6	80	8	50	10	20	16	90
3373	33	80	50	60	67	50	16	90	3	40	6	80	8	50	10	20	16	90
3374	33	80	50	70	67	50	16	90	3	40	6	80	8	50	10	20	16	90
3375	33	80	50	70	67	50	16	90	3	40	6	80	8	50	10	20	16	90
3376	33	80	50	70	67	60	16	90	3	40	6	80	8	50	10	20	16	90
3377	33	80	50	70	67	60	16	90	3	40	6	80	8	50	10	20	16	90
3378	33	80	50	70	67	60	16	90	3	40	6	80	8	50	10	20	16	90
3379	33	80	50	70	67	60	16	90	3	40	6	80	8	50	10	20	16	90
3380	33	80	50	70	67	60	16	90	3	40	6	80	8	50	10	20	16	90
3381	33	90	50	80	67	70	17	—	3	40	6	80	8	50	10	20	17	—
3382	33	90	50	80	67	70	17	—	3	40	6	80	8	50	10	20	17	—
3383	33	90	50	80	67	70	17	—	3	40	6	80	8	50	10	20	17	—
3384	33	90	50	80	67	70	17	—	3	40	6	80	8	50	10	20	17	—
3385	33	90	50	80	67	70	17	—	3	40	6	80	8	50	10	20	17	—
3386	33	90	50	80	67	80	17	—	3	40	6	80	8	50	10	20	17	—
3387	33	90	50	90	67	80	17	—	3	40	6	80	8	50	10	20	17	—
3388	33	90	50	90	67	80	17	—	3	40	6	80	8	50	10	20	17	—
3389	33	90	50	90	67	80	17	—	3	40	6	80	8	50	10	20	17	—
3390	33	90	50	90	67	80	17	—	3	40	6	80	8	50	10	20	17	—
3391	34	—	50	90	67	90	17	—	3	40	6	80	8	50	10	20	17	—
3392	34	—	50	90	67	90	17	—	3	40	6	80	8	50	10	20	17	—
3393	34	—	50	90	67	90	17	—	3	40	6	80	8	50	10	20	17	—
3394	34	—	51	—	67	90	17	—	3	40	6	80	8	50	10	20	17	—
3395	34	—	51	—	67	90	17	—	3	40	6	80	8	50	10	20	17	—
3396	34	—	51	—	68	—	17	—	3	40	6	80	8	50	10	20	17	—
3397	34	—	51	—	68	—	17	—	3	40	6	80	8	50	10	20	17	—
3398	34	—	51	—	68	—	17	—	3	40	6	80	8	50	10	20	17	—
3399	34	—	51	—	68	—	17	—	3	40	6	80	8	50	10	20	17	—
3400	34	—	51	—	68	—	17	—	3	40	6	80	8	50	10	20	17	—

Gegen-stands-Summa	Werthgebühr								4/10 aus der vollen Werth-gebühr		4/10 aus 2/3 Werth-gebühr		Hinterlegungs-gebühr						Auseinander-setzungsgebühr			
	Volle		1/2		1/2 bis 2200 M		1 1/2												5/10		2/10	
	Art. 22. 40. 41. 50		Art. 25. 27. 29. 30. 38 Abs. 2		darüber 2/3 Art. 24		Art. 23		Art. 45 Abs. 3				Art. 100		Art. 101 a		Art. 101 b		der Sätze des § 8 des Reichsgerichts-Kosten-Gesetzes			
M	M	Pf	M	Pf	M	Pf	M	Pf	M	Pf	M	Pf	M	Pf	M	Pf	M	Pf	M	Pf	M	Pf
3361	15	—	7	50	10	—	22	50	6	—	4	—	6	80	26	90	53	70	28	—	11	20
3362	15	—	7	50	10	—	22	50	6	—	4	—	6	80	26	90	53	70	28	—	11	20
3363	15	—	7	50	10	—	22	50	6	—	4	—	6	80	26	90	53	70	28	—	11	20
3364	15	—	7	50	10	—	22	50	6	—	4	—	6	80	26	90	53	70	28	—	11	20
3365	15	—	7	50	10	—	22	50	6	—	4	—	6	80	26	90	53	70	28	—	11	20
3366	15	—	7	50	10	—	22	50	6	—	4	—	6	80	26	90	53	70	28	—	11	20
3367	15	—	7	50	10	—	22	50	6	—	4	—	6	80	26	90	53	70	28	—	11	20
3368	15	—	7	50	10	—	22	50	6	—	4	—	6	80	26	90	53	70	28	—	11	20
3369	15	—	7	50	10	—	22	50	6	—	4	—	6	80	26	90	53	70	28	—	11	20
3370	15	—	7	50	10	—	22	50	6	—	4	—	6	80	26	90	53	70	28	—	11	20
3371	15	—	7	50	10	—	22	50	6	—	4	—	6	80	26	90	53	80	28	—	11	20
3372	15	—	7	50	10	—	22	50	6	—	4	—	6	80	26	90	53	80	28	—	11	20
3373	15	—	7	50	10	—	22	50	6	—	4	—	6	80	26	90	53	80	28	—	11	20
3374	15	—	7	50	10	—	22	50	6	—	4	—	6	80	26	90	53	80	28	—	11	20
3375	15	—	7	50	10	—	22	50	6	—	4	—	6	80	26	90	53	80	28	—	11	20
3376	15	—	7	50	10	—	22	50	6	—	4	—	6	80	26	90	53	80	28	—	11	20
3377	15	—	7	50	10	—	22	50	6	—	4	—	6	80	26	90	53	80	28	—	11	20
3378	15	—	7	50	10	—	22	50	6	—	4	—	6	80	26	90	53	80	28	—	11	20
3379	15	—	7	50	10	—	22	50	6	—	4	—	6	80	26	90	53	80	28	—	11	20
3380	15	—	7	50	10	—	22	50	6	—	4	—	6	80	26	90	53	80	28	—	11	20
3381	15	—	7	50	10	—	22	50	6	—	4	—	6	80	27	—	53	90	28	—	11	20
3382	15	—	7	50	10	—	22	50	6	—	4	—	6	80	27	—	53	90	28	—	11	20
3383	15	—	7	50	10	—	22	50	6	—	4	—	6	80	27	—	53	90	28	—	11	20
3384	15	—	7	50	10	—	22	50	6	—	4	—	6	80	27	—	53	90	28	—	11	20
3385	15	—	7	50	10	—	22	50	6	—	4	—	6	80	27	—	53	90	28	—	11	20
3386	15	—	7	50	10	—	22	50	6	—	4	—	6	80	27	—	53	90	28	—	11	20
3387	15	—	7	50	10	—	22	50	6	—	4	—	6	80	27	—	53	90	28	—	11	20
3388	15	—	7	50	10	—	22	50	6	—	4	—	6	80	27	—	53	90	28	—	11	20
3389	15	—	7	50	10	—	22	50	6	—	4	—	6	80	27	—	53	90	28	—	11	20
3390	15	—	7	50	10	—	22	50	6	—	4	—	6	80	27	—	53	90	28	—	11	20
3391	15	—	7	50	10	—	22	50	6	—	4	—	6	80	27	—	54	—	28	—	11	20
3392	15	—	7	50	10	—	22	50	6	—	4	—	6	80	27	—	54	—	28	—	11	20
3393	15	—	7	50	10	—	22	50	6	—	4	—	6	80	27	—	54	—	28	—	11	20
3394	15	—	7	50	10	—	22	50	6	—	4	—	6	80	27	—	54	—	28	—	11	20
3395	15	—	7	50	10	—	22	50	6	—	4	—	6	80	27	—	54	—	28	—	11	20
3396	15	—	7	50	10	—	22	50	6	—	4	—	6	80	27	—	54	—	28	—	11	20
3397	15	—	7	50	10	—	22	50	6	—	4	—	6	80	27	—	54	—	28	—	11	20
3398	15	—	7	50	10	—	22	50	6	—	4	—	6	80	27	—	54	—	28	—	11	20
3399	15	—	7	50	10	—	22	50	6	—	4	—	6	80	27	—	54	—	28	—	11	20
3400	15	—	7	50	10	—	22	50	6	—	4	—	6	80	27	—	54	—	28	—	11	20

Gegen-stands-Summa	Staatsgebühren 1 Prozent		Staatsgebühren 1½ Prozent		Staatsgebühren 2 Prozent		Besitz-veränderungs-abgabe		Staatsgebühren 1 pro mille		Staatsgebühren 2 pro mille		Staatsgebühren 2½ pro mille		Staatsgebühren 3 pro mille		Staatsgebühren 5 pro mille	
ℳ	ℳ	₰	ℳ	₰	ℳ	₰	ℳ	₰	ℳ	₰	ℳ	₰	ℳ	₰	ℳ	₰	ℳ	₰
3401	34	10	51	10	68	10	17	10	3	50	6	90	8	60	10	30	17	10
3402	34	10	51	10	68	10	17	10	3	50	6	90	8	60	10	30	17	10
3403	34	10	51	10	68	10	17	10	3	50	6	90	8	60	10	30	17	10
3404	34	10	51	10	68	10	17	10	3	50	6	90	8	60	10	30	17	10
3405	34	10	51	10	68	10	17	10	3	50	6	90	8	60	10	30	17	10
3406	34	10	51	10	68	20	17	10	3	50	6	90	8	60	10	30	17	10
3407	34	10	51	20	68	20	17	10	3	50	6	90	8	60	10	30	17	10
3408	34	10	51	20	68	20	17	10	3	50	6	90	8	60	10	30	17	10
3409	34	10	51	20	68	20	17	10	3	50	6	90	8	60	10	30	17	10
3410	34	10	51	20	68	20	17	10	3	50	6	90	8	60	10	30	17	10
3411	34	20	51	20	68	30	17	10	3	50	6	90	8	60	10	30	17	10
3412	34	20	51	20	68	30	17	10	3	50	6	90	8	60	10	30	17	10
3413	34	20	51	20	68	30	17	10	3	50	6	90	8	60	10	30	17	10
3414	34	20	51	30	68	30	17	10	3	50	6	90	8	60	10	30	17	10
3415	34	20	51	30	68	30	17	10	3	50	6	90	8	60	10	30	17	10
3416	34	20	51	30	68	40	17	10	3	50	6	90	8	60	10	30	17	10
3417	34	20	51	30	68	40	17	10	3	50	6	90	8	60	10	30	17	10
3418	34	20	51	30	68	40	17	10	3	50	6	90	8	60	10	30	17	10
3419	34	20	51	30	68	40	17	10	3	50	6	90	8	60	10	30	17	10
3420	34	20	51	30	68	40	17	10	3	50	6	90	8	60	10	30	17	10
3421	34	30	51	40	68	50	17	20	3	50	6	90	8	60	10	30	17	20
3422	34	30	51	40	68	50	17	20	3	50	6	90	8	60	10	30	17	20
3423	34	30	51	40	68	50	17	20	3	50	6	90	8	60	10	30	17	20
3424	34	30	51	40	68	50	17	20	3	50	6	90	8	60	10	30	17	20
3425	34	30	51	40	68	50	17	20	3	50	6	90	8	60	10	30	17	20
3426	34	30	51	40	68	60	17	20	3	50	6	90	8	60	10	30	17	20
3427	34	30	51	50	68	60	17	20	3	50	6	90	8	60	10	30	17	20
3428	34	30	51	50	68	60	17	20	3	50	6	90	8	60	10	30	17	20
3429	34	30	51	50	68	60	17	20	3	50	6	90	8	60	10	30	17	20
3430	34	30	51	50	68	60	17	20	3	50	6	90	8	60	10	30	17	20
3431	34	40	51	50	68	70	17	20	3	50	6	90	8	60	10	30	17	20
3432	34	40	51	50	68	70	17	20	3	50	6	90	8	60	10	30	17	20
3433	34	40	51	50	68	70	17	20	3	50	6	90	8	60	10	30	17	20
3434	34	40	51	60	68	70	17	20	3	50	6	90	8	60	10	40	17	20
3435	34	40	51	60	68	70	17	20	3	50	6	90	8	60	10	40	17	20
3436	34	40	51	60	68	80	17	20	3	50	6	90	8	60	10	40	17	20
3437	34	40	51	60	68	80	17	20	3	50	6	90	8	60	10	40	17	20
3438	34	40	51	60	68	80	17	20	3	50	6	90	8	60	10	40	17	20
3439	34	40	51	60	68	80	17	20	3	50	6	90	8	60	10	40	17	20
3440	34	40	51	60	68	80	17	20	3	50	6	90	8	60	10	40	17	20

Gegenstands-Summa	Werthgebühr								4/10 aus der vollen Werthgebühr		4/10 aus 2/3 Werthgebühr		Hinterlegungsgebühr						Auseinandersetzungsgebühr			
	Volle		1/2		1/2 bis 2200 M		1 1/2												5/10		2/10	
	Art. 22. 40. 41. 50		Art. 25. 27. 29. 30. 38 Abs. 2		darüber 2/3 Art. 24		Art. 23		Art. 45 Abs. 3				Art. 100		Art. 101a		Art. 101b		der Sätze des § 8 des Reichsgerichts-Kosten-Gesetzes			
M	M	Pf	M	Pf	M	Pf	M	Pf	M	Pf	M	Pf	M	Pf	M	Pf	M	Pf	M	Pf	M	Pf
3401	15	—	7	50	10	—	22	50	6	—	4	—	6	80	27	10	54	10	31	—	12	40
3402	15	—	7	50	10	—	22	50	6	—	4	—	6	80	27	10	54	10	31	—	12	40
3403	15	—	7	50	10	—	22	50	6	—	4	—	6	80	27	10	54	10	31	—	12	40
3404	15	—	7	50	10	—	22	50	6	—	4	—	6	80	27	10	54	10	31	—	12	40
3405	15	—	7	50	10	—	22	50	6	—	4	—	6	80	27	10	54	10	31	—	12	40
3406	15	—	7	50	10	—	22	50	6	—	4	—	6	80	27	10	54	10	31	—	12	40
3407	15	—	7	50	10	—	22	50	6	—	4	—	6	80	27	10	54	10	31	—	12	40
3408	15	—	7	50	10	—	22	50	6	—	4	—	6	80	27	10	54	10	31	—	12	40
3409	15	—	7	50	10	—	22	50	6	—	4	—	6	80	27	10	54	10	31	—	12	40
3410	15	—	7	50	10	—	22	50	6	—	4	—	6	80	27	10	54	10	31	—	12	40
3411	15	—	7	50	10	—	22	50	6	—	4	—	6	80	27	10	54	20	31	—	12	40
3412	15	—	7	50	10	—	22	50	6	—	4	—	6	80	27	10	54	20	31	—	12	40
3413	15	—	7	50	10	—	22	50	6	—	4	—	6	80	27	10	54	20	31	—	12	40
3414	15	—	7	50	10	—	22	50	6	—	4	—	6	80	27	10	54	20	31	—	12	40
3415	15	—	7	50	10	—	22	50	6	—	4	—	6	80	27	10	54	20	31	—	12	40
3416	15	—	7	50	10	—	22	50	6	—	4	—	6	80	27	10	54	20	31	—	12	40
3417	15	—	7	50	10	—	22	50	6	—	4	—	6	80	27	10	54	20	31	—	12	40
3418	15	—	7	50	10	—	22	50	6	—	4	—	6	80	27	10	54	20	31	—	12	40
3419	15	—	7	50	10	—	22	50	6	—	4	—	6	80	27	10	54	20	31	—	12	40
3420	15	—	7	50	10	—	22	50	6	—	4	—	6	80	27	10	54	20	31	—	12	40
3421	15	—	7	50	10	—	22	50	6	—	4	—	6	80	27	20	54	30	31	—	12	40
3422	15	—	7	50	10	—	22	50	6	—	4	—	6	80	27	20	54	30	31	—	12	40
3423	15	—	7	50	10	—	22	50	6	—	4	—	6	80	27	20	54	30	31	—	12	40
3424	15	—	7	50	10	—	22	50	6	—	4	—	6	80	27	20	54	30	31	—	12	40
3425	15	—	7	50	10	—	22	50	6	—	4	—	6	80	27	20	54	30	31	—	12	40
3426	15	—	7	50	10	—	22	50	6	—	4	—	6	80	27	20	54	30	31	—	12	40
3427	15	—	7	50	10	—	22	50	6	—	4	—	6	80	27	20	54	30	31	—	12	40
3428	15	—	7	50	10	—	22	50	6	—	4	—	6	80	27	20	54	30	31	—	12	40
3429	15	—	7	50	10	—	22	50	6	—	4	—	6	80	27	20	54	30	31	—	12	40
3430	15	—	7	50	10	—	22	50	6	—	4	—	6	80	27	20	54	30	31	—	12	40
3431	15	—	7	50	10	—	22	50	6	—	4	—	6	80	27	20	54	40	31	—	12	40
3432	15	—	7	50	10	—	22	50	6	—	4	—	6	80	27	20	54	40	31	—	12	40
3433	15	—	7	50	10	—	22	50	6	—	4	—	6	80	27	20	54	40	31	—	12	40
3434	15	—	7	50	10	—	22	50	6	—	4	—	6	80	27	20	54	40	31	—	12	40
3435	15	—	7	50	10	—	22	50	6	—	4	—	6	80	27	20	54	40	31	—	12	40
3436	15	—	7	50	10	—	22	50	6	—	4	—	6	80	27	20	54	40	31	—	12	40
3437	15	—	7	50	10	—	22	50	6	—	4	—	6	80	27	20	54	40	31	—	12	40
3438	15	—	7	50	10	—	22	50	6	—	4	—	6	80	27	20	54	40	31	—	12	40
3439	15	—	7	50	10	—	22	50	6	—	4	—	6	80	27	20	54	40	31	—	12	40
3440	15	—	7	50	10	—	22	50	6	—	4	—	6	80	27	20	54	40	31	—	12	40

Gegen-standß-Summa	Staatsgebühren						Besitz-veränderungs-abgabe		Staatsgebühren									
	1		1½		2				1		2		2½		3		5	
	Prozent								pro mille									
ℳ	ℳ	₰	ℳ	₰	ℳ	₰	ℳ	₰	ℳ	₰	ℳ	₰	ℳ	₰	ℳ	₰	ℳ	₰
3441	34	50	51	70	68	90	17	30	3	50	6	90	8	70	10	40	17	30
3442	34	50	51	70	68	90	17	30	3	50	6	90	8	70	10	40	17	30
3443	34	50	51	70	68	90	17	30	3	50	6	90	8	70	10	40	17	30
3444	34	50	51	70	68	90	17	30	3	50	6	90	8	70	10	40	17	30
3445	34	50	51	70	68	90	17	30	3	50	6	90	8	70	10	40	17	30
3446	34	50	51	70	69	—	17	30	3	50	6	90	8	70	10	40	17	30
3447	34	50	51	80	69	—	17	30	3	50	6	90	8	70	10	40	17	30
3448	34	50	51	80	69	—	17	30	3	50	6	90	8	70	10	40	17	30
3449	34	50	51	80	69	—	17	30	3	50	6	90	8	70	10	40	17	30
3450	34	50	51	80	69	—	17	30	3	50	6	90	8	70	10	40	17	30
3451	34	60	51	80	69	10	17	30	3	50	7	—	8	70	10	40	17	30
3452	34	60	51	80	69	10	17	30	3	50	7	—	8	70	10	40	17	30
3453	34	60	51	80	69	10	17	30	3	50	7	—	8	70	10	40	17	30
3454	34	60	51	90	69	10	17	30	3	50	7	—	8	70	10	40	17	30
3455	34	60	51	90	69	10	17	30	3	50	7	—	8	70	10	40	17	30
3456	34	60	51	90	69	20	17	30	3	50	7	—	8	70	10	40	17	30
3457	34	60	51	90	69	20	17	30	3	50	7	—	8	70	10	40	17	30
3458	34	60	51	90	69	20	17	30	3	50	7	—	8	70	10	40	17	30
3459	34	60	51	90	69	20	17	30	3	50	7	—	8	70	10	40	17	30
3460	34	60	51	90	69	20	17	30	3	50	7	—	8	70	10	40	17	30
3461	34	70	52	—	69	30	17	40	3	50	7	—	8	70	10	40	17	40
3462	34	70	52	—	69	30	17	40	3	50	7	—	8	70	10	40	17	40
3463	34	70	52	—	69	30	17	40	3	50	7	—	8	70	10	40	17	40
3464	34	70	52	—	69	30	17	40	3	50	7	—	8	70	10	40	17	40
3465	34	70	52	—	69	30	17	40	3	50	7	—	8	70	10	40	17	40
3466	34	70	52	—	69	40	17	40	3	50	7	—	8	70	10	40	17	40
3467	34	70	52	10	69	40	17	40	3	50	7	—	8	70	10	50	17	40
3468	34	70	52	10	69	40	17	40	3	50	7	—	8	70	10	50	17	40
3469	34	70	52	10	69	40	17	40	3	50	7	—	8	70	10	50	17	40
3470	34	70	52	10	69	40	17	40	3	50	7	—	8	70	10	50	17	40
3471	34	80	52	10	69	50	17	40	3	50	7	—	8	70	10	50	17	40
3472	34	80	52	10	69	50	17	40	3	50	7	—	8	70	10	50	17	40
3473	34	80	52	10	69	50	17	40	3	50	7	—	8	70	10	50	17	40
3474	34	80	52	20	69	50	17	40	3	50	7	—	8	70	10	50	17	40
3475	34	80	52	20	69	50	17	40	3	50	7	—	8	70	10	50	17	40
3476	34	80	52	20	69	60	17	40	3	50	7	—	8	70	10	50	17	40
3477	34	80	52	20	69	60	17	40	3	50	7	—	8	70	10	50	17	40
3478	34	80	52	20	69	60	17	40	3	50	7	—	8	70	10	50	17	40
3479	34	80	52	20	69	60	17	40	3	50	7	—	8	70	10	50	17	40
3480	34	80	52	20	69	60	17	40	3	50	7	—	8	70	10	50	17	40

Gegenstandssumma	Werthgebühr: Volle (Art. 22. 40. 41. 50)		Werthgebühr: 1/2 (Art. 25. 27. 29. 30. 38 Abs. 2)		Werthgebühr: 1/2 bis 2200 ℳ darüber 2/3 (Art. 24)		Werthgebühr: 1 1/2 (Art. 23)		4/10 aus der vollen Werthgebühr (Art. 45 Abs. 3)		4/10 aus 2/3 Werthgebühr (Art. 45 Abs. 3)		Hinterlegungsgebühr: Art. 100		Hinterlegungsgebühr: Art. 101 a		Hinterlegungsgebühr: Art. 101 b		Auseinandersetzungsgebühr: 5/10 (der Sätze des § 8 des Reichsgerichts-Kosten-Gesetzes)		Auseinandersetzungsgebühr: 2/10 (der Sätze des § 8 des Reichsgerichts-Kosten-Gesetzes)	
ℳ	ℳ	₰	ℳ	₰	ℳ	₰	ℳ	₰	ℳ	₰	ℳ	₰	ℳ	₰	ℳ	₰	ℳ	₰	ℳ	₰	ℳ	₰
3441	15	—	7	50	10	—	22	50	6	—	4	—	6	90	27	30	54	50	31	—	12	40
3442	15	—	7	50	10	—	22	50	6	—	4	—	6	90	27	30	54	50	31	—	12	40
3443	15	—	7	50	10	—	22	50	6	—	4	—	6	90	27	30	54	50	31	—	12	40
3444	15	—	7	50	10	—	22	50	6	—	4	—	6	90	27	30	54	50	31	—	12	40
3445	15	—	7	50	10	—	22	50	6	—	4	—	6	90	27	30	54	50	31	—	12	40
3446	15	—	7	50	10	—	22	50	6	—	4	—	6	90	27	30	54	50	31	—	12	40
3447	15	—	7	50	10	—	22	50	6	—	4	—	6	90	27	30	54	50	31	—	12	40
3448	15	—	7	50	10	—	22	50	6	—	4	—	6	90	27	30	54	50	31	—	12	40
3449	15	—	7	50	10	—	22	50	6	—	4	—	6	90	27	30	54	50	31	—	12	40
3450	15	—	7	50	10	—	22	50	6	—	4	—	6	90	27	30	54	50	31	—	12	40
3451	15	—	7	50	10	—	22	50	6	—	4	—	6	90	27	30	54	60	31	—	12	40
3452	15	—	7	50	10	—	22	50	6	—	4	—	6	90	27	30	54	60	31	—	12	40
3453	15	—	7	50	10	—	22	50	6	—	4	—	6	90	27	30	54	60	31	—	12	40
3454	15	—	7	50	10	—	22	50	6	—	4	—	6	90	27	30	54	60	31	—	12	40
3455	15	—	7	50	10	—	22	50	6	—	4	—	6	90	27	30	54	60	31	—	12	40
3456	15	—	7	50	10	—	22	50	6	—	4	—	6	90	27	30	54	60	31	—	12	40
3457	15	—	7	50	10	—	22	50	6	—	4	—	6	90	27	30	54	60	31	—	12	40
3458	15	—	7	50	10	—	22	50	6	—	4	—	6	90	27	30	54	60	31	—	12	40
3459	15	—	7	50	10	—	22	50	6	—	4	—	6	90	27	30	54	60	31	—	12	40
3460	15	—	7	50	10	—	22	50	6	—	4	—	6	90	27	30	54	60	31	—	12	40
3461	15	—	7	50	10	—	22	50	6	—	4	—	6	90	27	40	54	70	31	—	12	40
3462	15	—	7	50	10	—	22	50	6	—	4	—	6	90	27	40	54	70	31	—	12	40
3463	15	—	7	50	10	—	22	50	6	—	4	—	6	90	27	40	54	70	31	—	12	40
3464	15	—	7	50	10	—	22	50	6	—	4	—	6	90	27	40	54	70	31	—	12	40
3465	15	—	7	50	10	—	22	50	6	—	4	—	6	90	27	40	54	70	31	—	12	40
3466	15	—	7	50	10	—	22	50	6	—	4	—	6	90	27	40	54	70	31	—	12	40
3467	15	—	7	50	10	—	22	50	6	—	4	—	6	90	27	40	54	70	31	—	12	40
3468	15	—	7	50	10	—	22	50	6	—	4	—	6	90	27	40	54	70	31	—	12	40
3469	15	—	7	50	10	—	22	50	6	—	4	—	6	90	27	40	54	70	31	—	12	40
3470	15	—	7	50	10	—	22	50	6	—	4	—	6	90	27	40	54	70	31	—	12	40
3471	15	—	7	50	10	—	22	50	6	—	4	—	6	90	27	40	54	80	31	—	12	40
3472	15	—	7	50	10	—	22	50	6	—	4	—	6	90	27	40	54	80	31	—	12	40
3473	15	—	7	50	10	—	22	50	6	—	4	—	6	90	27	40	54	80	31	—	12	40
3474	15	—	7	50	10	—	22	50	6	—	4	—	6	90	27	40	54	80	31	—	12	40
3475	15	—	7	50	10	—	22	50	6	—	4	—	6	90	27	40	54	80	31	—	12	40
3476	15	—	7	50	10	—	22	50	6	—	4	—	6	90	27	40	54	80	31	—	12	40
3477	15	—	7	50	10	—	22	50	6	—	4	—	6	90	27	40	54	80	31	—	12	40
3478	15	—	7	50	10	—	22	50	6	—	4	—	6	90	27	40	54	80	31	—	12	40
3479	15	—	7	50	10	—	22	50	6	—	4	—	6	90	27	40	54	80	31	—	12	40
3480	15	—	7	50	10	—	22	50	6	—	4	—	6	90	27	40	54	80	31	—	12	40

Gegen-stands-Summa	Staatsgebühren 1 Prozent		1½ Prozent		2 Prozent		Besitz-verände-rungs-abgabe		Staatsgebühren 1 pro mille		2 pro mille		2½ pro mille		3 pro mille		5 pro mille	
ℳ	ℳ	₰	ℳ	₰	ℳ	₰	ℳ	₰	ℳ	₰	ℳ	₰	ℳ	₰	ℳ	₰	ℳ	₰
3481	34	90	52	30	69	70	17	50	3	50	7	—	8	80	10	50	17	50
3482	34	90	52	30	69	70	17	50	3	50	7	—	8	80	10	50	17	50
3483	34	90	52	30	69	70	17	50	3	50	7	—	8	80	10	50	17	50
3484	34	90	52	30	69	70	17	50	3	50	7	—	8	80	10	50	17	50
3485	34	90	52	30	69	70	17	50	3	50	7	—	8	80	10	50	17	50
3486	34	90	52	30	69	80	17	50	3	50	7	—	8	80	10	50	17	50
3487	34	90	52	40	69	80	17	50	3	50	7	—	8	80	10	50	17	50
3488	34	90	52	40	69	80	17	50	3	50	7	—	8	80	10	50	17	50
3489	34	90	52	40	69	80	17	50	3	50	7	—	8	80	10	50	17	50
3490	34	90	52	40	69	80	17	50	3	50	7	—	8	80	10	50	17	50
3491	35	—	52	40	69	90	17	50	3	50	7	—	8	80	10	50	17	50
3492	35	—	52	40	69	90	17	50	3	50	7	—	8	80	10	50	17	50
3493	35	—	52	40	69	90	17	50	3	50	7	—	8	80	10	50	17	50
3494	35	—	52	50	69	90	17	50	3	50	7	—	8	80	10	50	17	50
3495	35	—	52	50	69	90	17	50	3	50	7	—	8	80	10	50	17	50
3496	35	—	52	50	70	—	17	50	3	50	7	—	8	80	10	50	17	50
3497	35	—	52	50	70	—	17	50	3	50	7	—	8	80	10	50	17	50
3498	35	—	52	50	70	—	17	50	3	50	7	—	8	80	10	50	17	50
3499	35	—	52	50	70	—	17	50	3	50	7	—	8	80	10	50	17	50
3500	35	—	52	50	70	—	17	50	3	50	7	—	8	80	10	50	17	50
3501	35	10	52	60	70	10	17	60	3	60	7	10	8	80	10	60	17	60
3502	35	10	52	60	70	10	17	60	3	60	7	10	8	80	10	60	17	60
3503	35	10	52	60	70	10	17	60	3	60	7	10	8	80	10	60	17	60
3504	35	10	52	60	70	10	17	60	3	60	7	10	8	80	10	60	17	60
3505	35	10	52	60	70	10	17	60	3	60	7	10	8	80	10	60	17	60
3506	35	10	52	60	70	20	17	60	3	60	7	10	8	80	10	60	17	60
3507	35	10	52	70	70	20	17	60	3	60	7	10	8	80	10	60	17	60
3508	35	10	52	70	70	20	17	60	3	60	7	10	8	80	10	60	17	60
3509	35	10	52	70	70	20	17	60	3	60	7	10	8	80	10	60	17	60
3510	35	10	52	70	70	20	17	60	3	60	7	10	8	80	10	60	17	60
3511	35	20	52	70	70	30	17	60	3	60	7	10	8	80	10	60	17	60
3512	35	20	52	70	70	30	17	60	3	60	7	10	8	80	10	60	17	60
3513	35	20	52	70	70	30	17	60	3	60	7	10	8	80	10	60	17	60
3514	35	20	52	80	70	30	17	60	3	60	7	10	8	80	10	60	17	60
3515	35	20	52	80	70	30	17	60	3	60	7	10	8	80	10	60	17	60
3516	35	20	52	80	70	40	17	60	3	60	7	10	8	80	10	60	17	60
3517	35	20	52	80	70	40	17	60	3	60	7	10	8	80	10	60	17	60
3518	35	20	52	80	70	40	17	60	3	60	7	10	8	80	10	60	17	60
3519	35	20	52	80	70	40	17	60	3	60	7	10	8	80	10	60	17	60
3520	35	20	52	80	70	40	17	60	3	60	7	10	8	80	10	60	17	60

Gegenstands-Summa	Werthgebühr: Volle (Art. 22. 40. 41. 50)		Werthgebühr: 1/2 (Art. 25. 27. 29. 30 38 Abs. 2)		Werthgebühr: 1/2 bis 2200 M darüber 2/3 (Art. 24)		Werthgebühr: 1 1/2 (Art. 23)		4/10 aus der vollen Werthgebühr (Art. 45 Abs. 3)		4/10 aus 2/3 Werthgebühr (Art. 45 Abs. 3)		Hinterlegungsgebühr: Art. 100		Hinterlegungsgebühr: Art. 101 a		Hinterlegungsgebühr: Art. 101 b		Auseinandersetzungsgebühr: 5/10 der Sätze des § 8 des Reichsgerichts-Kosten-Gesetzes		Auseinandersetzungsgebühr: 2/10 der Sätze des § 8 des Reichsgerichts-Kosten-Gesetzes	
M	M	₰	M	₰	M	₰	M	₰	M	₰	M	₰	M	₰	M	₰	M	₰	M	₰	M	₰
3481	15	—	7	50	10	—	22	50	6	—	4	—	6	90	27	50	54	90	31	—	12	40
3482	15	—	7	50	10	—	22	50	6	—	4	—	6	90	27	50	54	90	31	—	12	40
3483	15	—	7	50	10	—	22	50	6	—	4	—	6	90	27	50	54	90	31	—	12	40
3484	15	—	7	50	10	—	22	50	6	—	4	—	6	90	27	50	54	90	31	—	12	40
3485	15	—	7	50	10	—	22	50	6	—	4	—	6	90	27	50	54	90	31	—	12	40
3486	15	—	7	50	10	—	22	50	6	—	4	—	6	90	27	50	54	90	31	—	12	40
3487	15	—	7	50	10	—	22	50	6	—	4	—	6	90	27	50	54	90	31	—	12	40
3488	15	—	7	50	10	—	22	50	6	—	4	—	6	90	27	50	54	90	31	—	12	40
3489	15	—	7	50	10	—	22	50	6	—	4	—	6	90	27	50	54	90	31	—	12	40
3490	15	—	7	50	10	—	22	50	6	—	4	—	6	90	27	50	54	90	31	—	12	40
3491	15	—	7	50	10	—	22	50	6	—	4	—	6	90	27	50	55	—	31	—	12	40
3492	15	—	7	50	10	—	22	50	6	—	4	—	6	90	27	50	55	—	31	—	12	40
3493	15	—	7	50	10	—	22	50	6	—	4	—	6	90	27	50	55	—	31	—	12	40
3494	15	—	7	50	10	—	22	50	6	—	4	—	6	90	27	50	55	—	31	—	12	40
3495	15	—	7	50	10	—	22	50	6	—	4	—	6	90	27	50	55	—	31	—	12	40
3496	15	—	7	50	10	—	22	50	6	—	4	—	6	90	27	50	55	—	31	—	12	40
3497	15	—	7	50	10	—	22	50	6	—	4	—	6	90	27	50	55	—	31	—	12	40
3498	15	—	7	50	10	—	22	50	6	—	4	—	6	90	27	50	55	—	31	—	12	40
3499	15	—	7	50	10	—	22	50	6	—	4	—	6	90	27	50	55	—	31	—	12	40
3500	15	—	7	50	10	—	22	50	6	—	4	—	6	90	27	50	55	—	31	—	12	40
3501	15	—	7	50	10	—	22	50	6	—	4	—	6	90	27	60	55	10	31	—	12	40
3502	15	—	7	50	10	—	22	50	6	—	4	—	6	90	27	60	55	10	31	—	12	40
3503	15	—	7	50	10	—	22	50	6	—	4	—	6	90	27	60	55	10	31	—	12	40
3504	15	—	7	50	10	—	22	50	6	—	4	—	6	90	27	60	55	10	31	—	12	40
3505	15	—	7	50	10	—	22	50	6	—	4	—	6	90	27	60	55	10	31	—	12	40
3506	15	—	7	50	10	—	22	50	6	—	4	—	6	90	27	60	55	10	31	—	12	40
3507	15	—	7	50	10	—	22	50	6	—	4	—	6	90	27	60	55	10	31	—	12	40
3508	15	—	7	50	10	—	22	50	6	—	4	—	6	90	27	60	55	10	31	—	12	40
3509	15	—	7	50	10	—	22	50	6	—	4	—	6	90	27	60	55	10	31	—	12	40
3510	15	—	7	50	10	—	22	50	6	—	4	—	6	90	27	60	55	10	31	—	12	40
3511	15	—	7	50	10	—	22	50	6	—	4	—	6	90	27	60	55	20	31	—	12	40
3512	15	—	7	50	10	—	22	50	6	—	4	—	6	90	27	60	55	20	31	—	12	40
3513	15	—	7	50	10	—	22	50	6	—	4	—	6	90	27	60	55	20	31	—	12	40
3514	15	—	7	50	10	—	22	50	6	—	4	—	6	90	27	60	55	20	31	—	12	40
3515	15	—	7	50	10	—	22	50	6	—	4	—	6	90	27	60	55	20	31	—	12	40
3516	15	—	7	50	10	—	22	50	6	—	4	—	6	90	27	60	55	20	31	—	12	40
3517	15	—	7	50	10	—	22	50	6	—	4	—	6	90	27	60	55	20	31	—	12	40
3518	15	—	7	50	10	—	22	50	6	—	4	—	6	90	27	60	55	20	31	—	12	40
3519	15	—	7	50	10	—	22	50	6	—	4	—	6	90	27	60	55	20	31	—	12	40
3520	15	—	7	50	10	—	22	50	6	—	4	—	6	90	27	60	55	20	31	—	12	40

Gegenstands-Summa	Staatsgebühren						Besitzveränderungsabgabe		Staatsgebühren									
	1		1½		2				1		2		2½		3		5	
	Prozent								pro mille									
ℳ	ℳ	₰	ℳ	₰	ℳ	₰	ℳ	₰	ℳ	₰	ℳ	₰	ℳ	₰	ℳ	₰	ℳ	₰
3521	35	30	52	90	70	50	17	70	3	60	7	10	8	90	10	60	17	70
3522	35	30	52	90	70	50	17	70	3	60	7	10	8	90	10	60	17	70
3523	35	30	52	90	70	50	17	70	3	60	7	10	8	90	10	60	17	70
3524	35	30	52	90	70	50	17	70	3	60	7	10	8	90	10	60	17	70
3525	35	30	52	90	70	50	17	70	3	60	7	10	8	90	10	60	17	70
3526	35	30	52	90	70	60	17	70	3	60	7	10	8	90	10	60	17	70
3527	35	30	53	—	70	60	17	70	3	60	7	10	8	90	10	60	17	70
3528	35	30	53	—	70	60	17	70	3	60	7	10	8	90	10	60	17	70
3529	35	30	53	—	70	60	17	70	3	60	7	10	8	90	10	60	17	70
3530	35	30	53	—	70	60	17	70	3	60	7	10	8	90	10	60	17	70
3531	35	40	53	—	70	70	17	70	3	60	7	10	8	90	10	60	17	70
3532	35	40	53	—	70	70	17	70	3	60	7	10	8	90	10	60	17	70
3533	35	40	53	—	70	70	17	70	3	60	7	10	8	90	10	60	17	70
3534	35	40	53	10	70	70	17	70	3	60	7	10	8	90	10	70	17	70
3535	35	40	53	10	70	70	17	70	3	60	7	10	8	90	10	70	17	70
3536	35	40	53	10	70	80	17	70	3	60	7	10	8	90	10	70	17	70
3537	35	40	53	10	70	80	17	70	3	60	7	10	8	90	10	70	17	70
3538	35	40	53	10	70	80	17	70	3	60	7	10	8	90	10	70	17	70
3539	35	40	53	10	70	80	17	70	3	60	7	10	8	90	10	70	17	70
3540	35	40	53	10	70	80	17	70	3	60	7	10	8	90	10	70	17	70
3541	35	50	53	20	70	90	17	80	3	60	7	10	8	90	10	70	17	80
3542	35	50	53	20	70	90	17	80	3	60	7	10	8	90	10	70	17	80
3543	35	50	53	20	70	90	17	80	3	60	7	10	8	90	10	70	17	80
3544	35	50	53	20	70	90	17	80	3	60	7	10	8	90	10	70	17	80
3545	35	50	53	20	70	90	17	80	3	60	7	10	8	90	10	70	17	80
3546	35	50	53	20	71	—	17	80	3	60	7	10	8	90	10	70	17	80
3547	35	50	53	30	71	—	17	80	3	60	7	10	8	90	10	70	17	80
3548	35	50	53	30	71	—	17	80	3	60	7	10	8	90	10	70	17	80
3549	35	50	53	30	71	—	17	80	3	60	7	10	8	90	10	70	17	80
3550	35	50	53	30	71	—	17	80	3	60	7	10	8	90	10	70	17	80
3551	35	60	53	30	71	10	17	80	3	60	7	20	8	90	10	70	17	80
3552	35	60	53	30	71	10	17	80	3	60	7	20	8	90	10	70	17	80
3553	35	60	53	30	71	10	17	80	3	60	7	20	8	90	10	70	17	80
3554	35	60	53	40	71	10	17	80	3	60	7	20	8	90	10	70	17	80
3555	35	60	53	40	71	10	17	80	3	60	7	20	8	90	10	70	17	80
3556	35	60	53	40	71	20	17	80	3	60	7	20	8	90	10	70	17	80
3557	35	60	53	40	71	20	17	80	3	60	7	20	8	90	10	70	17	80
3558	35	60	53	40	71	20	17	80	3	60	7	20	8	90	10	70	17	80
3559	35	60	53	40	71	20	17	80	3	60	7	20	8	90	10	70	17	80
3560	35	60	53	40	71	20	17	80	3	60	7	20	8	90	10	70	17	80

Gegen-stands-Summe	Werthgebühr: Volle (Art. 22. 40. 41. 50)		Werthgebühr: 1/2 (Art. 25. 27. 29. 30. 38 Abs. 2)		Werthgebühr: 1/2 bis 2200 M, darüber 2/3 (Art. 24)		Werthgebühr: 1 1/2 (Art. 28)		4/10 aus der vollen Werthgebühr (Art. 45 Abs. 3)		4/10 aus 2/3 Werthgebühr (Art. 45 Abs. 3)		Hinterlegungsgebühr (Art. 100)		Hinterlegungsgebühr (Art. 101 a)		Hinterlegungsgebühr (Art. 101 b)		Auseinandersetzungsgebühr 5/10 (der Sätze des § 8 des Reichsgerichts-Kosten-Gesetzes)		Auseinandersetzungsgebühr 2/10 (der Sätze des § 8 des Reichsgerichts-Kosten-Gesetzes)	
M	M	Pf	M	Pf	M	Pf	M	Pf	M	Pf	M	Pf	M	Pf	M	Pf	M	Pf	M	Pf	M	Pf
3521	15	—	7	50	10	—	22	50	6	—	4	—	7	—	27	70	55	30	31	—	12	40
3522	15	—	7	50	10	—	22	50	6	—	4	—	7	—	27	70	55	30	31	—	12	40
3523	15	—	7	50	10	—	22	50	6	—	4	—	7	—	27	70	55	30	31	—	12	40
3524	15	—	7	50	10	—	22	50	6	—	4	—	7	—	27	70	55	30	31	—	12	40
3525	15	—	7	50	10	—	22	50	6	—	4	—	7	—	27	70	55	30	31	—	12	40
3526	15	—	7	50	10	—	22	50	6	—	4	—	7	—	27	70	55	30	31	—	12	40
3527	15	—	7	50	10	—	22	50	6	—	4	—	7	—	27	70	55	30	31	—	12	40
3528	15	—	7	50	10	—	22	50	6	—	4	—	7	—	27	70	55	30	31	—	12	40
3529	15	—	7	50	10	—	22	50	6	—	4	—	7	—	27	70	55	30	31	—	12	40
3530	15	—	7	50	10	—	22	50	6	—	4	—	7	—	27	70	55	30	31	—	12	40
3531	15	—	7	50	10	—	22	50	6	—	4	—	7	—	27	70	55	40	31	—	12	40
3532	15	—	7	50	10	—	22	50	6	—	4	—	7	—	27	70	55	40	31	—	12	40
3533	15	—	7	50	10	—	22	50	6	—	4	—	7	—	27	70	55	40	31	—	12	40
3534	15	—	7	50	10	—	22	50	6	—	4	—	7	—	27	70	55	40	31	—	12	40
3535	15	—	7	50	10	—	22	50	6	—	4	—	7	—	27	70	55	40	31	—	12	40
3536	15	—	7	50	10	—	22	50	6	—	4	—	7	—	27	70	55	40	31	—	12	40
3537	15	—	7	50	10	—	22	50	6	—	4	—	7	—	27	70	55	40	31	—	12	40
3538	15	—	7	50	10	—	22	50	6	—	4	—	7	—	27	70	55	40	31	—	12	40
3539	15	—	7	50	10	—	22	50	6	—	4	—	7	—	27	70	55	40	31	—	12	40
3540	15	—	7	50	10	—	22	50	6	—	4	—	7	—	27	70	55	40	31	—	12	40
3541	15	—	7	50	10	—	22	50	6	—	4	—	7	—	27	80	55	50	31	—	12	40
3542	15	—	7	50	10	—	22	50	6	—	4	—	7	—	27	80	55	50	31	—	12	40
3543	15	—	7	50	10	—	22	50	6	—	4	—	7	—	27	80	55	50	31	—	12	40
3544	15	—	7	50	10	—	22	50	6	—	4	—	7	—	27	80	55	50	31	—	12	40
3545	15	—	7	50	10	—	22	50	6	—	4	—	7	—	27	80	55	50	31	—	12	40
3546	15	—	7	50	10	—	22	50	6	—	4	—	7	—	27	80	55	50	31	—	12	40
3547	15	—	7	50	10	—	22	50	6	—	4	—	7	—	27	80	55	50	31	—	12	40
3548	15	—	7	50	10	—	22	50	6	—	4	—	7	—	27	80	55	50	31	—	12	40
3549	15	—	7	50	10	—	22	50	6	—	4	—	7	—	27	80	55	50	31	—	12	40
3550	15	—	7	50	10	—	22	50	6	—	4	—	7	—	27	80	55	50	31	—	12	40
3551	15	—	7	50	10	—	22	50	6	—	4	—	7	—	27	80	55	60	31	—	12	40
3552	15	—	7	50	10	—	22	50	6	—	4	—	7	—	27	80	55	60	31	—	12	40
3553	15	—	7	50	10	—	22	50	6	—	4	—	7	—	27	80	55	60	31	—	12	40
3554	15	—	7	50	10	—	22	50	6	—	4	—	7	—	27	80	55	60	31	—	12	40
3555	15	—	7	50	10	—	22	50	6	—	4	—	7	—	27	80	55	60	31	—	12	40
3556	15	—	7	50	10	—	22	50	6	—	4	—	7	—	27	80	55	60	31	—	12	40
3557	15	—	7	50	10	—	22	50	6	—	4	—	7	—	27	80	55	60	31	—	12	40
3558	15	—	7	50	10	—	22	50	6	—	4	—	7	—	27	80	55	60	31	—	12	40
3559	15	—	7	50	10	—	22	50	6	—	4	—	7	—	27	80	55	60	31	—	12	40
3560	15	—	7	50	10	—	22	50	6	—	4	—	7	—	27	80	55	60	31	—	12	40

Gegen-standss-Summa	Staatsgebühren 1 Prozent		Staatsgebühren 1½ Prozent		Staatsgebühren 2 Prozent		Besitz-veränderungs-abgabe		Staatsgebühren 1 pro mille		Staatsgebühren 2 pro mille		Staatsgebühren 2½ pro mille		Staatsgebühren 3 pro mille		Staatsgebühren 5 pro mille	
ℳ	ℳ	₰	ℳ	₰	ℳ	₰	ℳ	₰	ℳ	₰	ℳ	₰	ℳ	₰	ℳ	₰	ℳ	₰
3561	35	70	53	50	71	30	17	90	3	60	7	20	9	—	10	70	17	90
3562	35	70	53	50	71	30	17	90	3	60	7	20	9	—	10	70	17	90
3563	35	70	53	50	71	30	17	90	3	60	7	20	9	—	10	70	17	90
3564	35	70	53	50	71	30	17	90	3	60	7	20	9	—	10	70	17	90
3565	35	70	53	50	71	30	17	90	3	60	7	20	9	—	10	70	17	90
3566	35	70	53	50	71	40	17	90	3	60	7	20	9	—	10	70	17	90
3567	35	70	53	60	71	40	17	90	3	60	7	20	9	—	10	80	17	90
3568	35	70	53	60	71	40	17	90	3	60	7	20	9	—	10	80	17	90
3569	35	70	53	60	71	40	17	90	3	60	7	20	9	—	10	80	17	90
3570	35	70	53	60	71	40	17	90	3	60	7	20	9	—	10	80	17	90
3571	35	80	53	60	71	50	17	90	3	60	7	20	9	—	10	80	17	90
3572	35	80	53	60	71	50	17	90	3	60	7	20	9	—	10	80	17	90
3573	35	80	53	60	71	50	17	90	3	60	7	20	9	—	10	80	17	90
3574	35	80	53	70	71	50	17	90	3	60	7	20	9	—	10	80	17	90
3575	35	80	53	70	71	50	17	90	3	60	7	20	9	—	10	80	17	90
3576	35	80	53	70	71	60	17	90	3	60	7	20	9	—	10	80	17	90
3577	35	80	53	70	71	60	17	90	3	60	7	20	9	—	10	80	17	90
3578	35	80	53	70	71	60	17	90	3	60	7	20	9	—	10	80	17	90
3579	35	80	53	70	71	60	17	90	3	60	7	20	9	—	10	80	17	90
3580	35	80	53	70	71	60	17	90	3	60	7	20	9	—	10	80	17	90
3581	35	90	53	80	71	70	18	—	3	60	7	20	9	—	10	80	18	—
3582	35	90	53	80	71	70	18	—	3	60	7	20	9	—	10	80	18	—
3583	35	90	53	80	71	70	18	—	3	60	7	20	9	—	10	80	18	—
3584	35	90	53	80	71	70	18	—	3	60	7	20	9	—	10	80	18	—
3585	35	90	53	80	71	70	18	—	3	60	7	20	9	—	10	80	18	—
3586	35	90	53	80	71	80	18	—	3	60	7	20	9	—	10	80	18	—
3587	35	90	53	90	71	80	18	—	3	60	7	20	9	—	10	80	18	—
3588	35	90	53	90	71	80	18	—	3	60	7	20	9	—	10	80	18	—
3589	35	90	53	90	71	80	18	—	3	60	7	20	9	—	10	80	18	—
3590	35	90	53	90	71	80	18	—	3	60	7	20	9	—	10	80	18	—
3591	36	—	53	90	71	90	18	—	3	60	7	20	9	—	10	80	18	—
3592	36	—	53	90	71	90	18	—	3	60	7	20	9	—	10	80	18	—
3593	36	—	53	90	71	90	18	—	3	60	7	20	9	—	10	80	18	—
3594	36	—	54	—	71	90	18	—	3	60	7	20	9	—	10	80	18	—
3595	36	—	54	—	71	90	18	—	3	60	7	20	9	—	10	80	18	—
3596	36	—	54	—	72	—	18	—	3	60	7	20	9	—	10	80	18	—
3597	36	—	54	—	72	—	18	—	3	60	7	20	9	—	10	80	18	—
3598	36	—	54	—	72	—	18	—	3	60	7	20	9	—	10	80	18	—
3599	36	—	54	—	72	—	18	—	3	60	7	20	9	—	10	80	18	—
3600	36	—	54	—	72	—	18	—	3	60	7	20	9	—	10	80	18	—

Gegen-standс-Summa	Werthgebühr								$^4/_{10}$ aus der vollen Werthgebühr		$^4/_{10}$ aus $^2/_3$ Werthgebühr		Hinterlegungsgebühr						Auseinandersetzungsgebühr			
	Volle		$^1/_2$		$^1/_2$ bis 2200 ℳ		$1^1/_2$												$^5/_{10}$		$^2/_{10}$	
	Art. 22. 40. 41. 50		Art. 25. 27. 29. 30. 38 Abs. 2		darüber $^2/_3$ Art. 24		Art. 23		Art. 45 Abs. 3				Art. 100		Art. 101 a		Art. 101 b		der Sätze des § 8 des Reichsgerichts-Kosten-Gesetzes			
ℳ	ℳ	₰	ℳ	₰	ℳ	₰	ℳ	₰	ℳ	₰	ℳ	₰	ℳ	₰	ℳ	₰	ℳ	₰	ℳ	₰	ℳ	₰
3561	15	—	7	50	10	—	22	50	6	—	4	—	7	—	27	90	55	70	31	—	12	40
3562	15	—	7	50	10	—	22	50	6	—	4	—	7	—	27	90	55	70	31	—	12	40
3563	15	—	7	50	10	—	22	50	6	—	4	—	7	—	27	90	55	70	31	—	12	40
3564	15	—	7	50	10	—	22	50	6	—	4	—	7	—	27	90	55	70	31	—	12	40
3565	15	—	7	50	10	—	22	50	6	—	4	—	7	—	27	90	55	70	31	—	12	40
3566	15	—	7	50	10	—	22	50	6	—	4	—	7	—	27	90	55	70	31	—	12	40
3567	15	—	7	50	10	—	22	50	6	—	4	—	7	—	27	90	55	70	31	—	12	40
3568	15	—	7	50	10	—	22	50	6	—	4	—	7	—	27	90	55	70	31	—	12	40
3569	15	—	7	50	10	—	22	50	6	—	4	—	7	—	27	90	55	70	31	—	12	40
3570	15	—	7	50	10	—	22	50	6	—	4	—	7	—	27	90	55	70	31	—	12	40
3571	15	—	7	50	10	—	22	50	6	—	4	—	7	—	27	90	55	80	31	—	12	40
3572	15	—	7	50	10	—	22	50	6	—	4	—	7	—	27	90	55	80	31	—	12	40
3573	15	—	7	50	10	—	22	50	6	—	4	—	7	—	27	90	55	80	31	—	12	40
3574	15	—	7	50	10	—	22	50	6	—	4	—	7	—	27	90	55	80	31	—	12	40
3575	15	—	7	50	10	—	22	50	6	—	4	—	7	—	27	90	55	80	31	—	12	40
3576	15	—	7	50	10	—	22	50	6	—	4	—	7	—	27	90	55	80	31	—	12	40
3577	15	—	7	50	10	—	22	50	6	—	4	—	7	—	27	90	55	80	31	—	12	40
3578	15	—	7	50	10	—	22	50	6	—	4	—	7	—	27	90	55	80	31	—	12	40
3579	15	—	7	50	10	—	22	50	6	—	4	—	7	—	27	90	55	80	31	—	12	40
3580	15	—	7	50	10	—	22	50	6	—	4	—	7	—	27	90	55	80	31	—	12	40
3581	15	—	7	50	10	—	22	50	6	—	4	—	7	—	28	—	55	90	31	—	12	40
3582	15	—	7	50	10	—	22	50	6	—	4	—	7	—	28	—	55	90	31	—	12	40
3583	15	—	7	50	10	—	22	50	6	—	4	—	7	—	28	—	55	90	31	—	12	40
3584	15	—	7	50	10	—	22	50	6	—	4	—	7	—	28	—	55	90	31	—	12	40
3585	15	—	7	50	10	—	22	50	6	—	4	—	7	—	28	—	55	90	31	—	12	40
3586	15	—	7	50	10	—	22	50	6	—	4	—	7	—	28	—	55	90	31	—	12	40
3587	15	—	7	50	10	—	22	50	6	—	4	—	7	—	28	—	55	90	31	—	12	40
3588	15	—	7	50	10	—	22	50	6	—	4	—	7	—	28	—	55	90	31	—	12	40
3589	15	—	7	50	10	—	22	50	6	—	4	—	7	—	28	—	55	90	31	—	12	40
3590	15	—	7	50	10	—	22	50	6	—	4	—	7	—	28	—	55	90	31	—	12	40
3591	15	—	7	50	10	—	22	50	6	—	4	—	7	—	28	—	56	—	31	—	12	40
3592	15	—	7	50	10	—	22	50	6	—	4	—	7	—	28	—	56	—	31	—	12	40
3593	15	—	7	50	10	—	22	50	6	—	4	—	7	—	28	—	56	—	31	—	12	40
3594	15	—	7	50	10	—	22	50	6	—	4	—	7	—	28	—	56	—	31	—	12	40
3595	15	—	7	50	10	—	22	50	6	—	4	—	7	—	28	—	56	—	31	—	12	40
3596	15	—	7	50	10	—	22	50	6	—	4	—	7	—	28	—	56	—	31	—	12	40
3597	15	—	7	50	10	—	22	50	6	—	4	—	7	—	28	—	56	—	31	—	12	40
3598	15	—	7	50	10	—	22	50	6	—	4	—	7	—	28	—	56	—	31	—	12	40
3599	15	—	7	50	10	—	22	50	6	—	4	—	7	—	28	—	56	—	31	—	12	40
3600	15	—	7	50	10	—	22	50	6	—	4	—	7	—	28	—	56	—	31	—	12	40

Gegen-stands-Summa	Staatsgebühren						Besitz-verände-rungs-abgabe		Staatsgebühren									
	1		1½		2				1		2		2½		3		5	
	Prozent								pro mille									
ℳ	ℳ	₰	ℳ	₰	ℳ	₰	ℳ	₰	ℳ	₰	ℳ	₰	ℳ	₰	ℳ	₰	ℳ	₰
3601	36	10	54	10	72	10	18	10	3	70	7	30	9	10	10	90	18	10
3602	36	10	54	10	72	10	18	10	3	70	7	30	9	10	10	90	18	10
3603	36	10	54	10	72	10	18	10	3	70	7	30	9	10	10	90	18	10
3604	36	10	54	10	72	10	18	10	3	70	7	30	9	10	10	90	18	10
3605	36	10	54	10	72	10	18	10	3	70	7	30	9	10	10	90	18	10
3606	36	10	54	10	72	20	18	10	3	70	7	30	9	10	10	90	18	10
3607	36	10	54	20	72	20	18	10	3	70	7	30	9	10	10	90	18	10
3608	36	10	54	20	72	20	18	10	3	70	7	30	9	10	10	90	18	10
3609	36	10	54	20	72	20	18	10	3	70	7	30	9	10	10	90	18	10
3610	36	10	54	20	72	20	18	10	3	70	7	30	9	10	10	90	18	10
3611	36	20	54	20	72	30	18	10	3	70	7	30	9	10	10	90	18	10
3612	36	20	54	20	72	30	18	10	3	70	7	30	9	10	10	90	18	10
3613	36	20	54	20	72	30	18	10	3	70	7	30	9	10	10	90	18	10
3614	36	20	54	30	72	30	18	10	3	70	7	30	9	10	10	90	18	10
3615	36	20	54	30	72	30	18	10	3	70	7	30	9	10	10	90	18	10
3616	36	20	54	30	72	40	18	10	3	70	7	30	9	10	10	90	18	10
3617	36	20	54	30	72	40	18	10	3	70	7	30	9	10	10	90	18	10
3618	36	20	54	30	72	40	18	10	3	70	7	30	9	10	10	90	18	10
3619	36	20	54	30	72	40	18	10	3	70	7	30	9	10	10	90	18	10
3620	36	20	54	30	72	40	18	10	3	70	7	30	9	10	10	90	18	10
3621	36	30	54	40	72	50	18	20	3	70	7	30	9	10	10	90	18	20
3622	36	30	54	40	72	50	18	20	3	70	7	30	9	10	10	90	18	20
3623	36	30	54	40	72	50	18	20	3	70	7	30	9	10	10	90	18	20
3624	36	30	54	40	72	50	18	20	3	70	7	30	9	10	10	90	18	20
3625	36	30	54	40	72	50	18	20	3	70	7	30	9	10	10	90	18	20
3626	36	30	54	40	72	60	18	20	3	70	7	30	9	10	10	90	18	20
3627	36	30	54	50	72	60	18	20	3	70	7	30	9	10	10	90	18	20
3628	36	30	54	50	72	60	18	20	3	70	7	30	9	10	10	90	18	20
3629	36	30	54	50	72	60	18	20	3	70	7	30	9	10	10	90	18	20
3630	36	30	54	50	72	60	18	20	3	70	7	30	9	10	10	90	18	20
3631	36	40	54	50	72	70	18	20	3	70	7	30	9	10	10	90	18	20
3632	36	40	54	50	72	70	18	20	3	70	7	30	9	10	10	90	18	20
3633	36	40	54	50	72	70	18	20	3	70	7	30	9	10	10	90	18	20
3634	36	40	54	60	72	70	18	20	3	70	7	30	9	10	11	—	18	20
3635	36	40	54	60	72	70	18	20	3	70	7	30	9	10	11	—	18	20
3636	36	40	54	60	72	80	18	20	3	70	7	30	9	10	11	—	18	20
3637	36	40	54	60	72	80	18	20	3	70	7	30	9	10	11	—	18	20
3638	36	40	54	60	72	80	18	20	3	70	7	30	9	10	11	—	18	20
3639	36	40	54	60	72	80	18	20	3	70	7	30	9	10	11	—	18	20
3640	36	40	54	60	72	80	18	20	3	70	7	30	9	10	11	—	18	20

Gegenstands-Summa	Werthgebühr								4/10 aus der vollen Werthgebühr		4/10 aus 2/3 Werthgebühr		Hinterlegungsgebühr						Auseinandersetzungsgebühr			
	Volle		1/2		1/2 bis 2200 M		1 1/2												5/10		2/10	
	Art. 22. 40. 41. 50		Art. 25. 27. 29. 30. 38 Abs. 2		darüber 2/3 Art. 24		Art. 23		Art. 45 Abs. 3				Art. 100		Art. 101 a		Art. 101 b		der Sätze des § 8 des Reichsgerichts-Kosten-Gesetzes			
M	M	₰	M	₰	M	₰	M	₰	M	₰	M	₰	M	₰	M	₰	M	₰	M	₰	M	₰
3601	15	—	7	50	10	—	22	50	6	—	4	—	7	10	28	10	56	10	31	—	12	40
3602	15	—	7	50	10	—	22	50	6	—	4	—	7	10	28	10	56	10	31	—	12	40
3603	15	—	7	50	10	—	22	50	6	—	4	—	7	10	28	10	56	10	31	—	12	40
3604	15	—	7	50	10	—	22	50	6	—	4	—	7	10	28	10	56	10	31	—	12	40
3605	15	—	7	50	10	—	22	50	6	—	4	—	7	10	28	10	56	10	31	—	12	40
3606	15	—	7	50	10	—	22	50	6	—	4	—	7	10	28	10	56	10	31	—	12	40
3607	15	—	7	50	10	—	22	50	6	—	4	—	7	10	28	10	56	10	31	—	12	40
3608	15	—	7	50	10	—	22	50	6	—	4	—	7	10	28	10	56	10	31	—	12	40
3609	15	—	7	50	10	—	22	50	6	—	4	—	7	10	28	10	56	10	31	—	12	40
3610	15	—	7	50	10	—	22	50	6	—	4	—	7	10	28	10	56	10	31	—	12	40
3611	15	—	7	50	10	—	22	50	6	—	4	—	7	10	28	10	56	20	31	—	12	40
3612	15	—	7	50	10	—	22	50	6	—	4	—	7	10	28	10	56	20	31	—	12	40
3613	15	—	7	50	10	—	22	50	6	—	4	—	7	10	28	10	56	20	31	—	12	40
3614	15	—	7	50	10	—	22	50	6	—	4	—	7	10	28	10	56	20	31	—	12	40
3615	15	—	7	50	10	—	22	50	6	—	4	—	7	10	28	10	56	20	31	—	12	40
3616	15	—	7	50	10	—	22	50	6	—	4	—	7	10	28	10	56	20	31	—	12	40
3617	15	—	7	50	10	—	22	50	6	—	4	—	7	10	28	10	56	20	31	—	12	40
3618	15	—	7	50	10	—	22	50	6	—	4	—	7	10	28	10	56	20	31	—	12	40
3619	15	—	7	50	10	—	22	50	6	—	4	—	7	10	28	10	56	20	31	—	12	40
3620	15	—	7	50	10	—	22	50	6	—	4	—	7	10	28	10	56	20	31	—	12	40
3621	15	—	7	50	10	—	22	50	6	—	4	—	7	10	28	20	56	30	31	—	12	40
3622	15	—	7	50	10	—	22	50	6	—	4	—	7	10	28	20	56	30	31	—	12	40
3623	15	—	7	50	10	—	22	50	6	—	4	—	7	10	28	20	56	30	31	—	12	40
3624	15	—	7	50	10	—	22	50	6	—	4	—	7	10	28	20	56	30	31	—	12	40
3625	15	—	7	50	10	—	22	50	6	—	4	—	7	10	28	20	56	30	31	—	12	40
3626	15	—	7	50	10	—	22	50	6	—	4	—	7	10	28	20	56	30	31	—	12	40
3627	15	—	7	50	10	—	22	50	6	—	4	—	7	10	28	20	56	30	31	—	12	40
3628	15	—	7	50	10	—	22	50	6	—	4	—	7	10	28	20	56	30	31	—	12	40
3629	15	—	7	50	10	—	22	50	6	—	4	—	7	10	28	20	56	30	31	—	12	40
3630	15	—	7	50	10	—	22	50	6	—	4	—	7	10	28	20	56	30	31	—	12	40
3631	15	—	7	50	10	—	22	50	6	—	4	—	7	10	28	20	56	40	31	—	12	40
3632	15	—	7	50	10	—	22	50	6	—	4	—	7	10	28	20	56	40	31	—	12	40
3633	15	—	7	50	10	—	22	50	6	—	4	—	7	10	28	20	56	40	31	—	12	40
3634	15	—	7	50	10	—	22	50	6	—	4	—	7	10	28	20	56	40	31	—	12	40
3635	15	—	7	50	10	—	22	50	6	—	4	—	7	10	28	20	56	40	31	—	12	40
3636	15	—	7	50	10	—	22	50	6	—	4	—	7	10	28	20	56	40	31	—	12	40
3637	15	—	7	50	10	—	22	50	6	—	4	—	7	10	28	20	56	40	31	—	12	40
3638	15	—	7	50	10	—	22	50	6	—	4	—	7	10	28	20	56	40	31	—	12	40
3639	15	—	7	50	10	—	22	50	6	—	4	—	7	10	28	20	56	40	31	—	12	40
3640	15	—	7	50	10	—	22	50	6	—	4	—	7	10	28	20	56	40	31	—	12	40

Gegen-stands-Summa	Staatsgebühren 1 Prozent		Staatsgebühren 1½ Prozent		Staatsgebühren 2 Prozent		Besitz-veränderungs-abgabe		Staatsgebühren 1 pro mille		2 pro mille		2½ pro mille		3 pro mille		5 pro mille	
ℳ	ℳ	₰	ℳ	₰	ℳ	₰	ℳ	₰	ℳ	₰	ℳ	₰	ℳ	₰	ℳ	₰	ℳ	₰
3641	36	50	54	70	72	90	18	30	3	70	7	30	9	20	11	—	18	30
3642	36	50	54	70	72	90	18	30	3	70	7	30	9	20	11	—	18	30
3643	36	50	54	70	72	90	18	30	3	70	7	30	9	20	11	—	18	30
3644	36	50	54	70	72	90	18	30	3	70	7	30	9	20	11	—	18	30
3645	36	50	54	70	72	90	18	30	3	70	7	30	9	20	11	—	18	30
3646	36	50	54	70	73	—	18	30	3	70	7	30	9	20	11	—	18	30
3647	36	50	54	80	73	—	18	30	3	70	7	30	9	20	11	—	18	30
3648	36	50	54	80	73	—	18	30	3	70	7	30	9	20	11	—	18	30
3649	36	50	54	80	73	—	18	30	3	70	7	30	9	20	11	—	18	30
3650	36	50	54	80	73	—	18	30	3	70	7	30	9	20	11	—	18	30
3651	36	60	54	80	73	10	18	30	3	70	7	40	9	20	11	—	18	30
3652	36	60	54	80	73	10	18	30	3	70	7	40	9	20	11	—	18	30
3653	36	60	54	80	73	10	18	30	3	70	7	40	9	20	11	—	18	30
3654	36	60	54	90	73	10	18	30	3	70	7	40	9	20	11	—	18	30
3655	36	60	54	90	73	10	18	30	3	70	7	40	9	20	11	—	18	30
3656	36	60	54	90	73	20	18	30	3	70	7	40	9	20	11	—	18	30
3657	36	60	54	90	73	20	18	30	3	70	7	40	9	20	11	—	18	30
3658	36	60	54	90	73	20	18	30	3	70	7	40	9	20	11	—	18	30
3659	36	60	54	90	73	20	18	30	3	70	7	40	9	20	11	—	18	30
3660	36	60	54	90	73	20	18	30	3	70	7	40	9	20	11	—	18	30
3661	36	70	55	—	73	30	18	40	3	70	7	40	9	20	11	—	18	40
3662	36	70	55	—	73	30	18	40	3	70	7	40	9	20	11	—	18	40
3663	36	70	55	—	73	30	18	40	3	70	7	40	9	20	11	—	18	40
3664	36	70	55	—	73	30	18	40	3	70	7	40	9	20	11	—	18	40
3665	36	70	55	—	73	30	18	40	3	70	7	40	9	20	11	—	18	40
3666	36	70	55	—	73	40	18	40	3	70	7	40	9	20	11	—	18	40
3667	36	70	55	10	73	40	18	40	3	70	7	40	9	20	11	10	18	40
3668	36	70	55	10	73	40	18	40	3	70	7	40	9	20	11	10	18	40
3669	36	70	55	10	73	40	18	40	3	70	7	40	9	20	11	10	18	40
3670	36	70	55	10	73	40	18	40	3	70	7	40	9	20	11	10	18	40
3671	36	80	55	10	73	50	18	40	3	70	7	40	9	20	11	10	18	40
3672	36	80	55	10	73	50	18	40	3	70	7	40	9	20	11	10	18	40
3673	36	80	55	10	73	50	18	40	3	70	7	40	9	20	11	10	18	40
3674	36	80	55	20	73	50	18	40	3	70	7	40	9	20	11	10	18	40
3675	36	80	55	20	73	50	18	40	3	70	7	40	9	20	11	10	18	40
3676	36	80	55	20	73	60	18	40	3	70	7	40	9	20	11	10	18	40
3677	36	80	55	20	73	60	18	40	3	70	7	40	9	20	11	10	18	40
3678	36	80	55	20	73	60	18	40	3	70	7	40	9	20	11	10	18	40
3679	36	80	55	20	73	60	18	40	3	70	7	40	9	20	11	10	18	40
3680	36	80	55	20	73	60	18	40	3	70	7	40	9	20	11	10	18	40

Gegenstands-Summa	Werthgebühr								4/10 aus der vollen Werthgebühr		4/10 aus 2/3 Werthgebühr		Hinterlegungsgebühr						Auseinandersetzungsgebühr			
	Volle		1/2		1/2 bis 2200 M.		1 1/2												5/10		2/10	
	Art. 22. 40. 41. 50		Art. 25. 27. 29. 30. 38 Abs. 2		darüber 2/3 Art. 24		Art. 23		Art. 45 Abs. 3				Art. 100		Art. 101 a		Art. 101 b		der Sätze des § 8 des Reichsgerichts-Kosten-Gesetzes			
M	M	₰	M	₰	M	₰	M	₰	M	₰	M	₰	M	₰	M	₰	M	₰	M	₰	M	₰
3641	15	—	7	50	10	—	22	50	6	—	4	—	7	10	28	30	56	50	31	—	12	40
3642	15	—	7	50	10	—	22	50	6	—	4	—	7	10	28	30	56	50	31	—	12	40
3643	15	—	7	50	10	—	22	50	6	—	4	—	7	10	28	30	56	50	31	—	12	40
3644	15	—	7	50	10	—	22	50	6	—	4	—	7	10	28	30	56	50	31	—	12	40
3645	15	—	7	50	10	—	22	50	6	—	4	—	7	10	28	30	56	50	31	—	12	40
3646	15	—	7	50	10	—	22	50	6	—	4	—	7	10	28	30	56	50	31	—	12	40
3647	15	—	7	50	10	—	22	50	6	—	4	—	7	10	28	30	56	50	31	—	12	40
3648	15	—	7	50	10	—	22	50	6	—	4	—	7	10	28	30	56	50	31	—	12	40
3649	15	—	7	50	10	—	22	50	6	—	4	—	7	10	28	30	56	50	31	—	12	40
3650	15	—	7	50	10	—	22	50	6	—	4	—	7	10	28	30	56	50	31	—	12	40
3651	15	—	7	50	10	—	22	50	6	—	4	—	7	10	28	30	56	60	31	—	12	40
3652	15	—	7	50	10	—	22	50	6	—	4	—	7	10	28	30	56	60	31	—	12	40
3653	15	—	7	50	10	—	22	50	6	—	4	—	7	10	28	30	56	60	31	—	12	40
3654	15	—	7	50	10	—	22	50	6	—	4	—	7	10	28	30	56	60	31	—	12	40
3655	15	—	7	50	10	—	22	50	6	—	4	—	7	10	28	30	56	60	31	—	12	40
3656	15	—	7	50	10	—	22	50	6	—	4	—	7	10	28	30	56	60	31	—	12	40
3657	15	—	7	50	10	—	22	50	6	—	4	—	7	10	28	30	56	60	31	—	12	40
3658	15	—	7	50	10	—	22	50	6	—	4	—	7	10	28	30	56	60	31	—	12	40
3659	15	—	7	50	10	—	22	50	6	—	4	—	7	10	28	30	56	60	31	—	12	40
3660	15	—	7	50	10	—	22	50	6	—	4	—	7	10	28	30	56	60	31	—	12	40
3661	15	—	7	50	10	—	22	50	6	—	4	—	7	10	28	40	56	70	31	—	12	40
3662	15	—	7	50	10	—	22	50	6	—	4	—	7	10	28	40	56	70	31	—	12	40
3663	15	—	7	50	10	—	22	50	6	—	4	—	7	10	28	40	56	70	31	—	12	40
3664	15	—	7	50	10	—	22	50	6	—	4	—	7	10	28	40	56	70	31	—	12	40
3665	15	—	7	50	10	—	22	50	6	—	4	—	7	10	28	40	56	70	31	—	12	40
3666	15	—	7	50	10	—	22	50	6	—	4	—	7	10	28	40	56	70	31	—	12	40
3667	15	—	7	50	10	—	22	50	6	—	4	—	7	10	28	40	56	70	31	—	12	40
3668	15	—	7	50	10	—	22	50	6	—	4	—	7	10	28	40	56	70	31	—	12	40
3669	15	—	7	50	10	—	22	50	6	—	4	—	7	10	28	40	56	70	31	—	12	40
3670	15	—	7	50	10	—	22	50	6	—	4	—	7	10	28	40	56	70	31	—	12	40
3671	15	—	7	50	10	—	22	50	6	—	4	—	7	10	28	40	56	80	31	—	12	40
3672	15	—	7	50	10	—	22	50	6	—	4	—	7	10	28	40	56	80	31	—	12	40
3673	15	—	7	50	10	—	22	50	6	—	4	—	7	10	28	40	56	80	31	—	12	40
3674	15	—	7	50	10	—	22	50	6	—	4	—	7	10	28	40	56	80	31	—	12	40
3675	15	—	7	50	10	—	22	50	6	—	4	—	7	10	28	40	56	80	31	—	12	40
3676	15	—	7	50	10	—	22	50	6	—	4	—	7	10	28	40	56	80	31	—	12	40
3677	15	—	7	50	10	—	22	50	6	—	4	—	7	10	28	40	56	80	31	—	12	40
3678	15	—	7	50	10	—	22	50	6	—	4	—	7	10	28	40	56	80	31	—	12	40
3679	15	—	7	50	10	—	22	50	6	—	4	—	7	10	28	40	56	80	31	—	12	40
3680	15	—	7	50	10	—	22	50	6	—	4	—	7	10	28	40	56	80	31	—	12	40

Gegen-stands-Summa	Staatsgebühren 1 Prozent		Staatsgebühren 1½ Prozent		Staatsgebühren 2 Prozent		Besitz-veränderungs-abgabe		Staatsgebühren 1 pro mille		Staatsgebühren 2 pro mille		Staatsgebühren 2½ pro mille		Staatsgebühren 3 pro mille		Staatsgebühren 5 pro mille	
ℳ	ℳ	₰	ℳ	₰	ℳ	₰	ℳ	₰	ℳ	₰	ℳ	₰	ℳ	₰	ℳ	₰	ℳ	₰
3681	36	90	55	30	73	70	18	50	3	70	7	40	9	30	11	10	18	50
3682	36	90	55	30	73	70	18	50	3	70	7	40	9	30	11	10	18	50
3683	36	90	55	30	73	70	18	50	3	70	7	40	9	30	11	10	18	50
3684	36	90	55	30	73	70	18	50	3	70	7	40	9	30	11	10	18	50
3685	36	90	55	30	73	70	18	50	3	70	7	40	9	30	11	10	18	50
3686	36	90	55	30	73	80	18	50	3	70	7	40	9	30	11	10	18	50
3687	36	90	55	40	73	80	18	50	3	70	7	40	9	30	11	10	18	50
3688	36	90	55	40	73	80	18	50	3	70	7	40	9	30	11	10	18	50
3689	36	90	55	40	73	80	18	50	3	70	7	40	9	30	11	10	18	50
3690	36	90	55	40	73	80	18	50	3	70	7	40	9	30	11	10	18	50
3691	37	—	55	40	73	90	18	50	3	70	7	40	9	30	11	10	18	50
3692	37	—	55	40	73	90	18	50	3	70	7	40	9	30	11	10	18	50
3693	37	—	55	40	73	90	18	50	3	70	7	40	9	30	11	10	18	50
3694	37	—	55	50	73	90	18	50	3	70	7	40	9	30	11	10	18	50
3695	37	—	55	50	73	90	18	50	3	70	7	40	9	30	11	10	18	50
3696	37	—	55	50	74	—	18	50	3	70	7	40	9	30	11	10	18	50
3697	37	—	55	50	74	—	18	50	3	70	7	40	9	30	11	10	18	50
3698	37	—	55	50	74	—	18	50	3	70	7	40	9	30	11	10	18	50
3699	37	—	55	50	74	—	18	50	3	70	7	40	9	30	11	10	18	50
3700	37	—	55	50	74	—	18	50	3	70	7	40	9	30	11	10	18	50
3701	37	10	55	60	74	10	18	60	3	80	7	50	9	30	11	20	18	60
3702	37	10	55	60	74	10	18	60	3	80	7	50	9	30	11	20	18	60
3703	37	10	55	60	74	10	18	60	3	80	7	50	9	30	11	20	18	60
3704	37	10	55	60	74	10	18	60	3	80	7	50	9	30	11	20	18	60
3705	37	10	55	60	74	10	18	60	3	80	7	50	9	30	11	20	18	60
3706	37	10	55	60	74	20	18	60	3	80	7	50	9	30	11	20	18	60
3707	37	10	55	70	74	20	18	60	3	80	7	50	9	30	11	20	18	60
3708	37	10	55	70	74	20	18	60	3	80	7	50	9	30	11	20	18	60
3709	37	10	55	70	74	20	18	60	3	80	7	50	9	30	11	20	18	60
3710	37	10	55	70	74	20	18	60	3	80	7	50	9	30	11	20	18	60
3711	37	20	55	70	74	30	18	60	3	80	7	50	9	30	11	20	18	60
3712	37	20	55	70	74	30	18	60	3	80	7	50	9	30	11	20	18	60
3713	37	20	55	70	74	30	18	60	3	80	7	50	9	30	11	20	18	60
3714	37	20	55	80	74	30	18	60	3	80	7	50	9	30	11	20	18	60
3715	37	20	55	80	74	30	18	60	3	80	7	50	9	30	11	20	18	60
3716	37	20	55	80	74	40	18	60	3	80	7	50	9	30	11	20	18	60
3717	37	20	55	80	74	40	18	60	3	80	7	50	9	30	11	20	18	60
3718	37	20	55	80	74	40	18	60	3	80	7	50	9	30	11	20	18	60
3719	37	20	55	80	74	40	18	60	3	80	7	50	9	30	11	20	18	60
3720	37	20	55	80	74	40	18	60	3	80	7	50	9	30	11	20	18	60

Gegenstands-Summa	Werthgebühr								4/10 aus der vollen Werthgebühr		4/10 aus 2/3 Werthgebühr		Hinterlegungsgebühr						Auseinandersetzungsgebühr			
	Volle		1/2		1/2 bis 2200 M		1 1/2												5/10		2/10	
	Art. 22. 40. 41. 50		Art. 25. 27. 29. 30. 38 Abs. 2		darüber 2/3 Art. 24		Art. 23		Art. 45 Abs. 3				Art. 100		Art. 101 a		Art. 101 b		der Sätze des § 8 des Reichsgerichts-Kosten-Gesetzes			
M	M	Pf	M	Pf	M	Pf	M	Pf	M	Pf	M	Pf	M	Pf	M	Pf	M	Pf	M	Pf	M	Pf
3681	15	—	7	50	10	—	22	50	6	—	4	—	7	20	28	50	56	90	31	—	12	40
3682	15	—	7	50	10	—	22	50	6	—	4	—	7	20	28	50	56	90	31	—	12	40
3683	15	—	7	50	10	—	22	50	6	—	4	—	7	20	28	50	56	90	31	—	12	40
3684	15	—	7	50	10	—	22	50	6	—	4	—	7	20	28	50	56	90	31	—	12	40
3685	15	—	7	50	10	—	22	50	6	—	4	—	7	20	28	50	56	90	31	—	12	40
3686	15	—	7	50	10	—	22	50	6	—	4	—	7	20	28	50	56	90	31	—	12	40
3687	15	—	7	50	10	—	22	50	6	—	4	—	7	20	28	50	56	90	31	—	12	40
3688	15	—	7	50	10	—	22	50	6	—	4	—	7	20	28	50	56	90	31	—	12	40
3689	15	—	7	50	10	—	22	50	6	—	4	—	7	20	28	50	56	90	31	—	12	40
3690	15	—	7	50	10	—	22	50	6	—	4	—	7	20	28	50	56	90	31	—	12	40
3691	15	—	7	50	10	—	22	50	6	—	4	—	7	20	28	50	57	—	31	—	12	40
3692	15	—	7	50	10	—	22	50	6	—	4	—	7	20	28	50	57	—	31	—	12	40
3693	15	—	7	50	10	—	22	50	6	—	4	—	7	20	28	50	57	—	31	—	12	40
3694	15	—	7	50	10	—	22	50	6	—	4	—	7	20	28	50	57	—	31	—	12	40
3695	15	—	7	50	10	—	22	50	6	—	4	—	7	20	28	50	57	—	31	—	12	40
3696	15	—	7	50	10	—	22	50	6	—	4	—	7	20	28	50	57	—	31	—	12	40
3697	15	—	7	50	10	—	22	50	6	—	4	—	7	20	28	50	57	—	31	—	12	40
3698	15	—	7	50	10	—	22	50	6	—	4	—	7	20	28	50	57	—	31	—	12	40
3699	15	—	7	50	10	—	22	50	6	—	4	—	7	20	28	50	57	—	31	—	12	40
3700	15	—	7	50	10	—	22	50	6	—	4	—	7	20	28	50	57	—	31	—	12	40
3701	15	—	7	50	10	—	22	50	6	—	4	—	7	20	28	60	57	10	31	—	12	40
3702	15	—	7	50	10	—	22	50	6	—	4	—	7	20	28	60	57	10	31	—	12	40
3703	15	—	7	50	10	—	22	50	6	—	4	—	7	20	28	60	57	10	31	—	12	40
3704	15	—	7	50	10	—	22	50	6	—	4	—	7	20	28	60	57	10	31	—	12	40
3705	15	—	7	50	10	—	22	50	6	—	4	—	7	20	28	60	57	10	31	—	12	40
3706	15	—	7	50	10	—	22	50	6	—	4	—	7	20	28	60	57	10	31	—	12	40
3707	15	—	7	50	10	—	22	50	6	—	4	—	7	20	28	60	57	10	31	—	12	40
3708	15	—	7	50	10	—	22	50	6	—	4	—	7	20	28	60	57	10	31	—	12	40
3709	15	—	7	50	10	—	22	50	6	—	4	—	7	20	28	60	57	10	31	—	12	40
3710	15	—	7	50	10	—	22	50	6	—	4	—	7	20	28	60	57	10	31	—	12	40
3711	15	—	7	50	10	—	22	50	6	—	4	—	7	20	28	60	57	20	31	—	12	40
3712	15	—	7	50	10	—	22	50	6	—	4	—	7	20	28	60	57	20	31	—	12	40
3713	15	—	7	50	10	—	22	50	6	—	4	—	7	20	28	60	57	20	31	—	12	40
3714	15	—	7	50	10	—	22	50	6	—	4	—	7	20	28	60	57	20	31	—	12	40
3715	15	—	7	50	10	—	22	50	6	—	4	—	7	20	28	60	57	20	31	—	12	40
3716	15	—	7	50	10	—	22	50	6	—	4	—	7	20	28	60	57	20	31	—	12	40
3717	15	—	7	50	10	—	22	50	6	—	4	—	7	20	28	60	57	20	31	—	12	40
3718	15	—	7	50	10	—	22	50	6	—	4	—	7	20	28	60	57	20	31	—	12	40
3719	15	—	7	50	10	—	22	50	6	—	4	—	7	20	28	60	57	20	31	—	12	40
3720	15	—	7	50	10	—	22	50	6	—	4	—	7	20	28	60	57	20	31	—	12	40

Gegenstands-Summa	Staatsgebühren 1 Prozent		1½ Prozent		2 Prozent		Besitzveränderungsabgabe		Staatsgebühren 1 pro mille		2 pro mille		2½ pro mille		3 pro mille		5 pro mille	
M	M	₰	M	₰	M	₰	M	₰	M	₰	M	₰	M	₰	M	₰	M	₰
3721	37	30	55	90	74	50	18	70	3	80	7	50	9	40	11	20	18	70
3722	37	30	55	90	74	50	18	70	3	80	7	50	9	40	11	20	18	70
3723	37	30	55	90	74	50	18	70	3	80	7	50	9	40	11	20	18	70
3724	37	30	55	90	74	50	18	70	3	80	7	50	9	40	11	20	18	70
3725	37	30	55	90	74	50	18	70	3	80	7	50	9	40	11	20	18	70
3726	37	30	55	90	74	60	18	70	3	80	7	50	9	40	11	20	18	70
3727	37	30	56	—	74	60	18	70	3	80	7	50	9	40	11	20	18	70
3728	37	30	56	—	74	60	18	70	3	80	7	50	9	40	11	20	18	70
3729	37	30	56	—	74	60	18	70	3	80	7	50	9	40	11	20	18	70
3730	37	30	56	—	74	60	18	70	3	80	7	50	9	40	11	20	18	70
3731	37	40	56	—	74	70	18	70	3	80	7	50	9	40	11	20	18	70
3732	37	40	56	—	74	70	18	70	3	80	7	50	9	40	11	20	18	70
3733	37	40	56	—	74	70	18	70	3	80	7	50	9	40	11	20	18	70
3734	37	40	56	10	74	70	18	70	3	80	7	50	9	40	11	30	18	70
3735	37	40	56	10	74	70	18	70	3	80	7	50	9	40	11	30	18	70
3736	37	40	56	10	74	80	18	70	3	80	7	50	9	40	11	30	18	70
3737	37	40	56	10	74	80	18	70	3	80	7	50	9	40	11	30	18	70
3738	37	40	56	10	74	80	18	70	3	80	7	50	9	40	11	30	18	70
3739	37	40	56	10	74	80	18	70	3	80	7	50	9	40	11	30	18	70
3740	37	40	56	10	74	80	18	70	3	80	7	50	9	40	11	30	18	70
3741	37	50	56	20	74	90	18	80	3	80	7	50	9	40	11	30	18	80
3742	37	50	56	20	74	90	18	80	3	80	7	50	9	40	11	30	18	80
3743	37	50	56	20	74	90	18	80	3	80	7	50	9	40	11	30	18	80
3744	37	50	56	20	74	90	18	80	3	80	7	50	9	40	11	30	18	80
3745	37	50	56	20	74	90	18	80	3	80	7	50	9	40	11	30	18	80
3746	37	50	56	20	75	—	18	80	3	80	7	50	9	40	11	30	18	80
3747	37	50	56	30	75	—	18	80	3	80	7	50	9	40	11	30	18	80
3748	37	50	56	30	75	—	18	80	3	80	7	50	9	40	11	30	18	80
3749	37	50	56	30	75	—	18	80	3	80	7	50	9	40	11	30	18	80
3750	37	50	56	30	75	—	18	80	3	80	7	50	9	40	11	30	18	80
3751	37	60	56	30	75	10	18	80	3	80	7	60	9	40	11	30	18	80
3752	37	60	56	30	75	10	18	80	3	80	7	60	9	40	11	30	18	80
3753	37	60	56	30	75	10	18	80	3	80	7	60	9	40	11	30	18	80
3754	37	60	56	40	75	10	18	80	3	80	7	60	9	40	11	30	18	80
3755	37	60	56	40	75	10	18	80	3	80	7	60	9	40	11	30	18	80
3756	37	60	56	40	75	20	18	80	3	80	7	60	9	40	11	30	18	80
3757	37	60	56	40	75	20	18	80	3	80	7	60	9	40	11	30	18	80
3758	37	60	56	40	75	20	18	80	3	80	7	60	9	40	11	30	18	80
3759	37	60	56	40	75	20	18	80	3	80	7	60	9	40	11	30	18	80
3760	37	60	56	40	75	20	18	80	3	80	7	60	9	40	11	30	18	80

Gegen-stands-Summa	Werthgebühr: Volle (Art. 22. 40. 41. 50)		Werthgebühr: 1/2 (Art. 25. 27. 29. 30. 38 Abs. 2)		Werthgebühr: 1/2 bis 2200 M darüber 2/3 (Art. 24)		Werthgebühr: 1 1/2 (Art. 23)		4/10 aus der vollen Werthgebühr (Art. 45 Abs. 3)		4/10 aus 2/3 Werthgebühr (Art. 45 Abs. 3)		Hinterlegungsgebühr: Art. 100		Hinterlegungsgebühr: Art. 101 a		Hinterlegungsgebühr: Art. 101 b		Auseinandersetzungsgebühr: 5/10 der Sätze des § 8 des Reichsgerichts-Kosten-Gesetzes		Auseinandersetzungsgebühr: 2/10 der Sätze des § 8 des Reichsgerichts-Kosten-Gesetzes	
M	M	₰	M	₰	M	₰	M	₰	M	₰	M	₰	M	₰	M	₰	M	₰	M	₰	M	₰
3721	15	—	7	50	10	—	22	50	6	—	4	—	7	20	28	70	57	30	31	—	12	40
3722	15	—	7	50	10	—	22	50	6	—	4	—	7	20	28	70	57	30	31	—	12	40
3723	15	—	7	50	10	—	22	50	6	—	4	—	7	20	28	70	57	30	31	—	12	40
3724	15	—	7	50	10	—	22	50	6	—	4	—	7	20	28	70	57	30	31	—	12	40
3725	15	—	7	50	10	—	22	50	6	—	4	—	7	20	28	70	57	30	31	—	12	40
3726	15	—	7	50	10	—	22	50	6	—	4	—	7	20	28	70	57	30	31	—	12	40
3727	15	—	7	50	10	—	22	50	6	—	4	—	7	20	28	70	57	30	31	—	12	40
3728	15	—	7	50	10	—	22	50	6	—	4	—	7	20	28	70	57	30	31	—	12	40
3729	15	—	7	50	10	—	22	50	6	—	4	—	7	20	28	70	57	30	31	—	12	40
3730	15	—	7	50	10	—	22	50	6	—	4	—	7	20	28	70	57	30	31	—	12	40
3731	15	—	7	50	10	—	22	50	6	—	4	—	7	20	28	70	57	40	31	—	12	40
3732	15	—	7	50	10	—	22	50	6	—	4	—	7	20	28	70	57	40	31	—	12	40
3733	15	—	7	50	10	—	22	50	6	—	4	—	7	20	28	70	57	40	31	—	12	40
3734	15	—	7	50	10	—	22	50	6	—	4	—	7	20	28	70	57	40	31	—	12	40
3735	15	—	7	50	10	—	22	50	6	—	4	—	7	20	28	70	57	40	31	—	12	40
3736	15	—	7	50	10	—	22	50	6	—	4	—	7	20	28	70	57	40	31	—	12	40
3737	15	—	7	50	10	—	22	50	6	—	4	—	7	20	28	70	57	40	31	—	12	40
3738	15	—	7	50	10	—	22	50	6	—	4	—	7	20	28	70	57	40	31	—	12	40
3739	15	—	7	50	10	—	22	50	6	—	4	—	7	20	28	70	57	40	31	—	12	40
3740	15	—	7	50	10	—	22	50	6	—	4	—	7	20	28	70	57	40	31	—	12	40
3741	15	—	7	50	10	—	22	50	6	—	4	—	7	20	28	80	57	50	31	—	12	40
3742	15	—	7	50	10	—	22	50	6	—	4	—	7	20	28	80	57	50	31	—	12	40
3743	15	—	7	50	10	—	22	50	6	—	4	—	7	20	28	80	57	50	31	—	12	40
3744	15	—	7	50	10	—	22	50	6	—	4	—	7	20	28	80	57	50	31	—	12	40
3745	15	—	7	50	10	—	22	50	6	—	4	—	7	20	28	80	57	50	31	—	12	40
3746	15	—	7	50	10	—	22	50	6	—	4	—	7	20	28	80	57	50	31	—	12	40
3747	15	—	7	50	10	—	22	50	6	—	4	—	7	20	28	80	57	50	31	—	12	40
3748	15	—	7	50	10	—	22	50	6	—	4	—	7	20	28	80	57	50	31	—	12	40
3749	15	—	7	50	10	—	22	50	6	—	4	—	7	20	28	80	57	50	31	—	12	40
3750	15	—	7	50	10	—	22	50	6	—	4	—	7	20	28	80	57	50	31	—	12	40
3751	15	—	7	50	10	—	22	50	6	—	4	—	7	20	28	80	57	60	31	—	12	40
3752	15	—	7	50	10	—	22	50	6	—	4	—	7	20	28	80	57	60	31	—	12	40
3753	15	—	7	50	10	—	22	50	6	—	4	—	7	20	28	80	57	60	31	—	12	40
3754	15	—	7	50	10	—	22	50	6	—	4	—	7	20	28	80	57	60	31	—	12	40
3755	15	—	7	50	10	—	22	50	6	—	4	—	7	20	28	80	57	60	31	—	12	40
3756	15	—	7	50	10	—	22	50	6	—	4	—	7	20	28	80	57	60	31	—	12	40
3757	15	—	7	50	10	—	22	50	6	—	4	—	7	20	28	80	57	60	31	—	12	40
3758	15	—	7	50	10	—	22	50	6	—	4	—	7	20	28	80	57	60	31	—	12	40
3759	15	—	7	50	10	—	22	50	6	—	4	—	7	20	28	80	57	60	31	—	12	40
3760	15	—	7	50	10	—	22	50	6	—	4	—	7	20	28	80	57	60	31	—	12	40

Gegen-stands-Summa	Staatsgebühren 1 Prozent		Staatsgebühren 1 ½ Prozent		Staatsgebühren 2 Prozent		Besitz-verände-rungs-abgabe		Staatsgebühren 1 pro mille		Staatsgebühren 2 pro mille		Staatsgebühren 2 ½ pro mille		Staatsgebühren 3 pro mille		Staatsgebühren 5 pro mille	
M	M	Pf	M	Pf	M	Pf	M	Pf	M	Pf	M	Pf	M	Pf	M	Pf	M	Pf
3761	37	70	56	50	75	30	18	90	3	80	7	60	9	50	11	30	18	90
3762	37	70	56	50	75	30	18	90	3	80	7	60	9	50	11	30	18	90
3763	37	70	56	50	75	30	18	90	3	80	7	60	9	50	11	30	18	90
3764	37	70	56	50	75	30	18	90	3	80	7	60	9	50	11	30	18	90
3765	37	70	56	50	75	30	18	90	3	80	7	60	9	50	11	30	18	90
3766	37	70	56	50	75	40	18	90	3	80	7	60	9	50	11	30	18	90
3767	37	70	56	60	75	40	18	90	3	80	7	60	9	50	11	40	18	90
3768	37	70	56	60	75	40	18	90	3	80	7	60	9	50	11	40	18	90
3769	37	70	56	60	75	40	18	90	3	80	7	60	9	50	11	40	18	90
3770	37	70	56	60	75	40	18	90	3	80	7	60	9	50	11	40	18	90
3771	37	80	56	60	75	50	18	90	3	80	7	60	9	50	11	40	18	90
3772	37	80	56	60	75	50	18	90	3	80	7	60	9	50	11	40	18	90
3773	37	80	56	60	75	50	18	90	3	80	7	60	9	50	11	40	18	90
3774	37	80	56	70	75	50	18	90	3	80	7	60	9	50	11	40	18	90
3775	37	80	56	70	75	50	18	90	3	80	7	60	9	50	11	40	18	90
3776	37	80	56	70	75	60	18	90	3	80	7	60	9	50	11	40	18	90
3777	37	80	56	70	75	60	18	90	3	80	7	60	9	50	11	40	18	90
3778	37	80	56	70	75	60	18	90	3	80	7	60	9	50	11	40	18	90
3779	37	80	56	70	75	60	18	90	3	80	7	60	9	50	11	40	18	90
3780	37	80	56	70	75	60	18	90	3	80	7	60	9	50	11	40	18	90
3781	37	90	56	80	75	70	19	—	3	80	7	60	9	50	11	40	19	—
3782	37	90	56	80	75	70	19	—	3	80	7	60	9	50	11	40	19	—
3783	37	90	56	80	75	70	19	—	3	80	7	60	9	50	11	40	19	—
3784	37	90	56	80	75	70	19	—	3	80	7	60	9	50	11	40	19	—
3785	37	90	56	80	75	70	19	—	3	80	7	60	9	50	11	40	19	—
3786	37	90	56	80	75	80	19	—	3	80	7	60	9	50	11	40	19	—
3787	37	90	56	90	75	80	19	—	3	80	7	60	9	50	11	40	19	—
3788	37	90	56	90	75	80	19	—	3	80	7	60	9	50	11	40	19	—
3789	37	90	56	90	75	80	19	—	3	80	7	60	9	50	11	40	19	—
3790	37	90	56	90	75	80	19	—	3	80	7	60	9	50	11	40	19	—
3791	38	—	56	90	75	90	19	—	3	80	7	60	9	50	11	40	19	—
3792	38	—	56	90	75	90	19	—	3	80	7	60	9	50	11	40	19	—
3793	38	—	56	90	75	90	19	—	3	80	7	60	9	50	11	40	19	—
3794	38	—	57	—	75	90	19	—	3	80	7	60	9	50	11	40	19	—
3795	38	—	57	—	75	90	19	—	3	80	7	60	9	50	11	40	19	—
3796	38	—	57	—	76	—	19	—	3	80	7	60	9	50	11	40	19	—
3797	38	—	57	—	76	—	19	—	3	80	7	60	9	50	11	40	19	—
3798	38	—	57	—	76	—	19	—	3	80	7	60	9	50	11	40	19	—
3799	38	—	57	—	76	—	19	—	3	80	7	60	9	50	11	40	19	—
3800	38	—	57	—	76	—	19	—	3	80	7	60	9	50	11	40	19	—

Gegen-stands-Summa	Werthgebühr: Volle (Art. 22. 40. 41. 50)		Werthgebühr: 1/2 (Art. 25. 27. 29. 30. 38 Abs. 2)		Werthgebühr: 1/2 bis 2200 M, darüber 2/3 (Art. 24)		Werthgebühr: 1 1/2 (Art. 23)		4/10 aus der vollen Werthgebühr (Art. 45 Abs. 3)		4/10 aus 2/3 Werthgebühr (Art. 45 Abs. 3)		Hinterlegungsgebühr: Art. 100		Hinterlegungsgebühr: Art. 101 a		Hinterlegungsgebühr: Art. 101 b		Auseinandersetzungsgebühr: 5/10 (der Sätze des § 8 des Reichsgerichts-Kosten-Gesetzes)		Auseinandersetzungsgebühr: 2/10 (der Sätze des § 8 des Reichsgerichts-Kosten-Gesetzes)	
M	M	Pf	M	Pf	M	Pf	M	Pf	M	Pf	M	Pf	M	Pf	M	Pf	M	Pf	M	Pf	M	Pf
3761	15	—	7	50	10	—	22	50	6	—	4	—	7	30	28	90	57	70	31	—	12	40
3762	15	—	7	50	10	—	22	50	6	—	4	—	7	30	28	90	57	70	31	—	12	40
3763	15	—	7	50	10	—	22	50	6	—	4	—	7	30	28	90	57	70	31	—	12	40
3764	15	—	7	50	10	—	22	50	6	—	4	—	7	30	28	90	57	70	31	—	12	40
3765	15	—	7	50	10	—	22	50	6	—	4	—	7	30	28	90	57	70	31	—	12	40
3766	15	—	7	50	10	—	22	50	6	—	4	—	7	30	28	90	57	70	31	—	12	40
3767	15	—	7	50	10	—	22	50	6	—	4	—	7	30	28	90	57	70	31	—	12	40
3768	15	—	7	50	10	—	22	50	6	—	4	—	7	30	28	90	57	70	31	—	12	40
3769	15	—	7	50	10	—	22	50	6	—	4	—	7	30	28	90	57	70	31	—	12	40
3770	15	—	7	50	10	—	22	50	6	—	4	—	7	30	28	90	57	70	31	—	12	40
3771	15	—	7	50	10	—	22	50	6	—	4	—	7	30	28	90	57	80	31	—	12	40
3772	15	—	7	50	10	—	22	50	6	—	4	—	7	30	28	90	57	80	31	—	12	40
3773	15	—	7	50	10	—	22	50	6	—	4	—	7	30	28	90	57	80	31	—	12	40
3774	15	—	7	50	10	—	22	50	6	—	4	—	7	30	28	90	57	80	31	—	12	40
3775	15	—	7	50	10	—	22	50	6	—	4	—	7	30	28	90	57	80	31	—	12	40
3776	15	—	7	50	10	—	22	50	6	—	4	—	7	30	28	90	57	80	31	—	12	40
3777	15	—	7	50	10	—	22	50	6	—	4	—	7	30	28	90	57	80	31	—	12	40
3778	15	—	7	50	10	—	22	50	6	—	4	—	7	30	28	90	57	80	31	—	12	40
3779	15	—	7	50	10	—	22	50	6	—	4	—	7	30	28	90	57	80	31	—	12	40
3780	15	—	7	50	10	—	22	50	6	—	4	—	7	30	28	90	57	80	31	—	12	40
3781	15	—	7	50	10	—	22	50	6	—	4	—	7	30	29	—	57	90	31	—	12	40
3782	15	—	7	50	10	—	22	50	6	—	4	—	7	30	29	—	57	90	31	—	12	40
3783	15	—	7	50	10	—	22	50	6	—	4	—	7	30	29	—	57	90	31	—	12	40
3784	15	—	7	50	10	—	22	50	6	—	4	—	7	30	29	—	57	90	31	—	12	40
3785	15	—	7	50	10	—	22	50	6	—	4	—	7	30	29	—	57	90	31	—	12	40
3786	15	—	7	50	10	—	22	50	6	—	4	—	7	30	29	—	57	90	31	—	12	40
3787	15	—	7	50	10	—	22	50	6	—	4	—	7	30	29	—	57	90	31	—	12	40
3788	15	—	7	50	10	—	22	50	6	—	4	—	7	30	29	—	57	90	31	—	12	40
3789	15	—	7	50	10	—	22	50	6	—	4	—	7	30	29	—	57	90	31	—	12	40
3790	15	—	7	50	10	—	22	50	6	—	4	—	7	30	29	—	57	90	31	—	12	40
3791	15	—	7	50	10	—	22	50	6	—	4	—	7	30	29	—	58	—	31	—	12	40
3792	15	—	7	50	10	—	22	50	6	—	4	—	7	30	29	—	58	—	31	—	12	40
3793	15	—	7	50	10	—	22	50	6	—	4	—	7	30	29	—	58	—	31	—	12	40
3794	15	—	7	50	10	—	22	50	6	—	4	—	7	30	29	—	58	—	31	—	12	40
3795	15	—	7	50	10	—	22	50	6	—	4	—	7	30	29	—	58	—	31	—	12	40
3796	15	—	7	50	10	—	22	50	6	—	4	—	7	30	29	—	58	—	31	—	12	40
3797	15	—	7	50	10	—	22	50	6	—	4	—	7	30	29	—	58	—	31	—	12	40
3798	15	—	7	50	10	—	22	50	6	—	4	—	7	30	29	—	58	—	31	—	12	40
3799	15	—	7	50	10	—	22	50	6	—	4	—	7	30	29	—	58	—	31	—	12	40
3800	15	—	7	50	10	—	22	50	6	—	4	—	7	30	29	—	58	—	31	—	12	40

Gegenstands-Summa	Staatsgebühren 1 Prozent		Staatsgebühren 1½ Prozent		Staatsgebühren 2 Prozent		Besitzveränderungsabgabe		Staatsgebühren 1 pro mille		Staatsgebühren 2 pro mille		Staatsgebühren 2½ pro mille		Staatsgebühren 3 pro mille		Staatsgebühren 5 pro mille	
ℳ	ℳ	₰	ℳ	₰	ℳ	₰	ℳ	₰	ℳ	₰	ℳ	₰	ℳ	₰	ℳ	₰	ℳ	₰
3801	38	10	57	10	76	10	19	10	3	90	7	70	9	60	11	50	19	10
3802	38	10	57	10	76	10	19	10	3	90	7	70	9	60	11	50	19	10
3803	38	10	57	10	76	10	19	10	3	90	7	70	9	60	11	50	19	10
3804	38	10	57	10	76	10	19	10	3	90	7	70	9	60	11	50	19	10
3805	38	10	57	10	76	10	19	10	3	90	7	70	9	60	11	50	19	10
3806	38	10	57	10	76	20	19	10	3	90	7	70	9	60	11	50	19	10
3807	38	10	57	20	76	20	19	10	3	90	7	70	9	60	11	50	19	10
3808	38	10	57	20	76	20	19	10	3	90	7	70	9	60	11	50	19	10
3809	38	10	57	20	76	20	19	10	3	90	7	70	9	60	11	50	19	10
3810	38	10	57	20	76	20	19	10	3	90	7	70	9	60	11	50	19	10
3811	38	20	57	20	76	30	19	10	3	90	7	70	9	60	11	50	19	10
3812	38	20	57	20	76	30	19	10	3	90	7	70	9	60	11	50	19	10
3813	38	20	57	20	76	30	19	10	3	90	7	70	9	60	11	50	19	10
3814	38	20	57	30	76	30	19	10	3	90	7	70	9	60	11	50	19	10
3815	38	20	57	30	76	30	19	10	3	90	7	70	9	60	11	50	19	10
3816	38	20	57	30	76	40	19	10	3	90	7	70	9	60	11	50	19	10
3817	38	20	57	30	76	40	19	10	3	90	7	70	9	60	11	50	19	10
3818	38	20	57	30	76	40	19	10	3	90	7	70	9	60	11	50	19	10
3819	38	20	57	30	76	40	19	10	3	90	7	70	9	60	11	50	19	10
3820	38	20	57	30	76	40	19	10	3	90	7	70	9	60	11	50	19	10
3821	38	30	57	40	76	50	19	20	3	90	7	70	9	60	11	50	19	20
3822	38	30	57	40	76	50	19	20	3	90	7	70	9	60	11	50	19	20
3823	38	30	57	40	76	50	19	20	3	90	7	70	9	60	11	50	19	20
3824	38	30	57	40	76	50	19	20	3	90	7	70	9	60	11	50	19	20
3825	38	30	57	40	76	50	19	20	3	90	7	70	9	60	11	50	19	20
3826	38	30	57	40	76	60	19	20	3	90	7	70	9	60	11	50	19	20
3827	38	30	57	50	76	60	19	20	3	90	7	70	9	60	11	50	19	20
3828	38	30	57	50	76	60	19	20	3	90	7	70	9	60	11	50	19	20
3829	38	30	57	50	76	60	19	20	3	90	7	70	9	60	11	50	19	20
3830	38	30	57	50	76	60	19	20	3	90	7	70	9	60	11	50	19	20
3831	38	40	57	50	76	70	19	20	3	90	7	70	9	60	11	50	19	20
3832	38	40	57	50	76	70	19	20	3	90	7	70	9	60	11	50	19	20
3833	38	40	57	50	76	70	19	20	3	90	7	70	9	60	11	50	19	20
3834	38	40	57	60	76	70	19	20	3	90	7	70	9	60	11	60	19	20
3835	38	40	57	60	76	70	19	20	3	90	7	70	9	60	11	60	19	20
3836	38	40	57	60	76	80	19	20	3	90	7	70	9	60	11	60	19	20
3837	38	40	57	60	76	80	19	20	3	90	7	70	9	60	11	60	19	20
3838	38	40	57	60	76	80	19	20	3	90	7	70	9	60	11	60	19	20
3839	38	40	57	60	76	80	19	20	3	90	7	70	9	60	11	60	19	20
3840	38	40	57	60	76	80	19	20	3	90	7	70	9	60	11	60	19	20

Gegen-stands-Summa	Werthgebühr: Volle (Art. 22. 40. 41. 50)		Werthgebühr: 1/2 (Art. 25. 27. 29. 30. 38 Abs. 2)		Werthgebühr: 1/2 bis 2200 M, darüber 2/3 (Art. 24)		Werthgebühr: 1 1/2 (Art. 23)		4/10 aus der vollen Werthgebühr (Art. 45 Abs. 3)		4/10 aus 2/3 Werthgebühr (Art. 45 Abs. 3)		Hinterlegungsgebühr: Art. 100		Hinterlegungsgebühr: Art. 101 a		Hinterlegungsgebühr: Art. 101 b		Auseinandersetzungsgebühr: 5/10 (der Sätze des § 8 des Reichsgerichts-Kosten-Gesetzes)		Auseinandersetzungsgebühr: 2/10 (der Sätze des § 8 des Reichsgerichts-Kosten-Gesetzes)	
M	M	Pf	M	Pf	M	Pf	M	Pf	M	Pf	M	Pf	M	Pf	M	Pf	M	Pf	M	Pf	M	Pf
3801	15	—	7	50	10	—	22	50	6	—	4	—	7	30	29	10	58	10	31	—	12	40
3802	15	—	7	50	10	—	22	50	6	—	4	—	7	30	29	10	58	10	31	—	12	40
3803	15	—	7	50	10	—	22	50	6	—	4	—	7	30	29	10	58	10	31	—	12	40
3804	15	—	7	50	10	—	22	50	6	—	4	—	7	30	29	10	58	10	31	—	12	40
3805	15	—	7	50	10	—	22	50	6	—	4	—	7	30	29	10	58	10	31	—	12	40
3806	15	—	7	50	10	—	22	50	6	—	4	—	7	30	29	10	58	10	31	—	12	40
3807	15	—	7	50	10	—	22	50	6	—	4	—	7	30	29	10	58	10	31	—	12	40
3808	15	—	7	50	10	—	22	50	6	—	4	—	7	30	29	10	58	10	31	—	12	40
3809	15	—	7	50	10	—	22	50	6	—	4	—	7	30	29	10	58	10	31	—	12	40
3810	15	—	7	50	10	—	22	50	6	—	4	—	7	30	29	10	58	10	31	—	12	40
3811	15	—	7	50	10	—	22	50	6	—	4	—	7	30	29	10	58	20	31	—	12	40
3812	15	—	7	50	10	—	22	50	6	—	4	—	7	30	29	10	58	20	31	—	12	40
3813	15	—	7	50	10	—	22	50	6	—	4	—	7	30	29	10	58	20	31	—	12	40
3814	15	—	7	50	10	—	22	50	6	—	4	—	7	30	29	10	58	20	31	—	12	40
3815	15	—	7	50	10	—	22	50	6	—	4	—	7	30	29	10	58	20	31	—	12	40
3816	15	—	7	50	10	—	22	50	6	—	4	—	7	30	29	10	58	20	31	—	12	40
3817	15	—	7	50	10	—	22	50	6	—	4	—	7	30	29	10	58	20	31	—	12	40
3818	15	—	7	50	10	—	22	50	6	—	4	—	7	30	29	10	58	20	31	—	12	40
3819	15	—	7	50	10	—	22	50	6	—	4	—	7	30	29	10	58	20	31	—	12	40
3820	15	—	7	50	10	—	22	50	6	—	4	—	7	30	29	10	58	20	31	—	12	40
3821	15	—	7	50	10	—	22	50	6	—	4	—	7	30	29	20	58	30	31	—	12	40
3822	15	—	7	50	10	—	22	50	6	—	4	—	7	30	29	20	58	30	31	—	12	40
3823	15	—	7	50	10	—	22	50	6	—	4	—	7	30	29	20	58	30	31	—	12	40
3824	15	—	7	50	10	—	22	50	6	—	4	—	7	30	29	20	58	30	31	—	12	40
3825	15	—	7	50	10	—	22	50	6	—	4	—	7	30	29	20	58	30	31	—	12	40
3826	15	—	7	50	10	—	22	50	6	—	4	—	7	30	29	20	58	30	31	—	12	40
3827	15	—	7	50	10	—	22	50	6	—	4	—	7	30	29	20	58	30	31	—	12	40
3828	15	—	7	50	10	—	22	50	6	—	4	—	7	30	29	20	58	30	31	—	12	40
3829	15	—	7	50	10	—	22	50	6	—	4	—	7	30	29	20	58	30	31	—	12	40
3830	15	—	7	50	10	—	22	50	6	—	4	—	7	30	29	20	58	30	31	—	12	40
3831	15	—	7	50	10	—	22	50	6	—	4	—	7	30	29	20	58	40	31	—	12	40
3832	15	—	7	50	10	—	22	50	6	—	4	—	7	30	29	20	58	40	31	—	12	40
3833	15	—	7	50	10	—	22	50	6	—	4	—	7	30	29	20	58	40	31	—	12	40
3834	15	—	7	50	10	—	22	50	6	—	4	—	7	30	29	20	58	40	31	—	12	40
3835	15	—	7	50	10	—	22	50	6	—	4	—	7	30	29	20	58	40	31	—	12	40
3836	15	—	7	50	10	—	22	50	6	—	4	—	7	30	29	20	58	40	31	—	12	40
3837	15	—	7	50	10	—	22	50	6	—	4	—	7	30	29	20	58	40	31	—	12	40
3838	15	—	7	50	10	—	22	50	6	—	4	—	7	30	29	20	58	40	31	—	12	40
3839	15	—	7	50	10	—	22	50	6	—	4	—	7	30	29	20	58	40	31	—	12	40
3840	15	—	7	50	10	—	22	50	6	—	4	—	7	30	29	20	58	40	31	—	12	40

Gegen-stands-Summa	Staatsgebühren 1 Prozent		Staatsgebühren 1½ Prozent		Staatsgebühren 2 Prozent		Besitz-verände-rungs-abgabe		Staatsgebühren 1 pro mille		Staatsgebühren 2 pro mille		Staatsgebühren 2½ pro mille		Staatsgebühren 3 pro mille		Staatsgebühren 5 pro mille	
M	M	Pf	M	Pf	M	Pf	M	Pf	M	Pf	M	Pf	M	Pf	M	Pf	M	Pf
3841	38	50	57	70	76	90	19	30	3	90	7	70	9	70	11	60	19	30
3842	38	50	57	70	76	90	19	30	3	90	7	70	9	70	11	60	19	30
3843	38	50	57	70	76	90	19	30	3	90	7	70	9	70	11	60	19	30
3844	38	50	57	70	76	90	19	30	3	90	7	70	9	70	11	60	19	30
3845	38	50	57	70	76	90	19	30	3	90	7	70	9	70	11	60	19	30
3846	38	50	57	70	77	—	19	30	3	90	7	70	9	70	11	60	19	30
3847	38	50	57	80	77	—	19	30	3	90	7	70	9	70	11	60	19	30
3848	38	50	57	80	77	—	19	30	3	90	7	70	9	70	11	60	19	30
3849	38	50	57	80	77	—	19	30	3	90	7	70	9	70	11	60	19	30
3850	38	50	57	80	77	—	19	30	3	90	7	70	9	70	11	60	19	30
3851	38	60	57	80	77	10	19	30	3	90	7	80	9	70	11	60	19	30
3852	38	60	57	80	77	10	19	30	3	90	7	80	9	70	11	60	19	30
3853	38	60	57	80	77	10	19	30	3	90	7	80	9	70	11	60	19	30
3854	38	60	57	90	77	10	19	30	3	90	7	80	9	70	11	60	19	30
3855	38	60	57	90	77	10	19	30	3	90	7	80	9	70	11	60	19	30
3856	38	60	57	90	77	20	19	30	3	90	7	80	9	70	11	60	19	30
3857	38	60	57	90	77	20	19	30	3	90	7	80	9	70	11	60	19	30
3858	38	60	57	90	77	20	19	30	3	90	7	80	9	70	11	60	19	30
3859	38	60	57	90	77	20	19	30	3	90	7	80	9	70	11	60	19	30
3860	38	60	57	90	77	20	19	30	3	90	7	80	9	70	11	60	19	30
3861	38	70	58	—	77	30	19	40	3	90	7	80	9	70	11	60	19	40
3862	38	70	58	—	77	30	19	40	3	90	7	80	9	70	11	60	19	40
3863	38	70	58	—	77	30	19	40	3	90	7	80	9	70	11	60	19	40
3864	38	70	58	—	77	30	19	40	3	90	7	80	9	70	11	60	19	40
3865	38	70	58	—	77	30	19	40	3	90	7	80	9	70	11	60	19	40
3866	38	70	58	—	77	40	19	40	3	90	7	80	9	70	11	60	19	40
3867	38	70	58	10	77	40	19	40	3	90	7	80	9	70	11	70	19	40
3868	38	70	58	10	77	40	19	40	3	90	7	80	9	70	11	70	19	40
3869	38	70	58	10	77	40	19	40	3	90	7	80	9	70	11	70	19	40
3870	38	70	58	10	77	40	19	40	3	90	7	80	9	70	11	70	19	40
3871	38	80	58	10	77	50	19	40	3	90	7	80	9	70	11	70	19	40
3872	38	80	58	10	77	50	19	40	3	90	7	80	9	70	11	70	19	40
3873	38	80	58	10	77	50	19	40	3	90	7	80	9	70	11	70	19	40
3874	38	80	58	20	77	50	19	40	3	90	7	80	9	70	11	70	19	40
3875	38	80	58	20	77	50	19	40	3	90	7	80	9	70	11	70	19	40
3876	38	80	58	20	77	60	19	40	3	90	7	80	9	70	11	70	19	40
3877	38	80	58	20	77	60	19	40	3	90	7	80	9	70	11	70	19	40
3878	38	80	58	20	77	60	19	40	3	90	7	80	9	70	11	70	19	40
3879	38	80	58	20	77	60	19	40	3	90	7	80	9	70	11	70	19	40
3880	38	80	58	20	77	60	19	40	3	90	7	80	9	70	11	70	19	40

Gegenstands-Summa	Werthgebühr								4/10 aus der vollen Werthgebühr		4/10 aus 2/3 Werthgebühr		Hinterlegungsgebühr						Auseinandersetzungsgebühr			
	Volle		1/2		1/2 bis 2200 ℳ		1 1/2												5/10		2/10	
	Art. 22. 40. 41. 50		Art. 25. 27. 29. 30 38 Abs. 2		darüber 2/3. Art. 24		Art. 23		Art. 45 Abs. 3				Art. 100		Art. 101 a		Art. 101 b		der Sätze des § 8 des Reichsgerichts-Kosten-Gesetzes			
ℳ	ℳ	₰	ℳ	₰	ℳ	₰	ℳ	₰	ℳ	₰	ℳ	₰	ℳ	₰	ℳ	₰	ℳ	₰	ℳ	₰	ℳ	₰
3841	15	—	7	50	10	—	22	50	6	—	4	—	7	40	29	30	58	50	31	—	12	40
3842	15	—	7	50	10	—	22	50	6	—	4	—	7	40	29	30	58	50	31	—	12	40
3843	15	—	7	50	10	—	22	50	6	—	4	—	7	40	29	30	58	50	31	—	12	40
3844	15	—	7	50	10	—	22	50	6	—	4	—	7	40	29	30	58	50	31	—	12	40
3845	15	—	7	50	10	—	22	50	6	—	4	—	7	40	29	30	58	50	31	—	12	40
3846	15	—	7	50	10	—	22	50	6	—	4	—	7	40	29	30	58	50	31	—	12	40
3847	15	—	7	50	10	—	22	50	6	—	4	—	7	40	29	30	58	50	31	—	12	40
3848	15	—	7	50	10	—	22	50	6	—	4	—	7	40	29	30	58	50	31	—	12	40
3849	15	—	7	50	10	—	22	50	6	—	4	—	7	40	29	30	58	50	31	—	12	40
3850	15	—	7	50	10	—	22	50	6	—	4	—	7	40	29	30	58	50	31	—	12	40
3851	15	—	7	50	10	—	22	50	6	—	4	—	7	40	29	30	58	60	31	—	12	40
3852	15	—	7	50	10	—	22	50	6	—	4	—	7	40	29	30	58	60	31	—	12	40
3853	15	—	7	50	10	—	22	50	6	—	4	—	7	40	29	30	58	60	31	—	12	40
3854	15	—	7	50	10	—	22	50	6	—	4	—	7	40	29	30	58	60	31	—	12	40
3855	15	—	7	50	10	—	22	50	6	—	4	—	7	40	29	30	58	60	31	—	12	40
3856	15	—	7	50	10	—	22	50	6	—	4	—	7	40	29	30	58	60	31	—	12	40
3857	15	—	7	50	10	—	22	50	6	—	4	—	7	40	29	30	58	60	31	—	12	40
3858	15	—	7	50	10	—	22	50	6	—	4	—	7	40	29	30	58	60	31	—	12	40
3859	15	—	7	50	10	—	22	50	6	—	4	—	7	40	29	30	58	60	31	—	12	40
3860	15	—	7	50	10	—	22	50	6	—	4	—	7	40	29	30	58	60	31	—	12	40
3861	15	—	7	50	10	—	22	50	6	—	4	—	7	40	29	40	58	70	31	—	12	40
3862	15	—	7	50	10	—	22	50	6	—	4	—	7	40	29	40	58	70	31	—	12	40
3863	15	—	7	50	10	—	22	50	6	—	4	—	7	40	29	40	58	70	31	—	12	40
3864	15	—	7	50	10	—	22	50	6	—	4	—	7	40	29	40	58	70	31	—	12	40
3865	15	—	7	50	10	—	22	50	6	—	4	—	7	40	29	40	58	70	31	—	12	40
3866	15	—	7	50	10	—	22	50	6	—	4	—	7	40	29	40	58	70	31	—	12	40
3867	15	—	7	50	10	—	22	50	6	—	4	—	7	40	29	40	58	70	31	—	12	40
3868	15	—	7	50	10	—	22	50	6	—	4	—	7	40	29	40	58	70	31	—	12	40
3869	15	—	7	50	10	—	22	50	6	—	4	—	7	40	29	40	58	70	31	—	12	40
3870	15	—	7	50	10	—	22	50	6	—	4	—	7	40	29	40	58	70	31	—	12	40
3871	15	—	7	50	10	—	22	50	6	—	4	—	7	40	29	40	58	80	31	—	12	40
3872	15	—	7	50	10	—	22	50	6	—	4	—	7	40	29	40	58	80	31	—	12	40
3873	15	—	7	50	10	—	22	50	6	—	4	—	7	40	29	40	58	80	31	—	12	40
3874	15	—	7	50	10	—	22	50	6	—	4	—	7	40	29	40	58	80	31	—	12	40
3875	15	—	7	50	10	—	22	50	6	—	4	—	7	40	29	40	58	80	31	—	12	40
3876	15	—	7	50	10	—	22	50	6	—	4	—	7	40	29	40	58	80	31	—	12	40
3877	15	—	7	50	10	—	22	50	6	—	4	—	7	40	29	40	58	80	31	—	12	40
3878	15	—	7	50	10	—	22	50	6	—	4	—	7	40	29	40	58	80	31	—	12	40
3879	15	—	7	50	10	—	22	50	6	—	4	—	7	40	29	40	58	80	31	—	12	40
3880	15	—	7	50	10	—	22	50	6	—	4	—	7	40	29	40	58	80	31	—	12	40

Gegenstands-Summa	Staatsgebühren 1 Prozent		Staatsgebühren 1½ Prozent		Staatsgebühren 2 Prozent		Besitzveränderungsabgabe		Staatsgebühren 1 pro mille		Staatsgebühren 2 pro mille		Staatsgebühren 2½ pro mille		Staatsgebühren 3 pro mille		Staatsgebühren 5 pro mille	
M.	M	Pf	M	Pf	M	Pf	M	Pf	M	Pf	M	Pf	M	Pf	M	Pf	M	Pf
3881	38	90	58	30	77	70	19	50	3	90	7	80	9	80	11	70	19	50
3882	38	90	58	30	77	70	19	50	3	90	7	80	9	80	11	70	19	50
3883	38	90	58	30	77	70	19	50	3	90	7	80	9	80	11	70	19	50
3884	38	90	58	30	77	70	19	50	3	90	7	80	9	80	11	70	19	50
3885	38	90	58	30	77	70	19	50	3	90	7	80	9	80	11	70	19	50
3886	38	90	58	30	77	80	19	50	3	90	7	80	9	80	11	70	19	50
3887	38	90	58	40	77	80	19	50	3	90	7	80	9	80	11	70	19	50
3888	38	90	58	40	77	80	19	50	3	90	7	80	9	80	11	70	19	50
3889	38	90	58	40	77	80	19	50	3	90	7	80	9	80	11	70	19	50
3890	38	90	58	40	77	80	19	50	3	90	7	80	9	80	11	70	19	50
3891	39	—	58	40	77	90	19	50	3	90	7	80	9	80	11	70	19	50
3892	39	—	58	40	77	90	19	50	3	90	7	80	9	80	11	70	19	50
3893	39	—	58	40	77	90	19	50	3	90	7	80	9	80	11	70	19	50
3894	39	—	58	50	77	90	19	50	3	90	7	80	9	80	11	70	19	50
3895	39	—	58	50	77	90	19	50	3	90	7	80	9	80	11	70	19	50
3896	39	—	58	50	78	—	19	50	3	90	7	80	9	80	11	70	19	50
3897	39	—	58	50	78	—	19	50	3	90	7	80	9	80	11	70	19	50
3898	39	—	58	50	78	—	19	50	3	90	7	80	9	80	11	70	19	50
3899	39	—	58	50	78	—	19	50	3	90	7	80	9	80	11	70	19	50
3900	39	—	58	50	78	—	19	50	3	90	7	80	9	80	11	70	19	50
3901	39	10	58	60	78	10	19	60	4	—	7	90	9	80	11	80	19	60
3902	39	10	58	60	78	10	19	60	4	—	7	90	9	80	11	80	19	60
3903	39	10	58	60	78	10	19	60	4	—	7	90	9	80	11	80	19	60
3904	39	10	58	60	78	10	19	60	4	—	7	90	9	80	11	80	19	60
3905	39	10	58	60	78	10	19	60	4	—	7	90	9	80	11	80	19	60
3906	39	10	58	60	78	20	19	60	4	—	7	90	9	80	11	80	19	60
3907	39	10	58	70	78	20	19	60	4	—	7	90	9	80	11	80	19	60
3908	39	10	58	70	78	20	18	60	4	—	7	90	9	80	11	80	19	60
3909	39	10	58	70	78	20	19	60	4	—	7	90	9	80	11	80	19	60
3910	39	10	58	70	78	20	19	60	4	—	7	90	9	80	11	80	19	60
3911	39	20	58	70	78	30	19	60	4	—	7	90	9	80	11	80	19	60
3912	39	20	58	70	78	30	19	60	4	—	7	90	9	80	11	80	19	60
3913	39	20	58	70	78	30	19	60	4	—	7	90	9	80	11	80	19	60
3914	39	20	58	80	78	30	19	60	4	—	7	90	9	80	11	80	19	60
3915	39	20	58	80	78	30	19	60	4	—	7	90	9	80	11	80	19	60
3916	39	20	58	80	78	40	19	60	4	—	7	90	9	80	11	80	19	60
3917	39	20	58	80	78	40	19	60	4	—	7	90	9	80	11	80	19	60
3918	39	20	58	80	78	40	19	60	4	—	7	90	9	80	11	80	19	60
3919	39	20	58	80	78	40	19	60	4	—	7	90	9	80	11	80	19	60
3920	39	20	58	80	78	40	19	60	4	—	7	90	9	80	11	80	19	60

Gegen-stands-Summa	Werthgebühr								$^4/_{10}$ aus der vollen Werthgebühr		$^4/_{10}$ aus $^2/_3$ Werthgebühr		Hinterlegungsgebühr						Auseinandersetzungsgebühr			
	Volle		$^1/_2$		$^1/_2$ bis 2200 M		$1^1/_2$												$^5/_{10}$		$^3/_{10}$	
	Art. 22. 40. 41. 50		Art. 25. 27. 29. 30. 38 Abs. 2		darüber $^2/_3$ Art. 24		Art. 23		Art. 45 Abs. 3				Art. 100		Art. 101a		Art. 101b		der Sätze des § 8 des Reichsgerichts-Kosten-Gesetzes			
M	M	Pf	M	Pf	M	Pf	M	Pf	M	Pf	M	Pf	M	Pf	M	Pf	M	Pf	M	Pf	M	Pf
3881	15	—	7	50	10	—	22	50	6	—	4	—	7	40	29	50	58	90	31	—	12	40
3882	15	—	7	50	10	—	22	50	6	—	4	—	7	40	29	50	58	90	31	—	12	40
3883	15	—	7	50	10	—	22	50	6	—	4	—	7	40	29	50	58	90	31	—	12	40
3884	15	—	7	50	10	—	22	50	6	—	4	—	7	40	29	50	58	90	31	—	12	40
3885	15	—	7	50	10	—	22	50	6	—	4	—	7	40	29	50	58	90	31	—	12	40
3886	15	—	7	50	10	—	22	50	6	—	4	—	7	40	29	50	58	90	31	—	12	40
3887	15	—	7	50	10	—	22	50	6	—	4	—	7	40	29	50	58	90	31	—	12	40
3888	15	—	7	50	10	—	22	50	6	—	4	—	7	40	29	50	58	90	31	—	12	40
3889	15	—	7	50	10	—	22	50	6	—	4	—	7	40	29	50	58	90	31	—	12	40
3890	15	—	7	50	10	—	22	50	6	—	4	—	7	40	29	50	58	90	31	—	12	40
3891	15	—	7	50	10	—	22	50	6	—	4	—	7	40	29	50	59	—	31	—	12	40
3892	15	—	7	50	10	—	22	50	6	—	4	—	7	40	29	50	59	—	31	—	12	40
3893	15	—	7	50	10	—	22	50	6	—	4	—	7	40	29	50	59	—	31	—	12	40
3894	15	—	7	50	10	—	22	50	6	—	4	—	7	40	29	50	59	—	31	—	12	40
3895	15	—	7	50	10	—	22	50	6	—	4	—	7	40	29	50	59	—	31	—	12	40
3896	15	—	7	50	10	—	22	50	6	—	4	—	7	40	29	50	59	—	31	—	12	40
3897	15	—	7	50	10	—	22	50	6	—	4	—	7	40	29	50	59	—	31	—	12	40
3898	15	—	7	50	10	—	22	50	6	—	4	—	7	40	29	50	59	—	31	—	12	40
3899	15	—	7	50	10	—	22	50	6	—	4	—	7	40	29	50	59	—	31	—	12	40
3900	15	—	7	50	10	—	22	50	6	—	4	—	7	40	29	50	59	—	31	—	12	40
3901	15	—	7	50	10	—	22	50	6	—	4	—	7	40	29	60	59	10	31	—	12	40
3902	15	—	7	50	10	—	22	50	6	—	4	—	7	40	29	60	59	10	31	—	12	40
3903	15	—	7	50	10	—	22	50	6	—	4	—	7	40	29	60	59	10	31	—	12	40
3904	15	—	7	50	10	—	22	50	6	—	4	—	7	40	29	60	59	10	31	—	12	40
3905	15	—	7	50	10	—	22	50	6	—	4	—	7	40	29	60	59	10	31	—	12	40
3906	15	—	7	50	10	—	22	50	6	—	4	—	7	40	29	60	59	10	31	—	12	40
3907	15	—	7	50	10	—	22	50	6	—	4	—	7	40	29	60	59	10	31	—	12	40
3908	15	—	7	50	10	—	22	50	6	—	4	—	7	40	29	60	59	10	31	—	12	40
3909	15	—	7	50	10	—	22	50	6	—	4	—	7	40	29	60	59	10	31	—	12	40
3910	15	—	7	50	10	—	22	50	6	—	4	—	7	40	29	60	59	10	31	—	12	40
3911	15	—	7	50	10	—	22	50	6	—	4	—	7	40	29	60	59	20	31	—	12	40
3912	15	—	7	50	10	—	22	50	6	—	4	—	7	40	29	60	59	20	31	—	12	40
3913	15	—	7	50	10	—	22	50	6	—	4	—	7	40	29	60	59	20	31	—	12	40
3914	15	—	7	50	10	—	22	50	6	—	4	—	7	40	29	60	59	20	31	—	12	40
3915	15	—	7	50	10	—	22	50	6	—	4	—	7	40	29	60	59	20	31	—	12	40
3916	15	—	7	50	10	—	22	50	6	—	4	—	7	40	29	60	59	20	31	—	12	40
3917	15	—	7	50	10	—	22	50	6	—	4	—	7	40	29	60	59	20	31	—	12	40
3918	15	—	7	50	10	—	22	50	6	—	4	—	7	40	29	60	59	20	31	—	12	40
3919	15	—	7	50	10	—	22	50	6	—	4	—	7	40	29	60	59	20	31	—	12	40
3920	15	—	7	50	10	—	22	50	6	—	4	—	7	40	29	60	59	20	31	—	12	40

Gegen-stands-Summa	Staatsgebühren Prozent 1		Staatsgebühren Prozent 1½		Staatsgebühren Prozent 2		Besitz-veränderungs-abgabe		Staatsgebühren pro mille 1		Staatsgebühren pro mille 2		Staatsgebühren pro mille 2½		Staatsgebühren pro mille 3		Staatsgebühren pro mille 5	
M	M	Pf	M	Pf	M	Pf	M	Pf	M	Pf	M	Pf	M	Pf	M	Pf	M	Pf
3921	39	30	58	90	78	50	19	70	4	—	7	90	9	90	11	80	19	70
3922	39	30	58	90	78	50	19	70	4	—	7	90	9	90	11	80	19	70
3923	39	30	58	90	78	50	19	70	4	—	7	90	9	90	11	80	19	70
3924	39	30	58	90	78	50	19	70	4	—	7	90	9	90	11	80	19	70
3925	39	30	58	90	78	50	19	70	4	—	7	90	9	90	11	80	19	70
3926	39	30	58	90	78	60	19	70	4	—	7	90	9	90	11	80	19	70
3927	39	30	59	—	78	60	19	70	4	—	7	90	9	90	11	80	19	70
3928	39	30	59	—	78	60	19	70	4	—	7	90	9	90	11	80	19	70
3929	39	30	59	—	78	60	19	70	4	—	7	90	9	90	11	80	19	70
3930	39	30	59	—	78	60	19	70	4	—	7	90	9	90	11	80	19	70
3931	39	40	59	—	78	70	19	70	4	—	7	90	9	90	11	80	19	70
3932	39	40	59	—	78	70	19	70	4	—	7	90	9	90	11	80	19	70
3933	39	40	59	—	78	70	19	70	4	—	7	90	9	90	11	80	19	70
3934	39	40	59	10	78	70	19	70	4	—	7	90	9	90	11	90	19	70
3935	39	40	59	10	78	70	19	70	4	—	7	90	9	90	11	90	19	70
3936	39	40	59	10	78	80	19	70	4	—	7	90	9	90	11	90	19	70
3937	39	40	59	10	78	80	19	70	4	—	7	90	9	90	11	90	19	70
3938	39	40	59	10	78	80	19	70	4	—	7	90	9	90	11	90	19	70
3939	39	40	59	10	78	80	19	70	4	—	7	90	9	90	11	90	19	70
3940	39	40	59	10	78	80	19	70	4	—	7	90	9	90	11	90	19	70
3941	39	50	59	20	78	90	19	80	4	—	7	90	9	90	11	90	19	80
3942	39	50	59	20	78	90	19	80	4	—	7	90	9	90	11	90	19	80
3943	39	50	59	20	78	90	19	80	4	—	7	90	9	90	11	90	19	80
3944	39	50	59	20	78	90	19	80	4	—	7	90	9	90	11	90	19	80
3945	39	50	59	20	78	90	19	80	4	—	7	90	9	90	11	90	19	80
3946	39	50	59	20	79	—	19	80	4	—	7	90	9	90	11	90	19	80
3947	39	50	59	30	79	—	19	80	4	—	7	90	9	90	11	90	19	80
3948	39	50	59	30	79	—	19	80	4	—	7	90	9	90	11	90	19	80
3949	39	50	59	30	79	—	19	80	4	—	7	90	9	90	11	90	19	80
3950	39	50	59	30	79	—	19	80	4	—	7	90	9	90	11	90	19	80
3951	39	60	59	30	79	10	19	80	4	—	8	—	9	90	11	90	19	80
3952	39	60	59	30	79	10	19	80	4	—	8	—	9	90	11	90	19	80
3953	39	60	59	30	79	10	19	80	4	—	8	—	9	90	11	90	19	80
3954	39	60	59	40	79	10	19	80	4	—	8	—	9	90	11	90	19	80
3955	39	60	59	40	79	10	19	80	4	—	8	—	9	90	11	90	19	80
3956	39	60	59	40	79	20	19	80	4	—	8	—	9	90	11	90	19	80
3957	39	60	59	40	79	20	19	80	4	—	8	—	9	90	11	90	19	80
3958	39	60	59	40	79	20	19	80	4	—	8	—	9	90	11	90	19	80
3959	39	60	59	40	79	20	19	80	4	—	8	—	9	90	11	90	19	80
3960	39	60	59	40	79	20	19	80	4	—	8	—	9	90	11	90	19	80

Gegenstands-Summa	Werthgebühr								4/10 aus der vollen Werthgebühr		4/10 aus 2/3 Werthgebühr		Hinterlegungsgebühr						Auseinandersetzungsgebühr			
	Volle		1/2		1/2 bis 2200 M.		1 1/2												5/10		2/10	
	Art. 22. 40. 41. 50		Art. 25. 27. 29. 30. 38 Abs. 2		darüber 2/3 Art. 24		Art. 23		Art. 45 Abs. 3				Art. 100		Art. 101 a		Art. 101 b		der Sätze des § 8 des Reichsgerichts-Kosten-Gesetzes			
M	M	₰	M	₰	M	₰	M	₰	M	₰	M	₰	M	₰	M	₰	M	₰	M	₰	M	₰
3921	15	—	7	50	10	—	22	50	6	—	4	—	7	50	29	70	59	30	31	—	12	40
3922	15	—	7	50	10	—	22	50	6	—	4	—	7	50	29	70	59	30	31	—	12	40
3923	15	—	7	50	10	—	22	50	6	—	4	—	7	50	29	70	59	30	31	—	12	40
3924	15	—	7	50	10	—	22	50	6	—	4	—	7	50	29	70	59	30	31	—	12	40
3925	15	—	7	50	10	—	22	50	6	—	4	—	7	50	29	70	59	30	31	—	12	40
3926	15	—	7	50	10	—	22	50	6	—	4	—	7	50	29	70	59	30	31	—	12	40
3927	15	—	7	50	10	—	22	50	6	—	4	—	7	50	29	70	59	30	31	—	12	40
3928	15	—	7	50	10	—	22	50	6	—	4	—	7	50	29	70	59	30	31	—	12	40
3929	15	—	7	50	10	—	22	50	6	—	4	—	7	50	29	70	59	30	31	—	12	40
3930	15	—	7	50	10	—	22	50	6	—	4	—	7	50	29	70	59	30	31	—	12	40
3931	15	—	7	50	10	—	22	50	6	—	4	—	7	50	29	70	59	40	31	—	12	40
3932	15	—	7	50	10	—	22	50	6	—	4	—	7	50	29	70	59	40	31	—	12	40
3933	15	—	7	50	10	—	22	50	6	—	4	—	7	50	29	70	59	40	31	—	12	40
3934	15	—	7	50	10	—	22	50	6	—	4	—	7	50	29	70	59	40	31	—	12	40
3935	15	—	7	50	10	—	22	50	6	—	4	—	7	50	29	70	59	40	31	—	12	40
3936	15	—	7	50	10	—	22	50	6	—	4	—	7	50	29	70	59	40	31	—	12	40
3937	15	—	7	50	10	—	22	50	6	—	4	—	7	50	29	70	59	40	31	—	12	40
3938	15	—	7	50	10	—	22	50	6	—	4	—	7	50	29	70	59	40	31	—	12	40
3939	15	—	7	50	10	—	22	50	6	—	4	—	7	50	29	70	59	40	31	—	12	40
3940	15	—	7	50	10	—	22	50	6	—	4	—	7	50	29	70	59	40	31	—	12	40
3941	15	—	7	50	10	—	22	50	6	—	4	—	7	50	29	80	59	50	31	—	12	40
3942	15	—	7	50	10	—	22	50	6	—	4	—	7	50	29	80	59	50	31	—	12	40
3943	15	—	7	50	10	—	22	50	6	—	4	—	7	50	29	80	59	50	31	—	12	40
3944	15	—	7	50	10	—	22	50	6	—	4	—	7	50	29	80	59	50	31	—	12	40
3945	15	—	7	50	10	—	22	50	6	—	4	—	7	50	29	80	59	50	31	—	12	40
3946	15	—	7	50	10	—	22	50	6	—	4	—	7	50	29	80	59	50	31	—	12	40
3947	15	—	7	50	10	—	22	50	6	—	4	—	7	50	29	80	59	50	31	—	12	40
3948	15	—	7	50	10	—	22	50	6	—	4	—	7	50	29	80	59	50	31	—	12	40
3949	15	—	7	50	10	—	22	50	6	—	4	—	7	50	29	80	59	50	31	—	12	40
3950	15	—	7	50	10	—	22	50	6	—	4	—	7	50	29	80	59	50	31	—	12	40
3951	15	—	7	50	10	—	22	50	6	—	4	—	7	50	29	80	59	60	31	—	12	40
3952	15	—	7	50	10	—	22	50	6	—	4	—	7	50	29	80	59	60	31	—	12	40
3953	15	—	7	50	10	—	22	50	6	—	4	—	7	50	29	80	59	60	31	—	12	40
3954	15	—	7	50	10	—	22	50	6	—	4	—	7	50	29	80	59	60	31	—	12	40
3955	15	—	7	50	10	—	22	50	6	—	4	—	7	50	29	80	59	60	31	—	12	40
3956	15	—	7	50	10	—	22	50	6	—	4	—	7	50	29	80	59	60	31	—	12	40
3957	15	—	7	50	10	—	22	50	6	—	4	—	7	50	29	80	59	60	31	—	12	40
3958	15	—	7	50	10	—	22	50	6	—	4	—	7	50	29	80	59	60	31	—	12	40
3959	15	—	7	50	10	—	22	50	6	—	4	—	7	50	29	80	59	60	31	—	12	40
3960	15	—	7	50	10	—	22	50	6	—	4	—	7	50	29	80	59	60	31	—	12	40

Gegen-stands-Summa	Staatsgebühren 1 Prozent		Staatsgebühren 1½ Prozent		Staatsgebühren 2 Prozent		Besitz-veränderungs-abgabe		Staatsgebühren 1 pro mille		Staatsgebühren 2 pro mille		Staatsgebühren 2½ pro mille		Staatsgebühren 3 pro mille		Staatsgebühren 5 pro mille	
ℳ	ℳ	₰	ℳ	₰	ℳ	₰	ℳ	₰	ℳ	₰	ℳ	₰	ℳ	₰	ℳ	₰	ℳ	₰
3961	39	70	59	50	79	30	19	90	4	—	8	—	10	—	11	90	19	90
3962	39	70	59	50	79	30	19	90	4	—	8	—	10	—	11	90	19	90
3963	39	70	59	50	79	30	19	90	4	—	8	—	10	—	11	90	19	90
3964	39	70	59	50	79	30	19	90	4	—	8	—	10	—	11	90	19	90
3965	39	70	59	50	79	30	19	90	4	—	8	—	10	—	11	90	19	90
3966	39	70	59	50	79	40	19	90	4	—	8	—	10	—	11	90	19	90
3967	39	70	59	60	79	40	19	90	4	—	8	—	10	—	12	—	19	90
3968	39	70	59	60	79	40	19	90	4	—	8	—	10	—	12	—	19	90
3969	39	70	59	60	79	40	19	90	4	—	8	—	10	—	12	—	19	90
3970	39	70	59	60	79	40	19	90	4	—	8	—	10	—	12	—	19	90
3971	39	80	59	60	79	50	19	90	4	—	8	—	10	—	12	—	19	90
3972	39	80	59	60	79	50	19	90	4	—	8	—	10	—	12	—	19	90
3973	39	80	59	60	79	50	19	90	4	—	8	—	10	—	12	—	19	90
3974	39	80	59	70	79	50	19	90	4	—	8	—	10	—	12	—	19	90
3975	39	80	59	70	79	50	19	90	4	—	8	—	10	—	12	—	19	90
3976	39	80	59	70	79	60	19	90	4	—	8	—	10	—	12	—	19	90
3977	39	80	59	70	79	60	19	90	4	—	8	—	10	—	12	—	19	90
3978	39	80	59	70	79	60	19	90	4	—	8	—	10	—	12	—	19	90
3979	39	80	59	70	79	60	19	90	4	—	8	—	10	—	12	—	19	90
3980	39	80	59	70	79	60	19	90	4	—	8	—	10	—	12	—	19	90
3981	39	90	59	80	79	70	20	—	4	—	8	—	10	—	12	—	20	—
3982	39	90	59	80	79	70	20	—	4	—	8	—	10	—	12	—	20	—
3983	39	90	59	80	79	70	20	—	4	—	8	—	10	—	12	—	20	—
3984	39	90	59	80	79	70	20	—	4	—	8	—	10	—	12	—	20	—
3985	39	90	59	80	79	70	20	—	4	—	8	—	10	—	12	—	20	—
3986	39	90	59	80	79	80	20	—	4	—	8	—	10	—	12	—	20	—
3987	39	90	59	90	79	80	20	—	4	—	8	—	10	—	12	—	20	—
3988	39	90	59	90	79	80	20	—	4	—	8	—	10	—	12	—	20	—
3989	39	90	59	90	79	80	20	—	4	—	8	—	10	—	12	—	20	—
3990	39	90	59	90	79	80	20	—	4	—	8	—	10	—	12	—	20	—
3991	40	—	59	90	79	90	20	—	4	—	8	—	10	—	12	—	20	—
3992	40	—	59	90	79	90	20	—	4	—	8	—	10	—	12	—	20	—
3993	40	—	59	90	79	90	20	—	4	—	8	—	10	—	12	—	20	—
3994	40	—	60	—	79	90	20	—	4	—	8	—	10	—	12	—	20	—
3995	40	—	60	—	79	90	20	—	4	—	8	—	10	—	12	—	20	—
3996	40	—	60	—	80	—	20	—	4	—	8	—	10	—	12	—	20	—
3997	40	—	60	—	80	—	20	—	4	—	8	—	10	—	12	—	20	—
3998	40	—	60	—	80	—	20	—	4	—	8	—	10	—	12	—	20	—
3999	40	—	60	—	80	—	20	—	4	—	8	—	10	—	12	—	20	—
4000	40	—	60	—	80	—	20	—	4	—	8	—	10	—	12	—	20	—

Gegen-stands-Summa	Werthgebühr: Volle (Art. 22. 40. 41. 50)		Werthgebühr: 1/2 (Art. 25. 27. 29. 30. 38 Abs. 2)		Werthgebühr: 1/2 bis 2200 M darüber 2/3 (Art. 24)		Werthgebühr: 1 1/2 (Art. 23)		4/10 aus der vollen Werthgebühr (Art. 45 Abs. 3)		4/10 aus 2/3 Werthgebühr (Art. 45 Abs. 3)		Hinterlegungsgebühr: Art. 100		Hinterlegungsgebühr: Art. 101 a		Hinterlegungsgebühr: Art. 101 b		Auseinandersetzungsgebühr: 5/10 (der Sätze des § 8 des Reichsgerichts-Kosten-Gesetzes)		Auseinandersetzungsgebühr: 2/10 (der Sätze des § 8 des Reichsgerichts-Kosten-Gesetzes)	
M	M	Pf	M	Pf	M	Pf	M	Pf	M	Pf	M	Pf	M	Pf	M	Pf	M	Pf	M	Pf	M	Pf
3961	15	—	7	50	10	—	22	50	6	—	4	—	7	50	29	90	59	70	31	—	12	40
3962	15	—	7	50	10	—	22	50	6	—	4	—	7	50	29	90	59	70	31	—	12	40
3963	15	—	7	50	10	—	22	50	6	—	4	—	7	50	29	90	59	70	31	—	12	40
3964	15	—	7	50	10	—	22	50	6	—	4	—	7	50	29	90	59	70	31	—	12	40
3965	15	—	7	50	10	—	22	50	6	—	4	—	7	50	29	90	59	70	31	—	12	40
3966	15	—	7	50	10	—	22	50	6	—	4	—	7	50	29	90	59	70	31	—	12	40
3967	15	—	7	50	10	—	22	50	6	—	4	—	7	50	29	90	59	70	31	—	12	40
3968	15	—	7	50	10	—	22	50	6	—	4	—	7	50	29	90	59	70	31	—	12	40
3969	15	—	7	50	10	—	22	50	6	—	4	—	7	50	29	90	59	70	31	—	12	40
3970	15	—	7	50	10	—	22	50	6	—	4	—	7	50	29	90	59	70	31	—	12	40
3971	15	—	7	50	10	—	22	50	6	—	4	—	7	50	29	90	59	80	31	—	12	40
3972	15	—	7	50	10	—	22	50	6	—	4	—	7	50	29	90	59	80	31	—	12	40
3973	15	—	7	50	10	—	22	50	6	—	4	—	7	50	29	90	59	80	31	—	12	40
3974	15	—	7	50	10	—	22	50	6	—	4	—	7	50	29	90	59	80	31	—	12	40
3975	15	—	7	50	10	—	22	50	6	—	4	—	7	50	29	90	59	80	31	—	12	40
3976	15	—	7	50	10	—	22	50	6	—	4	—	7	50	29	90	59	80	31	—	12	40
3977	15	—	7	50	10	—	22	50	6	—	4	—	7	50	29	90	59	80	31	—	12	40
3978	15	—	7	50	10	—	22	50	6	—	4	—	7	50	29	90	59	80	31	—	12	40
3979	15	—	7	50	10	—	22	50	6	—	4	—	7	50	29	90	59	80	31	—	12	40
3980	15	—	7	50	10	—	22	50	6	—	4	—	7	50	29	90	59	80	31	—	12	40
3981	15	—	7	50	10	—	22	50	6	—	4	—	7	50	30	—	59	90	31	—	12	40
3982	15	—	7	50	10	—	22	50	6	—	4	—	7	50	30	—	59	90	31	—	12	40
3983	15	—	7	50	10	—	22	50	6	—	4	—	7	50	30	—	59	90	31	—	12	40
3984	15	—	7	50	10	—	22	50	6	—	4	—	7	50	30	—	59	90	31	—	12	40
3985	15	—	7	50	10	—	22	50	6	—	4	—	7	50	30	—	59	90	31	—	12	40
3986	15	—	7	50	10	—	22	50	6	—	4	—	7	50	30	—	59	90	31	—	12	40
3987	15	—	7	50	10	—	22	50	6	—	4	—	7	50	30	—	59	90	31	—	12	40
3988	15	—	7	50	10	—	22	50	6	—	4	—	7	50	30	—	59	90	31	—	12	40
3989	15	—	7	50	10	—	22	50	6	—	4	—	7	50	30	—	59	90	31	—	12	40
3990	15	—	7	50	10	—	22	50	6	—	4	—	7	50	30	—	59	90	31	—	12	40
3991	15	—	7	50	10	—	22	50	6	—	4	—	7	50	30	—	60	—	31	—	12	40
3992	15	—	7	50	10	—	22	50	6	—	4	—	7	50	30	—	60	—	31	—	12	40
3993	15	—	7	50	10	—	22	50	6	—	4	—	7	50	30	—	60	—	31	—	12	40
3994	15	—	7	50	10	—	22	50	6	—	4	—	7	50	30	—	60	—	31	—	12	40
3995	15	—	7	50	10	—	22	50	6	—	4	—	7	50	30	—	60	—	31	—	12	40
3996	15	—	7	50	10	—	22	50	6	—	4	—	7	50	30	—	60	—	31	—	12	40
3997	15	—	7	50	10	—	22	50	6	—	4	—	7	50	30	—	60	—	31	—	12	40
3998	15	—	7	50	10	—	22	50	6	—	4	—	7	50	30	—	60	—	31	—	12	40
3999	15	—	7	50	10	—	22	50	6	—	4	—	7	50	30	—	60	—	31	—	12	40
4000	15	—	7	50	10	—	22	50	6	—	4	—	7	50	30	—	60	—	31	—	12	40

Gegenstands-Summa	Staatsgebühren 1 Prozent		1½ Prozent		2 Prozent		Besitzveränderungsabgabe		Staatsgebühren 1 pro mille		2 pro mille		2½ pro mille		3 pro mille		5 pro mille	
ℳ	ℳ	₰	ℳ	₰	ℳ	₰	ℳ	₰	ℳ	₰	ℳ	₰	ℳ	₰	ℳ	₰	ℳ	₰
4100	41	—	61	50	82	—	20	50	4	10	8	20	10	30	12	30	20	50
4200	42	—	63	—	84	—	21	—	4	20	8	40	10	50	12	60	21	—
4300	43	—	64	50	86	—	21	50	4	30	8	60	10	80	12	90	21	50
4400	44	—	66	—	88	—	22	—	4	40	8	80	11	—	13	20	22	—
4500	45	—	67	50	90	—	22	50	4	50	9	—	11	30	13	50	22	50
4600	46	—	69	—	92	—	23	—	4	60	9	20	11	50	13	80	23	—
4700	47	—	70	50	94	—	23	50	4	70	9	40	11	80	14	10	23	50
4800	48	—	72	—	96	—	24	—	4	80	9	60	12	—	14	40	24	—
4900	49	—	73	50	98	—	24	50	4	90	9	80	12	30	14	70	24	50
5000	50	—	75	—	100	—	25	—	5	—	10	—	12	50	15	—	25	—
5100	51	—	76	50	102	—	25	50	5	10	10	20	12	80	15	30	25	50
5200	52	—	78	—	104	—	26	—	5	20	10	40	13	—	15	60	26	—
5300	53	—	79	50	106	—	26	50	5	30	10	60	13	30	15	90	26	50
5400	54	—	81	—	108	—	27	—	5	40	10	80	13	50	16	20	27	—
5500	55	—	82	50	110	—	27	50	5	50	11	—	13	80	16	50	27	50
5600	56	—	84	—	112	—	28	—	5	60	11	20	14	—	16	80	28	—
5700	57	—	85	50	114	—	28	50	5	70	11	40	14	30	17	10	28	50
5800	58	—	87	—	116	—	29	—	5	80	11	60	14	50	17	40	29	—
5900	59	—	88	50	118	—	29	50	5	90	11	80	14	80	17	70	29	50
6000	60	—	90	—	120	—	30	—	6	—	12	—	15	—	18	—	30	—
6100	61	—	91	50	122	—	30	50	6	10	12	20	15	30	18	30	30	50
6200	62	—	93	—	124	—	31	—	6	20	12	40	15	50	18	60	31	—
6300	63	—	94	50	126	—	31	50	6	30	12	60	15	80	18	90	31	50
6400	64	—	96	—	128	—	32	—	6	40	12	80	16	—	19	20	32	—
6500	65	—	97	50	130	—	32	50	6	50	13	—	16	30	19	50	32	50
6600	66	—	99	—	132	—	33	—	6	60	13	20	16	50	19	80	33	—
6700	67	—	100	50	134	—	33	50	6	70	13	40	16	80	20	10	33	50
6800	68	—	102	—	136	—	34	—	6	80	13	60	17	—	20	40	34	—
6900	69	—	103	50	138	—	34	50	6	90	13	80	17	30	20	70	34	50
7000	70	—	105	—	140	—	35	—	7	—	14	—	17	50	21	—	35	—
7100	71	—	106	50	142	—	35	50	7	10	14	20	17	80	21	30	35	50
7200	72	—	108	—	144	—	36	—	7	20	14	40	18	—	21	60	36	—
7300	73	—	109	50	146	—	36	50	7	30	14	60	18	30	21	90	36	50
7400	74	—	111	—	148	—	37	—	7	40	14	80	18	50	22	20	37	—
7500	75	—	112	50	150	—	37	50	7	50	15	—	18	80	22	50	37	50
7600	76	—	114	—	152	—	38	—	7	60	15	20	19	—	22	80	38	—
7700	77	—	115	50	154	—	38	50	7	70	15	40	19	30	23	10	38	50
7800	78	—	117	—	156	—	39	—	7	80	15	60	19	50	23	40	39	—
7900	79	—	118	50	158	—	39	50	7	90	15	80	19	80	23	70	39	50
8000	80	—	120	—	160	—	40	—	8	—	16	—	20	—	24	—	40	—

Gegen-stands-Summa	Werthgebühr: Volle (Art. 22. 40. 41. 50)		Werthgebühr: 1/2 (Art. 25. 27. 29. 30. 38 Abs. 2)		Werthgebühr: 1/2 bis 2200 M. darüber 2/3 (Art. 24)		Werthgebühr: 1 1/2 (Art. 23)		4/10 aus der vollen Werthgebühr (Art. 45 Abs. 3)		4/10 aus 2/3 Werthgebühr (Art. 45 Abs. 3)		Hinterlegungsgebühr (Art. 100)		Hinterlegungsgebühr (Art. 101 a)		Hinterlegungsgebühr (Art. 101 b)		Auseinandersetzungsgebühr 5/10 (der Sätze des § 8 des Reichsgerichts-Kosten-Gesetzes)		Auseinandersetzungsgebühr 2/10 (der Sätze des § 8 des Reichsgerichts-Kosten-Gesetzes)	
M	M	₰	M	₰	M	₰	M	₰	M	₰	M	₰	M	₰	M	₰	M	₰	M	₰	M	₰
4100	16	50	8	30	11	—	24	80	6	60	4	40	7	70	30	50	61	—	31	—	12	40
4200	16	50	8	30	11	—	24	80	6	60	4	40	7	80	31	—	62	—	31	—	12	40
4300	16	50	8	30	11	—	24	80	6	60	4	40	7	90	31	50	63	—	31	—	12	40
4400	16	50	8	30	11	—	24	80	6	60	4	40	8	—	32	—	64	—	34	—	13	60
4500	16	50	8	30	11	—	24	80	6	60	4	40	8	20	32	50	65	—	34	—	13	60
4600	16	50	8	30	11	—	24	80	6	60	4	40	8	30	33	—	66	—	34	—	13	60
4700	16	50	8	30	11	—	24	80	6	60	4	40	8	40	33	50	67	—	34	—	13	60
4800	16	50	8	30	11	—	24	80	6	60	4	40	8	50	34	—	68	—	34	—	13	60
4900	18	—	9	—	12	—	27	—	7	20	4	80	8	70	34	50	69	—	34	—	13	60
5000	18	—	9	—	12	—	27	—	7	20	4	80	8	80	35	—	70	—	34	—	13	60
5100	18	—	9	—	12	—	27	—	7	20	4	80	8	90	35	50	71	—	34	—	13	60
5200	18	—	9	—	12	—	27	—	7	20	4	80	9	—	36	—	72	—	34	—	13	60
5300	18	—	9	—	12	—	27	—	7	20	4	80	9	20	36	50	73	—	34	—	13	60
5400	18	—	9	—	12	—	27	—	7	20	4	80	9	30	37	—	74	—	34	—	13	60
5500	18	—	9	—	12	—	27	—	7	20	4	80	8	40	37	50	75	—	37	—	14	80
5600	18	—	9	—	12	—	27	—	7	20	4	80	9	50	38	—	76	—	37	—	14	80
5700	18	—	9	—	12	—	27	—	7	20	4	80	9	70	38	50	77	—	37	—	14	80
5800	19	50	9	80	13	—	29	30	7	80	5	20	9	80	39	—	78	—	37	—	14	80
5900	19	50	9	80	13	—	29	30	7	80	5	20	9	90	39	50	79	—	37	—	14	80
6000	19	50	9	80	13	—	29	30	7	80	5	20	10	—	40	—	80	—	37	—	14	80
6100	19	50	9	80	13	—	29	30	7	80	5	20	10	20	40	50	81	—	37	—	14	80
6200	19	50	9	80	13	—	29	30	7	80	5	20	10	30	41	—	82	—	37	—	14	80
6300	19	50	9	80	13	—	29	30	7	80	5	20	10	40	41	50	83	—	37	—	14	80
6400	19	50	9	80	13	—	29	30	7	80	5	20	10	50	42	—	84	—	37	—	14	80
6500	19	50	9	80	13	—	29	30	7	80	5	20	10	70	42	50	85	—	37	—	14	80
6600	19	50	9	80	13	—	29	30	7	80	5	20	10	80	43	—	86	—	37	—	14	80
6700	19	50	9	80	13	—	29	30	7	80	5	20	10	90	43	50	87	—	37	—	14	80
6800	21	—	10	50	14	—	31	50	8	40	5	60	11	—	44	—	88	—	40	50	16	20
6900	21	—	10	50	14	—	31	50	8	40	5	60	11	20	44	50	89	—	40	50	16	20
7000	21	—	10	50	14	—	31	50	8	40	5	60	11	30	45	—	90	—	40	50	16	20
7100	21	—	10	50	14	—	31	50	8	40	5	60	11	40	45	50	91	—	40	50	16	20
7200	21	—	10	50	14	—	31	50	8	40	5	60	11	50	46	—	92	—	40	50	16	20
7300	21	—	10	50	14	—	31	50	8	40	5	60	11	70	46	50	93	—	40	50	16	20
7400	21	—	10	50	14	—	31	50	8	40	5	60	11	80	47	—	94	—	40	50	16	20
7500	21	—	10	50	14	—	31	50	8	40	5	60	11	90	47	50	95	—	40	50	16	20
7600	21	—	10	50	14	—	31	50	8	40	5	60	12	—	48	—	96	—	40	50	16	20
7700	21	—	10	50	14	—	31	50	8	40	5	60	12	20	48	50	97	—	40	50	16	20
7800	21	—	10	50	14	—	31	50	8	40	5	60	12	30	49	—	98	—	40	50	16	20
7900	22	50	11	30	15	—	33	80	9	—	6	—	12	40	49	50	99	—	40	50	16	20
8000	22	50	11	30	15	—	33	80	9	—	6	—	12	50	50	—	100	—	40	50	16	20

Gegen-standsSumma	Staatsgebühren						Besitz-veränderungs-abgabe		Staatsgebühren									
	1		1 1/2		2				1		2		2 1/2		3		5	
	Prozent								pro mille									
M	M	Pf	M	Pf	M	Pf	M	Pf	M	Pf	M	Pf	M	Pf	M	Pf	M	Pf
8100	81	—	121	50	162	—	40	50	8	10	16	20	20	30	24	30	40	50
8200	82	—	123	—	164	—	41	—	8	20	16	40	20	50	24	60	41	—
8300	83	—	124	50	166	—	41	50	8	30	16	60	20	80	24	90	41	50
8400	84	—	126	—	168	—	42	—	8	40	16	80	21	—	25	20	42	—
8500	85	—	127	50	170	—	42	50	8	50	17	—	21	30	25	50	42	50
8600	86	—	129	—	172	—	43	—	8	60	17	20	21	50	25	80	43	—
8700	87	—	130	50	174	—	43	50	8	70	17	40	21	80	26	10	43	50
8800	88	—	132	—	176	—	44	—	8	80	17	60	22	—	26	40	44	—
8900	89	—	133	50	178	—	44	50	8	90	17	80	22	30	26	70	44	50
9000	90	—	135	—	180	—	45	—	9	—	18	—	22	50	27	—	45	—
9100	91	—	136	50	182	—	45	50	9	10	18	20	22	80	27	30	45	50
9200	92	—	138	—	184	—	46	—	9	20	18	40	23	—	27	60	46	—
9300	93	—	139	50	186	—	46	50	9	30	18	60	23	30	27	90	46	50
9400	94	—	141	—	188	—	47	—	9	40	18	80	23	50	28	20	47	—
9500	95	—	142	50	190	—	47	50	9	50	19	—	23	80	28	50	47	50
9600	96	—	144	—	192	—	48	—	9	60	19	20	24	—	28	80	48	—
9700	97	—	145	50	194	—	48	50	9	70	19	40	24	30	29	10	48	50
9800	98	—	147	—	196	—	49	—	9	80	19	60	24	50	29	40	49	—
9900	99	—	148	50	198	—	49	50	9	90	19	80	24	80	29	70	49	50
10000	100	—	150	—	200	—	50	—	10	—	20	—	25	—	30	—	50	—
10100	101	—	151	50	202	—	50	50	10	10	20	20	25	30	30	30	50	50
10200	102	—	153	—	204	—	51	—	10	20	20	40	25	50	30	60	51	—
10300	103	—	154	50	206	—	51	50	10	30	20	60	25	80	30	90	51	50
10400	104	—	156	—	208	—	52	—	10	40	20	80	26	—	31	20	52	—
10500	105	—	157	50	210	—	52	50	10	50	21	—	26	30	31	50	52	50
10600	106	—	159	—	212	—	53	—	10	60	21	20	26	50	31	80	53	—
10700	107	—	160	50	214	—	53	50	10	70	21	40	26	80	32	10	53	50
10800	108	—	162	—	216	—	54	—	10	80	21	60	27	—	32	40	54	—
10900	109	—	163	50	218	—	54	50	10	90	21	80	27	30	32	70	54	50
11000	110	—	165	—	220	—	55	—	11	—	22	—	27	50	33	—	55	—
11100	111	—	166	50	222	—	55	50	11	10	22	20	27	80	33	30	55	50
11200	112	—	168	—	224	—	56	—	11	20	22	40	28	—	33	60	56	—
11300	113	—	169	50	226	—	56	50	11	30	22	60	28	30	33	90	56	50
11400	114	—	171	—	228	—	57	—	11	40	22	80	28	50	34	20	57	—
11500	115	—	172	50	230	—	57	50	11	50	23	—	28	80	34	50	57	50
11600	116	—	174	—	232	—	58	—	11	60	23	20	29	—	34	80	58	—
11700	117	—	175	50	234	—	58	50	11	70	23	40	29	30	35	10	58	50
11800	118	—	177	—	236	—	59	—	11	80	23	60	29	50	35	40	59	—
11900	119	—	178	50	238	—	59	50	11	90	23	80	29	80	35	70	59	50
12000	120	—	180	—	240	—	60	—	12	—	24	—	30	—	36	—	60	—

Gegen-stands-Summa	Werthgebühr								4/10 aus der vollen Werthgebühr		4/10 aus 2/3 Werthgebühr		Hinterlegungsgebühr						Auseinandersetzungsgebühr			
	Volle		1/2		1/2 bis 2200 M		1 1/2												5/10		2/10	
	Art. 22. 40. 41. 50		Art. 25. 27. 29. 30. 38 Abs. 2		darüber 2/3 Art. 24		Art. 23		Art. 45 Abs. 3				Art. 100		Art. 101 a		Art. 101 b		der Sätze des § 8 des Reichsgerichts-Kosten-Gesetzes			
M	M	₰	M	₰	M	₰	M	₰	M	₰	M	₰	M	₰	M	₰	M	₰	M	₰	M	₰
8100	22	50	11	30	15	—	33	80	9	—	6	—	12	70	50	50	101	—	40	50	16	20
8200	22	50	11	30	15	—	33	80	9	—	6	—	12	80	51	—	102	—	40	50	16	20
8300	22	50	11	30	15	—	33	80	9	—	6	—	12	90	51	50	103	—	45	—	18	—
8400	22	50	11	30	15	—	33	80	9	—	6	—	13	—	52	—	104	—	45	—	18	—
8500	22	50	11	30	15	—	33	80	9	—	6	—	13	20	52	50	105	—	45	—	18	—
8600	22	50	11	30	15	—	33	80	9	—	6	—	13	30	53	—	106	—	45	—	18	—
8700	22	50	11	30	15	—	33	80	9	—	6	—	13	40	53	50	107	—	45	—	18	—
8800	22	50	11	30	15	—	33	80	9	—	6	—	13	50	54	—	108	—	45	—	18	—
8900	22	50	11	30	15	—	33	80	9	—	6	—	13	70	54	50	109	—	45	—	18	—
9000	24	—	12	—	16	—	36	—	9	60	6	40	13	80	55	—	110	—	45	—	18	—
9100	24	—	12	—	16	—	36	—	9	60	6	40	13	90	55	50	111	—	45	—	18	—
9200	24	—	12	—	16	—	36	—	9	60	6	40	14	—	56	—	112	—	45	—	18	—
9300	24	—	12	—	16	—	36	—	9	60	6	40	14	20	56	50	113	—	45	—	18	—
9400	24	—	12	—	16	—	36	—	9	60	6	40	14	30	57	—	114	—	45	—	18	—
9500	24	—	12	—	16	—	36	—	9	60	6	40	14	40	57	50	115	—	45	—	18	—
9600	24	—	12	—	16	—	36	—	9	60	6	40	14	50	58	—	116	—	45	—	18	—
9700	24	—	12	—	16	—	36	—	9	60	6	40	14	70	58	50	117	—	45	—	18	—
9800	24	—	12	—	16	—	36	—	9	60	6	40	14	80	59	—	118	—	45	—	18	—
9900	24	—	12	—	16	—	36	—	9	60	6	40	14	90	59	50	119	—	45	—	18	—
10000	24	—	12	—	16	—	36	—	9	60	6	40	15	—	60	—	120	—	45	—	18	—
10100	27	—	13	50	18	—	40	50	10	80	7	20	15	20	60	50	121	—	50	—	20	—
10200	27	—	13	50	18	—	40	50	10	80	7	20	15	30	61	—	122	—	50	—	20	—
10300	27	—	13	50	18	—	40	50	10	80	7	20	15	40	61	50	123	—	50	—	20	—
10400	27	—	13	50	18	—	40	50	10	80	7	20	15	50	62	—	124	—	50	—	20	—
10500	27	—	13	50	18	—	40	50	10	80	7	20	15	70	62	50	125	—	50	—	20	—
10600	27	—	13	50	18	—	40	50	10	80	7	20	15	80	63	—	126	—	50	—	20	—
10700	27	—	13	50	18	—	40	50	10	80	7	20	15	90	63	50	127	—	50	—	20	—
10800	27	—	13	50	18	—	40	50	10	80	7	20	16	—	64	—	128	—	50	—	20	—
10900	27	—	13	50	18	—	40	50	10	80	7	20	16	20	64	50	129	—	50	—	20	—
11000	27	—	13	50	18	—	40	50	10	80	7	20	16	30	65	—	130	—	50	—	20	—
11100	27	—	13	50	18	—	40	50	10	80	7	20	16	40	65	50	131	—	50	—	20	—
11200	27	—	13	50	18	—	40	50	10	80	7	20	16	50	66	—	132	—	50	—	20	—
11300	27	—	13	50	18	—	40	50	10	80	7	20	16	70	66	50	133	—	50	—	20	—
11400	27	—	13	50	18	—	40	50	10	80	7	20	16	80	67	—	134	—	50	—	20	—
11500	27	—	13	50	18	—	40	50	10	80	7	20	16	90	67	50	135	—	50	—	20	—
11600	27	—	13	50	18	—	40	50	10	80	7	20	17	—	68	—	136	—	50	—	20	—
11700	27	—	13	50	18	—	40	50	10	80	7	20	17	20	68	50	137	—	50	—	20	—
11800	27	—	13	50	18	—	40	50	10	80	7	20	17	30	69	—	138	—	50	—	20	—
11900	27	—	13	50	18	—	40	50	10	80	7	20	17	40	69	50	139	—	50	—	20	—
12000	27	—	13	50	18	—	40	50	10	80	7	20	17	50	70	—	140	—	50	—	20	—

GegenstandsSumma	Staatsgebühren 1 Prozent		Staatsgebühren 1½ Prozent		Staatsgebühren 2 Prozent		Besitzveränderungsabgabe		Staatsgebühren 1 pro mille		2 pro mille		2½ pro mille		3 pro mille		5 pro mille	
M	M	₰	M	₰	M	₰	M	₰	M	₰	M	₰	M	₰	M	₰	M	₰
12100	121	—	181	50	242	—	60	50	12	10	24	20	30	30	36	30	60	50
12200	122	—	183	—	244	—	61	—	12	20	24	40	30	50	36	60	61	—
12300	123	—	184	50	246	—	61	50	12	30	24	60	30	80	36	90	61	50
12400	124	—	186	—	248	—	62	—	12	40	24	80	31	—	37	20	62	—
12500	125	—	187	50	250	—	62	50	12	50	25	—	31	30	37	50	62	50
12600	126	—	189	—	252	—	63	—	12	60	25	20	31	50	37	80	63	—
12700	127	—	190	50	254	—	63	50	12	70	25	40	31	80	38	10	63	50
12800	128	—	192	—	256	—	64	—	12	80	25	60	32	—	38	40	64	—
12900	129	—	193	50	258	—	64	50	12	90	25	80	32	30	38	70	64	50
13000	130	—	195	—	260	—	65	—	13	—	26	—	32	50	39	—	65	—
13100	131	—	196	50	262	—	65	50	13	10	26	20	32	80	39	30	65	50
13200	132	—	198	—	264	—	66	—	13	20	26	40	33	—	39	60	66	—
13300	133	—	199	50	266	—	66	50	13	30	26	60	33	30	39	90	66	50
13400	134	—	201	—	268	—	67	—	13	40	26	80	33	50	40	20	67	—
13500	135	—	202	50	270	—	67	50	13	50	27	—	33	80	40	50	67	50
13600	136	—	204	—	272	—	68	—	13	60	27	20	34	—	40	80	68	—
13700	137	—	205	50	274	—	68	50	13	70	27	40	34	30	41	10	68	50
13800	138	—	207	—	276	—	69	—	13	80	27	60	34	50	41	40	69	—
13900	139	—	208	50	278	—	69	50	13	90	27	80	34	80	41	70	69	50
14000	140	—	210	—	280	—	70	—	14	—	28	—	35	—	42	—	70	—
14100	141	—	211	50	282	—	70	50	14	10	28	20	35	30	42	30	70	50
14200	142	—	213	—	284	—	71	—	14	20	28	40	35	50	42	60	71	—
14300	143	—	214	50	286	—	71	50	14	30	28	60	35	80	42	90	71	50
14400	144	—	216	—	288	—	72	—	14	40	28	80	36	—	43	20	72	—
14500	145	—	217	50	290	—	72	50	14	50	29	—	36	30	43	50	72	50
14600	146	—	219	—	292	—	73	—	14	60	29	20	36	50	43	80	73	—
14700	147	—	220	50	294	—	73	50	14	70	29	40	36	80	44	10	73	50
14800	148	—	222	—	296	—	74	—	14	80	29	60	37	—	44	40	74	—
14900	149	—	223	50	298	—	74	50	14	90	29	80	37	30	44	70	74	50
15000	150	—	225	—	300	—	75	—	15	—	30	—	37	50	45	—	75	—
15100	151	—	226	50	302	—	75	50	15	10	30	20	37	80	45	30	75	50
15200	152	—	228	—	304	—	76	—	15	20	30	40	38	—	45	60	76	—
15300	153	—	229	50	306	—	76	50	15	30	30	60	38	30	45	90	76	50
15400	154	—	231	—	308	—	77	—	15	40	30	80	38	50	46	20	77	—
15500	155	—	232	50	310	—	77	50	15	50	31	—	38	80	46	50	77	50
15600	156	—	234	—	312	—	78	—	15	60	31	20	39	—	46	80	78	—
15700	157	—	235	50	314	—	78	50	15	70	31	40	39	30	47	10	78	50
15800	158	—	237	—	316	—	79	—	15	80	31	60	39	50	47	40	79	—
15900	159	—	238	50	318	—	79	50	15	90	31	80	39	80	47	70	79	50
16000	160	—	240	—	320	—	80	—	16	—	32	—	40	—	48	—	80	—

Gegenstands-Summa	Werthgebühr: Volle (Art. 22. 40. 41. 50)		Werthgebühr: 1/2 (Art. 25. 27. 29. 30. 38 Abs. 2)		Werthgebühr: 1/2 bis 2200 M, darüber 2/3 (Art. 24)		Werthgebühr: 1 1/2 (Art. 23)		4/10 aus der vollen Werthgebühr (Art. 45 Abs. 3)		4/10 aus 2/3 Werthgebühr (Art. 45 Abs. 3)		Hinterlegungsgebühr: Art. 100		Hinterlegungsgebühr: Art. 101 a		Hinterlegungsgebühr: Art. 101 b		Auseinandersetzungsgebühr: 5/10 der Sätze des § 8 des Reichsgerichts-Kosten-Gesetzes		Auseinandersetzungsgebühr: 2/10 der Sätze des § 8 des Reichsgerichts-Kosten-Gesetzes	
M	M	Pf	M	Pf	M	Pf	M	Pf	M	Pf	M	Pf	M	Pf	M	Pf	M	Pf	M	Pf	M	Pf
12100	30	—	15	—	20	—	45	—	12	—	8	—	17	70	70	50	141	—	55	—	22	—
12200	30	—	15	—	20	—	45	—	12	—	8	—	17	80	71	—	142	—	55	—	22	—
12300	30	—	15	—	20	—	45	—	12	—	8	—	17	90	71	50	143	—	55	—	22	—
12400	30	—	15	—	20	—	45	—	12	—	8	—	18	—	72	—	144	—	55	—	22	—
12500	30	—	15	—	20	—	45	—	12	—	8	—	18	20	72	50	145	—	55	—	22	—
12600	30	—	15	—	20	—	45	—	12	—	8	—	18	30	73	—	146	—	55	—	22	—
12700	30	—	15	—	20	—	45	—	12	—	8	—	18	40	73	50	147	—	55	—	22	—
12800	30	—	15	—	20	—	45	—	12	—	8	—	18	50	74	—	148	—	55	—	22	—
12900	30	—	15	—	20	—	45	—	12	—	8	—	18	70	74	50	149	—	55	—	22	—
13000	30	—	15	—	20	—	45	—	12	—	8	—	18	80	75	—	150	—	55	—	22	—
13100	30	—	15	—	20	—	45	—	12	—	8	—	18	90	75	50	151	—	55	—	22	—
13200	30	—	15	—	20	—	45	—	12	—	8	—	19	—	76	—	152	—	55	—	22	—
13300	30	—	15	—	20	—	45	—	12	—	8	—	19	20	76	50	153	—	55	—	22	—
13400	30	—	15	—	20	—	45	—	12	—	8	—	19	30	77	—	154	—	55	—	22	—
13500	30	—	15	—	20	—	45	—	12	—	8	—	19	40	77	50	155	—	55	—	22	—
13600	30	—	15	—	20	—	45	—	12	—	8	—	19	50	78	—	156	—	55	—	22	—
13700	30	—	15	—	20	—	45	—	12	—	8	—	19	70	78	50	157	—	55	—	22	—
13800	30	—	15	—	20	—	45	—	12	—	8	—	19	80	79	—	158	—	55	—	22	—
13900	30	—	15	—	20	—	45	—	12	—	8	—	19	90	79	50	159	—	55	—	22	—
14000	30	—	15	—	20	—	45	—	12	—	8	—	20	—	80	—	160	—	55	—	22	—
14100	33	—	16	50	22	—	49	50	13	20	8	80	20	20	80	50	161	—	60	—	24	—
14200	33	—	16	50	22	—	49	50	13	20	8	80	20	30	81	—	162	—	60	—	24	—
14300	33	—	16	50	22	—	49	50	13	20	8	80	20	40	81	50	163	—	60	—	24	—
14400	33	—	16	50	22	—	49	50	13	20	8	80	20	50	82	—	164	—	60	—	24	—
14500	33	—	16	50	22	—	49	50	13	20	8	80	20	70	82	50	165	—	60	—	24	—
14600	33	—	16	50	22	—	49	50	13	20	8	80	20	80	83	—	166	—	60	—	24	—
14700	33	—	16	50	22	—	49	50	13	20	8	80	20	90	83	50	167	—	60	—	24	—
14800	33	—	16	50	22	—	49	50	13	20	8	80	21	—	84	—	168	—	60	—	24	—
14900	33	—	16	50	22	—	49	50	13	20	8	80	21	20	84	50	169	—	60	—	24	—
15000	33	—	16	50	22	—	49	50	13	20	8	80	21	30	85	—	170	—	60	—	24	—
15100	33	—	16	50	22	—	49	50	13	20	8	80	21	40	85	50	171	—	60	—	24	—
15200	33	—	16	50	22	—	49	50	13	20	8	80	21	50	86	—	172	—	60	—	24	—
15300	33	—	16	50	22	—	49	50	13	20	8	80	21	70	86	50	173	—	60	—	24	—
15400	33	—	16	50	22	—	49	50	13	20	8	80	21	80	87	—	174	—	60	—	24	—
15500	33	—	16	50	22	—	49	50	13	20	8	80	21	90	87	50	175	—	60	—	24	—
15600	33	—	16	50	22	—	49	50	13	20	8	80	22	—	88	—	176	—	60	—	24	—
15700	33	—	16	50	22	—	49	50	13	20	8	80	22	20	88	50	177	—	60	—	24	—
15800	33	—	16	50	22	—	49	50	13	20	8	80	22	30	89	—	178	—	60	—	24	—
15900	33	—	16	50	22	—	49	50	13	20	8	80	22	40	89	50	179	—	60	—	24	—
16000	33	—	16	50	22	—	49	50	13	20	8	80	22	50	90	—	180	—	60	—	24	—

GegenstandsSumma	Staatsgebühren 1 Prozent		Staatsgebühren 1½ Prozent		Staatsgebühren 2 Prozent		Besitzveränderungsabgabe		Staatsgebühren 1 pro mille		Staatsgebühren 2 pro mille		Staatsgebühren 2½ pro mille		Staatsgebühren 3 pro mille		Staatsgebühren 5 pro mille	
M	M	₰	M	₰	M	₰	M	₰	M	₰	M	₰	M	₰	M	₰	M	₰
16100	161	—	241	50	322	—	80	50	16	10	32	20	40	30	48	30	80	50
16200	162	—	243	—	324	—	81	—	16	20	32	40	40	50	48	60	81	—
16300	163	—	244	50	326	—	81	50	16	30	32	60	40	80	48	90	81	50
16400	164	—	246	—	328	—	82	—	16	40	32	80	41	—	49	20	82	—
16500	165	—	247	50	330	—	82	50	16	50	33	—	41	30	49	50	82	50
16600	166	—	249	—	332	—	83	—	16	60	33	20	41	50	49	80	83	—
16700	167	—	250	50	334	—	83	50	16	70	33	40	41	80	50	10	83	50
16800	168	—	252	—	336	—	84	—	16	80	33	60	42	—	50	40	84	—
16900	169	—	253	50	338	—	84	50	16	90	33	80	42	30	50	70	84	50
17000	170	—	255	—	340	—	85	—	17	—	34	—	42	50	51	—	85	—
17100	171	—	256	50	342	—	85	50	17	10	34	20	42	80	51	30	85	50
17200	172	—	258	—	344	—	86	—	17	20	34	40	43	—	51	60	86	—
17300	173	—	259	50	346	—	86	50	17	30	34	60	43	30	51	90	86	50
17400	174	—	261	—	348	—	87	—	17	40	34	80	43	50	52	20	87	—
17500	175	—	262	50	350	—	87	50	17	50	35	—	43	80	52	50	87	50
17600	176	—	264	—	352	—	88	—	17	60	35	20	44	—	52	80	88	—
17700	177	—	265	50	354	—	88	50	17	70	35	40	44	30	53	10	88	50
17800	178	—	267	—	356	—	89	—	17	80	35	60	44	50	53	40	89	—
17900	179	—	268	50	358	—	89	50	17	90	35	80	44	80	53	70	89	50
18000	180	—	270	—	360	—	90	—	18	—	36	—	45	—	54	—	90	—
18100	181	—	271	50	362	—	90	50	18	10	36	20	45	30	54	30	90	50
18200	182	—	273	—	364	—	91	—	18	20	36	40	45	50	54	60	91	—
18300	183	—	274	50	366	—	91	50	18	30	36	60	45	80	54	90	91	50
18400	184	—	276	—	368	—	92	—	18	40	36	80	46	—	55	20	92	—
18500	185	—	277	50	370	—	92	50	18	50	37	—	46	30	55	50	92	50
18600	186	—	279	—	372	—	93	—	18	60	37	20	46	50	55	80	93	—
18700	187	—	280	50	374	—	93	50	18	70	37	40	46	80	56	10	93	50
18800	188	—	282	—	376	—	94	—	18	80	37	60	47	—	56	40	94	—
18900	189	—	283	50	378	—	94	50	18	90	37	80	47	30	56	70	94	50
19000	190	—	285	—	380	—	95	—	19	—	38	—	47	50	57	—	95	—
19100	191	—	286	50	382	—	95	50	19	10	38	20	47	80	57	30	95	50
19200	192	—	288	—	384	—	96	—	19	20	38	40	48	—	57	60	96	—
19300	193	—	289	50	386	—	96	50	19	30	38	60	48	30	57	90	96	50
19400	194	—	291	—	388	—	97	—	19	40	38	80	48	50	58	20	97	—
19500	195	—	292	50	390	—	97	50	19	50	39	—	48	80	58	50	97	50
19600	196	—	294	—	392	—	98	—	19	60	39	20	49	—	58	80	98	—
19700	197	—	295	50	394	—	98	50	19	70	39	40	49	30	59	10	98	50
19800	198	—	297	—	396	—	99	—	19	80	39	60	49	50	59	40	99	—
19900	199	—	298	50	398	—	99	50	19	90	39	80	49	80	59	70	99	50
20000	200	—	300	—	400	—	100	—	20	—	40	—	50	—	60	—	100	—

Gegenstands-Summa	Werthgebühr: Volle (Art. 22. 40. 41. 50)		Werthgebühr: 1/2 (Art. 25. 27. 29. 30. 38 Abs. 2)		Werthgebühr: 1/2 bis 2200 M., darüber 2/3 (Art. 24)		Werthgebühr: 1 1/2 (Art. 28)		4/10 aus der vollen Werthgebühr (Art. 45 Abs. 3)		4/10 aus 2/3 Werthgebühr (Art. 45 Abs. 3)		Hinterlegungsgebühr (Art. 100)		Hinterlegungsgebühr (Art. 101a)		Hinterlegungsgebühr (Art. 101b)		Auseinandersetzungsgebühr 5/10 der Sätze des § 8 des Reichsgerichts-Kosten-Gesetzes		Auseinandersetzungsgebühr 2/10 der Sätze des § 8 des Reichsgerichts-Kosten-Gesetzes	
M	M	₰	M	₰	M	₰	M	₰	M	₰	M	₰	M	₰	M	₰	M	₰	M	₰	M	₰
16100	36	—	18	—	24	—	54	—	14	40	9	60	22	70	90	50	181	—	65	—	26	—
16200	36	—	18	—	24	—	54	—	14	40	9	60	22	80	91	—	182	—	65	—	26	—
16300	36	—	18	—	24	—	54	—	14	40	9	60	22	90	91	50	183	—	65	—	26	—
16400	36	—	18	—	24	—	54	—	14	40	9	60	23	—	92	—	184	—	65	—	26	—
16500	36	—	18	—	24	—	54	—	14	40	9	60	23	20	92	50	185	—	65	—	26	—
16600	36	—	18	—	24	—	54	—	14	40	9	60	23	30	93	—	186	—	65	—	26	—
16700	36	—	18	—	24	—	54	—	14	40	9	60	23	40	93	50	187	—	65	—	26	—
16800	36	—	18	—	24	—	54	—	14	40	9	60	23	50	94	—	188	—	65	—	26	—
16900	36	—	18	—	24	—	54	—	14	40	9	60	23	70	94	50	189	—	65	—	26	—
17000	36	—	18	—	24	—	54	—	14	40	9	60	23	80	95	—	190	—	65	—	26	—
17100	36	—	18	—	24	—	54	—	14	40	9	60	23	90	95	50	191	—	65	—	26	—
17200	36	—	18	—	24	—	54	—	14	40	9	60	24	—	96	—	192	—	65	—	26	—
17300	36	—	18	—	24	—	54	—	14	40	9	60	24	20	96	50	193	—	65	—	26	—
17400	36	—	18	—	24	—	54	—	14	40	9	60	24	30	97	—	194	—	65	—	26	—
17500	36	—	18	—	24	—	54	—	14	40	9	60	24	40	97	50	195	—	65	—	26	—
17600	36	—	18	—	24	—	54	—	14	40	9	60	24	50	98	—	196	—	65	—	26	—
17700	36	—	18	—	24	—	54	—	14	40	9	60	24	70	98	50	197	—	65	—	26	—
17800	36	—	18	—	24	—	54	—	14	40	9	60	24	80	99	—	198	—	65	—	26	—
17900	36	—	18	—	24	—	54	—	14	40	9	60	24	90	99	50	199	—	65	—	26	—
18000	36	—	18	—	24	—	54	—	14	40	9	60	25	—	100	—	200	—	65	—	26	—
18100	39	—	19	50	26	—	58	50	15	60	10	40	25	20	100	50	201	—	70	—	28	—
18200	39	—	19	50	26	—	58	50	15	60	10	40	25	30	101	—	202	—	70	—	28	—
18300	39	—	19	50	26	—	58	50	15	60	10	40	25	40	101	50	203	—	70	—	28	—
18400	39	—	19	50	26	—	58	50	15	60	10	40	25	50	102	—	204	—	70	—	28	—
18500	39	—	19	50	26	—	58	50	15	60	10	40	25	70	102	50	205	—	70	—	28	—
18600	39	—	19	50	26	—	58	50	15	60	10	40	25	80	103	—	206	—	70	—	28	—
18700	39	—	19	50	26	—	58	50	15	60	10	40	25	90	103	50	207	—	70	—	28	—
18800	39	—	19	50	26	—	58	50	15	60	10	40	26	—	104	—	208	—	70	—	28	—
18900	39	—	19	50	26	—	58	50	15	60	10	40	26	20	104	50	209	—	70	—	28	—
19000	39	—	19	50	26	—	58	50	15	60	10	40	26	30	105	—	210	—	70	—	28	—
19100	39	—	19	50	26	—	58	50	15	60	10	40	26	40	105	50	211	—	70	—	28	—
19200	39	—	19	50	26	—	58	50	15	60	10	40	26	50	106	—	212	—	70	—	28	—
19300	39	—	19	50	26	—	58	50	15	60	10	40	26	70	106	50	213	—	70	—	28	—
19400	39	—	19	50	26	—	58	50	15	60	10	40	26	80	107	—	214	—	70	—	28	—
19500	39	—	19	50	26	—	58	50	15	60	10	40	26	90	107	50	215	—	70	—	28	—
19600	39	—	19	50	26	—	58	50	15	60	10	40	27	—	108	—	216	—	70	—	28	—
19700	39	—	19	50	26	—	58	50	15	60	10	40	27	20	108	50	217	—	70	—	28	—
19800	39	—	19	50	26	—	58	50	15	60	10	40	27	30	109	—	218	—	70	—	28	—
19900	39	—	19	50	26	—	58	50	15	60	10	40	27	40	109	50	219	—	70	—	28	—
20000	39	—	19	50	26	—	58	50	15	60	10	40	27	50	110	—	220	—	70	—	28	—

Gegen-standts-Summa	Staatsgebühren						Besitz-veränderungs-abgabe		Staatsgebühren									
	1		1 1/2		2				1		2		2 1/2		3		5	
	Prozent								pro mille									
ℳ	ℳ	₰	ℳ	₰	ℳ	₰	ℳ	₰	ℳ	₰	ℳ	₰	ℳ	₰	ℳ	₰	ℳ	₰
20100	201	—	301	50	402	—	100	50	20	10	40	20	50	30	60	30	100	50
20200	202	—	303	—	404	—	101	—	20	20	40	40	50	50	60	60	101	—
20300	203	—	304	50	406	—	101	50	20	30	40	60	50	80	60	90	101	50
20400	204	—	306	—	408	—	102	—	20	40	40	80	51	—	61	20	102	—
20500	205	—	307	50	410	—	102	50	20	50	41	—	51	30	61	50	102	50
20600	206	—	309	—	412	—	103	—	20	60	41	20	51	50	61	80	103	—
20700	207	—	310	50	414	—	103	50	20	70	41	40	51	80	62	10	103	50
20800	208	—	312	—	416	—	104	—	20	80	41	60	52	—	62	40	104	—
20900	209	—	313	50	418	—	104	50	20	90	41	80	52	30	62	70	104	50
21000	210	—	315	—	420	—	105	—	21	—	42	—	52	50	63	—	105	—
21100	211	—	316	50	422	—	105	50	21	10	42	20	52	80	63	30	105	50
21200	212	—	318	—	424	—	106	—	21	20	42	40	53	—	63	60	106	—
21300	213	—	319	50	426	—	106	50	21	30	42	60	53	30	63	90	106	50
21400	214	—	321	—	428	—	107	—	21	40	42	80	53	50	64	20	107	—
21500	215	—	322	50	430	—	107	50	21	50	43	—	53	80	64	50	107	50
21600	216	—	324	—	432	—	108	—	21	60	43	20	54	—	64	80	108	—
21700	217	—	325	50	434	—	108	50	21	70	43	40	54	30	65	10	108	50
21800	218	—	327	—	436	—	109	—	21	80	43	60	54	50	65	40	109	—
21900	219	—	328	50	438	—	109	50	21	90	43	80	54	80	65	70	109	50
22000	220	—	330	—	440	—	110	—	22	—	44	—	55	—	66	—	110	—
22100	221	—	331	50	442	—	110	50	22	10	44	20	55	30	66	30	110	50
22200	222	—	333	—	444	—	111	—	22	20	44	40	55	50	66	60	111	—
22300	223	—	334	50	446	—	111	50	22	30	44	60	55	80	66	90	111	50
22400	224	—	336	—	448	—	112	—	22	40	44	80	56	—	67	20	112	—
22500	225	—	337	50	450	—	112	50	22	50	45	—	56	30	67	50	112	50
22600	226	—	339	—	452	—	113	—	22	60	45	20	56	50	67	80	113	—
22700	227	—	340	50	454	—	113	50	22	70	45	40	56	80	68	10	113	50
22800	228	—	342	—	456	—	114	—	22	80	45	60	57	—	68	40	114	—
22900	229	—	343	50	458	—	114	50	22	90	45	80	57	30	68	70	114	50
23000	230	—	345	—	460	—	115	—	23	—	46	—	57	50	69	—	115	—
23100	231	—	346	50	462	—	115	50	23	10	46	20	57	80	69	30	115	50
23200	232	—	348	—	464	—	116	—	23	20	46	40	58	—	69	60	116	—
23300	233	—	349	50	466	—	116	50	23	30	46	60	58	30	69	90	116	50
23400	234	—	351	—	468	—	117	—	23	40	46	80	58	50	70	20	117	—
23500	235	—	352	50	470	—	117	50	23	50	47	—	58	80	70	50	117	50
23600	236	—	354	—	472	—	118	—	23	60	47	20	59	—	70	80	118	—
23700	237	—	355	50	474	—	118	50	23	70	47	40	59	30	71	10	118	50
23800	238	—	357	—	476	—	119	—	23	80	47	60	59	50	71	40	119	—
23900	239	—	358	50	478	—	119	50	23	90	47	80	59	80	71	70	119	50
24000	240	—	360	—	480	—	120	—	24	—	48	—	60	—	72	—	120	—

Gegen-stands-Summa	Werthgebühr: Volle		Werthgebühr: 1/2		Werthgebühr: 1/2 bis 2200 ℳ / darüber 2/3		Werthgebühr: 1 1/2		4/10 aus der vollen Werthgebühr		4/10 aus 2/3 Werthgebühr		Hinterlegungsgebühr						Auseinandersetzungsgebühr: 5/10		Auseinandersetzungsgebühr: 2/10	
	Art. 22. 40. 41. 50		Art. 25. 27. 29. 30. 38 Abs. 2		Art. 24		Art. 23		Art. 45 Abs. 3				Art. 100		Art. 101 a		Art. 101 b		der Sätze des § 8 des Reichsgerichts-Kosten-Gesetzes			
ℳ	ℳ	₰	ℳ	₰	ℳ	₰	ℳ	₰	ℳ	₰	ℳ	₰	ℳ	₰	ℳ	₰	ℳ	₰	ℳ	₰	ℳ	₰
20100	42	—	21	—	28	—	63	—	16	80	11	20	27	70	110	50	221	—	75	—	30	—
20200	42	—	21	—	28	—	63	—	16	80	11	20	27	80	111	—	222	—	75	—	30	—
20300	42	—	21	—	28	—	63	—	16	80	11	20	27	90	111	50	223	—	75	—	30	—
20400	42	—	21	—	28	—	63	—	16	80	11	20	28	—	112	—	224	—	75	—	30	—
20500	42	—	21	—	28	—	63	—	16	80	11	20	28	20	112	50	225	—	75	—	30	—
20600	42	—	21	—	28	—	63	—	16	80	11	20	28	30	113	—	226	—	75	—	30	—
20700	42	—	21	—	28	—	63	—	16	80	11	20	28	40	113	50	227	—	75	—	30	—
20800	42	—	21	—	28	—	63	—	16	80	11	20	28	50	114	—	228	—	75	—	30	—
20900	42	—	21	—	28	—	63	—	16	80	11	20	28	70	114	50	229	—	75	—	30	—
21000	42	—	21	—	28	—	63	—	16	80	11	20	28	80	115	—	230	—	75	—	30	—
21100	42	—	21	—	28	—	63	—	16	80	11	20	28	90	115	50	231	—	75	—	30	—
21200	42	—	21	—	28	—	63	—	16	80	11	20	29	—	116	—	232	—	75	—	30	—
21300	42	—	21	—	28	—	63	—	16	80	11	20	29	20	116	50	233	—	75	—	30	—
21400	42	—	21	—	28	—	63	—	16	80	11	20	29	30	117	—	234	—	75	—	30	—
21500	42	—	21	—	28	—	63	—	16	80	11	20	29	40	117	50	235	—	75	—	30	—
21600	42	—	21	—	28	—	63	—	16	80	11	20	29	50	118	—	236	—	75	—	30	—
21700	42	—	21	—	28	—	63	—	16	80	11	20	29	70	118	50	237	—	75	—	30	—
21800	42	—	21	—	28	—	63	—	16	80	11	20	29	80	119	—	238	—	75	—	30	—
21900	42	—	21	—	28	—	63	—	16	80	11	20	29	90	119	50	239	—	75	—	30	—
22000	42	—	21	—	28	—	63	—	16	80	11	20	30	—	120	—	240	—	75	—	30	—
22100	42	—	21	—	28	—	63	—	16	80	11	20	30	20	120	50	241	—	80	—	32	—
22200	42	—	21	—	28	—	63	—	16	80	11	20	30	30	121	—	242	—	80	—	32	—
22300	42	—	21	—	28	—	63	—	16	80	11	20	30	40	121	50	243	—	80	—	32	—
22400	42	—	21	—	28	—	63	—	16	80	11	20	30	50	122	—	244	—	80	—	32	—
22500	42	—	21	—	28	—	63	—	16	80	11	20	30	70	122	50	245	—	80	—	32	—
22600	42	—	21	—	28	—	63	—	16	80	11	20	30	80	123	—	246	—	80	—	32	—
22700	42	—	21	—	28	—	63	—	16	80	11	20	30	90	123	50	247	—	80	—	32	—
22800	42	—	21	—	28	—	63	—	16	80	11	20	31	—	124	—	248	—	80	—	32	—
22900	42	—	21	—	28	—	63	—	16	80	11	20	31	20	124	50	249	—	80	—	32	—
23000	42	—	21	—	28	—	63	—	16	80	11	20	31	30	125	—	250	—	80	—	32	—
23100	44	—	22	—	29	40	66	—	17	60	11	80	31	40	125	50	251	—	80	—	32	—
23200	44	—	22	—	29	40	66	—	17	60	11	80	31	50	126	—	252	—	80	—	32	—
23300	44	—	22	—	29	40	66	—	17	60	11	80	31	70	126	50	253	—	80	—	32	—
23400	44	—	22	—	29	40	66	—	17	60	11	80	31	80	127	—	254	—	80	—	32	—
23500	44	—	22	—	29	40	66	—	17	60	11	80	31	90	127	50	255	—	80	—	32	—
23600	44	—	22	—	29	40	66	—	17	60	11	80	32	—	128	—	256	—	80	—	32	—
23700	44	—	22	—	29	40	66	—	17	60	11	80	32	20	128	50	257	—	80	—	32	—
23800	44	—	22	—	29	40	66	—	17	60	11	80	32	30	129	—	258	—	80	—	32	—
23900	44	—	22	—	29	40	66	—	17	60	11	80	32	40	129	50	259	—	80	—	32	—
24000	44	—	22	—	29	40	66	—	17	60	11	80	32	50	130	—	260	—	80	—	32	—

Gegenstands-Summa	Staatsgebühren 1 Prozent		1½ Prozent		2 Prozent		Besitzveränderungsabgabe		Staatsgebühren 1 pro mille		2 pro mille		2½ pro mille		3 pro mille		5 pro mille	
ℳ	ℳ	₰	ℳ	₰	ℳ	₰	ℳ	₰	ℳ	₰	ℳ	₰	ℳ	₰	ℳ	₰	ℳ	₰
24100	241	—	361	50	482	—	120	50	24	10	48	20	60	30	72	30	120	50
24200	242	—	363	—	484	—	121	—	24	20	48	40	60	50	72	60	121	—
24300	243	—	364	50	486	—	121	50	24	30	48	60	60	80	72	90	121	50
24400	244	—	366	—	488	—	122	—	24	40	48	80	61	—	73	20	122	—
24500	245	—	367	50	490	—	122	50	24	50	49	—	61	30	73	50	122	50
24600	246	—	369	—	492	—	123	—	24	60	49	20	61	50	73	80	123	—
24700	247	—	370	50	494	—	123	50	24	70	49	40	61	80	74	10	123	50
24800	248	—	372	—	496	—	124	—	24	80	49	60	62	—	74	40	124	—
24900	249	—	373	50	498	—	124	50	24	90	49	80	62	30	74	70	124	50
25000	250	—	375	—	500	—	125	—	25	—	50	—	62	50	75	—	125	—
25100	251	—	376	50	502	—	125	50	25	10	50	20	62	80	75	30	125	50
25200	252	—	378	—	504	—	126	—	25	20	50	40	63	—	75	60	126	—
25300	253	—	379	50	506	—	126	50	25	30	50	60	63	30	75	90	126	50
25400	254	—	381	—	508	—	127	—	25	40	50	80	63	50	76	20	127	—
25500	255	—	382	50	510	—	127	50	25	50	51	—	63	80	76	50	127	50
25600	256	—	384	—	512	—	128	—	25	60	51	20	64	—	76	80	128	—
25700	257	—	385	50	514	—	128	50	25	70	51	40	64	30	77	10	128	50
25800	258	—	387	—	516	—	129	—	25	80	51	60	64	50	77	40	129	—
25900	259	—	388	50	518	—	129	50	25	90	51	80	64	80	77	70	129	50
26000	260	—	390	—	520	—	130	—	26	—	52	—	65	—	78	—	130	—
26100	261	—	391	50	522	—	130	50	26	10	52	20	65	30	78	30	130	50
26200	262	—	393	—	524	—	131	—	26	20	52	40	65	50	78	60	131	—
26300	263	—	394	50	526	—	131	50	26	30	52	60	65	80	78	90	131	50
26400	264	—	396	—	528	—	132	—	26	40	52	80	66	—	79	20	132	—
26500	265	—	397	50	530	—	132	50	26	50	53	—	66	30	79	50	132	50
26600	266	—	399	—	532	—	133	—	26	60	53	20	66	50	79	80	133	—
26700	267	—	400	50	534	—	133	50	26	70	53	40	66	80	80	10	133	50
26800	268	—	402	—	536	—	134	—	26	80	53	60	67	—	80	40	134	—
26900	269	—	403	50	538	—	134	50	26	90	53	80	67	30	80	70	134	50
27000	270	—	405	—	540	—	135	—	27	—	54	—	67	50	81	—	135	—
27100	271	—	406	50	542	—	135	50	27	10	54	20	67	80	81	30	135	50
27200	272	—	408	—	544	—	136	—	27	20	54	40	68	—	81	60	136	—
27300	273	—	409	50	546	—	136	50	27	30	54	60	68	30	81	90	136	50
27400	274	—	411	—	548	—	137	—	27	40	54	80	68	50	82	20	137	—
27500	275	—	412	50	550	—	137	50	27	50	55	—	68	80	82	50	137	50
27600	276	—	414	—	552	—	138	—	27	60	55	20	69	—	82	80	138	—
27700	277	—	415	50	554	—	138	50	27	70	55	40	69	30	83	10	138	50
27800	278	—	417	—	556	—	139	—	27	80	55	60	69	50	83	40	139	—
27900	279	—	418	50	558	—	139	50	27	90	55	80	69	80	83	70	139	50
28000	280	—	420	—	560	—	140	—	28	—	56	—	70	—	84	—	140	—

Gegen-stands-Summa	Werthgebühr: Volle (Art. 22. 40. 41. 50)		Werthgebühr: 1/2 (Art. 25. 27. 29. 30. 38 Abs. 2)		Werthgebühr: 1/2 bis 2200 M, darüber 2/3 (Art. 24)		Werthgebühr: 1 1/2 (Art. 23)		4/10 aus der vollen Werthgebühr (Art. 45 Abs. 3)		4/10 aus 2/3 Werthgebühr (Art. 45 Abs. 3)		Hinterlegungsgebühr: Art. 100		Hinterlegungsgebühr: Art. 101 a		Hinterlegungsgebühr: Art. 101 b		Auseinandersetzungsgebühr: 5/10 (der Sätze des § 8 des Reichsgerichts-Kosten-Gesetzes)		Auseinandersetzungsgebühr: 2/10 (der Sätze des § 8 des Reichsgerichts-Kosten-Gesetzes)	
M	M	Pf	M	Pf	M	Pf	M	Pf	M	Pf	M	Pf	M	Pf	M	Pf	M	Pf	M	Pf	M	Pf
24100	44	—	22	—	29	40	66	—	17	60	11	80	32	70	130	50	261	—	85	—	34	—
24200	44	—	22	—	29	40	66	—	17	60	11	80	32	80	131	—	262	—	85	—	34	—
24300	44	—	22	—	29	40	66	—	17	60	11	80	32	90	131	50	263	—	85	—	34	—
24400	44	—	22	—	29	40	66	—	17	60	11	80	33	—	132	—	264	—	85	—	34	—
24500	44	—	22	—	29	40	66	—	17	60	11	80	33	20	132	50	265	—	85	—	34	—
24600	44	—	22	—	29	40	66	—	17	60	11	80	33	30	133	—	266	—	85	—	34	—
24700	44	—	22	—	29	40	66	—	17	60	11	80	33	40	133	50	267	—	85	—	34	—
24800	44	—	22	—	29	40	66	—	17	60	11	80	33	50	134	—	268	—	85	—	34	—
24900	44	—	22	—	29	40	66	—	17	60	11	80	33	70	134	50	269	—	85	—	34	—
25000	44	—	22	—	29	40	66	—	17	60	11	80	33	80	135	—	270	—	85	—	34	—
25100	44	—	22	—	29	40	66	—	17	60	11	80	33	90	135	50	271	—	85	—	34	—
25200	44	—	22	—	29	40	66	—	17	60	11	80	34	—	136	—	272	—	85	—	34	—
25300	44	—	22	—	29	40	66	—	17	60	11	80	34	20	136	50	273	—	85	—	34	—
25400	44	—	22	—	29	40	66	—	17	60	11	80	34	30	137	—	274	—	85	—	34	—
25500	44	—	22	—	29	40	66	—	17	60	11	80	34	40	137	50	275	—	85	—	34	—
25600	44	—	22	—	29	40	66	—	17	60	11	80	34	50	138	—	276	—	85	—	34	—
25700	44	—	22	—	29	40	66	—	17	60	11	80	34	70	138	50	277	—	85	—	34	—
25800	44	—	22	—	29	40	66	—	17	60	11	80	34	80	139	—	278	—	85	—	34	—
25900	44	—	22	—	29	40	66	—	17	60	11	80	34	90	139	50	279	—	85	—	34	—
26000	44	—	22	—	29	40	66	—	17	60	11	80	35	—	140	—	280	—	85	—	34	—
26100	46	—	23	—	30	70	69	—	18	40	12	30	35	20	140	50	281	—	90	—	36	—
26200	46	—	23	—	30	70	69	—	18	40	12	30	35	30	141	—	282	—	90	—	36	—
26300	46	—	23	—	30	70	69	—	18	40	12	30	35	40	141	50	283	—	90	—	36	—
26400	46	—	23	—	30	70	69	—	18	40	12	30	35	50	142	—	284	—	90	—	36	—
26500	46	—	23	—	30	70	69	—	18	40	12	30	35	70	142	50	285	—	90	—	36	—
26600	46	—	23	—	30	70	69	—	18	40	12	30	35	80	143	—	286	—	90	—	36	—
26700	46	—	23	—	30	70	69	—	18	40	12	30	35	90	143	50	287	—	90	—	36	—
26800	46	—	23	—	30	70	69	—	18	40	12	30	36	—	144	—	288	—	90	—	36	—
26900	46	—	23	—	30	70	69	—	18	40	12	30	36	20	144	50	289	—	90	—	36	—
27000	46	—	23	—	30	70	69	—	18	40	12	30	36	30	145	—	290	—	90	—	36	—
27100	46	—	23	—	30	70	69	—	18	40	12	30	36	40	145	50	291	—	90	—	36	—
27200	46	—	23	—	30	70	69	—	18	40	12	30	36	50	146	—	292	—	90	—	36	—
27300	46	—	23	—	30	70	69	—	18	40	12	30	36	70	146	50	293	—	90	—	36	—
27400	46	—	23	—	30	70	69	—	18	40	12	30	36	80	147	—	294	—	90	—	36	—
27500	46	—	23	—	30	70	69	—	18	40	12	30	36	90	147	50	295	—	90	—	36	—
27600	46	—	23	—	30	70	69	—	18	40	12	30	37	—	148	—	296	—	90	—	36	—
27700	46	—	23	—	30	70	69	—	18	40	12	30	37	20	148	50	297	—	90	—	36	—
27800	46	—	23	—	30	70	69	—	18	40	12	30	37	30	149	—	298	—	90	—	36	—
27900	46	—	23	—	30	70	69	—	18	40	12	30	37	40	149	50	299	—	90	—	36	—
28000	46	—	23	—	30	70	69	—	18	40	12	30	37	50	150	—	300	—	90	—	36	—

Gegen-stands-Summa	Staatsgebühren Prozent 1		1½		2		Besitz-veränderungs-abgabe		Staatsgebühren pro mille 1		2		2½		3		5	
M	M	₰	M	₰	M	₰	M	₰	M	₰	M	₰	M	₰	M	₰	M	₰
28100	281	—	421	50	562	—	140	50	28	10	56	20	70	30	84	30	140	50
28200	282	—	423	—	564	—	141	—	28	20	56	40	70	50	84	60	141	—
28300	283	—	424	50	566	—	141	50	28	30	56	60	70	80	84	90	141	50
28400	284	—	426	—	568	—	142	—	28	40	56	80	71	—	85	20	142	—
28500	285	—	427	50	570	—	142	50	28	50	57	—	71	30	85	50	142	50
28600	286	—	429	—	572	—	143	—	28	60	57	20	71	50	85	80	143	—
28700	287	—	430	50	574	—	143	50	28	70	57	40	71	80	86	10	143	50
28800	288	—	432	—	576	—	144	—	28	80	57	60	72	—	86	40	144	—
28900	289	—	433	50	578	—	144	50	28	90	57	80	72	30	86	70	144	50
29000	290	—	435	—	580	—	145	—	29	—	58	—	72	50	87	—	145	—
29100	291	—	436	50	582	—	145	50	29	10	58	20	72	80	87	30	145	50
29200	292	—	438	—	584	—	146	—	29	20	58	40	73	—	87	60	146	—
29300	293	—	439	50	586	—	146	50	29	30	58	60	73	30	87	90	146	50
29400	294	—	441	—	588	—	147	—	29	40	58	80	73	50	88	20	147	—
29500	295	—	442	50	590	—	147	50	29	50	59	—	73	80	88	50	147	50
29600	296	—	444	—	592	—	148	—	29	60	59	20	74	—	88	80	148	—
29700	297	—	445	50	594	—	148	50	29	70	59	40	74	30	89	10	148	50
29800	398	—	447	—	596	—	149	—	29	80	59	60	74	50	89	40	149	—
29900	399	—	448	50	598	—	149	50	29	90	59	80	74	80	89	70	149	50
30000	300	—	450	—	600	—	150	—	30	—	60	—	75	—	90	—	150	—
30100	301	—	451	50	602	—	150	50	30	10	60	20	75	30	90	30	150	50
30200	302	—	453	—	604	—	151	—	30	20	60	40	75	50	90	60	151	—
30300	303	—	454	50	606	—	151	50	30	30	60	60	75	80	90	90	151	50
30400	304	—	456	—	608	—	152	—	30	40	60	80	76	—	91	20	152	—
30500	305	—	457	50	610	—	152	50	30	50	61	—	76	30	91	50	152	50
30600	306	—	459	—	612	—	153	—	30	60	61	20	76	50	91	80	153	—
30700	307	—	460	50	614	—	153	50	30	70	61	40	76	80	92	10	153	50
30800	308	—	462	—	616	—	154	—	30	80	61	60	77	—	92	40	154	—
30900	309	—	463	50	618	—	154	50	30	90	61	80	77	30	92	70	154	50
31000	310	—	465	—	620	—	155	—	31	—	62	—	77	50	93	—	155	—
31100	311	—	466	50	622	—	155	50	31	10	62	20	77	80	93	30	155	50
31200	312	—	468	—	624	—	156	—	31	20	62	40	78	—	93	60	156	—
31300	313	—	469	50	626	—	156	50	31	30	62	60	78	30	93	90	156	50
31400	314	—	471	—	628	—	157	—	31	40	62	80	78	50	94	20	157	—
31500	315	—	472	50	630	—	157	50	31	50	63	—	78	80	94	50	157	50
31600	316	—	474	—	632	—	158	—	31	60	63	20	79	—	94	80	158	—
31700	317	—	475	50	634	—	158	50	31	70	63	40	79	30	95	10	158	50
31800	318	—	477	—	636	—	159	—	31	80	63	60	79	50	95	40	159	—
31900	319	—	478	50	638	—	159	50	31	90	63	80	79	80	95	70	159	50
32000	320	—	480	—	640	—	160	—	32	—	64	—	80	—	96	—	160	—

Gegenstands-Summa	Werthgebühr: Volle (Art. 22. 40. 41. 50)		Werthgebühr: 1/2 (Art. 25. 27. 29. 30. 33 Abs. 2)		Werthgebühr: 1/2 bis 2200 M, darüber 2/3 (Art. 24)		Werthgebühr: 1 1/2 (Art. 23)		4/10 aus der vollen Werthgebühr (Art. 45 Abs. 3)		4/10 aus 2/3 Werthgebühr (Art. 45 Abs. 3)		Hinterlegungsgebühr: Art. 100		Hinterlegungsgebühr: Art. 101 a		Hinterlegungsgebühr: Art. 101 b		Auseinandersetzungsgebühr: 5/10 der Sätze des § 8 des Reichsgerichts-Kosten-Gesetzes		Auseinandersetzungsgebühr: 2/10 der Sätze des § 8 des Reichsgerichts-Kosten-Gesetzes	
M	M	Pf	M	Pf	M	Pf	M	Pf	M	Pf	M	Pf	M	Pf	M	Pf	M	Pf	M	Pf	M	Pf
28100	46	—	23	—	30	70	69	—	18	40	12	30	37	70	150	50	301	—	95	—	38	—
28200	46	—	23	—	30	70	69	—	18	40	12	30	37	80	151	—	302	—	95	—	38	—
28300	46	—	23	—	30	70	69	—	18	40	12	30	37	90	151	50	303	—	95	—	38	—
28400	46	—	23	—	30	70	69	—	18	40	12	30	38	—	152	—	304	—	95	—	38	—
28500	46	—	23	—	30	70	69	—	18	40	12	30	38	20	152	50	305	—	95	—	38	—
28600	46	—	23	—	30	70	69	—	18	40	12	30	38	30	153	—	306	—	95	—	38	—
28700	46	—	23	—	30	70	69	—	18	40	12	30	38	40	153	50	307	—	95	—	38	—
28800	46	—	23	—	30	70	69	—	18	40	12	30	38	50	154	—	308	—	95	—	38	—
28900	46	—	23	—	30	70	69	—	18	40	12	30	38	70	154	50	309	—	95	—	38	—
29000	46	—	23	—	30	70	69	—	18	40	12	30	38	80	155	—	310	—	95	—	38	—
29100	48	—	24	—	32	—	72	—	19	20	12	80	38	90	155	50	311	—	95	—	38	—
29200	48	—	24	—	32	—	72	—	19	20	12	80	39	—	156	—	312	—	95	—	38	—
29300	48	—	24	—	32	—	72	—	19	20	12	80	39	20	156	50	313	—	95	—	38	—
29400	48	—	24	—	32	—	72	—	19	20	12	80	39	30	157	—	314	—	95	—	38	—
29500	48	—	24	—	32	—	72	—	19	20	12	80	39	40	157	50	315	—	95	—	38	—
29600	48	—	24	—	32	—	72	—	19	20	12	80	39	50	158	—	316	—	95	—	38	—
29700	48	—	24	—	32	—	72	—	19	20	12	80	39	70	158	50	317	—	95	—	38	—
29800	48	—	24	—	32	—	72	—	19	20	12	80	39	80	159	—	318	—	95	—	38	—
39900	48	—	24	—	32	—	72	—	19	20	12	80	39	90	159	50	319	—	95	—	38	—
30000	48	—	24	—	32	—	72	—	19	20	12	80	40	—	160	—	320	—	95	—	38	—
30100	48	—	24	—	32	—	72	—	19	20	12	80	40	20	160	50	321	—	100	—	40	—
30200	48	—	24	—	32	—	72	—	19	20	12	80	40	30	161	—	322	—	100	—	40	—
30300	48	—	24	—	32	—	72	—	19	20	12	80	40	40	161	50	323	—	100	—	40	—
30400	48	—	24	—	32	—	72	—	19	20	12	80	40	50	162	—	324	—	100	—	40	—
30500	48	—	24	—	32	—	72	—	19	20	12	80	40	70	162	50	325	—	100	—	40	—
30600	48	—	24	—	32	—	72	—	19	20	12	80	40	80	163	—	326	—	100	—	40	—
30700	48	—	24	—	32	—	72	—	19	20	12	80	40	90	163	50	327	—	100	—	40	—
30800	48	—	24	—	32	—	72	—	19	20	12	80	41	—	164	—	328	—	100	—	40	—
30900	48	—	24	—	32	—	72	—	19	20	12	80	41	20	164	50	329	—	100	—	40	—
31000	48	—	24	—	32	—	72	—	19	20	12	80	41	30	165	—	330	—	100	—	40	—
31100	48	—	24	—	32	—	72	—	19	20	12	80	41	40	165	50	331	—	100	—	40	—
31200	48	—	24	—	32	—	72	—	19	20	12	80	41	50	166	—	332	—	100	—	40	—
31300	48	—	24	—	32	—	72	—	19	20	12	80	41	70	166	50	333	—	100	—	40	—
31400	48	—	24	—	32	—	72	—	19	20	12	80	41	80	167	—	334	—	100	—	40	—
31500	48	—	24	—	32	—	72	—	19	20	12	80	41	90	167	50	335	—	100	—	40	—
31600	48	—	24	—	32	—	72	—	19	20	12	80	42	—	168	—	336	—	100	—	40	—
31700	48	—	24	—	32	—	72	—	19	20	12	80	42	20	168	50	337	—	100	—	40	—
31800	48	—	24	—	32	—	72	—	19	20	12	80	42	30	169	—	338	—	100	—	40	—
31900	48	—	24	—	32	—	72	—	19	20	12	80	42	40	169	50	339	—	100	—	40	—
32000	48	—	24	—	32	—	72	—	19	20	12	80	42	50	170	—	340	—	100	—	40	—

Gegen-stands-Summa	Staatsgebühren 1 Prozent		Staatsgebühren 1½ Prozent		Staatsgebühren 2 Prozent		Besitz-veränderungs-abgabe		Staatsgebühren 1 pro mille		Staatsgebühren 2 pro mille		Staatsgebühren 2½ pro mille		Staatsgebühren 3 pro mille		Staatsgebühren 5 pro mille	
M	M	Pf	M	Pf	M	Pf	M	Pf	M	Pf	M	Pf	M	Pf	M	Pf	M	Pf
32100	321	—	481	50	642	—	160	50	32	10	64	20	80	30	96	30	160	50
32200	322	—	483	—	644	—	161	—	32	20	64	40	80	50	96	60	161	—
32300	323	—	484	50	646	—	161	50	32	30	64	60	80	80	96	90	161	50
32400	324	—	486	—	648	—	162	—	32	40	64	80	81	—	97	20	162	—
32500	325	—	487	50	650	—	162	50	32	50	65	—	81	30	97	50	162	50
32600	326	—	489	—	652	—	163	—	32	60	65	20	81	50	97	80	163	—
32700	327	—	490	50	654	—	163	50	32	70	65	40	81	80	98	10	163	50
32800	328	—	492	—	656	—	164	—	32	80	65	60	82	—	98	40	164	—
32900	329	—	493	50	658	—	164	50	32	90	65	80	82	30	98	70	164	50
33000	330	—	495	—	660	—	165	—	33	—	66	—	82	50	99	—	165	—
33100	331	—	496	50	662	—	165	50	33	10	66	20	82	80	99	30	165	50
33200	332	—	498	—	664	—	166	—	33	20	66	40	83	—	99	60	166	—
33300	333	—	499	50	666	—	166	50	33	30	66	60	83	30	99	90	166	50
33400	334	—	501	—	668	—	167	—	33	40	66	80	83	50	100	20	167	—
33500	335	—	502	50	670	—	167	50	33	50	67	—	83	80	100	50	167	50
33600	336	—	504	—	672	—	168	—	33	60	67	20	84	—	100	80	168	—
33700	337	—	505	50	674	—	168	50	33	70	67	40	84	30	101	10	168	50
33800	338	—	507	—	676	—	169	—	33	80	67	60	84	50	101	40	169	—
33900	339	—	508	50	678	—	169	50	33	90	67	80	84	80	101	70	169	50
34000	340	—	510	—	680	—	170	—	34	—	68	—	85	—	102	—	170	—
34100	341	—	511	50	682	—	170	50	34	10	68	20	85	30	102	30	170	50
34200	342	—	513	—	684	—	171	—	34	20	68	40	85	50	102	60	171	—
34300	343	—	514	50	686	—	171	50	34	30	68	60	85	80	102	90	171	50
34400	344	—	516	—	688	—	172	—	34	40	68	80	86	—	103	20	172	—
34500	345	—	517	50	690	—	172	50	34	50	69	—	86	30	103	50	172	50
34600	346	—	519	—	692	—	173	—	34	60	69	20	86	50	103	80	173	—
34700	347	—	520	50	694	—	173	50	34	70	69	40	86	80	104	10	173	50
34800	348	—	522	—	696	—	174	—	34	80	69	60	87	—	104	40	174	—
34900	349	—	523	50	698	—	174	50	34	90	69	80	87	30	104	70	174	50
35000	350	—	525	—	700	—	175	—	35	—	70	—	87	50	105	—	175	—
35100	351	—	526	50	702	—	175	50	35	10	70	20	87	80	105	30	175	50
35200	352	—	528	—	704	—	176	—	35	20	70	40	88	—	105	60	176	—
35300	353	—	529	50	706	—	176	50	35	30	70	60	88	30	105	90	176	50
35400	354	—	531	—	708	—	177	—	35	40	70	80	88	50	106	20	177	—
35500	355	—	532	50	710	—	177	50	35	50	71	—	88	80	106	50	177	50
35600	356	—	534	—	712	—	178	—	35	60	71	20	89	—	106	80	178	—
35700	357	—	535	50	714	—	178	50	35	70	71	40	89	30	107	10	178	50
35800	358	—	537	—	716	—	179	—	35	80	71	60	89	50	107	40	179	—
35900	359	—	538	50	718	—	179	50	35	90	71	80	89	80	107	70	179	50
36000	360	—	540	—	720	—	180	—	36	—	72	—	90	—	108	—	180	—

Gegen-stands-Summa	Werthgebühr: Volle (Art. 22. 40. 41. 50)		Werthgebühr: 1/2 (Art. 25. 27. 29. 30. 38 Abs. 2)		Werthgebühr: 1/2 bis 2200 ℳ darüber 2/3 (Art. 24)		Werthgebühr: 1 1/2 (Art. 23)		4/10 aus der vollen Werthgebühr (Art. 45 Abs. 3)		4/10 aus 2/3 Werthgebühr (Art. 45 Abs. 3)		Hinterlegungsgebühr: Art. 100		Hinterlegungsgebühr: Art. 101 a		Hinterlegungsgebühr: Art. 101 b		Auseinandersetzungsgebühr: 5/10 der Sätze des § 8 des Reichsgerichts-Kosten-Gesetzes		Auseinandersetzungsgebühr: 2/10 der Sätze des § 8 des Reichsgerichts-Kosten-Gesetzes	
ℳ	ℳ	₰	ℳ	₰	ℳ	₰	ℳ	₰	ℳ	₰	ℳ	₰	ℳ	₰	ℳ	₰	ℳ	₰	ℳ	₰	ℳ	₰
32100	50	—	25	—	33	40	75	—	20	—	13	40	42	70	170	50	341	—	105	—	42	—
32200	50	—	25	—	33	40	75	—	20	—	13	40	42	80	171	—	342	—	105	—	42	—
32300	50	—	25	—	33	40	75	—	20	—	13	40	42	90	171	50	343	—	105	—	42	—
32400	50	—	25	—	33	40	75	—	20	—	13	40	43	—	172	—	344	—	105	—	42	—
32500	50	—	25	—	33	40	75	—	20	—	13	40	43	20	172	50	345	—	105	—	42	—
32600	50	—	25	—	33	40	75	—	20	—	13	40	43	30	173	—	346	—	105	—	42	—
32700	50	—	25	—	33	40	75	—	20	—	13	40	43	40	173	50	347	—	105	—	42	—
32800	50	—	25	—	33	40	75	—	20	—	13	40	43	50	174	—	348	—	105	—	42	—
32900	50	—	25	—	33	40	75	—	20	—	13	40	43	70	174	50	349	—	105	—	42	—
33000	50	—	25	—	33	40	75	—	20	—	13	40	43	80	175	—	350	—	105	—	42	—
33100	50	—	25	—	33	40	75	—	20	—	13	40	43	90	175	50	351	—	105	—	42	—
33200	50	—	25	—	33	40	75	—	20	—	13	40	44	—	176	—	352	—	105	—	42	—
33300	50	—	25	—	33	40	75	—	20	—	13	40	44	20	176	50	353	—	105	—	42	—
33400	50	—	25	—	33	40	75	—	20	—	13	40	44	30	177	—	354	—	105	—	42	—
33500	50	—	25	—	33	40	75	—	20	—	13	40	44	40	177	50	355	—	105	—	42	—
33600	50	—	25	—	33	40	75	—	20	—	13	40	44	50	178	—	356	—	105	—	42	—
33700	50	—	25	—	33	40	75	—	20	—	13	40	44	70	178	50	357	—	105	—	42	—
33800	50	—	25	—	33	40	75	—	20	—	13	40	44	80	179	—	358	—	105	—	42	—
33900	50	—	25	—	33	40	75	—	20	—	13	40	44	90	179	50	359	—	105	—	42	—
34000	50	—	25	—	33	40	75	—	20	—	13	40	45	—	180	—	360	—	105	—	42	—
34100	50	—	25	—	33	40	75	—	20	—	13	40	45	20	180	50	361	—	110	—	44	—
34200	50	—	25	—	33	40	75	—	20	—	13	40	45	30	181	—	362	—	110	—	44	—
34300	50	—	25	—	33	40	75	—	20	—	13	40	45	40	181	50	363	—	110	—	44	—
34400	50	—	25	—	33	40	75	—	20	—	13	40	45	50	182	—	364	—	110	—	44	—
34500	50	—	25	—	33	40	75	—	20	—	13	40	45	70	182	50	365	—	110	—	44	—
34600	50	—	25	—	33	40	75	—	20	—	13	40	45	80	183	—	366	—	110	—	44	—
34700	50	—	25	—	33	40	75	—	20	—	13	40	45	90	183	50	367	—	110	—	44	—
34800	50	—	25	—	33	40	75	—	20	—	13	40	46	—	184	—	368	—	110	—	44	—
34900	50	—	25	—	33	40	75	—	20	—	13	40	46	20	184	50	369	—	110	—	44	—
35000	50	—	25	—	33	40	75	—	20	—	13	40	46	30	185	—	370	—	110	—	44	—
35100	52	—	26	—	34	70	78	—	20	80	13	90	46	40	185	50	371	—	110	—	44	—
35200	52	—	26	—	34	70	78	—	20	80	13	90	46	50	186	—	372	—	110	—	44	—
35300	52	—	26	—	34	70	78	—	20	80	13	90	46	70	186	50	373	—	110	—	44	—
35400	52	—	26	—	34	70	78	—	20	80	13	90	46	80	187	—	374	—	110	—	44	—
35500	52	—	26	—	34	70	78	—	20	80	13	90	46	90	187	50	375	—	110	—	44	—
35600	52	—	26	—	34	70	78	—	20	80	13	90	47	—	188	—	376	—	110	—	44	—
35700	52	—	26	—	34	70	78	—	20	80	13	90	47	20	188	50	377	—	110	—	44	—
35800	52	—	26	—	34	70	78	—	20	80	13	90	47	30	189	—	378	—	110	—	44	—
35900	52	—	26	—	34	70	78	—	20	80	13	90	47	40	189	50	379	—	110	—	44	—
36000	52	—	26	—	34	70	78	—	20	80	13	90	47	50	190	—	380	—	110	—	44	—

Gegenstands-Summa	Staatsgebühren 1 Prozent		Staatsgebühren 1 1/2 Prozent		Staatsgebühren 2 Prozent		Besitzveränderungsabgabe		Staatsgebühren 1 pro mille		Staatsgebühren 2 pro mille		Staatsgebühren 2 1/2 pro mille		Staatsgebühren 3 pro mille		Staatsgebühren 5 pro mille	
M	M	Pf	M	Pf	M	Pf	M	Pf	M	Pf	M	Pf	M	Pf	M	Pf	M	Pf
36100	361	—	541	50	722	—	180	50	36	10	72	20	90	30	108	30	180	50
36200	362	—	543	—	724	—	181	—	36	20	72	40	90	50	108	60	181	—
36300	363	—	544	50	726	—	181	50	36	30	72	60	90	80	108	90	181	50
36400	364	—	546	—	728	—	182	—	36	40	72	80	91	—	109	20	182	—
36500	365	—	547	50	730	—	182	50	36	50	73	—	91	30	109	50	182	50
36600	366	—	549	—	732	—	183	—	36	60	73	20	91	50	109	80	183	—
36700	367	—	550	50	734	—	183	50	36	70	73	40	91	80	110	10	183	50
36800	368	—	552	—	736	—	184	—	36	80	73	60	92	—	110	40	184	—
36900	369	—	553	50	738	—	184	50	36	90	73	80	92	30	110	70	184	50
37000	370	—	555	—	740	—	185	—	37	—	74	—	92	50	111	—	185	—
37100	371	—	556	50	742	—	185	50	37	10	74	20	92	80	111	30	185	50
37200	372	—	558	—	744	—	186	—	37	20	74	40	93	—	111	60	186	—
37300	373	—	559	50	746	—	186	50	37	30	74	60	93	30	111	90	186	50
37400	374	—	561	—	748	—	187	—	37	40	74	80	93	50	112	20	187	—
37500	375	—	562	50	750	—	187	50	37	50	75	—	93	80	112	50	187	50
37600	376	—	564	—	752	—	188	—	37	60	75	20	94	—	112	80	188	—
37700	377	—	565	50	754	—	188	50	37	70	75	40	94	30	113	10	188	50
37800	378	—	567	—	756	—	189	—	37	80	75	60	94	50	113	40	189	—
37900	379	—	568	50	758	—	189	50	37	90	75	80	94	80	113	70	189	50
38000	380	—	570	—	760	—	190	—	38	—	76	—	95	—	114	—	190	—
38100	381	—	571	50	762	—	190	50	38	10	76	20	95	30	114	30	190	50
38200	382	—	573	—	764	—	191	—	38	20	76	40	95	50	114	60	191	—
38300	383	—	574	50	766	—	191	50	38	30	76	60	95	80	114	90	191	50
38400	384	—	576	—	768	—	192	—	38	40	76	80	96	—	115	20	192	—
38500	385	—	577	50	770	—	192	50	38	50	77	—	96	30	115	50	192	50
38600	386	—	579	—	772	—	193	—	38	60	77	20	96	50	115	80	193	—
38700	387	—	580	50	774	—	193	50	38	70	77	40	96	80	116	10	193	50
38800	388	—	582	—	776	—	194	—	38	80	77	60	97	—	116	40	194	—
38900	389	—	583	50	778	—	194	50	38	90	77	80	97	30	116	70	194	50
39000	390	—	585	—	780	—	195	—	39	—	78	—	97	50	117	—	195	—
39100	391	—	586	50	782	—	195	50	39	10	78	20	97	80	117	30	195	50
39200	392	—	588	—	784	—	196	—	39	20	78	40	98	—	117	60	196	—
39300	393	—	589	50	786	—	196	50	39	30	78	60	98	30	117	90	196	50
39400	394	—	591	—	788	—	197	—	39	40	78	80	98	50	118	20	197	—
39500	395	—	592	50	790	—	197	50	39	50	79	—	98	80	118	50	197	50
39600	396	—	594	—	792	—	198	—	39	60	79	20	99	—	118	80	198	—
39700	397	—	595	50	794	—	198	50	39	70	79	40	99	30	119	10	198	50
39800	398	—	597	—	796	—	199	—	39	80	79	60	99	50	119	40	199	—
39900	399	—	598	50	798	—	199	50	39	90	79	80	99	80	119	70	199	50
40000	400	—	600	—	800	—	200	—	40	—	80	—	100	—	120	—	200	—

Gegenstands-Summa	Werthgebühr: Volle (Art. 22. 40. 41. 50)		Werthgebühr: 1/2 (Art. 25. 27. 29. 30. 38 Abs. 2)		Werthgebühr: 1/2 bis 2200 M, darüber 2/3 (Art. 24)		Werthgebühr: 1 1/2 (Art. 23)		4/10 aus der vollen Werthgebühr (Art. 45 Abs. 3)		4/10 aus 2/3 Werthgebühr (Art. 45 Abs. 3)		Hinterlegungsgebühr: Art. 100		Hinterlegungsgebühr: Art. 101 a		Hinterlegungsgebühr: Art. 101 b		Auseinandersetzungsgebühr: 5/10 der Sätze des § 8 des Reichsgerichts-Kosten-Gesetzes		Auseinandersetzungsgebühr: 2/10 der Sätze des § 8 des Reichsgerichts-Kosten-Gesetzes	
M	M	Pf	M	Pf	M	Pf	M	Pf	M	Pf	M	Pf	M	Pf	M	Pf	M	Pf	M	Pf	M	Pf
36100	52	—	26	—	34	70	78	—	20	80	13	90	47	70	190	50	381	—	115	—	46	—
36200	52	—	26	—	34	70	78	—	20	80	13	90	47	80	191	—	382	—	115	—	46	—
36300	52	—	26	—	34	70	78	—	20	80	13	90	47	90	191	50	383	—	115	—	46	—
36400	52	—	26	—	34	70	78	—	20	80	13	90	48	—	192	—	384	—	115	—	46	—
36500	52	—	26	—	34	70	78	—	20	80	13	90	48	20	192	50	385	—	115	—	46	—
36600	52	—	26	—	34	70	78	—	20	80	13	90	48	30	193	—	386	—	115	—	46	—
36700	52	—	26	—	34	70	78	—	20	80	13	90	48	40	193	50	387	—	115	—	46	—
36800	52	—	26	—	34	70	78	—	20	80	13	90	48	50	194	—	388	—	115	—	46	—
36900	52	—	26	—	34	70	78	—	20	80	13	90	48	70	194	50	389	—	115	—	46	—
37000	52	—	26	—	34	70	78	—	20	80	13	90	48	80	195	—	390	—	115	—	46	—
37100	52	—	26	—	34	70	78	—	20	80	13	90	48	90	195	50	391	—	115	—	46	—
37200	52	—	26	—	34	70	78	—	20	80	13	90	49	—	196	—	392	—	115	—	46	—
37300	52	—	26	—	34	70	78	—	20	80	13	90	49	20	196	50	393	—	115	—	46	—
37400	52	—	26	—	34	70	78	—	20	80	13	90	49	30	197	—	394	—	115	—	46	—
37500	52	—	26	—	34	70	78	—	20	80	13	90	49	40	197	50	395	—	115	—	46	—
37600	52	—	26	—	34	70	78	—	20	80	13	90	49	50	198	—	396	—	115	—	46	—
37700	52	—	26	—	34	70	78	—	20	80	13	90	49	70	198	50	397	—	115	—	46	—
37800	52	—	26	—	34	70	78	—	20	80	13	90	49	80	199	—	398	—	115	—	46	—
37900	52	—	26	—	34	70	78	—	20	80	13	90	49	90	199	50	399	—	115	—	46	—
38000	52	—	26	—	34	70	78	—	20	80	13	90	50	—	200	—	400	—	115	—	46	—
38100	54	—	27	—	36	—	81	—	21	60	14	40	50	20	200	50	401	—	120	—	48	—
38200	54	—	27	—	36	—	81	—	21	60	14	40	50	30	201	—	402	—	120	—	48	—
38300	54	—	27	—	36	—	81	—	21	60	14	40	50	40	201	50	403	—	120	—	48	—
38400	54	—	27	—	36	—	81	—	21	60	14	40	50	50	202	—	404	—	120	—	48	—
38500	54	—	27	—	36	—	81	—	21	60	14	40	50	70	202	50	405	—	120	—	48	—
38600	54	—	27	—	36	—	81	—	21	60	14	40	50	80	203	—	406	—	120	—	48	—
38700	54	—	27	—	36	—	81	—	21	60	14	40	50	90	203	50	407	—	120	—	48	—
38800	54	—	27	—	36	—	81	—	21	60	14	40	51	—	204	—	408	—	120	—	48	—
38900	54	—	27	—	36	—	81	—	21	60	14	40	51	20	204	50	409	—	120	—	48	—
39000	54	—	27	—	36	—	81	—	21	60	14	40	51	30	205	—	410	—	120	—	48	—
39100	54	—	27	—	36	—	81	—	21	60	14	40	51	40	205	50	411	—	120	—	48	—
39200	54	—	27	—	36	—	81	—	21	60	14	40	51	50	206	—	412	—	120	—	48	—
39300	54	—	27	—	36	—	81	—	21	60	14	40	51	70	206	50	413	—	120	—	48	—
39400	54	—	27	—	36	—	81	—	21	60	14	40	51	80	207	—	414	—	120	—	48	—
39500	54	—	27	—	36	—	81	—	21	60	14	40	51	90	207	50	415	—	120	—	48	—
39600	54	—	27	—	36	—	81	—	21	60	14	40	52	—	208	—	416	—	120	—	48	—
39700	54	—	27	—	36	—	81	—	21	60	14	40	52	20	208	50	417	—	120	—	48	—
39800	54	—	27	—	36	—	81	—	21	60	14	40	52	30	209	—	418	—	120	—	48	—
39900	54	—	27	—	36	—	81	—	21	60	14	40	52	40	209	50	419	—	120	—	48	—
40000	54	—	27	—	36	—	81	—	21	60	14	40	52	50	210	—	420	—	120	—	48	—

Gegenstands-Summa	Staatsgebühren 1 Prozent		1½ Prozent		2 Prozent		Besitzveränderungsabgabe		Staatsgebühren 1 pro mille		2 pro mille		2½ pro mille		3 pro mille		5 pro mille	
ℳ	ℳ	₰	ℳ	₰	ℳ	₰	ℳ	₰	ℳ	₰	ℳ	₰	ℳ	₰	ℳ	₰	ℳ	₰
40100	401	—	601	50	802	—	200	50	40	10	80	20	100	30	120	30	200	50
40200	402	—	603	—	804	—	201	—	40	20	80	40	100	50	120	60	201	—
40300	403	—	604	50	806	—	201	50	40	30	80	60	100	80	120	90	201	50
40400	404	—	606	—	808	—	202	—	40	40	80	80	101	—	121	20	202	—
40500	405	—	607	50	810	—	202	50	40	50	81	—	101	30	121	50	202	50
40600	406	—	609	—	812	—	203	—	40	60	81	20	101	50	121	80	203	—
40700	407	—	610	50	814	—	203	50	40	70	81	40	101	80	122	10	203	50
40800	408	—	612	—	816	—	204	—	40	80	81	60	102	—	122	40	204	—
40900	409	—	613	50	818	—	204	50	40	90	81	80	102	30	122	70	204	50
41000	410	—	615	—	820	—	205	—	41	—	82	—	102	50	123	—	205	—
41100	411	—	616	50	822	—	205	50	41	10	82	20	102	80	123	30	205	50
41200	412	—	618	—	824	—	206	—	41	20	82	40	103	—	123	60	206	—
41300	413	—	619	50	826	—	206	50	41	30	82	60	103	30	123	90	206	50
41400	414	—	621	—	828	—	207	—	41	40	82	80	103	50	124	20	207	—
41500	415	—	622	50	830	—	207	50	41	50	83	—	103	80	124	50	207	50
41600	416	—	624	—	832	—	208	—	41	60	83	20	104	—	124	80	208	—
41700	417	—	625	50	834	—	208	50	41	70	83	40	104	30	125	10	208	50
41800	418	—	627	—	836	—	209	—	41	80	83	60	104	50	125	40	209	—
41900	419	—	628	50	838	—	209	50	41	90	83	80	104	80	125	70	209	50
42000	420	—	630	—	840	—	210	—	42	—	84	—	105	—	126	—	210	—
42100	421	—	631	50	842	—	210	50	42	10	84	20	105	30	126	30	210	50
42200	422	—	633	—	844	—	211	—	42	20	84	40	105	50	126	60	211	—
42300	423	—	634	50	846	—	211	50	42	30	84	60	105	80	126	90	211	50
42400	424	—	636	—	848	—	212	—	42	40	84	80	106	—	127	20	212	—
42500	425	—	637	50	850	—	212	50	42	50	85	—	106	30	127	50	212	50
42600	426	—	639	—	852	—	213	—	42	60	85	20	106	50	127	80	213	—
42700	427	—	640	50	854	—	213	50	42	70	85	40	106	80	128	10	213	50
42800	428	—	642	—	856	—	214	—	42	80	85	60	107	—	128	40	214	—
42900	429	—	643	50	858	—	214	50	42	90	85	80	107	30	128	70	214	50
43000	430	—	645	—	860	—	215	—	43	—	86	—	107	50	129	—	215	—
43100	431	—	646	50	862	—	215	50	43	10	86	20	107	80	129	30	215	50
43200	432	—	648	—	864	—	216	—	43	20	86	40	108	—	129	60	216	—
43300	433	—	649	50	866	—	216	50	43	30	86	60	108	30	129	90	216	50
43400	434	—	651	—	868	—	217	—	43	40	86	80	108	50	130	20	217	—
43500	435	—	652	50	870	—	217	50	43	50	87	—	108	80	130	50	217	50
43600	436	—	654	—	872	—	218	—	43	60	87	20	109	—	130	80	218	—
43700	437	—	655	50	874	—	218	50	43	70	87	40	109	30	131	10	218	50
43800	438	—	657	—	876	—	219	—	43	80	87	60	109	50	131	40	219	—
43900	439	—	658	50	878	—	219	50	43	90	87	80	109	80	131	70	219	50
44000	440	—	660	—	880	—	220	—	44	—	88	—	110	—	132	—	220	—

Gegenstands-Summa	Werthgebühr: Volle (Art. 22. 40. 41. 50)		Werthgebühr: 1/2 (Art. 25. 27. 29. 30. 38 Abs. 2)		Werthgebühr: 1/2 bis 2200 ℳ darüber 2/3 (Art. 24)		Werthgebühr: 1 1/2 (Art. 23)		4/10 aus der vollen Werthgebühr (Art. 45 Abs. 3)		4/10 aus 2/3 Werthgebühr (Art. 45 Abs. 3)		Hinterlegungsgebühr: Art. 100		Hinterlegungsgebühr: Art. 101 a		Hinterlegungsgebühr: Art. 101 b		Auseinandersetzungsgebühr: 5/10 (der Sätze des § 8 des Reichsgerichts-Kosten-Gesetzes)		Auseinandersetzungsgebühr: 2/10 (der Sätze des § 8 des Reichsgerichts-Kosten-Gesetzes)	
ℳ	ℳ	₰	ℳ	₰	ℳ	₰	ℳ	₰	ℳ	₰	ℳ	₰	ℳ	₰	ℳ	₰	ℳ	₰	ℳ	₰	ℳ	₰
40100	54	—	27	—	36	—	81	—	21	60	14	40	52	70	210	50	421	—	125	—	50	—
40200	54	—	27	—	36	—	81	—	21	60	14	40	52	80	211	—	422	—	125	—	50	—
40300	54	—	27	—	36	—	81	—	21	60	14	40	52	90	211	50	423	—	125	—	50	—
40400	54	—	27	—	36	—	81	—	21	60	14	40	53	—	212	—	424	—	125	—	50	—
40500	54	—	27	—	36	—	81	—	21	60	14	40	53	20	212	50	425	—	125	—	50	—
40600	54	—	27	—	36	—	81	—	21	60	14	40	53	30	213	—	426	—	125	—	50	—
40700	54	—	27	—	36	—	81	—	21	60	14	40	53	40	213	50	427	—	125	—	50	—
40800	54	—	27	—	36	—	81	—	21	60	14	40	53	50	214	—	428	—	125	—	50	—
40900	54	—	27	—	36	—	81	—	21	60	14	40	53	70	214	50	429	—	125	—	50	—
41000	54	—	27	—	36	—	81	—	21	60	14	40	53	80	215	—	430	—	125	—	50	—
41100	56	—	28	—	37	40	84	—	22	40	15	—	53	90	215	50	431	—	125	—	50	—
41200	56	—	28	—	37	40	84	—	22	40	15	—	54	—	216	—	432	—	125	—	50	—
41300	56	—	28	—	37	40	84	—	22	40	15	—	54	20	216	50	433	—	125	—	50	—
41400	56	—	28	—	37	40	84	—	22	40	15	—	54	30	217	—	434	—	125	—	50	—
41500	56	—	28	—	37	40	84	—	22	40	15	—	54	40	217	50	435	—	125	—	50	—
41600	56	—	28	—	37	40	84	—	22	40	15	—	54	50	218	—	436	—	125	—	50	—
41700	56	—	28	—	37	40	84	—	22	40	15	—	54	70	218	50	437	—	125	—	50	—
41800	56	—	28	—	37	40	84	—	22	40	15	—	54	80	219	—	438	—	125	—	50	—
41900	56	—	28	—	37	40	84	—	22	40	15	—	54	90	219	50	439	—	125	—	50	—
42000	56	—	28	—	37	40	84	—	22	40	15	—	55	—	220	—	440	—	125	—	50	—
42100	56	—	28	—	37	40	84	—	22	40	15	—	55	20	220	50	441	—	130	—	52	—
42200	56	—	28	—	37	40	84	—	22	40	15	—	55	30	221	—	442	—	130	—	52	—
42300	56	—	28	—	37	40	84	—	22	40	15	—	55	40	221	50	443	—	130	—	52	—
42400	56	—	28	—	37	40	84	—	22	40	15	—	55	50	222	—	444	—	130	—	52	—
42500	56	—	28	—	37	40	84	—	22	40	15	—	55	70	222	50	445	—	130	—	52	—
42600	56	—	28	—	37	40	84	—	22	40	15	—	55	80	223	—	446	—	130	—	52	—
42700	56	—	28	—	37	40	84	—	22	40	15	—	55	90	223	50	447	—	130	—	52	—
42800	56	—	28	—	37	40	84	—	22	40	15	—	56	—	224	—	448	—	130	—	52	—
42900	56	—	28	—	37	40	84	—	22	40	15	—	56	20	224	50	449	—	130	—	52	—
43000	56	—	28	—	37	40	84	—	22	40	15	—	56	30	225	—	450	—	130	—	52	—
43100	56	—	28	—	37	40	84	—	22	40	15	—	56	40	225	50	451	—	130	—	52	—
43200	56	—	28	—	37	40	84	—	22	40	15	—	56	50	226	—	452	—	130	—	52	—
43300	56	—	28	—	37	40	84	—	22	40	15	—	56	70	226	50	453	—	130	—	52	—
43400	56	—	28	—	37	40	84	—	22	40	15	—	56	80	227	—	454	—	130	—	52	—
43500	56	—	28	—	37	40	84	—	22	40	15	—	56	90	227	50	455	—	130	—	52	—
43600	56	—	28	—	37	40	84	—	22	40	15	—	57	—	228	—	456	—	130	—	52	—
43700	56	—	28	—	37	40	84	—	22	40	15	—	57	20	228	50	457	—	130	—	52	—
43800	56	—	28	—	37	40	84	—	22	40	15	—	57	30	229	—	458	—	130	—	52	—
43900	56	—	28	—	37	40	84	—	22	40	15	—	57	40	229	50	459	—	130	—	52	—
44000	56	—	28	—	37	40	84	—	22	40	15	—	57	50	230	—	460	—	130	—	52	—

Gegen-standss-Summa	Staatsgebühren 1 Prozent		Staatsgebühren 1½ Prozent		Staatsgebühren 2 Prozent		Besitz-veränderungs-abgabe		Staatsgebühren 1 pro mille		Staatsgebühren 2 pro mille		Staatsgebühren 2½ pro mille		Staatsgebühren 3 pro mille		Staatsgebühren 5 pro mille	
ℳ	ℳ	₰	ℳ	₰	ℳ	₰	ℳ	₰	ℳ	₰	ℳ	₰	ℳ	₰	ℳ	₰	ℳ	₰
44100	441	—	661	50	882	—	220	50	44	10	88	20	110	30	132	30	220	50
44200	442	—	663	—	884	—	221	—	44	20	88	40	110	50	132	60	221	—
44300	443	—	664	50	886	—	221	50	44	30	88	60	110	80	132	90	221	50
44400	444	—	666	—	888	—	222	—	44	40	88	80	111	—	133	20	222	—
44500	445	—	667	50	890	—	222	50	44	50	89	—	111	30	133	50	222	50
44600	446	—	669	—	892	—	223	—	44	60	89	20	111	50	133	80	223	—
44700	447	—	670	50	894	—	223	50	44	70	89	40	111	80	134	10	223	50
44800	448	—	672	—	896	—	224	—	44	80	89	60	112	—	134	40	224	—
44900	449	—	673	50	898	—	224	50	44	90	89	80	112	30	134	70	224	50
45000	450	—	675	—	900	—	225	—	45	—	90	—	112	50	135	—	225	—
45100	451	—	676	50	902	—	225	50	45	10	90	20	112	80	135	30	225	50
45200	452	—	678	—	904	—	226	—	45	20	90	40	113	—	135	60	226	—
45300	453	—	679	50	906	—	226	50	45	30	90	60	113	30	135	90	226	50
45400	454	—	681	—	908	—	227	—	45	40	90	80	113	50	136	20	227	—
45500	455	—	682	50	910	—	227	50	45	50	91	—	113	80	136	50	227	50
45600	456	—	684	—	912	—	228	—	45	60	91	20	114	—	136	80	228	—
45700	457	—	685	50	914	—	228	50	45	70	91	40	114	30	137	10	228	50
45800	458	—	687	—	916	—	229	—	45	80	91	60	114	50	137	40	229	—
45900	459	—	688	50	918	—	229	50	45	90	91	80	114	80	137	70	229	50
46000	460	—	690	—	920	—	230	—	46	—	92	—	115	—	138	—	230	—
46100	461	—	691	50	922	—	230	50	46	10	92	20	115	30	138	30	230	50
46200	462	—	693	—	924	—	231	—	46	20	92	40	115	50	138	60	231	—
46300	463	—	694	50	926	—	231	50	46	30	92	60	115	80	138	90	231	50
46400	464	—	696	—	928	—	232	—	46	40	92	80	116	—	139	20	232	—
46500	465	—	697	50	930	—	232	50	46	50	93	—	116	30	139	50	232	50
46600	466	—	699	—	932	—	233	—	46	60	93	20	116	50	139	80	233	—
46700	467	—	700	50	934	—	233	50	46	70	93	40	116	80	140	10	233	50
46800	468	—	702	—	936	—	234	—	46	80	93	60	117	—	140	40	234	—
46900	469	—	703	50	938	—	234	50	46	90	93	80	117	30	140	70	234	50
47000	470	—	705	—	940	—	235	—	47	—	94	—	117	50	141	—	235	—
47100	471	—	706	50	942	—	235	50	47	10	94	20	117	80	141	30	235	50
47200	472	—	708	—	944	—	236	—	47	20	94	40	118	—	141	60	236	—
47300	473	—	709	50	946	—	236	50	47	30	94	60	118	30	141	90	236	50
47400	474	—	711	—	948	—	237	—	47	40	94	80	118	50	142	20	237	—
47500	475	—	712	50	950	—	237	50	47	50	95	—	118	80	142	50	237	50
47600	476	—	714	—	952	—	238	—	47	60	95	20	119	—	142	80	238	—
47700	477	—	715	50	954	—	238	50	47	70	95	40	119	30	143	10	238	50
47800	478	—	717	—	956	—	239	—	47	80	95	60	119	50	143	40	239	—
47900	479	—	718	50	958	—	239	50	47	90	95	80	119	80	143	70	239	50
48000	480	—	720	—	960	—	240	—	48	—	96	—	120	—	144	—	240	—

Gegenstands-Summa	Werthgebühr: Volle (Art. 22. 40. 41. 50)		Werthgebühr: 1/2 (Art. 25. 27. 29. 30. 38 Abs. 2)		Werthgebühr: 1/2 bis 2200 M, darüber 2/3 (Art. 24)		Werthgebühr: 1 1/2 (Art. 23)		4/10 aus der vollen Werthgebühr (Art. 45 Abs. 3)		4/10 aus 2/3 Werthgebühr (Art. 45 Abs. 3)		Hinterlegungsgebühr: Art. 100		Hinterlegungsgebühr: Art. 101 a		Hinterlegungsgebühr: Art. 101 b		Auseinandersetzungsgebühr: 5/10 der Sätze des § 8 des Reichsgerichts-Kosten-Gesetzes		Auseinandersetzungsgebühr: 2/10 der Sätze des § 8 des Reichsgerichts-Kosten-Gesetzes	
M	M	₰	M	₰	M	₰	M	₰	M	₰	M	₰	M	₰	M	₰	M	₰	M	₰	M	₰
44100	58	—	29	—	38	70	87	—	23	20	15	50	57	70	230	50	461	—	135	—	54	—
44200	58	—	29	—	38	70	87	—	23	20	15	50	57	80	231	—	462	—	135	—	54	—
44300	58	—	29	—	38	70	87	—	23	20	15	50	57	90	231	50	463	—	135	—	54	—
44400	58	—	29	—	38	70	87	—	23	20	15	50	58	—	232	—	464	—	135	—	54	—
44500	58	—	29	—	38	70	87	—	23	20	15	50	58	20	232	50	465	—	135	—	54	—
44600	58	—	29	—	38	70	87	—	23	20	15	50	58	30	233	—	466	—	135	—	54	—
44700	58	—	29	—	38	70	87	—	23	20	15	50	58	40	233	50	467	—	135	—	54	—
44800	58	—	29	—	38	70	87	—	23	20	15	50	58	50	234	—	468	—	135	—	54	—
44900	58	—	29	—	38	70	87	—	23	20	15	50	58	70	234	50	469	—	135	—	54	—
45000	58	—	29	—	38	70	87	—	23	20	15	50	58	80	235	—	470	—	135	—	54	—
45100	58	—	29	—	38	70	87	—	23	20	15	50	58	90	235	50	471	—	135	—	54	—
45200	58	—	29	—	38	70	87	—	23	20	15	50	59	—	236	—	472	—	135	—	54	—
45300	58	—	29	—	38	70	87	—	23	20	15	50	59	20	236	50	473	—	135	—	54	—
45400	58	—	29	—	38	70	87	—	23	20	15	50	59	30	237	—	474	—	135	—	54	—
45500	58	—	29	—	38	70	87	—	23	20	15	50	59	40	237	50	475	—	135	—	54	—
45600	58	—	29	—	38	70	87	—	23	20	15	50	59	50	238	—	476	—	135	—	54	—
45700	58	—	29	—	38	70	87	—	23	20	15	50	59	70	238	50	477	—	135	—	54	—
45800	58	—	29	—	38	70	87	—	23	20	15	50	59	80	239	—	478	—	135	—	54	—
45900	58	—	29	—	38	70	87	—	23	20	15	50	59	90	239	50	479	—	135	—	54	—
46000	58	—	29	—	38	70	87	—	23	20	15	50	60	—	240	—	480	—	135	—	54	—
46100	58	—	29	—	38	70	87	—	23	20	15	50	60	20	240	50	481	—	140	—	56	—
46200	58	—	29	—	38	70	87	—	23	20	15	50	60	30	241	—	482	—	140	—	56	—
46300	58	—	29	—	38	70	87	—	23	20	15	50	60	40	241	50	483	—	140	—	56	—
46400	58	—	29	—	38	70	87	—	23	20	15	50	60	50	242	—	484	—	140	—	56	—
46500	58	—	29	—	38	70	87	—	23	20	15	50	60	70	242	50	485	—	140	—	56	—
46600	58	—	29	—	38	70	87	—	23	20	15	50	60	80	243	—	486	—	140	—	56	—
46700	58	—	29	—	38	70	87	—	23	20	15	50	60	90	243	50	487	—	140	—	56	—
46800	58	—	29	—	38	70	87	—	23	20	15	50	61	—	244	—	488	—	140	—	56	—
46900	58	—	29	—	38	70	87	—	23	20	15	50	61	20	244	50	489	—	140	—	56	—
47000	58	—	29	—	38	70	87	—	23	20	15	50	61	30	245	—	490	—	140	—	56	—
47100	60	—	30	—	40	—	90	—	24	—	16	—	61	40	245	50	491	—	140	—	56	—
47200	60	—	30	—	40	—	90	—	24	—	16	—	61	50	246	—	492	—	140	—	56	—
47300	60	—	30	—	40	—	90	—	24	—	16	—	61	70	246	50	493	—	140	—	56	—
47400	60	—	30	—	40	—	90	—	24	—	16	—	61	80	247	—	494	—	140	—	56	—
47500	60	—	30	—	40	—	90	—	24	—	16	—	61	90	247	50	495	—	140	—	56	—
47600	60	—	30	—	40	—	90	—	24	—	16	—	62	—	248	—	496	—	140	—	56	—
47700	60	—	30	—	40	—	90	—	24	—	16	—	62	20	248	50	497	—	140	—	56	—
47800	60	—	30	—	40	—	90	—	24	—	16	—	62	30	249	—	498	—	140	—	56	—
47900	60	—	30	—	40	—	90	—	24	—	16	—	62	40	249	50	499	—	140	—	56	—
48000	60	—	30	—	40	—	90	—	24	—	16	—	62	50	250	—	500	—	140	—	56	—

Gegen-standS-Summa	Staatsgebühren Prozent						Besitz-verände-rungs-abgabe		Staatsgebühren pro mille									
	1		1½		2				1		2		2½		3		5	
ℳ	ℳ	₰	ℳ	₰	ℳ	₰	ℳ	₰	ℳ	₰	ℳ	₰	ℳ	₰	ℳ	₰	ℳ	₰
48100	481	—	721	50	962	—	240	50	48	10	96	20	120	30	144	30	240	50
48200	482	—	723	—	964	—	241	—	48	20	96	40	120	50	144	60	241	—
48300	483	—	724	50	966	—	241	50	48	30	96	60	120	80	144	90	241	50
48400	484	—	726	—	968	—	242	—	48	40	96	80	121	—	145	20	242	—
48500	485	—	727	50	970	—	242	50	48	50	97	—	121	30	145	50	242	50
48600	486	—	729	—	972	—	243	—	48	60	97	20	121	50	145	80	243	—
48700	487	—	730	50	974	—	243	50	48	70	97	40	121	80	146	10	243	50
48800	488	—	732	—	976	—	244	—	48	80	97	60	122	—	146	40	244	—
48900	489	—	733	50	978	—	244	50	48	90	97	80	122	30	146	70	244	50
49000	490	—	735	—	980	—	245	—	49	—	98	—	122	50	147	—	245	—
49100	491	—	736	50	982	—	245	50	49	10	98	20	122	80	147	30	245	50
49200	492	—	738	—	984	—	246	—	49	20	98	40	123	—	147	60	246	—
49300	493	—	739	50	986	—	246	50	49	30	98	60	123	30	147	90	246	50
49400	494	—	741	—	988	—	247	—	49	40	98	80	123	50	148	20	247	—
49500	495	—	742	50	990	—	247	50	49	50	99	—	123	80	148	50	247	50
49600	496	—	744	—	992	—	248	—	49	60	99	20	124	—	148	80	248	—
49700	497	—	745	50	994	—	248	50	49	70	99	40	124	30	149	10	248	50
49800	498	—	747	—	996	—	249	—	49	80	99	60	124	50	149	40	249	—
49900	499	—	748	50	998	—	249	50	49	90	99	80	124	80	149	70	249	50
50000	500	—	750	—	1000	—	250	—	50	—	100	—	125	—	150	—	250	—
50100	501	—	751	50	1002	—	250	50	50	10	100	20	125	30	150	30	250	50
50400	504	—	756	—	1008	—	252	—	50	40	100	80	126	—	151	20	252	—
50700	507	—	760	50	1014	—	253	50	50	70	101	40	126	80	152	10	253	50
51000	510	—	765	—	1020	—	255	—	51	—	102	—	127	50	153	—	255	—
51300	513	—	769	50	1026	—	256	50	51	30	102	60	128	30	153	90	256	50
51600	516	—	774	—	1032	—	258	—	51	60	103	20	129	—	154	80	258	—
51900	519	—	778	50	1038	—	259	50	51	90	103	80	129	80	155	70	259	50
52200	522	—	783	—	1044	—	261	—	52	20	104	40	130	50	156	60	261	—
52500	525	—	787	50	1050	—	262	50	52	50	105	—	131	30	157	50	262	50
52800	528	—	792	—	1056	—	264	—	52	80	105	60	132	—	158	40	264	—
53100	531	—	796	50	1062	—	265	50	53	10	106	20	132	80	159	30	265	50
53400	534	—	801	—	1068	—	267	—	53	40	106	80	133	50	160	20	267	—
53700	537	—	805	50	1074	—	268	50	53	70	107	40	134	30	161	10	268	50
54000	540	—	810	—	1080	—	270	—	54	—	108	—	135	—	162	—	270	—
54300	543	—	814	50	1086	—	271	50	54	30	108	60	135	80	162	90	271	50
54600	546	—	819	—	1092	—	273	—	54	60	109	20	136	50	163	80	273	—
54900	549	—	823	50	1098	—	274	50	54	90	109	80	137	30	164	70	274	50
55200	552	—	828	—	1104	—	276	—	55	20	110	40	138	—	165	60	276	—
55500	555	—	832	50	1110	—	277	50	55	50	111	—	138	80	166	50	277	50
55800	558	—	837	—	1116	—	279	—	55	80	111	60	139	50	167	40	279	—

Gegen-stands-Summa	Werthgebühr: Volle (Art. 22. 40. 41. 50)		Werthgebühr: 1/2 (Art. 25. 27. 29. 30. 38 Abs. 2)		Werthgebühr: 1/2 bis 2200 M, darüber 2/3 (Art. 24)		Werthgebühr: 1 1/2 (Art. 23)		4/10 aus der vollen Werthgebühr (Art. 45 Abs. 3)		4/10 aus 2/3 Werthgebühr (Art. 45 Abs. 3)		Hinterlegungsgebühr: Art. 100		Hinterlegungsgebühr: Art. 101 a		Hinterlegungsgebühr: Art. 101 b		Auseinandersetzungsgebühr: 5/10 (der Sätze des § 8 des Reichsgerichts-Kosten-Gesetzes)		Auseinandersetzungsgebühr: 2/10 (der Sätze des § 8 des Reichsgerichts-Kosten-Gesetzes)	
M	M	₰	M	₰	M	₰	M	₰	M	₰	M	₰	M	₰	M	₰	M	₰	M	₰	M	₰
48100	60	—	30	—	40	—	90	—	24	—	16	—	62	70	250	50	501	—	145	—	58	—
48200	60	—	30	—	40	—	90	—	24	—	16	—	62	80	251	—	502	—	145	—	58	—
48300	60	—	30	—	40	—	90	—	24	—	16	—	62	90	251	50	503	—	145	—	58	—
48400	60	—	30	—	40	—	90	—	24	—	16	—	63	—	252	—	504	—	145	—	58	—
48500	60	—	30	—	40	—	90	—	24	—	16	—	63	20	252	50	505	—	145	—	58	—
48600	60	—	30	—	40	—	90	—	24	—	16	—	63	30	253	—	506	—	145	—	58	—
48700	60	—	30	—	40	—	90	—	24	—	16	—	63	40	253	50	507	—	145	—	58	—
48800	60	—	30	—	40	—	90	—	24	—	16	—	63	50	254	—	508	—	145	—	58	—
48900	60	—	30	—	40	—	90	—	24	—	16	—	63	70	254	50	509	—	145	—	58	—
49000	60	—	30	—	40	—	90	—	24	—	16	—	63	80	255	—	510	—	145	—	58	—
49100	60	—	30	—	40	—	90	—	24	—	16	—	63	90	255	50	511	—	145	—	58	—
49200	60	—	30	—	40	—	90	—	24	—	16	—	64	—	256	—	512	—	145	—	58	—
49300	60	—	30	—	40	—	90	—	24	—	16	—	64	20	256	50	513	—	145	—	58	—
49400	60	—	30	—	40	—	90	—	24	—	16	—	64	30	257	—	514	—	145	—	58	—
49500	60	—	30	—	40	—	90	—	24	—	16	—	64	40	257	50	515	—	145	—	58	—
49600	60	—	30	—	40	—	90	—	24	—	16	—	64	50	258	—	516	—	145	—	58	—
49700	60	—	30	—	40	—	90	—	24	—	16	—	64	70	258	50	517	—	145	—	58	—
49800	60	—	30	—	40	—	90	—	24	—	16	—	64	80	259	—	518	—	145	—	58	—
49900	60	—	30	—	40	—	90	—	24	—	16	—	64	90	259	50	519	—	145	—	58	—
50000	60	—	30	—	40	—	90	—	24	—	16	—	65	—	260	—	520	—	145	—	58	—
50100	66	—	33	—	44	—	99	—	26	40	17	60	65	20	260	50	521	—	150	—	60	—
50400	66	—	33	—	44	—	99	—	26	40	17	60	65	50	262	—	524	—	150	—	60	—
50700	66	—	33	—	44	—	99	—	26	40	17	60	65	90	263	50	527	—	150	—	60	—
51000	66	—	33	—	44	—	99	—	26	40	17	60	66	30	265	—	530	—	150	—	60	—
51300	66	—	33	—	44	—	99	—	26	40	17	60	66	70	266	50	533	—	150	—	60	—
51600	66	—	33	—	44	—	99	—	26	40	17	60	67	—	268	—	536	—	150	—	60	—
51900	66	—	33	—	44	—	99	—	26	40	17	60	67	40	269	50	539	—	150	—	60	—
52200	66	—	33	—	44	—	99	—	26	40	17	60	67	80	271	—	542	—	155	—	62	—
52500	66	—	33	—	44	—	99	—	26	40	17	60	68	20	272	50	545	—	155	—	62	—
52800	66	—	33	—	44	—	99	—	26	40	17	60	68	50	274	—	548	—	155	—	62	—
53100	66	—	33	—	44	—	99	—	26	40	17	60	68	90	275	50	551	—	155	—	62	—
53400	66	—	33	—	44	—	99	—	26	40	17	60	69	30	277	—	554	—	155	—	62	—
53700	66	—	33	—	44	—	99	—	26	40	17	60	69	70	278	50	557	—	155	—	62	—
54000	66	—	33	—	44	—	99	—	26	40	17	60	70	—	280	—	560	—	155	—	62	—
54300	66	—	33	—	44	—	99	—	26	40	17	60	70	40	281	50	563	—	160	—	64	—
54600	66	—	33	—	44	—	99	—	26	40	17	60	70	80	283	—	566	—	160	—	64	—
54900	66	—	33	—	44	—	99	—	26	40	17	60	71	20	284	50	569	—	160	—	64	—
55200	66	—	33	—	44	—	99	—	26	40	17	60	71	50	286	—	572	—	160	—	64	—
55500	66	—	33	—	44	—	99	—	26	40	17	60	71	90	287	50	575	—	160	—	64	—
55800	66	—	33	—	44	—	99	—	26	40	17	60	72	30	289	—	578	—	160	—	64	—

Gegen-stands-Summa	Staatsgebühren 1 Prozent		1½ Prozent		2 Prozent		Besitz-verände-rungs-abgabe		Staatsgebühren 1 pro mille		2 pro mille		2½ pro mille		3 pro mille		5 pro mille	
M	M	Pf	M	Pf	M	Pf	M	Pf	M	Pf	M	Pf	M	Pf	M	Pf	M	Pf
56100	561	—	841	50	1122	—	280	50	56	10	112	20	140	30	168	30	280	50
56400	564	—	846	—	1128	—	282	—	56	40	112	80	141	—	169	20	282	—
56700	567	—	850	50	1134	—	283	50	56	70	113	40	141	80	170	10	283	50
57000	570	—	855	—	1140	—	285	—	57	—	114	—	142	50	171	—	285	—
57300	573	—	859	50	1146	—	286	50	57	30	114	60	143	30	171	90	286	50
57600	576	—	864	—	1152	—	288	—	57	60	115	20	144	—	172	80	288	—
57900	579	—	868	50	1158	—	289	50	57	90	115	80	144	80	173	70	289	50
58200	582	—	873	—	1164	—	291	—	58	20	116	40	145	50	174	60	291	—
58500	585	—	877	50	1170	—	292	50	58	50	117	—	146	30	175	50	292	50
58800	588	—	882	—	1176	—	294	—	58	80	117	60	147	—	176	40	294	—
59100	591	—	886	50	1182	—	295	50	59	10	118	20	147	80	177	30	295	50
59400	594	—	891	—	1188	—	297	—	59	40	118	80	148	50	178	20	297	—
59700	597	—	895	50	1194	—	298	50	59	70	119	40	149	30	179	10	298	50
60000	600	—	900	—	1200	—	300	—	60	—	120	—	150	—	180	—	300	—
60300	603	—	904	50	1206	—	301	50	60	30	120	60	150	80	180	90	301	50
60600	606	—	909	—	1212	—	303	—	60	60	121	20	151	50	181	80	303	—
60900	609	—	913	50	1218	—	304	50	60	90	121	80	152	30	182	70	304	50
61200	612	—	918	—	1224	—	306	—	61	20	122	40	153	—	183	60	306	—
61500	615	—	922	50	1230	—	307	50	61	50	123	—	153	80	184	50	307	50
61800	618	—	927	—	1236	—	309	—	61	80	123	60	154	50	185	40	309	—
62100	621	—	931	50	1242	—	310	50	62	10	124	20	155	30	186	30	310	50
62400	624	—	936	—	1248	—	312	—	62	40	124	80	156	—	187	20	312	—
62700	627	—	940	50	1254	—	313	50	62	70	125	40	156	80	188	10	313	50
63000	630	—	945	—	1260	—	315	—	63	—	126	—	157	50	189	—	315	—
63300	633	—	949	50	1266	—	316	50	63	30	126	60	158	30	189	90	316	50
63600	636	—	954	—	1272	—	318	—	63	60	127	20	159	—	190	80	318	—
63900	639	—	958	50	1278	—	319	50	63	90	127	80	159	80	191	70	319	50
64200	642	—	963	—	1284	—	321	—	64	20	128	40	160	50	192	60	321	—
64500	645	—	967	50	1290	—	322	50	64	50	129	—	161	30	193	50	322	50
64800	648	—	972	—	1296	—	324	—	64	80	129	60	162	—	194	40	324	—
65100	651	—	976	50	1302	—	325	50	65	10	130	20	162	80	195	30	325	50
65400	654	—	981	—	1308	—	327	—	65	40	130	80	163	50	196	20	327	—
65700	657	—	985	50	1314	—	328	50	65	70	131	40	164	30	197	10	328	50
66000	660	—	990	—	1320	—	330	—	66	—	132	—	165	—	198	—	330	—
66300	663	—	994	50	1326	—	331	50	66	30	132	60	165	80	198	90	331	50
66600	666	—	999	—	1332	—	333	—	66	60	133	20	166	50	199	80	333	—
66900	669	—	1003	50	1338	—	334	50	66	90	133	80	167	30	200	70	334	50
67200	672	—	1008	—	1344	—	336	—	67	20	134	40	168	—	201	60	336	—
67500	675	—	1012	50	1350	—	337	50	67	50	135	—	168	80	202	50	337	50
67800	678	—	1017	—	1356	—	339	—	67	80	135	60	169	50	203	40	339	—

Gegenstands-Summa	Werthgebühr: Volle (Art. 22. 40. 41. 50)		Werthgebühr: 1/2 (Art. 25. 27. 29. 30. 38 Abs. 2)		Werthgebühr: 1/2 bis 2200 M, darüber 2/3 (Art. 24)		Werthgebühr: 1 1/2 (Art. 23)		4/10 aus der vollen Werthgebühr (Art. 45 Abs. 3)		4/10 aus 2/3 Werthgebühr (Art. 45 Abs. 3)		Hinterlegungsgebühr: Art. 100		Hinterlegungsgebühr: Art. 101 a		Hinterlegungsgebühr: Art. 101 b		Auseinandersetzungsgebühr: 5/10 der Sätze des § 8 des Reichsgerichts-Kosten-Gesetzes		Auseinandersetzungsgebühr: 2/10 der Sätze des § 8 des Reichsgerichts-Kosten-Gesetzes	
M	M	Pf	M	Pf	M	Pf	M	Pf	M	Pf	M	Pf	M	Pf	M	Pf	M	Pf	M	Pf	M	Pf
56100	66	—	33	—	44	—	99	—	26	40	17	60	72	70	290	50	581	—	165	—	66	—
56400	66	—	33	—	44	—	99	—	26	40	17	60	73	—	292	—	584	—	165	—	66	—
56700	66	—	33	—	44	—	99	—	26	40	17	60	73	40	293	50	587	—	165	—	66	—
57000	66	—	33	—	44	—	99	—	26	40	17	60	73	80	295	—	590	—	165	—	66	—
57300	66	—	33	—	44	—	99	—	26	40	17	60	74	20	296	50	593	—	165	—	66	—
57600	66	—	33	—	44	—	99	—	26	40	17	60	74	50	298	—	596	—	165	—	66	—
57900	66	—	33	—	44	—	99	—	26	40	17	60	74	90	299	50	599	—	165	—	66	—
58200	66	—	33	—	44	—	99	—	26	40	17	60	75	30	301	—	602	—	170	—	68	—
58500	66	—	33	—	44	—	99	—	26	40	17	60	75	70	302	50	605	—	170	—	68	—
58800	66	—	33	—	44	—	99	—	26	40	17	60	76	—	304	—	608	—	170	—	68	—
59100	66	—	33	—	44	—	99	—	26	40	17	60	76	40	305	50	611	—	170	—	68	—
59400	66	—	33	—	44	—	99	—	26	40	17	60	76	80	307	—	614	—	170	—	68	—
59700	66	—	33	—	44	—	99	—	26	40	17	60	77	20	308	50	617	—	170	—	68	—
60000	66	—	33	—	48	—	99	—	26	40	17	60	77	50	310	—	620	—	170	—	68	—
60300	72	—	36	—	48	—	108	—	28	80	19	20	77	90	311	50	623	—	175	—	70	—
60600	72	—	36	—	48	—	108	—	28	80	19	20	78	30	313	—	626	—	175	—	70	—
60900	72	—	36	—	48	—	108	—	28	80	19	20	78	70	314	50	629	—	175	—	70	—
61200	72	—	36	—	48	—	108	—	28	80	19	20	79	—	316	—	632	—	175	—	70	—
61500	72	—	36	—	48	—	108	—	28	80	19	20	79	40	317	50	635	—	175	—	70	—
61800	72	—	36	—	48	—	108	—	28	80	19	20	79	80	319	—	638	—	175	—	70	—
62100	72	—	36	—	48	—	108	—	28	80	19	20	80	20	320	50	641	—	180	—	72	—
62400	72	—	36	—	48	—	108	—	28	80	19	20	80	50	322	—	644	—	180	—	72	—
62700	72	—	36	—	48	—	108	—	28	80	19	20	80	90	323	50	647	—	180	—	72	—
63000	72	—	36	—	48	—	108	—	28	80	19	20	81	30	325	—	650	—	180	—	72	—
63300	72	—	36	—	48	—	108	—	28	80	19	20	81	70	326	50	653	—	180	—	72	—
63600	72	—	36	—	48	—	108	—	28	80	19	20	82	—	328	—	656	—	180	—	72	—
63900	72	—	36	—	48	—	108	—	28	80	19	20	82	40	329	50	659	—	180	—	72	—
64200	72	—	36	—	48	—	108	—	28	80	19	20	82	80	331	—	662	—	185	—	74	—
64500	72	—	36	—	48	—	108	—	28	80	19	20	83	20	332	50	665	—	185	—	74	—
64800	72	—	36	—	48	—	108	—	28	80	19	20	83	50	334	—	668	—	185	—	74	—
65100	72	—	36	—	48	—	108	—	28	80	19	20	83	90	335	50	671	—	185	—	74	—
65400	72	—	36	—	48	—	108	—	28	80	19	20	84	30	337	—	674	—	185	—	74	—
65700	72	—	36	—	48	—	108	—	28	80	19	20	84	70	338	50	677	—	185	—	74	—
66000	72	—	36	—	48	—	108	—	28	80	19	20	85	—	340	—	680	—	185	—	74	—
66300	72	—	36	—	48	—	108	—	28	80	19	20	85	40	341	50	683	—	190	—	76	—
66600	72	—	36	—	48	—	108	—	28	80	19	20	85	80	343	—	686	—	190	—	76	—
66900	72	—	36	—	48	—	108	—	28	80	19	20	86	20	344	50	689	—	190	—	76	—
67200	72	—	36	—	48	—	108	—	28	80	19	20	86	50	346	—	692	—	190	—	76	—
67500	72	—	36	—	48	—	108	—	28	80	19	20	86	90	347	50	695	—	190	—	76	—
67800	72	—	36	—	48	—	108	—	28	80	19	20	87	30	349	—	698	—	190	—	76	—

Gegen-stands-Summa	Staatsgebühren 1 Prozent		1½ Prozent		2 Prozent		Besitz-veränderungs-abgabe		Staatsgebühren 1 pro mille		2 pro mille		2½ pro mille		3 pro mille		5 pro mille	
ℳ	ℳ	₰	ℳ	₰	ℳ	₰	ℳ	₰	ℳ	₰	ℳ	₰	ℳ	₰	ℳ	₰	ℳ	₰
68100	681	—	1021	50	1362	—	340	50	68	10	136	20	170	30	204	30	340	50
68400	684	—	1026	—	1368	—	342	—	68	40	136	80	171	—	205	20	342	—
68700	687	—	1030	50	1374	—	343	50	68	70	137	40	171	80	206	10	343	50
69000	690	—	1035	—	1380	—	345	—	69	—	138	—	172	50	207	—	345	—
69300	693	—	1039	50	1386	—	346	50	69	30	138	60	173	30	207	90	346	50
69600	696	—	1044	—	1392	—	348	—	69	60	139	20	174	—	208	80	348	—
69900	699	—	1048	50	1398	—	349	50	69	90	139	80	174	80	209	70	349	50
70200	702	—	1053	—	1404	—	351	—	70	20	140	40	175	50	210	60	351	—
70500	705	—	1057	50	1410	—	352	50	70	50	141	—	176	30	211	50	352	50
70800	708	—	1062	—	1416	—	354	—	70	80	141	60	177	—	212	40	354	—
71100	711	—	1066	50	1422	—	355	50	71	10	142	20	177	80	213	30	355	50
71400	714	—	1071	—	1428	—	357	—	71	40	142	80	178	50	214	20	357	—
71700	717	—	1075	50	1434	—	358	50	71	70	143	40	179	30	215	10	358	50
72000	720	—	1080	—	1440	—	360	—	72	—	144	—	180	—	216	—	360	—
72300	723	—	1084	50	1446	—	361	50	72	30	144	60	180	80	216	90	361	50
72600	726	—	1089	—	1452	—	363	—	72	60	145	20	181	50	217	80	363	—
72900	729	—	1093	50	1458	—	364	50	72	90	145	80	182	30	218	70	364	50
73200	732	—	1098	—	1464	—	366	—	73	20	146	40	183	—	219	60	366	—
73500	735	—	1102	50	1470	—	367	50	73	50	147	—	183	80	220	50	367	50
73800	738	—	1107	—	1476	—	369	—	73	80	147	60	184	50	221	40	369	—
74100	741	—	1111	50	1482	—	370	50	74	10	148	20	185	30	222	30	370	50
74400	744	—	1116	—	1488	—	372	—	74	40	148	80	186	—	223	20	372	—
74700	747	—	1120	50	1494	—	373	50	74	70	149	40	186	80	224	10	373	50
75000	750	—	1125	—	1500	—	375	—	75	—	150	—	187	50	225	—	375	—
75300	753	—	1129	50	1506	—	376	50	75	30	150	60	188	30	225	90	376	50
75600	756	—	1134	—	1512	—	378	—	75	60	151	20	189	—	226	80	378	—
75900	759	—	1138	50	1518	—	379	50	75	90	151	80	189	80	227	70	379	50
76200	762	—	1143	—	1524	—	381	—	76	20	152	40	190	50	228	60	381	—
76500	765	—	1147	50	1530	—	382	50	76	50	153	—	191	30	229	50	382	50
76800	768	—	1152	—	1536	—	384	—	76	80	153	60	192	—	230	40	384	—
77100	771	—	1156	50	1542	—	385	50	77	10	154	20	192	80	231	30	385	50
77400	774	—	1161	—	1548	—	387	—	77	40	154	80	193	50	232	20	387	—
77700	777	—	1165	50	1554	—	388	50	77	70	155	40	194	30	233	10	388	50
78000	780	—	1170	—	1560	—	390	—	78	—	156	—	195	—	234	—	390	—
78300	783	—	1174	50	1566	—	391	50	78	30	156	60	195	80	234	90	391	50
78600	786	—	1179	—	1572	—	393	—	78	60	157	20	196	50	235	80	393	—
78900	789	—	1183	50	1578	—	394	50	78	90	157	80	197	30	236	70	394	50
79200	792	—	1188	—	1584	—	396	—	79	20	158	40	198	—	237	60	396	—
79500	795	—	1192	50	1590	—	397	50	79	50	159	—	198	80	238	50	397	50
79800	798	—	1197	—	1596	—	399	—	79	80	159	60	199	50	239	40	399	—

Gegen-stands-Summa	Werthgebühr								4/10 aus der vollen Werth-gebühr		4/10 aus 2/3 Werth-gebühr		Hinterlegungs-gebühr						Auseinander-setzungsgebühr			
	Volle		1/2		1/2 bis 2200 M		1 1/2												5/10		2/10	
	Art. 22. 40. 41. 50		Art. 25. 27. 29. 30. 38 Abs. 2		darüber 2/3 Art. 24		Art. 23		Art. 45 Abs. 3				Art. 100		Art. 101a		Art. 101b		der Sätze des § 8 des Reichsgerichts-Kosten-Gesetzes			
M	M	Pf	M	Pf	M	Pf	M	Pf	M	Pf	M	Pf	M	Pf	M	Pf	M	Pf	M	Pf	M	Pf
68100	72	—	36	—	48	—	108	—	28	80	19	20	87	70	350	50	701	—	195	—	78	—
68400	72	—	36	—	48	—	108	—	28	80	19	20	88	—	352	—	704	—	195	—	78	—
68700	72	—	36	—	48	—	108	—	28	80	19	20	88	40	353	50	707	—	195	—	78	—
69000	72	—	36	—	48	—	108	—	28	80	19	20	88	80	355	—	710	—	195	—	78	—
69300	72	—	36	—	48	—	108	—	28	80	19	20	89	20	356	50	713	—	195	—	78	—
69600	72	—	36	—	48	—	108	—	28	80	19	20	89	50	358	—	716	—	195	—	78	—
69900	72	—	36	—	48	—	108	—	28	80	19	20	89	90	359	50	719	—	195	—	78	—
70200	78	—	39	—	52	—	117	—	31	20	20	80	90	30	361	—	722	—	200	—	80	—
70500	78	—	39	—	52	—	117	—	31	20	20	80	90	70	362	50	725	—	200	—	80	—
70800	78	—	39	—	52	—	117	—	31	20	20	80	91	—	364	—	728	—	200	—	80	—
71100	78	—	39	—	52	—	117	—	31	20	20	80	91	40	365	50	731	—	200	—	80	—
71400	78	—	39	—	52	—	117	—	31	20	20	80	91	80	367	—	734	—	200	—	80	—
71700	78	—	39	—	52	—	117	—	31	20	20	80	92	20	368	50	737	—	200	—	80	—
72000	78	—	39	—	52	—	117	—	31	20	20	80	92	50	370	—	740	—	200	—	80	—
72300	78	—	39	—	52	—	117	—	31	20	20	80	92	90	371	50	743	—	205	—	82	—
72600	78	—	39	—	52	—	117	—	31	20	20	80	93	30	373	—	746	—	205	—	82	—
72900	78	—	39	—	52	—	117	—	31	20	20	80	93	70	374	50	749	—	205	—	82	—
73200	78	—	39	—	52	—	117	—	31	20	20	80	94	—	376	—	752	—	205	—	82	—
73500	78	—	39	—	52	—	117	—	31	20	20	80	94	40	377	50	755	—	205	—	82	—
73800	78	—	39	—	52	—	117	—	31	20	20	80	94	80	379	—	758	—	205	—	82	—
74100	78	—	39	—	52	—	117	—	31	20	20	80	95	20	380	50	761	—	210	—	84	—
74400	78	—	39	—	52	—	117	—	31	20	20	80	95	50	382	—	764	—	210	—	84	—
74700	78	—	39	—	52	—	117	—	31	20	20	80	95	90	383	50	767	—	210	—	84	—
75000	78	—	39	—	52	—	117	—	31	20	20	80	96	30	385	—	770	—	210	—	84	—
75300	78	—	39	—	52	—	117	—	31	20	20	80	96	70	386	50	773	—	210	—	84	—
75600	78	—	39	—	52	—	117	—	31	20	20	80	97	—	388	—	776	—	210	—	84	—
75900	78	—	39	—	52	—	117	—	31	20	20	80	97	40	389	50	779	—	210	—	84	—
76200	78	—	39	—	52	—	117	—	31	20	20	80	97	80	391	—	782	—	215	—	86	—
76500	78	—	39	—	52	—	117	—	31	20	20	80	98	20	392	50	785	—	215	—	86	—
76800	78	—	39	—	52	—	117	—	31	20	20	80	98	50	394	—	788	—	215	—	86	—
77100	78	—	39	—	52	—	117	—	31	20	20	80	98	90	395	50	791	—	215	—	86	—
77400	78	—	39	—	52	—	117	—	31	20	20	80	99	30	397	—	794	—	215	—	86	—
77700	78	—	39	—	52	—	117	—	31	20	20	80	99	70	398	50	797	—	215	—	86	—
78000	78	—	39	—	52	—	117	—	31	20	20	80	100	—	400	—	800	—	215	—	86	—
78300	78	—	39	—	52	—	117	—	31	20	20	80	100	40	401	50	803	—	220	—	88	—
78600	78	—	39	—	52	—	117	—	31	20	20	80	100	80	403	—	806	—	220	—	88	—
78900	78	—	39	—	52	—	117	—	31	20	20	80	101	20	404	50	809	—	220	—	88	—
79200	78	—	39	—	52	—	117	—	31	20	20	80	101	50	406	—	812	—	220	—	88	—
79500	78	—	39	—	52	—	117	—	31	20	20	80	101	90	407	50	815	—	220	—	88	—
79800	78	—	39	—	52	—	117	—	31	20	20	80	102	30	409	—	818	—	220	—	88	—

Gegen-stands-Summa	Staatsgebühren 1 Prozent		1½ Prozent		2 Prozent		Besitz-veränderungs-abgabe		Staatsgebühren 1 pro mille		2 pro mille		2½ pro mille		3 pro mille		5 pro mille	
ℳ	ℳ	₰	ℳ	₰	ℳ	₰	ℳ	₰	ℳ	₰	ℳ	₰	ℳ	₰	ℳ	₰	ℳ	₰
80100	801	—	1201	50	1602	—	400	50	80	10	160	20	200	30	240	30	400	50
80400	804	—	1206	—	1608	—	402	—	80	40	160	80	201	—	241	20	402	—
80700	807	—	1210	50	1614	—	403	50	80	70	161	40	201	80	242	10	403	50
81000	810	—	1215	—	1620	—	405	—	81	—	162	—	202	50	243	—	405	—
81300	813	—	1219	50	1626	—	406	50	81	30	162	60	203	30	243	90	406	50
81600	816	—	1224	—	1632	—	408	—	81	60	163	20	204	—	244	80	408	—
81900	819	—	1228	50	1638	—	409	50	81	90	163	80	204	80	245	70	409	50
82200	822	—	1233	—	1644	—	411	—	82	20	164	40	205	50	246	60	411	—
82500	825	—	1237	50	1650	—	412	50	82	50	165	—	206	30	247	50	412	50
82800	828	—	1242	—	1656	—	414	—	82	80	165	60	207	—	248	40	414	—
83100	831	—	1246	50	1662	—	415	50	83	10	166	20	207	80	249	30	415	50
83400	834	—	1251	—	1668	—	417	—	83	40	166	80	208	50	250	20	417	—
83700	837	—	1255	50	1674	—	418	50	83	70	167	40	209	30	251	10	418	50
84000	840	—	1260	—	1680	—	420	—	84	—	168	—	210	—	252	—	420	—
84300	843	—	1264	50	1686	—	421	50	84	30	168	60	210	80	252	90	421	50
84600	846	—	1269	—	1692	—	423	—	84	60	169	20	211	50	253	80	423	—
84900	849	—	1273	50	1698	—	424	50	84	90	169	80	212	30	254	70	424	50
85200	852	—	1278	—	1704	—	426	—	85	20	170	40	213	—	255	60	426	—
85500	855	—	1282	50	1710	—	427	50	85	50	171	—	213	80	256	50	427	50
85800	858	—	1287	—	1716	—	429	—	85	80	171	60	214	50	257	40	429	—
86100	861	—	1291	50	1722	—	430	50	86	10	172	20	215	30	258	30	430	50
86400	864	—	1296	—	1728	—	432	—	86	40	172	80	216	—	259	20	432	—
86700	867	—	1300	50	1734	—	433	50	86	70	173	40	216	80	260	10	433	50
87000	870	—	1305	—	1740	—	435	—	87	—	174	—	217	50	261	—	435	—
87300	873	—	1309	50	1746	—	436	50	87	30	174	60	218	30	261	90	436	50
87600	876	—	1314	—	1752	—	438	—	87	60	175	20	219	—	262	80	438	—
87900	879	—	1318	50	1758	—	439	50	87	90	175	80	219	80	263	70	439	50
88200	882	—	1323	—	1764	—	441	—	88	20	176	40	220	50	264	60	441	—
88500	885	—	1327	50	1770	—	442	50	88	50	177	—	221	30	265	50	442	50
88800	888	—	1332	—	1776	—	444	—	88	80	177	60	222	—	266	40	444	—
89100	891	—	1336	50	1782	—	445	50	89	10	178	20	222	80	267	30	445	50
89400	894	—	1341	—	1788	—	447	—	89	40	178	80	223	50	268	20	447	—
89700	897	—	1345	50	1794	—	448	50	89	70	179	40	224	30	269	10	448	50
90000	900	—	1350	—	1800	—	450	—	90	—	180	—	225	—	270	—	450	—
90300	903	—	1354	50	1806	—	451	50	90	30	180	60	225	80	270	90	451	50
90600	906	—	1359	—	1812	—	453	—	90	60	181	20	226	50	271	80	453	—
90900	909	—	1363	50	1818	—	454	50	90	90	181	80	227	30	272	70	454	50
91200	912	—	1368	—	1824	—	456	—	91	20	182	40	228	—	273	60	456	—
91500	915	—	1372	50	1830	—	457	50	91	50	183	—	228	80	274	50	457	50
91800	918	—	1377	—	1836	—	459	—	91	80	183	60	229	50	275	40	459	—

Gegen-stands-Summa	Werthgebühr: Volle (Art. 22. 40. 41. 50)		Werthgebühr: 1/2 (Art. 25. 27. 29. 30. 38 Abs. 2)		Werthgebühr: 1/2 bis 2200 M. darüber 2/3 (Art. 24)		Werthgebühr: 1 1/2 (Art. 23)		4/10 aus der vollen Werthgebühr (Art. 45 Abs. 3)		4/10 aus 2/3 Werthgebühr (Art. 45 Abs. 3)		Hinterlegungsgebühr: Art. 100		Hinterlegungsgebühr: Art. 101 a		Hinterlegungsgebühr: Art. 101 b		Auseinandersetzungsgebühr: 5/10 der Sätze des § 8 des Reichsgerichts-Kosten-Gesetzes		Auseinandersetzungsgebühr: 2/10 der Sätze des § 8 des Reichsgerichts-Kosten-Gesetzes	
M	M	₰	M	₰	M	₰	M	₰	M	₰	M	₰	M	₰	M	₰	M	₰	M	₰	M	₰
80100	84	—	42	—	56	—	126	—	33	60	22	40	102	70	410	50	821	—	225	—	90	—
80400	84	—	42	—	56	—	126	—	33	60	22	40	103	—	412	—	824	—	225	—	90	—
80700	84	—	42	—	56	—	126	—	33	60	22	40	103	40	413	50	827	—	225	—	90	—
81000	84	—	42	—	56	—	126	—	33	60	22	40	103	80	415	—	830	—	225	—	90	—
81300	84	—	42	—	56	—	126	—	33	60	22	40	104	20	416	50	833	—	225	—	90	—
81600	84	—	42	—	56	—	126	—	33	60	22	40	104	50	418	—	836	—	225	—	90	—
81900	84	—	42	—	56	—	126	—	33	60	22	40	104	90	419	50	839	—	225	—	90	—
82200	84	—	42	—	56	—	126	—	33	60	22	40	105	30	421	—	842	—	230	—	92	—
82500	84	—	42	—	56	—	126	—	33	60	22	40	105	70	422	50	845	—	230	—	92	—
82800	84	—	42	—	56	—	126	—	33	60	22	40	106	—	424	—	848	—	230	—	92	—
83100	84	—	42	—	56	—	126	—	33	60	22	40	106	40	425	50	851	—	230	—	92	—
83400	84	—	42	—	56	—	126	—	33	60	22	40	106	80	427	—	854	—	230	—	92	—
83700	84	—	42	—	56	—	126	—	33	60	22	40	107	20	428	50	857	—	230	—	92	—
84000	84	—	42	—	56	—	126	—	33	60	22	40	107	50	430	—	860	—	230	—	92	—
84300	84	—	42	—	56	—	126	—	33	60	22	40	107	90	431	50	863	—	235	—	94	—
84600	84	—	42	—	56	—	126	—	33	60	22	40	108	30	433	—	866	—	235	—	94	—
84900	84	—	42	—	56	—	126	—	33	60	22	40	108	70	434	50	869	—	235	—	94	—
85200	84	—	42	—	56	—	126	—	33	60	22	40	109	—	436	—	872	—	235	—	94	—
85500	84	—	42	—	56	—	126	—	33	60	22	40	109	40	437	50	875	—	235	—	94	—
85800	84	—	42	—	56	—	126	—	33	60	22	40	109	80	439	—	878	—	235	—	94	—
86100	84	—	42	—	56	—	126	—	33	60	22	40	110	20	440	50	881	—	240	—	96	—
86400	84	—	42	—	56	—	126	—	33	60	22	40	110	50	442	—	884	—	240	—	96	—
86700	84	—	42	—	56	—	126	—	33	60	22	40	110	90	443	50	887	—	240	—	96	—
87000	84	—	42	—	56	—	126	—	33	60	22	40	111	30	445	—	890	—	240	—	96	—
87300	84	—	42	—	56	—	126	—	33	60	22	40	111	70	446	50	893	—	240	—	96	—
87600	84	—	42	—	56	—	126	—	33	60	22	40	112	—	448	—	896	—	240	—	96	—
87900	84	—	42	—	56	—	126	—	33	60	22	40	112	40	449	50	899	—	240	—	96	—
88200	84	—	42	—	56	—	126	—	33	60	22	40	112	80	451	—	902	—	245	—	98	—
88500	84	—	42	—	56	—	126	—	33	60	22	40	113	20	452	50	905	—	245	—	98	—
88800	84	—	42	—	56	—	126	—	33	60	22	40	113	50	454	—	908	—	245	—	98	—
89100	84	—	42	—	56	—	126	—	33	60	22	40	113	90	455	50	911	—	245	—	98	—
89400	84	—	42	—	56	—	126	—	33	60	22	40	114	30	457	—	914	—	245	—	98	—
89700	84	—	42	—	56	—	126	—	33	60	22	40	114	70	458	50	917	—	245	—	98	—
90000	84	—	42	—	56	—	126	—	33	60	22	40	115	—	460	—	920	—	245	—	98	—
90300	90	—	45	—	60	—	135	—	36	—	24	—	115	40	461	50	923	—	250	—	100	—
90600	90	—	45	—	60	—	135	—	36	—	24	—	115	80	463	—	926	—	250	—	100	—
90900	90	—	45	—	60	—	135	—	36	—	24	—	116	20	464	50	929	—	250	—	100	—
91200	90	—	45	—	60	—	135	—	36	—	24	—	116	50	466	—	932	—	250	—	100	—
91500	90	—	45	—	60	—	135	—	36	—	24	—	116	90	467	50	935	—	250	—	100	—
91800	90	—	45	—	60	—	135	—	36	—	24	—	117	30	469	—	938	—	250	—	100	—

Gegen-stands-Summa	Staatsgebühren 1 Prozent		Staatsgebühren 1½ Prozent		Staatsgebühren 2 Prozent		Besitz-veränderungs-abgabe		Staatsgebühren 1 pro mille		2 pro mille		2½ pro mille		3 pro mille		5 pro mille	
M	M	Pf	M	Pf	M	Pf	M	Pf	M	Pf	M	Pf	M	Pf	M	Pf	M	Pf
92100	921	—	1381	50	1842	—	460	50	92	10	184	20	230	30	276	30	460	50
92400	924	—	1386	—	1848	—	462	—	92	40	184	80	231	—	277	20	462	—
92700	927	—	1390	50	1854	—	463	50	92	70	185	40	231	80	278	10	463	50
93000	930	—	1395	—	1860	—	465	—	93	—	186	—	232	50	279	—	465	—
93300	933	—	1399	50	1866	—	466	50	93	30	186	60	233	30	279	90	466	50
93600	936	—	1404	—	1872	—	468	—	93	60	187	20	234	—	280	80	468	—
93900	939	—	1408	50	1878	—	469	50	93	90	187	80	234	80	281	70	469	50
94200	942	—	1413	—	1884	—	471	—	94	20	188	40	235	50	282	60	471	—
94500	945	—	1417	50	1890	—	472	50	94	50	189	—	236	30	283	50	472	50
94800	948	—	1422	—	1896	—	474	—	94	80	189	60	237	—	284	40	474	—
95100	951	—	1426	50	1902	—	475	50	95	10	190	20	237	80	285	30	475	50
95400	954	—	1431	—	1908	—	477	—	95	40	190	80	238	50	286	20	477	—
95700	957	—	1435	50	1914	—	478	50	95	70	191	40	239	30	287	10	478	50
96000	960	—	1440	—	1920	—	480	—	96	—	192	—	240	—	288	—	480	—
96300	963	—	1444	50	1926	—	481	50	96	30	192	60	240	80	288	90	481	50
96600	966	—	1449	—	1932	—	483	—	96	60	193	20	241	50	289	80	483	—
96900	969	—	1453	50	1938	—	484	50	96	90	193	80	242	30	290	70	484	50
97200	972	—	1458	—	1944	—	486	—	97	20	194	40	243	—	291	60	486	—
97500	975	—	1462	50	1950	—	487	50	97	50	195	—	243	80	292	50	487	50
97800	978	—	1467	—	1956	—	489	—	97	80	195	60	244	50	293	40	489	—
98100	981	—	1471	50	1962	—	490	50	98	10	196	20	245	30	294	30	490	50
98400	984	—	1476	—	1968	—	492	—	98	40	196	80	246	—	295	20	492	—
98700	987	—	1480	50	1974	—	493	50	98	70	197	40	246	80	296	10	493	50
99000	990	—	1485	—	1980	—	495	—	99	—	198	—	247	50	297	—	495	—
99300	993	—	1489	50	1986	—	496	50	99	30	198	60	248	30	297	90	496	50
99600	996	—	1494	—	1992	—	498	—	99	60	199	20	249	—	298	80	498	—
99900	999	—	1498	50	1998	—	499	50	99	90	199	80	249	80	299	70	499	50
100200	1002	—	1503	—	2004	—	501	—	100	20	200	40	250	50	300	60	501	—
100500	1005	—	1507	50	2010	—	502	50	100	50	201	—	251	30	301	50	502	50
100800	1008	—	1512	—	2016	—	504	—	100	80	201	60	252	—	302	40	504	—
101100	1011	—	1516	50	2022	—	505	50	101	10	202	20	252	80	303	30	505	50
101400	1014	—	1521	—	2028	—	507	—	101	40	202	80	253	50	304	20	507	—
101700	1017	—	1525	50	2034	—	508	50	101	70	203	40	254	30	305	10	508	50
102000	1020	—	1530	—	2040	—	510	—	102	—	204	—	255	—	306	—	510	—
102300	1023	—	1534	50	2046	—	511	50	102	30	204	60	255	80	306	90	511	50
102600	1026	—	1539	—	2052	—	513	—	102	60	205	20	256	50	307	80	513	—
102900	1029	—	1543	50	2058	—	514	50	102	90	205	80	257	30	308	70	514	50
103200	1032	—	1548	—	2064	—	516	—	103	20	206	40	258	—	309	60	516	—
103500	1035	—	1552	50	2070	—	517	50	103	50	207	—	258	80	310	50	517	50
103800	1038	—	1557	—	2076	—	519	—	103	80	207	60	259	50	311	40	519	—

Gegen-stands-Summa	Werthgebühr: Volle		Werthgebühr: 1/2		Werthgebühr: 1/2 bis 2200 M		Werthgebühr: 1 1/2		4/10 aus der vollen Werthgebühr		4/10 aus 2/3 Werthgebühr		Hinterlegungsgebühr						Auseinandersetzungsgebühr: 5/10		Auseinandersetzungsgebühr: 2/10	
	Art. 22. 40. 41. 50		Art. 25. 27. 29. 30. 38 Abs. 2		darüber 2/3 Art. 24		Art. 23		Art. 45 Abs. 3				Art. 100		Art. 101 a		Art. 101 b		der Sätze des § 8 des Reichsgerichts-Kosten-Gesetzes			
M	M	₰	M	₰	M	₰	M	₰	M	₰	M	₰	M	₰	M	₰	M	₰	M	₰	M	₰
92100	90	—	45	—	60	—	135	—	36	—	24	—	117	70	470	50	941	—	255	—	102	—
92400	90	—	45	—	60	—	135	—	36	—	24	—	118	—	472	—	944	—	255	—	102	—
92700	90	—	45	—	60	—	135	—	36	—	24	—	118	40	473	50	947	—	255	—	102	—
93000	90	—	45	—	60	—	135	—	36	—	24	—	118	80	475	—	950	—	255	—	102	—
93300	90	—	45	—	60	—	135	—	36	—	24	—	119	20	476	50	953	—	255	—	102	—
93600	90	—	45	—	60	—	135	—	36	—	24	—	119	50	478	—	956	—	255	—	102	—
93900	90	—	45	—	60	—	135	—	36	—	24	—	119	90	479	50	959	—	255	—	102	—
94200	90	—	45	—	60	—	135	—	36	—	24	—	120	30	481	—	962	—	260	—	104	—
94500	90	—	45	—	60	—	135	—	36	—	24	—	120	70	482	50	965	—	260	—	104	—
94800	90	—	45	—	60	—	135	—	36	—	24	—	121	—	484	—	968	—	260	—	104	—
95100	90	—	45	—	60	—	135	—	36	—	24	—	121	40	485	50	971	—	260	—	104	—
95400	90	—	45	—	60	—	135	—	36	—	24	—	121	80	487	—	974	—	260	—	104	—
95700	90	—	45	—	60	—	135	—	36	—	24	—	122	20	488	50	977	—	260	—	104	—
96000	90	—	45	—	60	—	135	—	36	—	24	—	122	50	490	—	980	—	260	—	104	—
96300	90	—	45	—	60	—	135	—	36	—	24	—	122	90	491	50	983	—	265	—	106	—
96600	90	—	45	—	60	—	135	—	36	—	24	—	123	30	493	—	986	—	265	—	106	—
96900	90	—	45	—	60	—	135	—	36	—	24	—	123	70	494	50	989	—	265	—	106	—
97200	90	—	45	—	60	—	135	—	36	—	24	—	124	—	496	—	992	—	265	—	106	—
97500	90	—	45	—	60	—	135	—	36	—	24	—	124	40	497	50	995	—	265	—	106	—
97800	90	—	45	—	60	—	135	—	36	—	24	—	124	80	499	—	998	—	265	—	106	—
98100	90	—	45	—	60	—	135	—	36	—	24	—	125	20	500	50	1001	—	270	—	108	—
98400	90	—	45	—	60	—	135	—	36	—	24	—	125	50	502	—	1004	—	270	—	108	—
98700	90	—	45	—	60	—	135	—	36	—	24	—	125	90	503	50	1007	—	270	—	108	—
99000	90	—	45	—	60	—	135	—	36	—	24	—	126	30	505	—	1010	—	270	—	108	—
99300	90	—	45	—	60	—	135	—	36	—	24	—	126	70	506	50	1013	—	270	—	108	—
99600	90	—	45	—	60	—	135	—	36	—	24	—	127	—	508	—	1016	—	270	—	108	—
99900	90	—	45	—	60	—	135	—	36	—	24	—	127	40	509	50	1019	—	270	—	108	—
100200	96	—	48	—	64	—	144	—	38	40	25	60	127	80	511	—	1022	—	275	—	110	—
100500	96	—	48	—	64	—	144	—	38	40	25	60	128	20	512	50	1025	—	275	—	110	—
100800	96	—	48	—	64	—	144	—	38	40	25	60	128	50	514	—	1028	—	275	—	110	—
101100	96	—	48	—	64	—	144	—	38	40	25	60	128	90	515	50	1031	—	275	—	110	—
101400	96	—	48	—	64	—	144	—	38	40	25	60	129	30	517	—	1034	—	275	—	110	—
101700	96	—	48	—	64	—	144	—	38	40	25	60	129	70	518	50	1037	—	275	—	110	—
102000	96	—	48	—	64	—	144	—	38	40	25	60	130	—	520	—	1040	—	275	—	110	—
102300	96	—	48	—	64	—	144	—	38	40	25	60	130	40	521	50	1043	—	280	—	112	—
102600	96	—	48	—	64	—	144	—	38	40	25	60	130	80	523	—	1046	—	280	—	112	—
102900	96	—	48	—	64	—	144	—	38	40	25	60	131	20	524	50	1049	—	280	—	112	—
103200	96	—	48	—	64	—	144	—	38	40	25	60	131	50	526	—	1052	—	280	—	112	—
103500	96	—	48	—	64	—	144	—	38	40	25	60	131	90	527	50	1055	—	280	—	112	—
103800	96	—	48	—	64	—	144	—	38	40	25	60	132	30	529	—	1058	—	280	—	112	—

Gegen-standsSumma	Staatsgebühren 1 Prozent		Staatsgebühren 1½ Prozent		Staatsgebühren 2 Prozent		Besitzveränderungsabgabe		Staatsgebühren 1 pro mille		2 pro mille		2½ pro mille		3 pro mille		5 pro mille	
M	M	Pf	M	Pf	M	Pf	M	Pf	M	Pf	M	Pf	M	Pf	M	Pf	M	Pf
104100	1041	—	1561	50	2082	—	520	50	104	10	208	20	260	30	312	30	520	50
104400	1044	—	1566	—	2088	—	522	—	104	40	208	80	261	—	313	20	522	—
104700	1047	—	1570	50	2094	—	523	50	104	70	209	40	261	80	314	10	523	50
105000	1050	—	1575	—	2100	—	525	—	105	—	210	—	262	50	315	—	525	—
105300	1053	—	1579	50	2106	—	526	50	105	30	210	60	263	30	315	90	526	50
105600	1056	—	1584	—	2112	—	528	—	105	60	211	20	264	—	316	80	528	—
105900	1059	—	1588	50	2118	—	529	50	105	90	211	80	264	80	317	70	529	50
106200	1062	—	1593	—	2124	—	531	—	106	20	212	40	265	50	318	60	531	—
106500	1065	—	1597	50	2130	—	532	50	106	50	213	—	266	30	319	50	532	50
106800	1068	—	1602	—	2136	—	534	—	106	80	213	60	267	—	320	40	534	—
107100	1071	—	1606	50	2142	—	535	50	107	10	214	20	267	80	321	30	535	50
107400	1074	—	1611	—	2148	—	537	—	107	40	214	80	268	50	322	20	537	—
107700	1077	—	1615	50	2154	—	538	50	107	70	215	40	269	30	323	10	538	50
108000	1080	—	1620	—	2160	—	540	—	108	—	216	—	270	—	324	—	540	—
108300	1083	—	1624	50	2166	—	541	50	108	30	216	60	270	80	324	90	541	50
108600	1086	—	1629	—	2172	—	543	—	108	60	217	20	271	50	325	80	543	—
108900	1089	—	1633	50	2178	—	544	50	108	90	217	80	272	30	326	70	544	50
109200	1092	—	1638	—	2184	—	546	—	109	20	218	40	273	—	327	60	546	—
109500	1095	—	1642	50	2190	—	547	50	109	50	219	—	273	80	328	50	547	50
109800	1098	—	1647	—	2196	—	549	—	109	80	219	60	274	50	329	40	549	—
110100	1101	—	1651	50	2202	—	550	50	110	10	220	20	275	30	330	30	550	50
110400	1104	—	1656	—	2208	—	552	—	110	40	220	80	276	—	331	20	552	—
110700	1107	—	1660	50	2214	—	553	50	110	70	221	40	276	80	332	10	553	50
111000	1110	—	1665	—	2220	—	555	—	111	—	222	—	277	50	333	—	555	—
111300	1113	—	1669	50	2226	—	556	50	111	30	222	60	278	30	333	90	556	50
111600	1116	—	1674	—	2232	—	558	—	111	60	223	20	279	—	334	80	558	—
111900	1119	—	1678	50	2238	—	559	50	111	90	223	80	279	80	335	70	559	50
112200	1122	—	1683	—	2244	—	561	—	112	20	224	40	280	50	336	60	561	—
112500	1125	—	1687	50	2250	—	562	50	112	50	225	—	281	30	337	50	562	50
112800	1128	—	1692	—	2256	—	564	—	112	80	225	60	282	—	338	40	564	—
113100	1131	—	1696	50	2262	—	565	50	113	10	226	20	282	80	339	30	565	50
113400	1134	—	1701	—	2268	—	567	—	113	40	226	80	283	50	340	20	567	—
113700	1137	—	1705	50	2274	—	568	50	113	70	227	40	284	30	341	10	568	50
114000	1140	—	1710	—	2280	—	570	—	114	—	228	—	285	—	342	—	570	—
114300	1143	—	1714	50	2286	—	571	50	114	30	228	60	285	80	342	90	571	50
114600	1146	—	1719	—	2292	—	573	—	114	60	229	20	286	50	343	80	573	—
114900	1149	—	1723	50	2298	—	574	50	114	90	229	80	287	30	344	70	574	50
115200	1152	—	1728	—	2304	—	576	—	115	20	230	40	288	—	345	60	576	—
115500	1155	—	1732	50	2310	—	577	50	115	50	231	—	288	80	346	50	577	50
115800	1158	—	1737	—	2316	—	579	—	115	80	231	60	289	50	347	40	579	—

Gegenstandssumma	Werthgebühr								4/10 aus der vollen Werthgebühr		4/10 aus 2/3 Werthgebühr		Hinterlegungsgebühr						Auseinandersetzungsgebühr			
	Volle		1/2		1/2 bis 2200 M.		1 1/2												5/10		2/10	
	Art. 22. 40. 41. 50		Art. 25. 27. 29. 30. 38 Abs. 2		darüber 2/3 Art. 24		Art. 23		Art. 45 Abs. 3				Art. 100		Art. 101 a		Art. 101 b		der Sätze des § 8 des Reichsgerichts-Kosten-Gesetzes			
M	M	₰	M	₰	M	₰	M	₰	M	₰	M	₰	M	₰	M	₰	M	₰	M	₰	M	₰
104100	96	—	48	—	64	—	144	—	38	40	25	60	132	70	530	50	1061	—	285	—	114	—
104400	96	—	48	—	64	—	144	—	38	40	25	60	133	—	532	—	1064	—	285	—	114	—
104700	96	—	48	—	64	—	144	—	38	40	25	60	133	40	533	50	1067	—	285	—	114	—
105000	96	—	48	—	64	—	144	—	38	40	25	60	133	80	535	—	1070	—	285	—	114	—
105300	96	—	48	—	64	—	144	—	38	40	25	60	134	20	536	50	1073	—	285	—	114	—
105600	96	—	48	—	64	—	144	—	38	40	25	60	134	50	538	—	1076	—	285	—	114	—
105900	96	—	48	—	64	—	144	—	38	40	25	60	134	90	539	50	1079	—	285	—	114	—
106200	96	—	48	—	64	—	144	—	38	40	25	60	135	30	541	—	1082	—	290	—	116	—
106500	96	—	48	—	64	—	144	—	38	40	25	60	135	70	542	50	1085	—	290	—	116	—
106800	96	—	48	—	64	—	144	—	38	40	25	60	136	—	544	—	1088	—	290	—	116	—
107100	96	—	48	—	64	—	144	—	38	40	25	60	136	40	545	50	1091	—	290	—	116	—
107400	96	—	48	—	64	—	144	—	38	40	25	60	136	80	547	—	1094	—	290	—	116	—
107700	96	—	48	—	64	—	144	—	38	40	25	60	137	20	548	50	1097	—	290	—	116	—
108000	96	—	48	—	64	—	144	—	38	40	25	60	137	50	550	—	1100	—	290	—	116	—
108300	96	—	48	—	64	—	144	—	38	40	25	60	137	90	551	50	1103	—	295	—	118	—
108600	96	—	48	—	64	—	144	—	38	40	25	60	138	30	553	—	1106	—	295	—	118	—
108900	96	—	48	—	64	—	144	—	38	40	25	60	138	70	554	50	1109	—	295	—	118	—
109200	96	—	48	—	64	—	144	—	38	40	25	60	139	—	556	—	1112	—	295	—	118	—
109500	96	—	48	—	64	—	144	—	38	40	25	60	139	40	557	50	1115	—	295	—	118	—
109800	96	—	48	—	64	—	144	—	38	40	25	60	139	80	559	—	1118	—	295	—	118	—
110100	102	—	51	—	68	—	153	—	40	80	27	20	140	20	560	50	1121	—	300	—	120	—
110400	102	—	51	—	68	—	153	—	40	80	27	20	140	50	562	—	1124	—	300	—	120	—
110700	102	—	51	—	68	—	153	—	40	80	27	20	140	90	563	50	1127	—	300	—	120	—
111000	102	—	51	—	68	—	153	—	40	80	27	20	141	30	565	—	1130	—	300	—	120	—
111300	102	—	51	—	68	—	153	—	40	80	27	20	141	70	566	50	1133	—	300	—	120	—
111600	102	—	51	—	68	—	153	—	40	80	27	20	142	—	568	—	1136	—	300	—	120	—
111900	102	—	51	—	68	—	153	—	40	80	27	20	142	40	569	50	1139	—	300	—	120	—
112200	102	—	51	—	68	—	153	—	40	80	27	20	142	80	571	—	1142	—	305	—	122	—
112500	102	—	51	—	68	—	153	—	40	80	27	20	143	20	572	50	1145	—	305	—	122	—
112800	102	—	51	—	68	—	153	—	40	80	27	20	143	50	574	—	1148	—	305	—	122	—
113100	102	—	51	—	68	—	153	—	40	80	27	20	143	90	575	50	1151	—	305	—	122	—
113400	102	—	51	—	68	—	153	—	40	80	27	20	144	30	577	—	1154	—	305	—	122	—
113700	102	—	51	—	68	—	153	—	40	80	27	20	144	70	578	50	1157	—	305	—	122	—
114000	102	—	51	—	68	—	153	—	40	80	27	20	145	—	580	—	1160	—	305	—	122	—
114300	102	—	51	—	68	—	153	—	40	80	27	20	145	40	581	50	1163	—	310	—	124	—
114600	102	—	51	—	68	—	153	—	40	80	27	20	145	80	583	—	1166	—	310	—	124	—
114900	102	—	51	—	68	—	153	—	40	80	27	20	146	20	584	50	1169	—	310	—	124	—
115200	102	—	51	—	68	—	153	—	40	80	27	20	146	50	586	—	1172	—	310	—	124	—
115500	102	—	51	—	68	—	153	—	40	80	27	20	146	90	587	50	1175	—	310	—	124	—
115800	102	—	51	—	68	—	153	—	40	80	27	20	147	30	589	—	1178	—	310	—	124	—

Gegenstands-Summa	Staatsgebühren 1 Prozent		Staatsgebühren 1½ Prozent		Staatsgebühren 2 Prozent		Besitzveränderungsabgabe		Staatsgebühren 1 pro mille		Staatsgebühren 2 pro mille		Staatsgebühren 2½ pro mille		Staatsgebühren 3 pro mille		Staatsgebühren 5 pro mille	
M	M	₰	M	₰	M	₰	M	₰	M	₰	M	₰	M	₰	M	₰	M	₰
116100	1161	—	1741	50	2322	—	580	50	116	10	232	20	290	30	348	30	580	50
116400	1164	—	1746	—	2328	—	582	—	116	40	232	80	291	—	349	20	582	—
116700	1167	—	1750	50	2334	—	583	50	116	70	233	40	291	80	350	10	583	50
117000	1170	—	1755	—	2340	—	585	—	117	—	234	—	292	50	351	—	585	—
117300	1173	—	1759	50	2346	—	586	50	117	30	234	60	293	30	351	90	586	50
117600	1176	—	1764	—	2352	—	588	—	177	60	235	20	294	—	352	80	588	—
117900	1179	—	1768	50	2358	—	589	50	117	90	235	80	294	80	353	70	589	50
118200	1182	—	1773	—	2364	—	591	—	118	20	236	40	295	50	354	60	591	—
118500	1185	—	1777	50	2370	—	592	50	118	50	237	—	296	30	355	50	592	50
118800	1188	—	1782	—	2376	—	594	—	118	80	237	60	297	—	356	40	594	—
119100	1191	—	1786	50	2382	—	595	50	119	10	238	20	297	80	357	30	595	50
119400	1194	—	1791	—	2388	—	597	—	119	40	238	80	298	50	358	20	597	—
119700	1197	—	1795	50	2394	—	598	50	119	70	239	40	299	30	359	10	598	50
120000	1200	—	1800	—	2400	—	600	—	120	—	240	—	300	—	360	—	600	—
130000	1300	—	1950	—	2600	—	650	—	130	—	260	—	325	—	390	—	650	—
140000	1400	—	2100	—	2800	—	700	—	140	—	280	—	350	—	420	—	700	—
150000	1500	—	2250	—	3000	—	750	—	150	—	300	—	375	—	450	—	750	—
160000	1600	—	2400	—	3200	—	800	—	160	—	320	—	400	—	480	—	800	—
170000	1700	—	2550	—	3400	—	850	—	170	—	340	—	425	—	510	—	850	—
180000	1800	—	2700	—	3600	—	900	—	180	—	360	—	450	—	540	—	900	—
190000	1900	—	2850	—	3800	—	950	—	190	—	380	—	475	—	570	—	950	—
200000	2000	—	3000	—	4000	—	1000	—	200	—	400	—	500	—	600	—	1000	—
210000	2100	—	3150	—	4200	—	1050	—	210	—	420	—	525	—	630	—	1050	—
220000	2200	—	3300	—	4400	—	1100	—	220	—	440	—	550	—	660	—	1100	—
230000	2300	—	3450	—	4600	—	1150	—	230	—	460	—	575	—	690	—	1150	—
240000	2400	—	3600	—	4800	—	1200	—	240	—	480	—	600	—	720	—	1200	—
250000	2500	—	3750	—	5000	—	1250	—	250	—	500	—	625	—	750	—	1250	—
260000	2600	—	3900	—	5200	—	1300	—	260	—	520	—	650	—	780	—	1300	—
270000	2700	—	4050	—	5400	—	1350	—	270	—	540	—	675	—	810	—	1350	—
280000	2800	—	4200	—	5600	—	1400	—	280	—	560	—	700	—	840	—	1400	—
290000	2900	—	4350	—	5800	—	1450	—	290	—	580	—	725	—	870	—	1450	—
300000	3000	—	4500	—	6000	—	1500	—	300	—	600	—	750	—	900	—	1500	—
310000	3100	—	4650	—	6200	—	1550	—	310	—	620	—	775	—	930	—	1550	—
320000	3200	—	4800	—	6400	—	1600	—	320	—	640	—	800	—	960	—	1600	—
330000	3300	—	4950	—	6600	—	1650	—	330	—	660	—	825	—	990	—	1650	—
340000	3400	—	5100	—	6800	—	1700	—	340	—	680	—	850	—	1020	—	1700	—
350000	3500	—	5250	—	7000	—	1750	—	350	—	700	—	875	—	1050	—	1750	—
360000	3600	—	5400	—	7200	—	1800	—	360	—	720	—	900	—	1080	—	1800	—
370000	3700	—	5550	—	7400	—	1850	—	370	—	740	—	925	—	1110	—	1850	—
380000	3800	—	5700	—	7600	—	1900	—	380	—	760	—	950	—	1140	—	1900	—

Gegen-stands-Summa	Werthgebühr: Volle (Art. 22. 40. 41. 50)		Werthgebühr: 1/2 (Art. 25. 27. 29. 30. 38 Abs. 2)		Werthgebühr: 1/2 bis 2200 M darüber 2/3 (Art. 24)		Werthgebühr: 1 1/2 (Art. 23)		4/10 aus der vollen Werthgebühr (Art. 45 Abs. 3)		4/10 aus 2/3 Werthgebühr (Art. 45 Abs. 3)		Hinterlegungsgebühr: Art. 100		Hinterlegungsgebühr: Art. 101 a		Hinterlegungsgebühr: Art. 101 b		Auseinandersetzungsgebühr: 5/10 (der Sätze des § 8 des Reichsgerichts-Kosten-Gesetzes)		Auseinandersetzungsgebühr: 2/10 (der Sätze des § 8 des Reichsgerichts-Kosten-Gesetzes)	
M	M	₰	M	₰	M	₰	M	₰	M	₰	M	₰	M	₰	M	₰	M	₰	M	₰	M	₰
116100	102	—	51	—	68	—	153	—	40	80	27	20	147	70	590	50	1181	—	315	—	126	—
116400	102	—	51	—	68	—	153	—	40	80	27	20	148	—	592	—	1184	—	315	—	126	—
116700	102	—	51	—	68	—	153	—	40	80	27	20	148	40	593	50	1187	—	315	—	126	—
117000	102	—	51	—	68	—	153	—	40	80	27	20	148	80	595	—	1190	—	315	—	126	—
117300	102	—	51	—	68	—	153	—	40	80	27	20	149	20	596	50	1193	—	315	—	126	—
117600	102	—	51	—	68	—	153	—	40	80	27	20	149	50	598	—	1196	—	315	—	126	—
117900	102	—	51	—	68	—	153	—	40	80	27	20	149	90	599	50	1199	—	315	—	126	—
118200	102	—	51	—	68	—	153	—	40	80	27	20	150	30	601	—	1202	—	320	—	128	—
118500	102	—	51	—	68	—	153	—	40	80	27	20	150	70	602	50	1205	—	320	—	128	—
118800	102	—	51	—	68	—	153	—	40	80	27	20	151	—	604	—	1208	—	320	—	128	—
119100	102	—	51	—	68	—	153	—	40	80	27	20	151	40	605	50	1211	—	320	—	128	—
119400	102	—	51	—	68	—	153	—	40	80	27	20	151	80	607	—	1214	—	320	—	128	—
119700	102	—	51	—	68	—	153	—	40	80	27	20	152	20	608	50	1217	—	320	—	128	—
120000	102	—	51	—	68	—	153	—	40	80	27	20	152	50	610	—	1220	—	320	—	128	—
130000	108	—	54	—	72	—	162	—	43	20	28	80	165	—	660	—	1320	—	345	—	138	—
140000	114	—	57	—	76	—	171	—	45	60	30	40	177	50	710	—	1420	—	370	—	148	—
150000	120	—	60	—	80	—	180	—	48	—	32	—	190	—	760	—	1520	—	395	—	158	—
160000	126	—	63	—	84	—	189	—	50	40	33	60	202	50	810	—	1620	—	420	—	168	—
170000	132	—	66	—	88	—	198	—	52	80	35	20	215	—	860	—	1720	—	445	—	178	—
180000	138	—	69	—	92	—	207	—	55	20	36	80	227	50	910	—	1820	—	470	—	188	—
190000	144	—	72	—	96	—	216	—	57	60	38	40	240	—	960	—	1920	—	495	—	198	—
200000	150	—	75	—	100	—	225	—	60	—	40	—	252	50	1010	—	2020	—	520	—	208	—
210000	156	—	78	—	104	—	234	—	62	40	41	60	265	—	1060	—	2120	—	545	—	218	—
220000	162	—	81	—	108	—	243	—	64	80	43	20	277	50	1110	—	2220	—	570	—	228	—
230000	168	—	84	—	112	—	252	—	67	20	44	80	290	—	1160	—	2320	—	595	—	238	—
240000	174	—	87	—	116	—	261	—	69	60	46	40	302	50	1210	—	2420	—	620	—	248	—
250000	180	—	90	—	120	—	270	—	72	—	48	—	315	—	1260	—	2520	—	645	—	258	—
260000	186	—	93	—	124	—	279	—	74	40	49	60	327	50	1310	—	2620	—	670	—	268	—
270000	192	—	96	—	128	—	288	—	76	80	51	20	340	—	1360	—	2720	—	695	—	278	—
280000	198	—	99	—	132	—	297	—	79	20	52	80	352	50	1410	—	2820	—	720	—	288	—
290000	204	—	102	—	136	—	306	—	81	60	54	40	365	—	1460	—	2920	—	745	—	298	—
300000	210	—	105	—	140	—	315	—	84	—	56	—	377	50	1510	—	3020	—	770	—	308	—
310000	216	—	108	—	144	—	324	—	86	40	57	60	390	—	1560	—	3120	—	795	—	318	—
320000	222	—	111	—	148	—	333	—	88	80	59	20	402	50	1610	—	3220	—	820	—	328	—
330000	228	—	114	—	152	—	342	—	91	20	60	80	415	—	1660	—	3320	—	845	—	338	—
340000	234	—	117	—	156	—	351	—	93	60	62	40	427	50	1710	—	3420	—	870	—	348	—
350000	240	—	120	—	160	—	360	—	96	—	64	—	440	—	1760	—	3520	—	895	—	358	—
360000	246	—	123	—	164	—	369	—	98	40	65	60	452	50	1810	—	3620	—	920	—	368	—
370000	252	—	126	—	168	—	378	—	100	80	67	20	465	—	1860	—	3720	—	945	—	378	—
380000	258	—	129	—	172	—	387	—	103	20	68	80	477	50	1910	—	3820	—	970	—	388	—

Gegenstands-Summa	Staatsgebühren 1 Prozent		1½		2		Besitzveränderungsabgabe		Staatsgebühren 1 pro mille		2		2½		3		5	
ℳ	ℳ	₰	ℳ	₰	ℳ	₰	ℳ	₰	ℳ	₰	ℳ	₰	ℳ	₰	ℳ	₰	ℳ	₰
390000	3900	—	5850	—	7800	—	1950	—	390	—	780	—	975	—	1170	—	1950	—
400000	4000	—	6000	—	8000	—	2000	—	400	—	800	—	1000	—	1200	—	2000	—
410000	4100	—	6150	—	8200	—	2050	—	410	—	820	—	1025	—	1230	—	2050	—
420000	4200	—	6300	—	8400	—	2100	—	420	—	840	—	1050	—	1260	—	2100	—
430000	4300	—	6450	—	8600	—	2150	—	430	—	860	—	1075	—	1290	—	2150	—
440000	4400	—	6600	—	8800	—	2200	—	440	—	880	—	1100	—	1320	—	2200	—
450000	4500	—	6750	—	9000	—	2250	—	450	—	900	—	1125	—	1350	—	2250	—
460000	4600	—	6900	—	9200	—	2300	—	460	—	920	—	1150	—	1380	—	2300	—
470000	4700	—	7050	—	9400	—	2350	—	470	—	940	—	1175	—	1410	—	2350	—
480000	4800	—	7200	—	9600	—	2400	—	480	—	960	—	1200	—	1440	—	2400	—
490000	4900	—	7350	—	9800	—	2450	—	490	—	980	—	1225	—	1470	—	2450	—
500000	5000	—	7500	—	10000	—	2500	—	500	—	1000	—	1250	—	1500	—	2500	—
1000000	10000	—	15000	—	20000	—	5000	—	1000	—	2000	—	2500	—	3000	—	5000	—
2000000	20000	—	30000	—	40000	—	10000	—	2000	—	4000	—	5000	—	6000	—	10000	—
3000000	30000	—	45000	—	60000	—	15000	—	3000	—	6000	—	7500	—	9000	—	15000	—
4000000	40000	—	60000	—	80000	—	20000	—	4000	—	8000	—	10000	—	12000	—	20000	—
5000000	50000	—	75000	—	100000	—	25000	—	5000	—	10000	—	12500	—	15000	—	25000	—

Gegenstands-Summa	Werthgebühr								4/10 aus der vollen Werthgebühr		4/10 aus 2/3 Werthgebühr		Hinterlegungs-Gebühr						Auseinandersetzungsgebühr			
	Volle		1/2		1/2 bis 2200 ℳ darüber 2/3		1 1/2												5/10		2/10	
	Art. 22. 40. 41. 50		Art. 25. 27. 29. 30. 38 Abs. 2		Art. 24		Art. 23		Art. 45 Abs. 3				Art. 100		Art. 101a		Art. 101b		der Sätze des § 8 des Reichsgerichts-Kosten-Gesetzes			
ℳ	ℳ	₰	ℳ	₰	ℳ	₰	ℳ	₰	ℳ	₰	ℳ	₰	ℳ	₰	ℳ	₰	ℳ	₰	ℳ	₰	ℳ	₰
390000	264	—	132	—	176	—	396	—	105	60	70	40	490	—	1960	—	3920	—	995	—	398	—
400000	270	—	135	—	180	—	405	—	108	—	72	—	502	50	2010	—	4020	—	1020	—	408	—
410000	271	—	135	50	180	70	406	50	108	40	72	30	503	50	2060	—	4120	—	1045	—	418	—
420000	272	—	136	—	181	40	408	—	108	80	72	60	504	50	2110	—	4220	—	1070	—	428	—
430000	273	—	136	50	182	—	409	50	109	20	72	80	505	50	2160	—	4320	—	1095	—	438	—
440000	274	—	137	—	182	70	411	—	109	60	73	10	506	50	2210	—	4420	—	1120	—	448	—
450000	275	—	137	50	183	40	412	50	110	—	73	40	507	50	2260	—	4520	—	1145	—	458	—
460000	276	—	138	—	184	—	414	—	110	40	73	60	508	50	2310	—	4620	—	1170	—	468	—
470000	277	—	138	50	184	70	415	50	110	80	73	90	509	50	2360	—	4720	—	1195	—	478	—
480000	278	—	139	—	185	40	417	—	111	20	74	20	510	50	2410	—	4820	—	1220	—	488	—
490000	279	—	139	50	186	—	418	50	111	60	74	40	511	50	2460	—	4920	—	1245	—	498	—
500000	280	—	140	—	186	70	420	—	112	—	74	70	512	50	2510	—	5020	—	1270	—	508	—
1000000	330	—	165	—	220	—	495	—	132	—	88	—	562	50	5010	—	10020	—	2520	—	1008	—
2000000	430	—	215	—	286	70	645	—	172	—	114	70	662	50	10010	—	20020	—	5020	—	2008	—
3000000	530	—	265	—	353	40	795	—	212	—	141	40	762	50	15010	—	30020	—	7520	—	3008	—
4000000	630	—	315	—	420	—	945	—	252	—	168	—	862	50	20010	—	40020	—	10020	—	4008	—
5000000	730	—	365	—	486	70	1095	—	292	—	194	70	962	50	25010	—	50020	—	12520	—	5008	—

Druckfehler-Berichtigung.

Auf Seite 203
muß die Hinterlegungsgebühr nach Art. 100 bei 5500 Mark richtig Mark **9**.40 (nicht 8.40),
auf Seite 227
die 2/3 Werthgebühr bei 60,000 Mark richtig **44** Mark (nicht 48 Mark) heißen.

Staatsgebühren.

Gegenstandssumme	Staatsgebühren vom Hundert: 1		1½		2		Örtliche Besitzveränderungsabgaben		Staatsgebühren vom Tausend: 1		2		2½		3		5		Hinterlegungsgebühren ⁷/₁₀ ⁰/₀₀ § 8 V.O. vom 25. Dez. 1899	
bis einschl. Mk.	M	Pf	M	Pf	M	Pf	M	Pf	M	Pf	M	Pf	M	Pf	M	Pf	M	Pf	M	Pf
„ „ 5	—	10	—	10	—	10	—	10	—	10	—	10	—	10	—	10	—	10	—	—
„ „ 6	—	10	—	10	—	20	—	10	—	10	—	10	—	10	—	10	—	10	—	—
„ „ 10	—	10	—	20	—	20	—	10	—	10	—	10	—	10	—	10	—	10	—	—
„ „ 15	—	20	—	30	—	30	—	10	—	10	—	10	—	10	—	10	—	10	—	—
„ „ 20	—	20	—	30	—	40	—	10	—	10	—	10	—	10	—	10	—	10	—	20**
„ „ 25	—	30	—	40	—	50	—	10	—	10	—	10	—	10	—	10	—	20	—	20
„ „ 26	—	30	—	40	—	60	—	10	—	10	—	10	—	10	—	10	—	20	—	20
„ „ 30	—	30	—	50	—	60	—	10	—	10	—	10	—	10	—	10	—	20	—	20
„ „ 33	—	40	—	50	—	70	—	10	—	10	—	10	—	10	—	10	—	20	—	20
„ „ 35	—	40	—	60	—	70	—	10	—	10	—	10	—	10	—	20	—	20	—	20
„ „ 40	—	40	—	60	—	80	—	10	—	10	—	10	—	10	—	20	—	20	—	20
„ „ 45	—	50	—	70	—	90	—	20	—	10	—	10	—	20	—	20	—	30	—	20
„ „ 46	—	50	—	70	1	—	—	20	—	10	—	10	—	20	—	20	—	30	—	20
„ „ 50	—	50	—	80	1	—	—	20	—	10	—	10	—	20	—	20	—	30	—	20
„ „ 53	—	60	—	80	1	10	—	20	—	10	—	20	—	20	—	20	—	30	—	20
„ „ 55	—	60	—	90	1	10	—	20	—	10	—	20	—	20	—	20	—	30	—	20
„ „ 60	—	60	—	90	1	20	—	20	—	10	—	20	—	20	—	20	—	30	—	20
„ „ 65	—	70	1	—	1	30	—	20	—	10	—	20	—	20	—	20	—	40	—	20
„ „ 66	—	70	1	—	1	40	—	20	—	10	—	20	—	20	—	20	—	40	—	20
„ „ 70	—	70	1	10	1	40	—	20	—	10	—	20	—	20	—	30	—	40	—	20
„ „ 73	—	80	1	10	1	50	—	20	—	10	—	20	—	20	—	30	—	40	—	20
„ „ 75	—	80	1	20	1	50	—	20	—	10	—	20	—	20	—	30	—	40	—	20
„ „ 80	—	80	1	20	1	60	—	20	—	10	—	20	—	20	—	30	—	40	—	20
„ „ 85	—	90	1	30	1	70	—	30	—	10	—	20	—	30	—	30	—	50	—	20
„ „ 86	—	90	1	30	1	80	—	30	—	10	—	20	—	30	—	30	—	50	—	20
„ „ 90	—	90	1	40	1	80	—	30	—	10	—	20	—	30	—	30	—	50	—	20
„ „ 93	1		1	40	1	90	—	30	—	10	—	20	—	30	—	30	—	50	—	20
„ „ 95	1	—	1	50	1	90	—	30	—	10	—	20	—	30	—	30	—	50	—	20
„ „ 100	1	—	1	50	2	—	—	30	—	10	—	20	—	30	—	30	—	50	—	20
200	2	—	3	—	4	—	—	50	—	20	—	40	—	50	—	60	1	—	—	20
300	3	—	4	50	6	—	—	80	—	30	—	60	—	80	—	90	1	50	—	20
400	4	—	6	—	8	—	1	—	—	40	—	80	1	—	1	20	2	—	—	20
500	5	—	7	50	10	—	1	30	—	50	1	—	1	30	1	50	2	50	—	20
600	6	—	9	—	12	—	1	50	—	60	1	20	1	50	1	80	3	—	—	20
700	7	—	10	50	14	—	1	80	—	70	1	40	1	80	2	10	3	50	—	20
800	8	—	12	—	16	—	2	—	—	80	1	60	2	—	2	40	4	—	—	20
900	9	—	13	50	18	—	2	30	—	90	1	80	2	30	2	70	4	50	—	20
1000	10	—	15	—	20	—	2	50	1	—	2	—	2	50	3	—	5	—	—	20
1100	11	—	16	50	22	—	4	20	1	10	2	20	2	80	3	30	5	50	—	30
1200	12	—	18	—	24	—	4	50	1	20	2	40	3	—	3	60	6	—	—	30
1300	13	—	19	50	26	—	4	90	1	30	2	60	3	30	3	90	6	50	—	80
1400	14	—	21	—	28	—	5	30	1	40	2	80	3	50	4	20	7	—	—	30
1500	15	—	22	50	30	—	5	70	1	50	3	—	3	80	4	50	7	50	—	30
1600	16	—	24	—	32	—	6	—	1	60	3	20	4	—	4	80	8	—	—	40
1700	17	—	25	50	34	—	6	40	1	70	3	40	4	30	5	10	8	50	—	40
1800	18	—	27	—	36	—	6	80	1	80	3	60	4	50	5	40	9	—	—	40
1900	19	—	28	50	38	—	7	20	1	90	3	80	4	80	5	70	9	50	—	40
2000	20	—	30	—	40	—	7	50	2	—	4	—	5	—	6	—	10	—	—	40
3000	30	—	45	—	60	—	15	—	3	—	6	—	7	50	9	—	15	—	—	60
4000	40	—	60	—	80	—	20	—	4	—	8	—	10	—	12	—	20	—	—	80
5000	50	—	75	—	100	—	25	—	5	—	10	—	12	50	15	—	25	—	1	—
6000	60	—	90	—	120	—	30	—	6	—	12	—	15	—	18	—	30	—	1	20
7000	70	—	105	—	140	—	35	—	7	—	14	—	17	50	21	—	35	—	1	40
8000	80	—	120	—	160	—	40	—	8	—	16	—	20	—	24	—	40	—	1	60
9000	90	—	135	—	180	—	45	—	9	—	18	—	22	50	27	—	45	—	1	80
10000	100	—	150	—	200	—	50	—	10	—	20	—	25	—	30	—	50	—	2	—
11000	110	—	165	—	220		55	—	11	—	22	—	27	50	33	—	55	—	2	20
12000	120	—	180	—	240	—	60	—	12	—	24	—	30	—	36	—	60	—	2	40
13000	130	—	195	—	260	—	65	—	13	—	26	—	32	50	39	—	65	—	2	60
14000	140	—	210	—	280	—	70	—	14	—	28	—	35	—	42	—	70	—	2	80
15000	150	—	225	—	300	—	75	—	15	—	30	—	37	50	45	—	75	—	3	—
16000	160	—	240	—	320	—	80	—	16	—	32	—	40	—	48	—	80	—	3	20
17000	170	—	255	—	340	—	85	—	17	—	34	—	42	50	51	—	85	—	3	40
18000	180	—	270	—	360	—	90	—	18	—	36	—	45	—	54	—	90	—	3	60
19000	190	—	285	—	380	—	95	—	19	—	38	—	47	50	57	—	95	—	3	80
20000	200	—	300	—	400	—	100	—	20	—	40	—	50	—	60	—	100	—	4	—
30000	300	—	450	—	600	—	150	—	30	—	60	—	75	—	90	—	150	—	6	—
40000	400	—	600	—	800	—	200	—	40	—	80	—	100	—	120	—	200	—	8	—
50000	500	—	750	—	1000	—	250	—	50	—	100	—	125	—	150	—	250	—	10	—
60000	600	—	900	—	1200	—	300	—	60	—	120	—	150	—	180	—	300	—	12	—
70000*	700	—	1050	—	1400	—	350	—	70	—	140	—	175	—	210	—	350	—	14	—
80000	800	—	1200	—	1600	—	400	—	80	—	160	—	200	—	240	—	400	—	16	—
90000	900	—	1350	—	1800	—	450	—	90	—	180	—	225	—	270	—	450	—	18	—
100000	1000	—	1500	—	2000	—	500	—	100	—	200	—	250	—	300	—	500	—	20	—
200000	2000	—	3000	—	4000	—	1000	—	200	—	400	—	500	—	600	—	1000	—	40	—
300000	3000	—	4500	—	6000	—	1500	—	300	—	600	—	750	—	900	—	1500	—	60	—
400000	4000	—	6000	—	8000	—	2000	—	400	—	800	—	1000	—	1200	—	2000	—	80	—
500000	5000	—	7500	—	10000	—	2500	—	500	—	1000	—	1250	—	1500	—	2500	—	100	—
600000	6000	—	9000	—	12000	—	3000	—	600	—	1200	—	1500	—	1800	—	3000	—	120	—
700000	7000	—	10500	—	14000	—	3500	—	700	—	1400	—	1750	—	2100	—	3500	—	140	—
800000	8000	—	12000	—	16000	—	4000	—	800	—	1600	—	2000	—	2400	—	4000	—	160	—
900000	9000	—	13500	—	18000	—	4500	—	900	—	1800	—	2250	—	2700	—	4500	—	180	—
1000000	10000	—	15000	—	20000	—	5000	—	1000	—	2000	—	2500	—	3000	—	5000	—	200	—

* Bei den Beträgen über 60000 Mk. 10%iger Zuschlag, soweit Art. 146 Abs. 1 Ziff. 3 Geb.-Ges. einschlägt, vorläufig aber nur bis 31. Dezember 1907, Ges. v. 9. Juli 1904 (G.V.Bl. S. 235) mit Ges. v. 24. Dez. 1905 (G.V.Bl. S. 699).

** Jedoch nur für den Betrag von 20 Mk.

Hinterlegungsgebühr:

²/₁₀ ⁰/₀₀ des jeweils hinterlegten Betrages oder Wertes für jedes angefangene Jahr der Hinterlegung, mindestens aber 0,20 Mk. Beträge oder Werte unter 20 Mk. gebührenfrei.

Gegenstandssumme	Wert… Volle Art. 22. 40. 41. 41a. 50		½ Art. 25. 27.29.30. 38 Abs. 2	
bis einschl. Mk.	M	Pf	M	Pf
„ „ 20	1	—	—	50
„ „ 25	1	—	—	50
„ „ 30	1	—	—	50
„ „ 35	1	—	—	50
„ „ 40	1	—	—	50
„ „ 45	1	—	—	50
„ „ 50	1	—	—	50
„ „ 55	1	—	—	50
„ „ 60	1	—	—	50
„ „ 65	1	—	—	50
„ „ 70	1	—	—	50
„ „ 75	1	—	—	50
„ „ 80	1	—	—	50
„ „ 85	1	—	—	50
„ „ 90	1	—	—	50
„ „ 95	1	—	—	50
„ „ 100	1	—	—	50
200	1	80	—	90
300	2	70	1	40
400	3	60	1	80
500	4	50	2	30
600	5	40	2	70
700	6	30	3	20
800	6	30	3	20
900	6	30	3	20
1000	7	20	3	60
1100	7	20	3	60
1200	7	20	3	60
1300	8	10	4	10
1400	8	10	4	10
1500	8	10	4	10
1600	9	—	4	50
1700	9	—	4	50
1800	9	—	4	50
1900	10	50	5	30
2000	10	50	5	30
3000	13	50	6	80
4000	15	—	7	50
5000	18	—	9	—
6000	19	50	9	80
7000	21	—	10	50
8000	22	50	11	30
9000	24	—	12	—
10000	24	—	12	—
11000	27	—	13	50
12000	27	—	13	50
13000	30	—	15	—
14000	30	—	15	—
15000	33	—	16	50
16000	33	—	16	50
17000	36	—	18	—
18000	36	—	18	—
19000	39	—	19	50
20000	39	—	19	50
30000	48	—	24	—
40000	54	—	27	—
50000	60	—	30	—
60000	66	—	33	—
70000	72	—	36	—
80000	78	—	39	—
90000	84	—	42	—
100000	90	—	45	—
200000	150	—	75	—
300000	210	—	105	—
400000	270	—	135	—
500000	280	—	140	—
600000	290	—	145	—
700000	300	—	150	—
800000	310	—	155	—
900000	320	—	160	—
1000000	330	—	165	—

* Hinterlegungsgebüh…

tariatsgebühren.

1½		4/10 aus der vollen Wertgebühr		4/10 aus 3/2 Wertgebühr		Hinterlegungsgebühr						Auseinandersetzungsgebühr 5/10		Auseinandersetzungsgebühr 2/10	
rt. 23		Art. 45 Abs. 3				Art. 100		Art. 101, a		Art. 101, b		der Sätze des § 8 des Reichsgerichtskostengesetzes, Art. 47			
M	₰	M	₰	M	₰	M	₰	M	₰	M	₰	M	₰	M	₰
1	50	1	—	1	—	—	—	—	—	—	—	—	50	—	20
1	50	1	—	1	—	—	10	—	30	—	50	1	20	—	50
1	50	1	—	1	—	—	10	—	30	—	60	1	20	—	50
1	50	1	—	1	—	—	10	—	40	—	70	1	20	—	50
1	50	1	—	1	—	—	10	—	40	—	80	1	20	—	50
1	50	1	—	1	—	—	20	—	50	—	90	1	20	—	50
1	50	1	—	1	—	—	20	—	50	1	—	1	20	—	50
1	50	1	—	1	—	—	20	—	60	1	10	1	20	—	50
1	50	1	—	1	—	—	20	—	60	1	20	1	20	—	50
1	50	1	—	1	—	—	20	—	70	1	30	2	30	1	—
1	50	1	—	1	—	—	20	—	70	1	40	2	30	1	—
1	50	1	—	1	—	—	20	—	80	1	50	2	30	1	—
1	50	1	—	1	—	—	20	—	80	1	60	2	30	1	—
1	50	1	—	1	—	—	30	—	90	1	70	2	30	1	—
1	50	1	—	1	—	—	30	—	90	1	80	2	30	1	—
1	50	1	—	1	—	—	30	1	—	1	90	2	30	1	—
1	50	1	—	1	—	—	30	1	—	2	—	2	30	1	—
2	70	1	—	1	—	—	50	2	—	4	—	3	80	1	50
4	10	1	10	1	—	—	80	3	—	6	—	5	50	2	20
5	40	1	50	1	—	1	—	4	—	8	—	7	50	3	—
6	80	1	80	1	—	1	30	5	—	10	—	10	—	4	—
8	10	2	20	1	10	1	50	6	—	12	—	10	—	4	—
9	50	2	60	1	30	1	80	7	—	14	—	13	—	5	20
9	50	2	60	1	30	2	—	8	—	16	—	13	—	5	20
9	50	2	60	1	30	2	30	9	—	18	—	13	—	5	20
0	80	2	90	1	50	2	50	10	—	20	—	16	—	6	40
0	80	2	90	1	50	2	80	11	—	22	—	16	—	6	40
0	80	2	90	1	50	3	—	12	—	24	—	16	—	6	40
2	20	3	30	1	70	3	30	13	—	26	—	19	—	7	60
2	20	3	30	1	70	3	50	14	—	28	—	19	—	7	60
2	20	3	30	1	70	3	80	15	—	30	—	19	—	7	60
3	50	3	60	1	80	4	—	16	—	32	—	19	—	7	60
3	50	3	60	1	80	4	30	17	—	34	—	22	—	8	80
3	50	3	60	1	80	4	50	18	—	36	—	22	—	8	80
5	80	4	20	2	20	4	80	19	—	38	—	22	—	8	80
5	80	4	20	2	20	5	—	20	—	40	—	22	—	8	80
[illegible]	30	5	40	3	60	6	30	25	—	50	—	28	—	11	20
[illegible]	50	6	—	4	—	7	50	30	—	60	—	31	—	12	40
	—	7	20	4	80	8	80	35	—	70	—	34	—	13	60
	30	7	80	5	20	10	—	40	—	80	—	37	—	14	80
	50	8	40	5	60	11	30	45	—	90	—	40	50	16	20
	80	9	—	6	—	12	50	50	—	100	—	40	50	16	20
	—	9	60	6	40	13	80	55	—	110	—	45	—	18	—
	—	9	60	6	40	15	—	60	—	120	—	45	—	18	—
	50	10	80	7	20	16	30	65	—	130	—	50	—	20	—
	50	10	80	7	20	17	50	70	—	140	—	50	—	20	—
	—	12	—	8	—	18	80	75	—	150	—	55	—	22	—
	—	12	—	8	—	20	—	80	—	160	—	55	—	22	—
	50	13	20	8	80	21	30	85	—	170	—	60	—	24	—
	50	13	20	8	80	22	50	90	—	180	—	60	—	24	—
	—	14	40	9	60	23	80	95	—	190	—	65	—	26	—
	—	14	40	9	60	25	—	100	—	200	—	65	—	26	—
	50	15	60	10	40	26	30	105	—	210	—	70	—	28	—
	50	15	60	10	40	27	50	110	—	220	—	70	—	28	—
	—	19	20	12	80	40	—	160	—	320	—	95	—	38	—
	—	21	60	14	40	52	50	210	—	420	—	120	—	48	—
	—	24	—	16	—	65	—	260	—	520	—	145	—	58	—
	—	26	40	17	60	77	50	310	—	620	—	170	—	68	—
	—	28	80	19	20	90	—	360	—	720	—	195	—	78	—
	—	31	20	20	80	102	50	410	—	820	—	220	—	88	—
	—	33	60	22	40	115	—	460	—	920	—	245	—	98	—
	—	36	—	24	—	127	50	510	—	1020	—	270	—	108	—
	—	60	—	40	—	252	50	1010	—	2020	—	520	—	208	—
	—	84	—	56	—	377	50	1510	—	3020	—	770	—	308	—
	—	108	—	72	—	502	50	2010	—	4020	—	1020	—	408	—
	—	112	—	74	70	512	50*	2510	—	5020	—	1270	—	508	—
	—	116	—	77	40	522	50	3010	—	6020	—	1520	—	608	—
	—	120	—	80	—	532	50	3510	—	7020	—	1770	—	708	—
	—	124	—	82	70	542	50	4010	—	8020	—	2020	—	808	—
	—	128	—	85	40	552	50	4510	—	9020	—	2270	—	908	—
	—	132	—	88	—	562	50	5010	—	10020	—	2520	—	1008	—

den Mehrbetrag über 400 000 Mk. (Art. 100 Abs. 3 Not.Geb.-O.).

Sätze der Notariatsgebührenordnung.

(Art. 12.)

Die volle Wertgebühr beträgt bei Gegenständen im Werte:

1.	bis zu	100	M				1.—	M
2.	von mehr als	100	„	bis	200	M	1.80	„
3.	„ „ „	200	„	„	300	„	2.70	„
4.	„ „ „	300	„	„	400	„	3.60	„
5.	„ „ „	400	„	„	500	„	4.50	„
6.	„ „ „	500	„	„	600	„	5.40	„
7.	„ „ „	600	„	„	900	„	6.30	„
8.	„ „ „	900	„	„	1200	„	7.20	„
9.	„ „ „	1200	„	„	1500	„	8.10	„
10.	„ „ „	1500	„	„	1800	„	9.—	„
11.	„ „ „	1800	„	„	2200	„	10.50	„
12.	„ „ „	2200	„	„	2700	„	12.—	„
13.	„ „ „	2700	„	„	3300	„	13.50	„
14.	„ „ „	3300	„	„	4000	„	15.—	„
15.	„ „ „	4000	„	„	4800	„	16.50	„
16.	„ „ „	4800	„	„	5700	„	18.—	„
17.	„ „ „	5700	„	„	6700	„	19.50	„
18.	„ „ „	6700	„	„	7800	„	21.—	„
19.	„ „ „	7800	„	„	8900	„	22.50	„
20.	„ „ „	8900	„	„	10000	„	24.—	„
21.	„ „ „	10000	„	„	12000	„	27.—	„
22.	„ „ „	12000	„	„	14000	„	30.—	„
23.	„ „ „	14000	„	„	16000	„	33.—	„
24.	„ „ „	16000	„	„	18000	„	36.—	„
25.	„ „ „	18000	„	„	20000	„	39.—	„
26.	„ „ „	20000	„	„	23000	„	42.—	„
27.	„ „ „	23000	„	„	26000	„	44.—	„
28.	„ „ „	26000	„	„	29000	„	46.—	„
29.	„ „ „	29000	„	„	32000	„	48.—	„
30.	„ „ „	32000	„	„	35000	„	50.—	„
31.	„ „ „	35000	„	„	38000	„	52.—	„
32.	„ „ „	38000	„	„	41000	„	54.—	„
33.	„ „ „	41000	„	„	44000	„	56.—	„
34.	„ „ „	44000	„	„	47000	„	58.—	„
35.	„ „ „	47000	„	„	50000	„	60.—	„

Die ferneren Wertklassen steigen um je 10000 M und die Gebühren um je 6 M; beträgt der Wert des Gegenstandes mehr als 400000 M, so steigt die Gebühr von da ab nur mehr um je 1 M in jeder Klasse.

Hinterlegungsgebühren:

a) von 20 M bis zu 2000 M $^1/_4$ %,
darüber hinaus für den Mehrbetrag: $^1/_8$ %,
bei mehr als 400000 M für den Mehrbetrag: nur $^1/_{10}$ ‰ (Art. 100 Not.-Geb.O.);

b) bei Immobiliarversteigerungen:
von 20 M bis zu 2000 M: 1 %,
darüber hinaus für den Mehrbetrag: $^1/_2$ %;

c) bei Mobilarversteigerungen:
von 20 M bis zu 2000 M: 2 %,
darüber hinaus für den Mehrbetrag: 1 %
(Art. 101 Not.-Geb.O.).

Sätze des § 8 des Reichsgerichtskostengesetzes.

1.	bis zu	20	M	einschließlich			1.—	M
2.	von mehr als	20	„	bis	60	M einschl.	2.40	„
3.	„ „ „	60	„	„	120	„ „	4.60	„
4.	„ „ „	120	„	„	200	„ „	7.50	„
5.	„ „ „	200	„	„	300	„ „	11.—	„
6.	„ „ „	300	„	„	450	„ „	15.—	„
7.	„ „ „	450	„	„	650	„ „	20.—	„
8.	„ „ „	650	„	„	900	„ „	26.—	„
9.	„ „ „	900	„	„	1200	„ „	32.—	„
10.	„ „ „	1200	„	„	1600	„ „	38.—	„
11.	„ „ „	1600	„	„	2100	„ „	44.—	„
12.	„ „ „	2100	„	„	2700	„ „	50.—	„
13.	„ „ „	2700	„	„	3400	„ „	56.—	„
14.	„ „ „	3400	„	„	4300	„ „	62.—	„
15.	„ „ „	4300	„	„	5400	„ „	68.—	„
16.	„ „ „	5400	„	„	6700	„ „	74.—	„
17.	„ „ „	6700	„	„	8200	„ „	81.—	„
18.	„ „ „	8200	„	„	10000	„ „	90.—	„

Die ferneren Wertklassen steigen um je 2000 M und die Gebühren um je 10 M.

FSC
www.fsc.org
MIX
Papier | Fördert gute Waldnutzung
FSC® C083411

Kolibri 360 GmbH
Ferdinand-Jühlke-Straße 7
99095 Erfurt, Deutschland
produktsicherheit@kolibri360.de